L'Analyse Technique

Pratiques et méthodes

Collection GESTION

SÉRIE : Politique générale, Finance et Marketing

dirigée par Yves Simon, Professeur à l'Université de Paris IX-Dauphine

L'Analyse Technique

Pratiques et méthodes

4e édition

Thierry BÉCHU

Éric BERTRAND

Préface de Régis ROUSSELLE

Ancien Président du Conseil des Bourses de Valeurs
et de la Société des Bourses Françaises

GESTION

ECONOMICA

49, rue Héricart, 75015 Paris

REMERCIEMENTS

Thierry BÉCHU et Eric BERTRAND tiennent à adresser leurs plus sincères remerciements d'abord à Yvette JOSEPH, qui a fait preuve d'une gentillesse et d'une efficacité devenues légendaires dans la frappe et la mise en page des documents manuscrits ; ensuite à Régis ROUSSELLE, notre préfacier, qui leur fit découvrir l'analyse technique et le goût de la réflexion dans ce domaine ; et enfin à Yves SIMON, notre éditeur, qui a accepté des dépassements de délais normalement inacceptables dans la livraison de ce livre.

Les auteurs remercient également la société TELERATE et la Banque Internationale de Placement pour leur collaboration dans les graphiques utilisés.

Que tous soient remerciés de leur contribution à la réalisation de cet ouvrage.

PRÉFACE

Ce livre touchera un large public de professionnels, mais aussi de chercheurs.

Les boursiers liront bien sûr avec plaisir cette revue complète, cette « somme » des méthodes d'analyse technique, celles qu'ils utilisent et les autres, dans une présentation claire, dynamique et qui garde cette simplicité d'expression même dans l'exposé des systèmes les plus sophistiqués. Et ils apprécieront que soit abordée sans détour l'application de la théorie des jeux au trading boursier.

Ce livre devrait aussi intéresser les chercheurs.

Pourtant, s'il n'y avait qu'un sujet d'incompréhension entre praticiens et théoriciens de la Bourse, il porterait assurément sur l'analyse technique.

Depuis toujours, les boursiers cherchent à identifier la tendance des cours et à reconnaître les situations de rappel et celles de rupture quand le prix s'éloigne trop de cette tendance.

Et depuis trente ans, les universitaires leur assènent les résultats de leurs tests prouvant la marche au hasard du marché : la prévision boursière serait vaine. Ce comportement aléatoire est la conséquence de l'efficience du marché : à tout moment le cours intègre toute l'information disponible et est la meilleure évaluation de la valeur réelle du titre. L'estimation de la performance d'un titre pour la période future est sa performance moyenne sur une période passée de durée identique !

Si ce modèle est valide, toute analyse devient inutile.

Bien que la motivation ordinaire de l'analyste financier de comprendre l'avenir d'une entreprise mieux et plus vite que ses confrères apparaisse particulièrement dérisoire au regard de l'hypothèse d'efficience du marché, l'analyse fondamentale bénéficie de l'indulgence des théoriciens. En effet, pour qu'un marché soit efficient, encore faut-il qu'il soit étudié par un nombre suffisant d'analystes financiers compétents qui, ensemble, forment un consensus sur la valeur des titres.

En revanche, l'analyse technique se voit refuser la même bienveillance. Les méthodes graphiques les plus connues sont régulièrement recalées par les chercheurs établissant, tests statistiques à l'appui, que leur utilisation, si elle est systématique, donne des résultats inférieurs à la simple conservation du titre, surtout s'il est tenu compte des frais de transaction. Il est vrai que les systèmes graphiques, en grand nombre, sont loin d'être rigoureux, et qu'ils manquent d'un fondement scientifique suffisamment établi pour construire une batterie de tests adaptés.

Cependant les points de convergence entre théorie et analyse technique ne manquent pas.

Comme les théoriciens, les chartistes considèrent que tout ce qui peut influencer la valeur d'un titre est à chaque instant reflété par son prix sur le marché, tant et si bien qu'ils concentrent leurs études sur les effets plutôt que sur les causes.

La théorie, quant à elle, n'élimine pas la notion de tendance autant qu'il paraît : d'un côté, le calcul de la valeur d'un titre à partir des revenus futurs fait intervenir un taux d'actualisation qui, toutes choses égales par ailleurs, est une performance attendue.

De l'autre, le modèle d'équilibre des actifs financiers utilise un titre sans risque porteur d'un taux d'intérêt comme base de référence des performances. L'évolution macroéconomique des taux crée ainsi une tendance sous-jacente dont les effets se diversifient en fonction des caractéristiques particulières des titres. Et, quelles que soient les critiques portées habituellement à la conduite et à la prévision de l'économie, sa marche au hasard n'a pas encore été établie.

Enfin, les chartistes ne considèrent pas que le monde financier est linéaire comme le supposent les tests les plus courants de la théorie. Mais les scientifiques ont, eux aussi, introduit de nombreuses courbures dans l'espace boursier, de l'exponentielle des taux à la loi binomiale des actifs conditionnels.

On a aujourd'hui la sensation qu'un progrès conceptuel des chercheurs est la fois nécessaire et possible pour qu'enfin, les réflexes de bon sens des praticiens, y compris quand ils utilisent l'analyse technique, soient naturellement expliqués par la théorie.

À ce titre, ce livre peut représenter une passerelle. Ses auteurs sont de bons connaisseurs du marché et de l'ensemble de ses pratiques professionnelles.

Ils sont aussi parfaitement familiers de la théorie et des implications qu'elle a eues pour la finance moderne. Ils sont ainsi bien désignés pour faire ce bilan objectif de l'analyse technique, cette mise à plat descriptive qui précède toujours les avancées scientifiques. Elle devrait donner l'inspiration aux théoriciens.

Régis ROUSSELLE
Ancien Président du Conseil des Bourses de Valeurs
et de la Société des Bourses Françaises

INTRODUCTION

D'où peut bien venir l'idée d'écrire un ouvrage pratique sur l'analyse technique ?

Tout a débuté par des demandes adressées à l'un des auteurs du présent ouvrage d'animer des séminaires de formation sur le sujet. Ces demandes se sont multipliées à partir de 1986, date de création du MATIF. Pour y faire face, un support de présentation avait été confectionné ne comprenant aucun texte, mais seulement des tirages sur papier de l'ensemble des graphiques présentant les principes et les utilisations des principales méthodes d'analyse.

Ce support de formation maintes fois utilisé avec un certain succès souffrait néanmoins d'une absence de texte écrit, qui aurait permis de constituer la référence dont les participants au séminaire avaient besoin. Certes, les références bibliographiques indiquées dans le document étaient, *a priori*, amplement suffisantes mais essentiellement en langue anglaise.

Réunissant deux expériences différentes mais complémentaires, les deux auteurs ont pris la décision d'écrire ce qui devait être le manuel remis aux participants des séminaires. Cet ouvrage résolument pratique tient non seulement compte de l'expérience pédagogique des séminaires mais aussi de l'expérience professionnelle de chacun des auteurs. Bien que couvrant un assez large éventail de sujets, ce livre ne prétend aucunement être exhaustif et ce pour plusieurs raisons.

Tout d'abord pour être aussi intéressants que possible nous avons tenu à nous limiter aux méthodes que nous maîtrisons bien pour les avoir pratiquées quotidiennement depuis des années. Nous sommes ainsi en mesure d'indiquer au lecteur leurs avantages mais aussi leurs limites et les quelques « tuyaux » qui facilitent le travail.

Par ailleurs, certaines méthodes d'analyse que nous avons parfois citées dans notre ouvrage sont aujourd'hui trop nouvelles pour faire l'objet d'une exploitation pratique ; elles en sont encore au stade de la recherche et déboucheront probablement sur des principes concrets d'ici quelques années. Il est néanmoins bon de savoir qu'elles existent et de suivre, même si c'est de loin, ces développements. Les références bibliographiques fournies devraient permettre au lecteur de se renseigner aussi précisément que possible sur ces méthodes en cours d'élaboration.

Le premier chapitre jette les bases de l'analyse technique, en présente les principes et la situe par rapport à l'analyse fondamentale. L'accent est mis sur le comportement des opérateurs et ses conséquences en matière de développement de tendances. Une analyse comparative des avantages et des limites de l'analyse technique clôt ce chapitre qui constitue une grande introduction.

Le deuxième chapitre porte sur l'analyse traditionnelle ou « chartiste », qui demeure aujourd'hui la plus pratiquée sur les marchés. On y trouvera tout ce qui concerne les graphiques, les tendances, les diverses figures ou configurations graphiques, les supports et résistances, calculs d'objectifs et autres techniques. Il s'agit là d'un chapitre absolument fondamental dont la compréhension conditionne la lecture de la suite de l'ouvrage.

Le troisième chapitre présente en revanche un exemple d'analyse technique moderne, faisant appel aux techniques du filtrage numérique. Ce chapitre présente aussi une méthode beaucoup plus traditionnelle, celle dite des moyennes mobiles, qui n'est en fait qu'un cas particulier de filtrage. Il intègre également un traitement du filtrage et des moyennes mobiles, ainsi que la description et l'utilisation des Bandes Bollinger.

Le quatrième chapitre présente les indicateurs dits de puissance, compléments indispensables des outils présentés dans les deux chapitres précédents. Ces divers indicateurs techniques visent à porter une appréciation sur le risque de retournement d'une tendance identifiée. Bien utilisés, ils constituent l'arme principale de l'opérateur pour faire face au problème du *timing* des interventions.

Le cinquième chapitre est tout entier consacré à un sujet difficile : la théorie d'Elliott. De plus en plus utilisée, bien que très difficile à maîtriser, cette méthode d'analyse est présentée ici de manière, nous l'espérons, pratique, autorisant une application quasi immédiate par le lecteur.

Les quatre derniers chapitres présentent des éléments que l'on rencontre assez rarement dans les livres traditionnels d'analyse technique et qui font donc une des grande originalité de cet ouvrage.

Le sixième chapitre est ainsi consacré à la méthode des cycles et à l'intégration du temps. Ce chapitre a été entièrement remodelé à l'occasion de la quatrième édition. Une section entière est désormais consacrée à la méthode de Gann et nous avons également inclus la présentation de la méthode de Carolan ainsi que le principe de « période d'efficacité » des configurations graphiques. Auparavant, la première section insiste sur le repérage traditionnel des points extrêmes et la prévision des dates de retournement.

Le septième chapitre expose les méthodes d'analyse intra et inter-marchés et insiste notamment sur la compréhension des interactions existant entre plusieurs marchés et leurs conséquences sur le marché analysé. Ce chapitre introduit également une passerelle originale entre l'analyse technique et l'analyse fondamentale puisqu'une section entière traite de l'analyse technique des données fondamentales.

L'application de l'analyse technique aux options fait ensuite l'objet du huitième chapitre où plusieurs exemples concrets sont présentés. Enfin, le dernier chapitre s'intéresse à la gestion du capital de l'investisseur et énonce quelques principes de conservation du capital et quelques conseils en matière de placement des ordres stop. Ce neuvième chapitre se consacre ensuite aux principes de sélection de systèmes de trading et à la notion de taille optimale d'une position.

Depuis la première édition de ce livre parue en 1992, nous avons fait le choix de corriger et d'actualiser régulièrement le contenu de cet ouvrage. Depuis cette date, de nombreuses améliorations ont, en effet, été apportées.

La deuxième édition a tout particulièrement permis l'ajout de deux nouveaux chapitres (le chapitre 6 consacré aux cycles et le chapitre 8 traitant de l'utilisation des options avec l'analyse technique).

La troisième édition a entrepris de reprendre et de compléter certains chapitres : chapitre 1 (cycle de placement du petit porteur, analyse technique et mimétisme, analyse des volumes) ; chapitre 2 (candlesticks, les volumes) ; chapitre 3 (ordre optimal d'une moyenne mobile, les bandes Bollinger) ; chapitre 4 (le système parabolique, la combinaison d'oscillateurs) ; chapitre 5 (développements sur les ratios de Fibonacci, les structures en empilement) ; chapitre 7 (l'analyse de l'offre et de la demande d'actifs, l'analyse technique et l'analyse fondamentale) ; chapitre 9 (sélection de systèmes de trading, taille optimale d'une position).

La quatrième édition a été pour nous l'occasion de remodeler le chapitre 6 en réparant notamment un oubli d'importance : la présentation de la méthode de Gann. Dans ce chapitre, nous avons également inclus la présentation de la méthode de Carollan ainsi que la technique des ratios de Fibonnacci.

On trouvera également quelques nouveautés dans les chapitres 1 (présentation de l'équivolume), chapitre 3 (indicateur %B) et chapitre 7 (introduction de certains indicateurs intra-marché comme l'ADVolume, le PVI ainsi que quelques indicateurs de participation).

Enfin, ne restant pas insensible aux attraits de la nouveauté, nous avons introduit une annexe consacrée aux sites web susceptibles d'intéresser les lecteurs cybernautes de ce livre.

Comme le lecteur s'en rendra rapidement compte, l'analyse technique est un ensemble de méthodes au caractère pragmatique très important. Ce qui rend la tâche des auteurs assez difficile puisqu'il s'agit de rendre compte d'une expérience vécue et pas seulement de théories clairement énoncées. Nous pensons néanmoins que le lecteur s'y retrouvera aisément et surtout qu'il n'oubliera pas la pensée de Bergson : « Il n'y a rien de plus pratique qu'une bonne théorie. »...

Chapitre 1

L'ANALYSE TECHNIQUE : FONDEMENTS THÉORIQUES ET PRINCIPES

Peu d'activités humaines ont été autant analysées, par autant d'auteurs et sous autant d'angles différents, que l'activité boursière. L'achat et la vente de titres négociables constituent une activité passionnante à étudier, d'autant plus que l'étude peut déboucher sur des conclusions particulièrement rentables.

Si l'investissement boursier peut être considéré selon divers points de vue, les deux approches les plus pratiquées sont l'approche fondamentale et l'approche technique.

Cette dernière demeure certainement la plus décriée, probablement par manque de compréhension : ses détracteurs la présentent souvent comme relevant du domaine de la divination.

Et pourtant, l'analyse technique est la plus ancienne méthode pratiquée pour analyser le comportement d'un marché. En effet, ses origines remontent à une centaine d'années, quand l'information fondamentale était inexistante, interdisant ainsi toute analyse quantitative.

Toute intervention sur un marché financier se solde par l'un des quatre résultats suivants : un gain important, un gain faible, une perte faible ou une perte importante. Pour l'investisseur professionnel, seul ce dernier résultat est inacceptable. En effet, sur une vie d'activité boursière, les pertes et les gains limités se compenseront et, s'il n'y a jamais eu de perte conséquente, le résultat final sera un gain important. La clé du succès réside donc dans la capacité de chacun à éviter les grosses déconvenues. Cet objectif est suffisamment ambitieux pour que l'on prenne le temps de considérer toutes les méthodes possibles, même celles qui, au départ, semblent aller à l'encontre des raisonnements habituels.

Loin d'être une solution cabalistique au problème de la prévision des cours, l'analyse technique apparaît alors comme un instrument particulièrement utile au processus décisionnel, fondé sur des bases conceptuelles tout à fait acceptables.

1. La philosophie de l'analyse technique

1.1. Définition de l'analyse technique

De nombreuses définitions ont été élaborées par les praticiens eux-mêmes. Elles sont assez proches les unes des autres, et celle donnée par John J. Murphy est parfaite :

« L'analyse technique est l'étude de l'évolution d'un marché, principalement sur la base de graphiques, dans le but de prévoir les futures tendances ».

Cette définition comprend trois éléments que nous développons dans les paragraphes suivants.

1.1.1. L'évolution d'un marché

L'analyse technique s'intéresse et peut s'appliquer à toutes les situations de marché, c'est-à-dire de confrontation d'une offre et d'une demande. Si elle a d'abord été appliquée aux marchés d'actions, elle s'est rapidement étendue à tous les autres : taux d'intérêt, matières premières, contrats à terme, indices, options, etc. C'est d'ailleurs la récente multiplication de ces marchés modernes, concrétisation du phénomène dit de titrisation, qui est à l'origine d'un certain regain d'intérêt pour une approche ayant subi une féroce concurrence de l'analyse fondamentale dans les années soixante et soixante-dix.

Il est préférable de parler d'une étude de l'évolution d'un marché plutôt que de l'évolution des cours, car l'analyste technique considère également important chacun des trois paramètres d'un marché : le cours, le volume et la position de place. Il s'agit donc d'une démarche globale, donnant de meilleurs résultats que celle s'intéressant aux seuls cours.

1.1.2. Une étude graphique

Pendant longtemps, analyse technique et analyse graphique ont été synonymes ; c'est un peu moins vrai aujourd'hui.

En effet, le premier outil de l'analyse technique est le graphique, le fameux *chart* américain qui a donné son nom à l'analyse chartiste. Le graphique est en effet le meilleur moyen de représenter l'évolution dans le temps d'une variable (cours, volume ou position de place) de manière à repérer certaines configurations. Le tracé d'une courbe est infiniment plus parlant qu'une série de nombres.

La plus ancienne méthode d'analyse technique, connue sous le nom de *Point and Figure Charting*, remonte à la fin du siècle dernier. Elle n'était d'ailleurs au départ qu'une façon de représenter les cours successifs sur un graphique, plutôt que d'enregistrer des historiques de cours.

Ces analyses graphiques présentent un inconvénient : elles ne permettent guère de quantifier le résultat des observations pratiquées et laissent donc une part importante à l'habileté (certains diraient la subjectivité) du pratiquant.

Depuis maintenant de nombreuses années, s'est développée une autre branche de l'analyse technique, qualifiée (faute de mieux) de statistique, par opposition à graphique. Elle part des mêmes principes que cette dernière, mais elle cherche à quantifier, à tester et à optimiser de manière à générer des systèmes d'intervention automatiques. L'avènement de cette deuxième branche de l'analyse technique est évidemment très lié à celui de l'ordinateur qui permet de traiter rapidement un nombre phénoménal de données.

L'avantage évident du traitement automatique est la disparition totale du caractère subjectif lié au graphique. L'ordinateur n'a pas – c'est bien connu – d'états d'âme ! Il n'est ni viscéralement optimiste, ni furieusement pessimiste, il n'est pas de mauvaise humeur quand il doit payer ses impôts, ni d'excellente humeur en apprenant qu'il est papa. En éliminant l'élément humain (nécessairement subjectif), il dote l'analyse technique du vernis scientifique qui lui faisait défaut.

On peut donc parler aujourd'hui d'une analyse technique graphique et d'une analyse technique statistique. Certains analystes se réclament de l'une, d'autres de l'autre, quelques-uns des deux à la fois. Si tous les chartistes sont des analystes techniques, tous les analystes techniques ne sont pas des chartistes. Mais le graphique reste la première arme de l'analyste technique.

1.1.3. Une prévision des tendances futures

Le but avoué de l'analyse technique est la prévision. Si la part consacrée à l'étude du passé est importante (prépondérante même), c'est pour en tirer de meilleures conclusions quant aux tendances à venir. L'analyste technique est donc plus proche du futurologue que de l'historien et ne trouve sa justification que dans sa capacité à annoncer ce qui va arriver.

Il s'agit là de toute évidence d'un objectif ambitieux, déclenchant souvent les sarcasmes des critiques qui comparent l'analyse technique à l'astrologie ou à la cartomancie. Pourtant, dans certains domaines, l'homme est capable de prévoir le futur avec une précision étonnante, comme par exemple en astronomie.

L'analyste technique ne prétend pas obtenir d'aussi brillants résultats, mais il ne cesse d'améliorer ses méthodes pour tendre vers ce but.

1.2. Les principes de base de l'analyse technique

Le problème de la décision boursière peut être approché de deux façons :

– se poser la question : « Faut-il acheter le papier XYZ ? »
– se poser la question : « Quand acheter le papier XYZ ? »

L'analyste fondamental se pose la première question, l'analyste technique la seconde.

L'analyse technique se concentre sur ce qui est, et non sur ce qui devrait être. Elle s'intéresse au marché en lui-même, non aux facteurs externes qu'il reflète : elle décrit les mouvements du marché, pas les raisons qui sont derrière.

L'analyse technique relève donc d'une démarche très différente de l'analyse fondamentale. Cette dernière tourne entièrement autour de la notion de valeur intrinsèque et de cours théorique. L'analyste fondamental s'appuie sur des données statistiques relatives au domaine qu'il étudie. Dans celui des actions, il s'intéressera aux informations fournies par les rapports annuels (comptes de résultat, bilans, tableaux de financement ..) et par ses contacts avec les dirigeants d'entreprises (stratégie, concurrence...). Muni de ces renseignements, l'analyste fondamental procède en trois étapes :

– dans un premier temps, il essaye de se faire une idée de ce que pourront être les résultats futurs de la firme étudiée, tâche ô combien difficile !

– dans un deuxième temps, il doit déterminer le taux d'actualisation à appliquer à ces bénéfices futurs pour obtenir un cours théorique de l'action. Cette deuxième étape est au moins aussi complexe que la précédente, si ce n'est plus ;

– enfin, dans un dernier temps, l'analyste compare ce cours théorique au cours effectivement coté sur le marché, et intervient en conséquence. Si le cours est coté est inférieur, il achète (ou recommande l'achat) ; s'il est supérieur, il vend (ou recommande la vente).

L'analyse fondamentale est donc une démarche normative, alors que l'analyse technique est une approche descriptive.

L'analyste fondamental rentre les paramètres de vol dans la centrale inertielle d'un missile pour en définir la course ; l'analyste technique étudie la course dudit missile sur son radar pour en estimer le point d'impact.

L'analyse technique s'appuie sur trois principes fondamentaux.

1.2.1. Premier principe : le marché prend tout en compte

Il s'agit là du point fondamental, de la clé de voûte de tout l'édifice technique. Pour l'analyste technique, tout ce qui peut influencer la valeur d'un bien est à tout moment reflété par le prix de ce bien sur le marché. Dès lors, il suffit de s'intéresser à l'évolution du prix, puisque celui-ci est la résultante de tout le reste.

Il est clair pour tout le monde – fondamentalistes et techniciens – que le prix de marché est déterminé par le jeu (que l'on souhaite aussi libre que possible) de l'offre et de la demande. L'offre et la demande, pour leur part, sont fonction d'un nombre considérable de facteurs, dont certains sont objectifs (par exemple, les éléments d'information évoqués plus haut :

résultats d'entreprise, taille d'une récolte...), d'autres purement subjectifs (mode, engouement ou désaffection...). Le marché compose en permanence et automatiquement tous ces facteurs dans sa « Main Invisible ».

Quand la demande excède l'offre, les prix montent. Quand l'offre est supérieure à la demande, ils baissent. L'analyste technique qui constate que les cours montent, en conclut que la demande excède l'offre, quelles que soient les raisons de cette supériorité. L'analyste technique ne se préoccupe pas du « pourquoi ? », mais plutôt du « combien ? », « comment ? » et « quand ? ». Il pense qu'en étudiant comment les prix se sont comportés on apprend plus sur leur évolution future qu'en essayant de savoir pourquoi ils se sont comportés ainsi.

Pourquoi chercher midi à quatorze heures ? Si le cours est la résultante de toutes les forces en présence, en observant le cours on est certain de n'avoir rien oublié. Toutes les méthodes développées par les analystes techniques ont donc pour but d'analyser ces évolutions de marché. L'analyste technique sait parfaitement qu'il y a des raisons pour lesquelles les cours montent ou baissent ; il pense seulement que les connaître ne lui apporte rien pour la prévision. Pour déterminer le point d'impact du missile, l'homme au radar n'a pas besoin de savoir pourquoi son homologue l'a envoyé, mais seulement d'étudier la course du mobile sur son écran.

1.2.2. Deuxième principe : les cours suivent des tendances

L'analyste technique ne croit pas beaucoup (pour ne pas dire pas du tout) à une évolution erratique des cours. Au contraire, il constate que :

– abstraction faite des fluctuations mineures, les cours évoluent en tendances ;

– ces tendances durent toujours un certain temps avant d'être modifiées.

Ces deux observations sont (ou devraient être) des évidences premières pour quiconque a consacré plus d'une demi-seconde à l'observation d'un marché quelconque.

L'analyste technique ne nie certainement pas l'existence de mouvements plus ou moins aléatoires. Il affirme seulement que ceux-ci sont d'importance secondaire.

Comme tout physicien étudiant expérimentalement un système matériel, l'analyste technique se trouve en présence de signaux de la forme :

M	=	X	+	B
valeur mesurée		valeur réelle		bruit affectant la mesure

Les bruits, par définition, présentent un caractère aléatoire. Le caractère des signaux utiles (ou valeurs réelles) est plus ambigu. En effet, ils comprennent en général :

– une partie certaine (c'est-à-dire non aléatoire) pouvant normalement être calculée à l'avance en fonction des conditions initiales et d'une loi d'évolution ;

– une partie aléatoire due à l'influence des bruits agissant sur le système.

Le signal utile peut donc être décomposé de la façon suivante :

X =	Xc	+	Xa
	partie certaine ou prévisible		partie aléatoire

Un missile fonctionnant correctement n'ira pas n'importe où : sa trajectoire peut être calculée approximativement en fonction des conditions de départ et de diverses lois (aérodynamique, thermodynamique, guidage...).

La tâche de l'analyste technique consiste donc à faire une estimation (aussi bonne que possible) de la valeur réelle X, c'est-à-dire dans son domaine, à identifier les tendances (le plus tôt possible pour en bénéficier plus longtemps) et de repérer les points de retournement qui marquent les changements de tendance.

Un vieux dicton dit d'ailleurs à l'analyste technique : « La tendance est ta meilleure amie ».

1.2.3. Troisième principe : l'histoire a tendance à se répéter

Dès lors que l'on définit un marché comme un mécanisme d'échange d'anticipations, on reconnaît l'importance de la psychologie humaine dans le processus de formation des prix.

Les configurations graphiques qu'utilisent les analystes techniques depuis une centaine d'années ne sont que la traduction sur papier d'une psychologie de marché : haussière ou baissière selon les cas. Ces configurations ont donné de bons résultats dans le passé et l'on fait l'hypothèse qu'il en sera de même dans le futur. En effet, elles sont fondées sur l'étude de la psychologie humaine, qui est plutôt stable.

Sans être totalement déterministe, l'analyste technique considère que la clé du futur se trouve dans le passé. Cette attitude lui est d'ailleurs souvent reprochée, ce qui ne le gêne pas du tout (cf. *infra*).

1.3. L'interprétation psychologique des marchés financiers

L'activité boursière est avant tout une activité humaine, les intervenants – aussi automatisés soient-ils – demeurant des individus qui prennent des décisions en fonction de l'information disponible à un instant donné, mais aussi en fonction de leur état d'esprit du moment. Ce couple « information-état d'esprit » est extrêmement important dans la compréhension des fondements de l'analyse technique, et sera analysé ici dans le cadre de l'hypothèse mimétique, qui met en scène un sujet indécis, influençable et perpétuellement soumis aux rumeurs qui circulent autour de lui. Tout intervenant expérimenté sur les marchés financiers devrait se reconnaître dans la description qui précède ! ainsi que dans le cycle de placement du petit porteur (cf. encadré 1).

Encadré 1. – *Cycle de placement du petit porteur*

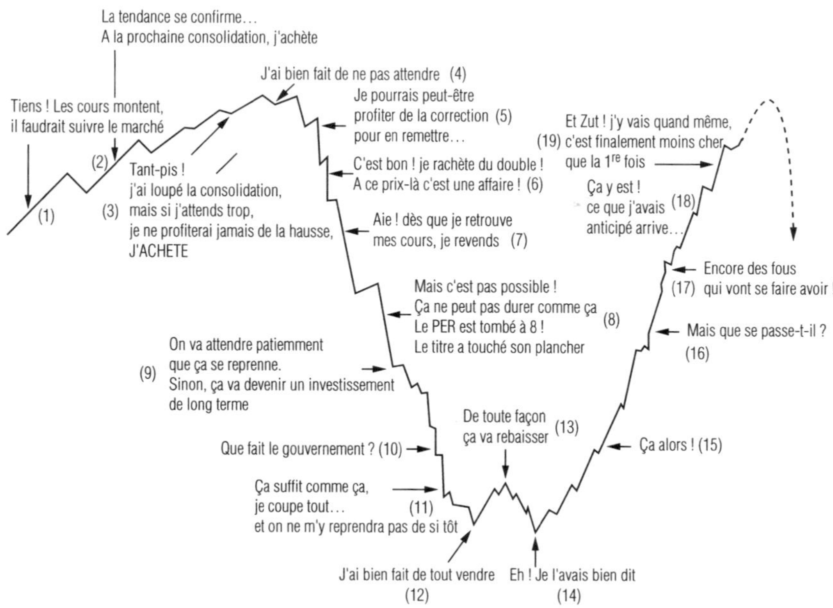

1.3.1. Spéculation et imitation

La spéculation (autre qu'intellectuelle) n'a pas toujours été en odeur de sainteté auprès des organismes de tutelle des marchés. Elle semble en effet y être entachée d'on ne sait quelle suspicion de malhonnêteté, ou simplement d'immoralité (« l'argent facile »). Pour les auteurs de cet ouvrage, opérateurs sur les marchés financiers depuis de nombreuses années, la spéculation est une réalité indéniable, certainement non critiquable et parfaitement indispensable au développement des marchés, dans la mesure où elle est souvent la seule contrepartie aux opérations de couverture des institutions financières.

Nous allons voir ci-dessous que le comportement mimétique et la spéculation sont en fait les deux côtés d'une même réalité et que l'imitation, loin d'être une attitude déviante, constitue plutôt l'attitude rationnelle par excellence en état d'incertitude.

En effet, pour un opérateur individuel en état d'incertitude, la meilleure façon d'améliorer ses performances consiste à copier son voisin. De deux choses l'une :

– ou bien le voisin partage l'ignorance du premier opérateur, auquel cas la situation de celui-ci n'est guère améliorée (mais ne s'est pas détériorée non plus) ;

– ou bien le voisin dispose d'une information valable et en agissant comme lui, le premier opérateur a amélioré sa situation.

L'opérateur incertain n'a donc rien à perdre et tout à gagner à imiter son (ou ses) voisin(s). Et bien entendu, cette tendance à adopter un comportement mimétique sera d'autant plus grande que les connaissances sont mal assurées, ou que l'analyse fondamentale est malaisée.

Mais si, du point de vue individuel, l'imitation est l'attitude la plus rationnelle, du point de vue du marché dans son ensemble, l'issue peut ne pas être aussi favorable. En effet, si les agents imités connaissent les vraies valeurs des paramètres importants, l'imitation s'avère rationnelle puisqu'elle a permis aux non-informés d'accéder à l'évaluation correcte. En revanche, si l'ignorance est généralisée, l'imitation aura pour résultat la création d'une bulle spéculative (cf. *infra*).

Revenons maintenant aux marchés financiers et aux opérations qui y sont réalisées. Celles-ci sont en général répertoriées en trois catégories différentes : les opérations de couverture, les opérations d'arbitrage et les opérations spéculatives. L'analyse, marché par marché, du poids respectif de chacune de ces catégories est malaisée à réaliser précisément, mais tout le monde s'accorde à reconnaître que la spéculation doit représenter environ 70 à 80 % du volume total. Ce qui veut dire que ce sont les spéculateurs qui font les prix.

D'où la faiblesse de l'analyse fondamentale : le spéculateur (l'imitateur) s'intéresse moins aux caractéristiques concrètes d'un investissement qu'il ne s'intéresse à l'interprétation que le marché en fera. Le spéculateur cherche donc à connaître l'opinion moyenne des intervenants, qui lui dictera son comportement.

Les intervenants des marchés de taux sont bien habitués à cela. Leur vie est maintenant rythmée par la publication d'un certain nombre d'indicateurs, la plupart américains, dont l'influence sur le marché est devenue primordiale. Ces informations (telles que le taux de chômage, les commandes de biens durables, le taux d'inflation, le déficit du commerce extérieur, etc.) tombent en général à 14 h 30 (heure de Paris). Au cours des journées en question, l'activité du matin est généralement assez calme, les opérateurs passant leur temps à s'échanger leurs anticipations sur le chiffre attendu et sur leur comportement consécutif à la publication. Il y a donc dans un premier temps une phase d'observation des voisins, de pêche à l'information. Mais ce qui intéresse tout le monde, c'est beaucoup plus le comportement qui sera adopté (acheteur ou vendeur) que l'information sur le niveau du chiffre attendu. Au moment où le chiffre tombe sur les écrans, se développe sur le marché une première réaction de masse, totalement irréfléchie, au cours de laquelle chacun copie tout le monde. Une véritable bulle spéculative se forme pendant cinq à dix minutes, avant d'éclater : le marché retrouve alors son calme et l'on commence à analyser le chiffre. Le mouvement qui suit est alors fondé sur des bases plus réfléchies.

1.3.2. Bulles spéculatives et autoréalisation

Le comportement mimétique est un comportement contagieux et c'est cette contagion qui crée les bulles spéculatives. Très rapidement, on voit se développer une rationalité de type tautologique. En effet, lorsque chacun cherche à deviner l'opinion des autres, ceux-ci en faisant autant, le groupe s'installe en fait dans un monde factice de jeux de miroirs. Ce bouclage de la spéculation a même été décrit par Keynes, qui le comparait aux concours organisés par certains journaux, dans lesquels les participants devaient choisir les six plus jolis visages parmi une centaine de photographies, le prix revenant à celui dont le choix serait le plus proche de la moyenne obtenue sur l'ensemble des participants. Pour pouvoir l'emporter, chacun doit choisir non pas les visages qu'il juge les plus jolis, mais ceux qu'il juge les plus aptes à recueillir les suffrages des concurrents. Tout le monde faisant la même chose, on a une espèce de référence circulaire, dénuée de signification.

Il ne s'agit pas là d'un modèle chaotique, mais plutôt d'un modèle convergent vers un état stationnaire, caractérisé par le fait que tous les agents partagent la même opinion (celle-ci étant l'une quelconque des opinions initiales). Dès que cette unanimité est obtenue, elle a tendance à se reproduire de période en période. La valeur sur laquelle cette unanimité a été réalisée cesse temporairement de fluctuer et sa permanence plaide alors pour son objectivité.

Le psychologue américain Thomas qui a beaucoup travaillé sur les mécanismes de rumeurs confirme la puissance du phénomène d'imitation. Selon lui, certaines rumeurs – totalement infondées au départ – parviennent à semer le trouble dans les esprits qu'un phénomène pervers d'imitation parvient à réaliser. La rumeur s'autoréalise alors et devient réalité. Un des meilleurs exemples concerne la rumeur de faillite : une rumeur circule sur la faillite prochaine de votre banque où vous avez tout votre argent.

Au départ, vous refusez d'y prêter attention car vous avez une totale confiance dans cet établissement. Cependant, si la rumeur devient insistante et qu'elle se matérialise par un retentissement médiatique, vous vous interrogerez sérieusement. Et si finalement l'un de vos proches en qui vous faites confiance a décidé de retirer tous ses avoirs de cette banque, vous n'hésitez plus beaucoup pour faire de même, entraînant avec vous d'autres amis, voisins ou connaissances... Très rapidement la banque devra faire face à une demande excessive de fonds qu'elle ne pourra pas satisfaire. La banque sera alors en cessation de paiement et la rumeur se confirmera.

On retrouve ici l'influence déterminante du phénomène d'imitation qui est capable d'entraîner tout sur son passage et de façon implacable sans raison réelle au départ. Le principe d'un Krach intègre exactement les mêmes ingrédients. Une simple rumeur peut se transformer en panique. Tous les intervenants perdent alors toute référence rationnelle et liquident leurs avoirs quel qu'en soit le prix.

1.3.3. Analyse technique et mimétisme

On l'aura sans doute compris, ce comportement mimétique justifie pleinement l'analyse technique : lorsqu'un spéculateur se fondant sur l'analyse technique interprète un graphique pour y déceler des signaux d'achat ou de vente, il adopte lui-même un comportement mimétique. En effet, la fonction du signal est de généraliser l'information, qui passe ainsi de ceux qui l'ont à ceux qui cherchent à l'obtenir.

Il est évident pour tout le monde que les évolutions de cours sont le fruit de facteurs objectifs, mais aussi de facteurs psychologiques, non seulement difficiles à expliquer, mais surtout impossibles à prévoir. Seule l'analyse technique permet de formaliser les conséquences de ces facteurs subjectifs (cf. *infra* le paragraphe sur la prise en compte de l'irrationnel).

L'observation des fluctuations de cours sur longue période confirme la théorie du comportement mimétique. En effet, le mimétisme ne se répand pas instantanément, et l'unanimité demande quelque temps à être réalisée. C'est ainsi qu'apparaissent des tendances, dont l'étude est au centre des préoccupations de l'analyse technique.

Celui qui peut être considéré comme l'un des pères fondateurs de l'analyse technique, Dow lui-même, a justifié l'importance de l'imitation dans le principe d'accumulation distribution. Il distinguait trois phases successives dans la formation d'une tendance.

Au cours de la première phase (dite phase d'accumulation), des initiés ou des astucieux, détenteurs d'une information objective et privilégiée, agissent en accumulant des positions. Ils sont en avance sur le marché et initient le mouvement. Dans la deuxième phase (dite phase d'imitation), les caméléons apparaissent sur la base de signaux repérés. L'information commence alors à se propager et les professionnels peuvent ainsi poursuivre la tendance déjà engagée. Il s'agit généralement du cœur du mouvement. C'est ainsi à ce moment-là que l'on peut considérer comme vrai le premier principe de l'analyse technique selon lequel toute l'information disponible est reflétée par le cours. Enfin, dans la dernière phase (dite de distribution), le grand public arrive sur le marché. L'information est dans tous les journaux, les volumes s'enflent fortement et les intervenants de la première phase (les astucieux) en profitent pour se dégager en distribuant leurs positions accumulées au départ de la tendance aux petits porteurs attirés par la publicité faite autour des qualités du marché. Les astucieux réalisent leur profit et préparent ainsi la fin de la tendance au détriment des petits porteurs.

Le comportement mimétique se trouve donc ainsi en plein cœur de la formation de la tendance, d'abord dans sa deuxième phase, puis, plus violemment dans la troisième et dernière.

Le graphique 1 reprend la décomposition des différentes phases d'une tendance en la juxtaposant à l'évolution du flux d'information disponible.

Le grand principe développé par Charles Dow se retrouve en partie dans le fameux adage boursier : « Buy the Rumour, Sell the News » (Acheter la rumeur, vendre la nouvelle). Très souvent le marché anticipe

Graphique 1. – *Cycle d'Accumulation-Distribution et flux d'information*

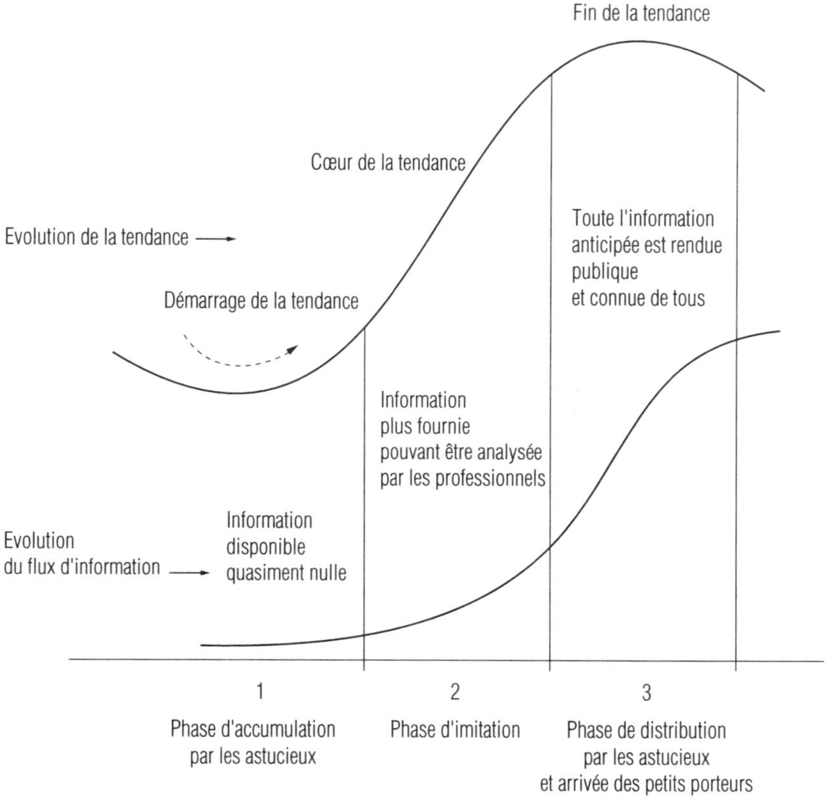

une nouvelle et l'essentiel de la tendance est basé sur cette anticipation. La réalisation de la nouvelle devient alors un non-événement. Tous ceux qui voulaient jouer la nouvelle l'on déjà jouée… il ne reste que quelques seconds couteaux pour rentrer sur le marché à ce moment-là. Mais l'essentiel du marché pense alors à prendre ses bénéfices et à sortir (le marché rentre alors en pleine phase de distribution).

2. Défense critique de l'analyse technique

L'analyse technique présente en elle-même de nombreux avantages, et comble les principales lacunes de l'analyse fondamentale. En revanche, certaines critiques qui lui sont adressées paraissent avoir quelque fondement.

2.1. Les forces de l'analyse technique

2.1.1. *L'importance des tendances courtes*

Pour gagner sa vie sur un marché financier, les fluctuations à court terme sont plus importantes que les tendances de longue période. En effet, un opérateur qui pourrait acheter à chaque creux et vendre à chaque sommet de mouvements courts réaliserait un profit supérieur (même après frais de transactions) à celui réalisé par l'opérateur qui ne bénéficierait que du mouvement long.

Sans prétendre obtenir ce résultat idéal, l'analyse technique est tout de même capable de discerner des tendances courtes dans un mouvement long, et dans certaines conditions, d'en annoncer l'alternance.

2.1.2. *L'anticipation de l'information*

L'analyste technique considère que l'information de type fondamental arrive en général trop tard pour générer du profit. En effet, l'analyste fondamental doit attendre les informations sur les ventes, les résultats, les dividendes... Quand ces informations seront devenues publiques, le marché aura probablement déjà réagi, en hausse ou en baisse.

L'analyste technique, au contraire, peut agir dès qu'il a repéré un signal sur le marché, même si l'information qui est à l'origine du mouvement n'est pas encore publique, mais seulement connue d'une poignée d'« initiés ».

2.1.3. *La prise en compte de l'irrationnel*

Seule l'analyse technique permet de prendre en considération les éléments irrationnels qui « font » les marchés. Certains analystes fondamentaux sont capables de prévoir très correctement l'évolution des résultats des sociétés. Mais ceci est très souvent insuffisant : les évolutions du marché sont fonction de facteurs psychologiques, au moins autant que de facteurs économiques.

Quinconque a travaillé quelque temps sur un marché financier sait qu'il n'est pas rare de voir se développer une tendance que personne n'est capable d'expliquer rationnellement. On fait alors appel à des pseudo-explications du genre « nouvelle catégorie d'investisseurs », ou « folie spéculative », ...

Les éléments qui influent sur le prix d'un actif financier sont trop nombreux pour qu'il soit possible, en pratique, de les analyser séparément et de donner à chacun son propre poids sur l'évolution du cours. Le plus souvent, l'information essentielle n'est connue que de certains initiés et inutilisable à des fins de profit un fois rendue publique.

Heureusement il n'est pas nécessaire de savoir pourquoi un titre se comporte de telle ou telle façon pour pouvoir en tirer profit. Le marché lui-même ne cesse d'enregistrer et de pondérer les effets de toutes les informations – positives et négatives – relatives à un titre particulier.

L'initié ne peut tirer profit d'une information privilégiée qu'en achetant ou en vendant le titre. Ses ordres d'achat ou de vente, dès qu'ils sont suffisamment importants, induiront des variations de cours : le marché aura alors commencé à prendre en considération une information qui n'est pas publique. Et l'analyste technique réagira en conséquence, alors que l'analyste fondamental en sera encore à se demander pourquoi les cours varient.

2.1.4. L'universalité des méthodes

Le caractère inventif des analystes techniques n'ayant jamais été pris en défaut, il existe plusieurs méthodes (ou famille de méthodes) d'analyse. Malgré cette multiplicité, il reste que la matière première est unique : historiques de cours, de volumes et de positions de place.

L'analyste technique n'a pas à courir après les rapports annuels, entretiens avec dirigeants et autres publications officielles sur l'évolution de la masse monétaire ou de la production d'oranges en Floride. Il lui suffit de recevoir régulièrement les historiques de cours des actifs qu'il étudie.

L'analyste technique peut ainsi suivre simultanément un grand nombre de marchés très différents, puisque la matière première est unique. Alors que l'analyste fondamental est nécessairement spécialisé, cette spécialisation allant parfois très loin : aux États-Unis, les analystes financiers qui suivent IBM ne suivent en général que ce titre ! L'analyste technique peut au contraire donner un avis sur les taux de change, les taux d'intérêt, les matières premières, les actions, etc. dès lors qu'il dispose des cours.

Ce qui lui permet aussi de se jouer des frontières. L'analyste fondamental spécialisé sur les sociétés a beaucoup de mal à comparer une société américaine (ou pire encore japonaise) à une firme française. En effet, les comptabilités sont fort différentes et nécessiteraient, en toute orthodoxie, des retraitements à la fois très longs et très compliqués. En revanche, il est très facile de comparer les évolutions des cours des deux sociétés, et d'en tirer des conclusions sur l'attrait relatif de l'une ou l'autre valeur.

Le fantastique développement des bases de données boursières, ainsi que l'accroissement des capacités de traitement des micro-ordinateurs, ont largement reculé les limites de l'analyse technique, qui constitue certainement aujourd'hui l'outil le plus pratique dans le domaine de la décision boursière.

2.2. Les faiblesses de l'analyse fondamentale et de l'approche par la valeur intrinsèque

2.2.1. La qualité de l'information financière

L'analyse fondamentale ne vaut que ce que valent les informations financières. Un analyste financier, aussi génial soit-il, ne peut aboutir à des conclusions correctes si on lui fournit des informations fausses.

Or, force est de reconnaître que la qualité de l'information financière disponible est en général plutôt médiocre (ceci est surtout vrai en France) dans le domaine de l'information sur les sociétés, malgré de réels efforts et une certaine amélioration ces dernières années.

Il y a encore des sociétés qui, bien qu'étant cotées sur le marché à Règlement Mensuel à Paris, fournissent des comptes de résultat consolidé tellement réduits qu'ils sont inutilisables ; rares sont les sociétés qui indiquent la ventilation du résultat par branches d'activités ; certaines refusent catégoriquement de recevoir les analystes financiers ; ... la liste des griefs est longue.

L'information fondamentale sur le passé est donc parfois peu fiable, alors que l'information sur les cours est incontestable.

2.2.2. Le problème du timing

L'analyse fondamentale ne règle pas le problème du *timing* de l'intervention boursière.

Certes l'individu qui dispose d'une information fondamentale privilégiée interviendra sur le marché plus tôt que l'analyste technique qui attendra que les cours aient bougé suite à l'intervention de l'initié.

Cette supériorité de l'analyse fondamentale n'est en fait qu'apparente. L'initié ou l'analyste fondamental aura beau avoir évalué correctement la valeur intrinsèque du titre, cela ne sera pas suffisant pour que le cours bouge. Pour ce faire, il faut que d'autres investisseurs partagent l'opinion du premier et affectent leurs ressources sur le titre dans le même sens. Cette convergence d'opinions peut prendre un certain temps à s'établir et l'initié « aura eu raison trop tôt ». Avoir raison trop tôt peut coûter très cher, au moins en termes de coût d'opportunité, et parfois directement.

C'est notamment le cas sur les marchés d'options où le timing est primordial, puisque l'option est un actif fondant, dont la valeur diminue au fur et à mesure que l'on s'approche de l'expiration du contrat. L'acheteur d'un *call* à la veille d'une baisse de l'actif support y laissera une véritable fortune, l'effet de levier jouant contre lui.

À l'opposé, l'analyste technique n'entrera sur un marché qu'une fois le soutien de celui-ci bien défini. Ce qui diminue sérieusement les risque de mauvais *timing*.

2.2.3. Le problème de l'irrationnel

L'analyse fondamentale ne prend pas en considération l'irrationnel. Par construction, puisqu'elle est toute entière fondée sur l'hypothèse que l'investisseur est un être rationnel, constamment guidé par les principes du calcul économique. Pourtant, la théorie moderne des marchés financiers, notamment le Modèle d'Équilibre des Actifs Financiers (MEDAF) met en évidence cette part d'irrationnel et d'exagération. En effet dans le MEDAF, si tous les actifs étaient correctement évalués (c'est-à-dire rationnellement), ils seraient tous sur la droite du marché. Ce qui est très loin d'être le cas, l'investisseur n'étant pas toujours aussi rationnel qu'on le suppose.

Tant que l'activité boursière sera une activité humaine (par opposition à mécanique), il faudra compter avec l'irrationnel propre à l'individu. Ce que l'analyse fondamentale fait très mal.

2.3. Les faiblesses de l'analyse technique

L'analyse technique n'est certes pas la panacée. Elle présente aussi quelques faiblesses, certainement bien moins graves que ne cherchent à le faire croire ses détracteurs. Ceux-ci lui adressent en général quatre critiques.

2.3.1. Les données passées ne peuvent servir à prévoir le futur

Critique fréquemment reprise, c'est pourtant probablement la plus mauvaise. En effet, toutes les méthodes de prévision, dans quelque domaine que ce soit, depuis la météorologie jusqu'à l'analyse fondamentale, reposent entièrement sur l'étude des données passées. Que peut-on utiliser d'autre ?

L'analyste technique peut aussi arguer de la grande stabilité des configurations qu'il utilise. Certaines méthodes datent de la fin du siècle dernier. Depuis lors, les changements d'environnements – politique, législatif, fiscal, économique, etc. – ont été innombrables et d'ampleur fantastique. Pourtant, les configurations graphiques utilisées par les analystes techniques sont restées les mêmes sans perdre de leur efficacité. Ce qui donnait de bons résultats sur le marché du coton en 1885 fonctionne toujours en 1991 sur le titre Apple Computer.

2.3.2. L'auto-accomplissement des prévisions

Selon cette critique, les analystes techniques, en agissant conformément à leurs études, auraient tendance à provoquer les mouvements de cours qu'ils prétendent prévoir.

Cette critique est exacte, mais dans une certaine mesure seulement. En effet, elle s'applique tout autant aux analystes fondamentaux. Or ceux-ci étant beaucoup plus nombreux (au moins sur les marchés d'actions), l'influence des analystes techniques devrait être relativement faible.

Par ailleurs, même si tous les analystes techniques devaient tirer les mêmes conclusions d'un même graphique, ils n'agiraient pas pour autant de la même façon. Certains, plus agressifs, anticiperaient les tendances, alors que d'autres plus prudents se contenteraient de suivre les tendances déjà repérées. Certains interviennent pour le long terme tandis que les « scalpeurs » restent en position quelques minutes à peine. De sorte que la probabilité de voir tous les analystes techniques intervenir de la même façon au même moment frôle le zéro absolu.

Enfin, si cette critique était fondée, elle porterait en elle sa propre contradiction. En effet, les analystes techniques, sachant qu'ils interviendraient tous en même moment, chercheraient à prendre de l'avance, ou bien cesseraient même d'utiliser leurs graphiques.

Finalement, cette critique de l'analyse technique pourrait passer pour un compliment. Pour qu'une méthode obtienne un succès tel qu'elle devienne capable d'influer sur les marchés, il faut qu'elle soit sacrément bonne, non ? On peut se demander pourquoi cette critique n'est jamais adressée à l'analyse fondamentale.

2.3.3. Le caractère subjectif

L'analyse technique aurait un caractère totalement subjectif, donc non scientifique. Ceci est parfaitement exact et les analystes techniques n'ont jamais prétendu le contraire.

Ils se délectent même du caractère contradictoire entre cette critique et la précédente, pourtant fréquemment associées. En effet, si l'analyse technique est une activité empreinte d'une totale subjectivité, on voit mal comment les analystes pourraient tous agir dans le même sens.

Il reste qu'un même graphique de cours pourra être interprété différemment par divers analystes techniques, chacun réagissant en fonction de sa propre subjectivité, de son expérience personnelle. À ce titre, l'analyse technique ne peut prétendre être scientifique. Tout comme la médecine, elle est plus proche de l'art que de la science, même si elle se fonde sur des techniques scientifiques (parfois). Combien de fois des médecins différents n'auront-ils pas émis des diagnostics totalement différents (voire contradictoires) sur un même cas ? Ils n'en sont pas moins consultés chaque fois que nécessaire, le malade comptant sur l'expérience du praticien.

La part de subjectivité dans l'interprétation des graphiques risque toutefois de diminuer dans un avenir proche, du fait de l'utilisation croissante de l'ordinateur dans la génération de diagnostics techniques. Pour l'instant, l'art l'emporte encore sur la science.

2.3.4. La disparition des opportunités de profit

Selon cette dernière critique, l'analyse technique, gagnante à tous coups, ferait disparaître toute opportunité de profit.

Tout d'abord, aucun analyste technique sérieux n'a jamais prétendu avoir découvert un système infaillible, une espèce de « martingale ». Et quand bien même un génie de l'analyse technique aurait découvert le système du siècle, il se garderait bien de le divulguer et serait incapable, tout seul, de faire disparaître les opportunités de profit.

En outre, l'analyse technique demande du temps et de l'argent, actifs que tout le monde n'est pas prêt à dépenser dans ce but spécifique.

De sorte que les opportunités de profit sont toujours là pour ceux qui sont prêts à réaliser les efforts et les investissements nécessaires.

2.4. L'analyse technique et la marche au hasard

La théorie de la marche au hasard (*Random Walk Theory*) est le cheval de bataille de la communauté financière universitaire.

Popularisée en 1964 par le livre de Paul H. Cootner *The Random Character of Stock Market Prices*, cette théorie nie l'inertie des cours en postulant que le passé de la bourse n'a aucune influence sur son avenir, ou en d'autres termes que la différence entre deux cours successifs est totalement aléatoire. Elle conclut donc que la meilleure stratégie boursière consiste à « Acheter et Conserver », car il n'existe aucun moyen de battre le marché.

L'analyste technique ne nie pas l'existence d'une partie aléatoire (cf. *supra*, le bruit) dans l'évolution des cours. Il prétend seulement que le mouvement n'est pas majoritairement aléatoire.

Depuis 1964, de nombreux tests très scientifiques ont été réalisés pour tenter de confirmer ou d'infirmer cette théorie. Bien entendu, ces tests peuvent être interprétés dans tous les sens possibles et ne font donc pas beaucoup avancer le débat. En 1978, Régis Rousselle et Alain Llorens réalisèrent une expérience intéressante sur le marché parisien des actions, explicitant en termes statistiques le désaccord des professionnels. Ils ont en effet montré, d'une part, que les séquences de hausses (ou de baisses) successives de cours sont trop longues pour être dues au seul hasard et, d'autre part, qu'il est possible d'isoler la part totalement aléatoire et imprévisible des cours, mais que celle-ci peut avoir une importance suffisante pour masquer l'inertie des mouvements (cf. bibliographie).

Le débat académique sur la question amuse l'analyste technique, pour qui l'existence de tendances n'a pas à être démontrée : elle constitue la réalité de son travail quotidien.

Un partisan de la théorie du cheminement aléatoire aura probablement beaucoup de mal à convaincre l'opérateur que les tendances n'existent pas.

Toujours est-il que l'idée d'une marche au hasard est aux antipodes des prémices de l'analyse technique. Pourtant, cette idée est fondée sur l'hypothèse d'efficience des marchés financiers qui, comme le fait remarquer John J. Murphy *« est très proche du postulat de l'analyse technique selon lequel le marché prend tout en compte »*.

Cet apparent paradoxe peut éventuellement être résolu grâce à une loi de probabilité, dite « loi de l'arcsinus », selon laquelle non seulement l'existence de tendances ne permettrait pas de réfuter l'hypothèse de la marche au hasard, mais elle justifierait même au contraire le choix de cette hypothèse comme représentation mathématique du mouvement des marchés financiers. Cette loi de l'arcsinus met en évidence diverses propriétés particulières et largement contre-intuitives, du processus aléatoire.

Pour illustrer ces points, nous aurons nous aussi recours à la fameuse expérience de pile ou face, comme devant représenter un processus parfaitement aléatoire.

La croyance populaire, faisant référence à une « loi des moyennes » mal définie, exprimera son attente de voir chacun des joueurs (celui qui parie sur pile, celui qui parie sur face) gagner la moitié du temps (*grosso modo*) sur une partie de longue durée, et s'attendre à ce que chaque joueur reprenne et reperde l'avantage fréquemment. La loi de l'arcsinus permet de démontrer le caractère fallacieux de cette croyance pourtant largement répandue. Elle montre en effet qu'il existe ce que l'on pourrait appeler une persistance de la chance (ou symétriquement de la malchance).

La loi des grands nombres nous apprend que plus l'expérience est longue, plus la fréquence réelle d'apparition du pile (ou du face) tend vers sa fréquence théorique, soit 1/2. Mais ce qui est vrai pour la fréquence, qui est un ratio, ne l'est pas pour la grandeur en valeur absolue : La différence entre le nombre absolu de piles et de faces obtenus tend à croître avec la durée de l'expérience et les retournements de situation tendent à être de plus en plus rares.

Après les 100 premiers lancers, face pourra par exemple l'emporter par 54 apparitions contre 46 seulement pour pile (différence = 8, ratio = 54/46 = 1,17). 900 lancers plus tard, soit après 1 000 jets, face sera par exemple toujours en tête avec 519 apparitions contre 481 pour pile. La différence en valeur absolue aura augmenté (38 contre 8 après 100 lancers), mais le ratio aura diminué pour se rapprocher de sa valeur théorique (519/481 = 1,08).

Imaginons ainsi une longue partie de pile ou face, consistant en un nombre 2n de jets. À partir de l'un de ces jets déterminés au hasard, on remonte le temps à la recherche de la dernière époque à laquelle il y avait égalité entre les joueurs, c'est-à-dire le numéro de l'expérience tel que le nombre de faces est strictement égal au nombre de piles. Ce numéro de l'expérience est forcément pair, et on l'appellera 2k (avec $0 < k < n$). La loi de l'arcsinus démontre que la distribution de k est symétrique en ce sens que la probabilité d'occurrence de k est exactement égale à celle $n - k$. Cette symétrie implique notamment que les inégalités $k > n/2$ et $k < n/2$ sont également probables. Ce qui veut dire qu'il y a une chance sur deux de n'avoir aucune égalisation dans la deuxième moitié de la partie, qu'elle que soit la durée de celle-ci. Il s'avère en outre que les valeurs les plus probables pour k sont les valeurs extrêmes 0 et n.

L'exemple présenté dans le tableau 1 permet de fixer les idées à l'aide de quelques données chiffrées. Supposons qu'un grand nombre d'expériences de pile ou face soient conduites simultanément au rythme d'un jet par seconde, jour et nuit pendant une année entière. En moyenne, *dans 20 % des cas*, la dernière égalisation aura lieu après seulement 9 jours, l'avantage restant au même joueur pendant les 356 jours suivants ! (persistance de la chance précitée). Conséquence de cette théorie, la durée séparant deux changements de signe (c'est-à-dire deux passages d'une situation gagnante à une situation perdante) est infiniment longue.

Tableau 1. –

P	t_p	P	t_p
0,9	154 jours	0,3	20 jours
0,8	126 jours	0,2	9 jours
0,7	100 jours	0,1	2 jours
0,6	75 jours	0,05	13,5 heures
0,5	53 jours	0,02	2,16 heures
0,4	35 jours	0,01	32,4 minutes

Pour une pièce de monnaie jetée chaque seconde pendant 365 jours, le tableau indique la durée maximum (^tp) affectée de la probabilité pertinente (P), pendant laquelle le perdant mènera la partie.

Graphique 2. – *Résultats obtenus sur 10 000 jets d'une pièce équilibrée*

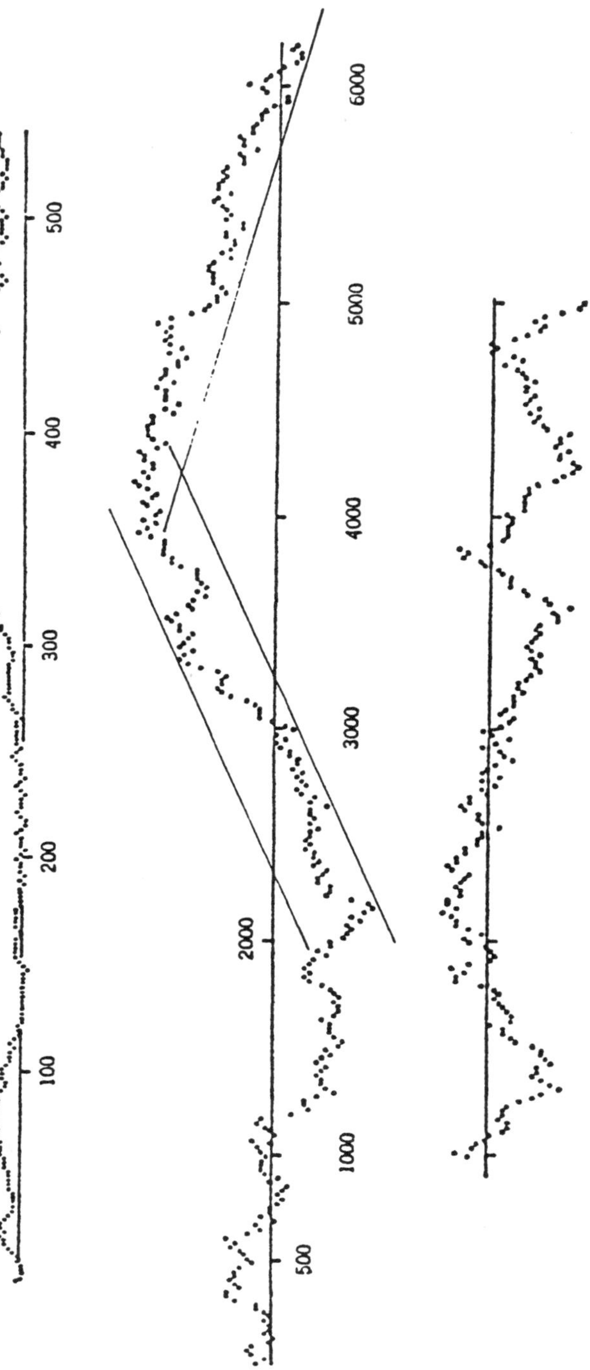

Source : Feller, « Introduction to Probability Theory ».

Le fait que les valeurs extrêmes de k (0 et n) soient les plus probables se traduit en termes de simulation financière par le fait suivant : lorsqu'un actif part d'un cours initial donné, soit il reviendra très vite à ce cours initial (k proche de n), soit il n'y reviendra que très longtemps après (k proche de 0). Entre-temps, dans ce deuxième cas, il demeurera toujours au-dessus (en cas de hausse initiale) ou toujours en dessous (en cas de baisse initiale) de son cours d'origine. D'où la constatation de ce que les analystes techniques appellent tendances.

Le graphique 2, représentant les données contenues dans le tableau 2, résulte d'une simulation par ordinateur de 10 000 jets successifs d'une pièce de monnaie. La première ligne représente le résultat des 550 premiers jets, la deuxième ligne celui de la série entière des 10 000 jets, l'échelle horizontale ayant été réduite dans un rapport de 1 à 10.

Tableau 2. –

Essais	**Nombre de faces**										**Total**
0 – 1,000	54	46	53	55	46	54	41	48	51	53	501
0 – 2,000	48	46	40	53	49	49	48	54	53	45	485
0 – 3,000	43	52	58	51	51	50	52	50	53	49	509
0 – 4,000	58	60	54	55	50	48	47	57	52	55	536
0 – 5,000	48	51	51	49	44	52	50	46	53	41	485
0 – 6,000	49	50	45	52	52	48	47	47	47	51	488
0 – 7,000	45	47	41	51	49	59	50	55	53	50	500
0 – 8,000	53	52	46	52	44	51	48	51	46	54	497
0 – 9,000	45	47	46	52	47	48	59	57	45	48	494
0 – 10,000	47	41	41	48	59	51	52	55	39	41	434

Note : Le tableau ci-dessus indique les résultats obtenus dans une série de 10 000 lancers d'une pièce de monnaie, chaque nombre correspondant au nombre de « faces » apparues dans une sous-série de 100 lancers.
Ex : au cours des 100 premiers lancers, 54 faces ont été observées, alors que 46 seulement sont apparues au cours des 100 lancers suivants, etc.

Les résultats sont aussi représentés au graphique 2. Si de tels graphiques étaient présentés à un analyste technique sans lui en indiquer leur origine, il n'hésiterait pas à tracer diverses tendances, clairement visibles, et dont certaines ont été représentées ci-dessus. Et pourtant, il s'agit bien là de la représentation d'un phénomène purement aléatoire.

On peut donc en conclure que le hasard a des tendances. Dès lors, la loi de l'arcsinus autorise une véritable réconciliation entre les analystes techniques (qui concentrent leur attention sur le repérage des tendances) et les défendeurs de la théorie de la marche au hasard.

À la date d'aujourd'hui, c'est plutôt l'interprétation qui diffère : « Ceux qui marchent au hasard » affirment que toute l'information étant reflétée par le marché, il n'y a aucun moyen de tirer profit d'une quelconque information. « Ceux qui regardent où ils mettent leurs pieds », au contraire, affirment que les informations sont reflétées par le marché avant qu'elles soient publiques. Pour John J. Murphy, ce fameux hasard que certains veulent voir dans le marché, n'est que le reflet de leur incapacité à reconnaître des formations systématiques. Et de citer l'exemple de l'électro-cardiogramme, dont le tracé pourrait apparaître comme le fait du hasard au non-averti, tandis qu'il est lourd de sens pour le médecin entraîné. Pour l'analyste technique, il ne fait aucun doute qu'il existe une certaine inertie des cours.

L'objectif de l'analyse technique est alors d'éliminer les fluctuations traduisant les hésitations des investisseurs afin de révéler les mouvements significatifs. Pour ce faire, un certain nombre de méthodes, plus ou moins évoluées, ont été développées.

À l'heure où la télévision multiplie les expériences dites de « micro-trottoir », au cours desquelles des personnes choisies au hasard dans la rue sont interrogées sur des sujets d'actualité, nous pourrions proposer l'enquête suivante, (dite enquête 1) : « Si vous aviez le choix entre (A) toucher 85 000 francs et (B) avoir 85 % de chances de toucher 100 000 francs, quelle solution préféreriez-vous ? » Il ne fait guère de doute qu'une immense majorité de personnes interrogées préférerait la solution (A) (« Mieux vaut tenir que courir ! »).

Une deuxième enquête (enquête 2) pourrait ensuite être réalisée, sur le thème suivant : « Si vous aviez le choix entre (A) perdre 85 000 francs et (B) avoir 85 % de chances de perdre 100 000 francs, quelle solution préféreriez-vous ? » Il y a fort à parier que presque toutes les personnes interrogées préféreront la solution (B) qui leur ménage 15 % de ne rien perdre du tout.

L'individu moyen est donc « non-linéaire » : il n'aime pas le risque quand il s'attend à gain mais l'acceptera (et même le préférera) face à une perte attendue.

En termes courants (et approximatifs), la non-linéarité signifie que l'effet n'est pas proportionnel à la cause. Un système non-linéaire est un système dont les éléments ne sont pas liés entre eux par une relation linéaire ou proportionnelle. Les marchés financiers constituent un exemple parmi d'autres de système non-linéaire. Comme on l'a vu plus haut, un même événement peut avoir des conséquences bien différentes selon les conditions d'environnement. Une hausse d'un demi-point des taux d'intérêt aura des effets bien différents selon l'interprétation que feront les opérateurs et leurs vues quant aux intentions de la banque centrale.

De toute évidence, cela ne facilitera guère la prévision. Quelques espoirs peuvent être trouvés du côté des statistiques non-linéaires, domaine scientifique extrêmement pragmatique, pur produit des développements informatiques, sans lesquels les gigantesques manipulations de données seraient impossibles. Ces chercheurs essayent de trouver un semblant d'ordre dans ce qui paraît être totalement chaotique.

La théorie des marchés efficients a été en majeure partie fondée sur la non-corrélation des variations de cours entre elles. Dans les années 80, certains travaux ont mis en évidence une exception remarquable à cette règle : si les variations sont portées au carré (donc multipliées par elles-mêmes), une corrélation se fait jour. L'élévation au carré fait évidemment disparaître tous les signes négatifs et ce qui a été mis en évidence, c'est qu'une forte hausse ou une forte baisse a plus de chance d'être suivie par une autre forte hausse ou baisse, sans qu'il soit possible de dire quel sens est le plus probable. Plus que la variation de cours, ce serait la volatilité qui aurait un comportement « tendanciel ».

C'est ainsi qu'on en arrive aux modèles GARCH, pour « Generalized Auto-Regressive Conditional Heteroskedacity », ce qui signifie grossièrement que la volatilité fait apparaître des amas, des grappes. Les prix ont tendance à être agités quand ils viennent de l'être, à être calmes s'ils l'étaient précédemment.

Des améliorations apportées aux modèles GARCH semblent avoir donné des résultats encore plus intéressants. Quand on distingue les périodes de forte volatilité de celles où la volatilité est plus faible, une structure reproductible apparaît. Quand la volatilité est plutôt faible, des tendances se font jour. Quand au contraire, la volatilité est élevée, le marché ne cesse de se retourner (et les tendances sont trop courtes pour apparaître). Dans les deux cas, une certaine prédictabilité paraît possible.

Cela permet-il aux opérateurs d'améliorer leur profitabilité ? Des universitaires ont voulu en savoir plus. Blake Le Baron et William Brock de l'Université du Wisconsin ont entrepris de tester certaines des méthodes chartistes les plus pratiquées sur 90 ans d'évolution du Dow Jones : 20 versions différentes du croisement des moyennes mobiles (acheter quand la moyenne mobile courte passe au-dessus de la longue), et 6 versions de la tendance invalidée (acheter quand un cours dépasse un sommet précédent).

Les résultats furent étonnamment bons : les signaux d'achat furent suivis par une hausse moyenne de 12 % (en termes annuels), tandis que les signaux de vente furent suivis par une baisse moyenne de 7 % (toujours en termes annuels). Les professeurs Brock et Le Baron en conclurent que l'opinion majoritaire dans les milieux de la finance théorique, selon laquelle l'analyse technique ne servait à rien, était « prématurée ».

Cette étude créa un certain choc dans le monde économique. Et il est un fait qu'aujourd'hui, nombre de professionnels de la finance, sans être nécessairement des partisans de l'analyse technique, mettent en avant les défauts majeurs des modèles académiques et appellent de leurs vœux une nouvelle théorie financière, fondée sur les études du comportement réel des marchés et non pas sur les hypothèses simplificatrices généralement acceptées.

Tous les modèles développés à partir des années soixante sont du type linéaire, et la fameuse droite de marché en est l'illustration la plus éclatante. Depuis une dizaine d'années, des investisseurs institutionnels ont développé des modèles non-linéaires d'allocation des ressources qui montrent que les marchés financiers sont loin d'être efficients et que ces inefficiences peuvent être mises à profit par les investisseurs disposant des ressources informatiques d'analyse adéquates.

Il semble donc concevable que, dans un futur peut-être pas si éloigné, une nouvelle théorie financière supplantera celle que l'on connaît aujourd'hui, nouvelle théorie élaborée sur la base de l'observation d'une bonne centaine d'années de données de marché sur des instruments divers dans le monde entier et non sur des hypothèses comme l'existence d'un homo-economicus rationnel et de relations linéaires entre les principales variables. Il y a fort à parier qu'une telle théorie, si elle venait à naître, réconcilierait définitivement les universitaires et les analystes techniques...

3. Les grandes familles de méthodes

En un siècle de pratique, les analystes techniques s'en sont donné à cœur joie et, en fonction de leurs fantasmes propres, ont développé de très nombreuses techniques, et un nombre encore plus impressionnant d'indicateurs, censés renseigner l'opérateur sur l'état du marché étudié. Le reste de cet ouvrage présentera l'essentiel de ces méthodes.

Néanmoins, il est possible de distinguer dès maintenant trois grandes catégories de méthodes, qui se sont développées plus ou moins simultanément, et dont les partisans sont parfois des frères ennemis. Nous les appellerons ici : analyse traditionnelle, analyse moderne et analyse philosophique.

3.1. L'analyse technique traditionnelle

C'est celle qui répond le mieux à la définition donnée par John J. Murphy citée plus haut. Elle est toute entière fondée sur l'étude des graphiques, qui permettent de mettre en avant des tendances, des configurations diverses et variées dont l'analyste tirera des conclusions plus ou moins intelligentes.

Le qualificatif de traditionnel recouvre en fait deux réalités. D'une part, il s'agit de l'analyse la plus ancienne – ses origines remontent à la fin du siècle dernier. D'autre part, c'est aujourd'hui toujours la plus pratiquée, essentiellement parce que c'est la plus facile à mettre en œuvre : une règle et un crayon à papier sont les seuls outils indispensables. C'est aussi cette branche de l'analyse technique sur laquelle la littérature est la plus abondante et c'est toujours par elle que l'analyste technique débutant prend connaissance du marché. Nous tenons à préciser que le terme de « traditionnel » n'a pour nous aucune connotation péjorative. Le caractère pratique de ces méthodes et les résultats obtenus justifient pleinement leur intérêt.

3.2. L'analyse technique moderne

De conception beaucoup plus récente (une vingtaine d'années), cette famille de méthodes s'est développée par application au domaine financier de techniques antérieurement mises au point dans d'autres spécialités scientifiques. Les emprunts ont surtout été faits aux mathématiques et à la physique (principalement à l'électronique et au traitement du signal).

La représentation graphique n'est plus un préalable à l'analyse : la matière première est directement constituée par les chroniques de cours ou de volume, qui subissent divers traitements numériques.

Les méthodes, parfois qualifiées (à juste titre) de quantitatives présentent l'énorme avantage de fournir des résultats quantifiés. Par exemple, une tendance haussière sera caractérisée et mesurée par la pente de la courbe. Cette quantification, qui de toute évidence est un élément objectif, permet d'effectuer des classements utiles à l'analyste : par exemple, classement des valeurs par pente ascendante décroissante. Les résultats obtenus sont donc moins sujets à caution que ceux obtenus par une interprétation, nécessairement subjective, d'un graphique de cours.

Le revers de cette médaille est bien sûr le côté lourd, ou « usine à gaz » de ces modèles d'analyse. Certains d'entre eux nécessitent des temps de traitement assez longs, donc coûteux, et ne peuvent se faire qu'avec des ordinateurs suffisamment puissants. La fantastique montée en puissance des ordinateurs personnels facilite dans une large mesure l'accès à ces méthodes, mais il faut reconnaître que dans la pratique, elles sont encore l'apanage des professionnels.

On note aussi que c'est dans cette famille d'analyse technique que les principaux efforts de recherche sont dirigés. Citons par exemple les travaux effectués dans les domaines du filtrage numérique (application de méthodes de traitement du signal), de la théorie des chaos (qui cherche à trouver un ordre « déterministe » derrière une apparence de hasard) ou la confection de systèmes-experts, qui génèrent automatiquement des diagnostics.

Si les rencontres entre les analystes traditionnels et les analystes modernes sont assez fréquentes, rares sont ceux qui peuvent prétendre appartenir aux deux courants simultanément. Dans un cas comme dans l'autre, le temps et la pratique nécessaires à l'obtention de résultats de qualité rendent quasi obligatoire la dédication à une seule des méthodes.

Sociologiquement, les analystes traditionnels sont plutôt d'anciens opérateurs de marché, souvent formés sur le tas et jouissant d'une longue et riche expérience de *trading*, tandis que les analystes modernes sont plus souvent de jeunes diplômés pleins d'idées empreints d'un état d'esprit scientifique qui a longtemps fait défaut à l'analyse technique. Ces deux courants sont clairement complémentaires.

3.3. L'analyse technique philosophique

Si l'analyse technique moderne est d'un abord assez difficile, c'est parce qu'elle fait appel à des notions mathématiques parfois poussées, donc assez peu diffusées dans le grand public. L'analyse technique philosophique est elle aussi difficile à saisir, mais pour des raisons fort différentes.

Tout d'abord ces courants d'analyse (peu nombreux mais fort influents) participent d'une ambition bien plus grande que la simple explication des phénomènes de marché. En fait, ils cherchent tous à fournir une explication du monde et sont fondés sur la croyance qu'il existe une espèce d'ordre naturel (dont l'origine n'est d'ailleurs pas précisée) qu'il est possible de retrouver dans les fluctuations financières. Cet ordre naturel est souvent un peu « nébuleux » et difficile à présenter clairement et en tout cas, quasiment impossible à justifier. Probablement le meilleur exemple de cet ordre naturel supposé est constitué par la célèbre théorie d'Elliott (cf. *infra*, chapitre 5) qui prétend que tout mouvement du marché peut s'analyser en huit phases, dont cinq d'impulsion et trois de correction. L'ambition de l'auteur apparaît d'ailleurs clairement dans le titre de son principal ouvrage : *Les lois de la nature.*

Deuxième difficulté dans l'approche de ces courants d'analyse : les écrits des auteurs sont souvent épars, sans unité aucune et dans certains cas ne sont même que des brouillons retrouvés de nombreuses années après. La plupart du temps, ces écrits ont même été popularisés par de brillants exégètes et non par les auteurs eux-mêmes, les exégètes prenant sur eux de réécrire le tout sous une forme intelligible pour le commun des mortels.

Ces divers auteurs (les deux plus fameux étant Elliott et Gann) et leurs écrits seraient probablement restés confidentiels si certains utilisateurs de leurs méthodes n'avaient obtenu des résultats parfois remarquables dans le domaine de la gestion. Du coup les projecteurs ont été braqués sur ces méthodes quelque peu ésotériques, qui ont alors connu une certaine heure de gloire : cela a par exemple été le cas pour la théorie d'Elliott dont on a beaucoup parlé en 1998-1989, suite aux travaux de R. Prechter.

Même si ce succès doit beaucoup à la mode, il faut reconnaître que la démarche des auteurs est intéressante dans son ambition et n'est pas sans préfigurer les travaux scientifiques mentionnés plus haut sur la théorie du chaos.

Chapitre 2

L'ANALYSE TECHNIQUE TRADITIONNELLE

L analyse technique traditionnelle part du principe que les cours sont la manifestation du comportement psychologique des intervenants et que celui-ci devient à son tour influencé par le niveau et l'évolution des cours. L'analyse technique traditionnelle va se servir de la représentation graphique pour constater l'importance psychologique des cours (existence des seuils) mais également pour montrer que certaines configurations graphiques (manifestation du comportement des individus) ont tendance à se reproduire dans le temps et autorisent donc la prévision.

L'objet de ce deuxième chapitre est justement de déterminer comment il est possible de transformer les données des cours en graphiques simples et clairs, de montrer ensuite l'existence graphique de seuils et de tendances et de parvenir enfin à déterminer l'existence de figures et leur valeur prédictive.

1. Les données de base – Représentation et intérêt

Les données de base sont assez limitées en nombre : les cours, les volumes et les positions ouvertes, ces dernières n'étant disponibles que dans le cas des marchés de futures et d'options.

Tous les marchés du monde opérant aujourd'hui en continu, avec des séances de négociation couvrant généralement six ou sept heures, le nombre de cours enregistrés sur un même actif financier durant une journée de marché est très grand.

Le grand public n'a généralement pas connaissance de tous ces cours, mais les professionnels disposent de bases de données exploitables en temps réel leur permettant une analyse aussi fine qu'ils le désirent.

1.1. La représentation graphique des cours

Le premier travail d'un chartiste est de choisir une forme de représentation des cours. Les possibilités sont au nombre de quatre.

La plus simple réside dans le tracé d'une courbe continue complétée et améliorée ensuite par la méthode des *bar charts*.

Le deuxième type de représentation provient du Japon où les *candlesticks* sont très populaires et constituent une méthode propre d'analyse des cours beaucoup plus complète que celle des *bar charts*.

Le market profile constitue la troisième et la plus récente forme de représentation graphique. Elle s'applique principalement à une analyse *intra-day*.

Le quatrième et dernier mode de représentation, celui des points et figures, est une méthode purement chartiste antérieure aux courbes continues dans l'histoire de l'analyse technique traditionnelle.

Les trois premiers types de représentation graphique seront présentés dans ce paragraphe, tandis que la quatrième section de ce chapitre sera intégralement consacrée à la méthode des points et figures.

1.1.1. Les courbes continues et les bar charts

1.1.1.1. Les courbes continues

La façon la plus naturelle de représenter les cours est d'utiliser une courbe continue rejoignant tous les cours relevés à un même moment de la journée. Les courbes les plus fréquentes représentent ainsi une série de cours d'ouverture ou de cours de clôture. Cependant, dès que l'on travaille à plus long terme, le graphique arrive à saturation. Ainsi, pour voir apparaître plusieurs années de cours, il faut compresser les données quotidiennes en données hebdomadaires ou mensuelles. On utilise alors par exemple le dernier cours de la semaine ou du mois comme pour les graphiques quotidiens (voir graphique 1a (quotidien) et graphique 1b (hebdomadaire)).

1.1.1.2. Les bar charts ou graphiques en bâtonnets

Une des grosses lacunes des courbes continues est leur imprécision et la non-utilisation de toutes les données disponibles. On se cantonne ainsi aux derniers cours alors que ceux-ci ne sont pas forcément représentatifs de la journée de *trading* (le dernier cours est parfois obtenu avec un volume dérisoire). La représentation en *bar charts* comble parfaitement cette lacune. Le *bar chart* ou graphique en bâtonnets permet de représenter toute l'information disponible sur les cours (plus bas, plus haut, clôture et éventuellement ouverture) sur un simple bâtonnet, de la façon suivante :

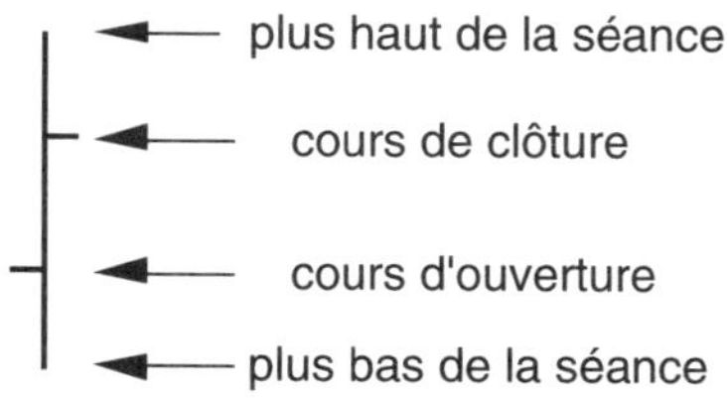

Graphique 1a. – *Cours quotidiens du Matif représentés en courbe continue*

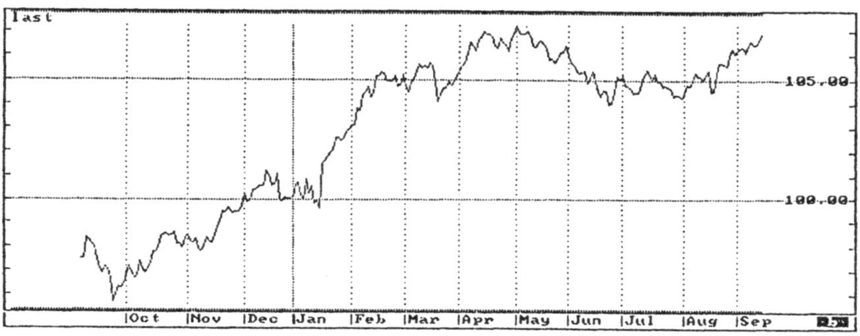

Source : Telerate – Global Dow Jones Information.

Graphique 1b. – *Cours hebdomadaires du Matif représentés en courbe continue*

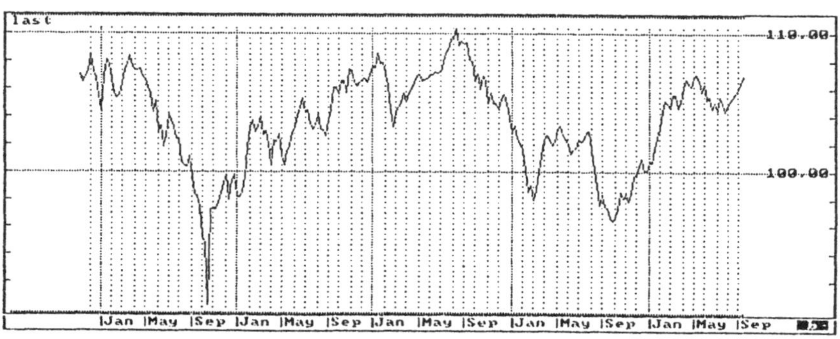

Source : Telerate – Global Dow Jones Information.

D'autre part, par définition la courbe continue relie tous les points et donne l'impression d'un mouvement continu dans le temps, comme si chaque point de la courbe avait été coté, ce qui n'est pas toujours le cas. Les *bar charts*, eux, permettent de voir les gaps ou « trous » où le marché n'a pas connu de cotations. L'analyse de ces *gaps* permet d'ailleurs d'obtenir un certain nombre d'indications et de signaux que nous présenterons dans la troisième section (cf. graphique 2).

Graphique 2. – *Cours quotidiens du Matif représentés sous la forme de* bar charts

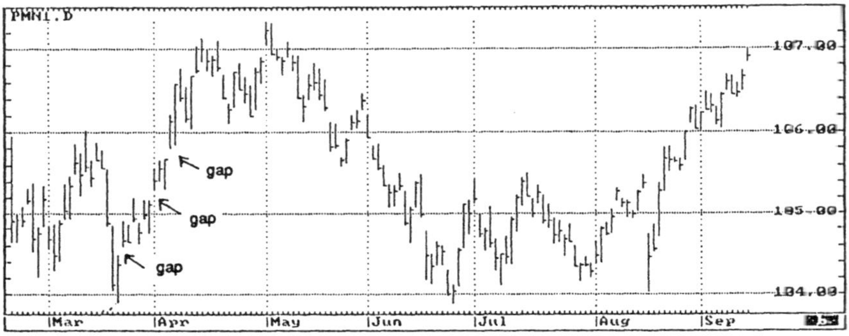

Source : Telerate – Global Dow Jones Information.

1.1.1.3. Le choix de l'échelle : arithmétique ou logarithmique

Une fois choisi le mode de représentation (courbe continue ou *bar chart*), il s'agit de définir l'échelle. L'échelle arithmétique est la plus utilisée ; elle a l'avantage de pouvoir être tenue manuellement et vient naturellement à l'esprit.

Cependant, à long terme, l'échelle logarithmique permet de relativiser les variations dans le temps. En effet, sur un graphique allant de 100 à 400 par exemple, le passage de 100 à 200, qui constitue un doublement des cours, aura la même importance sur le graphique arithmétique que le passage de 300 à 400 qui constitue une progression de seulement 33 %. L'échelle logarithmique permet de relativiser ces variations en établissant une échelle cohérente donnant la même importance aux variations en pourcentage. Le passage de 100 à 200 aura ainsi la même taille que le passage de 200 à 400.

Quelle échelle choisir dans ce contexte ? Si l'échelle logarithmique semble la plus acceptable du point de vue économique et financier, elle n'est pas la plus utilisée par les chartistes. En effet, la plupart d'entre eux utilisent le graphique arithmétique sur le court terme et accumulent ainsi un certain nombre de références et de figures. En passant sur le plus long terme, ils souhaitent retrouver cette « histoire » qui est encore dans l'esprit des intervenants et préféreront donc garder l'échelle arithmétique (le passage au log détruit en effet une grande partie des tendances et des figures obtenues sur des graphiques arithmétiques de court terme).

Ceci traduit également le fait que les intervenants sont davantage influencés par le niveau absolu des cours que par leur niveau relatif.

Par ailleurs, tous les objectifs techniques donnés par les différentes figures sont calculés en points et non en pourcentage. Il devient alors techniquement incorrect d'essayer de travailler sur des graphiques logarithmiques.

Graphique 3. – *Exemple de graphe logarithmique sur l'indice INSEE*

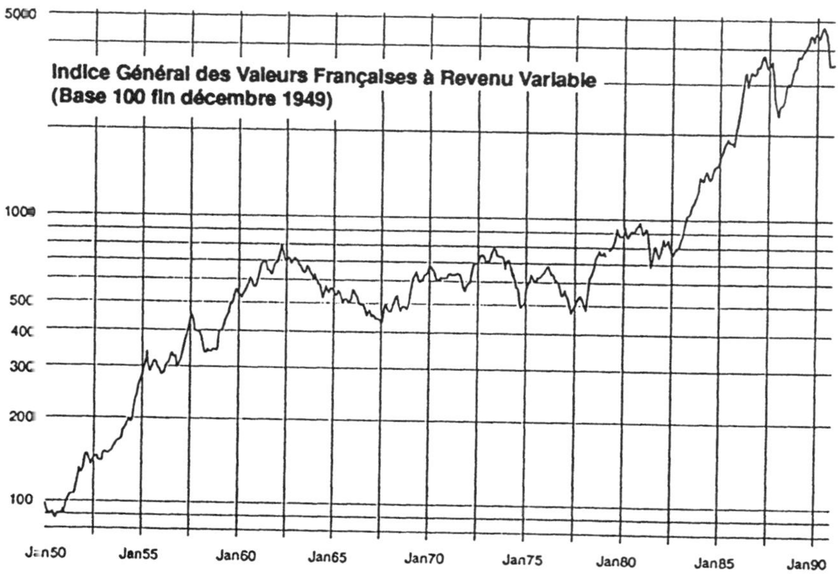

Note : L'utilisation d'une échelle logarithmique s'avère inévitable pour représenter l'indice INSEE depuis 1950 et permet de relativiser les principaux mouvements.

On remarquera cependant que l'observation de graphiques en log est parfois rendue nécessaire (pour écraser les trop fortes variations) et permet d'obtenir ainsi une bonne idée du comportement à long terme du marché (cf. graphique 3).

De toute façon, le problème ne se pose que sur les marchés d'actions puisque tous les graphiques représentant des taux d'intérêt ou des devises sont en base arithmétique.

1.1.2 Les candlesticks ou chandeliers japonais

Les *bar charts* permettent principalement de repérer rapidement les points extrêmes d'une journée et le cours de clôture et de visualiser les *gaps* d'un jour à l'autre.

Les candlesticks, illustre méthode de représentation graphique au Japon depuis plus d'un siècle était restée quasiment inconnue en occident, jusqu'à l'apparition du célèbre ouvrage de Steve Nison *Japanese candlestick charting techniques* paru seulement en 1990. Depuis lors, la plupart des logiciels graphiques propose cette représentation qui connaît aujourd'hui un énorme succès. Les *candlesticks* reprennent les principes des *bar charts* mais permettent également d'apprécier le sens de la journée en distinguant directement si le cours de clôture est supérieur ou inférieur au cours d'ouverture.

Les Japonais distinguent toujours deux types d'énergie : le *Yin* et le *Yang* ; le *Yin* représente l'énergie négative et le *Yang*, l'énergie positive.

Sur un marché, une diffusion d'énergie négative se traduit par un cours de clôture inférieur au cours d'ouverture, inversement, une journée positive est marquée par une clôture supérieure à l'ouverture. Sur le graphique, l'écart entre le cours d'ouverture et le cours de clôture est appelé *body* (ou corps) et ressemble à une bougie (*candle*), tandis que les extrêmes (points qui ne sont pas compris entre l'ouverture et la clôture) sont ensuite représentés par un simple trait vertical (comme les *bar charts*) et sont appelés *shadows* (ou fantôme/ombre).

Ensuite, suivant qu'il s'agit d'une journée négative (*Yin day*) ou d'une journée positive (*Yang day*), la « bougie » est respectivement teintée de couleur sombre ou de couleur claire (ou transparente).

On obtient donc la représentation suivante :

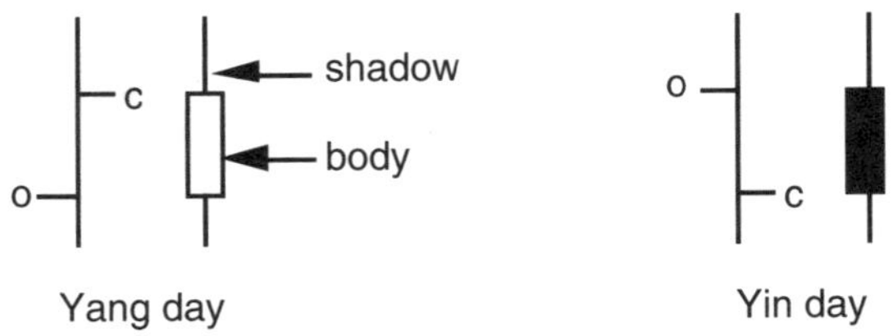

Cette seule représentation permet de mieux apprécier la dynamique *intra-day* du marché (lourdeur d'une tendance haussière, par exemple, quand de nombreux « *Yin day* » sont constatés sur les sommets).

Les *candlesticks* permettent, en effet, de vérifier la dynamique d'un mouvement. L'observation d'une succession de bougies noires dans une tendance haussière traduit une certaine contradiction du marché : il parvient à faire des plus hauts mais chaque jour le marché s'enflamme à l'ouverture puis ne parvient pas à se stabiliser et s'essouffle en fin de journée ce qui démontre sa lourdeur. La couleur générale du graphique nous permettra donc d'identifier la force relative des tendances.

Les quinze configurations de base sont les suivantes :

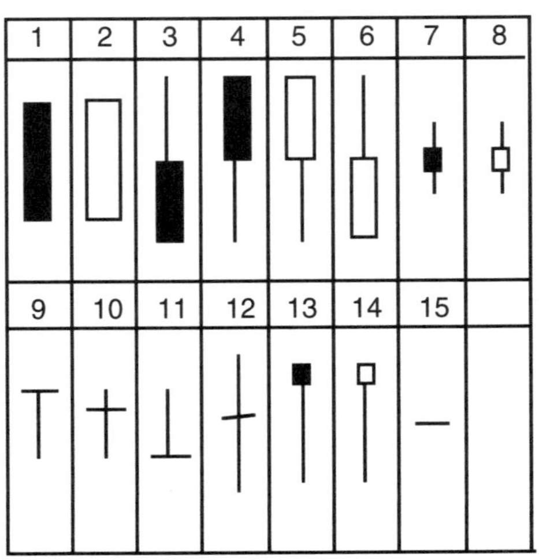

Nom	*Surnom*	*Caractéristiques*
1. Yin majeur	Marubozu of yin	Fortement baissier
2. Yang majeur	Morubozu of yang	Fortement haussier
3. Yin majeur	Closing yin bozu	Baissier (suppose un plus bas)
4. Yin majeur	Opening yin bozu	Baissier (suppose un plus bas)
5. Yang majeur	Opening yang bozu	Haussier (suppose un plus haut)
6 Yang majeur	Closing yang bozu	Haussier (suppose un plus haut)
7. Yin mineur	Toy (yin)	Incertain
8. Yang mineur	Toy (yang)	Incertain
9. Clôture et ouverture identiques	Dragongly	Point de retournement
10. Clôture et ouverture identiques	Dragonfly	Point de retournement
11. Clôture et ouverture identiques	Pagoda	Suggère un retournement
12. Clôture et ouverture identiques	Doji	Suggère un retournement
13. Yin sur un *shadow*	Umbrella ou hammer	Vendre quand il apparaît en haut
14. Yang sur un *shadow*	Umbrella	Acheter quand il apparaît en bas
15. Clôture et ouverture identiques	Identical four prices	Point de retournement

Les chandeliers japonais peuvent par ailleurs être employés utilement dans le tracé des tendances ou le repérage de supports et de résistances car ils permettent de distinguer les points importants (ceux situés à l'intérieur du corps) et ceux qui le sont moins (ombres). Ainsi le tracé de certaines tendances pourra plus facilement traverser des ombres sans remettre en cause sa qualité, mais à condition que les corps des bougies n'empiètent pas sur la droite.

De la même façon, on pourra considérer qu'un support ou une résistance est plus significative dès lors qu'ils marquent le sommet ou le fond du corps des bougies et non pas seulement de leurs ombres.

Cette méthode ne s'arrête pas à cette simple représentation des cours puisqu'elle propose une théorie complète sur les principales figures fournies par les *candlesticks*.

Les différentes figures répertoriées sont assez nombreuses et, peuvent être constituées, pour les plus simples, d'une seule et unique bougie.

Les configurations à plusieurs bougies (combinaisons de *Yin* et de *Yang* liées) sont encore plus nombreuses et plus complexes dans leur interprétation. Nous retiendrons ici celles qui nous paraissent les plus significatives et les plus importantes.

1.1.2.1. Les *doji*

Un *doji* est une bougie dont l'ouverture et la clôture sont identiques, c'est-à-dire qu'elles n'ont quasiment pas de corps. Le *doji* reflète un marché où les haussiers et les baissiers s'équilibrent en fin de journée (cf. graphique 4).

Cependant, dans un marché en tendance, l'apparition d'un *doji* peut être l'indication d'un retournement de tendance puisque les haussiers (dans le cas d'un *bull-market*) ou les baissiers (*bear-market*) perdent le contrôle du marché.

Graphique 4. – *Représentation d'un* doji

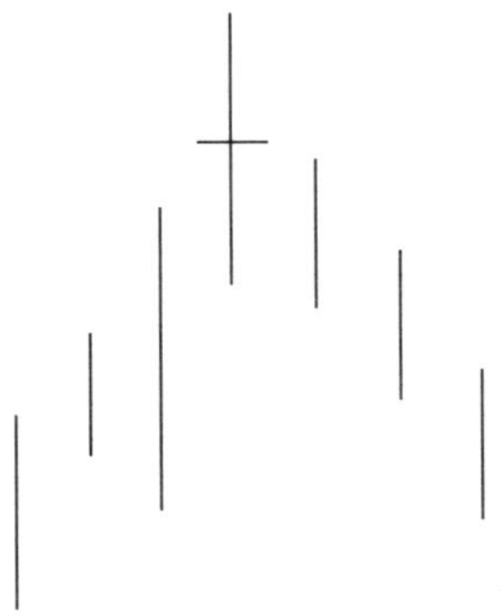

Le *doji* annonce très souvent qu'un point extrême vient d'être touché et qu'un retournement important risque d'apparaître.

Graphique 5. – *Exemple de plusieurs dojis entraînant des retournements de tendance sur le S&P 500*

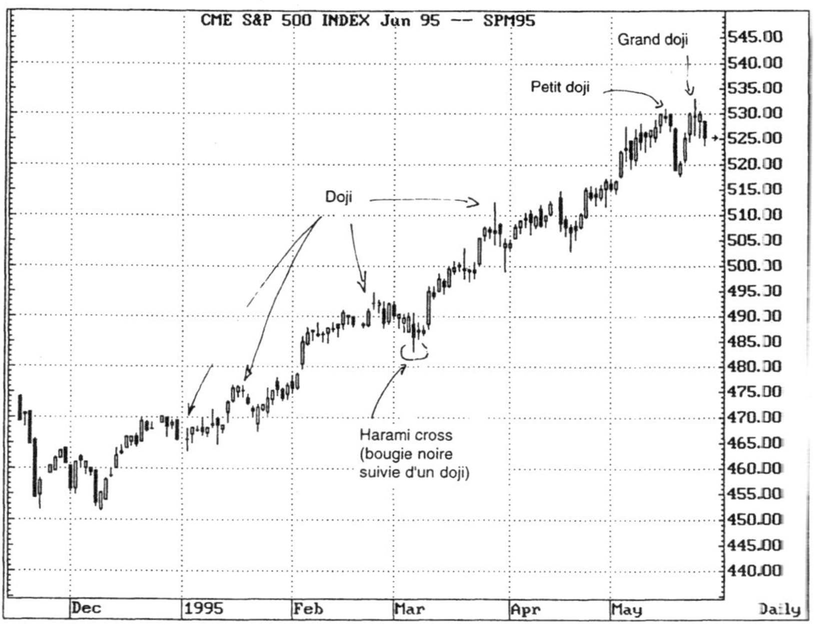

Source : ADP.

Par ailleurs, quand les ombres sont très longues, on peut interpréter une journée en *doji* de la façon suivante : dès l'ouverture, le marché essaie une direction puis revient sur le cours d'ouverture et essaie de passer dans la direction opposée. Finalement, il ne parvient pas à choisir son camp et clôture sur l'ouverture, refusant ainsi de se décider. La décision sera en fait repoussée au lendemain. La tendance à venir est donc très souvent donnée par la journée suivante : un cours d'ouverture en baisse après une journée en *doji* signifiera qu'après une journée d'hésitation, le marché a finalement pris sa décision, en l'occurrence celle de baisser. Le graphique 5 illustre plusieurs cas de *doji*.

1.1.2.2. Les marteaux *(hammer)* et les pendus *(hanging man)*

Il s'agit d'une même figure qui représente un petit corps – blanc ou noir – qui domine une ombre importante (plus de trois fois la taille du corps) (cf. graphique 6.a) et dont l'appellation dépend de la tendance existante : si cette figure arrive durant une hausse, il s'agit d'un pendu (*hanging man*) (cf. graphique 6.b). Au contraire, si elle émerge au cours d'une baisse, il s'agit d'un marteau (*hammer*) (cf. graphique 6.c). Un bon moyen mnémotechnique pour faire la distinction est de considérer qu'un pendu s'accroche en hauteur (branche, plafond...) et que lors d'une baisse, les cours sont écrasés ou martelés...

Graphique 6a. – *Marteau* (hammer) *ou pendu* (hanging man)

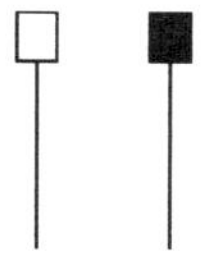

Graphique 6b. – *Un pendu*

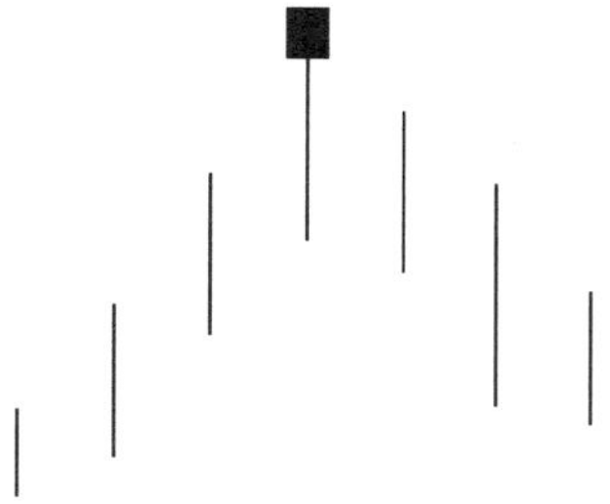

Le pendu apparaît après un mouvement haussier et est suivi d'un retournement baissier (la bougie peut être noire ou blanche).

Graphique 6c. – *Un marteau*

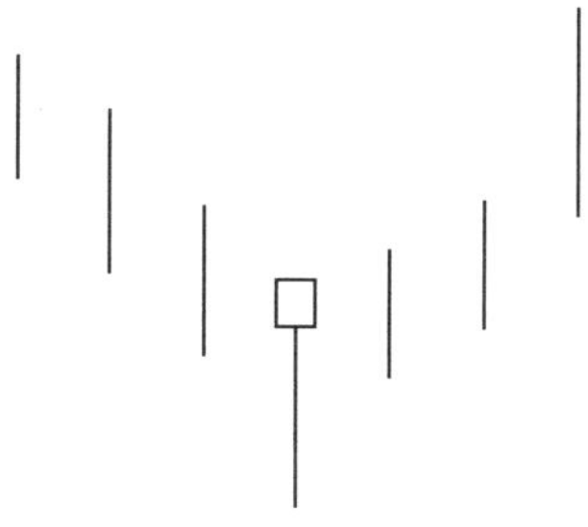

Le marteau apparaît après une tendance baissière et entraîne une reprise haussière (la bougie peut être noire ou blanche).

Plus le corps est petit et plus l'ombre est importante, plus significatif est le *bearish hanging man* ou le *bullish hammer*.

Ces deux figures sont des figures de retournement de la tendance en cours. Cependant, tout comme pour le *doji*, la journée du lendemain est souvent déterminante pour confirmer le retournement. Dans le cas d'un marteau, on attendra le lendemain une clôture en hausse avec un plus bas en progression. À l'inverse, un pendu sera confirmé si le jour suivant est en baisse et avec une ombre inférieure. Le graphique 7 illustre plusieurs exemples de pendus et de marteau.

Graphique 7. – Hammer *et* hanging man

Source : ADP.

1.1.2.3. Les *morning stars* et *evening stars* (étoiles du matin et du soir)

Une *morning star* est une configuration haussière de retournement comprenant trois bougies (cf. graphique 8a). La première dispose d'un corps noir important, la deuxième bougie à un tout petit corps (blanc ou noir) qui se situe sous le corps de la première (sans avoir de cours coïncidant). La troisième bougie est blanche avec un corps important comparable à celui de la première bougie.

Le petit corps de la deuxième bougie qui établit de nouveaux plus bas montre en fait une sorte d'essoufflement de la dynamique puis – qu'il fait suite à un grand corps noir. Cela indique que les vendeurs commencent à perdre le contrôle du marché. La journée suivante qui développe une grande bougie blanche va définitivement prouver la reprise en main du marché par les haussiers.

Graphique 8a – Morning star *ou étoile du matin*

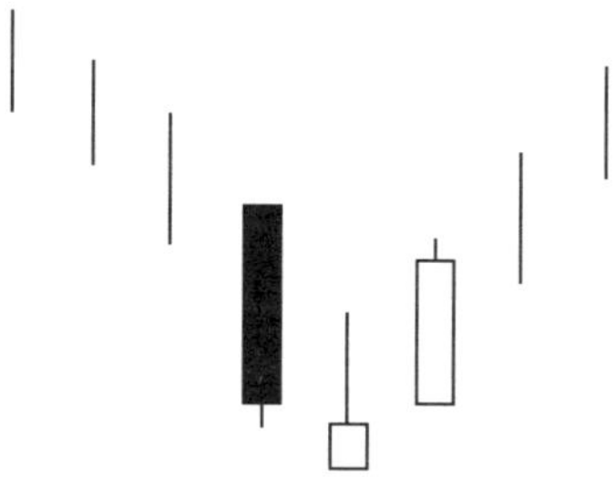

La *morning star* est suivie d'un fort retournement haussier.

Graphique 8b. – Evening star *ou étoile du soir*

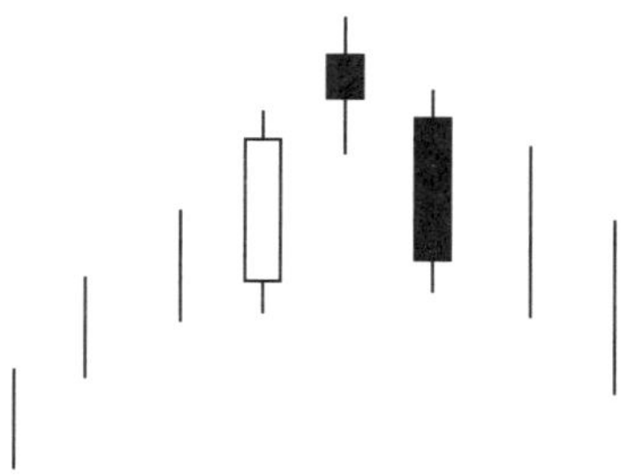

Une *evening star* est l'équivalent baissier de la *morning star* (cf. graphique 8b). La configuration se situe au sommet d'un mouvement et marque un retournement baissier. Le graphique 9 illustre plusieurs cas de *morning star* et *evening star.*

1.1.2.4. Les *shooting stars* et les *inverted hammers*

Les *shooting stars* et les *inverted hammers* ressemblent à des pendus inversés : il s'agit en effet de bougies dont le corps est situé en bas et est dominé par une grande ombre. Comme pour les pendus les *shooting star* apparaissent en haut d'une tandance haussière et marquent un retournement de tendance. Une *shooting stars* parfaite ouvre généralement avec un gap par rapport à la session précédente (cf. graphique 10a et exemple contenu dans le graphique 9). En revanche, les *inverted hammers* apparaissent après une baisse et entraînent un retournement du marché à la hausse si la bougie suivante se trouve au-dessus du corps de l'*inverted hammer* (cf. graphique 10b et graphique 9).

1.1.2.5. Les *abandoned babies* ou bébés abandonnés

Il s'agit tout simplement de la figure dite en *island reversal* (cf. *infra*). Il s'agit donc d'une bougie isolée par deux gaps de sens opposé (un gap baissier, suivi d'un gap haussier) et qui marque un retournement très significatif et parfois majeur. Les graphiques 7 et 12 donnent une parfaite illustration de ce qu'est un bébé abandonné et de la puissance du retournement qui s'en suit.

Graphique 9. – *Exemples de* morning *et* evening star *et de deux* shooting stars

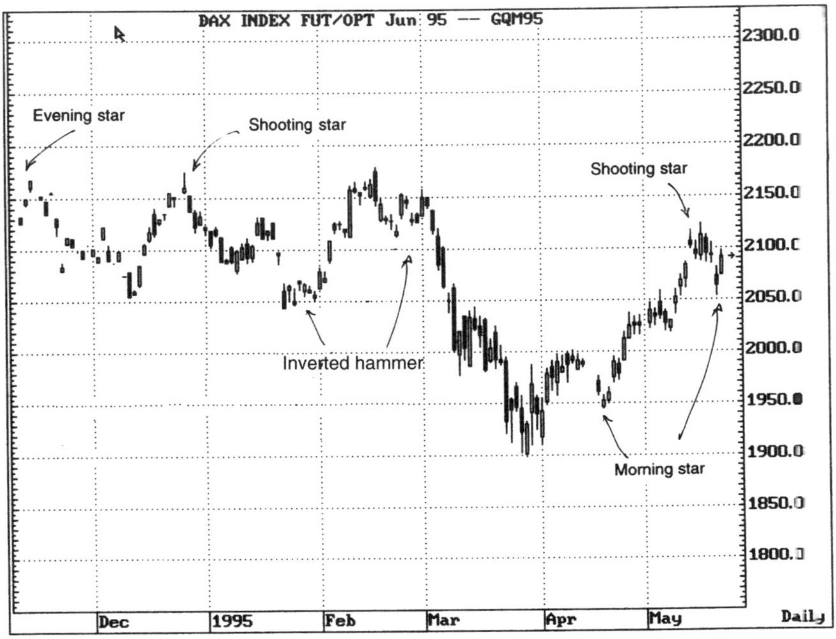

Source : ADP.

Graphique 10a. – *Schéma d'une* shooting star

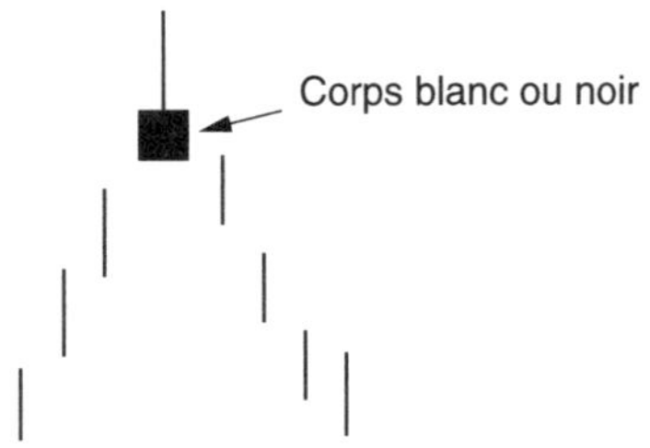

Graphique 10b. – *Schéma d'un* inverted hammer

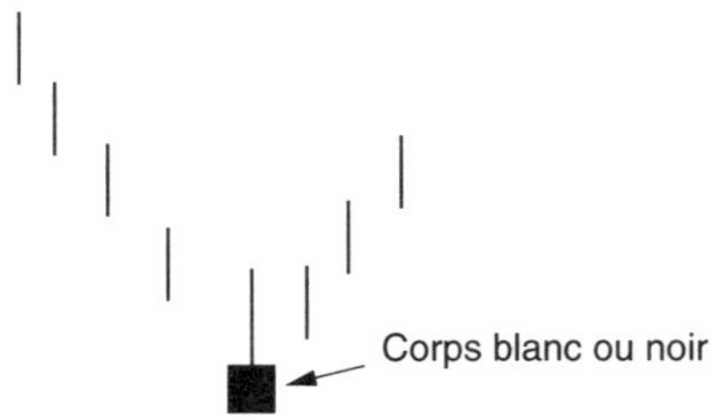

Le corps de la bougie suivante doit être au-dessus du corps de l'*inverted hammer*.

1.1.2.6. Les *engulfing patterns* ou configurations d'absorption

Il s'agit d'une des configurations de retournement les plus efficaces parmi toutes celles proposées par les *candlesticks*. Elle se décompose de la façon suivante : en *trend* haussier, une bougie blanche effectue un nouveau sommet. Le lendemain, le marché est plein d'enthousiasme et ouvre en hausse par rapport à la clôture précédente mais en cours de journée, le marché se retourne et clôture finalement sous le cours d'ouverture de la veille ; développant ainsi une grande bougie noire qui enveloppe complètement la bougie blanche de la veille. Cette grande bougie noire marque une rupture de comportement et indique que les haussiers ont clairement perdu la face (cf. graphique 11).

En *trend* baissier, les *bullish engulfing patterns* sont la symétrique des *bearish engulfing patterns* : une bougie noire se fait complètement envelopper par une grande bougie blanche qui marque le début du retournement du marché. Le graphique 12 offre plusieurs exemples de ce type de configuration.

Graphique 11. – Bullish *et* bearish engulfing pattern

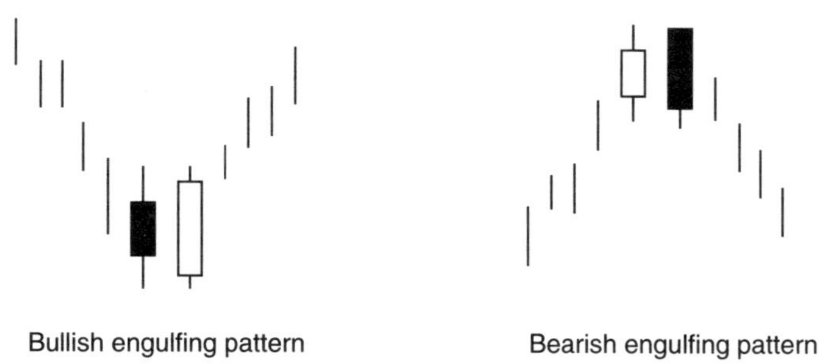

Ces différents exemples de *bearish* et *bullish engulfing patterns* montrent la force des retournements qui suivent la figure.

1.1.2.7. Les *haramis* ou femmes enceintes

Les *haramis* sont des constructions inverses aux *engulfings*. Cette formation en deux bougies est en effet composée d'une première bougie avec un corps important suivie d'une seconde bougie dont le corps, beaucoup plus petit, va se loger à l'intérieur de l'espace occupé par le corps de la première bougie (cf. graphique 13).

En japonais, *harami* signifie femme enceinte. La grande bougie est parfois surnommée la mère et la petite bougie qui suit, bébé ou fœtus.

Le *harami* va aussi montrer un certain essoufflement dans la tendance du marché. Dans un marché haussier, une longue bougie blanche va être suivie par une petite bougie (blanche ou noire) qui témoigne d'une certaine incertitude (d'autant plus grande si la petite bougie est noire). Un retournement de tendance est alors possible. Les haussiers sont en difficulté et perdent un peu la main sur le marché.

Graphique 12. – *Illustration de plusieurs* bullish *et* bearish engulfing patterns *ainsi que d'un* abandoned baby

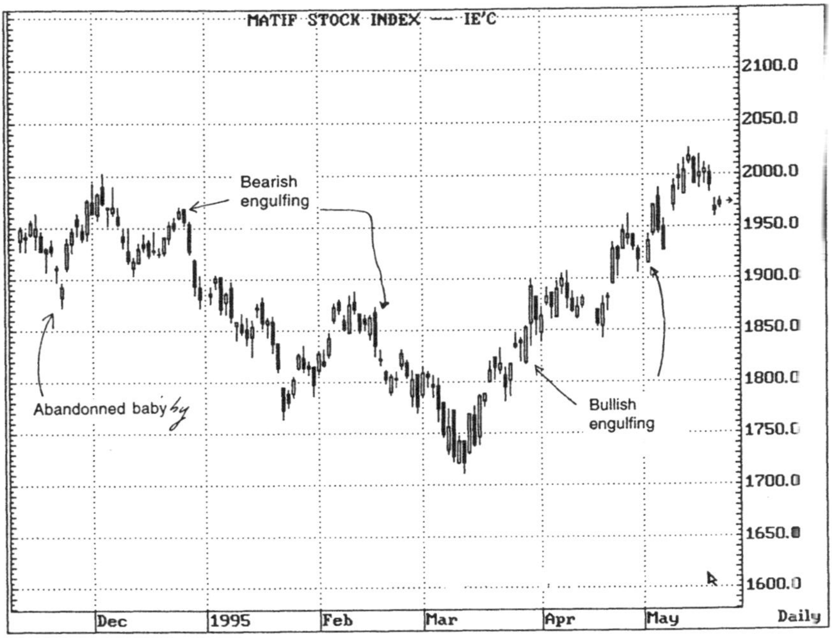

Source : ADP.

Graphique 13. – *Schéma d'un* harami

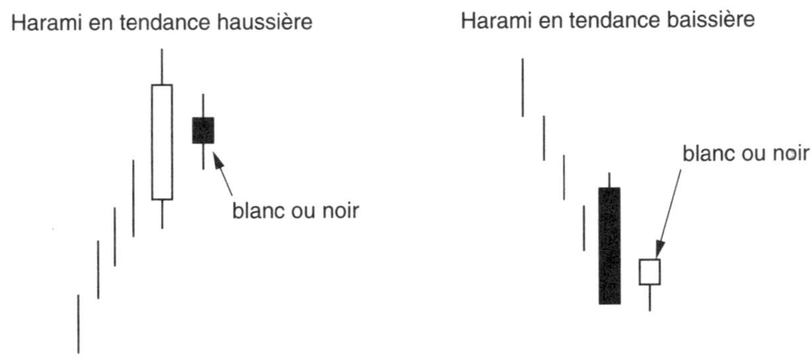

Quand la seconde bougie est formée d'un *doji*, la figure s'appelle alors un *harami-cross* et est considérée comme une configuration majeure de retournement du fait de la présence d'un *doji* (cf. *supra*-graphique 5).

Le graphique 14 présente quelques cas d'*haramis* haussiers et baissiers.

Graphique 14. – *Exemple d'*haramis *sur le Matif optionnel*

Source : ADP.

1.1.2.8. Les *dark cloud covers* et *piercing patterns*

Lors d'une tendance haussière, le *dark cloud cover* se manifeste par une grande bougie blanche permettant d'établir des plus hauts, immédiatement suivie par une journée ou l'ouverture est en progression par rapport au plus haut de la veille mais où la suite des événements va être négatif puisque la clôture se fera vers le plus bas de la journée et largement à l'intérieur de la bougie blanche précédente. Cela traduit l'annulation de l'avancée de la tendance haussière et un risque important de retournement (cf. graphique 15).

Graphique 15. – *Présentation d'un* dark cloud cover

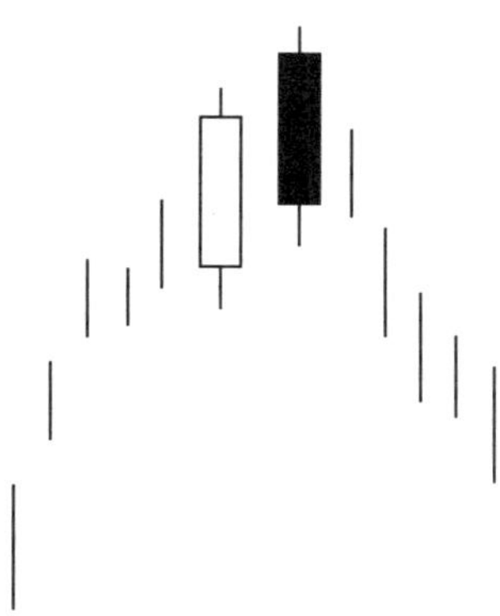

Plus le degré de pénétration de la bougie blanche précédente est fort, plus le retournement a de chance d'être puissant. Une pénétration d'au moins 50 % de la bougie précédente est nécessaire pour considérer cette figure comme parfaite et efficace. Elle confirme le fait que les haussiers sont en train de perdre la main et qu'une inversion de tendance peut suivre.

Le *piercing pattern* est la représentation symétrique des *dark cloud covers* et est donc une figure haussière de retournement. Le graphique 16 illustre plusieurs exemples de *dark cloud covers* particulièrement efficace ainsi que celui d'un *piercing pattern*.

Graphique 16. – *Exemples de* dark cloud cover *et de* piercing pattern

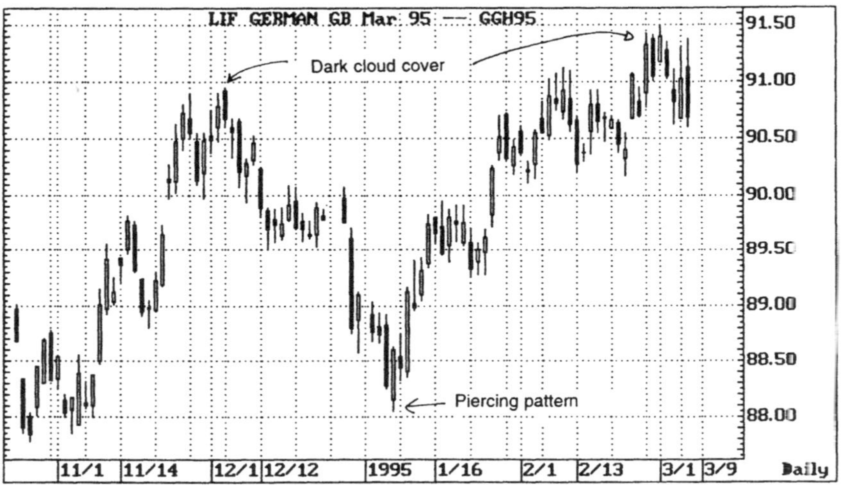

Source : ADP.

1.1.3. Le market profile

Le *market profile* a été inventé par J. Peter Steidlmayer au début des années 80 et a ensuite été développé et commercialisé par le CBOT.

Contrairement aux autres méthodes de représentation, le *market profile* s'intéresse surtout à l'analyse *intra-day* des cours et ne peut être pratiqué que sur les grands marchés à terme où les *locals* (l'équivalent des NIPS – négociateurs indépendants de Parquet – du MATIF) ont une activité significative.

Le graphique du *market profile* se construit de la façon suivante :

On définit tout d'abord une période de *trading* de 30 minutes ou 1 heure et on attribue à chaque période successive une lettre de l'alphabet (A de 9 h 30 à 10 h 00 ; B de 10 h 00 à 10 h 30 ; C de 10 h 30 à 11 h 00…).

Dès qu'une cotation a lieu pendant une période, on inscrit la lettre correspondante sur le prix coté et on répète l'opération à chaque changement de cours ; sachant qu'à chaque niveau de prix ne peut correspondre qu'une seule lettre de la même période. L'opération est ensuite recommencée pour chaque nouvelle période de temps.

Le graphique 17 illustre comment s'opère le passage d'une représentation classique en *bar chart* à une représentation en *market profile*. Au premier coup d'œil, on peut déjà constater que le *market profile* met en valeur les zones de consensus où il y a beaucoup de cotations et les zones extrêmes correspondant à des tentatives de sortie du consensus.

Graphique 17. – *Passage d'un graphique en bar chart à une représentation en* Market Profile

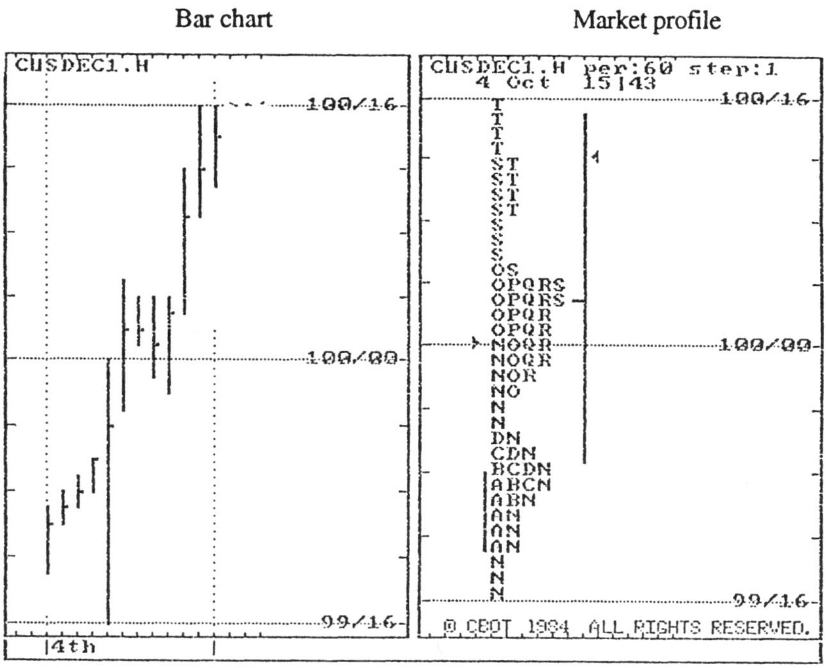

Source : Telerate – Global Dow Jones Information.

Le *market profile* distingue deux grandes catégories d'acteurs : d'une part, les *locals* qui interviennent dans une optique de très court terme (souvent quelques minutes et jamais plus d'une journée) et, d'autre part, les « autres intervenants » (*traders*, gestionnaires…) qui travaillent à plus long terme.

Le *market profile* considère que la première heure de *trading* est « monopolisée » par les *locals* qui testent des zones de consensus possibles (d'où l'apparition de variations importantes en début de séance) et que les heures suivantes sont maîtrisées par les autres intervenants qui vont donner la tendance du marché.

Les « autres intervenants » peuvent avoir un comportement actif en achetant sur les sommets du *range* initié par les *locals* lorsque les cours sont supérieurs au consensus de la veille ou un comportement passif en achetant sur les extrêmes si ceux-ci sont inférieurs au consensus de la veille (et inversement pour la vente).

L'analyse du comportement des « autres intervenants » va donc être particulièrement utile pour connaître la tendance et la psychologie du marché. La structure du *market profile* dans la journée permettra également d'apprécier la force de la tendance. Les graphiques 18 donnent quelques exemples de *profile* de marché et leur signification.

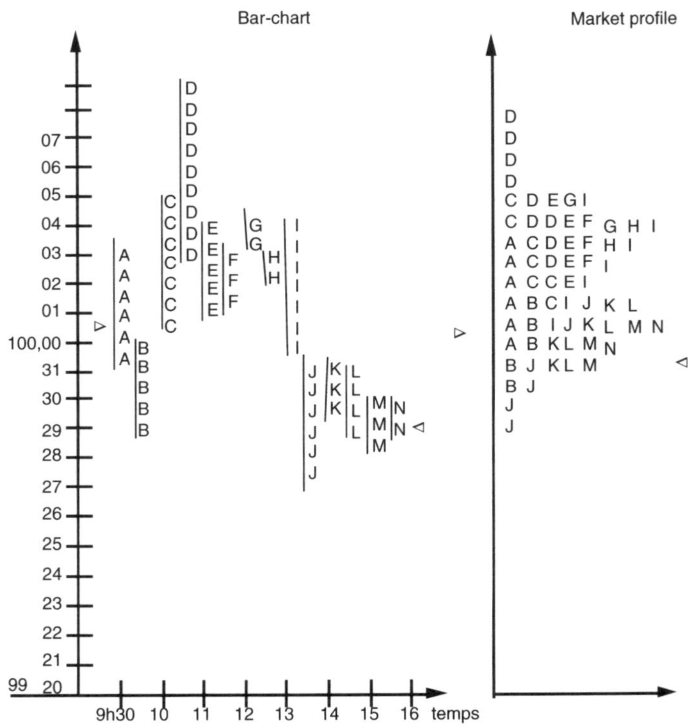

A = Cotation de 9 h à 9 h 30
B = Cotation de 9 h 30 à 10 h
C = Cotation de 10 h à 10 h 30
D = Cotation de 10 h 30 à 11 h, etc.

1.2. Le volume et la position ouverte

Après avoir défini les différentes méthodes de représentation graphique, nous allons maintenant nous intéresser aux autres données de base du marché que sont le volume et la position ouverte ou *open interest*. Il s'agira d'abord de définir la présentation graphique de ces données, puis de montrer quelles informations essentielles apportent ces deux séries de données.

Graphique 18a. – Market profile *sur plusieurs jours*

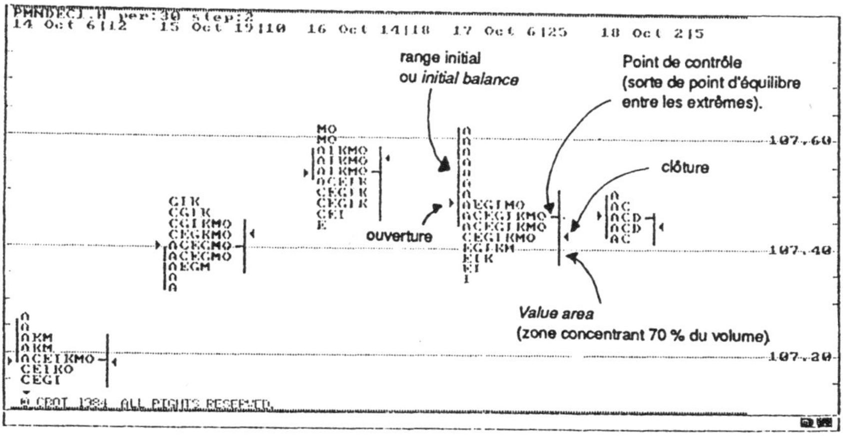

Source : Telerate – Global Dow Jones Information.

Graphique 18b. – *Exemples de* profiles *de marché*

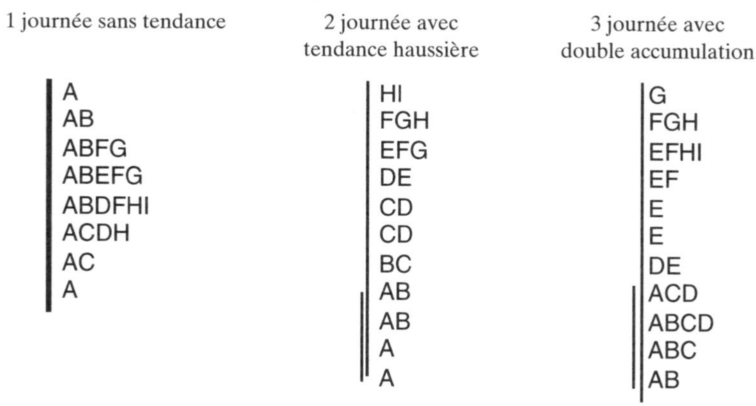

1 Journée sans tendance : L'intégralité du *range* de la journée est parcourue par les *locals* lors de la première période. Par la suite, les « autres intervenants » ne prennent pas d'initiatives et poursuivent la phase d'accumulation.
2 Journée avec tendance haussière : Les « autres intervenants » dépassent le *range* initial des *locals* et entraînent une hausse progressive des cours sans zone d'accumulation.
3 Journée avec une double accumulation : On observe d'abord une première zone d'accumulation, puis le marché progresse vivement jusqu'à une nouvelle zone d'équilibre.

1.2.1. Définition et présentation graphique

Le volume se définit comme le nombre de titres ou de contrats échangés sur le marché pendant une période précise, généralement une journée. Le volume peut se déterminer en quantité de titres ou de contrats ou en masse de capitaux. Dans la pratique, sur un marché à terme, on utilise le nombre de contrats échangés et, sur un marché d'actions, on parle plus volontiers de capitaux (du fait des opérations en capital – division des actions – augmentation de capital – le nombre de titres échangés ne constitue pas une donnée continue).

La position ouverte ou *open interest* représente le nombre de contrats en position, c'est-à-dire le nombre de contrats effectivement en circulation. Cette position ouverte représente l'intérêt momentané des intervenants. La plupart des contrats en position sont en effet débouclés avant l'échéance : la position ouverte représente donc un volume potentiel qui peut influencer le marché en cas de débouclement prématuré.

La position ouverte n'existe bien sûr que sur les marchés à terme. Les marchés d'actions ne disposent pas de ce type d'information, puisque les titres existent réellement et ne sont pas créés par les intervenants comme c'est le cas sur les marchés à terme. Les marchés d'actions sont donc limités aux seules données de cours et de volume. Cependant, dans le cas de la France, le marché à Règlement Mensuel constitue une sorte de marché à terme (puisque des positions sont prises à terme avec un effet de levier) qui donne une information mensuelle assez proche de celle fournie par l'*open interest* : la position de place. Celle-ci indique le nombre de titres reportés à l'achat et à la vente. Mais, il s'agit de données mensuelles connues avec plus d'une semaine de retard, difficiles à représenter graphiquement et n'ayant, par construction, qu'un faible intérêt prospectif.

L'*open interest* n'est pas, contrairement au volume, une donnée disponible à tout moment (puisqu'il s'agit des positions laissées ouvertes une fois la séance terminée), elle est souvent fournie avec une ou deux journées de retard. L'utilisation de la position ouverte ne peut donc concerner qu'une analyse de moyen-long terme.

Les contrats à terme ayant une durée de vie limitée, l'intérêt des intervenants pour chacune des échéances connaît une évolution cyclique. Délaissée au début de sa vie, car trop éloignée, chaque échéance connaît ensuite son heure de gloire. Afin d'éviter ces variations erratiques, on utilise généralement le volume et la position ouverte globale (c'est-à-dire toutes échéances confondues sur un même contrat).

D'autre part, il est parfois utile de considérer les données de la position ouverte par rapport à leur moyenne saisonnière. Certains marchés sont en effet très cycliques en termes d'activité. Toute variation de la position ouverte doit donc être également restituée dans un contexte historique. La baisse de la position ouverte pendant les mois d'été est, par exemple, un phénomène courant.

La présentation graphique

Les volumes sont présentés généralement sous le graphique des cours sous forme de bâtonnets, et la position ouverte en courbe continue au-dessus des volumes (cf. graphique 19).

1.2.2. L'utilisation du volume et de la position ouverte

La présentation du volume et de la position ouverte accompagnant la courbe des cours permet de donner un certain nombre d'indications sur l'évolution du marché et sur sa force.

Nous l'avons vu, le volume des transactions et le montant de la position ouverte représentent l'intérêt des intervenants pour le marché. Cet intérêt traduit finalement la force et le potentiel du marché : plus cet intérêt est grand, plus le mouvement considéré est significatif.

Une tendance forte est généralement poussée par une montée des volumes et un gonflement de l'*open interest*. À la fin du mouvement, la force initiale s'affaiblit, c'est-à-dire que le volume et la position ouverte se replient sensiblement montrant le manque d'intérêt des intervenants (il n'y a plus de consensus sur les cours devenus trop élevés ou trop bas).

Cette présentation générale se traduit par des règles très simples entre le rapport existant entre l'évolution à venir des cours et l'évolution constatée des données du volume et de l'*open interest*.

Un mouvement (qu'il soit haussier ou baissier) accompagné d'une progression simultanée du volume et de la position ouverte est un mouvement fort qui devrait logiquement se poursuivre. L'intérêt croissant des opérateurs pour le marché constitue en effet une preuve de sa force et de son potentiel. Inversement, si le mouvement considéré s'accompagne d'une baisse du volume et de l'*open interest*, cela correspond à une perte d'intérêt des intervenants pour le marché révélateur d'une fin de tendance proche et d'un retournement imminent du marché.

Les choses deviennent plus délicates à interpréter si les évolutions des volumes et de la position ouverte divergent :

– Si la position ouverte progresse tandis que les volumes se replient, on peut supposer que l'intérêt général des opérateurs pour le marché est limité (faibles volumes), mais que certains intervenants en profitent pour accumuler des positions (augmentation des positions ouvertes).

Cette accumulation de positions fait directement référence à la période d'accumulation décrite par Charles Dow : pendant que le marché semble être sans intérêt, certains (bien renseignés ou bien inspirés) constituent des positions et peuvent être considérés comme les initiateurs d'une nouvelle tendance (ou de la poursuite d'une tendance déjà existante).

Quand les volumes sont faibles et que la position ouverte monte, il se passe sûrement quelque chose sur le marché, et une tendance nouvelle risque d'apparaître dans les jours suivants.

– Dans le cas inverse où les volumes montent et où la position ouverte se rétracte, on peut suspecter une possible phase de distribution (cf. phase de distribution décrite par Charles Dow).

L'importance des volumes montre que de nombreux intervenants s'intéressent au marché (augmentation des volumes) mais que les investisseurs qui avaient des positions profitent du volume et de l'intérêt soudain pour le marché pour dégager une partie de leur position (désinvestissement).

Graphique 19. – *Représentation du Contrat notionnel avec le volume et la position ouverte et illustration du tableau 1*

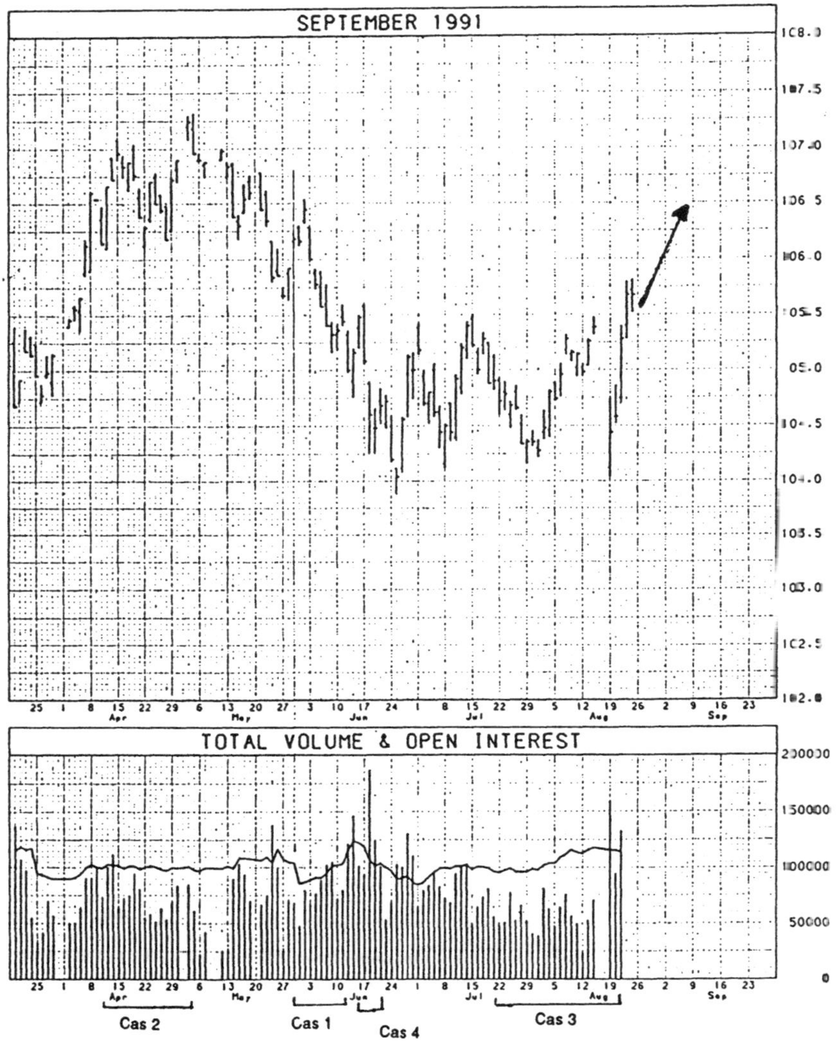

Source : Knight-Ridder/Commodity Perspective/Charts MATIF.

Cas 2 : Fin de la tendance haussière (baisse du volume et de la P.O.).

Cas 1 : Poursuite de la tendance (hausse de la P.O. et du volume).

Cas 4 : Distribution et fin de la tendance (baisse de la P.O. et hausse du volume).

Cas 3 : Accumulation et amorce d'une nouvelle tendance (avec hausse de la P.O. et baisse du volume).

Cette hausse du volume correspond souvent à la publication de nouvelles plus ou moins anticipées par le marché et est saluée avec une certaine euphorie. Les investisseurs qui étaient bien avant dans le marché profitent de cet excès sur les cours (arrivée éventuelle des petits investisseurs au moment où toute l'information est disponible) pour prendre leurs bénéfices et ressortir leur position distribuant ainsi aux derniers arrivants.

Dans ces conditions, la baisse de la position ouverte est très souvent annonciatrice d'une fin probable de la tendance existante et peut indiquer l'amorce d'un retournement de tendance.

Le tableau 1 récapitule les quatre cas de figure que l'on retrouvera également sur le graphique 19.

Tableau 1. – *Évolution de la tendance à venir en fonction de la variation des volumes et la position ouverte*

		Évolution		**Tendance à venir**
		de volumes	**de la position ouverte**	
Existence d'une tendance sur les cours	Cas 1	↗	↗	Poursuite du mouvement
	Cas 2	↘	↘	Retournement et fin de la tendance
	Cas 3	↘	↗	Phase d'accumulation : Naissance d'une nouvelle tendance
	Cas 4	↗	↘	Phase de distribution : Fin de la tendance existante

Enfin, comme nous le verrons dans les deuxième et troisième sections, la montée du volume et de la position ouverte renforce la qualité des signaux donnés par les figures techniques.

Nous allons maintenant présenter certaines caractéristiques de la position ouverte pour revenir ensuite sur l'analyse des volumes et en présenter certaines limites.

1.2.2.1. La position ouverte

Ce paragraphe a pour but de présenter certains éléments d'analyse propres à la position ouverte qui s'ajoutent aux principes déjà définis plus haut.

– Le tassement de la position ouverte, c'est-à-dire un affaiblissement de sa progression, peut être considéré comme le premier avertissement d'une fin de mouvement. La rupture de la tendance haussière de la position ouverte, alors que le mouvement continue à se développer, peut en effet être considérée comme le premier signal du tassement de l'intérêt des opérateurs pour le marché (cf. graphique 20).

Graphique 20. – *La rupture de la tendance haussière de la position ouverte est un signal précurseur du retournement de tendance sur les cours*

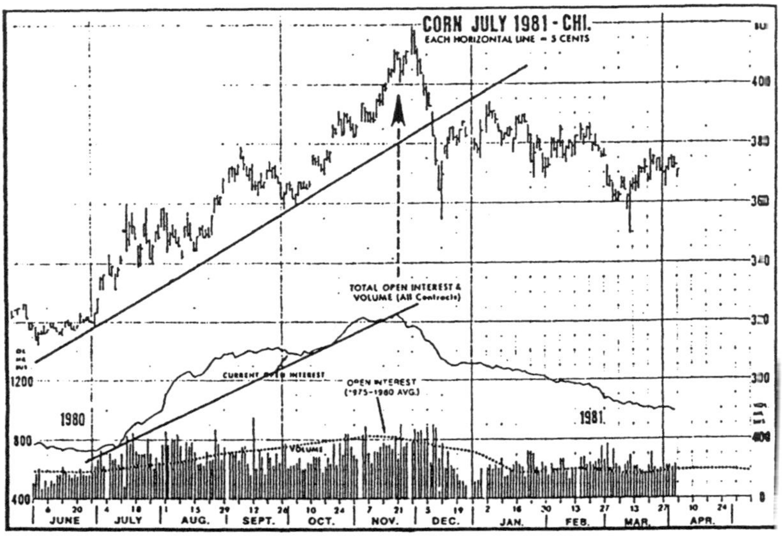

Source : John Murphy, *Technical analysis of the Futures Markets.*

– Une position ouverte très élevée (se trouvant à un niveau rarement atteint) et formée de façon soudaine sur des plus hauts (ou des plus bas) peut être très baissière (haussière) si une correction des cours intervient de façon brutale. En effet, tous les derniers arrivants vont perdre de l'argent et voudront se déboucler pour limiter leur perte. Ils vont alors renforcer la pression baissière sur les cours et déclencheront ainsi un mouvement de baisse important, voire un retournement de tendance.

– Si, dans les phases de correction ou de digestion plate (zone de *trading* horizontal), on observe une poussée de la position ouverte, la variation des cours après la rupture de la phase de digestion sera beaucoup plus importante que prévue. En effet, pendant la phase de repos, les intervenants accumulent des positions ; et lors de la rupture du *trading range*, beaucoup d'intervenants seront obligés de racheter (ou de revendre) leurs positions afin de limiter leur perte, entraînant une tension supplémentaire et donc une variation plus forte des cours (cf. exemple du cas 3 du graphique 19).

1.2.2.2. Les volumes

L'utilisation des volumes dans l'analyse technique n'est pas nouvelle. De tout temps, les chartistes ont considéré l'information apportée par les volumes comme essentielle car elle est représentative de la force du marché. Ainsi l'importance des volumes constatés de la validation d'une figure ou de la lecture d'un seuil est essentielle pour en apprécier la qualité. Plus récemment, de nouvelles méthodes chartistes basées sur la combinaison des cours et des volumes ont pu voir le jour, c'est le cas, par exemple, de certains oscillateurs techniques comme l'OBV (*on balance volume*) ou le *volume-accumulation* présentés dans le chapitre 7 et également de certaines formes de représentations graphiques reliant directement les prix et les volumes (cf. graphiques 22).

L'analyse « classique » des volumes est simple. Elle considère que les volumes sont représentatifs de la force du mouvement des cours. Un volume important caractérise généralement la solidité du mouvement qu'il accompagne. Inversement, un faible volume n'apporte aucune crédibilité au mouvement en cours.

Cependant, certaines nuances et certaines limites doivent être considérées, qui atténuent la qualité prédictive de l'analyse liée au seul volume.

Tout d'abord, l'analyse basée sur le volume est directement fonction du marché sous-jacent. L'interprétation de volumes sur un marché à terme et sur un marché d'actions est nécessairement différente.

Le volume constaté sur une action se compare directement au stock disponible (c'est-à-dire au nombre d'actions en circulation dans le public). Ainsi, lorsque les volumes échangés représentent une part significative du capital disponible, les implications sur les cours sont généralement simples et suivent la loi de la rareté. Comme il existe un stock limité d'actions, plus les volumes échangés sont forts, plus le « papier » devient rare et... cher. Le niveau des volumes sur les actions a donc une signification économique directe.

En revanche, les volumes constatés sur le marché à terme sont eux directement fonction du souhait des opérateurs d'entrer dans le marché (ou d'en sortir). Il n'existe pas de limites à la création de contrats ; il peut y avoir une forte poussée des volumes sans implications économiques directes (au problème près de la livraison éventuelle du sous-jacent).

Ainsi l'augmentation de volumes sur un marché à terme n'a pas la même signification que sur les marchés de cash et est de ce fait moins facile à maîtriser.

En outre, il existe certains marchés comme le marché des changes (cotés au gré à gré entre banques) où la notion de volume n'existe pas. Aucun cambiste ne dispose de statistiques sur le montant des échanges. L'analyse technique des marchés de changes se prive donc totalement de l'analyse des volumes.

Par ailleurs, dans la pratique quotidienne, certaines critiques peuvent être présentées.

Tout d'abord, contrairement aux cours, il n'est pas toujours aisé de faire ressortir une tendance nette sur les volumes. Les volumes quotidiens étant très volatils (succession de journées totalement creuses et de journées sportives, selon l'humeur du moment ou la publication – ou non – de statistiques diverses), il est parfois très difficile de dégager une tendance nette de ces volumes erratiques. Il est souvent possible de constater une tendance *a posteriori*, mais il est beaucoup plus rare d'en découvrir une au fil de l'eau.

Mais la critique la plus forte vient du praticien qui se heurte chaque jour au problème de l'analyse des volumes. Dans de nombreux cas la pratique contredit totalement les dires de la théorie.

Graphique 21. – *L'évolution des cours et des volumes du notionnel au début 1989 remet en cause certains principes théoriques*

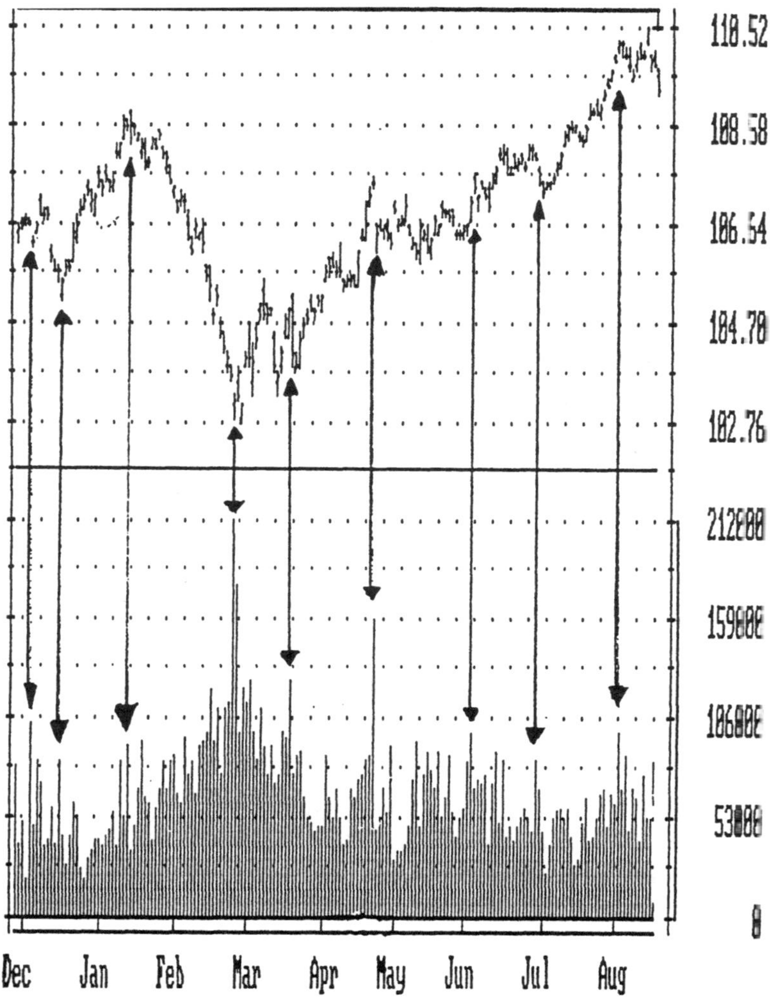

Source : Computrac version 3.0.

Ainsi, lorsqu'on regarde le graphique du notionnel et de ses volumes présentés au graphique 21, on constate souvent qu'un fort volume correspond à une situation extrême sur les cours. Le signal alors donné par une poussée des volumes est qu'un retournement, même de court terme, est à prévoir. Ceci constitue une remise en cause des principes de base concernant les volumes.

L'évolution des volumes du notionnel remet en question d'autres règles de base. La baisse de février 1989 s'est accompagnée par exemple de volumes croissants montrant théoriquement la force du mouvement. Celle-ci s'est arrêtée finalement avec un volume record. La tendance s'est alors retournée pour ramener le marché sur des plus hauts historiques d'après Krach sans qu'aucune tendance de fond puisse être constatée sur les volumes ; les volumes se seraient d'ailleurs plutôt tassés (signe théorique d'un essoufflement du marché).

Une des raisons de cette difficulté d'analyse provient en fait de la dissymétrie qui existe entre un marché baissier et un marché haussier. Les psychologies y sont tout à fait différentes. En effet, il faut toujours avoir en tête que le marché est structurellement long. Ainsi, le marché dans son ensemble réagit forcément très différemment à une hausse ou à une baisse. Si un mouvement haussier se développe, le marché est déjà long mais il ne l'est probablement pas assez. Les opérateurs constatent ainsi un manque à gagner ou une sous-performance par rapport à l'indice de référence. Cela engendre généralement une certaine frustration mais rarement de panique. En revanche, quand une baisse intervient, c'est tout le marché qui souffre. Tant que la baisse est limitée, elle offre des opportunités d'achat, mais si la baisse s'accélère, la sérénité disparaît et des réactions de panique se font jour. C'est typiquement ce qui se passe dans les situations de krach. Et c'est pourquoi il ne peut exister de krach à la hausse.

Si la psychologie des opérateurs est différente à la hausse et à la baisse, le comportement des volumes est lui aussi affecté par la psychologie du marché, comme l'est également la rapidité des mouvements (toujours plus violents à la baisse qu'à la hausse).

Typiquement, l'évolution d'une tendance haussière est simple : elle commence avec de faibles volumes qui finissent par gonfler de façon significative (cœur de la tendance) pour finalement diminuer progressivement avant qu'un retournement de tendance n'apparaisse.

Dans les tendances baissières, les situations sont plus complexes car elles ne respectent pas toutes les mêmes comportements. Très souvent, les tendances baissières démarrent avec de faibles volumes. Si la tendance baissière n'est qu'une consolidation, les volumes n'auront pas le temps de s'enfler puisque la tendance haussière réapparaît avant que toute panique ne se développe. Cependant, si la tendance baissière se confirme, alors un certain nombre d'opérateurs sont pris à contre-pied entraînant une accélération de la tendance avec des volumes de plus en plus forts. L'augmentation des volumes va permettre un véritable « nettoyage » du marché qui liquidera les mains faibles. Alors, une nouvelle tendance haussière pourra s'établir sur des bases saines (débarrassé d'une partie des spéculateurs ruinés). C'est typiquement ce que l'on retrouve dans l'exemple du graphique 21 où la baisse de janvier à février se développe avec des volumes en perpétuelle croissance qui confirment l'assainissement du marché.

La difficulté d'une tendance haussière est donc qu'elle n'est pas forcément complète : elle peut se limiter à des volumes faibles s'il s'agit d'une consolidation. En revanche, si la tendance baissière s'affirme, alors les volumes doivent augmenter sensiblement. En conséquence, un fort mouvement baissier qui n'a pas connu de forts volumes a peu de chance d'être terminé. Il est toujours préférable de voir des volumes élevés achever une forte baisse car ils garantissent l'assainissement du marché et la qualité du mouvement haussier à suivre.

Graphique 22a. – *Prix-volume : cycle de tendance haussière et baissière*

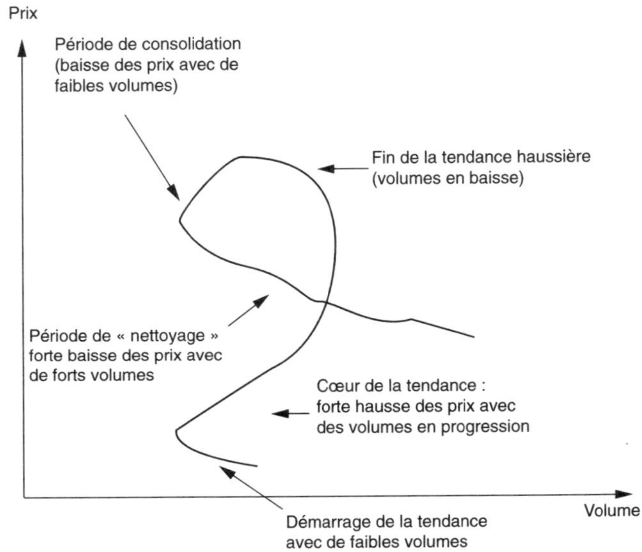

Graphique 22b. – *Prix-volume : succession de cycles de tendances complets et développement d'une tendance de long terme*

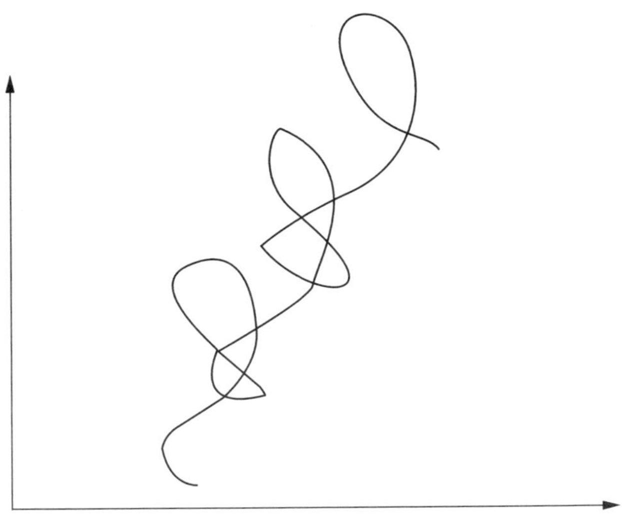

Les graphiques prix-volumes qui combinent l'évolution du prix en fonction du volume permettent de visualiser les mécanismes logiques d'une succession de tendances haussières et baissières (cf. graphiques 22a et 22b). Le graphique 22c montre, lui, le cas d'un cycle haussier interrompu par de simples consolidations.

Graphique 22c. – *Cas d'une tendance haussière interrompue par une simple consolidation baissière*

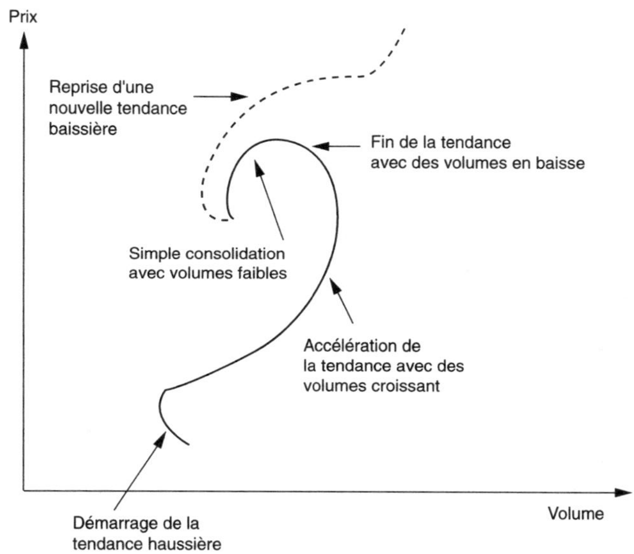

1.2.3. Le graphique equivolume

L'equivolume est une représentation graphique originale développée par Richard W. Arms qui met en valeur la relation entre le prix et le volume. Au lieu de placer les volumes sous chaque bâtonnet quotidient, l'equivolume combine prix et volume dans un « bâtonnet » à deux dimensions (hauteur et largeur). La hauteur de ce bâtonnet représente naturellement l'amplitude des cours tandis que la largeur du bâtonnet matérialise l'importance du volume. C'est bien sûr ici que réside toute l'innovation de l'equivolume. L'equivolume permet ainsi d'apprécier directement

Graphique 23a. – *Construction d'un bâtonnet equivolume*

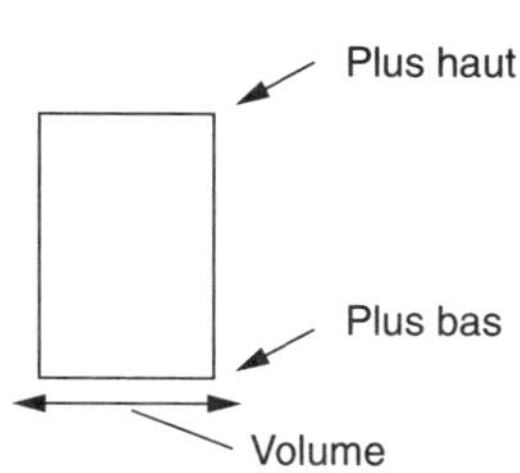

l'intensité et la qualité d'un mouvement puisque le graphique de cours relate à la fois l'amplitude du mouvement et sa force grâce à l'intégration du volume. Le graphique 23a représente un bâtonnet d'un graphique equivolume et le graphique 23b montre un graphique en equivolume.

Graphique 23b. – *Graphique en equivolume sur Phillip Morris*

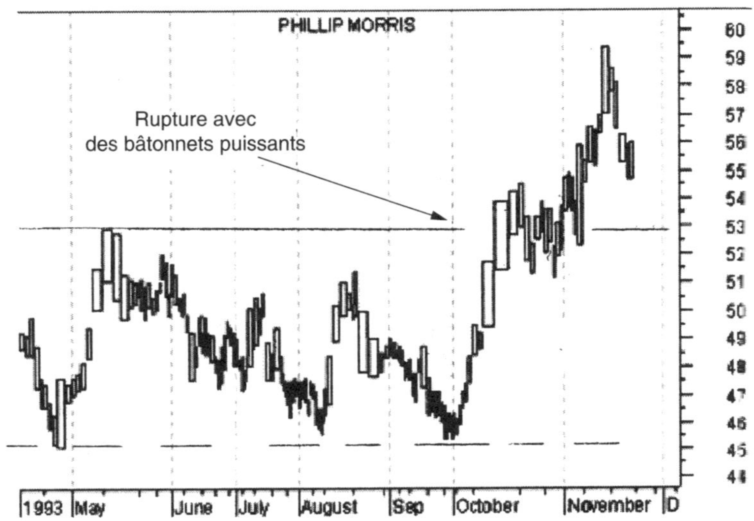

On notera la faiblesse des volumes vers les points bas de 45 et l'importance des volumes lors de la rupture de la résistance de 53 (rupture avec des bâtonnets puissants) qui confirment la qualité de la rupture.

Graphique 23c. – *Application de l'equivolume aux candlesticks*

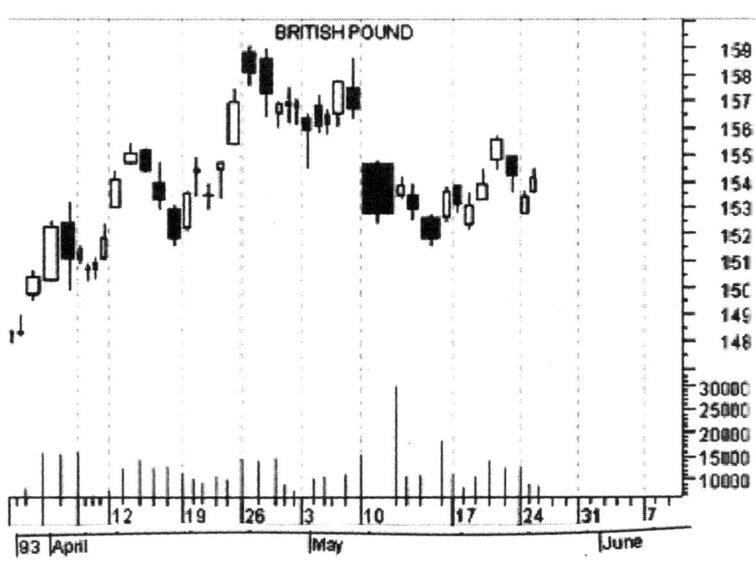

L'interprétation de ces graphiques découle de la théorie sur les volumes. Une forte amplitude obtenue avec un bâtonnet étroit rend la tendance suspecte, alors que la tendance sera confirmée si de larges bâtonnets accompagnent les fortes amplitudes.

Les candlevolumes sont la combinaison de l'equivolume et des graphiques en candlesticks (cf. graphique 23c). Ils améliorent encore l'information disponible. On peut malheureusement regretter que cette technique de représentation ne soit pas disponible sur tous les logiciels d'analyse graphique.

2. L'analyse de la direction et l'existence de tendances

2.1. L'existence de supports et de résistances

À la seule visualisation des cours, on s'aperçoit qu'il existe des niveaux que le marché a du mal à franchir quand il évolue à la hausse, ces niveaux constituent des résistances à la poursuite du mouvement haussier. Quand l'évolution est à la baisse, ces niveaux représentent des supports qui permettent au marché de se reposer.

Les supports et résistances sont plus ou moins forts selon leur positionnement dans le temps. Il est possible de distinguer des seuils de court terme, moyen terme ou long terme.

Dans un marché haussier, les phases de correction permettent au marché de retoucher un point bas pour ensuite repartir à la hausse. Ces points bas succcessifs constituent autant de seuils sur lesquels le marché se repose et reprend du souffle afin de mieux poursuivre son mouvement ascendant. Ces points constituent alors des points de support au marché. En cas de retour du marché sur ce niveau-là, les opérateurs se souviendront que ce point a été un support et qu'un consensus autour de ce niveau a permis au marché de repartir. Les opérateurs qui n'anticipent pas de changement de tendance profiteront alors de ce retour sur ce point bas pour renforcer leurs positions.

On retrouve le même type de scénario dans le cas d'une résistance. Le marché connaît alors un mouvement baissier interrompu par de petites corrections haussières avec des retours à des points hauts qui permettent au marché de souffler. Comme le marché ne parvient pas à dépasser ces points, ceux-ci constituent de véritables résistances sur lesquelles il vient buter.

Ensuite, si le marché remonte à ce niveau et si l'opinion des opérateurs demeure baissière, alors la résistance à la hausse doit de nouveau fonctionner, c'est-à-dire que ce point constitue une opportunité de vente pour les opérateurs.

2.1.1. La psychologie des opérateurs justifie l'existence des supports et des résistances

À partir d'un exemple simple, on peut voir comment la psychologie des opérateurs permet l'apparition de supports et de résistances.

Prenons l'exemple, représenté au graphique 24a, d'un titre ayant connu une hausse ininterrompue de 70 F à 120 F. Après avoir atteint le sommet de 120 F, le marché entame une consolidation relativement logique avant de repartir à la hausse.

Graphique 24a. – *Exemple de seuil devenant résistance puis supports*

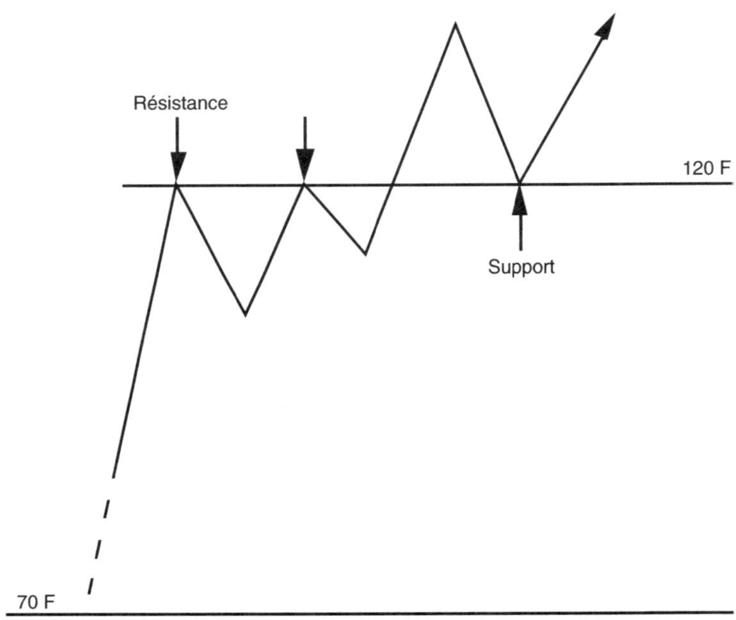

Quand le marché se retrouve sur le seuil des 120 F, les opérateurs qui avaient acheté le titre à ce prix considèrent ce retour comme une opportunité pour solder leur position qui était jusque-là perdante. En agissant ainsi, ils pèsent sur les cours et le seuil de 120 F constitue alors une véritable résistance à la poursuite de la hausse.

Si quelques jours plus tard, les cours reviennent sur cette résistance et parviennent à la franchir, cela signifie que les opérateurs qui vendaient à 120 F ont en majorité changé d'attitude : au lieu de vendre leurs titres à 120 F, ceux-ci ont préféré les garder ou en acheter d'autres permettant ainsi la rupture de la résistance.

Par la suite, si lors d'une nouvelle phase de consolidation, les cours reviennent vers 120 F, tous les opérateurs qui avaient vendu le marché à 120 F en profitent pour se racheter au même prix sans perdre d'argent, et ceux qui n'avaient pas acheté le titre à 120 F profitent d'un tel retour pour l'acheter. De cette manière, la pression acheteuse l'emportera sur la pression vendeuse et le seuil de 120 F représentera un solide soutien permettant la poursuite de la hausse.

L'ancienne résistance de 120 F est donc devenue un seuil de support.

2.1.2. La rupture d'un support ou d'une résistance entraîne un retournement de tendance

Les supports et les résistances sont des seuils qui permettent au marché de souffler afin de maintenir son cap. Cependant, lorsqu'un support ou une résistance est cassé, cela indique un retournement du mouvement.

Ainsi, dans l'exemple précédent, si le support de 120 F était cassé à la baisse, cela signifierait que les vendeurs ne se sont pas rachetés, que les acheteurs n'ont pas renforcé leurs positions et que les indécis sont entrés à la vente sur le marché, c'est-à-dire que la pression vendeuse l'a emporté et qu'un consensus existe maintenant à la baisse. Il s'agit donc d'un retournement de tendance.

D'une manière générale, la rupture d'une résistance génère un signal d'achat, et le franchissement d'un support donne un signal de vente (cf. graphique 24b).

Graphique 24b. – *Signaux à l'approche des Supports-Résistances (achat sur un support et vente sur une résistance ; mais vente en cas de rupture du support et achat en cas de rupture de la résistance)*

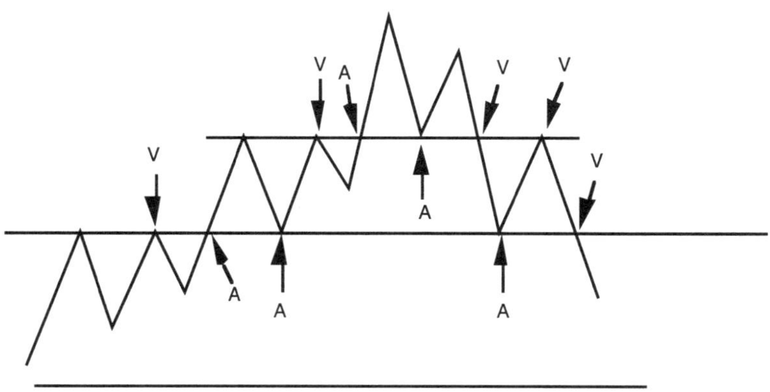

2.1.3. L'importance relative des supports et résistances

Il existe plusieurs types de supports et de résistances.

Il est important de distinguer les mouvements de long terme (tendance majeure) ayant une durée comprise entre six mois et plusieurs années, les mouvements de moyen terme (tendance intermédiaire) dont la durée est comprise entre un et six mois et les mouvements de court terme dont la durée n'excède pas trois semaines à un mois.

À cette classification des mouvements correspond une classification des supports et résistances.

On pourra ainsi distinguer les supports et résistances de long terme (issus d'un mouvement long), de moyen terme, de court terme et même de très court terme (valables quelques jours seulement).

La solidité des supports et résistances sera donc directement en rapport avec leur classification. Un support de court terme apparaît bien faible en comparaison d'un support de long terme sur lequel s'est appuyée une tendance de longue période.

L'importance du signal donné par la rupture d'une résistance ou d'un support est donc fonction de sa classification. En effet, si la rupture d'un support de court terme indique seulement un changement de tendance à court terme, la rupture d'un support de long terme donne le signal d'un renversement de tendance à long terme, ce qui constitue un renseignement particulièrement précieux.

2.1.4. La pratique et le repérage

Dans la pratique, on peut remarquer que les supports et les résistances font souvent l'objet de chiffres ronds (par exemple, des multiples de 100). Ceci est parfaitement logique puisque ces chiffres ronds constituent en eux-mêmes des seuils psychologiques dont tout le monde parle (seuil psychologique de 2 000 sur l'indice CAC 40, des 3 000 sur le Dow Jones, des 100 sur les T. Bonds et le notionnel, etc.) et qu'ils sont ainsi utilisés pour le passage des ordres (les ordres limités ou les ordres stop se font généralement autour des chiffres ronds).

Dans l'utilisation quotidienne, avant d'utiliser le signal de rupture d'un support ou d'une résistance, il faut s'accorder un risque d'erreur. Un seuil peut en effet être légèrement pénétré durant la séance, pour finalement tenir en clôture. Le degré de pénétration que l'on peut accepter est fonction du marché sur lequel on travaille (taux, devises, actions, matières premières) ainsi que de la classification du support ou de la résistance. On peut accepter une pénétration de 0,5 à 1 % pour un seuil de long terme sur un marché de taux, alors que sur un marché d'actions, on tolère entre 2 et 5 %. En revanche, pour un seuil de court terme, la pénétration tolérée ne pourra pas excéder quelques *ticks* ou quelques dixièmes de pour cent.

Le repérage des supports et résistances est relativement simple ; il s'agit généralement de repérer des points bas ou des points hauts au sein d'un mouvement, de tracer des droites horizontales pour voir si plusieurs points bas ou points hauts passent par cette droite. Si c'est le cas, le niveau en question constitue un support ou une résistance. Plus le nombre de points hauts ou de points bas est élevé, et moins il y a eu de pénétration de la droite horizontale, plus ce niveau de support ou de résistance est important (cf. graphique 25). L'importance d'un niveau de support-résistance est donc également fonction :

– du nombre de fois où le marché s'est reposé ou a buté dessus (nombre de points d'impact),

– du volume traité à chaque fois (plus le volume traité est important, plus le niveau est significatif),

– du nombre de fois où ce niveau a été violé (moins le seuil de support-résistance a été violé, plus sa qualité est grande).

Graphique 25a. – *Exemple de supports et résistances à long terme sur le Dow Jones*

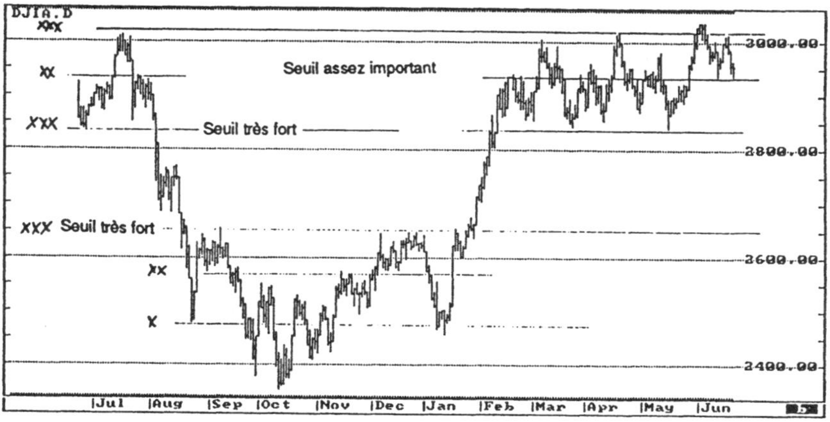

Source : Telerate – Global Dow Jones Information.

Graphique 25b. – *Exemple de supports-résistances à court terme sur le notionnel (graphique horaire)*

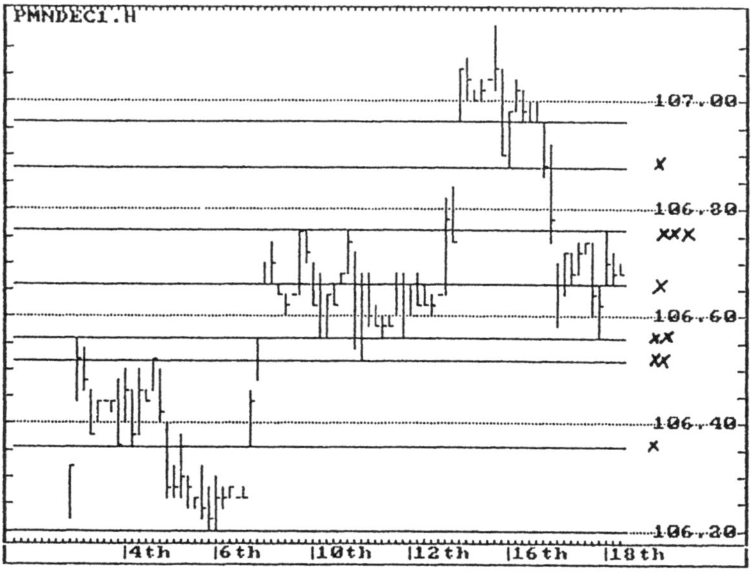

Source : Telerate – Global Dow Jones Information.

2.1.5. *La recherche de nouveaux supports et résistance quand le marché a cassé des points extrêmes*

Au lieu d'utiliser les ratios de retracement pour obtenir des objectifs de correction et donc des niveaux de support ou de résistance, on prend ces mêmes ratios pour calculer les objectifs haussiers quand le marché se trouve sur des sommets et vient de casser sa résistance. Pour ce faire, on multiplie le dernier mouvement de hausse du marché précédant la rupture de la résistance par un ratio de Fibonacci (38 %, 50 % ou 62 %) ou de GANN (25 %, 37,5 %, 50 %, 62,5 % et 75 %) ; puis on ajoute le montant obtenu à partir du point bas du mouvement en cours. On obtient ainsi une série de résistances possibles qui vont au-delà du plus haut historique (cf. graphiques 26 et 27).

Graphique 26. –

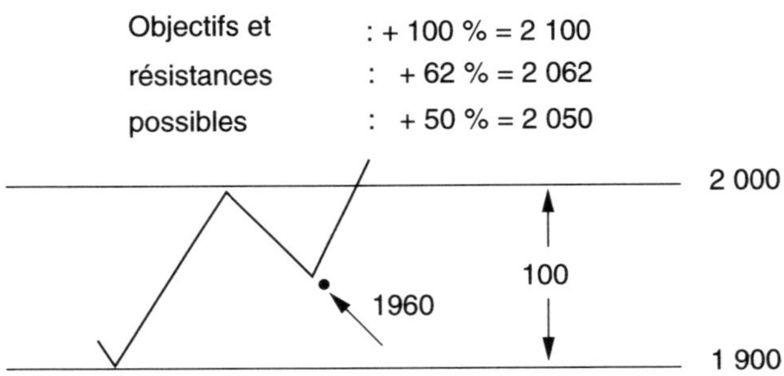

2.2. *L'existence de tendances*

Lorsqu'on observe un graphique de cours, on constate d'abord des mouvements de hausse ou de baisse et on s'aperçoit que ces mouvements suivent généralement des tendances. Les tendances représentent un des aspects les plus simples et les plus prisés de la théorie chartiste.

Le repérage d'une tendance est particulièrement simple. Une tendance haussière (baissière) est caractérisée par une succession de points hauts et de points bas, chacun étant situé à un niveau supérieur (inférieur) à celui du point précédent. Ces tendances sont mises en évidence graphiquement par le tracé de droites, appelées droites de tendance.

Dans le cas d'une tendance à la hausse, la droite, tracée de gauche à droite (sens de l'écoulement du temps), passera par au moins deux points bas significatifs et sera donc située *sous* la courbe des cours. Au contraire, dans le cas d'une tendance baissière, la droite de tendance passera par au moins deux points hauts significatifs, et sera donc située *au-dessus* de la courbe des cours (cf. graphique 28).

Idéalement, cette droite doit être inviolée, c'est-à-dire que les cours ne doivent pas la traverser. Il est en effet toujours possible de tracer au moins une droite qui satisfait la condition précitée : cette droite sera caractéristique de la tendance longue du mouvement.

Graphique 27. – *Recherche de nouvelles résistances sur le CAC 40 après la rupture d'un sommet historique*

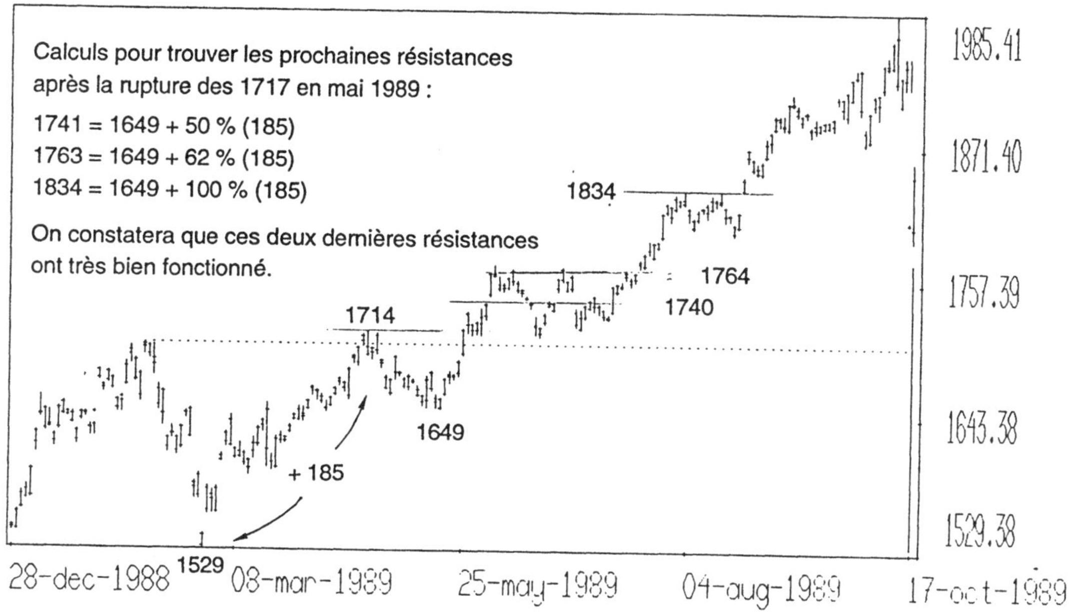

Graphique 28. – *Tracé de droites de tendance haussière et baissière*

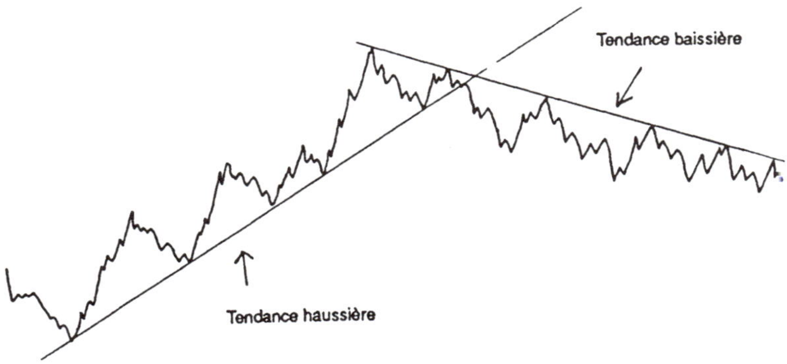

Enfin, il est possible d'ajuster les tendances au cours du temps en fonction d'informations nouvelles : des tendances plus nettes, plus marquées peuvent en effet apparaître alors que la tendance initialement tracée devient désuète (cf. graphique 29).

Graphique 29. – *Passage d'une tendance rapide à une tendance plus lente sur le CAC 40*

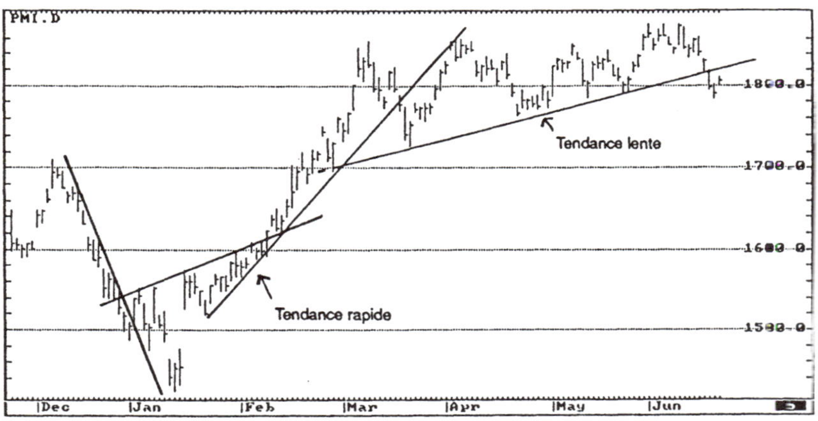

Source : Telerate – Global Dow Jones Information.

2.2.1. L'importance des droites de tendances

L'importance des tendances est principalement fonction de leur qualité. Elle dépend du nombre de points sur lequel repose la tendance et de la durée effective de la tendance. Plus il y a de rebonds sur la droite et plus la durée de la tendance est longue, plus cette tendance est importante.

À nouveau, il est possible de distinguer des tendances de long, moyen et court terme. Mais il est possible d'avoir des tendances de long terme peu importantes, car peu testées dans le temps. Ainsi, les signaux donnés par de telles tendances ne sont pas facilement utilisables. On leur préférera sans conteste une tendance plus courte mais significative.

2.2.2. Psychologie et utilisation

Lorsqu'on parle de tendance, on parle de droite de support dans un mouvement haussier ou de droite de résistance dans un mouvement baissier. Les cours évoluent en fait avec une certaine vitesse en procédant par phases d'accélération puis de correction, en se reposant alors sur la tendance qui représente la vitesse « moyenne » du mouvement.

Dans un mouvement, le marché évolue par étapes successives (par vagues) et a besoin à chaque fois d'un repère lui servant de soutien.

Les droites de support constituent un niveau de support solide permettant au marché de souffler, mais elles intègrent également le fait que le marché n'est pas statique et suit au contraire une dynamique transpirant clairement à travers la pente de la droite.

Cette dynamique devant être logiquement respectée, l'opérateur profitera d'un retour sur la droite de support (résistance) pour renforcer sa position acheteuse (vendeuse). Il renforcera d'autant plus sa position que la qualité de la tendance est prouvée (cf. graphique 30).

Graphique 30. – *Signaux donnés par une tendance*

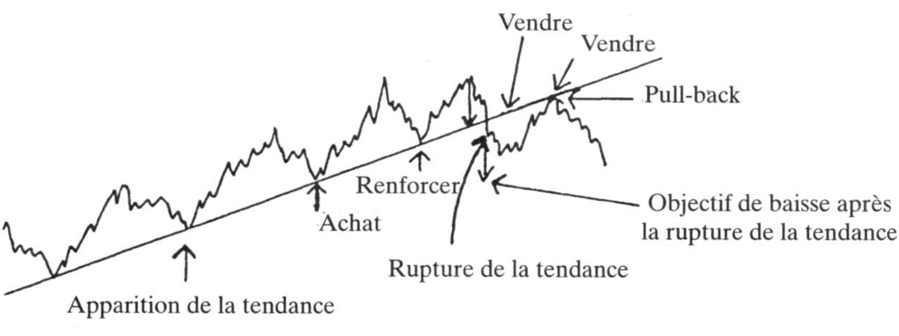

2.2.3. Le signal du retournement de tendance

La rupture de la droite de tendance représente un important signal de retournement. Celui-ci est d'autant plus fort que la droite de tendance était significative.

La rupture d'une droite de support ou de résistance matérialise en fait la fin d'une dynamique du marché. Les opérateurs qui auraient dû renforcer leurs positions à l'approche de la tendance ont, au contraire, inversé leur position permettant alors la rupture de la droite et de toute la dynamique du marché. Le changement de tendance paraît ainsi clairement.

Il est possible de déterminer un objectif minimum après la rupture de la tendance : les cours doivent varier d'une distance égale à celle séparant la droite de tendance du point le plus haut (ou le plus bas si la tendance est baissière) rencontré pendant le mouvement précédant la rupture.

Nous reverrons plus précisément les calculs d'objectifs dans le paragraphe suivant (cf. graphique 30).

2.2.4. Le passage de droite de support à droite de résistance

Comme dans le cas des niveaux de support et de résistance, une droite de support cassée devient immédiatement une droite de résistance contre laquelle le marché vient buter, cela se manifeste très souvent par un *pull-back* (retour sur la droite de tendance qui vient d'être cassée (cf. graphique 30). Le marché teste ainsi la solidité du support devenue résistance (ou l'inverse).

À plus long terme, on observe également que les droites de support ou de résistance deviennent à leur tour des droites de résistance ou de support. Il faut pour cela que la pente ne soit pas excessive. Il est intéressant de noter que la droite de résistance (support) devient alors une droite haussière (baissière) (cf. graphique 31).

Graphique 31. – *Exemple de droites de support devenant droites de résistance et inversement*

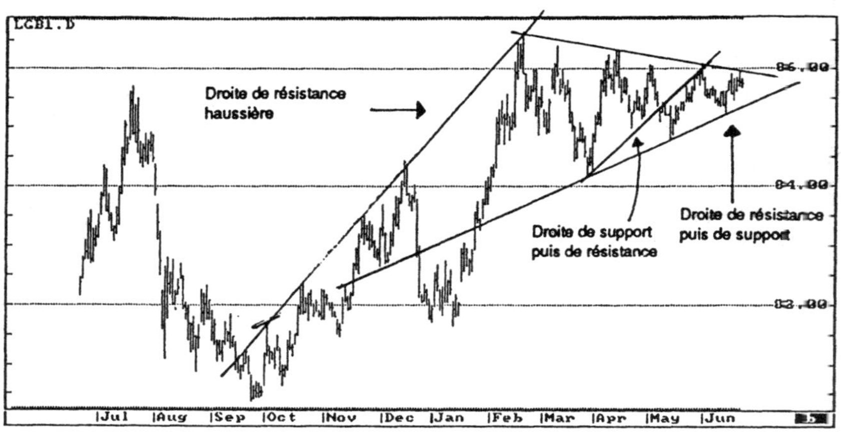

Source : Telerate – Global Dow Jones Information.

2.3. Fans lines, pourcentage de retracement et speedlines

Les droites de tendance offrent d'autres utilisations qui permettent de préciser l'ampleur possible d'un mouvement de correction.

2.3.1. Le principe des Fans lines

Très souvent, après avoir cassé une droite de support, les cours viennent retester cette même droite devenue droite de résistance (principe de *pull-back*). Une deuxième tendance peut alors être tracée qui est cassée pour être à son tour testée comme droite de résistance. Une troisième tendance est alors tracée. La rupture de cette troisième droite indique que les cours iront beaucoup plus bas (généralement, ils reviennent sur leur précédent plus bas).

La rupture de trois droites de tendance successives articulée de *pull-back* donne le signal d'un changement de tendance et permet d'envisager une correction intégrale du mouvement précédent (cf. graphiques 32).

Graphique 32a. – *Principe des* fan lines

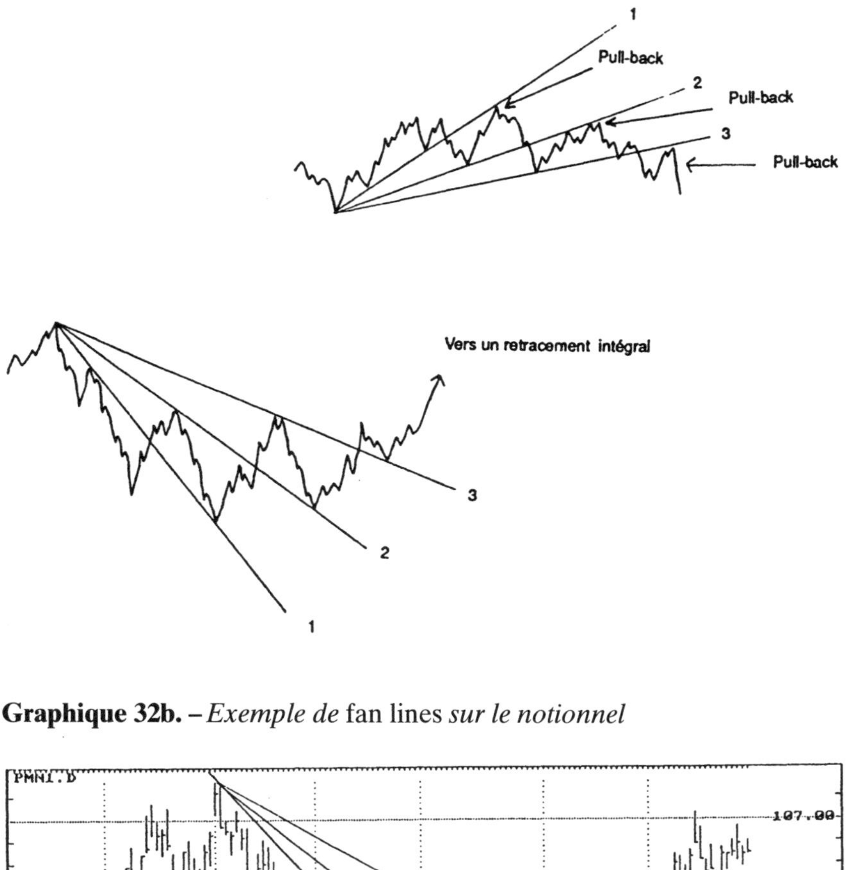

Graphique 32b. – *Exemple de* fan lines *sur le notionnel*

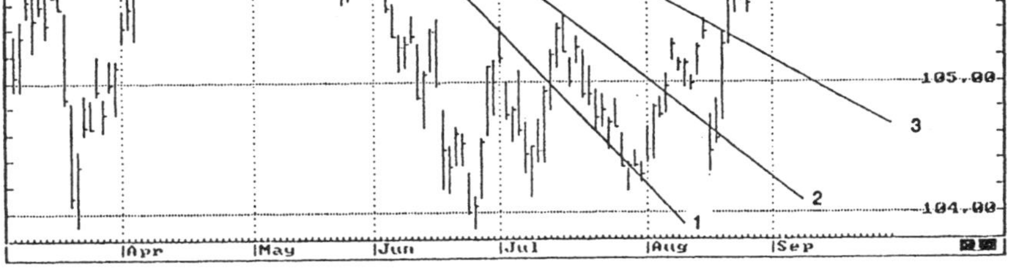

Source : Telerate – Global Dow Jones Information.

2.3.2. Le retracement en pourcentage

Nous avons vu que tous les mouvements de marché sont composés de phases d'accélération et de consolidation. Ces dernières permettent au marché de corriger d'un certain pourcentage les phases d'accélération.

Le retracement le plus connu est celui de 50 %. Ainsi un mouvement haussier allant de 500 à 600 et ayant une taille de 100 points pourra être corrigé de 50 points.

Il existe d'autres retracements types : 1/3 et 2/3 sont ainsi très souvent observés. Les amateurs de la théorie d'Elliott et des nombres de Fibonacci leur préfèrent les ratios de 38 % et 62 %. Les chartistes ayant une faiblesse marquée pour Gann utilisent des ratios à base de huitièmes (3,8, 4/8, 5/8, ...). Ces éléments peuvent être très précieux à utiliser : on sait en effet que la correction d'une forte tendance doit être d'au moins 33 %, que si elle dépasse 38 % elle devrait être d'au moins 50 %, etc. (cf. graphique 33).

Graphique 33. – *Retracement en pourcentage*

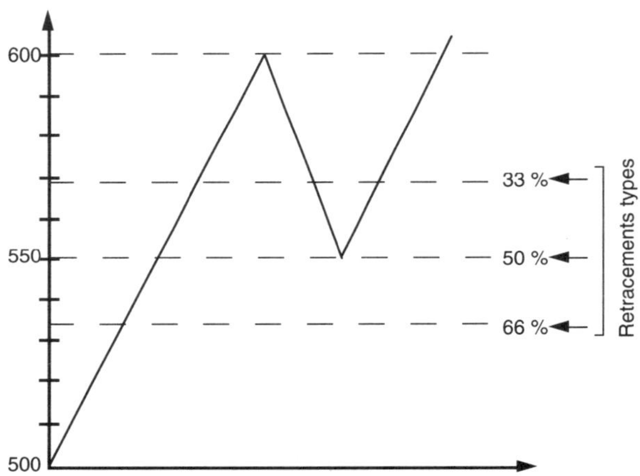

2.3.3. Les droites de vitesse ou speedlines

Une des lacunes du retracement en pourcentage est de ne pas prendre en compte la forme et le temps pris par le mouvement à corriger.

Les droites de vitesses ou *speedlines* essaient justement de combler cette lacune.

Pour construire une *speedline* baissière, il suffit de prendre le plus haut et le plus bas du mouvement qui nous intéresse, de tracer une verticale à partir du plus bas et de diviser cette verticale en trois : 1/3, 1/2, 2/3. Ensuite, il suffit de relier chacun de ces points avec le plus haut (cf. graphique 34).

Le principe d'utilisation est alors très proche de celui du retracement en pourcentage. Si une tendance est en phase de correction, le retracement butera normalement sur la première *speedline (1/3 speedline)* ; sinon, les cours devraient se diriger successivement sur la *1/2 speedline*, puis la *2/3 speedline*. Lorsque cette dernière droite est cassée, le marché retrouve normalement son plus bas, c'est-à-dire qu'il retrace le mouvement précédent de 100 % (cf. graphiques 35 et 36).

Des analyses plus fines utilisent les ratios de Gann (de 1/8 à … 7/8) afin d'avoir davantage d'indications. La rupture de la *1/8 speedline* donne généralement un très bon signal pour voir le marché revenir sur le plus haut (ou le plus bas de son mouvement précédent).

Graphique 34. – *Construction de* speedlines

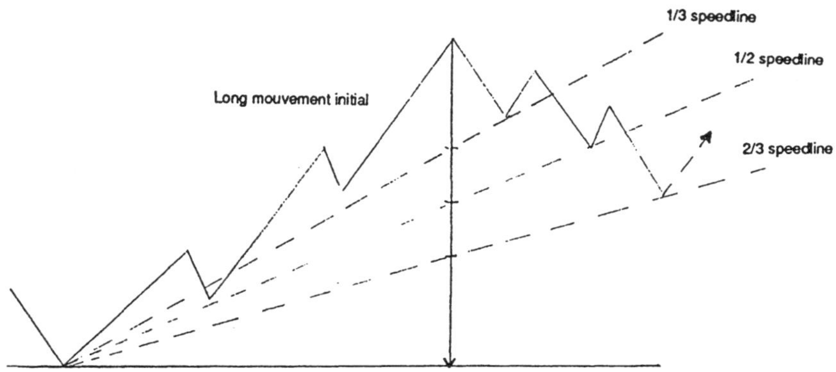

N.B. : Quand le mouvement initial à corriger est long en temps, les *speedlines* sont peu pentues et inversement, ce qui permet d'intégrer la vitesse du mouvement à corriger (contrairement au retracement classique).

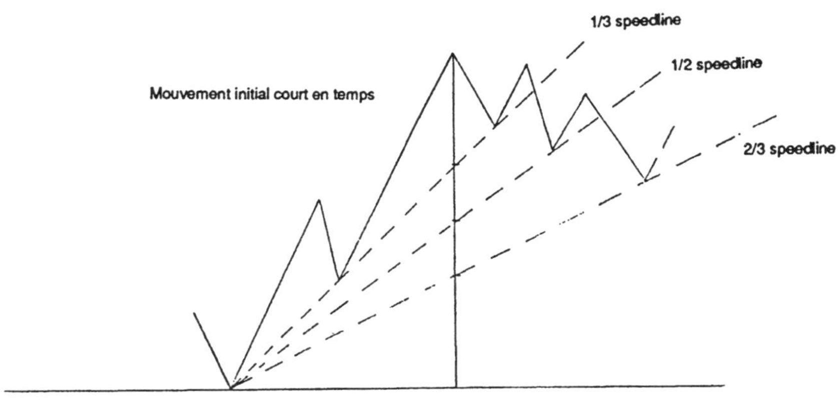

3. Les figures chartistes : l'apport de la théorie

Le principe de l'analyse technique traditionnelle réside essentiellement dans la détermination d'un ensemble de figures caractéristiques. Le contenu des deux premières sections peut être éventuellement perçu sans recours à la théorie par un esprit notoirement perspicace et imaginatif. En revanche, la section qui suit est totalement propre au chartisme et constitue les bases profondes de la théorie chartiste classique.

Graphique 35. – *Exemples de* speedlines *sur le PIBOR*

Source : Telerate – Global Dow Jones Information.

Graphique 36. – *Exemple de* speedlines *sur le T. Bond*

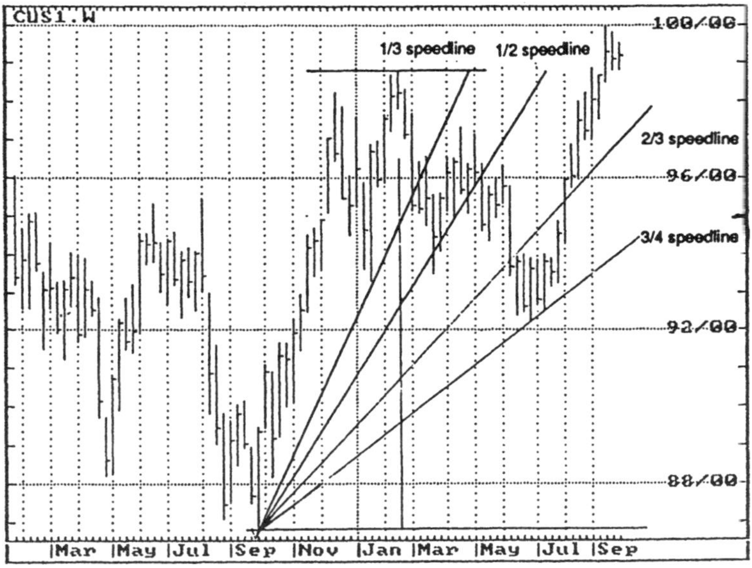

Source : Telerate – Global Dow Jones Information.

Dans cette section, nous avons distingué les figures qui découlent de l'analyse des tendances et celles dont le repérage est purement formel. Cette distinction peut se retrouver également dans les concepts qui fondent chacune de ces catégories de figures : les figures se repérant par des tendances, ou par l'utilisation de droites enferment généralement les cours dans un *range* de prix. Les figures formelles, elles, ont une philosophie différente fondée sur la psychologie des opérateurs. Les deux derniers paragraphes seront consacrés aux figures propres aux représentations en *bar-charts* (signaux donnés par les *gaps* notamment).

3.1. Les canaux et les figures triangulaires

Cette classification permet de réunir toutes les figures pour lesquelles la seule utilisation de droites de tendance permet leur détermination. Nous retrouverons ainsi trois grandes familles de figures : les canaux, les figures basées sur le concept de triangle et, enfin, les figures fortes de continuation (*flags* et *pennants*).

Certains chartistes enferment ces trois grandes familles de figures sous l'appellation figures de continuation, car elles indiquent une bonne probabilité de voir le marché poursuivre son mouvement. Cette classification peut paraître en partie incorrecte, car elle suppose que ces figures donnent des objectifs allant dans le sens du mouvement initial, or ce n'est pas forcément le cas ; un marché qui se trouve dans un canal haussier ne va pas continuer à monter si ce même canal est cassé à la baisse : on ne sait pas *a priori* où vont aller les cours. Seuls les *flags* et les *pennants* sont de véritables figures de continuation, indiquant une poursuite du mouvement.

3.1.1. Les canaux et les rectangles

Ce sont les figures directement liées à l'analyse des droites de tendance présentée dans la section précédente. Le repérage est simple : une fois qu'une tendance haussière, par exemple, a été déterminée, il s'agit de trouver une parallèle à la tendance qui permette de coiffer toute l'évolution des cours sur la période où la tendance est constatée (droite reliant les points extrêmes). On obtient ainsi un canal (ou tunnel) au sein duquel les cours évoluent librement (cf. graphiques 37).

Les cours varient donc entre ces deux droites, la première constitue la droite de support du canal (ou fond du canal) où les cours viennent se reposer, la seconde représente la droite de résistance du canal (ou sommet du canal) contre laquelle le marché bute. Les cours évoluent ainsi dans un *range* de prix ayant une dynamique inspirée par la droite de support du canal. Comme pour les tendances, il est possible de distinguer des canaux de court, moyen et long terme. L'importance d'un canal dépend de sa durée d'évolution, mais également du nombre de fois où chaque partie du canal a été touchée. Pour être considéré comme un canal, il faut au moins que deux impacts aient été décelés de chaque côté. Plus le nombre d'impacts est important, plus le canal est considéré avec respect.

Graphique 37a. – *Canaux haussier et baissier*

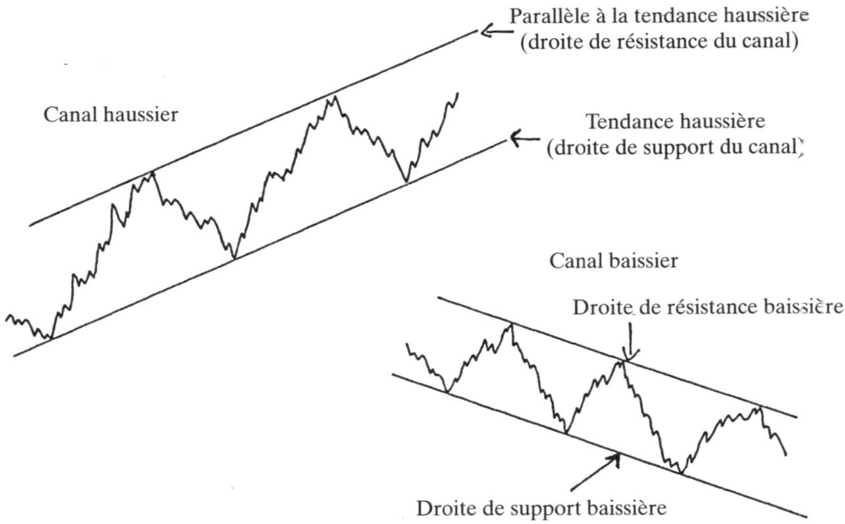

Graphique 37b. – *Exemple de canal haussier sur le T. Bond*

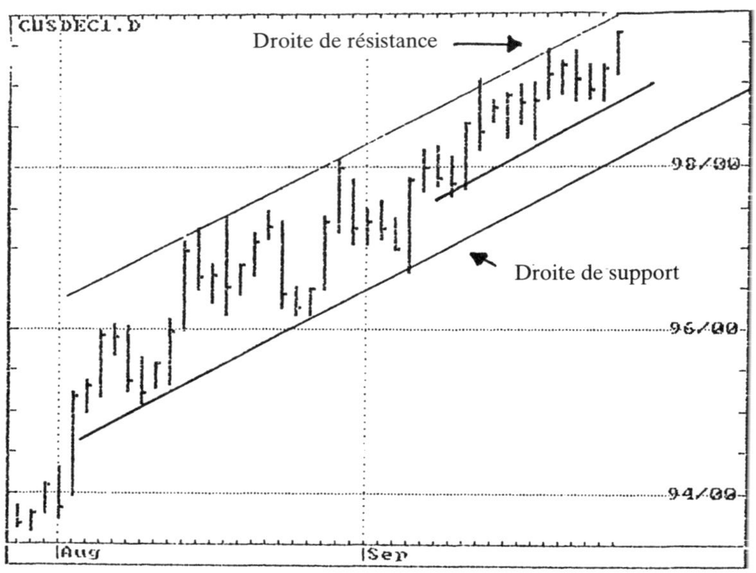

Source : Telerate – Global Dow Jones Information.

- *Les droites intermédiaires*

Dans la pratique, les cours n'évoluent pas obstinément entre la borne inférieure et la borne supérieure. Ils ont parfois du mal à passer des zones intermédiaires au sein du canal. Il s'agit en fait de droites intermédiaires parallèles au canal qui constituent autant de droites de support ou de résistance mineure pour les cours.

Cependant, le nombre de véritables droites intermédiaires est limité, on en trouve généralement une seule, voire deux. Elles se trouvent très souvent à mi-parcours dans le canal et constituent de véritables tests pour savoir si les cours vont parvenir sur la partie supérieure ou inférieure. Dans le cas d'un canal haussier, la rupture de la droite de résistance intermédiaire indique souvent que le marché va atteindre le sommet du canal (cf. graphique 38).

Graphique 38. – *Exemple de canal haussier avec une droite intermédiaire*

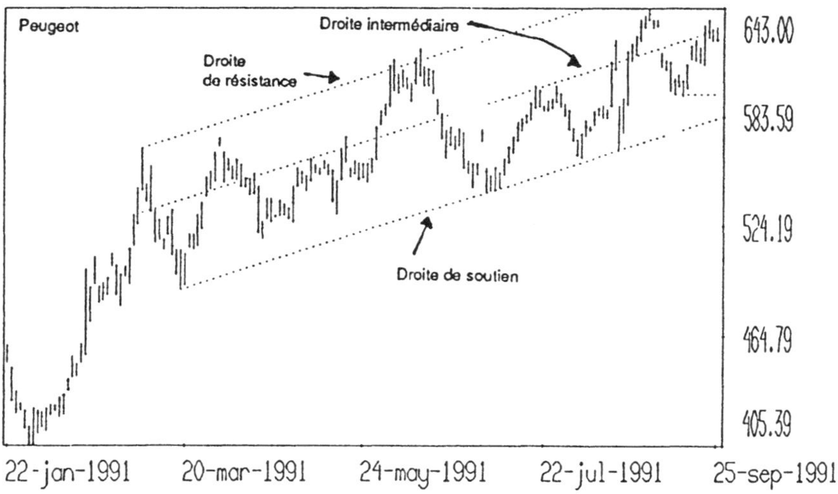

Source : Banque Internationale de Placement.

Il est également possible de distinguer au sein d'un canal des petits canaux intermédiaires qui permettent, par exemple, au marché de passer d'une borne à l'autre. Parfois également, un nouveau canal se dessine à l'intérieur du canal qui apparaît au fur et à mesure de plus en plus pertinent et qui remplacera finalement l'ancien devenu caduc.

Pour l'opérateur, l'utilisation d'un canal est fort simple : s'il s'agit d'un canal haussier, celui-ci achètera au fond du canal pour revendre au sommet du canal, et éventuellement devenir vendeur. Il vendra au sommet du canal et se rachètera au fond du canal s'il s'agit d'un canal baissier. Il appliquera cette règle en fonction de la qualité du canal ; par exemple, si la droite de résistance du canal paraît fragile il ne se mettra pas vendeur, il se contentera de prendre des bénéfices.

On utilisera également l'information donnée par le comportement des cours face à la droite intermédiaire. On renforcera par exemple sa position acheteuse si l'on voit une rupture à la hausse de la droite de résistance du canal haussier (cf. graphique 39). On utilisera aussi l'information donnée par les petits canaux intermédiaires, ou les petites droites de tendances mineures.

Graphique 39. – *Stratégie de trading à l'intérieur d'un canal haussier*

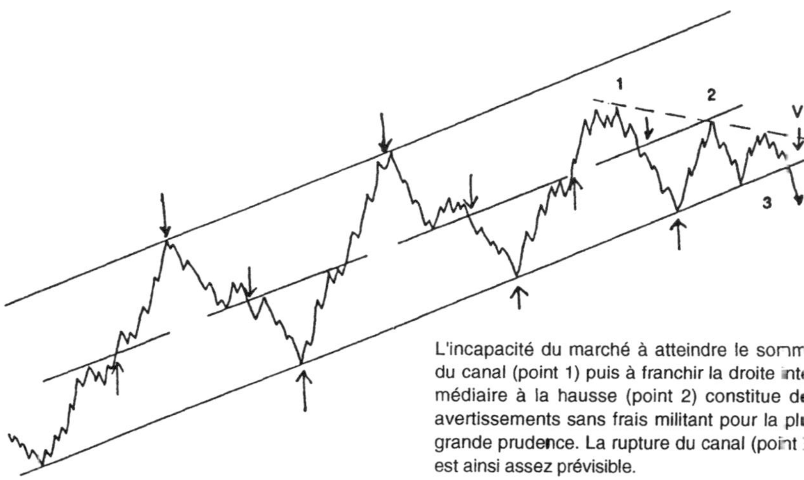

- *Rupture du canal*

Deux sortes de rupture peuvent être envisagées : soit la tendance est confirmée et renforcée (il s'agit d'une sortie à la hausse du canal haussier ou à la baisse du canal baissier), soit elle est infirmée, il s'agit alors d'un changement de tendance prévisible (sortie à la baisse d'un canal haussier et sortie à la hausse d'un canal baissier). La rupture est d'autant plus forte qu'elle se fait dans un volume important.

L'opérateur dispose de plusieurs éléments pour repérer une éventuelle rupture du canal.

Dans le cas d'une sortie à la baisse d'un canal haussier, on remarque généralement que les cours n'ont plus de force, ils n'arrivent par exemple plus à passer la droite intermédiaire, mais butent régulièrement contre elle (cf. graphique 39). Ils s'enferment même parfois dans une nouvelle tendance baissière ou horizontale. Ces éléments constituent généralement les premiers signaux d'alarme. Le *range* de variation du canal ne correspond plus aux possibilités du marché. Celui-ci est essoufflé.

Dans le cas d'une sortie à la hausse d'un canal haussier, le marché est au contraire très tonique. Après avoir atteint le sommet du canal, il se repose sur la droite intermédiaire et repart à la hausse, bute éventuellement une nouvelle fois, se repose encore et forme ainsi un nouveau *trend* haussier encore plus fort, et parvient, finalement, à casser le canal à la hausse.

- *Calcul d'objectif*

Il est très proche de celui que nous avons considéré pour les ruptures de tendances. Le calcul de l'objectif est simple : il suffit de reporter la largeur du canal au niveau du point de sortie (cf. graphiques 40 et 41).

La sortie du canal représente en effet l'incapacité du marché à poursuivre son évolution dans le *range* défini par le canal. On suppose qu'après la rupture, les cours vont évoluer de nouveau dans un *range* proche du précédent, mais avec une largeur de canal en plus ou en moins (selon le sens de la sortie). L'objectif minimum se calcule bien alors en soustrayant ou en ajoutant la taille de la largeur du canal au point de sortie du canal.

Graphique 40. – *Calcul d'objectif de sortie d'un canal*

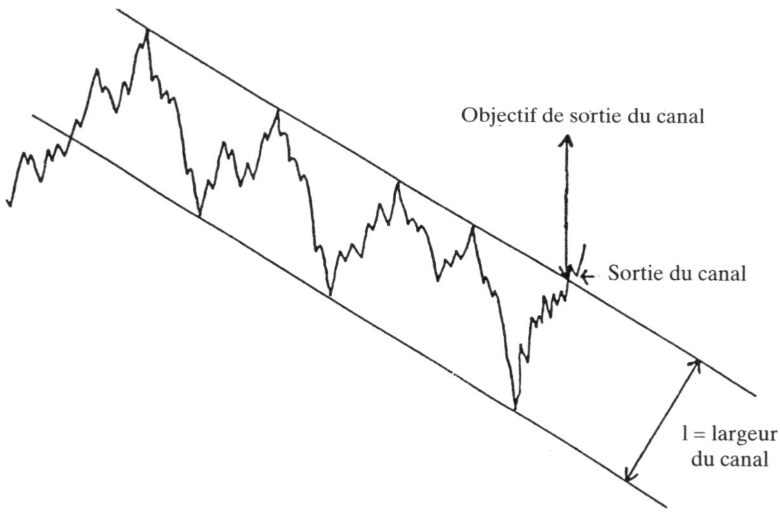

Graphique 41. – *Exemple de sortie de canal haussier avec objectif atteint*

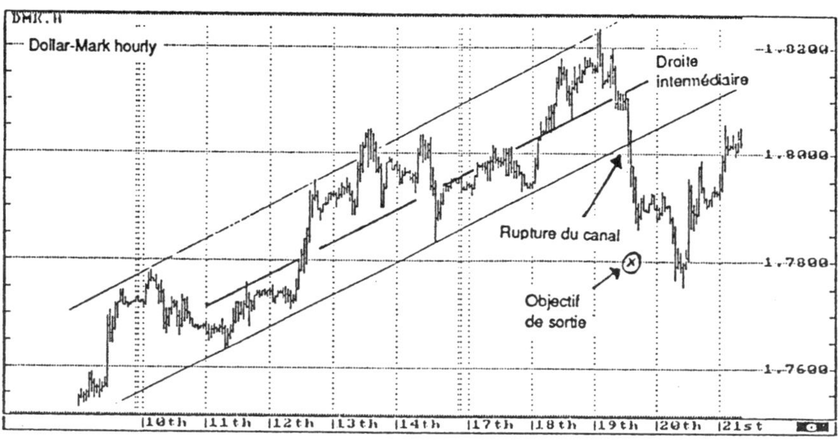

Source : Telerate – Global Dow Jones Information.

- *L'utilisation des droites parallèles pour trouver les prochains supports et résistances*

Lorsqu'on observe un canal, on constate très souvent l'existence de plusieurs droites parallèles appelées droites intermédiaires (cf. *infra*). Ces différentes droites constatent l'existence d'une certaine vitesse d'évolution du marché. Il est en fait possible d'étendre le principe des droites parallèles à l'ensemble du graphique analysé en dehors du canal considéré. Dans ces conditions, en cas de sortie du canal, on peut trouver des zones d'arrêt ou de rebond possibles qui fonctionnent souvent très bien. C'est ainsi que l'on peut dessiner à l'avance la construction d'un nouveau canal plus large mais respectant toujours la même vitesse et évoluant ainsi à l'intérieur de véritables pistes prédéfinies.

Ce principe fonctionne très bien sur les marchés de taux et sur les indices boursiers (beaucoup moins bien sur les titres individuels). Sur le CAC40, la pente haussière constatée est pratiquement toujours la même à moyen terme et correspond à un rendement d'environ 14 % (cf. graphiques 42 et 43).

Graphique 42. – *Construction de droites parallèles pour trouver les prochaines droites de support ou de résistance*

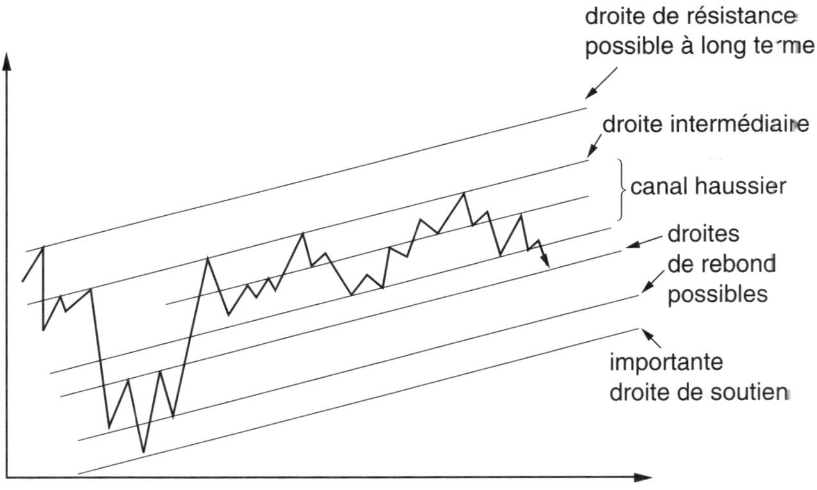

- *Les rectangles*

Les rectangles sont une forme particulière de canaux puisqu'ils sont en fait des canaux horizontaux (cf. graphiques 44).

La formation en rectangle est assez rare et indique généralement une phase de congestion où aucune tendance ne se définit, mais où plusieurs opinions contraires luttent et s'annulent finalement. La rupture de la figure indique qu'une partie des intervenants la finalement emporté. Comme il s'agit très souvent de figures de continuation, les prix sortent normalement du côté opposé à leur entrée.

Graphique 43. – *Application des droites parallèles au CAC 40*

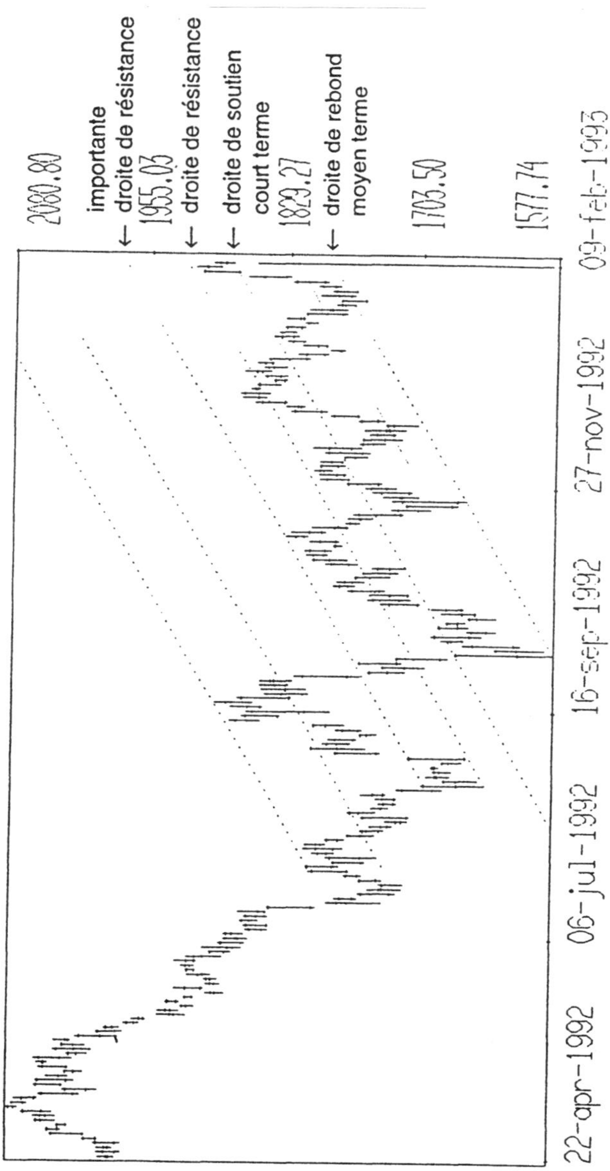

Source : Banque Internationale de Placement.

Graphique 44a. – *Rectangle*

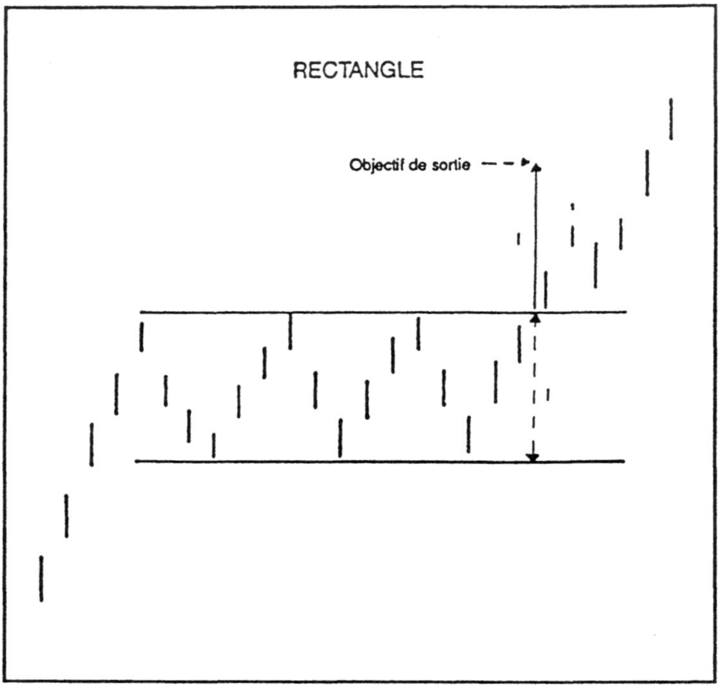

Graphique 44b. – *Exemple de la configuration en rectangle sur Elf-Aquitaine*

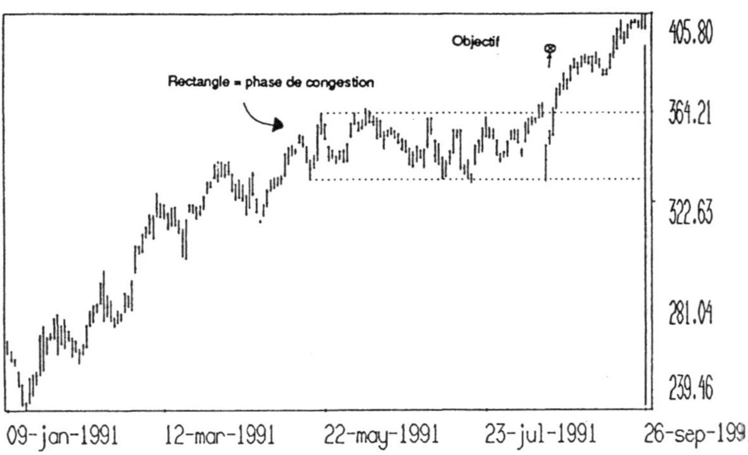

Source : Banque Internationale de Placement.

L'utilisation et le calcul des objectifs sont strictement identiques à ce que nous venons de voir avec les canaux.

3.1.2. Les triangles et les figures dérivées

Les triangles, contrairement aux canaux, représentent généralement des phases de consolidation du marché. Ce dernier, soit cherche son sens, soit se repose pour poursuivre son mouvement.

Nous allons découvrir ici les principales figures en triangles (triangles symétriques, ascendants et descendants) ainsi que des figures rattachées aux triangles et ayant une forme plus marginale (*broadening formation* et diamants).

3.1.2.1. Les triangles

Les triangles représentent des phases où le marché se cherche, il n'a généralement pas de tendance définie, il évolue ainsi entre une zone supérieure et inférieure qui, au départ, est assez large et qui va en se réduisant. Le marché devient peu à peu plus serré, l'espace de mouvement se rétrécit comme si l'opinion des intervenants commençait à converger ; puis la rupture intervient et un mouvement important se dessine alors. À l'intérieur d'un triangle, l'évolution des cours devient de plus en plus étroite comme si les intervenants attendaient quelque chose pour prendre une décision.

Les figures triangulaires sont considérées comme des figures de continuation sans que cela puisse pour autant constituer une règle stricte.

- *Les triangles symétriques*

Pour être considéré comme un triangle, il faut pouvoir tracer une droite inférieure haussière et une droite supérieure baissière, c'est-à-dire qu'il faut au moins quatre points d'impact (deux de chaque côté).

Comme son nom l'indique, la forme du triangle est symétrique, c'est-à-dire que la pente des deux droites supérieure et inférieure est à peu près semblable, mais de signes opposés.

La principale utilisation du triangle est le signal de sortie. À l'intérieur, on doit simplement attendre la rupture pour connaître le sens du mouvement à venir.

Graphique 45a. – *Schéma d'un triangle symétrique*

Graphique 45b. – *Exemple de triangle symétrique sur le yen*

Source : Telerate – Global Dow Jones Information.

Graphique 45c. – *Exemple de triangle symétrique sur le Bund*

Source : Telerate – Global Dow Jones Information.

Note : La sortie du triangle constatée sur le Bund allemand s'est avérée très tardive. De ce fait, l'objectif de baisse calculé sur la hauteur du triangle n'a pas été atteint malgré la force de la rupture. Les cours ont tout de même atteint l'objectif de la parallèle à la tendance baissière. Par ailleurs, il s'agit d'un triangle de retournement et non pas de continuation.

On considère souvent que le triangle symétrique est une figure de continuation, c'est-à-dire que le sens de sortie du triangle correspond à celui du mouvement précédant le début du triangle. Si le marché est entré dans le triangle par le bas, il doit en sortir par le haut (et inversement).

Dans la pratique, on constate entre 30 et 40 % de cas contraires, il ne peut donc s'agir d'une règle stricte (cf. graphiques 45).

Limite de validité d'un triangle

Pour qu'une sortie de triangle soit considérée comme valable, il faut qu'elle ait lieu avant le dernier quart du triangle. Dans le cas où les cours continuent à se maintenir dans le triangle au-delà des trois quarts, en se rapprochant de la pointe du triangle, l'espace entre la borne supérieure et inférieure devient très étroit et la rupture du triangle perd alors toute signification (cf. graphique 46).

Graphique 46. – *Date limite de validité d'un triangle*

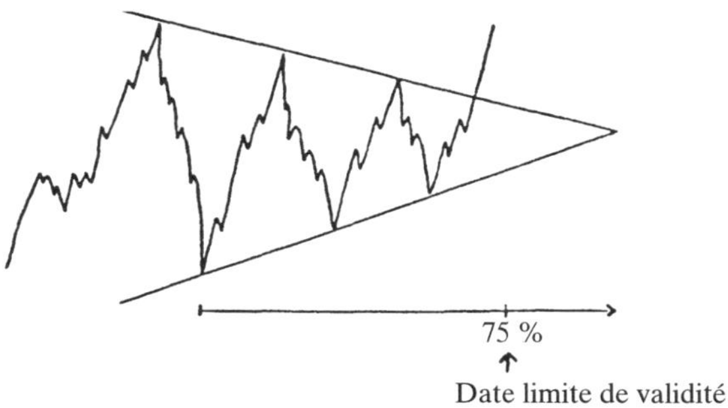

Les faux signaux

Il est assez fréquent qu'un faux signal apparaisse après les cinq premiers impacts : les cours sortent à la baisse pour ensuite réintégrer rapidement le triangle et en ressortir ensuite à la hausse (cf. graphique 47).

Graphique 47. – *Exemples de faux signaux de sortie*

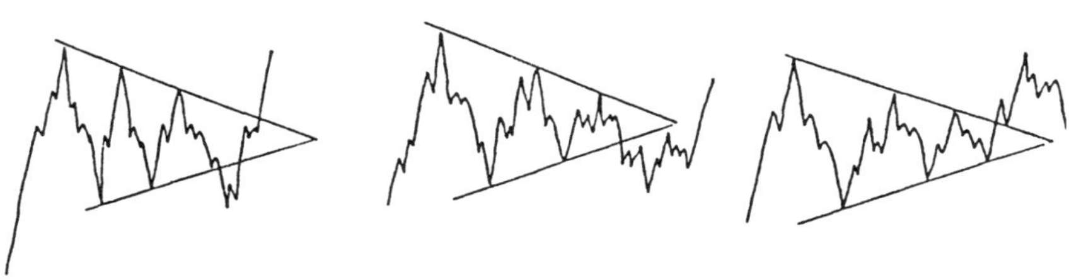

Les volumes

Les volumes doivent suivre une évolution caractéristique : lors de la figure en triangle, on doit constater un tassement du volume qui confirme l'existence d'une phase de consolidation. La sortie doit marquer, elle, une rupture de ce comportement et être ainsi accompagnée d'une nette reprise du volume. Le marché sort de sa phase léthargique, les opérateurs connaissent alors un regain d'intérêt pour le marché (cf. graphique 45a).

Le signal d'une sortie sans reprise de volume doit être utilisé avec précaution et peut constituer un faux signal.

Calcul d'objectif

Il existe dans la théorie deux façons de calculer l'objectif de sortie d'un triangle symétrique, la première étant très rarement utilisée :

On trace une parallèle à la droite de tendance qui n'a pas été cassée, passant par le sommet du triangle. Le marché doit alors se diriger vers cette parallèle, comme s'il évoluait au sein d'un nouveau canal. Cette méthode ne permet donc pas de définir un objectif précis *a priori*. Elle rappelle cependant le principe des droites parallèles (cf. graphique 48).

Graphique 48. – *Calcul d'objectifs de sortie de triangle*

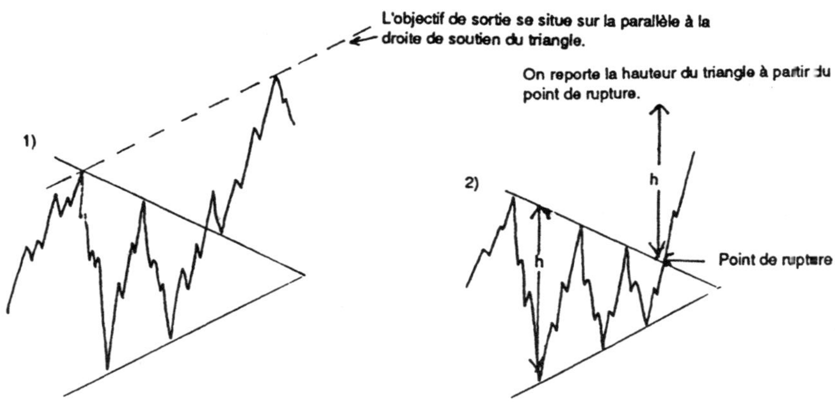

– Il s'agit de reporter la hauteur du triangle à son début à partir du point de rupture. Cette détermination paraît plus logique : les cours vont en effet reproduire dans leur mouvement la variation maximum qu'ils avaient connu au début de la figure (cf. graphique 48). Par ailleurs, l'objectif est souvent atteint lorsque les deux droites du triangle se rencontrent.

Limite de validité des objectifs

L'objectif de sortie du triangle doit être atteint avant que les deux droites composant le triangle ne se rejoignent. Au-delà de la pointe du triangle, on considère que l'impact provoqué par la rupture du triangle est oublié et que le marché se focalise déjà sur autre chose (cf. graphique 49).

Bien sûr, cela ne veut pas dire que l'objectif ne sera pas finalement atteint si la pointe du triangle est dépassée. Cela signifie que c'est une autre information (*i.e.* une autre configuration) qui permettra au marché

Graphique 49. – *Limite de validité des objectifs de sortie d'un triangle*

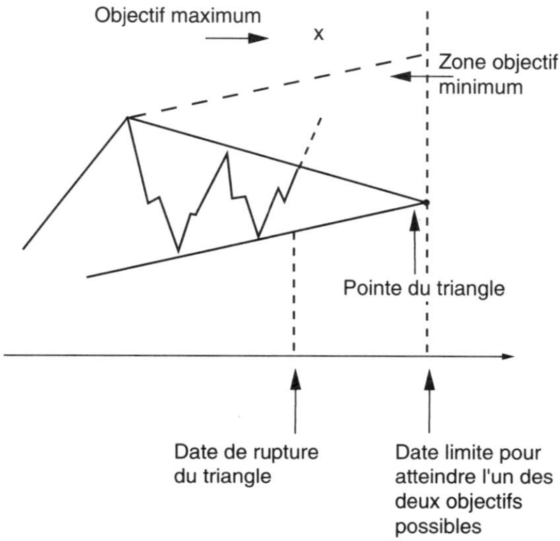

d'y parvenir. Ce principe est très précieux car il offre un *timing* remarquable pour l'utilisation d'options. Il est, en effet, conseillé de caler l'échéance des options sur la date donnée par la pointe du triangle.

• *Les triangles ascendants et descendants*

Ils diffèrent des triangles symétriques non seulement par leur forme, mais aussi par leur qualité prévisionnelle. Ces triangles sont en effet des figures de continuation au sens strict.

Leur forme est bien sûr différente : le triangle ascendant est une figure où le marché bute sur une résistance à peu près horizontale mais dispose d'un *trend* haussier sous-jacent qui lui permet à chaque fois de revenir avec plus de force pour finalement casser cette résistance.

Il s'agit donc d'une figure particulièrement haussière (cf. graphiques 50 et 52).

Le triangle descendant est la figure inverse, particulièrement baissière, butant sur un support horizontal et disposant sur la borne supérieure d'une tendance baissière qui l'emporte finalement (cf. graphique 50).

Dans les deux cas, la rupture s'accompagne d'une reprise des volumes, l'objectif se calcule de la même façon que les triangles symétriques (cf. graphique 51).

3.1.2.2. Les figures dérivées des triangles : *broadening formation* et diamants

Il s'agit de présenter ici des figures relativement marginales dont la construction est similaire à celle des triangles mais qui sont, en revanche, des figures de retournement.

Graphique 50. – *Triangles ascendant et descendant*

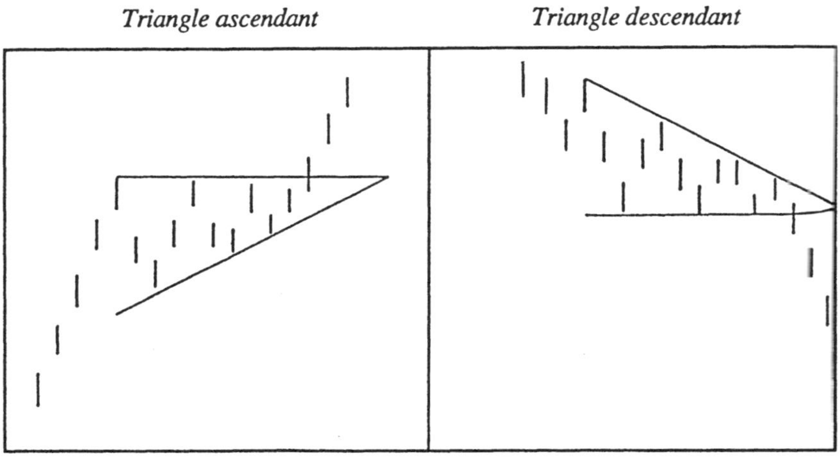

Graphique 51. – *Calculs d'objectifs sur un triangle ascendant*

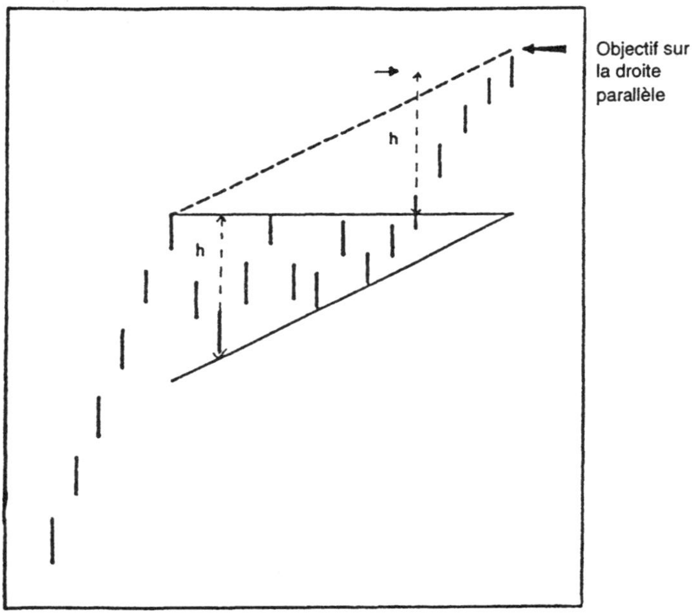

- Broadening formation *ou formation élargie*

La forme ressemble à un triangle symétrique inversé dont la pointe se situe à gauche du graphique (cf. graphique 53). Il s'agit d'une formation de retournement que l'on retrouve très souvent sur des *tops* ou des *bottoms* de marché.

Graphique 52. – *Exemples de triangles ascendants*

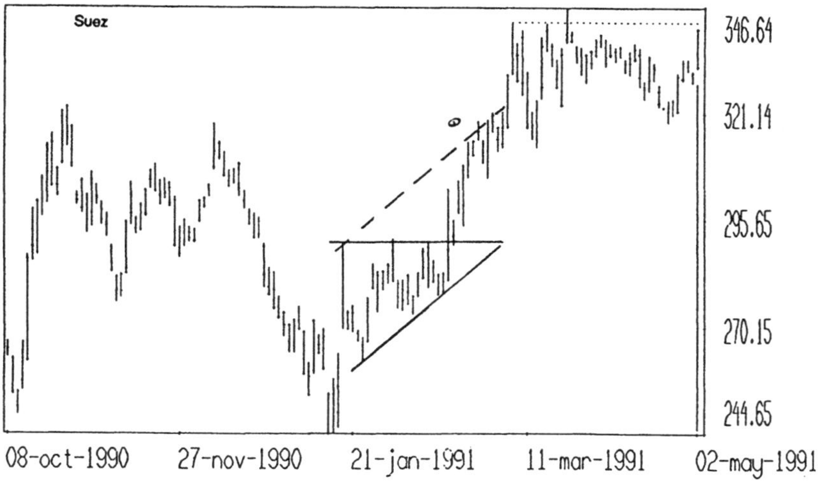

Source : Banque Internationale de Placement.

T. Bond

Source : Telerate – Global Dow Jones Information.

Le marché doit buter au moins deux fois sur la résistance du haut et se reposer deux fois sur la droite de support. C'est généralement après le cinquième impact (troisième tentative sur la résistance) que le mouvement baissier se dessine et parvient finalement à casser la droite de support. Quand on constate un troisième pic plus haut que les deux précédents qui vient buter sur la droite de résistance sans pouvoir la casser, on dispose d'un signal baissier important qui sera confirmé logiquement par la rupture de la droite de support (des divergences baissières apparaissent également sur les oscillateurs, cf. chapitre 4).

Graphique 53a. – Broadening formation *ou formation élargie*

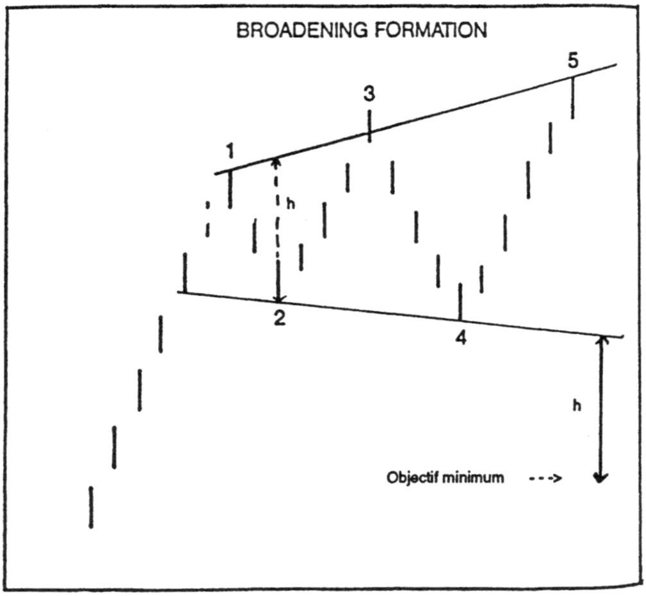

Graphique 53b. – *Exemple de formation élargie sur le CAC 40*

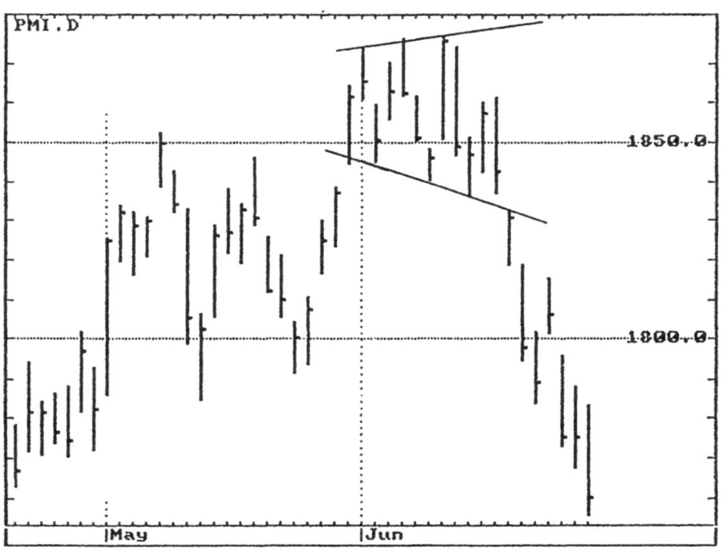

Source : Telerate – Global Dow Jones Information.

L'objectif minimum de la figure s'obtient en reportant l'écart entre le premier point d'impact sur la résistance et le niveau du support à ce moment-là à l'endroit de la rupture.

- *Le diamant*

C'est une figure particulièrement rare combinant une première figure de type *broadening formation* et une deuxième figure de type triangle symétrique (les deux s'emboîtant parfaitement) (cf. graphique 54 et 55).

Graphique 54. – *Formation en diamant*

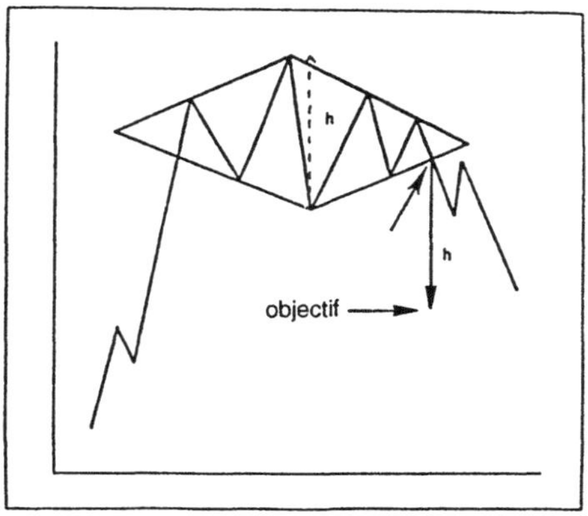

Graphique 55. – *Exemple de diamant sur le CAC 40*

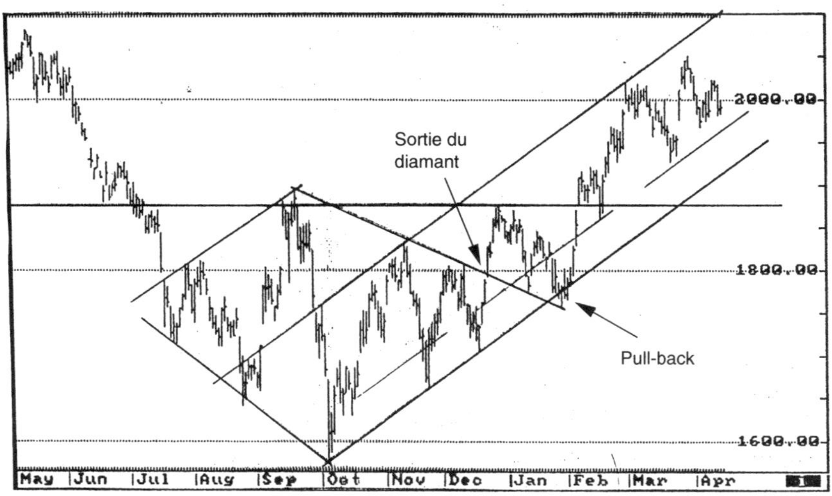

Source : Telerate – Global Dow Jones Information.

La figure en diamant montre ici un parfait retournement du marché qui se dirige rapidement vers les objectifs situés au-delà de 2000. On notera, par ailleurs, le phénomène de pull-back constaté en janvier-février après la rupture du diamant effectuée en décembre.

Comme pour la *broadening formation*, il s'agit généralement d'une figure de retournement qui conclut un point extrême de marché. Le signal est donné quand la deuxième partie du diamant (celle correspondant au triangle symétrique) est cassée.

L'objectif se calcule en reportant l'écart le plus large existant sur le diamant à partir du point de rupture.

3.1.2.3. Les figures fortes de continuation : les *flags* et les *pennants*

Il s'agit des figures de continuation dont la phase de repos correspond à un petit triangle symétrique (*pennant* ou fanion) ou à un petit canal légèrement baissier (*flag* ou drapeau).

Les *flags* et les *pennants* haussiers se caractérisent par une forte hausse interrompue en son milieu par un petit canal baissier (*flag* haussier) ou par un petit triangle symétrique souvent légérement baissier (*pennant* haussier).

Dans le cas des formations baissières de ce type, il s'agit d'un petit canal haussier (*flags*) ou d'un petit triangle symétrique *(pennants)* reliant deux forts mouvements baissiers.

Après une forte activité sur le marché : hausse brutale accompagnée de forts volumes, les cours connaissent une pause en entamant une figure triangulaire (dans le cas du *pennant*) ou une figure de correction sous forme d'un petit canal baissier (dans le cas d'un *flag*) (cf. graphiques 56 à 59).

Une fois que le marché s'est bien reposé dans sa petite formation de consolidation, celui-ci repart à la hausse avec de forts volumes. On calcule l'objectif du mouvement en reportant la taille du mouvement de hausse précédant la consolidation à partir du point de rupture de la figure (cf. graphique 56b).

Ce type de figure ressemble de loin à un drapeau (*flag*) ou à un fanion (*pennant*) qui flotterait. Le mouvement de hausse initial représente le mât (plus ou moins penché) et la figure de consolidation – le *flag* ou le *pennant* – le drapeau ou le fanion en lui-même.

Ainsi, quand on parle du calcul d'objectif, on peut également dire que l'on reporte la taille du mât à l'endroit de sortie du drapeau ou du fanion.

La figure peut se comprendre ainsi : la forte poussée est provoquée par des intervenants disposant d'une information privilégiée. Une fois que ces opérateurs arrêtent d'intervenir, le marché entame une consolidation jusqu'à ce qu'une information vienne confirmer la première hausse et provoquer une vive reprise du titre avec une forte montée du volume.

L'importance des volumes au moment de la rupture de la figure est très grande pour déterminer la qualité de la configuration et de ses objectifs.

Graphique 56a. – *Configuration en* flag *et en* pennant

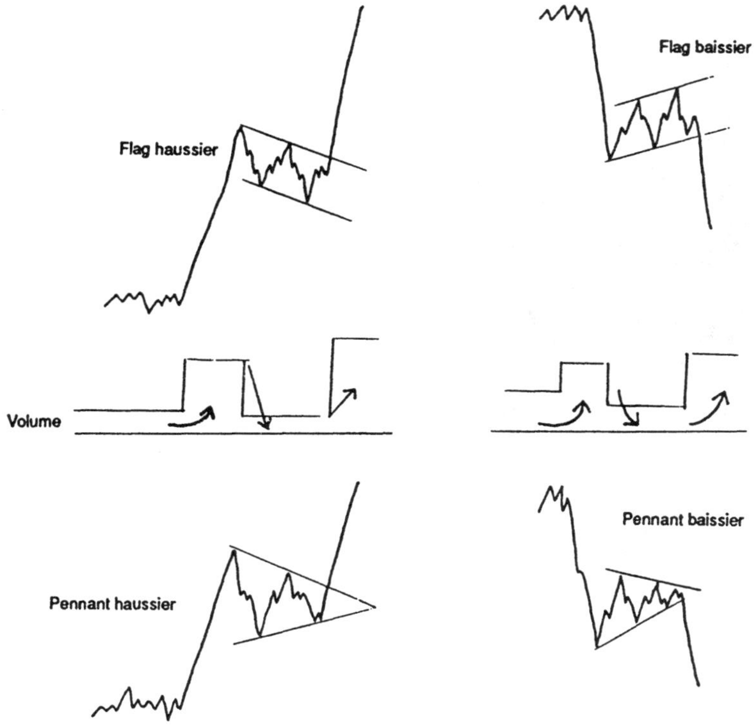

Graphique 56b. – *Calcul d'objectif d'un* flag *(ou d'un* pennant*)*

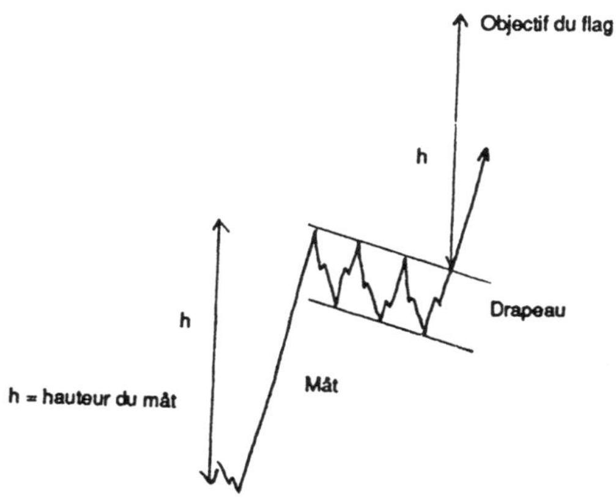

Graphique 57. – *Exemple de* flags *haussiers sur le notionnel*

Source : Telerate – Global Dow Jones Information.

Graphique 58. – *Exemple de* pennant *haussier sur le T. Bond*

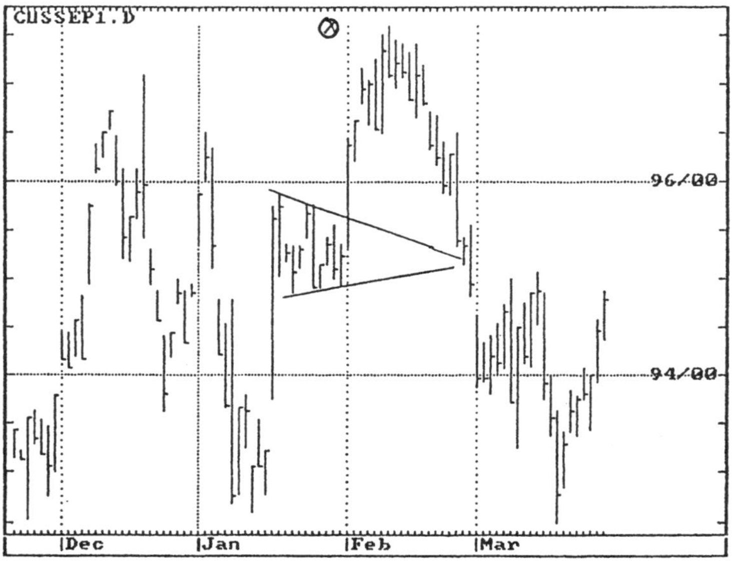

Source : Telerate – Global Dow Jones Information.

Graphique 59. – *Succession de* flags *et de* pennants *baissiers sur l'indice FTSE*

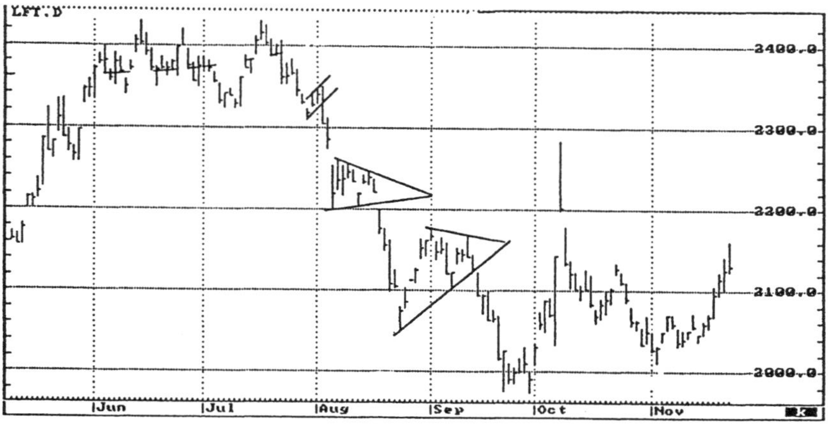

Source : Telerate – Global Dow Jones Information.

3.1.2.4. Les *wedges* ou biseaux

Les *wedges* ou biseaux ressemblent beaucoup à des triangles symétriques légèrement inclinés.

Les *rising wedges* ou biseaux ascendants présentent ainsi un triangle dont les deux parties sont inclinées à la hausse. À l'inverse, les *falling wedges* ou biseaux descendants sont des sortes de triangles symétriques inclinés vers le bas (cf. graphiques 60).

Les *rising wedges* sont généralement des figures de continuation baissière : la rupture du triangle à la baisse entraîne la reprise d'une tendance baissière.

Il n'existe pas d'objectif technique particulier, mais on peut reporter la taille du triangle à partir du point de rupture pour considérer un objectif minimum (comme on le fait pour les triangles symétriques).

Graphique 60a. – Rising wedge *et* falling wedge

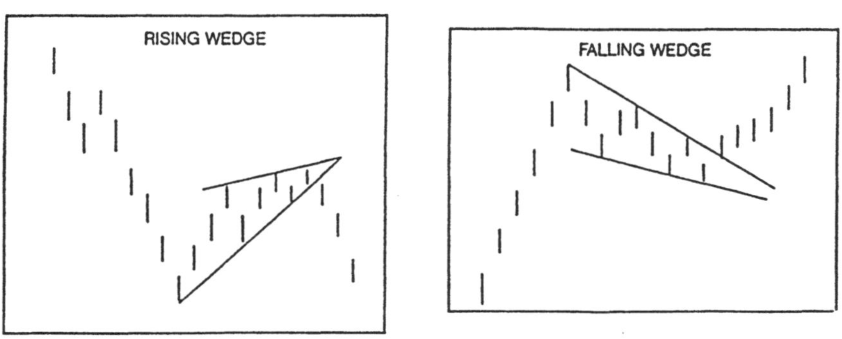

Graphique 60b. – *Exemple de* rising wedge *sur le PIBOR*

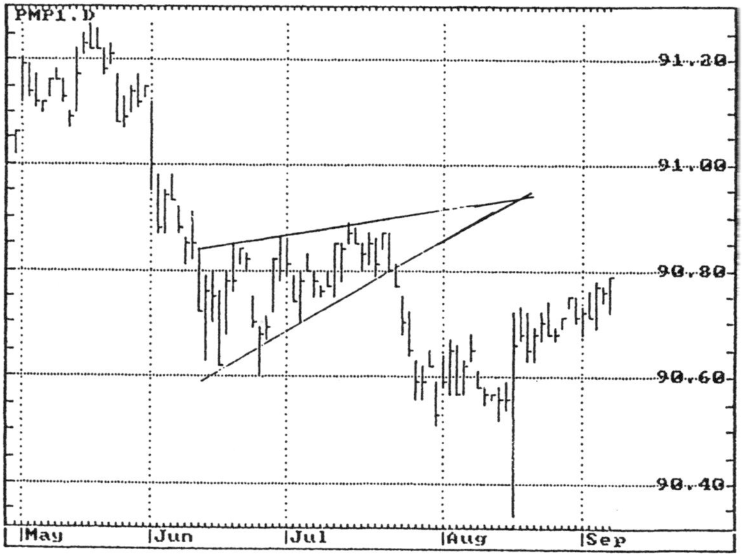

Source : Telerate – Global Dow Jones Information.

Cependant, les *wedges* sont parfois des figures de retournement marquant un *top* ou un *bottom* majeur (cf. Théorie d'Elliott développée au chapitre 5). Dans ces conditions, le signal est simplement donné par la rupture de la droite de support du *wedge* (dans le cas d'un *rising wedge*) et de la droite de résistance (dans le cas d'un *falling wedge*) (cf. graphiques 61).

Graphique 61a. – Rising wedge *de retournement*

Graphique 61b. – *Exemple de* rising wedges *de retournement sur le CAC 40*

Source : Telerate – Global Dow Jones Information.

3.2. Les figures formelles

Ce paragraphe est consacré à toutes les figures repérables grâce à leur seule forme et pour lesquelles l'utilisation des droites de tendances n'est pas nécessaire. Ces configurations sont par ailleurs très liées à la psychologie des intervenants. Nous retiendrons deux grands types de configurations formelles, celles appartenant à la famille des tête-épaules (tête-et-épaules, *triple top*, *double top*) et les autres (figures de retournement strictes que sont les *rounding formations* et les formations en V).

3.2.1. Les figures basées sur la psychologie des configurations en tête-et-épaules

Nous consacrerons beaucoup de place à la présentation de la figure dite en tête-et-épaules, car il s'agit certainement de la figure chartiste la plus connue et parce qu'elle représente un repère précieux pour la compréhension des autres figures de retournement comme le *triple top* et le *double top*.

L'explication complète d'une telle figure mettant à chaque fois en parallèle l'évolution des cours et l'évolution de l'intérêt des intervenants (à travers le volume) est particulièrement utile pour intégrer la psychologie des opérateurs. Cette présentation permettra également de mieux comprendre la méthode de raisonnement de l'analyse chartiste qui, d'une certaine manière, est une forme d'analyse psychologique des marchés.

3.2.1.1. Les figures en tête-et-épaules

La plus célèbre des figures formelles doit son succès à sa forme facilement repérable, à son nom emprunté à la morphologie humaine et à son omniprésence incontestable dans de nombreux graphiques. La présentation qui suit insiste beaucoup sur l'importance de la psychologie du marché. Notre analyse est ainsi presque aussi attentive à l'évolution des volumes qu'à celle des cours.

Comme son nom l'indique, le tête-épaules est composé d'une tête et de deux épaules ainsi que d'une ligne de cou (*neckline*) qui supporte cet édifice chartiste. Nous allons voir comment évolue la psychologie du marché au cours de la formation de cette figure et quelle importance revêt chaque élément de cette figure complexe. Nous présenterons ensuite quelques règles pratiques d'utilisation.

• *Formation d'un tête-et-épaules et psychologie du marché*

À l'aide du graphique 62, nous allons distinguer les phases principales de la construction d'un tête-épaules :

– *Phase 1* : Le marché suit une tendance claire et rebondit à chaque fois dessus. Il évolue par vagues. En 0, le marché atteint un premier plus haut (qui constituera l'épaule gauche) avant de revenir sur sa tendance et de repartir. Ce rebond permet au marché d'atteindre un niveau plus haut (au point 1) qui correspond à la tête. Mais un manque d'intérêt commence à être observé avec des volumes en baisse par rapport à ceux constatés au point 0. Le marché ne semble donc pas être convaincu par ce plus haut (beaucoup d'opérateurs sont restés à l'écart).

Graphique 62. – *Les différentes étapes d'un tête-et-épaules*

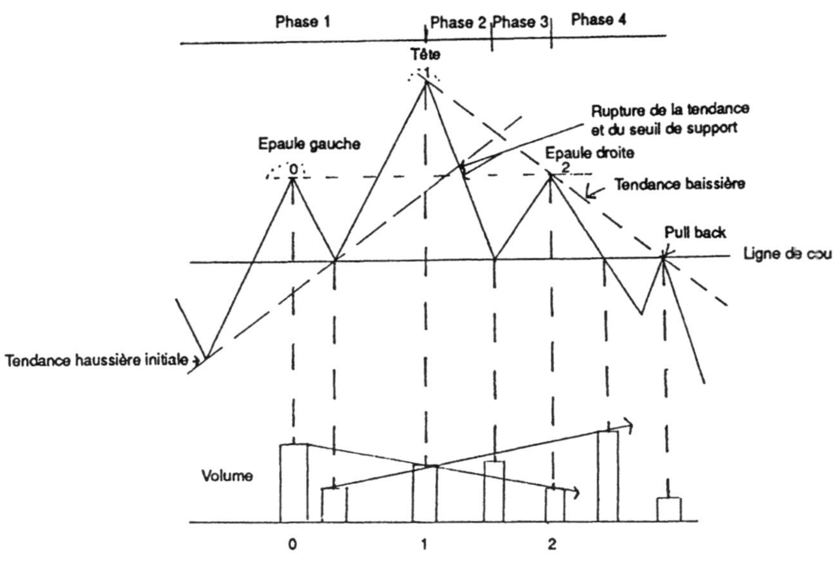

Un premier signal d'un éventuel retournement peut donc être détecté, il repose sur l'obtention d'un plus haut dans des volumes faibles (volume au point 1 de la tête inférieur au volume du point 0 de l'épaule gauche).

– *Phase 2* : La deuxième phase voit la rupture du niveau de support de l'épaule gauche ainsi que de la tendance haussière initiale. Cette baisse se fait dans des volumes en progression par rapport au mouvement de baisse de la phase 1 et proche du volume constaté au *top* de la tête. Cette rupture est ainsi significative et constitue un deuxième avertissement de retournement. La baisse se termine finalement vers les plus bas de la phase 1.

– *Phase 3* : Le marché rebondit mais ne parvient pas à retrouver ses plus hauts, il rejoint seulement le plus haut niveau de la phase 1 (au point 2) et parvient (selon le cas) à effectuer un pull-back sur son ancienne tendance. Cette phase permet ainsi à l'épaule droite de se dessiner. Cette reprise donne l'impression d'être purement technique, car elle ne suscite que très peu d'intérêt. Les volumes sont relativement faibles et normalement inférieurs à ceux constatés lors de la formation de la tête.

Cette phase confirme le retournement : le marché ne parvient plus à réintégrer sa tendance haussière ; il ne parvient pas non plus à casser la résistance de l'épaule gauche et à retrouver ses plus hauts. Ce rebond s'analyse ainsi comme une simple reprise technique sans volume, c'est-à-dire comme la correction d'un mouvement baissier. La reprise de la baisse permet alors pour la première fois de tracer une tendance baissière.

– *Phase 4* : Les cours repartent à la baisse et cassent la dernière droite de support du marché reliant les plus bas de la phase 1 et de la phase 2, c'est-à-dire la ligne de cou ou *neckline*. Cette rupture est d'autant plus significative qu'elle se fait dans de forts volumes (les plus importants depuis le début de la configuration).

Cette étape achève la configuration du tête-et-épaules et confirme le retournement baissier du marché à moyen terme.

Une étape supplémentaire peut ensuite se produire : un *pull-back* peut en effet avoir lieu sur la ligne de cour. Le marché revient tester la ligne de cou devenue droite de résistance, mais il s'agit d'une correction technique sans volume. Les cours repartent ensuite rapidement à la baisse dans des volumes parfois supérieurs à ceux constatés lors de la rupture de la ligne de cou.

La figure entière indique généralement un retournement du marché. Celui-ci peut donc entraîner une correction totale du mouvement précédent. Cependant, l'objectif minimum s'obtient en soustrayant la hauteur de la tête à partir du point de rupture de la ligne de cou. Comme il s'agit d'un retournement de tendance significatif, on considère que le marché ne peut repartir durablement à la hausse qu'après une correction significative de cet ordre (cf. graphique 63).

Par ailleurs, il faut noter que cet objectif constitue un objectif minimum et que la correction baissière peut donc être plus forte.

Graphique 63. – *Calcul d'objectif d'un tête-et-épaules*

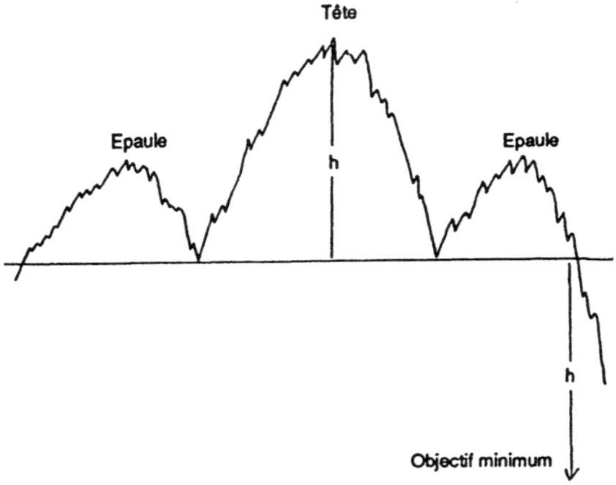

• *Les tête-et-épaules inversés*

Le tête-épaules existe également en figure inverse ; il s'agit du tête-épaules inversé. Celui-ci est une figure particulièrement haussière dont les caractéristiques psychologiques sont exactement les mêmes que celle du tête-épaules et dont la forme lui est parfaitement symétrique. L'évolution des volumes en chaque point est identique à ce que nous avons vu pour le tête-épaules classique et l'objectif de sortie se calcule de la même façon.

Les graphiques 64 et 65 illustrent des cas typiques de tête-et-épaules inversés.

Graphique 64. – *Tête-et-épaules inversé*

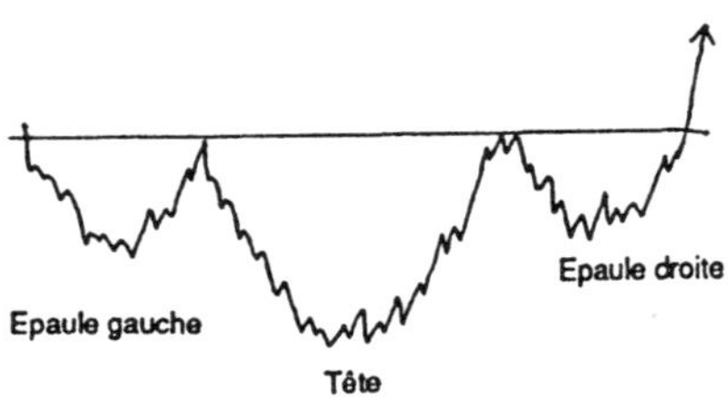

• *Règles générales d'utilisation*

Pour qu'un tête-épaules soit considéré comme acceptable, certaines conditions sont nécessaires (notamment sur la forme générale de la figure). Il est important de fixer des limites à la dénomination d'un tête-épaules. L'utilisation abusive de cette figure est souvent due à un manque de précision, ce qui implique souvent des résultats décevants dans les objectifs. Cependant, dans la pratique, il est parfois utile de montrer un certain empirisme et d'accepter quelques entorses à la théorie (notamment sur les volumes).

Graphique 65. – *Exemple d'un tête-et-épaules suivi d'un tête-et-épaules inversé sur le notionnel*

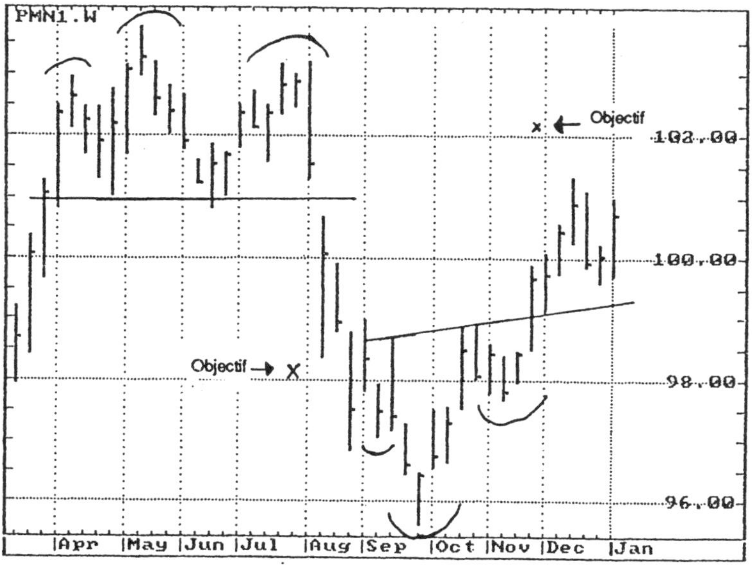

Source : Telerate – Global Dow Jones Information.

Graphique 66. – *Exemple de tête-et-épaules sur le PIBOR*

Source : Telerate – Global Dow Jones Information.

Nous allons voir ici un certain nombre de règles à connaître pour la pratique.

– *Pente de la ligne de cou*

Un tête-épaules parfait dispose en théorie d'une ligne de cou à pente quasiment nulle. Dans la pratique, les lignes de cou sont toujours légèrement pentues. Il faut donc accepter une certaine inclinaison mais savoir refuser un tête-épaules à la ligne de cou exagérément penchée. Le critère de pente varie en fonction des marchés, de l'échelle de référence et de la taille de la figure. On peut malgré tout estimer que la pente ne doit pas excéder 10 % (cf. graphique 67).

Graphique 67. – *Pente de la ligne de cou*

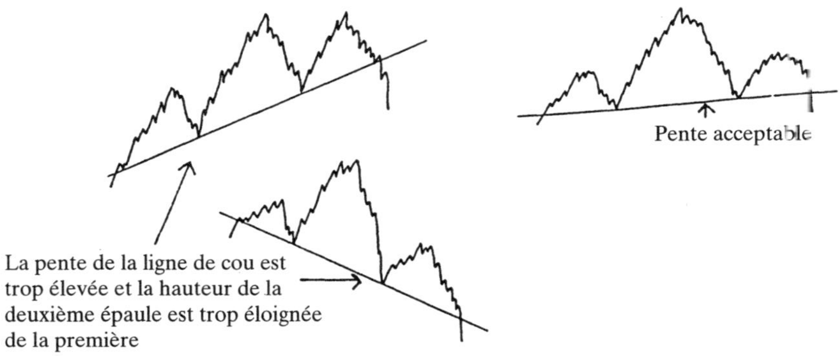

– *Équilibre entre les épaules et la tête*

Pour qu'un tête-et-épaules soit considéré comme tel, il doit en avoir véritablement l'allure ; c'est-à-dire qu'il doit être effectivement composé de deux véritables épaules et d'une tête digne de ce nom. Les deux épaules doivent être comparables à la fois en termes de taille et en termes de temps.

Par ailleurs, si la tête doit toujours être plus grande que les épaules, un certain équilibre doit également apparaître entre la tête et les deux épaules. La tête doit approximativement avoir une taille comprise entre 150 et 200 % l'amplitude des épaules et une durée similaire ou légèrement supérieure à celle des épaules (cf. graphique 68).

– *De l'utilisation du volume*

L'évolution théorique du volume au cours de l'élaboration d'un tête-épaules est, nous l'avons vu, très précise et devient parfois contraignante lors du passage à la pratique. Rares sont en effet les tête-épaules obéissant point par point à la théorie.

Tout d'abord, nous l'avons vu dans la section consacrée aux volumes, il n'est pas toujours facile de dégager des tendances claires sur les volumes. Ensuite, dans le cas du tête-épaules, il s'agit de dégager des tendances claires à six endroits précis (sommet et bas de l'épaule gauche, de la tête puis

Graphique 68. – *Équilibre entre la tête et les épaules*

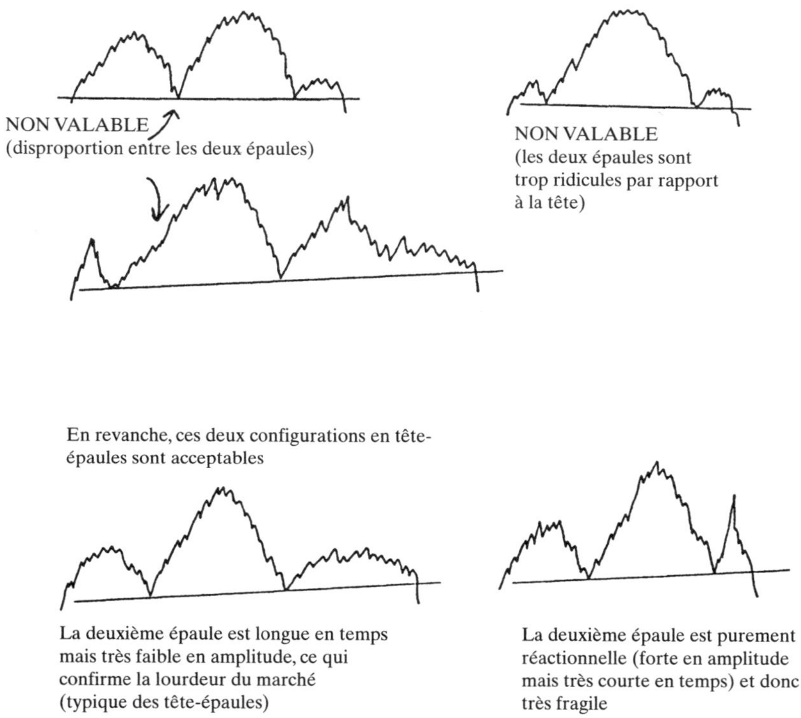

de l'épaule droite). Si cela est à peu près jouable pour une configuration de plusieurs semaines, cela devient pratiquement impossible lorsque la figure est plus courte. Enfin, il est rare d'obtenir précisément une configuration respectant parfaitement la théorie ; certains points hauts se font par exemple dans du volume et certaines phases de baisse ne sont pas accompagnées de forts volumes.

Ainsi, dans la pratique, l'évolution des volumes est rarement respectée, et les opérateurs ne les suivent pas à la lettre. Ils retiennent deux idées principales :

– la rupture de la ligne de cou doit se faire dans un fort volume (de préférence celui-ci doit être le plus important depuis le début de la figure) pour marquer l'importance et la force de la rupture ;

– le volume constaté au moment de la tête doit être relativement faible (le plus haut ainsi atteint n'étant pas significatif) et toujours inférieur à celui observé lors de la rupture de la ligne de cou.

– Le *pull-back*

Une fois que la ligne de cou a été enfoncée, le marché revient souvent sur celle-ci afin de la tester en tant que droite de résistance. Le marché repart ensuite à la baisse en direction de son objectif. Ce retour sur la ligne de cou constitue le *pull-back*. Il permet aux opérateurs qui n'étaient pas rentrés sur le marché au moment de la rupture de la ligne de cou de vendre à un cours équivalent et avec un risque moindre.

Cependant, si la ligne de cou est réintégrée lors du *pull-back*, cela annule le tête-épaules en tant que tel ainsi que ses objectifs techniques. Il est ainsi conseillé d'utiliser le *pull-back* pour renforcer ses positions vendeuses tout en plaçant un ordre d'achat stop à un niveau légèrement supérieur à celui de la ligne de cou.

Toute clôture au-delà de la ligne de cou rend caduque la figure en tête-et-épaules.

– *Calcul d'objectif*

L'objectif du tête-épaules est un objectif minimum c'est-à-dire que les cours ont de fortes chances d'aller plus bas que cet objectif. Cependant, comme pour toutes les autres figures, si l'objectif est à proximité d'un gros support ou d'une importante droite de soutien ou encore d'un pourcentage bien précis de correction, le marché pourra s'arrêter sur ces niveaux sans atteindre l'objectif théorique.

– *Les tête-épaules de continuation*

Le tête-épaules est considéré comme la figure de retournement par excellence. Cela est effectivement le cas dans 80 à 90 % des cas, mais dans les 10 à 20 % restants, le tête-épaules est une figure de continuation.

La configuration de continuation observe une philosophie très proche de celle développée pour les tête-épaules de retournement. Le marché suit une tendance baissière et la figure en tête-épaules offre au marché l'opportunité de souffler.

Le marché va tout d'abord arrêter de baisser et essayer de repartir à la hausse : le premier test sera l'épaule gauche. Il essaiera de partir une nouvelle fois à la hausse (formation de la tête), mais avec des volumes particulièrement faibles, l'épaule droite confirmera l'incapacité du marché à repartir à la hausse. Finalement, la rupture de la ligne de cou dans du volume marquera la fin de l'accalmie au sein de la tendance baissière et la poursuite de cette même tendance (cf. graphique 69).

3.2.1.2. Les triple tops et triple bottoms

Les *triple tops* peuvent être considérés comme un tête-épaules manqué dont la tête ne dépasserait pas les deux épaules.

Le marché connaît ainsi trois pics successifs butant sur un même niveau de résistance avec des volumes déclinants à chaque pic. Le *triple top* n'est pas complet tant que la droite reliant les deux plus bas (la ligne de cou) n'est pas cassée dans un volume significatif : les objectifs se calculent de la même façon que pour les tête-épaules en reportant à l'endroit de la rupture de la ligne de cou l'écart entre le niveau atteint lors des pics et la ligne de cou.

Le *triple bottom* est la figure exactement inverse, le marché se reposant trois fois de suite sur un même support pour ensuite repartir à la hausse après avoir cassé la ligne de cou (cf. graphiques 70 et 71).

Graphique 69. – *Tête-épaules de continuation sur le Bund allemand*

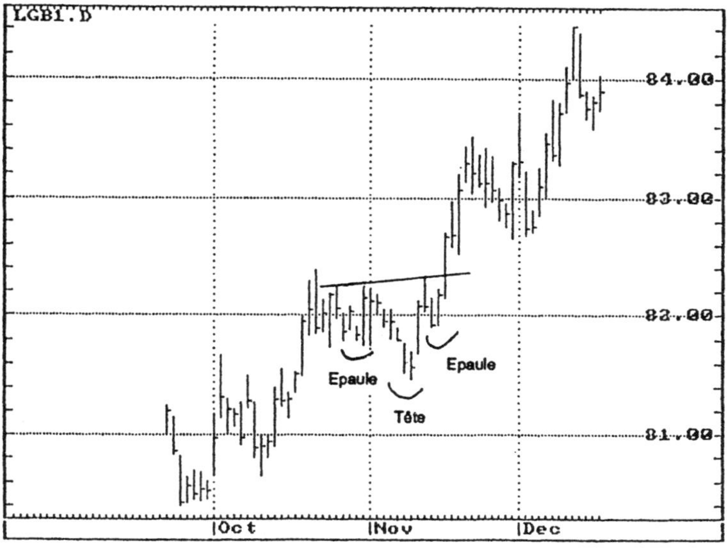

Source : Telerate – Global Dow Jones Information.

On ajoutera enfin que les *triple tops* et *triple bottoms* sont relativement rares par rapport aux tête-épaules et aux *double tops* et *double bottoms.*

Remarque : Les *triples tops* ou *bottoms* doivent être parfaitement horizontaux ; c'est-à-dire que les trois pics (ou trois creux) doivent atteindre pratiquement le même niveau et que la ligne de cou doit être plate. Il est alors possible de considérer que les cours évoluent dans une sorte de tunnel horizontal. Cette figure ressemble donc beaucoup à la figure en rectangle que nous avons déjà vue.

La différence entre les deux figures est de taille, puisque l'une est considérée comme une figure de continuation (rectangle) et l'autre comme une figure de retournement (*triple tops* ou *bottoms*). Il est heureusement possible de les distinguer grâce à l'évolution des volumes, mais on conseillera de toute façon d'être particulièrement vigilant à l'approche des bornes extrêmes.

3.2.1.3. Les double tops et double bottoms

Le *double top* fait partie de la famille des têtes-épaules et pourrait être rapidement décrit comme un tête-épaules ayant perdu la tête. Les *double tops* sont également appelés figure en M ou double sommet et les *double bottoms* figure en W ou double creux. Comme son nom l'indique, le *double top* connaît deux sommets successifs et relève d'une philosophie similaire à celle des tête-épaules.

Graphique 70. – Triple top *et* triple bottom

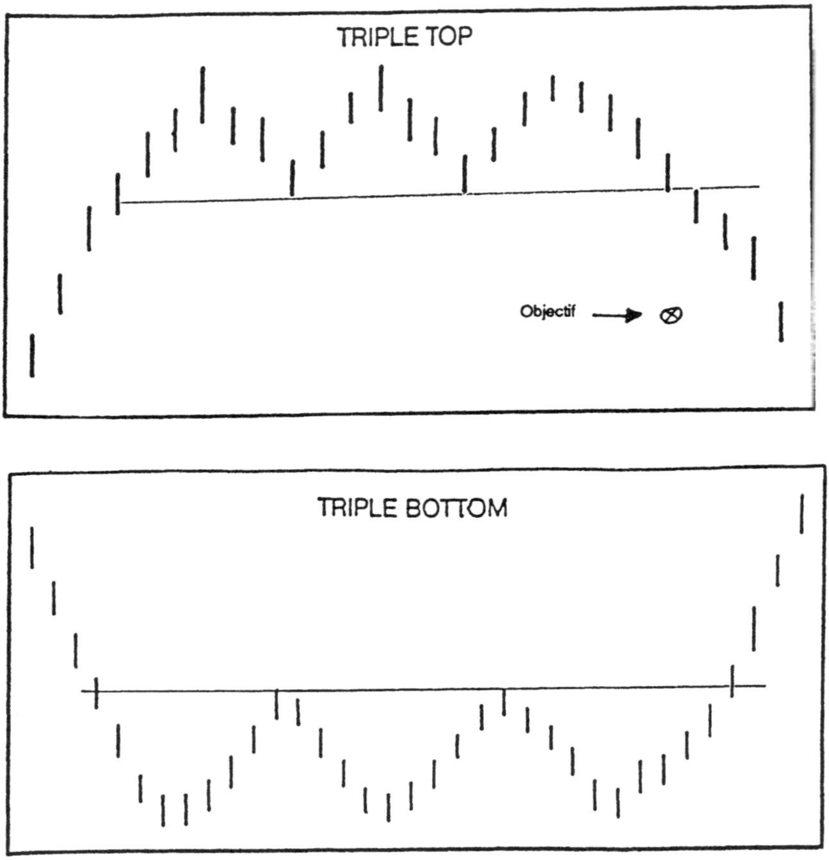

Graphique 71. – *Exemple de* triple top *sur l'indice DAX*

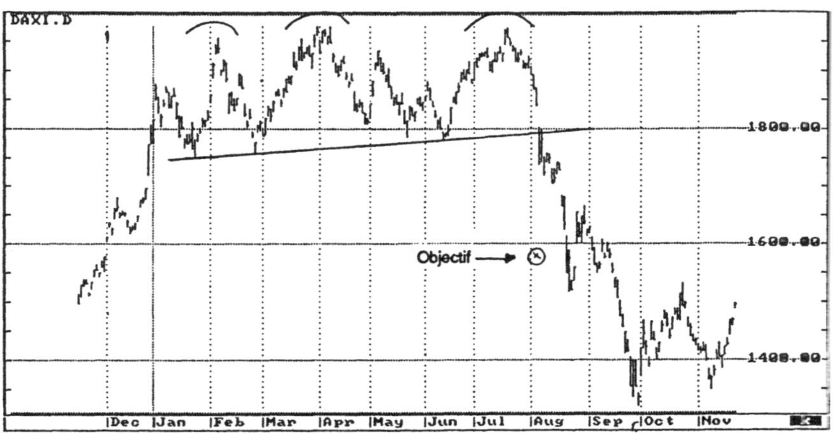

Source : Telerate – Global Dow Jones Information.

Le marché enregistre une phase de hausse avec un certain volume et atteint ainsi un plus haut (point A), puis se replie (point B) pour revenir à nouveau sur les plus hauts du point A mais avec un faible volume indiquant le manque d'intérêt des intervenants (premier signe de retournement). Le marché rebaisse ensuite et casse tout d'abord son *trend* haussier (deuxième signe de retournement), puis casse le niveau support du point B (qui équivaut à la ligne de cou) avec un fort volume marquant le retournement définitif du marché. À partir de ce moment, le *double top* prend définitivement forme. On calcule l'objectif de la figure en reportant à partir du point de rupture de la ligne de cou l'écart entre le plus haut (point A ou C) et la ligne de cou (cf. graphiques 72).

Un *pull-back* a souvent lieu, permettant au marché de retester la ligne de cou avant de repartir définitivement à la baisse. Là encore, si la ligne de cou est transpercée en clôture lors du *pull-back*, la figure devient caduque et les objectifs n'ont plus aucune signification.

Graphique 72a. – *Principe du* double top

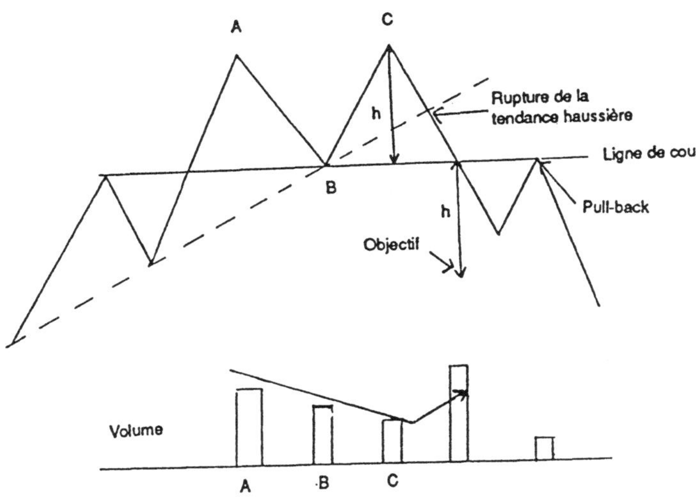

Graphique 72b. – *Double bottom*

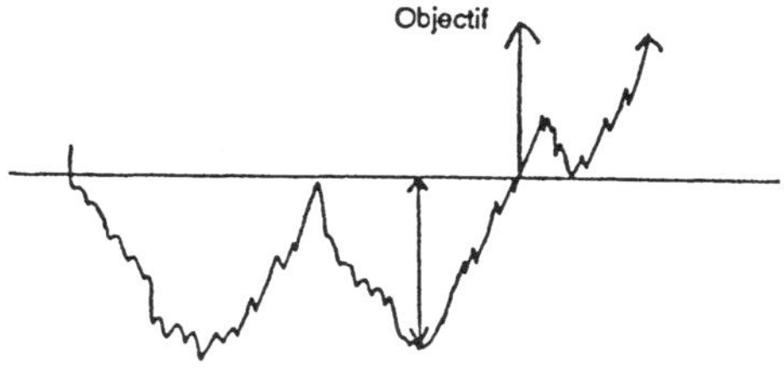

- *Niveau du deuxième top ou bottom*

Le deuxième pic (point C) doit revenir sur le même niveau que le premier pic (point A). Cependant, comme le marché est supposé être relativement faible, le deuxième pic est très souvent inférieur au premier. Il lui arrive d'être légèrement supérieur, mais pour que la figure soit considérée comme un *double top*, l'écart entre les deux points ne doit pas être significatif.

- *Stratégie de* trading

Il est conseillé de vendre une fois que la figure est confirmée (lors de la rupture de la ligne de cou) ou encore au moment du *pull-back*. Mais il est également possible de vendre plus haut. Lorsque le second pic se dessine et que l'on constate de faibles volumes et des divergences baissières sur les oscillateurs (cf. chapitre 4), on peut penser qu'un *double top* est possible ; on vendra alors à proximité du niveau atteint au point A avec un achat stop légèrement plus haut (pour limiter les pertes en cas de poursuite du mouvement haussier) et on renforcera la position vendeuse lors de la rupture de la ligne de cou.

- *Forme des* doubles tops *et bottoms*

Comme pour les têtes-épaules, une certaine harmonie doit régner entre les deux pics tant sur la forme que sur le temps pris par chaque pic (cf. graphiques 73 et 74). On notera cependant que le deuxième sommet peut avoir des allures très différentes du premier : il peut être long en temps (cas où le marché met beaucoup de temps à se retourner, confirmant une importante lourdeur) ou au contraire être très rapide (cas d'un retour purement réactionnel).

Graphique 73. – *Forme des* doubles tops

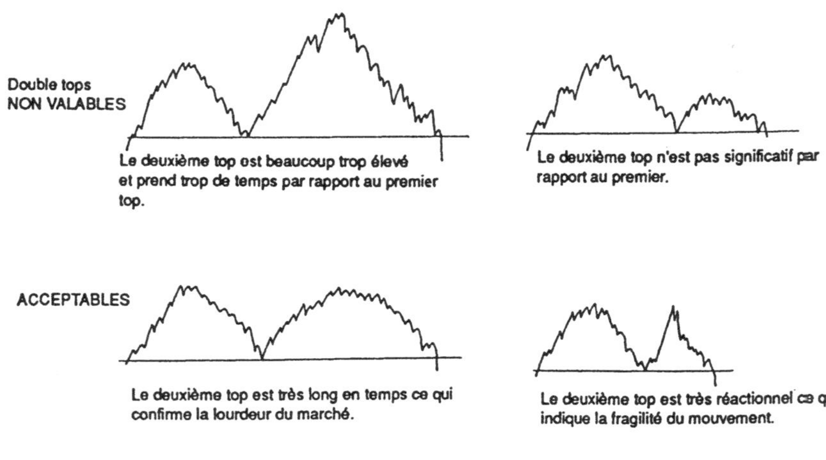

Graphique 74a. – *Exemple de* double top *sur le Dollar Mark*

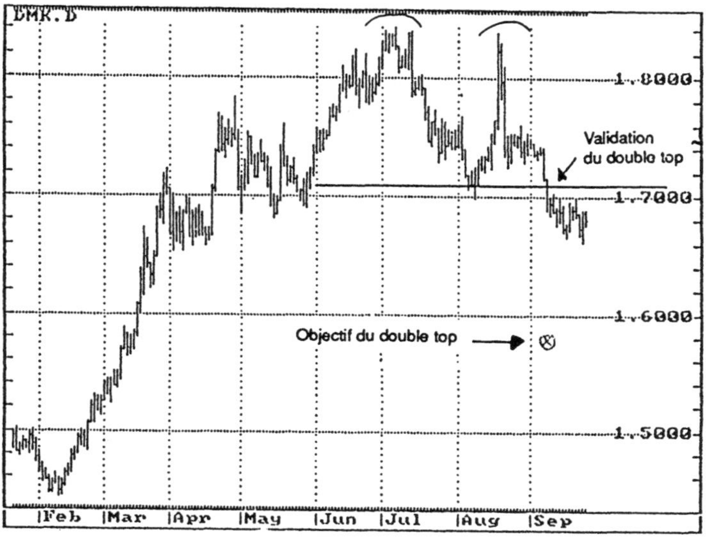

Source : Telerate – Global Dow Jones Information.

Note : Le deuxième top réactionnel est dû à la nouvelle du putsch manqué du 16 août 1991 en URSS.

Graphique 74b. – *Exemple de* double top *sur le T. Bond (le deuxième top est très long en temps par rapport au premier)*

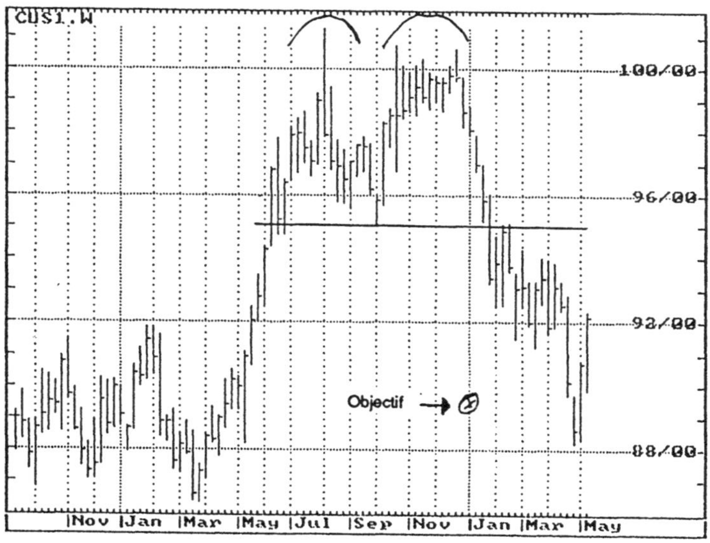

Source : Telerate – Global Dow Jones Information.

3.2.2. Les autres configurations formelles

3.2.2.1. Rounding tops et rounding bottoms ou soucoupes

Ces figures assez rares dans la pratique marquent un retournement du marché et ont une forme très ronde comparable à celle d'une cuvette.

Un *rounding top* se caractérise par une hausse très molle du marché avec des volumes en baisse. Le marché atteint finalement un *top* sans volume. Un changement de tendance est ensuite constaté, accompagné d'une reprise des volumes indiquant la nouvelle tendance du marché (cf. graphiques 75).

Graphique 75a. – *Rounding bottom*

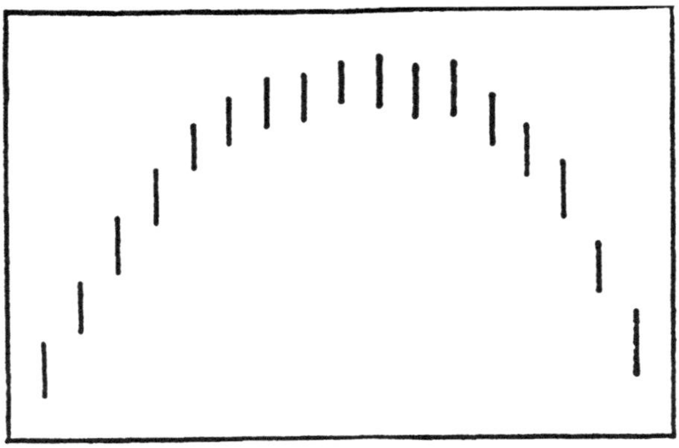

Graphique 75b. – *Exemple d'un* rounding top *sur le T. Bond*

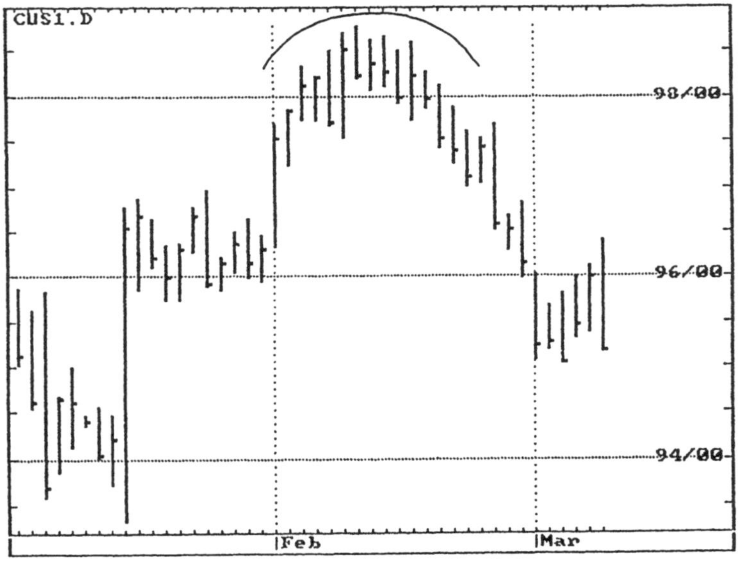

Source : Telerate – Global Dow Jones Information.

Il n'y a pas de calcul d'objectif. Cependant, l'importance du retournement est fonction de la taille de la configuration (à la fois en termes de niveau et de temps), ainsi que du volume constaté et de l'importance du mouvement cassé lors du retournement.

3.2.2.2. Formations en V : V top et V bottom

Ce sont les figures les plus difficiles à constater, car elles ne sont pas le fruit d'une construction caractéristique qui peut être anticipée. Ce sont au contraire des figures très soudaines (qui prennent généralement forme en une seule journée) et que l'on constate le plus souvent *a posteriori*.

John J. Murphy considère ainsi les formations en V comme des non-formations en ce sens qu'il n'y a effectivement aucun signe avant-coureur.

Un *v top* peut se définir ainsi : alors que les cours évoluent dans un *trend* clairement haussier, une forte hausse subite va se manifester permettant au marché d'atteindre d'importants plus hauts. Puis, généralement au cours de la même journée, les cours vont se replier et revenir en dessous du niveau de la veille. Dès lors, un retournement de tendance pourra s'observer avec le début d'un mouvement nettement baissier (cf. graphiques 76).

Graphique 76a. – V top *et* V bottom

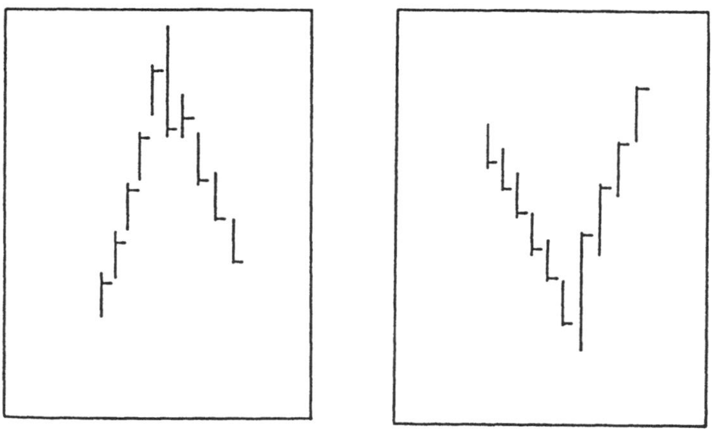

Ce qui se produit est donc une brutale accélération de la tendance existante, immédiatement suivie d'un retournement de tendance tout aussi violent. La plupart du temps, ces formations en V sont des *key-reversal* (cf. paragraphe suivant) et sont généralement accompagnées de forts volumes.

Il est ainsi difficile d'anticiper l'existence d'une telle figure, car beaucoup de journées de *trading* peuvent avoir des évolutions similaires sans pour autant être des *v tops* ou des *v bottoms*. Sur le moment, on peut simplement avoir l'intuition d'une telle figure en constatant la présence de forts volumes.

Graphique 76b. – *Exemple de* V top *et de* V bottom *sur le dollar-mark*

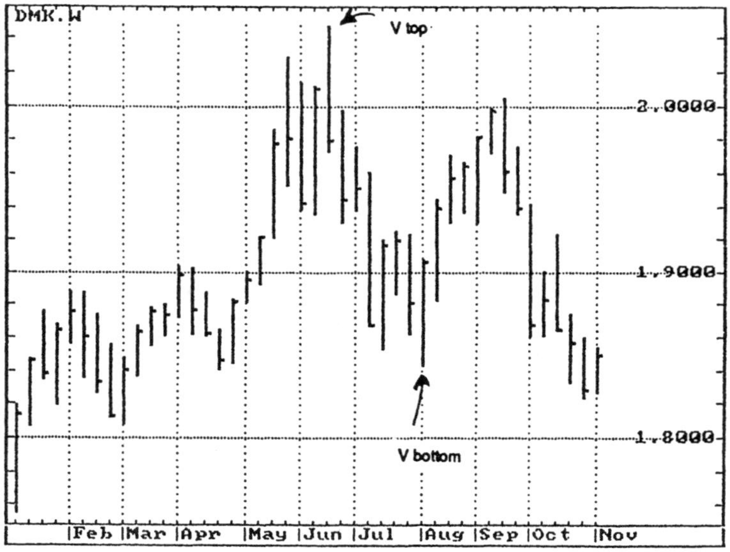

Source : Telerate – Global Dow Jones Information.

3.3. *Les configurations basées sur l'utilisation des* gaps *et des* bar charts

L'information donnée par un *bar chart* est, nous l'avons vu, beaucoup plus complète que celle apportée par une courbe continue. Ce supplément d'information va d'ailleurs permettre de repérer certaines configurations ayant une valeur prédictive.

Il est possible de distinguer deux grands types de messages : le premier type est donné par les *gaps* qui représentent un espace de cours où aucun échange ne s'est produit. Ceci apporte donc une information particulière facile à repérer. Nous verrons qu'il est possible de classifier différents types de *gaps* ayant chacun une signification propre quant à l'avenir du marché.

Le deuxième type de message est donné par l'étude du bâtonnet en lui-même grâce à la position du cours de clôture par rapport aux extrêmes et à la confrontation avec les bâtonnets des jours précédents.

3.3.1. Les gaps *et leur classification*

Un *gap* est, nous l'avons vu, une zone de cours où aucun échange n'a lieu d'un jour sur l'autre. Il traduit ainsi une discontinuité dans l'évolution des cours qui peut traduire des éléments opposés. Elle peut, en effet, être provoquée par un manque total d'intérêt des intervenants et être ainsi le fait d'une absence de liquidité où de faibles volumes entraînent parfois des décalages de cours. Mais elle peut aussi marquer une rupture nette dans l'évolution du marché ; dans ce cas, le *gap* sera logiquement accompagné d'un volume significatif.

Il est très souvent dit qu'un *gap* est toujours comblé, nous verrons que cela n'est pas toujours vrai pour certaines classifications.

Nous verrons également que certaines formes de *gap* ont une qualité prédictive importante et que certaines peuvent même être employées pour calculer des objectifs.

3.3.1.1. Le *gap* commun

Il se produit généralement quand le marché évolue dans un *range* de cours relativement étroit, il est ainsi le fruit d'une absence d'intérêt des opérateurs et donc d'un manque de liquidité repérable sur les volumes.

Ce type de *gap* peut également résulter d'un effet d'annonce entraînant une petite rupture de court terme, qui ne remet pas en cause les données fondamentales du marché. Le *gap* commun est donc généralement rapidement comblé.

Quand ce type de *gap* apparaît, on peut en profiter en jouant le comblement. Par exemple, si un petit *gap* haussier apparaît dans un *trading range*, on pourra vendre le marché et racheter au moment du comblement du *gap* (cf. graphiques 77).

3.3.1.2. Le *breakaway gap* ou *gap* de rupture

Le *breakaway gap* se produit généralement au moment d'une rupture d'un tunnel ou d'une figure technique (tendance, canal, ligne de cou d'un tête-épaules ...) et traduit souvent l'amorce d'un retournement de tendance. Le *breakaway gap* renforce l'importance de la rupture : une rupture de figure ou de tendance est considérée d'autant plus forte qu'elle est accompagnée d'un *gap* (le plus large possible) et de forts volumes (cf. graphiques 77).

Ces types de *gaps* sont souvent accompagnés de forts volumes et ne sont généralement pas comblés. L'espace vierge du *gap* représente au contraire un espace difficile, voire impossible à retraverser, c'est-à-dire une zone de support ou de résistance très forte. On verra les cours revenir et grignoter quelques points de cet espace, mais très rarement le combler totalement. Un retour complet en dessous du *gap* annule généralement le signal donné par le *breakaway gap* : le remplissage du *gap* traduira alors un faux signal.

3.3.1.3. Le *runaway gap* ou *measuring gap* (le *gap* de « poursuite »)

Après le *breakaway gap*, les cours vont amorcer une tendance bien claire et, environ à la moitié du mouvement, les cours vont former un second type de *gap* : le *runaway gap* (cf. graphiques 77).

Il s'agit d'un *gap* de continuation confirmant la force du marché (celui-ci n'est nullement essoufflé, puisqu'il est encore capable de bondir) et qui se produit là encore avec du volume.

Graphique 77a. – *Classification des* gaps

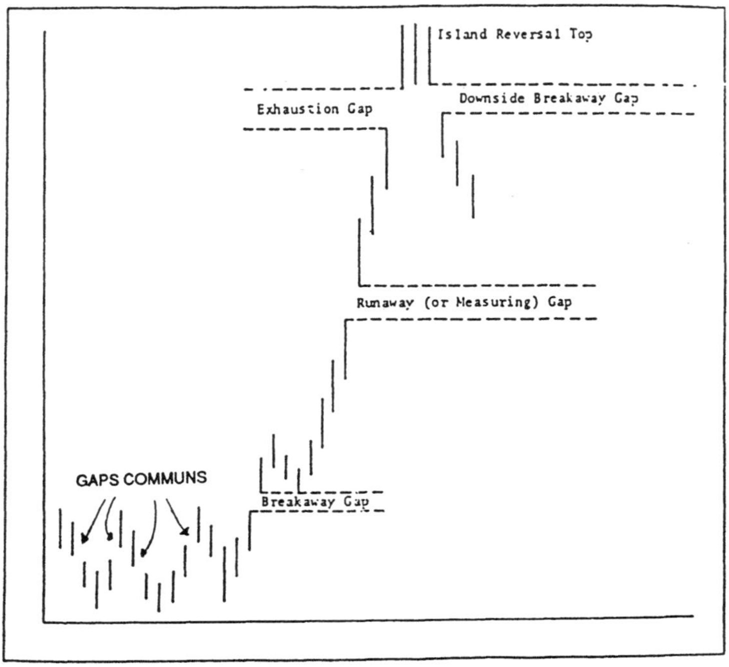

Source : Weiss Research, « Timing the Market ».

Graphique 77b. – *Exemple de* gaps *caractéristiques sur le CAC 40*

Source : Telerate – Global Dow Jones Information.

Graphique 77c. – Gaps *caractéristiques sur le notionnel*

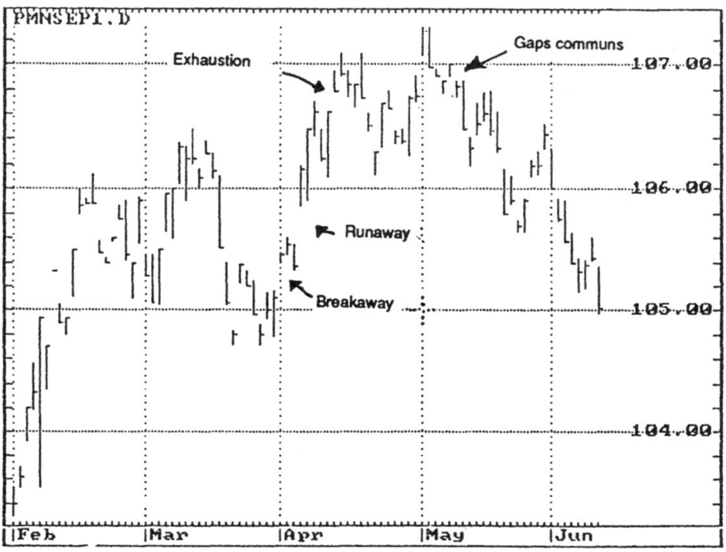

Source : Telerate – Global Dow Jones Information.

Ce *gap* n'est généralement pas comblé et constitue de toute façon, comme pour le *breakaway gap*, une zone de support ou de résistance très solide. Là encore, le remplissage du *runaway gap* annulera généralement tout l'effet de la figure.

Le *runaway gap* est aussi appelé *measuring gap*, car il se situe généralement à la moitié du mouvement commencé par le *breakaway gap*. Il est donc possible de situer l'objectif final du mouvement en reportant à partir de ce *gap* l'évolution déjà effectuée ; c'est-à-dire en reportant le chemin déjà parcouru.

3.3.1.4. L'*exhaustion gap* ou *gap terminal*

L'*exhaustion gap* se produit à la fin d'un mouvement quand tous les objectifs ont été atteints et que les deux types de *gaps* (*breakaway* et *runaway*) se sont produits (cf. graphiques 77).

L'*exhaustion gap* est généralement rapidement comblé (souvent à l'intérieur d'une même semaine). Il ne s'agit donc pas d'une zone de support ou de résistance solide. Le remplissage d'un *exhaustion gap* constitue normalement un message très clair de retournement du marché.

3.3.1.5. L'*island reversal*

Les cours vont connaître un *gap* et évoluer au-dessus de ce *gap* pendant une journée ou quelques jours seulement. Les cours vont ensuite se retourner, mais avec un nouveau *gap* inverse au précédent (cf. graphiques 77).

On pourra donc constater sur le graphique un îlot de bâtonnet(s) perdu au sommet ou au fond du graphe, traduisant un renversement de tendance très clair d'où le nom *island reversal*.

Cet *island reversal* peut se produire après un *exhaustion gap*. Il peut même constituer à lui seul l'*exhaustion gap*. On peut enfin le trouver à la fin d'une figure sans pour autant avoir été précédé des différents *gaps* (par exemple, la tête d'un tête-épaules peut être formée par un *island reversal*).

3.3.2. Les jours de retournement

3.3.2.1. Jours de retournement ou *reversal day*

La plupart des graphiques en bâtonnets indiquent le niveau des cours d'ouverture et de clôture. Il est ainsi possible de distinguer le comportement du marché à l'intérieur de chaque journée ; certaines utilisations peuvent alors en découler.

Tout d'abord, il est naturel de considérer qu'un marché dont le cours de clôture est supérieur (inférieur) au cours d'ouverture est plutôt haussier (baissier) (cf. *candlesticks* japonais). Certaines informations peuvent alors être tirées de ce type d'observation. Il est possible par exemple de repérer, à l'intérieur d'un mouvement haussier, des journées clôturant en hausse par rapport à la veille où le marché s'est montré relativement faible (la clôture étant inférieure à l'ouverture) et qui peut être parfois considéré comme un premier signe d'essoufflement du marché, voire de retournement.

Les jours de retournement ou *reversal day* sont basés sur ce type de constatation. Un *top reversal day* (*buttom reversal day*) est un jour où un nouveau plus haut (plus bas) se produit suivi d'une clôture beaucoup plus basse (plus haute) le même jour (cf. graphiques 76 concernant les *v top* et *v bottom* et graphique 78).

Les cours effectuent ainsi un plus haut (plus bas) à l'ouverture (ou très près de l'ouverture) pour ensuite connaître un effritement (une reprise) et clôturer plus bas (plus haut) que le cours de clôture de la veille.

Plus le prix est large et plus le volume est important, plus le signal de renversement est fort.

Un *top reversal day* s'explique par le fait que, suite par exemple à une information favorable au marché, tous les vendeurs se rachètent à l'ouverture poussant les cours sur leurs plus hauts. Ensuite, les cours commencent à se tasser, puis à baisser sensiblement car il n'y a plus de nouveaux acheteurs sur le marché et les anciens acheteurs prennent leurs bénéfices. D'où la relation entre le volume, l'importance de la variation des cours et la force du signal de retournement.

3.3.2.2. *Key reversal day*

Un *key reversal day* est un *reversal day* entraînant un retournement de long terme du marché contrairement à la majorité des *reversal days* qui indiquent des renversements de court terme.

Graphique 78. – *Exemple de* reversal day *et de* two day reversal *sur le T. Bond*

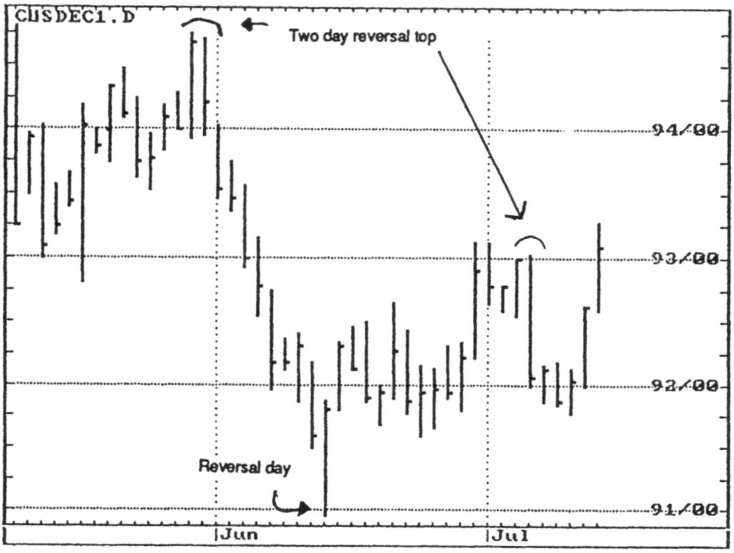

Source : Telerate – Global Dow Jones Information.

Mais on ne peut distinguer un *key reversal day* d'un *reversal day* classique qu'*a posteriori*, quand le retournement s'opère de façon claire. Par exemple, la tête d'un tête-épaules a parfois lieu lors d'un *reversal day*. Ce *reversal day* devient un *key reversal* quand la ligne de cou est cassée (message clair de retournement).

Quand tous les objectifs techniques des figures précédentes ont été atteints et que le marché se trouve très près d'une forte résistance, on peut seulement supposer être en présence d'un *key reversal*. Il faut être un peu patient pour en avoir la confirmation.

En revanche, si le marché connaît un mouvement très fort sans phase de correction, le *reversal day* « risque » d'être de court terme et marque simplement une consolidation nécessaire.

3.3.2.3. *Two day reversal* et *weekly reversal*

Il s'agit d'extension aux *reversal days* classiques. Ces figures ont en fait besoin de plus de temps pour se retourner.

Par exemple, dans le cas d'un *two day reversal top*, la première journée marque le *top* du marché en clôture, l'ouverture du lendemain se fait au *top* mais le marché baisse sensiblement en cours de journée et clôture à un niveau inférieur aux cours de clôture précédents (cf. graphique 78).

Un *weekly reversal* a la même allure qu'un *reversal day*, à la différence qu'il s'agit d'un graphique hebdomadaire, le *weekly reversal*, marque cependant un retournement de plus long terme.

4. Les graphiques points et figures

La méthode dite des « Points et Figures » constitue un élément un peu à part dans la grande famille des méthodes d'analyse technique.

On la considère généralement comme la plus ancienne de toutes les méthodes encore utilisées aujourd'hui. En effet, on en retrouve des traces dans les dernières années du siècle dernier, notamment sur les marchés des balles de coton dans le sud-est des Etats-Unis. À l'époque, il s'agissait d'ailleurs surtout d'une méthode d'enregistrement des cours auxquels les produits étaient négociés. Ce n'est qu'au fil des années que certains observateurs ont pu dégager un certain nombre de règles utilisées à des fins de prévision.

Le caractère original de cette représentation des cours est en général assez déroutant pour le lecteur non averti. Un graphique points et figures (voir ci-dessus) a en effet une allure assez surprenante, en tout cas très différente des graphiques que l'on a pu présenter jusqu'ici. La première impression est celle de voir une gigantesque partie de « morpion », où le vainqueur est le premier à pouvoir aligner un certain nombre de ronds (ou de croix). En fait, la construction d'un tel graphique est très simple et sera présentée plus bas dans tous ses détails.

Les points et figures diffèrent des techniques d'analyse discutées plus haut sur trois points essentiels :

– Le graphique points et figures est unidimensionnel. Il ne s'intéresse qu'aux fluctuations de cours, indépendamment du temps. Il ne comporte donc aucun axe de temps, donc pas d'abscisse, contrairement aux représentations classiques. Dans l'analyse points et figures, le temps est une dimension qui ne compte pas.

– Visant à faire apparaître des tendances, le graphique points et figures élimine par construction les fluctuations mineures, c'est-à-dire inférieures à un certain seuil préalablement défini par l'utilisateur.

– Il permet de définir et d'utiliser des règles de *trading* extrêmement précises et univoques, faciles à automatiser. Les calculs d'objectifs sont eux aussi très simples à effectuer.

4.1. Le principe de construction

Préalablement à l'établissement du graphique, l'utilisateur doit définir deux grandeurs, dont dépendront l'allure du graphique et l'interprétation qui en sera faite. Ces deux paramètres du graphique Points et Figures sont :

– La taille de la boîte (de l'anglais *box*) : il s'agit tout simplement de l'échelle verticale, celle des prix. La boîte correspond au pas sur ladite échelle. La boîte peut s'exprimer en unités monétaires (une boîte de 10 F par exemple) ou bien en pourcentage (une boîte de 2 % par exemple). Selon la taille de la boîte, le graphique sera plus ou moins sensible aux variations de tendances. D'autre part, elle est liée à l'horizon de l'analyse projetée, une analyse à long terme réclamant généralement des boîtes assez grandes. Il n'existe aucune règle précise quant à la taille optimale de la boîte à retenir ; le bon sens de l'analyste doit jouer, en tenant compte à la fois de l'horizon de l'analyse et de la volatilité du produit étudié.

– Le seuil de retournement. Le graphique Points et Figures ne s'intéresse qu'aux tendances d'une certaine importance. Pour éliminer le bruit, les fluctuations mineures censées être sans signification pour la prévision, l'analyste en Points et Figures définit un seuil de retournement qui s'exprime comme un multiple de la boîte. On parlera aussi d'un graphique « X3 », sur lequel tout retournement de tendance inférieur à trois boîtes n'apparaîtra pas. Seuls seront notés sur les graphiques les retournements d'une amplitude au moins égale à trois boîtes.

– Le choix d'un seuil de retournement est décisif pour l'allure du graphique. Plus il est élevé (plus grand est le multiplicateur) moins le graphique comportera de retournements de tendances, puisque la barre aura été placée plus haut.

Le graphique est alors défini par la combinaison des deux paramètres. Ainsi, un graphique Points et Figures « 10X3 » est un graphique dont la boîte a une taille de 10 F et le seuil de retournement est de trois boîtes (ce qui signifie que tout retournement de tendance inférieur à 30 F n'apparaîtra pas sur la grille).

Ces deux paramètres étant définis, la construction proprement dite peut débuter. Nous allons l'illustrer par un exemple précis dans le cas d'un graphique « 10X3 ».

La chronique des cours successifs est la suivante :

521 – 532 – 540 – 538 – 540 – 535 – 510 – 505 – 508 – 512- 520 – 518 -531 – 533 – 525 – 500 – etc.

550				
540	X			
530	X	0		
520	•	0		
510		0		
500		0		

Sur du papier quadrillé sur lequel a été portée l'échelle des cours, la première étape consiste à marquer un point (•) dans la boîte correspondant au premier cours observé. Dans notre exemple, le premier cours étant 521, le point est inscrit dans la boîte 520, qui contient les cours compris entre 520 et 529,99 inclus.

Par convention, purement arbitraire d'ailleurs, les phases de hausse sont dénotées par des X, tandis que les phases de baisse le sont par des 0.

Le deuxième cours observé (532) étant en hausse par rapport au précédent et se situant au niveau de la case immédiatement au-dessus, une croix (X) est inscrite dans la boîte correspondante, juste au-dessus du point précédemment noté. Tant que les cours monteront, ils seront inscrits dans cette colonne.

Le troisième cours, 540, en application du même principe, fait apparaître une nouvelle croix.

Le quatrième cours (538) se situe en revanche en retrait du précédent et pourrait marquer le début d'une nouvelle tendance, baissière celle-ci. Cependant, notre graphique étant un graphique X3, pour qu'un retournement apparaisse sur la grille, il faut qu'il ait au moins trois boîtes d'amplitude. La boîte la plus élevée actuellement dessinée se trouvant à 540, il faudra attendre une baisse permettant d'inscrire une marque dans la boîte 510 (donc un cours compris entre 510 et 519,99). La baisse jusqu'à 538 est donc insuffisante pour inscrire quoi que ce soit.

La reprise à 540 n'ajoute rien au graphique. De même que la baisse jusqu'à 535, toujours insuffisante. À ce moment-là, alors que l'on a observé six cours successifs, le graphique ne fait apparaître que trois signes.

La baisse suivante à 510 atteint maintenant la boîte qu'il faut pour autoriser une marque. Un rond (0) est donc placé dans la boîte en question ainsi que dans celles situées au-dessus, jusqu'à la boîte immédiatement inférieure à celle du maximum précédent (la boîte 530 dans notre exemple). Comme vous l'aurez remarqué sur le graphique, cette colonne de 0, qui dénote une vague de baisse, est située immédiatement à droite de la précédente.

Un graphique Points et Figures est ainsi constitué d'une succession de colonnes de X et de 0 de hauteurs variables, chaque colonne ne pouvant comporter qu'un seul et même signe (soit des X, soit des 0).

Après avoir baissé jusqu'à 505, les cours remontent jusqu'à 533, mais cette remontée est insuffisante pour être inscrite. Il faudrait qu'elle atteigne au moins 540 pour être située trois boîtes au-dessus de la boîte actuelle.

En revanche, le dernier cours observé à 500 permet de placer un quatrième rond sous les trois autres.

Et le graphique sera ainsi poursuivi, les changements de colonne n'intervenant que lorsqu'une variation d'au moins trois boîtes a été observée.

L'étude du graphique de notre exemple révèle deux colonnes seulement, ce qui signifie que l'on observe deux mouvements. D'abord à la hausse (colonne de X), puis à la baisse (colonne de 0). Les fluctuations mineures ont été éliminées du graphique. De sorte qu'à la seule vue du graphique il est impossible de dire quel temps cette évolution a couvert : alors que l'on a 16 cours enregistrés le graphique ne fait apparaître que sept signes, placés sur deux colonnes.

On aura compris que l'étape la plus importante du processus consiste à définir le couple de paramètres. Et l'on retiendra que dans un graphique Points et Figures chaque colonne, qu'elle soit d'un sens ou de l'autre, comprendra au moins autant de signes que le multiplicateur du seuil de retournement (ex. dans un graphique X3, chaque colonne comportera au moins trois signes).

Dans la pratique, les graphiques les plus usités sont des graphiques X1, X3 ou X5, le graphique X3 étant de loin le plus fréquent (sans qu'il présente d'avantage définitif sur ses concurrents, mais il bénéficie du poids de la tradition).

Une mention particulière doit être ici faite au sujet du graphique X1, dans lequel le seuil de retournement est donc d'une seule boîte. Son principe de construction est légèrement différent de celui énoncé plus haut et se traduit par le fait que l'on peut avoir deux signes opposés (0 et X) dans une même colonne.

Reprenons pour illustrer cette construction la chronique de cours utilisée précédemment, et établissons un graphique « 10X1 ». Il aura l'allure suivante :

540						
530						
520	•					
510						
500						

La construction débute exactement comme nous l'avons vu plus haut et les trois premiers cours se traduisent par l'établissement de la première colonne de X.

Le quatrième cours enregistré (538) marque une baisse permettant d'atteindre la boîte immédiatement inférieure à la boîte 540. Comme il suffit maintenant d'avoir une boîte de variation pour marquer un renversement de tendance, un 0 est inscrit dans la boîte 530 sur la colonne de droite de la précédente.

Le cinquième cours (540) se retrouve dans la boîte au-dessus et il faut donc marquer une croix. Dans un graphique X1 il faut retenir qu'une colonne doit nécessairement avoir deux signes au moins. Après l'enregistrement du quatrième cours, le graphique se présente de la façon suivante :

540	X	0		
530	X			
520	•			
510				
500				

Le retour à 540 donne lieu à l'inscription d'une croix dans la boîte correspondante, mais comme il n'y a pour l'instant qu'un seul signe dans la deuxième colonne, la croix est placée dans cette même colonne qui contient maintenant ses deux signes indispensables.

540	X	X		
530	X	0		
520	•			
510				
500				

À partir de là, les cours se mettent à descendre sans discontinuer jusqu'à 505 (boîte 500) et l'on voit donc apparaître une colonne de 0, à droite de la colonne précédente. Nous avons dû changer de colonne car le dernier signe entré dans la colonne précédente était de signe contraire (X). Le graphique est alors le suivant :

540	X	X		
530	X	0	0	
520	•		0	
510			0	
500			0	

Classiquement, la remontée jusqu'à 520 se traduit par l'inscription de deux croix dans une nouvelle colonne.

540	X	X			
530	X	0	0		
520	•		0	X	
510			0	X	
500			0		

Les cours rebaissant jusqu'à 518, il faut inscrire un 0 dans la boîte correspondante dans la colonne d'à côté.

540	X	X				
530	X	0	0			
520	•		0	X		
510			0	X	0	
500			0			

Et la remontée à 531 puis 533 fait apparaître deux X, mais qui doivent figurer dans la même colonne que le dernier 0, puisque celui-ci est pour l'instant tout seul dans sa colonne. On obtient alors le graphique suivant :

540	X	X				
530	X	0	0		X	
520	•		0	X	X	
510			0	X	0	
500			0			

La baisse à 500 se traduira par l'ouverture d'une nouvelle colonne de 0 à droite de la précédente :

540	X	X					
530	X	0	0		X		
520	•		0	X	X	0	
510			0	X	0	0	
500			0			0	

Le graphique Points et Figures X1 est le seul dans lequel on peut trouver deux signes opposés dans une même colonne (cas des colonnes 2 et 5 dans notre exemple). Dès qu'un seuil de retournement autre que 1 est utilisé, une colonne ne peut contenir que des signes identiques. Telle est la principale différence entre le graphique X1 et les autres.

La comparaison des graphiques X1 et X3 établis à partir de la même chronique de cours met bien en évidence la beaucoup plus grande sensibilité du premier (seuil de retournement plus faible). En effet, le graphique X1 comporte six colonnes, marquant ainsi au moins cinq renversements de tendance, tandis que le graphique X3 ne comporte que deux colonnes ne dénotant qu'un seul renversement. Par construction, ce dernier graphique a plus filtré la chronique des cours.

Le graphique X1 est surtout utilisé pour l'analyse *intra-day*, généralement associée à des boîtes de taille relativement faible.

4.2. L'interprétation du graphique Points et Figures

Une fois le graphique établi, le travail véritablement analytique débute : la réflexion et les tentatives de prévision des cours futurs.

Dans ce domaine de l'interprétation, nous présenterons successivement les figures typiques aux Points et Figures, l'analyse chartiste appliquée aux Points et Figures et le calcul des objectifs.

4.2.1. *Les configurations spécifiques aux Points et Figures*

En un siècle de pratique, les analystes ont largement eu le temps de réfléchir aux signaux générés par les graphiques Points et Figures et au fil des années ont mis au point une typologie des configurations les plus fréquentes. Celles-ci sont regroupées dans le tableau ci-joint qui fait apparaître systématiquement les configurations haussières et les configurations baissières. Il faut savoir que ces signaux ont été testés sur de longues périodes ; dans son ouvrage de 1965, Robert Davis indique les résultats de tests menés sur 1 100 actions américaines pendant une période de dix ans (de 1954 à 1964). Ces résultats sont impressionnants puisque 80 % des opérations (qu'elles soient à l'achat ou à la vente) s'avèrent rentables, le profit moyen étant de 25 %.

L'observation du tableau ci-après met en évidence une constante dans ces configurations :

– un signal d'achat est donné par l'apparition d'une croix dans la colonne n, située une boîte au-dessus du précédent sommet (colonne n – 2)

Exemple :

– un signal de vente est donné par l'apparition d'un rond dans la colonne n, située une boîte en dessous du précédent plus bas (colonne n – 2)

Exemple :

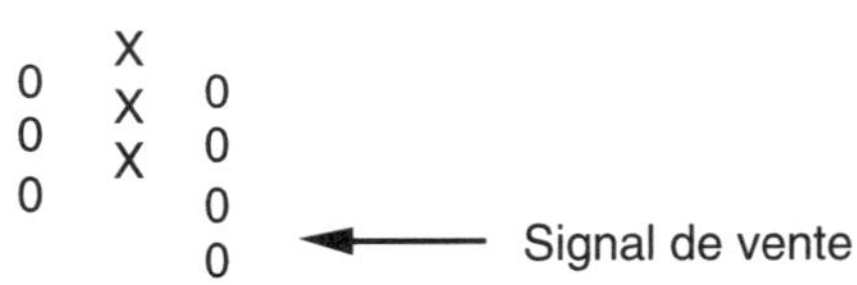

Cette constante est d'ailleurs l'une des raisons du succès des graphiques Points et Figures puisque le signal d'achat ou de vente est parfaitement clair et ne peut faire l'objet d'une mésinterprétation. Pour cette même raison, il est facile d'informatiser le processus et donc d'obtenir un générateur de diagnostic automatique : chaque fois que l'ordinateur trace un nouveau signe dans une colonne, il compare la boîte dans laquelle se situe ce signe avec les extrêmes de la colonne n – 2 et repère immédiatement s'il s'agit d'un nouveau plus haut ou d'un nouveau plus bas.

De ce fait, le graphique Points et Figures a été la première méthode à fournir aux analystes des signaux univoques n'étant pas le fruit de l'interprétation de l'analyste.

En conclusion, sur les configurations typiquement Points et Figures, on retiendra que les meilleurs signaux sont donnés par les formations de type *triple top* ascendant ou *triple bottom*, illustrées ci-dessous. Les autres signaux sont présentés sur le graphique 79.

Triple top ascendant

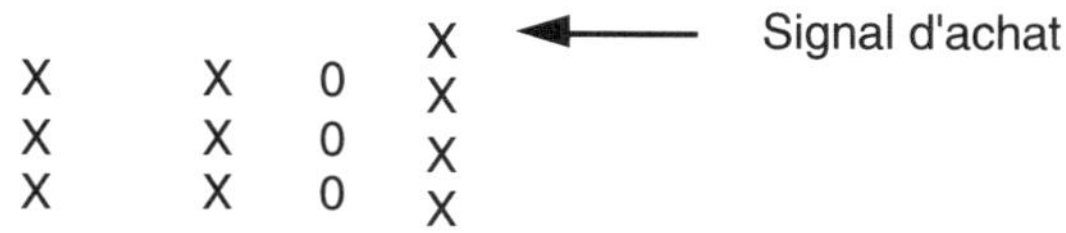

Triple bottom descendant

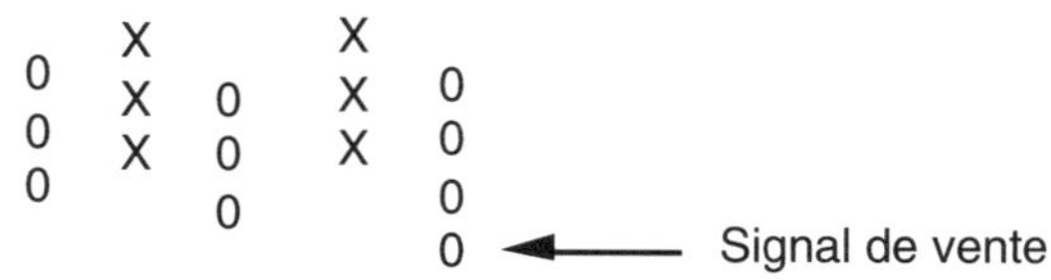

4.2.2. Les tendances en Points et Figures

On a vu plus haut l'importance des tendances dans l'analyse chartiste traditionnelle. Cette importance n'est pas démentie dans le cadre des Points et Figures, malgré les spécificités de la construction rendant le tracé des droites de tendance assez différent de celui qui a été exposé dans l'analyse chartiste.

En effet, on a vu précédemment qu'une droite de tendance était tracée à partir de deux points significatifs : deux creux pour une tendance haussière ou deux sommets pour une tendance baissière.

Dans un graphique Points et Figures, un seul point suffit puisqu'à partir de celui-ci, *les tendances sont toujours tracées à 45° dans le sens du signal donné.*

L'exemple ci-dessous explicitera cette construction :

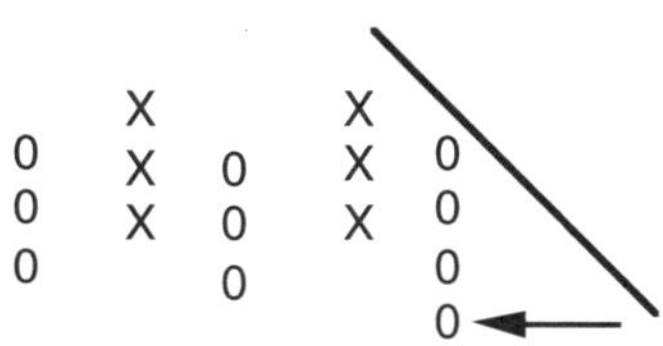

L'apparition du rond marqué d'une flèche constitue un signal de vente et l'on s'attend donc à voir les cours suivre une tendance baissière. Celle-ci sera caractérisée par une droite à 45° tracée vers le Sud-Est, partant du point haut du graphique.

La construction d'une droite de tendance en Points et Figures nécessite donc l'existence d'un signal d'achat ou de vente. La tendance est tracée à 45°, dans le sens du signal, à partir du point le plus bas (ou le plus haut) de la colonne contenant le signal.

La droite doit être tracée aussi loin que possible sur la droite du graphique car elle est censée constituer un niveau du support ou de résistance, comme dans l'analyse chartiste présentée plus haut.

Graphique 79. – *Principaux signaux donnés sur les Points et Figures*

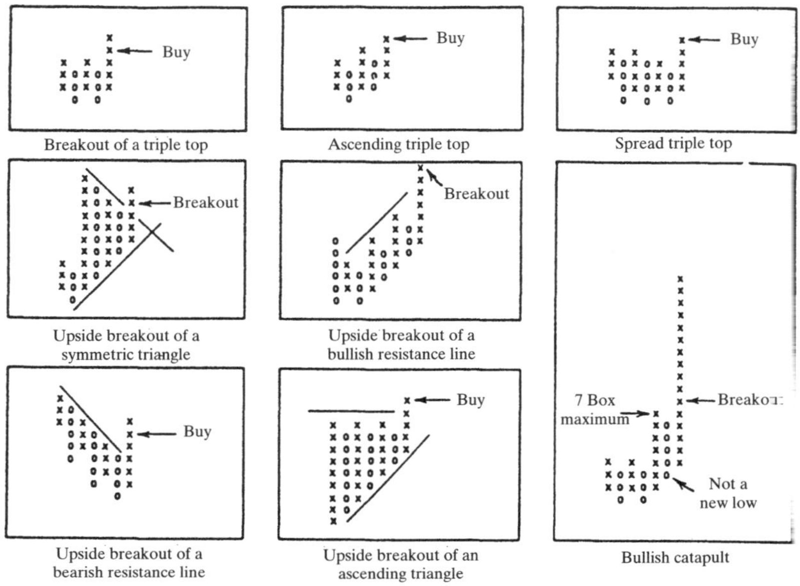

(*a*)

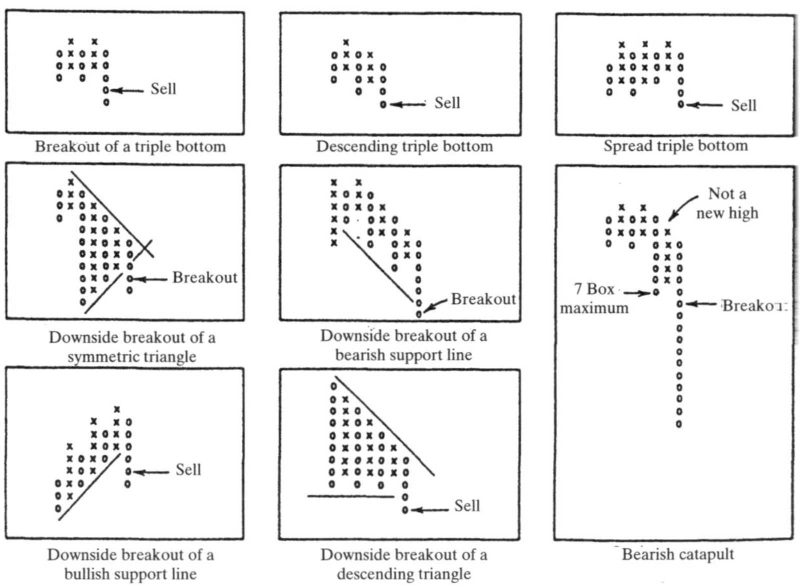

(*b*)

Source : P.J. Kaufmann, *New Commodity Trading Systems and Methods* (2e édition).

Ces droites sont importantes car elles confirment la direction d'un mouvement et servent à filtrer les signaux donnés par le graphique. En effet, au moins dans une optique à moyen-long terme, l'analyste ne retiendra que les signaux allant dans le sens de la tendance, tant que celle-ci n'a pas été invalidée par une évolution contraire.

Considérons l'exemple suivant :

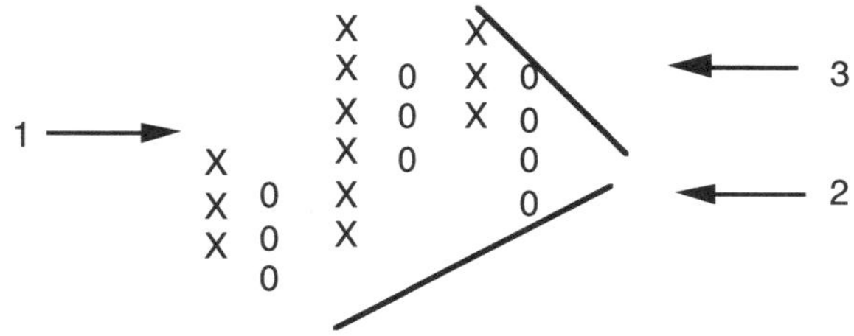

– La croix marquée 1 constitue un signal d'achat et autorise le tracé de la droite à 45° dirigée vers le Nord-Est.

– Le rond marqué 2 qui constitue pourtant au sens strict un signal de vente ne sera pas pris en compte par l'analyste, car les cours se situent toujours au-dessus de la droite de tendance. Tant que cette droite haussière est valide, l'analyste conservera sa position de fond, ici à l'achat.

– Il ne négligera tout de même pas complètement le signal de vente apparu. Tout d'abord, il peut s'agir d'un signe avancé du futur retournement de tendance qui sera caractérisé par l'enfoncement de la droite haussière. Ensuite, ce signal de vente autorise l'analyste à tracer une droite à 45° vers le Sud-Est (droite marquée 3 sur le graphique). Cette droite jouera le rôle de résistance à la hausse des cours. L'incertitude régnant alors quant à l'évolution à venir sera levée par le franchissement de l'une ou l'autre de ces droites.

Comme dans l'analyse traditionnelle, il est possible de considérer deux droites parallèles pour déterminer un canal, haussier ou baissier. L'apparition de canaux est même très fréquente en points et figures puisque les droites allant dans un même sens sont toujours parallèles entre elles (par construction). De ce fait, l'analyste en Points et Figures accorde moins d'importance à l'existence d'un canal que son homologue chartiste.

4.2.3. L'analyse traditionnelle appliquée aux Points et Figures

Il n'est pas rare de trouver sur des graphiques Points et Figures des traces d'une analyse traditionnelle sous la forme de configurations non spécifiques telles qu'un drapeau, une tendance qui n'est pas à 45° ou une tête-épaules.

Ce genre d'analyse est parfaitement réalisable et donne souvent de bons résultats. Il faut néanmoins prendre garde au fait qu'un graphique Points et Figures génère par construction une certaine « congestion » des données dont il faut tenir compte dans l'interprétation.

4.2.4. Les calculs d'objectifs

Le principe de construction du graphique Points et Figures étant rigoureux et les signaux étant clairement identifiés, il est facile de calculer des objectifs quand un mouvement se dessine.

Entendons-nous bien : si les objectifs sont faciles à calculer, cela ne signifie pas qu'ils ont une valeur prédictive meilleure que celle des objectifs calculés en utilisant les méthodes traditionnelles (largeur d'un canal, hauteur d'une tête, etc.).

S'agissant des Points et Figures, deux analyses peuvent être faites : le décompte horizontal et le décompte vertical.

La première analyse s'intéresse à la largeur (mesurée horizontalement par le nombre de colonnes) de la phase de congestion ayant précédé immédiatement la nouvelle tendance. Cette analyse est réalisable dès l'apparition de la nouvelle tendance, quasiment dès l'apparition du signal.

La deuxième analyse s'intéresse à la hauteur de la première impulsion constituant la nouvelle tendance. Cette analyse ne peut intervenir que postérieurement à la précédente, dans la mesure où elle suppose que l'impulsion est terminée, c'est-à-dire qu'un renversement a eu lieu.

Les formules de calcul dans les deux cas sont les suivantes :

Décompte horizontal
à la hausse : $0 = PB + (NC \times B \times R)$
à la baisse : $0 = PH - (NC \times B \times R)$

Décompte vertical
à la hausse : $0 = PB + (NS \times B \times R)$
à la baisse : $0 = PH - (NS \times B \times R)$

où les sigles ont la signification suivante :
0 = objectif calculé (en unités monétaires)
PB = cours le plus bas de la formation
PH = cours le plus haut de la formation
NC = nombre de colonnes dans la formation
NS = nombre de signes dans la dernière colonne
B = taille de la boîte (en unités monétaires)
R = seuil de retournement (en nombre de boîtes)

Les deux exemples ci-dessous permettront d'illustrer ces deux décomptes :

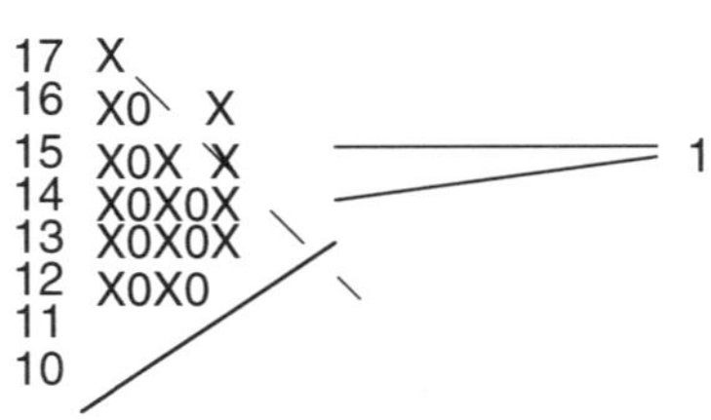

La croix marquée 1 constitue le signal d'achat sur ce graphique Points et Figure de type 1X3.

Le décompte horizontal indique :

$$0H = 10 + (5 \times 1 \times 3) = 25$$

La formation comprend en effet cinq colonnes, en incluant la colonne dans laquelle apparaît le signal, et le point le plus bas atteint dans la formation était 10.

Dans le deuxième exemple,

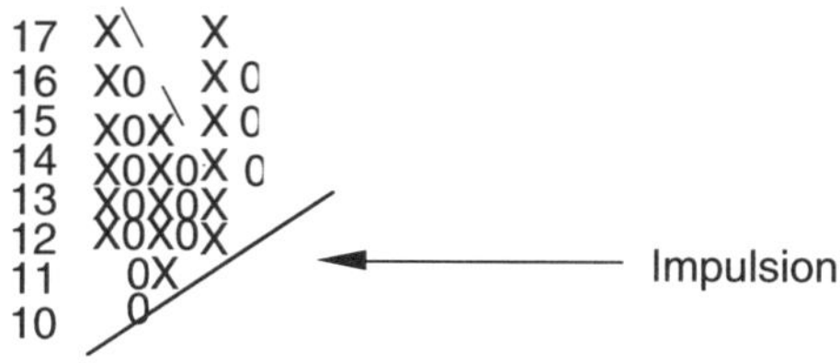

le décompte vertical indique :

$$0V = 10 + (5 \times 1 \times 3) = 25$$

En effet, la colonne d'impulsion (celle contenant le signal d'achat) comprend cinq signes.

Dans nos exemples, les deux décomptes donnaient le même objectif à 25. Tel n'est pas toujours le cas.

Ces exemples mettent bien en évidence le fait que l'objectif calculé horizontalement précède toujours le calcul vertical.

Il est important de noter que ces calculs d'objectifs ne renseignent aucunement sur le *temps* qui s'écoulera avant que l'objectif soit atteint. La dimension temporelle étant inexistante dans le graphique Points et Figures, il ne faut pas compter avoir d'informations dans ce domaine. L'objectif calculé indique un niveau que les cours *devraient* atteindre dans un *laps de temps non défini*, avant d'entamer une consolidation significative ou un retournement de tendance important.

4.2.5. Exemple de commentaire de graphique Points et Figures

Nous allons illustrer ci-après les principes énoncés dans l'interprétation des graphiques Points et Figures à l'aide de deux graphiques se rapportant au même instrument financier.

La « politique de l'entonnoir » a été appliquée, l'analyse débutant par un graphique long terme couvrant près de six ans d'évolution de cours, pour passer ensuite à une analyse plus détaillée sur une période plus récente (trois dernières années).

L'analyse long terme utilise un graphique 1X3 représenté graphique 80, tandis que l'analyse courte utilise un graphique 1X1 beaucoup plus sensible aux retournements mineurs représenté au graphique 81.

Le graphique 1X3 fait clairement apparaître *deux grandes tendances* : une première à la hausse terminée par l'apothéose de l'été 1987, une deuxième à la baisse caractérisée par la droite baissière tracée sur le graphique. L'existence de cette dernière incite à considérer avec une certaine

Graphique 80. –

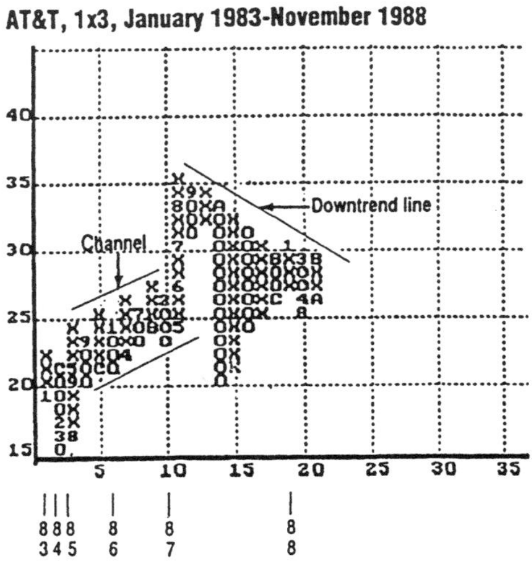

Source : « Technical Analysis of Stocks and Commodities », issue April 1990.

Graphique 81. –

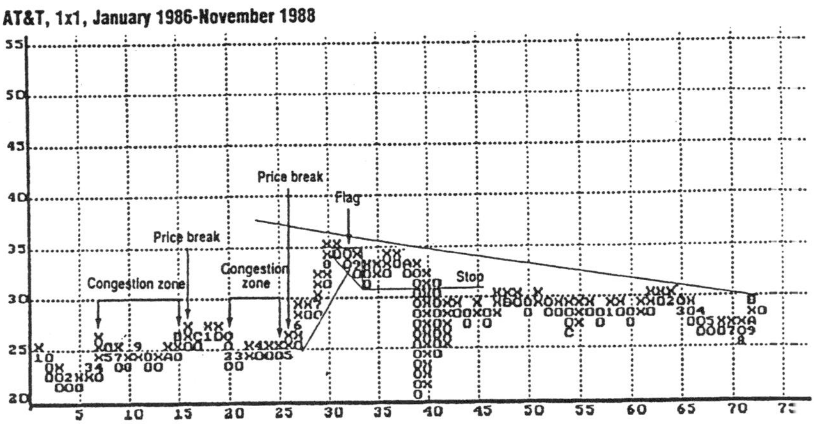

Source : « Technical Analysis of Stocks and Commodities », issue April 1990.

prudence les signaux d'achat obtenus sur le graphique 1X1 : il faut garder en mémoire que ceux-ci n'indiqueront que des réactions techniques, jusqu'à ce que l'une d'entre elles atteigne un niveau tel que la tendance longue redevienne haussière.

Si l'on considère maintenant le graphique 1X1 chronologiquement, on commence par remarquer une zone de congestion (colonnes 7 à 10 incluses), les cours évoluant autour de 25 $, dans un canal horizontal borné par 27 $ et 23 $.

La colonne 16 voit apparaître un signal d'achat, avec la croix placée à 27 $. Il s'agit à la fois d'un signal d'achat typiquement Points et Figures (croix placée une boîte plus haut que dans la colonne précédente) et d'un signal chartiste dans la mesure où l'on sort d'un canal par le haut.

Dès l'apparition de ce signal, deux actions peuvent être entreprises :

– calcul d'objectif (horizontal, par exemple) :

$$0H = 23 + (10 \times 1 \times 1) = 33\ \$$$

– tracé d'une droite de tendance haussière à 45°. L'évolution ultérieure immédiate ne conforte pas véritablement l'opinion haussière. Dans un premier temps (colonne 17) les cours se replient et viennent se reposer sur la tendance nouvellement tracée. Pas d'affolement. Le redémarrage (colonne 18) ramène les cours à 27 $, niveau du signal d'achat, sans toutefois parvenir à casser cette marque.

Le premier élément négatif intervient colonne 19 quand cette droite haussière est enfoncée par la descente jusqu'à 26 $.

En première analyse, l'opérateur à court terme devrait considérer ce signal comme un signal de vente, venant donc infirmer le précédent signal d'achat à 27 $. L'analyste scrupuleux sortirait donc du marché à ce moment-là, perdant ainsi 1 dans le mouvement (achat à 27, vente à 26).

Une deuxième zone de congestion apparaît alors (colonnes 20 à 25), plus resserrée verticalement que la précédente, dans la zone 24-25 $.

La colonne 26 contient le signal d'achat à 26 $ et permet de tracer une nouvelle droite à 45° haussière. L'objectif décompté horizontalement se situe dans la zone de : $30 = 23 + (7 \times 1 \times 1)$.

Cette fois, l'évolution ultérieure confirme cette analyse : le niveau objectif est atteint dès la colonne 27.

Le niveau de 30 $ constitue même dans un premier temps une certaine résistance qui coiffe le mouvement haussier. La petite zone de congestion qui apparaît sur les niveaux 29-30 n'est toutefois pas alarmante dans la mesure où elle ne remet pas en cause la tendance haussière tracée à partir de la colonne 26.

Une nouvelle impulsion permet d'ailleurs d'atteindre les 35 $, niveau sensiblement supérieur à celui indiqué par le premier décompte horizontal (33 $).

On remarquera d'ailleurs en se référant au graphique 1X3 (cf. graphique 62) que cette impulsion haussière est confirmée à 29-30 $ par la sortie par le haut du canal dans lequel s'inscrivaient les cours depuis le début du graphique.

Le niveau de 35 $ correspond en outre exactement à l'objectif calculé en reportant la hauteur du canal (six signes) à partir du point de sortie (29).

À ce point, l'analyste a vu se développer une belle tendance haussière et il est toujours acheteur à 26 $. Son profit sur le papier est donc pour l'instant de 10 $ (*grosso modo*).

À cet instant précis (nous sommes toujours dans la colonne 30), rien n'indique le retournement de tendance. Les cours vont néanmoins buter sur ce niveau de 35 $ et la colonne 32 voit apparaître un premier signal de vente, confirmé dans la colonne suivante à 32 $. Outre la configuration baissière, le rond placé à 32 $ est maintenant situé sous la tendance haussière précédemment tracée, confirmant ainsi la probabilité d'un retournement de tendance.

Si ce retournement a bien eu lieu, il faut néanmoins reconnaître qu'il a mis quelque temps à apparaître clairement. En effet, les colonnes 34 à 38 constituent une zone d'incertitude puisqu'à partir du signal de vente à 32 $, on enregistre une remontée des cours jusqu'à 34 $.

Ce n'est que dans la colonne 39 que l'on retrouve un signal de vente à 32 $. La descente est alors vertigineuse (krach d'octobre 1987), les cours atteignant 20 $ avant de remonter quasiment aussi vite à 30 $.

On remarquera que la descente de la colonne 39 a poussé les cours au-delà de l'objectif calculé horizontalement. En effet, si l'on considère la congestion développée entre les colonnes 34 et 39 (six colonnes), l'objectif se situe à 32 – (6X1X1) = 26 $. La descente a été d'une ampleur exactement double de celle calculée !

Si l'on résume donc les signaux donnés par le graphique 1X1, on trouve :

- un achat à 27 $ – objectif = 33 $
- une vente à 26 $
- un achat à 26 $ – objectif = 30 $
- une vente à 32 $
- un achat à 34 $
- une vente à 32 $

Les signaux indiqués ici sont ceux qu'un programme d'analyse Points et Figures retiendrait s'il utilisait les règles strictes énoncées plus haut. De toute évidence, tous les signaux ne sont pas bons. D'où l'intérêt de croiser cette analyse avec l'analyse traditionnelle (qui mettra en évidence d'autres tendances et/ou d'autres configurations) et surtout d'utiliser des règles de *trading* qui seront légèrement différentes de celles développées par ailleurs.

4.3. *Les règles du* trading *propres au graphique Points et Figures*

Le but de ces règles est comme toujours de limiter les pertes en cas de faux signal (placement de *stop-loss*) et d'indiquer un point de sortie (prise de profit) en cas de mouvement long.

4.3.1. Retournement et niveau de risque

Défini strictement par application des signaux d'achat et de vente, le risque minimum d'une opération initiée à partir d'un graphique Points et

Figures peut être calculé en faisant la différence entre les cours du signal d'achat et du signal de vente.

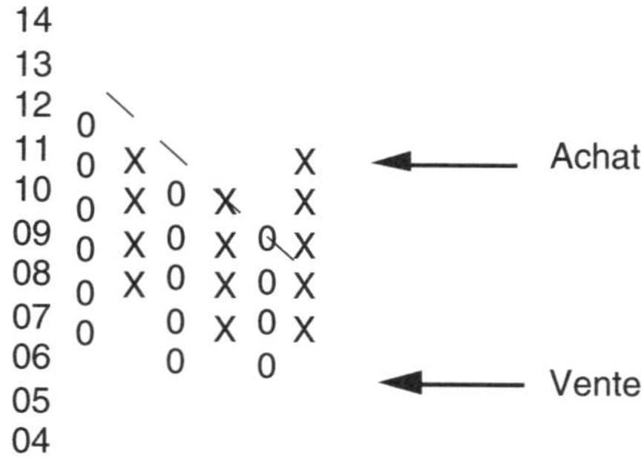

Sur ce graphique par exemple, le signal d'achat apparaît à 10, et un signal de vente ultérieur apparaîtrait à 4.

C'est à ce niveau de 4, qui infirmerait la tendance haussière, qu'il faudrait placer un ordre *stop-loss*. En achetant à 10 et en plaçant un *stop-loss* à 4, on accepte implicitement un risque minimum de six unités monétaires.

Plutôt que d'opérer ainsi, l'opérateur peut définir un niveau de risque acceptable et déterminer un point d'entrée sur retournement, correspondant à ce niveau du risque. Imaginons que l'opérateur considère que quatre unités monétaires constituent un risque acceptable. Il attendra pour acheter un retournement jusqu'à 8 (4 pour le *stop-loss* + 4 de risque acceptable).

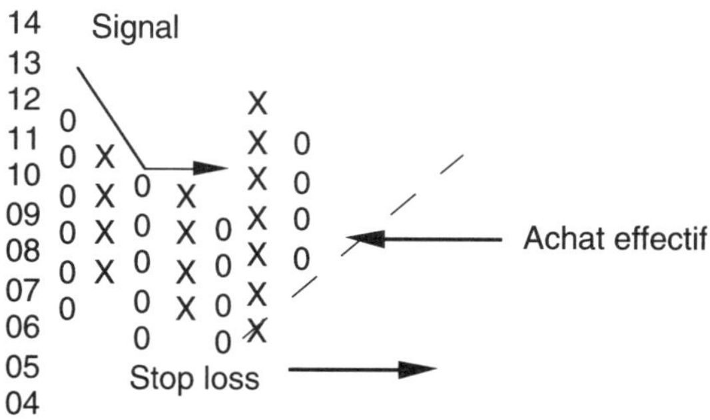

On voit donc que l'ordre d'achat n'est pas passé dès l'apparition du signal, mais après une première correction.

Le risque de l'opération se trouve réduit. L'opérateur achète sur une baisse (ou vend sur une hausse), sachant que la tendance n'est pas remise en cause.

L'inconvénient essentiel de cette méthode est évident quand le marché enregistre de forts mouvements sans correction. Dans l'exemple précédent, après le signal d'achat à 10, les cours peuvent monter jusqu'à 20 (ou plus) dans la même colonne. L'opérateur qui aura attendu le retournement pour acheter aura laissé passer une magnifique opportunité de profit.

4.3.2. *Confirmation de la nouvelle tendance*

Il s'agit là d'un raffinement de la méthode précédente, qui procure d'ailleurs une meilleure probabilité de réussite (mais diminue le nombre d'interventions).

Plutôt que d'intervenir lors du retournement dès que celui-ci atteint un niveau prédéterminé (méthode précédente), l'opérateur entrera en action après un retournement quand les cours auront repris la direction du signal initial. Pour ce faire, on utilise en général le seuil de retournement du graphique.

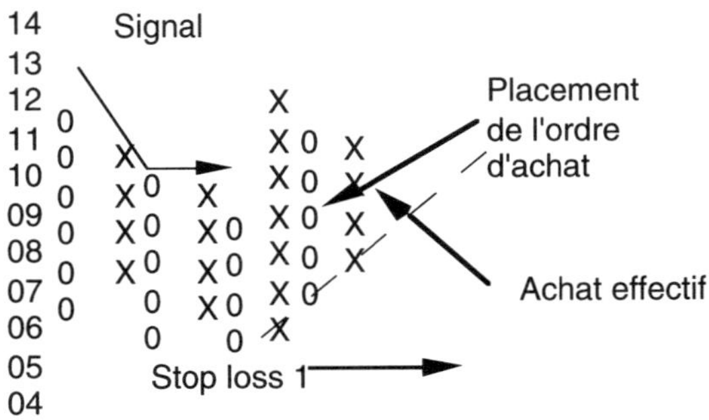

Dans l'exemple ci-dessus, après le signal donné à 10 (signal repéré par l'analyste, qui n'a pas agi immédiatement), les cours sont montés jusqu'à 12, avant de rebaisser. Sur ce graphique 1X3, il faut atteindre la boîte 9 pour enregistrer une baisse. C'est ce niveau qui est retenu comme limite pour passer l'ordre d'achat, mais *uniquement quand les cours repartent dans le sens indiqué par le premier signal.* Sur notre exemple, pendant la descente jusqu'à 7, l'opérateur ne fait rien ; il attend que les cours repartent à la hausse (puisqu'il avait un signal d'achat) et atteignent au moins les 9 précédemment repérés. Il achète à ce moment-là.

L'acte d'achat (ou de revente) intervient donc bien après l'apparition du signal. L'avantage majeur de cette méthode est de diminuer fortement les risques de faux-signaux.

En effet, si dans la colonne 7 les cours continuent de descendre jusqu'à 4 (niveau du signal de vente), aucun achat n'a été effectué, donc aucune perte. Alors que dans la méthode précédente, un achat à 8 suivi par la vente stop à 4 génère une perte de quatre unités monétaires au moins.

On notera que cette procédure peut être efficacement utilisée pour accumuler des positions dans le même sens (construire des pyramides).

4.3.3. *Prise de bénéfice*

Quand on est entré dans un marché et que la tendance poursuit sa course dans le bon sens, les profits latents s'accumulent. Finalement, l'opérateur en arrive à se poser la question : « Ne devrais-je pas réaliser mon profit maintenant ? »

La stricte application des signaux donnés par le graphique Points et Figures ne permet pas d'y répondre de façon satisfaisante. Si l'on revient un instant à l'exemple dont nous avons discuté plus tôt, le problème se posait notamment dans la colonne 39 lors de la grande descente. Le signal de vente donné à 32 $ n'apportait aucune information quant au moment propice à la clôture de la position.

Bien entendu, un premier élément de réponse a été fourni par les calculs d'objectifs. On peut considérer qu'une fois l'objectif atteint, l'opérateur peut sans regret commencer à clore sa position, quitte à le faire progressivement s'il veut continuer à profiter d'une éventuelle poursuite de la tendance.

Une deuxième solution consiste à placer des ordres stop « mobiles », accompagnant le mouvement. La pratique la plus courante dans ce domaine consiste à placer un ordre stop à un niveau correspondant au premier retournement : dans un graphique 1X3, le stop est placé trois boîtes au-dessus ou au-dessous de la dernière boîte atteinte.

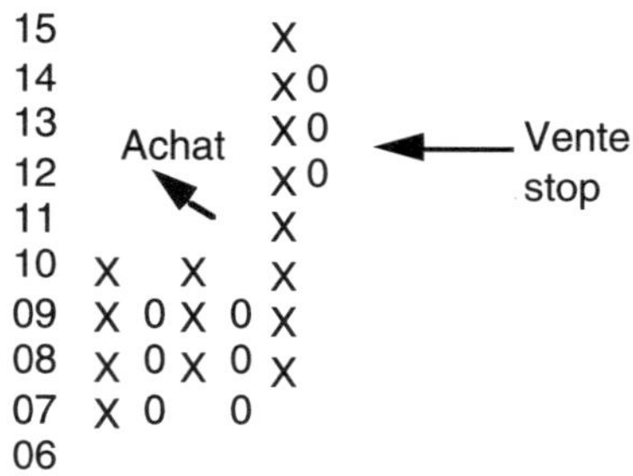

Sur l'exemple suivant, après un achat à 10, les cours grimpent jusqu'à 15. Pour éviter de perdre tout son profit latent, l'opérateur place une vente stop 3 boîtes en dessous à 12. Si les cours montent à 16, il montera son stop à 13 (concept du stop mobile).

N'oublions pas que cette règle, comme toute autre, n'est pas une panacée et peut être à l'origine de coûts d'opportunité importants.

Dans le domaine de la prise de profit, la seule règle qui tienne consiste à sortir quand le montant du gain réalisable, évalué en valeur absolue, satisfait son détenteur. C'est la meilleure façon de ne pas avoir de regrets...

Chapitre 3

LE FILTRAGE NUMÉRIQUE ET LES MOYENNES MOBILES

Partant du principe selon lequel les cours suivent des tendances, l'analyste technique contemporain n'a de cesse d'élaborer des méthodes lui permettant d'identifier le plus précisément possible ces fameuses tendances. Certains analystes se sont intéressés aux développements réalisés dans d'autres domaines scientifiques et se sont demandés dans quelle mesure ils pouvaient être transposés dans le domaine de l'analyse technique et de la prévision de cours.

C'est ainsi que dans les années 1970 certains ont commencé à utiliser des outils mathématiques bien connus des statisticiens ou des économètres, notamment l'analyse de régression visant à éclairer le type de relation existant entre les données étudiées. Dans la foulée de ces premiers développements, certains sont allés plus loin et ont appliqué à l'analyse boursière les méthodes dites du filtrage numérique.

On trouvera ci-dessous un aperçu de ces méthodes qu'il est bon de connaître, au moins dans leurs principes, même si elles ne sont pas les plus fréquemment utilisées. Ne serait-ce que parce que c'est dans ce domaine que sera développée l'analyse technique de demain.

Nous examinerons ici successivement les principes du filtrage numérique, puis leur application à l'analyse technique à l'aide d'un exemple d'outil et enfin nous étudierons le filtre le plus utilisé par les analystes parce que le plus simple : la moyenne mobile.

1. Le filtrage numérique : principes

Dans le premier chapitre de cet ouvrage, nous avons vu que dès qu'une mesure est réalisée, l'homme se trouve en présence de signaux de la forme :

M (mesure) = X (valeur réelle) + B (bruit)

De même, il a été dit que la valeur utile (X) était elle-même composée de deux éléments : un élément certain (ou non aléatoire) pouvant être calculé et un élément aléatoire dû à l'influence des bruits.

Le problème posé est donc le suivant : connaissant la valeur mesurée (M), comment faire la meilleure estimation possible de la valeur réelle (X) ?

Pour résoudre ce problème, il faut avoir un moyen de distinguer le signal utile X du bruit de mesure, qui peut être fourni par une caractéristique propre à chacun des signaux. Par exemple X peut être principalement constitué par une partie sinusoïdale de fréquence 100 hz, B étant caractérisé par une fréquence de 1 000 hz. En général, ce moyen d'identification est fourni par une étude statistique des habitudes du signal utile et du bruit de mesure.

L'opération de filtrage consiste à extraire le signal utile X de la somme X + B, seule information disponible. Le terme de filtrage est emprunté à l'électronique où les filtres analogiques sont légion.

Dans le domaine qui nous intéresse, le message (M) sera traité différemment :

– dans un premier temps, le message sera échantillonné, c'est-à-dire que l'on isolera la suite des valeurs prises par M à des instants successifs ($t_0, t_1, \ldots, t_n \rightarrow M_0, M_1, \ldots, M_n$) ;

– dans un deuxième temps, ces valeurs seront exprimées sous forme arithmétique ou digitale ;

– et finalement, ces nombres seront traités par une méthode mathématique appropriée à l'aide d'un ordinateur.

Le filtre ainsi mis en place n'a évidemment aucune existence physique (contrairement aux filtres électroniques mentionnés plus haut) : il s'agit uniquement d'une méthode de calcul permettant une bonne exploitation des signaux traduits sous forme numérique.

La puissance des méthodes mathématiques et l'efficacité des ordinateurs ont donné au filtrage numérique une souplesse remarquable. Ainsi, étant donné un signal mesuré M = X + B dont les habitudes sont connues, nous verrons comment effectuer :

– une estimation du signal utile X à chaque instant de mesure (opération de filtrage),

– une estimation du signal entre les instants de mesure (opération d'interpolation),

– une estimation du signal à un instant postérieur à la dernière mesure disponible (opération d'extrapolation ou de prévision),

– une estimation de la vitesse de variation du signal (opération de dérivation suivie de filtrage), de son accélération, etc.

Cet ouvrage n'étant pas un livre de mathématiques, nous n'irons pas plus loin dans l'exposé des principes, celui-ci ne voulant constituer qu'une introduction à la présentation qui va suivre de l'application du filtrage numérique à l'analyse technique.

2. Application du filtrage à l'analyse technique

Nous commencerons par illustrer les principes présentés ci-dessus par un exemple [1].

2.1. Illustration des principes

Supposons qu'un phénomène économique soit constitué par la superposition de 2 cycles, le premier d'une durée de 2 ans, le second d'une durée de 5 ans. La représentation graphique la plus habituelle sera réalisée en portant le temps en abscisse et l'amplitude du phénomène en ordonnées (cf. graphique 1).

Graphique 1. –

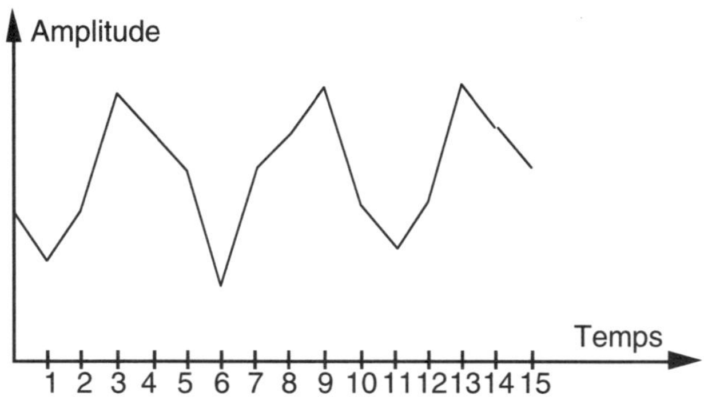

Une autre présentation est possible : en abscisse la durée ou période de chaque cycle composant le phénomène et en ordonnée son amplitude (cf. graphique 2).

En fait, les électroniciens ont l'habitude de porter en abscisse l'inverse de la période, la fréquence. Le graphique 2 porte alors le nom de spectre

1. L'ensemble de cette section 2 s'inspire très largement de deux articles parus dans la *Revue d'Analyse Financière* :

– R. Rousselle et A. Llorens, « La nouvelle Analyse Technique ».

– J. Adjemian, « Analyse Technique SCAN : tactique et stratégie », *RAF*, 4e trim. 1981.

des fréquences ; l'étude des composantes d'un phénomène s'appelle analyse spectrale. Les mathématiciens savent passer de la représentation dans le domaine des temps (cf. graphique 1) au spectre (cf. graphique 2) et inversement, par une opération appelée la transformée de Fourier.

Graphique 2. –

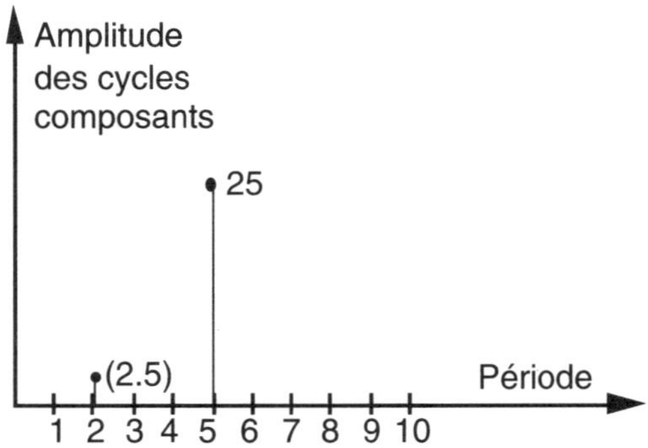

Filtrer, c'est garder intactes certaines périodes (en les multipliant par 1) et éliminer les autres (en les multipliant par 0). Un filtre est défini par un graphique (cf. graphique 3) appelé fonction de gain du filtre.

Graphique 3. –

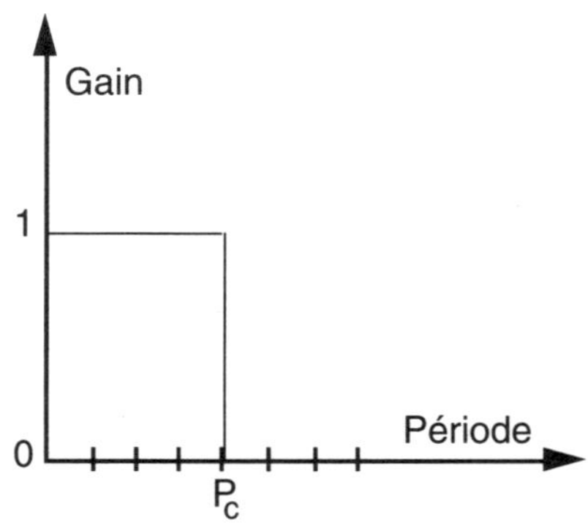

La valeur Pc de la période pour laquelle le gain passe de 1 à 0 est appelée période de coupure.

La multiplication période par période du spectre du phénomène à étudier (cf. graphique 2) par le gain du filtre (cf. graphique 3) est une opération mathématique appelée « produit de convolution ». Son résultat est un spectre réduit où, dans notre exemple, la période 5 a disparu (cf. graphique 4).

En appliquant la transformée inverse de Fourier au spectre réduit, on obtient le résultat du filtrage où n'apparaissent plus les fluctuations de période 5 ans (cf. graphique 5).

Graphique 4. –

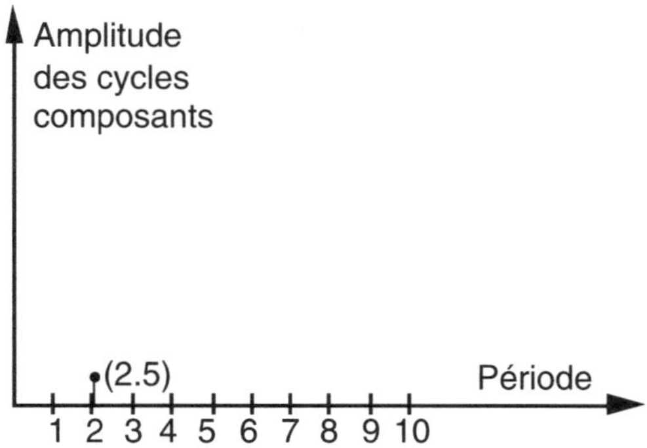

Graphique 5. –

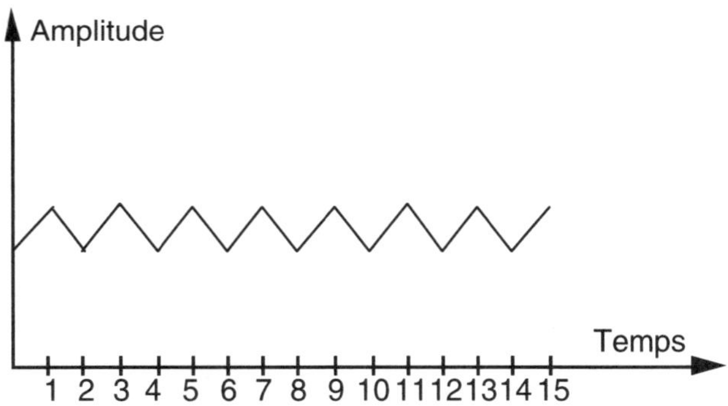

Quelle que soit la complexité du phénomène, ce processus peut être utilisé. Un filtre décrit par la fonction de gain suivante (cf. graphique 6) ne gardera que les composantes qui ont une durée de déroulement comprise entre 6 et 14 ans.

Les fluctuations à terme inférieures à 6 ans et les mouvements à terme supérieurs à 14 ans auront été éliminés. On parle de « filtre passe-bande ».

Graphique 6. –

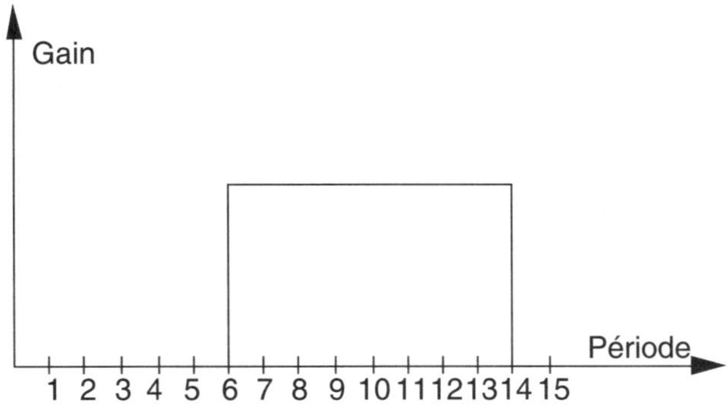

Graphique 7. –

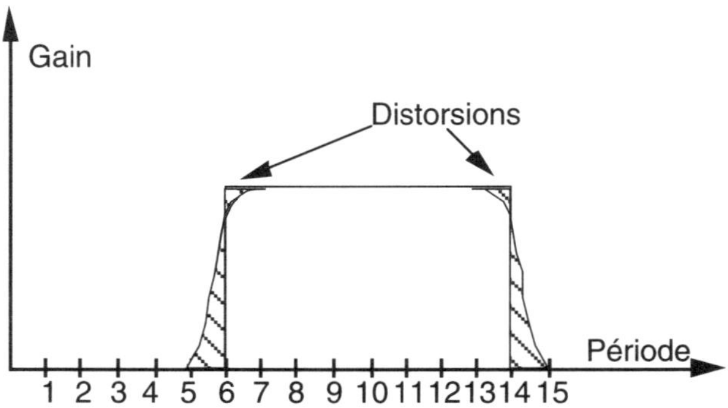

Telle est la théorie ; la pratique diffère sur deux points. Primo, il est impossible d'obtenir des fonctions de gain rectangle comme celles des graphiques 3 et 6. Le gain n'est pas strictement 0 ou 1 à proximité des périodes de coupure : des distorsions se produisent (cf. graphique 7).

Secondo, la transformée de Fourier nécessite de longs calculs même en ordinateur. On a donc l'habitude de traduire une fois pour toutes la fonction de gain du filtre en une série d'équations applicables directement dans le domaine des temps. La mise au point et le choix du filtre sont faits dans le domaine des périodes, où ils sont plus simples, mais leurs applications sont faites dans le domaine des temps, où elles sont moins chères.

Avec le plus simple de ces filtres, il devient possible d'analyser de quoi se compose une série de données chronologiques avec toute la précision voulue et en connaissance de cause.

2.2. Un exemple d'outil : le SCAN

L'outil présenté ci-dessous, le SCAN, a été conçu et développé par R. Rousselle et A. Llorens vers la fin des années soixante-dix. L'application pratique du filtrage à la Bourse consiste à isoler la tendance significative des cours d'une valeur ou d'un marché. Sur le graphique 8, l'évolution de la série représentée suit un tracé [...] rendu confus par les variations du court terme. La méthode de filtrage dégage la tendance de fond du marché [...].

On peut constater que la courbe de tendance ne se prolonge pas autant que la courbe des cours. Il faut un certain recul pour calculer la position de la tendance. Ce *retard*, introduit par le filtre, n'a rien de surprenant : en criblant un tas de cailloux, il se passe du temps avant que le tri ne s'opère. Bien plus : si les pierres doivent être très bien calibrées, il faut par exemple utiliser plutôt une plaque de tôle percée de trous au diamètre voulu, ou bien mettre plusieurs niveaux successifs de grilles identiques pour que les erreurs faites par les premières soient rectifiées par les suivantes.

Dans l'un ou l'autre des cas, la durée de traitement d'un même tas se sera allongée. Plus la précision doit être grande, plus il y a de retard.

Graphique 8. –

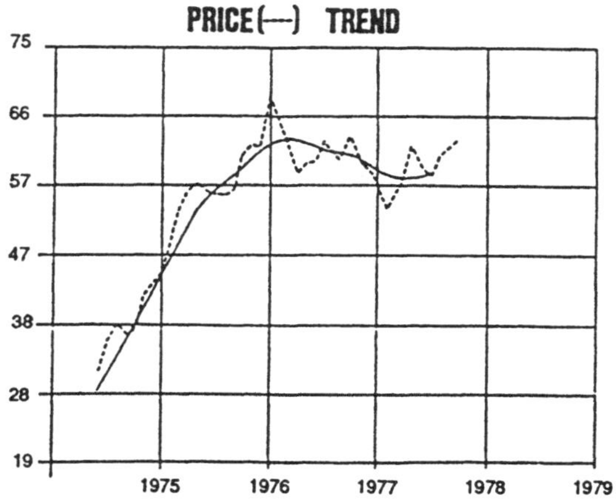

Source : Meeschaert-Finance Engineering.

Ce principe est général et s'applique au filtrage des cours. Le choix d'un filtre parmi la multitude des montages électroniques consiste donc à établir le meilleur compromis possible entre deux objectifs contradictoires : maximiser la précision (ou en d'autres termes minimiser les distorsions) et minimiser le retard.

Si les résultats doivent être utilisés par un chercheur qui étudie le comportement des actions dans le passé, on privilégiera la précision sans s'occuper du retard. Au contraire, pour mettre au point un système d'analyse technique utilisable dans le processus quotidien des décisions de gestion, il faut diminuer autant que possible le retard quitte à risquer quelques imprécisions. On s'assurera simplement que la qualité du filtre est suffisante pour que les conséquences des distorsions soient très inférieures à la partie aléatoire des cours.

Quoi qu'il en soit, un délai subsiste toujours pour obtenir la tendance et le gérant de portefeuille ne peut s'y résigner. Deux solutions de rattrapage du retard sont envisageables.

La première consiste à construire un système d'interprétation de la courbe de tendance ou de courbes dérivées. C'est la méthode choisie par exemple par le « Quantitative Analysis Service ». Si sophistiquée soit-elle, elle retrouve les limites de l'analyse graphique traditionnelle.

La seconde solution consiste à estimer la position la plus probable de la tendance sur le laps de temps écoulé depuis le dernier point calculable avec certitude. L'Indicateur de Tendance SCAN utilise, par exemple, une technique statistique permettant d'obtenir la position moyenne de la tendance parmi toutes les positions possibles. Le calcul tient compte de la continuité de tendance à son dernier point certain et des derniers cours enregistrés (cf. graphique 9). Dès que les données suivantes sont connues, l'estimation est corrigée.

Graphique 9. –

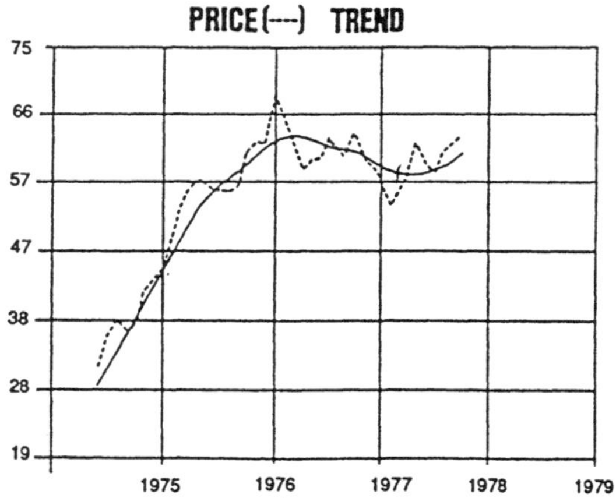

Source : Meeschaert-Finance Engineering.

Cette deuxième méthode remplace l'extrapolation imaginative par un calcul mathématique systématique, identique pour toutes les valeurs ou indices étudiés à une date donnée, et stable dans le temps. Ses résultats sont actuels.

Ils permettent donc de faire des mesures techniques instantanées sur le comportement des cours. Celles-ci ne sont bien sûr que des estimations, comme peuvent l'être les taux actuariels sur une obligation (ces derniers ne sont en effet que les moyennes applicables en fait aux seuls porteurs dont l'amortissement des titres respectera parfaitement la probabilité de tirage à chaque échéance).

Parmi les mesures les plus intéressantes, on peut citer :

– *la vitesse*, qui mesure l'intensité de la hausse (vitesse positive) ou de la baisse (vitesse négative). C'est la pente ou dérivée logarithmique de la tendance. La courbe de vitesse (cf. graphique 10) montre si le mouvement tend à s'accentuer ou à s'affaiblir ; ses points extrêmes correspondent aux points d'inflexion de la tendance. Le franchissement de la ligne 0 (zéro) signale un retournement probable de tendance ;

– *la déviation*, qui décrit les écarts entre le cours et la tendance (cf. graphique 11). Par construction, les cours reviennent toujours à la tendance, tôt ou tard. La déviation mesure les potentiels de réaction technique ; elle quantifie la notion de « valeurs et marchés surachetés ou survendus ». Pour compléter l'analyse, on peut calculer des écarts-types et déterminer la proportion des cas où la déviation dépasse un niveau donné ;

– *la pression-acheteur* et *la pression-vendeur*, qui reflètent les effets du jeu de l'offre et de la demande par l'analyse séparée des variations de cours positives et négatives (cf. graphique 12). L'écart entre les deux courbes est proportionnel à l'intensité du mouvement et leur croisement indique un renversement probable de tendance.

Graphique 10. –

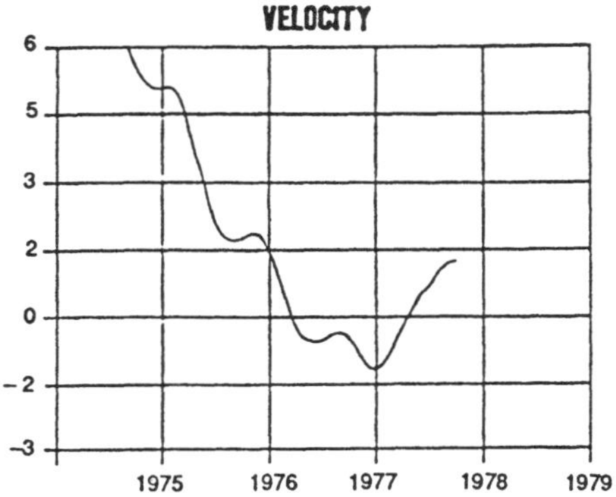

Source : Meeschaert-Finance Engineering.

Graphique 11. –

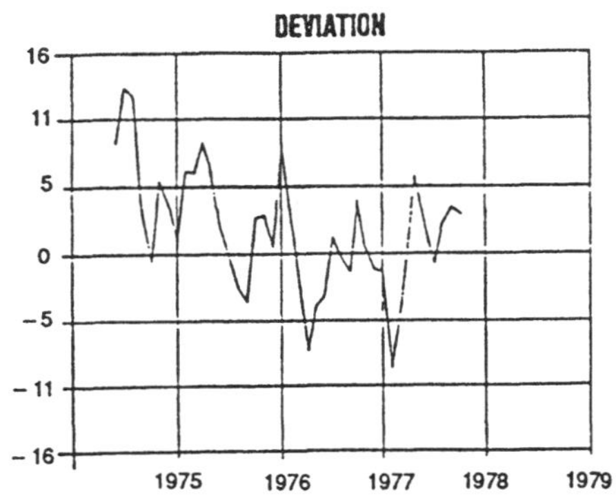

Source : Meeschaert-Finance Engineering.

Graphique 12. –

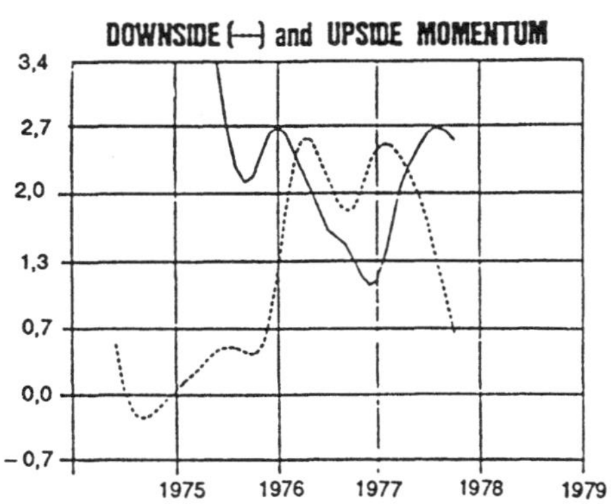

Source : Meeschaert-Finance Engineering.

La construction d'un système d'analyse technique ne s'arrête pas là, car tous ses utilisateurs ne poursuivent pas les mêmes buts. Ils s'intéressent à des mouvements de durées différentes. Le gérant d'un important portefeuille institutionnel porte plutôt son attention sur les mouvements à long terme. Le conseiller de quelques portefeuilles particuliers peut chercher à exploiter des fluctuations intermédiaires. Le *trader* analyse de préférence le court terme. À chacun de ces objectifs correspond un filtre. Ces filtres diffèrent par le choix de la période de coupure (taille des mailles) qui est ici la durée minimale des mouvements à garder. Le réglage de ce paramètre est aussi simple que la sélection d'une station sur un poste de radio. C'est pourquoi les systèmes de filtrage des cours proposent souvent plusieurs analyses, l'une concernant les tendances à long terme et d'autres les mouvements intermédiaires ou à très court terme. En fait, il est possible d'adapter les filtres à l'organisation de gestion de chaque utilisateur : le gérant disposerait ainsi d'un instrument correspondant exactement à ses besoins.

2.3. Étendue des utilisations

En résumé, un système moderne d'analyse technique se caractérise essentiellement par deux propriétés : il est fondé sur un calcul mathématique, le filtrage numérique, qui ne doit rien à la recherche empirique, formule-miracle ou procédé graphique astucieux. Il conduit à la détermination de mesures instantanées décrivant le mouvement des cours. On peut parler d'analyse technique en temps réel.

L'énumération des utilisations possibles de tels systèmes montre qu'ils apportent un progrès décisif :

– Ils peuvent bien sûr servir à la prévision des extrêmes du marché. Nous avons vu que l'inertie des tendances est suffisamment établie, surtout à long terme, pour que les indications de présomption de retournement qui sont données soient vérifiées dans une majorité de cas. C'est l'essentiel.

– Ils peuvent servir à quantifier l'intensité des mouvements de fond, de leurs excès et des corrections qui s'ensuivent.

– Leurs indications – mesures de vitesse et déviation – peuvent être introduites dans la construction de stratégie de gestion, le déroulement de plan d'investissement ou la fixation du *timing* des interventions sur le marché.

C'est ainsi par exemple que l'on peut formaliser les quatre séquences élémentaires composant un cycle complet de la vitesse (cf. tableau 1).

L'analyse technique traditionnelle fournit habituellement des recommandations « tout ou rien » du genre : Acheter ou Vendre, mal applicables à la réalité quotidienne du gestionnaire, caractérisée par une certaine progressivité (ne serait-ce que du fait de l'existence de contraintes réglementaires).

Tableau 1. – *Les quatre séquences d'un cycle*

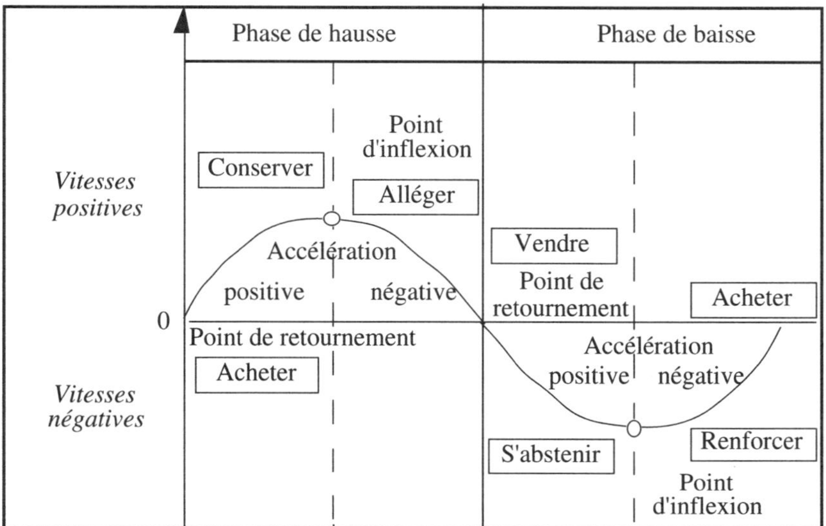

Séquences	A	B	C	D
Probabilité de hausse	Maximum	Décroissante	Nulle	Croissante
Taux d'investissement	100	100 % → 0 %	0%	0% → 100 %

L'analyse de la vitesse et de l'accélération de la tendance filtrée permet de quantifier, sous la forme de probabilité de hausse variant de 0 à 100 % une appréciation nuancée de la force technique de l'actif étudié.

Dans la logique de cette approche, l'achat massif (100 %) ou la vente totale (0 %) ne sont atteints que progressivement au terme de renforcements et d'allégements successifs qui caractérisent les phases B et D.

L'analyse séquentielle du profil de la vitesse SCAN permet d'affecter en permanence tout titre d'une probabilité de hausse variant entre 0 et 100 %.

– Les vitesses de valeurs cotées sur une même bourse sont comparables : des classements techniques, dans l'ordre de cette grandeur peuvent être établis.

– La vitesse est assimilable à un taux de performance. Des comparaisons entre placements actions et placements à revenus fixes peuvent être menées.

– Les vitesses sont additives : on ajoutera par exemple la vitesse d'un marché étranger et celle de sa devise en franc pour établir le palmarès de l'intérêt des bourses internationales pour l'investisseur français.

– L'analyse technique d'un portefeuille peut se présenter comme le détail du calcul de son taux de performance, pris égal à la moyenne des vitesses des valeurs qui le composent.

– Les analyses de volatilité Bêta et de droite de marché peuvent abandonner leur caractère de moyenne sur le passé en utilisant des grandeurs instantanées.

– Il devient enfin possible d'associer l'analyse fondamentale et l'analyse technique pour formaliser le mécanisme de formation et d'évolution des cours.

Cette dernière utilisation est sans doute la plus importante et elle va nous permettre de conclure.

On peut démontrer que le mouvement d'un cours s'explique en général par une gamme assez large d'hypothèses sur la croissance de la société correspondante et sur le taux d'actualisation à employer. Dans ce cas, analyses technique et fondamentale conduisent aux mêmes conclusions, la technique apportant en plus le court terme. D'autres situations révèlent une totale incompatibilité entre l'évolution des cours et les prévisions financières vraisemblables : individuelles, elles indiquent les opportunités d'achat ou de vente ; générale, elles caractérisent certains types de retournements du marché.

Un marché n'est donc pas tour à tour fondamental puis technique ; il est constamment l'un et l'autre et la véritable compréhension de la bourse s'acquiert par l'étude de la cohérence entre les causes étudiées par l'analyse fondamentale et leurs effets mesurés par l'analyse technique.

3. Les moyennes mobiles

Certains lecteurs seront peut-être surpris de trouver l'exposé sur les moyennes mobiles dans le chapitre sur le filtrage numérique.

En effet, la méthode dite des « moyennes mobiles » est l'une des plus anciennes et des plus pratiquées dans le domaine de l'analyse technique. Elle est très fréquemment associée à l'analyse traditionnelle, les courbes de moyenne mobile étant généralement superposées à un graphique en bâtons ou une courbe continue de cours.

Et pourtant la moyenne mobile est bien une fonction filtre au sens défini ci-dessus. C'est même probablement la première fonction filtre utilisée ; ce qui se traduit d'ailleurs par le fait que le filtre est d'assez piètre qualité.

En effet, l'étude mathématique de ce filtre montre que sa courbe de gain est très éloignée de la courbe théorique présentée au paragraphe 2.1 précédent. La courbe de gain de la moyenne mobile est représentée au graphique 13.

Comme tout filtre construit, on y constate des distorsions à proximité des périodes de coupure (zones hachurées horizontalement), ce qui est gênant mais pas encore trop grave. Beaucoup plus ennuyeuse est la présence de la zone hachurée verticalement, puisqu'à ce niveau non seulement le gain n'est pas zéro, mais il est négatif, ce qui signifie que la courbe

Graphique 13. –

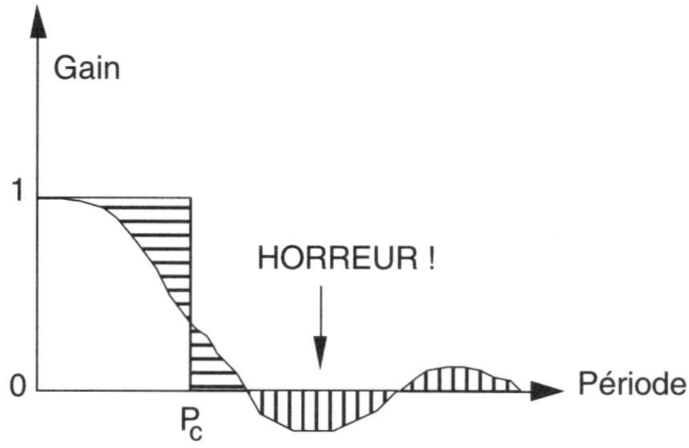

filtrée incorpore des informations que l'on aurait voulu éliminer et qu'elle les incorpore en changeant le signe, ce qui est assez dramatique.

On peut alors se demander pourquoi les moyennes mobiles continuent à être autant utilisées si leur filtrage est si mauvais. La réponse à la question réside dans leur extraordinaire facilité d'utilisation et de calcul. Le filtrage numérique, tel que présenté plus haut, est inconcevable sans l'aide d'un ordinateur déjà suffisamment puissant, alors qu'une moyenne mobile peut être (presque) calculée de tête.

3.1. La construction d'une moyenne mobile

3.1.1. La moyenne mobile simple

Nous utilisons la série suivante pour illustrer la construction d'une moyenne mobile simple.

Dates	t_1	t_2	T_3	t_4	t_5	t_6	t_7	t_8	
Cours	2	4	6	11	10	9	8	…	
Moyenne mobile 3 jours	–	–	4	7	9	10	9		

Les cours indiqués sont des cours de clôture, représentés par un trait horizontal sur le graphique en bâtons (cf. graphique 14).

La moyenne mobile calculée est ici d'ordre 3, c'est-à-dire que l'on calcule le cours moyen établi sur une période glissante de 3 jours.

Par construction, le premier point de la courbe de moyenne mobile ne peut être calculé que le 3e jour de cotation (donc en t_3) ; il est alors égal à : $(2 + 4 + 6)/3 = 4$. Il apparaît sous la forme d'un rond sur le graphique.

Le 4e jour, le marché s'envole jusqu'à 11, et la moyenne mobile vaut maintenant $(4 + 6 + 11)/3 = 7$. On remarque immédiatement que la moyenne mobile a progressé de 3 points seulement, de 4 à 7, tandis que le marché progressait de 5 points, de 6 à 11.

Graphique 14. – *Bar chart et sa moyenne mobile à 3 jours*

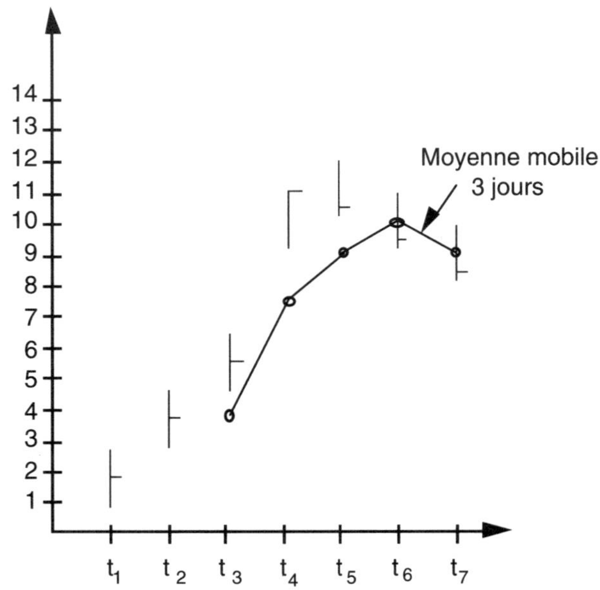

Le jour suivant, t_5, le marché baisse d'un point à 10, et la moyenne mobile vaut maintenant (6 + 11 + 10)/3 = 9. Ce coup-ci, la moyenne continue à monter (de 7 à 9), alors même que le cours réel a baissé (de 11 à 10). Cela illustre l'inertie de la moyenne mobile, ou le retard avec lequel elle réagit, retard par rapport aux cours bruts (comme cela a été dit plus haut s'agissant du filtrage, tout filtrage génère un certain retard).

En t_6, le marché descend encore pour atteindre 9 et la moyenne s'établit à (11 + 10 + 9)/3 = 10. Une fois de plus, la moyenne progresse, alors que les cours ont baissé.

Quand le jour suivant le marché poursuit sa baisse à 8, la moyenne mobile commence à réagir. Elle s'établit à (10 + 9 + 8)/3 = 9. Ce n'est donc qu'en t_7 que la moyenne a reflété la baisse des cours intervenue sur le marché en t_5.

Le principe de construction de la moyenne mobile devrait maintenant être clair. Il faut tout d'abord définir une période de référence qui, dans notre exemple était de 3 jours. Ensuite, la valeur affectée à chaque jour (à partir du 3e) est égale à la moyenne arithmétique des cours des x jours les plus récents (en incluant la date du jour), x étant la durée de la période de référence.

Soit la formule suivante :

$$MM_t = \frac{C_t + C_{t-1} + \ldots C_{t-n}}{n+1} = \frac{\sum_{i=0}^{n} C_{t-i}}{n}$$

Quand l'utilisation des moyennes mobiles s'est développée (à partir des années 70), l'utilisateur était souvent obligé de calculer les moyennes à la main, ce qui nécessitait beaucoup de temps et d'attention avec un risque élevé d'erreur. Pour réduire cette difficulté, une formule modifiée était appliquée *(Modified moving average)*. Cette dernière permet un calcul beaucoup plus simple qui n'a seulement besoin que de la dernière moyenne mobile en t – 1 et du cours en t pour obtenir la moyenne mobile en t. Le premier point de la moyenne se calcule de la même façon que pour une moyenne mobile simple (cf. *supra*), mais les points qui suivent s'obtiennent de la manière suivante :

$$MM_{\text{modifiée}} = MMm_{t-1} + \frac{1}{n}\left(C_t - MMm_{t-1}\right)$$

Même si la moyenne modifiée montre plus d'inertie que la moyenne simple, les résultats obtenus s'avèrent assez proches (cf. graphique 15). Elle offre surtout l'avantage d'être plus facilement calculable à la main (avantage il est vrai bien maigre de nos jours, étant donné la capacité de nos ordinateurs).

La surperposition des deux graphiques montre la différence de comportement entre les deux moyennes. Dans cet exemple sur le dollar-DM, la moyenne modifiée montre davantage d'inertie et donne de meilleurs signaux.

3.1.2. Les moyennes mobiles pondérées et exponentielles

Nous venons d'illustrer le mode de calcul de la moyenne mobile simple, qui demeure de loin la plus utilisée. Avant de clore cette partie, il nous a néanmoins paru utile de signaler l'existence de moyennes mobiles un peu plus compliquées.

C'est notamment le cas de la *moyenne mobile pondérée*, qui s'exprime de la façon suivante :

$$MMP = \frac{P_1C_t + P_2C_{t-1} + \ldots + P_nC_{t-n}}{P_1 + P_2 + \ldots + P_n} = \sum_{i=1}^{n} \frac{P_iC_{t-i+1}}{\sum_{i=1}^{n} P_i}$$

avec C_t = cours en t et P_i = poids.

Le plus fréquemment, les poids affectés à chaque observation vont en diminuant au fur et à mesure que l'on remonte plus loin dans le passé (P_1, P_2, ..., P_n). L'idée sous-jacente est que le passé récent (P_1) doit « peser plus lourd » que le passé éloigné (P_n).

Certains analystes utilisent aussi une moyenne lissée exponentiellement, qui n'est qu'une forme particulière de pondération. La technique du lissage exponentiel fut développée pendant la deuxième guerre mondiale pour essayer de prévoir les déplacements des avions.

Graphique 15. – *Moyennes mobiles modifiées et moyennes mobiles simples*

Moyenne mobile modifiée à 20 jours

Source : ADP.

Moyenne mobile simple à 20 jours

Source : ADP.

Cette moyenne mobile exponentielle s'exprimera ainsi :

$$MME = \frac{1C_T + aC_{t-1} + a^2C_{t-2} + \ldots + a^{n-1}C_{t-n} + 1}{1 + a + a^2 + \ldots + a^{n-1}}$$

avec C_t = cours en t et $0 \leq a \leq 1$.

La valeur de cette moyenne mobile peut être calculée rapidement de la façon suivante :

$$MME_t \,.\, (1 - a)\, C_t + a\, MMEt_{-1}$$

Il n'y a évidemment aucune limite à la complexité des méthodes de calcul utilisables. En tout état de cause, il reste que ces diverses moyennes mobiles complexes s'interprètent exactement comme la moyenne mobile simple.

Retenons pour conclure que, dans la pratique, la moyenne mobile est un filtre très pratiqué (même s'il est de piètre qualité), mais surtout dans sa forme la plus simple.

3.1.3. La moyenne mobile « EPMA »

La moyenne mobile EPMA (*End Point Moving Average*) constitue une approche nouvelle dans la longue liste des moyennes mobiles disponibles. Elle s'avère originale tant dans sa conception que dans sa forme. L'efficacité et l'utilité de cette moyenne ont été mises en avant par Patrick Lafferty (in *Technical Analysis of Stock & commodities*, octobre 1995).

Le problème posé dans cet article est le suivant : étant donné une tendance régulière (hausse quotidienne des cours avec une progression régulière et pendant une certaine durée), suivie d'une baisse régulière (équivalente en vitesse et en durée à la période de hausse précédente), quel type de moyenne peut à la fois suivre le plus parfaitement l'évolution des cours et avertir également le plus rapidement possible du changement de trajectoire des cours ? Les résultats sur les moyennes simples et exponentielles étant plutôt décevants, l'auteur s'est tourné vers la méthode des moindres carrés (méthode statistique qui définit l'équation qui se rapproche le plus de la série analysée en minimisant la somme du carré des écarts entre la série initiale et la ligne de points donnée par l'équation) qui permet justement de suivre de très près les données d'une série.

Cette méthode *stricto sensu* s'avère en fait difficile à appliquer pratiquement car elle n'est pas stable (les composantes de l'équation changent à chaque nouvelle donnée introduite). En revanche, la moyenne EPMA est une sorte de compromis entre le principe des moindres carrés et la méthode de calcul des moyennes mobiles simples.

Le calcul d'une moyenne EPMA à 11 jours est en effet le suivant :

$$EPMA_t\,(11 jours) = \frac{1}{22}\begin{bmatrix} 7P_t + 6P_{t-1} + 5P_{t-2} + 4P_{t-3} + 3P_{t-4} + 2P_{t-5} \\ + P_{t-6} + 0P_{t-7} = P_{t-8} - 2P_{t-9} - 3P_{t-10} \end{bmatrix}$$

Sur le test considéré, cette nouvelle moyenne offre des résultats étonnants : elle suit exactement la série à partir du 10e jour et quand la série change de tendance, la moyenne EPMA se retourne très rapidement avertissant ainsi du changement de tendance des cours (signal donné nettement en avance par rapport aux autres moyennes).

Dans la pratique, le grand avantage de ce type de moyenne est que sa forme n'a rien à voir avec les moyennes classiques qui se contentent de suivre (plus ou moins rapidement et efficacement) les cours. En effet, les moyennes EPMA peuvent évoluer durablement au-dessus des cours quand ceux-ci suivent une tendance haussière et inversement. De ce fait l'utilisation proposée pour ce type de moyenne est d'en suivre le sens (acheter si la moyenne mobile monte ; vendre dans le cas inverse) mais d'éviter les signaux de croisement avec les cours (acheter si les cours passent au-dessus de la moyenne et vendre dans le cas opposé).

Par ailleurs, on remarquera que le comportement de cette moyenne est parfois déroutant, il est donc conseillé d'acquérir une certaine expérience dans leur utilisation avant de les utiliser pratiquement. Enfin, on peut noter que la juxtaposition des moyennes EPMA et des moyennes « classiques » est profitable (cela permet par exemple d'éviter les signaux de croisement sur les moyennes classiques quand la moyenne EPMA ne s'est pas retournée) cf. graphique 16.

Graphique 16. – *Moyennes mobiles simples et exponentielles et moyenne EPMA appliquées au Dow Jones*

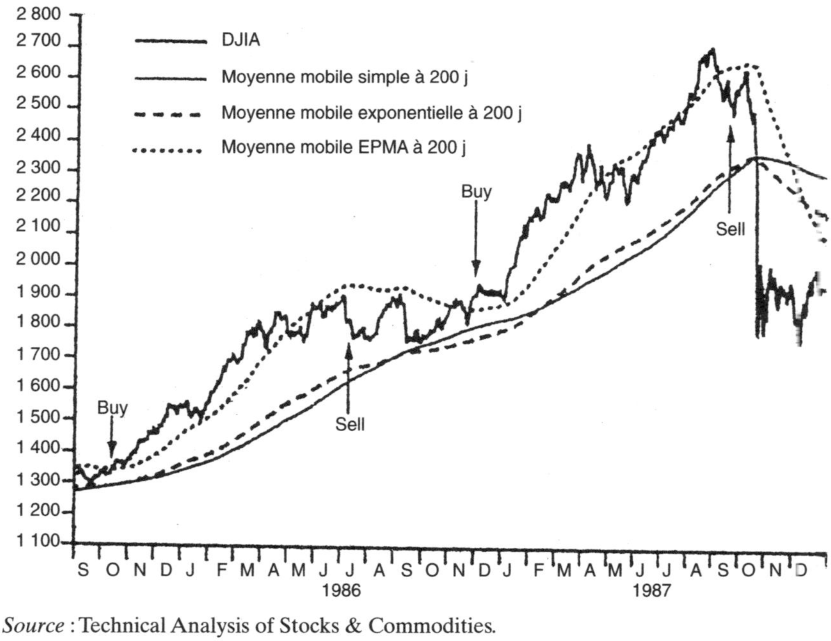

Source : Technical Analysis of Stocks & Commodities.

Ce graphique montre le comportement relatif des moyennes mobiles simples, exponentielles et EPMA. Si les deux premières moyennes ont des évolutions comparables, la moyenne EPMA connaît un parcours plus singulier. Elle suit davantage la courbe des cours et passe au-dessus des cours eux-mêmes quand la tendance est haussière.

3.2. L'interprétation de la moyenne mobile

La courbe de moyenne mobile peut être utilisée de diverses manières, dont les principales sont présentées ci-dessous.

3.2.1. L'utilisation de la moyenne mobile seule

La courbe de moyenne mobile étant censée représenter la tendance que suivent les cours, l'opérateur prendra position dans le sens d'évolution de la moyenne, pour jouer la tendance. Il jouera ainsi la hausse aussi longtemps que la moyenne grimpera (ou la baisse tant que la moyenne diminue). Chaque point d'inflexion de la moyenne constituera un signal de retournement de la position.

Dans la mesure où il existe une inertie dans l'évolution de la moyenne mobile, inertie due au mode de calcul, le signal n'apparaîtra que bien après le retournement des cours bruts. Le retard sera d'autant plus important que l'ordre de la moyenne mobile est élevé. Cette incapacité à signaler les points de retournement précis n'est pas propre à la moyenne mobile. Rappelons ici que le but de cette méthode est d'identifier les tendances, pas les points de retournement, et d'essayer d'accumuler quelque profit en jouant la tendance repérée.

3.2.2. Moyenne mobile et courbe de cours

L'utilisation présentée dans le paragraphe précédent est en fait assez peu fréquente. En revanche, celle présentée ici est certainement la plus courante. Elle consiste à comparer deux courbes : celle des cours bruts et la moyenne mobile.

La courbe des cours pourra être indifféremment une courbe continue ou une courbe de *bar charts*. L'opérateur interviendra chaque fois qu'un croisement entre les deux courbes sera observé.

Imaginons la situation dans laquelle un opérateur qui porte une position longue sur un actif constate que, alors que la moyenne mobile continue à monter, les cours relevés sur le marché passent en dessous de la moyenne, indiquant ainsi une faiblesse du marché. Ce premier avertissement peut être analysé comme un signal de fermeture de la position longue. Certains opérateurs, pour ouvrir une position courte attendront la confirmation du renversement de tendance, qui sera fournie par le retournement ultérieur de la moyenne mobile. Ces deux signaux sont illustrés sur le graphique 17.

Graphique 17. – *Le MATIF notionnel et sa moyenne mobile à 50 jours*

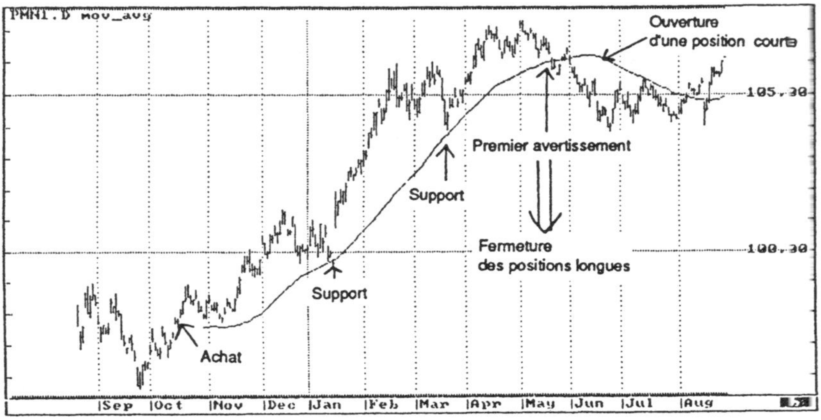

Source : Telerate – Global Dow Jones Information.

Les deux signaux de base sont donc faciles à expliciter :

> *Acheter* quand des cours en hausse traversent la moyenne mobile
> Vendre quand des cours en baisse traversent la moyenne mobile

Ces signaux sont de toute évidence parfaitement univoques quand on utilise une courbe de cours continue. L'interprétation est un peu plus compliquée quand on utilise un *bar chart.*

Dans la pratique, la moyenne mobile étant calculée fréquemment sur les cours de clôture de la journée, l'opérateur comparera le cours de clôture à la moyenne mobile pour décider de son intervention. Les règles d'intervention deviennent alors :

> *Acheter* quand des cours en hausse clôturent au-dessus de la moyenne mobile
>
> *Vendre* quand des cours en baisse clôturent en dessous de la moyenne mobile

Le simple fait qu'au cours de la journée les cours aient traversé la moyenne mobile ne suffira pas à déclencher l'intervention. En revanche, ce fait devra attirer l'attention du *trader* qui peut dès lors s'attendre à voir une clôture au-dessus (ou en dessous) de la moyenne mobile dans les prochains jours.

Le graphique étudié précédemment met clairement en évidence les forces et faiblesses de la moyenne mobile. Conçue comme une méthode de suivi de tendance, la moyenne mobile donne de piètres résultats si les cours évoluent en dents de scie dans un *range* vaguement horizontal. La multiplication des signaux d'achat et de vente à des cours finalement assez proches les uns des autres se traduit à la longue par des pertes financières qui peuvent être non négligeables. En revanche, l'avantage de la méthode réside dans sa faculté à identifier une tendance longue, permettant de réaliser de substantiels profits.

L'inconvénient précité (multiples interventions de sens opposés quasiment au même cours) peut être réduit, mais pas éliminé, par l'utilisation d'enveloppes de moyenne.

L'enveloppe se définit comme une zone entourant la moyenne mobile, qui constitue une espèce de terrain neutre : tant que les cours bruts évoluent à l'intérieur de l'enveloppe, l'opérateur n'intervient pas, même si les cours ont traversé la moyenne mobile. Pour opérer il attendra que les cours soient sortis de l'enveloppe.

Les enveloppes se calculent en général soit en termes relatifs, soit en termes absolus. En termes relatifs, l'enveloppe est définie de la façon suivante :

Env. Haute = moyenne mobile + a. moy. mob

Env. Basse = moyenne mobile – a. moy. mob

avec $0 \leq a \leq 1$

Le caractère plus ou moins courageux du *trader* déterminera la longueur de l'enveloppe. En général, il s'agit d'un petit nombre de pourcents, de l'ordre de 1 ou 2 %.

En termes absolus, l'enveloppe est calculée en additionnant et en retranchant de la moyenne mobile un même montant prédéterminé (par exemple, 1 point ou 20 francs ou…). Cette deuxième méthode est plus fréquemment utilisée par les opérateurs qui s'appuient sur des systèmes stricts de gestion de leur capital visant à limiter les pertes à des montants fixés au départ.

Une fois l'enveloppe calculée (cf. graphique 18), les signaux sont donnés par la pénétration des courbes enveloppes. Comme pour toute méthode présentée dans cet ouvrage, on peut trouver deux attitudes d'opérateurs.

L'opérateur *agressif*, qui souhaite être en permanence dans le marché, retiendra les règles suivantes :

Acheter (fermer position courte *et* ouvrir position longue) quand les cours traversent l'enveloppe haute.

Vendre (fermer position longue et ouvrir position courte) quand les cours traversent l'enveloppe basse.

L'opérateur plus prudent retiendra plutôt les règles suivantes, qui autorisent une attitude attentiste, hors du marché :

Acheter (ouvrir position longue) quand les prix traversent l'enveloppe haute. Fermer les positions longues quand les prix traversent la courbe de moyenne mobile.

Vendre (ouvrir position courte) quand les prix traversent l'enveloppe basse. Fermer les positions courtes quand les prix traversent la courbe de moyenne mobile.

Graphique 18. – *Représentation du CAC 40 et de sa moyenne mobile 7 jours avec une enveloppe à ± 5 %*

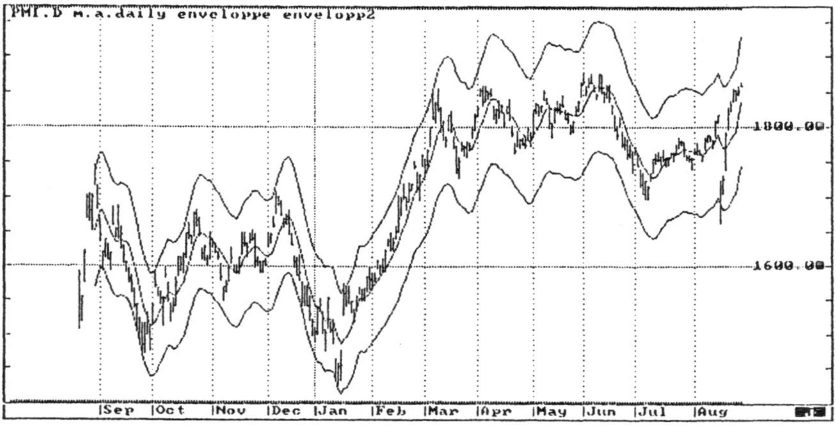

Source : Telerate – Global Dow Jones Information.

Dans un tel schéma, l'enveloppe est utilisée pour ouvrir des positions, tandis que la moyenne mobile sert à les clôturer. Il est ainsi possible de rester quelque temps sans position ouverte sur le marché.

Le graphique 19 suivant illustre ce principe.

L'utilisation des enveloppes limite sérieusement le risque d'être confronté à des faux signaux à répétition, et bien entendu présente en contrepartie un certain coût d'opportunité dans la mesure où l'opérateur entrera dans le marché plus tard et en général dans des conditions de prix moins favorables que son voisin agressif. En revanche, il sera moins souvent pris à contre-pied… Chacun choisira son camp.

3.2.3. Moyenne mobile et support-résistance

Si la moyenne mobile peut être utilisée pour qualifier la tendance, elle peut aussi servir de support et/ou de résistance.

Nous avons vu dans le deuxième chapitre de cet ouvrage diverses méthodes permettant de repérer des zones de support-résistance. Il est temps maintenant d'en rajouter une.

En effet, quand les cours évoluent au-dessus de la courbe de moyenne mobile et quand ils se rapprochent de ladite moyenne, on peut s'attendre à ce que la moyenne soutienne les cours. Si tel n'est pas le cas, alors le signal de retournement est donné.

Le graphique 19 présenté précédemment illustre deux fois ce phénomène : mi-janvier, puis mi-mars les cours sont venus se reposer sur la moyenne mobile sans toutefois la traverser. Puis, le support ayant joué son rôle, les cours sont repartis dans le sens initial.

Les opérateurs de marché sont assez attentifs à ces niveaux supposés de support-résistance.

Graphique 19. – *Gestion de position avec une moyenne mobile et son enveloppe*

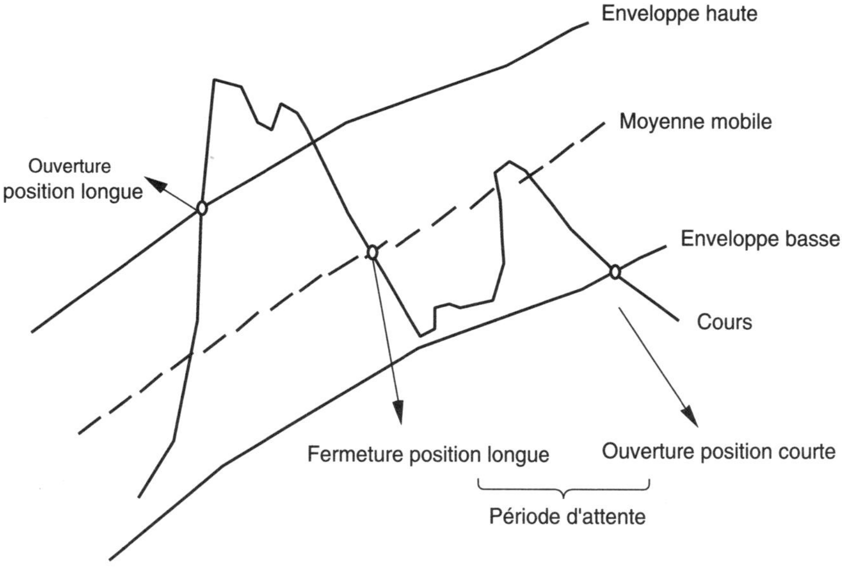

3.2.4. Plusieurs moyennes mobiles simultanément

Plutôt que d'utiliser une seule courbe de moyenne mobile, certains opérateurs étudient simultanément deux, voire trois moyennes mobiles d'ordres différents. Par exemple 3 et 10 jours, ou 20 et 50 bourses, etc.

Dans un tel système, la moyenne la plus lente, celle d'ordre le plus élevé, représente la tendance longue et la moyenne rapide sera utilisée pour le *timing* des interventions.

Les règles d'intervention sont alors l'une ou l'autre des deux suivantes :

Acheter quand la moyenne rapide traverse *en montant* la moyenne lente – *Vendre* quand la moyenne rapide traverse *en baissant* la moyenne lente.

Acheter quand les cours passent au-dessus des 2 moyennes mobiles et fermer les positions longues quand les cours sont situés entre les 2 moyennes – *Vendre* quand les cours passent en dessous des 2 moyennes mobiles et clôturer les positions courtes quand les cours sont situés entre les 2 moyennes.

Le graphique 20 illustre ce genre d'utilisation.

Graphique 20. – *Utilisation de deux moyennes mobiles (20 et 50 jours) sur le MATIF notionnel*

Source : Telerate – Global Dow Jones Information.

3.3. La notion d'ordre optimal de la moyenne mobile

Bien entendu, la question-clé est celle de la durée de la période de référence, c'est-à-dire comment choisir l'ordre de la moyenne mobile. De toute évidence et par construction, plus grande est l'inertie et plus important est le retard et moins nombreux sont donc les signaux d'intervention (cf. *supra*).

Dans la pratique, les utilisateurs fonctionnent avec des durées allant de quelques minutes (utilisation en intra-day) à plusieurs semaines. Les périodes les plus longues sont en général de l'ordre de 200 séances de bourse, ce qui représente près d'une année d'ouverture des marchés. Sur le marché des actions à Paris, la moyenne mobile à 20 jours est fréquemment utilisée, cette période correspondant à peu près à la durée du mois boursier (durée comprise entre deux liquidations mensuelles).

Il n'y a évidemment aucune réponse définitive à la question de savoir quelle est la meilleure durée à retenir. La réponse dépendra essentiellement de deux facteurs : d'une part la volatilité de l'actif financier considéré, d'autre part les objectifs et l'horizon de gestion de l'opérateur (un professionnel de la gestion par exemple, prenant des positions sur quelques mois, sera intéressé par les tendances plus longues et retiendra une durée longue, quitte à n'avoir ses signaux qu'avec un certain retard).

On retiendra en outre qu'une moyenne mobile d'un ordre x qui aura donné de bons signaux sur une certaine période finira toujours par se « dérégler » et se mettra un jour à donner de mauvaises indications. L'analyste pointilleux serait alors amené à modifier en permanence ses paramètres de calcul, ce qui est rarement fait. Dans la pratique, la plupart des analystes se contentent d'utiliser les moyennes « standard », du genre 3, 5, 10, 20, 50 ou 200 jours.

Par construction, on sait qu'en période de *trading range* il est préférable de « raccourcir » la moyenne afin de capter plus rapidement les changements de tendance à court terme et qu'en période de tendance claire, il est recommandé d'allonger la moyenne pour profiter de la tendance en cours tout en échappant aux faux signaux de court terme. Cependant, il reste tout de même à déterminer un « ordre optimal » qui fonctionnerait bien en tendance et un autre qui travaillerait bien en *trading range*.

Si aucune réponse satisfaisante n'existe, il faut remarquer que l'une des solutions proposée par l'analyse des cycles (chapitre 6) peut s'avérer à la fois cohérente et performante. Si l'on suppose que les cycles observés sur un marché sont relativement stables, on pourra alors choisir l'ordre de la moyenne en fonction du cycle suivi par le marché. Par exemple, si l'on constate un cycle régulier de 40 jours, on utilisera des moyennes mobiles à 40 jours (1 cycle), 20 jours (1/2 cycle) ou 60 jours (1 cycle et demi), etc.

Pour vérifier la qualité des signaux donnés par un certain ordre de moyenne mobile, nous avons construit des séries de cours respectant à la fois des cycles réguliers et ayant des caractéristiques claires (forte tendance, faible tendance, *trading range*...). Puis nous avons observé les résultats obtenus et pu en tirer certaines conclusions quant à la sélection de l'ordre optimal.

Tout d'abord, le choix de l'ordre de la moyenne mobile est logiquement fonction du type de signal que l'on entend suivre. En effet, pour une même moyenne, on obtient beaucoup plus de signaux si l'on suit les croisements des cours avec la moyenne que si l'on suit les signaux donnés par la seule moyenne (acheter tant que la moyenne progresse et vendre dès qu'elle se retourne). On s'aperçoit donc que si l'on suit les signaux de croisement, on devra choisir un ordre de moyenne plus élevé. Par exemple, même quand le marché suit une tendance forte, la moyenne d'ordre à un cycle est parfois un peu juste et peut donner des faux signaux. Il est donc préférable d'adopter un ordre plus élevé (environ un cycle et demi, voire éventuellement deux cycles si la tendance est faible). En revanche, les signaux donnés en *trading range* par une moyenne d'ordre à un demi-cycle ou légèrement inférieur s'avèrent être de bonne qualité.

Suivant nos tests théoriques, la moyenne mobile d'ordre équivalent à un cycle est très utile dans les périodes ou le marché connaît des tendances très fortes. En effet la moyenne mobile ainsi obtenue sert à chaque fois de support (ou de résistance dans les cas d'une tendance baissière) au marché quand celui-ci consolide. Tant qu'une tendance forte se développe, les cours doivent se servir de cette moyenne mobile comme soutien et ne doivent pas l'enfoncer. Cependant, son franchissement doit signifier la fin de cette tendance et l'amorce d'une consolidation ou d'un retournement (cf. graphique 21).

Néanmoins, lorsque les tendances sont plus faibles, la moyenne d'ordre à un cycle est trop courte et génère donc de nombreux faux signaux. Il est donc nécessaire de suivre des moyennes ayant un ordre à un cycle et demi ou deux cycles (cf. graphique 22).

D'autre part, les moyennes d'ordre équivalent à un demi-cycle sont au contraire idéales dans les phases de *trading range*. Ce type de moyenne génère en effet des signaux de croisement qui sont en phase avec le marché et qui s'avèrent en tout cas nettement meilleurs que ceux donnés par les moyennes d'ordre à un cycle (qui génèrent une succession de faux signaux en milieu de range). Les moyennes d'ordre à un cycle (ou légèrement moins) permettent ainsi de déceler très rapidement les retournements de tendance du marché (cf. graphique 23). On notera que les moyennes d'ordre à un quart de cycle environ sont trop courtes et donnent de nombreux faux signaux.

Graphique 21. – *Exemple d'une tendance forte avec une moyenne d'ordre à un cycle (= 20 jours)*

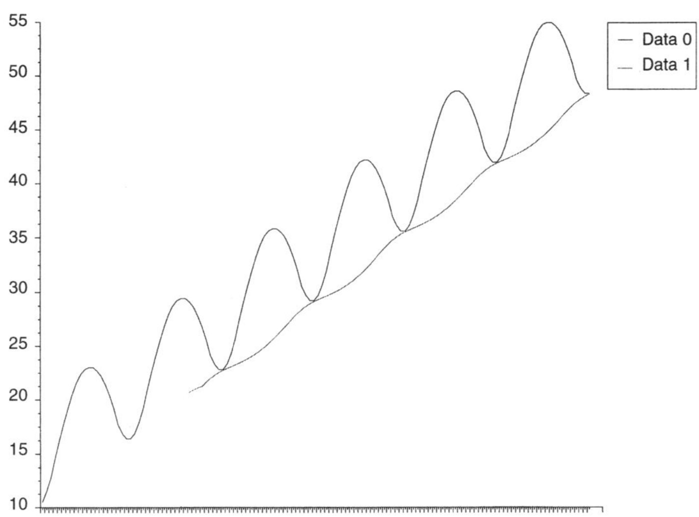

Graphique 22. – *Cas d'une tendance faible avec une moyenne d'ordre à deux cycles (40 jours)*

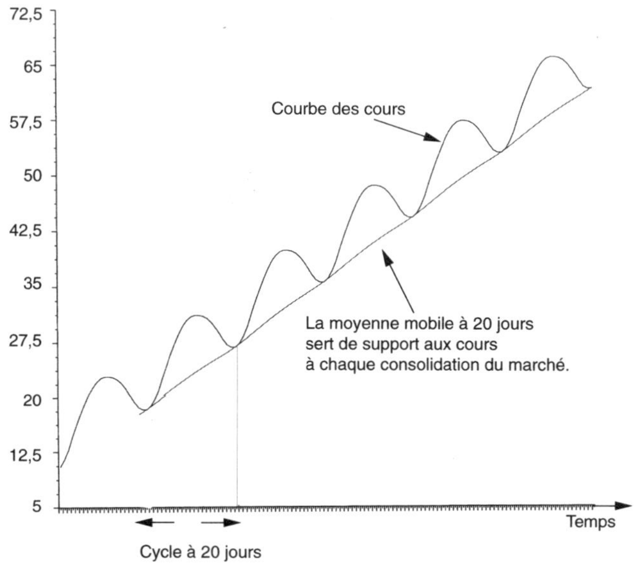

Graphique 23. – *Cas d'un trading range avec une moyenne mobile à 1/2 cycle (10 jours)*

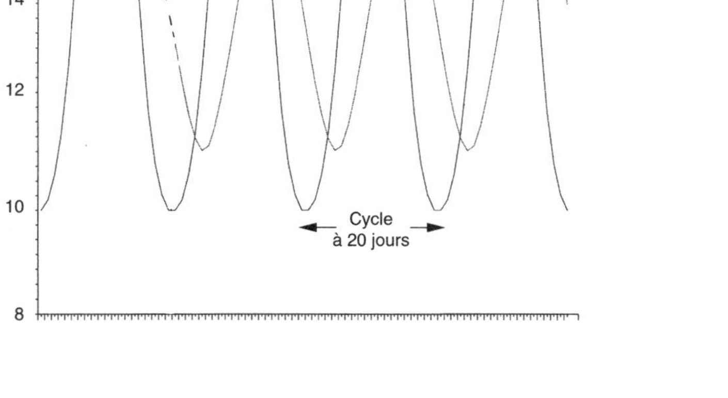

Graphique 24. – *Cas d'une tendance faible avec une moyenne d'ordre à un cycle (20 jours)*

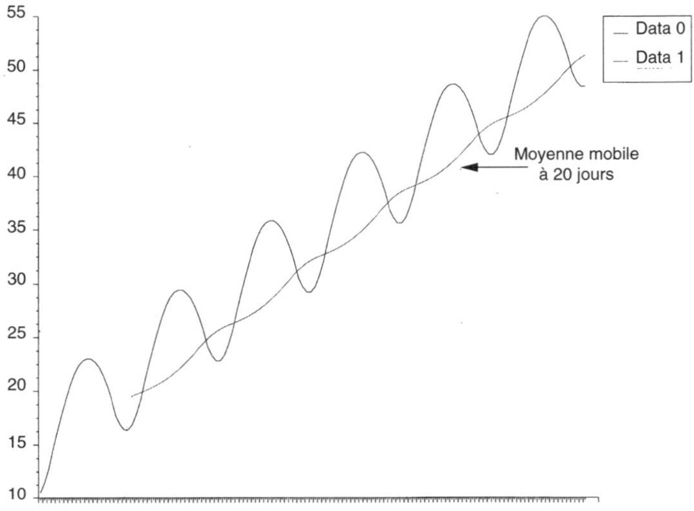

En revanche, si l'on suit les seuls signaux donnés par la moyenne, alors les moyennes d'ordre à un cycle sont très efficaces en période de tendance faible (cf. graphique 24). Cependant, en période de trading range, les moyennes d'ordre à un demi-cycle sont trop lentes pour percevoir les retournements du marché. Il est donc préférable de raccourcir l'ordre de la moyenne à un quart de cycle.

Les signaux de croisements donnent de très mauvais résultats. En revanche les signaux donnés par la tendance de la moyenne mobile sont excellents puisqu'ils permettent de rester long pendant toute la période de la hausse, en dépit des croisements momentanés.

On notera enfin que les utilisateurs de plusieurs moyennes devraient obtenir de meilleurs résultats en utilisant ces principes dans le choix de l'ordre de leurs deux moyennes.

Dans la pratique, on doit donc adapter l'ordre des moyennes en fonction du type de signal suivi, en essayant de bien cerner le type de marché dans lequel on évolue. Si l'on est capable de cette prouesse, on alternera l'utilisation des ordres des moyennes mobiles. Cependant, comme les tendances fortes et faibles s'alternent souvent, on prendra de préférence une moyenne d'ordre à un cycle et demi ou deux cycles si l'on suit les signaux de croisement et on choisira une moyenne d'ordre à un cycle si l'on se fie simplement à la tendance de la moyenne mobile.

En fait, si le problème du choix de l'ordre peut être résolu grâce à la méthode des cycles (en supposant qu'ils sont stables), on se rend rapidement compte que la difficulté a été déplacée puisqu'il faut désormais répondre au problème de l'existence d'une tendance ou d'un *trading range*... Des éléments de réponse sont donnés dans le prochain chapitre consacré aux oscillateurs et dans le chapitre 6 consacré aux cycles.

3.4. Les enveloppes de moyennes mobiles : l'exemple des bandes Bollinger

Le principe des bandes Bollinger est de construire une enveloppe autour d'une moyenne mobile qui puisse véritablement envelopper l'évolution des cours. Pour ce faire, le calcul de l'enveloppe utilise la volatilité des cours afin d'intégrer rapidement les changements subits de direction. Grâce à cette grande souplesse, la majorité des cours se retrouvent ainsi à l'intérieur des bandes, comme si le niveau de l'enveloppe représentait chaque jour un point de support ou de résistance quasiment infranchissable.

Nous verrons tout d'abord le principe de construction des bandes et nous présenterons ensuite les différentes utilisations possibles.

3.4.1. La construction des bandes Bollinger

On calcule tout d'abord un cours moyen, tel que :

$$CM = \frac{High + Low + Close}{3}$$

On calcule l'écart-type à x jours de ce cours moyen, σ_{CM} (on utilise généralement un écart-type à 20 jours).

On prend ensuite la moyenne mobile à x jours (20 jours en général) de ce cours moyen.

On peut alors obtenir l'enveloppe haute et l'enveloppe basse qui se définissent ainsi :

– Enveloppe haute ou bande supérieure =

$$\text{Moyenne Mobile (CM)} + 2\,\sigma_{CM}$$

– Enveloppe basse ou bande inférieure =

$$\text{Moyenne Mobile (CM)} - 2\,\sigma_{CM}$$

On peut alors représenter l'évolution des cours avec une moyenne mobile et les deux bandes enveloppes (cf. graphique 25).

Cependant, il est également possible d'utiliser d'autres moyennes à 10 jours ou 40/50 jours. Dans ce cas, il faut aussi adapter l'amplitude de l'enveloppe. Ainsi, pour une moyenne à 10 jours, on prend un écart limité à 1,5 fois l'écart-type et pour une moyenne mobile plus longue à 50 jours on augmente la taille de l'enveloppe en ajoutant 2,5 fois l'écart-type autour de la moyenne.

3.4.2. L'utilisation des bandes Bollinger

On sait que si un phénomène évolue selon une loi normale, alors 95 % des observations doivent se trouver dans un intervalle défini par la

Graphique 25. – *Application des bandes Bollinger au T. Bond*

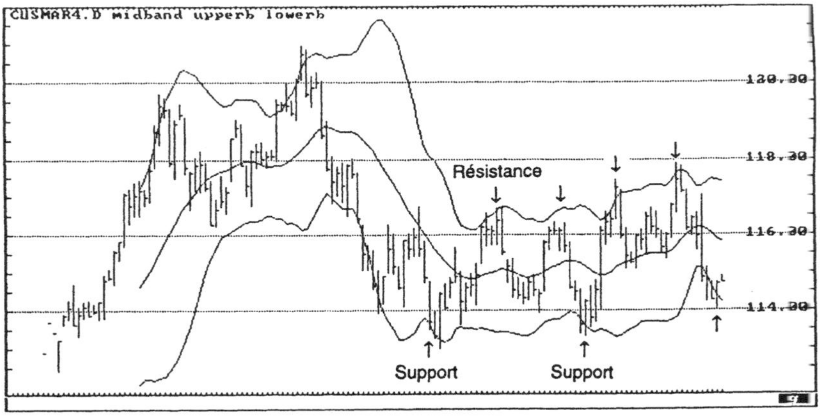

Source : Telerate – Global Dow Jones Information.

Pendant les périodes de trading-range, les bandes Bollinger donnent de très bons niveaux de support et de résistance.

moyenne plus ou moins deux écarts-types. Si l'on suppose maintenant que les cours suivent une loi normale, alors 95 % des cours doivent se trouver à l'intérieur des bandes de Bollinger. D'où l'intérêt potentiel de ces enveloppes et l'utilisation qui peut en être faite.

La première utilisation qui en découle est de considérer que les niveaux des enveloppes basse et haute représentent des zones objectifs de support et de résistance. Si les cours suivaient effectivement une loi normale, il n'y aurait statistiquement que 5 % de chances pour que les cours dépassent les bornes enveloppes. Celles-ci doivent donc constituer des zones fortes de soutien-résistance.

Cependant, un des problèmes de cette méthode est que les enveloppes évoluent très rapidement d'une journée à l'autre. De ce fait, les niveaux de support-résistance donnés par les enveloppes ne sont valables que durant une seule journée.

Dans la pratique, lorsque le marché est sans tendance, les bandes Bollinger sont relativement stables (l'écart-type et la moyenne mobile varient très peu) et représentent de bons seuils de support-résistance et donc d'excellents niveaux d'entrée-sortie sur le marché (cf. graphique 25). En revanche, quand le marché est en tendance, les niveaux de support-résistance donnés par le système changent tous les jours (augmentation de l'écart-type et variation de la moyenne mobile). Ils sont donc de mauvais indicateurs d'entrée-sortie. Il faut alors utiliser les bandes Bollinger d'une façon différente, comme un indicateur de tendance.

On constate en effet que lorsque le marché est en tendance, les enveloppes s'écartent, tandis qu'elles se rétractent en marché plat. L'écart entre les deux enveloppes, (qui correspond en fait à une transformation de l'écart-type), peut-être considéré comme un indicateur de trend : quand il progresse et qu'il atteint certaine valeurs, cela confirme l'existence d'une tendance. En revanche, s'il baisse après avoir touché des sommets, cela suppose que la tendance se termine. Ou, s'il évolue dans des zones basses, cela signifie l'absence de tendance claire.

Dans ces conditions, on peut utiliser les bandes Bollinger de la façon suivante : si le marché paraît en fin de tendance ou plat (baisse ou faiblesse de l'écart) ; on utilise les bandes comme seuil de support-résistance. En revanche, si le marché paraît en tendance (ou en démarrage de tendance), les enveloppes ne doivent pas constituer des points d'arrêt et il faut au contraire laisser la tendance s'exprimer et conserver sa position jusqu'à ce qu'un tassement de la tendance puisse s'observer (cf. graphique 26).

Graphique 26. – *Les bandes Bollinger et le signal donné par leur écartement*

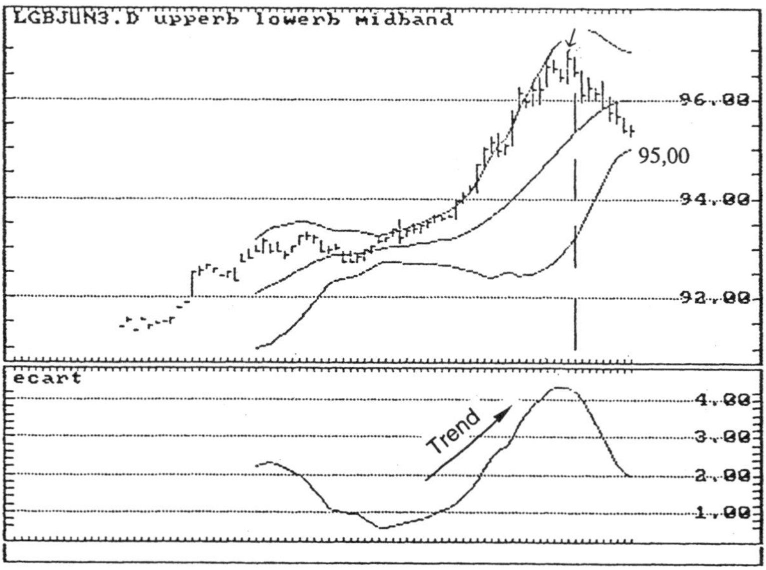

Dans cet exemple, l'écartement des enveloppes (augmentation de l'écart) confirme la puissance de la tendance en cours. Le rétrécissement de l'écart indique l'essoufflement du trend et l'entrée dans une période de consolidation.

3.4.3. L'oscillateur %B

L'oscillateur %B a été développé par John Bollinger afin de lire directement le positionnement relatif des cours par rapport aux bandes Bollinger. Si les cours se situent au-delà des bandes, l'oscillateur devra être très élevé et se situer au-dessus des bornes établies et inversement dans le cas contraire. La définition retenue est la suivante :

$$\%B = [C_t - B^-] / [B^+ - B^-]$$

Quand les cours sont sur la bande haute ou au-dessus, %B est égal ou supérieur à 1 ; et lorsque les cours se situent près de la bande basse ou en dessous, %B est égal à 0 ou est négatif. Ainsi, quand les cours connaissent un excès par rapport aux bandes Bollinger, l'indicateur sort des bandes 0 – 1. Quand l'indicateur est égal à 0,5 les cours se trouvent précisément au milieu des bandes.

Pratiquement, on peut utiliser %B comme un indicateur de surachat/survente quand aucune tendance ne semble être en place (cf. écartement des bandes). En revanche, si une tendance se développe, l'arrivée du %B en dehors des bornes est logique et confirme la tendance en cours. Seul, le développement d'une divergence pourra indiquer l'essoufflement du mouvement et son éventuel retournement (cf. graphique 27).

Graphique 27. – *Exemple d'application de l'oscillateur %B sur le CAC40*

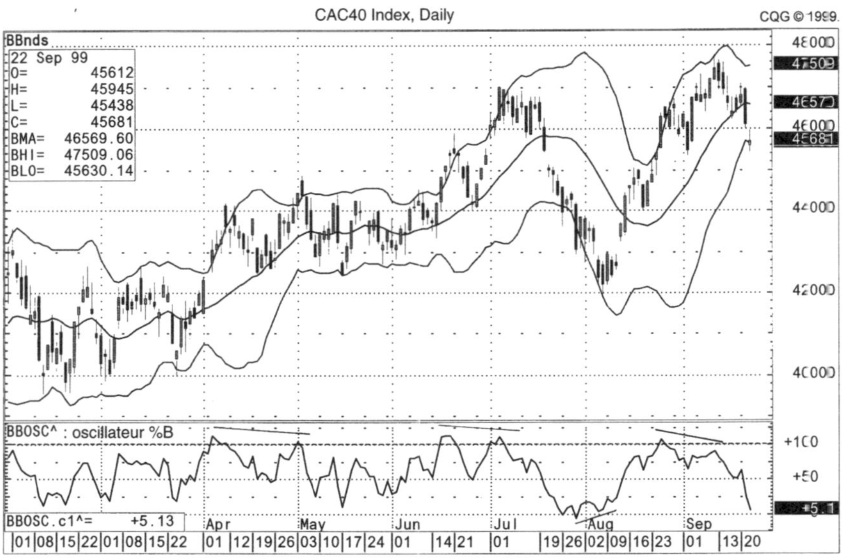

3.4.4. *Les bandes STARC et autres enveloppes*

Il existe d'autres systèmes de bandes enveloppes, notamment les bandes STARC (Stoller Average Range Channel) qui, au lieu d'employer l'écart-type, intègrent le range des jours précédents en utilisant le principe du true range (cf. système DMI).

Stoller définit aussi les enveloppes STARC+ et STARC– :

$$\text{STARC+} = \text{Moyenne Mobile} + 3 \times \text{True Range}$$
$$\text{STARC–} = \text{Moyenne Mobile} - 3 \times \text{True Range}$$

$$\text{True Range} = \text{Max}\,[\text{Abs}\,(H_t - L_t)\,;\ \text{Abs}\,(H_t - C_{t-1})\,;\ \text{Abs}\,(L_t - C_{t-1})]$$

Les bandes STARC s'utilisent de la même façon que les bandes Bollinger mais elles sont souvent plus en retard (cf. graphique 28).

Graphique 28. – *Application des bandes STARC au BUND*

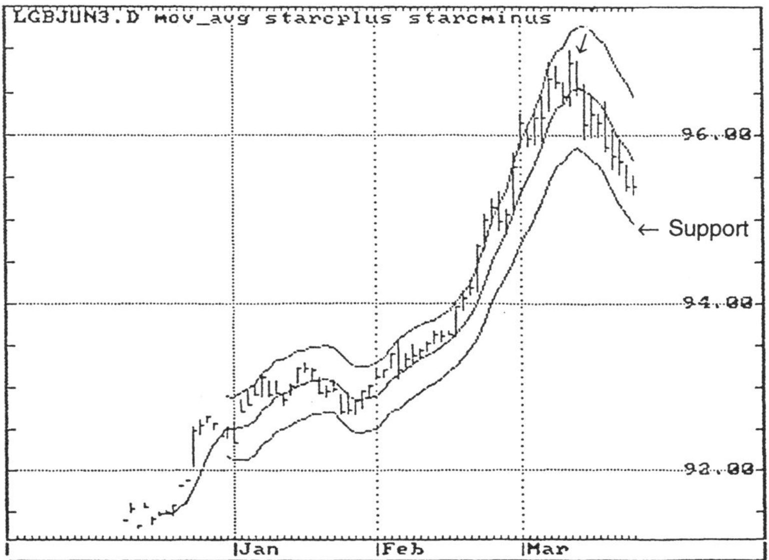

D'autres types d'enveloppes peuvent être construites basées par exemple sur les écarts de cours (high low) ou sur des pourcentages (cf. *infra*). Mais, de tous les systèmes d'enveloppes, les bandes Bollinger offrent les meilleurs résultats.

Chapitre 4

LES INDICATEURS DE PUISSANCE

Les oscillateurs ou indicateurs de puissance sont nombreux et divers. S'il est utile d'en présenter la palette la plus large, il est également nécessaire de montrer la philosophie générale commune à l'ensemble de ces outils. Deux grandes sections composeront ainsi ce chapitre : la première s'intéressera à la philosophie générale qui anime la plupart des oscillateurs (principe de base et principaux signaux communs), la seconde présentera les principaux indicateurs de puissance regroupés par famille.

1. Analyse de l'indicateur de puissance

Cette section a pour but de présenter la philosophie générale d'un oscillateur et les principaux signaux que celui-ci est capable d'offrir. Un oscillateur peut se définir très grossièrement comme une dérivée de cours. Les données brutes des cours sont passées dans une formule plus ou moins complexe permettant d'obtenir une nouvelle série de données qui oscille autour d'un niveau précis (0 par exemple). Cette série ainsi obtenue est ensuite représentée sous le graphique des cours et peut être alors analysée techniquement. Comme leur nom l'indique, les oscillateurs connaissent des oscillations qui représentent les tensions du marché. Avant de déterminer les principaux signaux que peut donner un oscillateur et de présenter leur utilisation possible, nous allons montrer la philosophie générale qui anime la majeure partie des oscillateurs.

1.1. La philosophie générale d'un oscillateur

Un oscillateur est la représentation graphique de la transformation des cours. Celle-ci n'a généralement aucun rapport avec le niveau absolu des cours, mais permet de déterminer les tensions du marché et fonctionne souvent comme une fonction dérivée.

En physique, la vitesse (dérivée première de l'évolution d'un mobile) permet à elle seule de comprendre le déplacement du mobile étudié. Lorsqu'un mobile est lancé en l'air, la vitesse commence tout d'abord à progresser puis, alors que le mobile continue son ascension, la vitesse commence à décroître pour devenir nulle au moment où le mobile atteint son sommet avant de redescendre. Lors de la rechute, la vitesse du mobile devient négative.

Il est possible de confronter l'évolution du mobile et sa vitesse ou d'une manière générale, de n'importe quelle fonction mathématique et sa dérivée. On s'aperçoit alors que la seule représentation de la vitesse permet de déterminer l'évolution du mobile : la croissance de la vitesse signifie que le mobile entame son mouvement. Quand la vitesse atteint un sommet et commence à baisser, cela indique que le mouvement du mobile se ralentit et qu'il se rapproche de son sommet. Enfin, lorsque la vitesse devient nulle puis négative, le mobile a fini son ascension et retombe (cf. graphique 1).

Les oscillateurs techniques prétendent fonctionner de la même façon. Par l'intermédiaire d'une formule plus ou moins complexe, ils constituent une fonction dérivée des cours. Les indicateurs techniques vont essayer de

Graphique 1. – *Évolution d'une fonction mathématique*

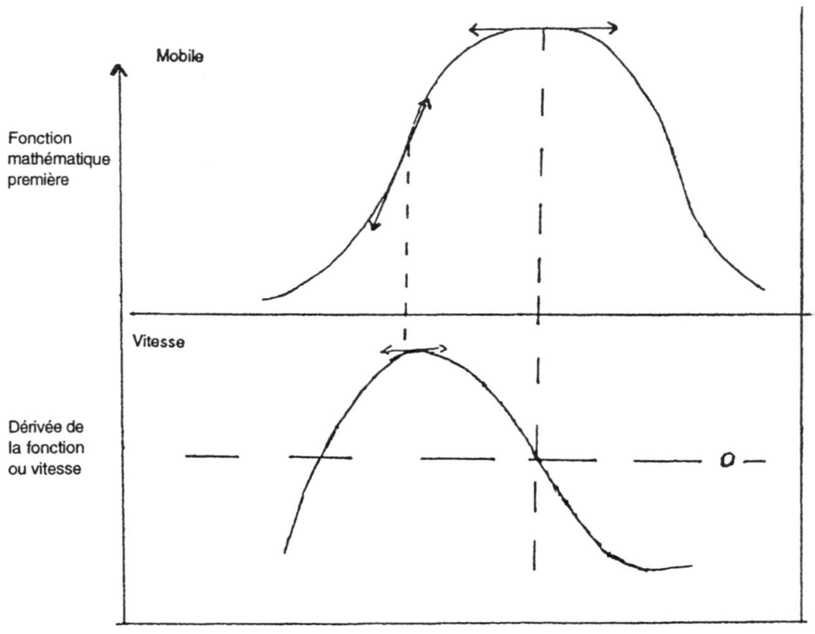

repérer la puissance du mouvement comme le fait la vitesse. Leur montée devra indiquer la naissance du mouvement, leur baisse devra signifier l'essoufflement du mouvement, enfin le passage du 0 (ou d'un autre niveau de référence) pourra éventuellement marquer le retournement du marché.

Cependant, contrairement à l'évolution régulière d'un mobile dans l'espace, celle des cours est plutôt chaotique. Les oscillateurs ne peuvent donc pas donner des signaux aussi définitifs que ceux de la vitesse. Malgré cela, le principe général de la vitesse peut être décliné et adapté aux oscillateurs, ce qui permet de mieux cerner la puissance du mouvement étudié. De plus, l'analyse graphique des oscillateurs permet de déduire d'autres signaux complétant l'analyse des cours. Le deuxième paragraphe est consacré à la présentation de ces signaux.

1.2. Les principaux signaux donnés par les oscillateurs

Les oscillateurs peuvent donner un ensemble assez vaste de signaux. Nous déterminerons trois grandes classes de signaux.

Tout d'abord, les indicateurs techniques doivent offrir une représentation de la tension du marché, c'est-à-dire déterminer le degré de surachat ou de survente. Ensuite, l'oscillateur doit être capable de faire ressortir l'essoufflement éventuel d'un mouvement en montrant des divergences avec les cours. Enfin, selon l'oscillateur technique considéré, il est possible d'appliquer certaines fonctions de l'analyse graphique (*trends*, moyennes mobiles, figures...).

1.2.1. Les indications de surachat-survente

Un des premiers avantages de la majorité des oscillateurs est de présenter clairement les tensions existantes du marché. Lorsque le marché a beaucoup monté (baissé) sans connaître de phases de consolidation, il est suracheté (survendu). D'une façon générale, lorsque le marché est suracheté, l'oscillateur se situe sur la borne supérieure et il évolue sur la borne inférieure s'il est survendu. La lecture des oscillateurs devient ainsi très simple. Tout excès dans la borne inférieure ou supérieure marque des tensions sur le marché, tandis qu'au centre de ces deux bornes, le marché demeure neutre.

Il est important de faire une différence entre les oscillateurs bornés et les autres. Les oscillateurs bornés évoluent entre deux bornes connues (0 et 100 par exemple pour le RSI), ce qui permet de repérer facilement une situation de surachat ou de survente. En revanche, les oscillateurs non bornés n'ont pas de limites *a priori*, ce qui peut entraîner invariablement des difficultés de lecture (cf. graphique 2).

Il est important aussi de donner des conseils d'utilisation : constater qu'un marché est suracheté ne constitue pas un signal de vente ou un signal d'achat si le marché est survendu. Cela doit servir au contraire à éviter les erreurs : il faut généralement éviter d'acheter (de vendre) un mar-

Graphique 2. –

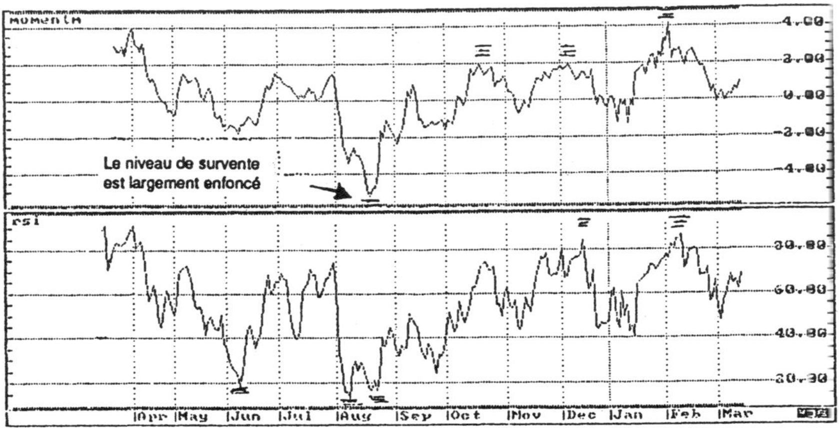

Source : Telerate – Global Dow Jones Information.

Sur le momentum, oscillateur non borné, le plus bas atteint en juin pourrait être considéré comme un niveau de survente important, il n'en est rien – fin août le seuil de – 2 est largement enfoncé (idem à la hausse en décembre et début février). Le RSI, oscillateur borné, s'avère dans ces moments-là beaucoup plus fiable.

ché suracheté (survendu). Avec un peu de bon sens, on comprendra que le marché est tendu et qu'il est préférable d'attendre une phase technique de consolidation pour intervenir, évitant ainsi d'entrer dans le marché au plus vif de la bataille (c'est-à-dire probablement sur des niveaux extrêmes...). En revanche, c'est souvent dans ces conditions qu'il paraît opportun de réaliser quelques bénéfices.

1.2.2. Les divergences

Les divergences constituent probablement l'aspect le plus intéressant des oscillateurs, car elles constatent une situation qui n'est pas toujours directement visible sur les cours. Une divergence représente une déconnexion entre l'évolution des cours et l'évolution de l'oscillateur.

Par exemple, on parle de divergence baissière lorsque l'oscillateur entame une tendance baissière bien claire alors que les cours continuent de monter (et inversement pour une divergence haussière).

La divergence traduit un essoufflement du marché : celui-ci continue de monter, mais avec de moins en moins de vigueur et de force. La vitesse du marché se ralentit et permet l'apparition d'un *trend* baissier sur l'oscillateur, avant même que les cours n'aient donné l'impression d'un fléchissement.

Les divergences ne peuvent être considérées que si le marché est suracheté ou survendu, car elles sont alors un signe précurseur de la fin de mouvement. Si le marché est neutre, il n'y a pas d'essoufflement potentiel à rechercher et les marques éventuelles de divergences n'ont pas d'intérêt.

Graphique 3. –

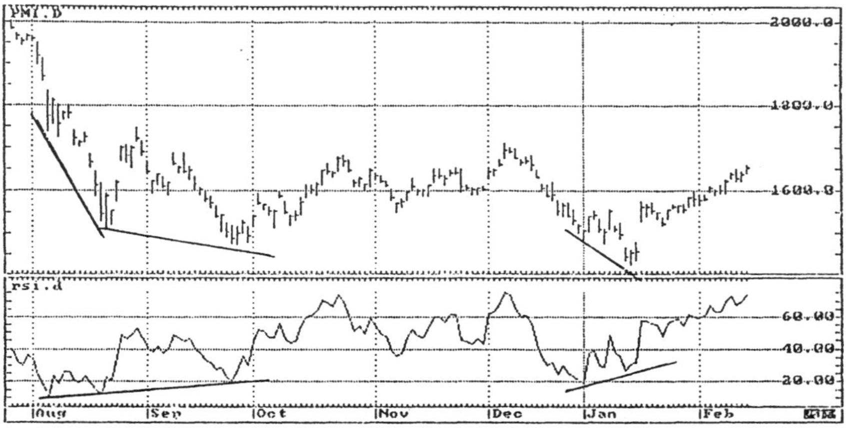

Source : Telerate – Global Dow Jones Information.

En août-septembre, les cours du CAC 40 baissent mais finissent par montrer un certain essoufflement : l'oscillateur RSI suit en effet un début de tendance haussière indiquant ainsi une divergence avec les cours. Cependant, le retournement met un certain temps à s'opérer. Il s'agit donc d'un signal précurseur du retournement, mais pas d'un signal d'achat direct.

Par ailleurs, il faut être vigilant quant à l'utilisation des divergences : constater une divergence baissière ne constitue pas un signal de vente mais doit inciter à la prudence et à la prise de bénéfice. La divergence constitue en effet un signe précurseur de l'imminence du retournement, c'est-à-dire que le mouvement n'est pas encore terminé et qu'il peut durer encore quelque temps. Se porter vendeur dans de telles conditions, c'est se mettre à contre-tendance et courir un risque très important. Une divergence est un signe avant coureur, et doit être utilisée avec prudence. Elle doit être confirmée par un véritable signal de vente ou d'achat. La divergence représente donc une alerte mais non un signal immédiatement applicable ; elle traduit l'altération d'un mouvement mais pas nécessairement sa fin (cf. graphique 3).

1.2.3. Les signaux directement donnés par les oscillateurs ; tendances et figures sur oscillateurs et utilisation de filtres sur les oscillateurs

Selon les oscillateurs, il est possible d'appliquer un éventail plus ou moins large des outils de l'analyse graphique traditionnelle.

1.1.1.1. Les tendances

Les tendances constituent le premier aspect applicable à l'ensemble des oscillateurs. Les oscillateurs suivent en effet des tendances plus ou moins fortes (fonction du nombre de points d'impact) et plus ou moins marquées (pente de la tendance et durée de celle-ci), faciles à repérer. Tout comme pour les cours, la rupture d'une tendance importante peut constituer une indication avancée du retournement du marché.

La rupture de tendance d'un oscillateur correspond à une modification de la vitesse d'évolution des cours et traduit généralement un ralentissement de cette dernière, voire un retournement des cours. Très souvent, la rupture des *trends* sur les oscillateurs précède celle des cours. De plus, lorsque les cours sont très proches de leur tendance et que l'on constate la rupture des *trends* sur les oscillateurs, il y a de fortes chances pour que la même chose se produise sur les cours. En ce sens, le message de la rupture de tendance d'un oscillateur peut constituer à lui seul un signal d'achat ou de vente.

Cependant, la rupture de tendance signifie parfois un ralentissement de la vitesse (la tendance suivie va alors être plus douce) et non un retournement du marché. L'occurrence d'un retournement sera d'autant plus forte que l'on constate la rupture de tendances importantes sur plusieurs types d'oscillateurs et que les cours sont à proximité d'une tendance importante ou de seuils significatifs. D'autre part, avant d'envisager la rupture, les tendances que l'on peut tracer sur les oscillateurs constituent, avant tout, des zones de rebond intéressantes (cf. graphique 4).

Graphique 4. –

Source : Telerate – Global Dow Jones Information.

De fin août à fin décembre, l'oscillateur évolue dans un canal haussier, à l'instar du marché lui-même. Chaque fois que l'oscillateur tape le fond ou le sommet du canal, le S&P rebondit ou marque un petit point d'arrêt local. Par contre, la rupture de la tendance de l'oscillateur en décembre indique à l'avance la rupture du canal haussier des cours.

1.1.1.2. Les figures

Il est également possible d'appliquer une partie de la panoplie des figures graphiques à certains oscillateurs.

Des configurations en tête-épaules, en *double-top* ou *double-bottom*, des canaux, des triangles peuvent ainsi surgir sur des indicateurs de puissance comme les momentums et les RSI,… Ces figures, quand elles sont confirmées, marquent généralement le retournement du marché. Il est, en revanche, beaucoup plus rare d'obtenir de bons résultats quant au calcul théorique des objectifs (même sur les oscillateurs non bornés). L'utilisation de ces figures reste donc limitée au sens du mouvement et demeure aléatoire pour définir son ampleur (cf. graphique 7).

1.1.1.3. Les filtres sur oscillateurs

Il est enfin possible de filtrer les oscillateurs. Le filtrage des oscillateurs permettra de cerner des changements dans l'évolution de la vitesse du cours de façon assez rapide et avant même que des tendances ou des figures puissent se dessiner.

Cependant, comme pour les filtres utilisés sur les cours, il faut essayer de trouver le bon filtre, ce qui n'est pas toujours simple.

On conseillera également d'utiliser les signaux donnés par les croisements seulement lorsque le marché se trouve suracheté ou survendu. Cette utilisation est, certes, beaucoup plus efficace mais demeure très risquée puisque l'opérateur intervient souvent à contre-tendance (cf. graphique 5).

Des règles générales peuvent alors être essayées, l'opérateur interviendra après un signal de croisement, quand le marché est dans une zone de surachat ou de survente, mais aussi et surtout, quand l'oscillateur a déjà entamé une tendance de retournement (début de *trend* baissier lorsque le marché est suracheté et inversement).

Ce type de méthode donne généralement d'assez bons résultats mais ne permet pas une intervention régulière.

Graphique 5. –

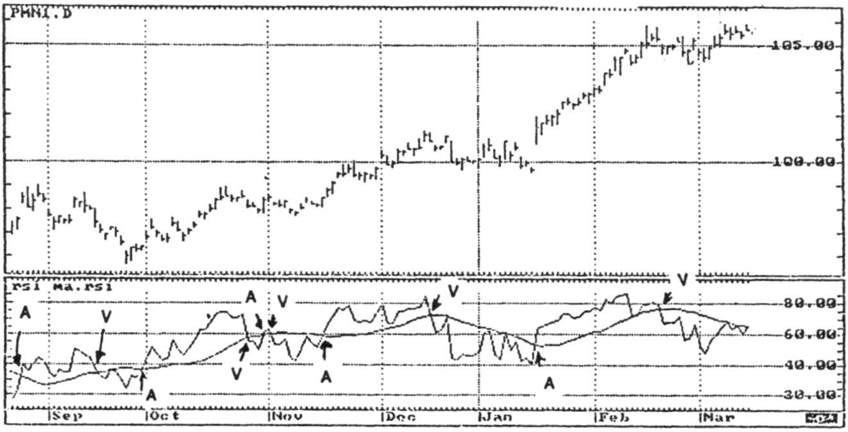

Source : Telerate – Global Dow Jones Information.

Ce graphique présente un RSI 9 jours avec une moyenne mobile à 14 jours. Les signaux donnés par le croisement du RSI et de sa moyenne mobile peuvent être suivis de façon systématique ou seulement dans des zones de tension (RSI > 70 et < 30, par exemple). Dans le cas présenté, les deux méthodes s'avèrent très rentables.

Il existe d'autres types d'utilisation mais elles sont spécifiques à certaines catégories d'oscillateurs et échappent ainsi à la présentation générale que nous venons d'établir.

La section suivante s'intéresse justement à la présentation des différentes familles d'oscillateurs.

2. Présentation des principaux oscillateurs techniques

Après avoir vu au cours de la section précédente les principaux signaux que peuvent donner les oscillateurs, nous allons présenter ici les principaux indicateurs techniques utilisés.

Afin d'éviter une présentation de « type catalogue », nous avons distingué trois grandes familles d'oscillateurs : les oscillateurs simples non bornés, les oscillateurs simples bornés ainsi que d'autres indicateurs techniques « inclassables » comme le *Directional Movement Index* et le système parabolique.

2.1. Les oscillateurs simples non bornés

Ces oscillateurs sont dits simples car ils s'obtiennent par différentiel de cours ou de moyennes mobiles. Leur évolution en est d'autant plus facile à appréhender. L'oscillateur le plus illustre de cette catégorie est le *momentum*.

2.1.1. Le momentum

Il représente l'oscillateur de base. Il s'obtient en calculant jour après jour la différence de cours pour un intervalle de temps donné. La formule d'un *momentum* à x jours est la suivante :

$$Mt\ (x\ jours) = Ct - Ct - x$$

avec Ct = cours au moment t ; Ct – x = Cours x jours auparavant.

On obtient ainsi une représentation de la vitesse d'évolution des cours. Quand le marché est en pleine accélération haussière (baissière), le *momentum* devient nettement positif (négatif). Quand le marché est « plat », le *momentum* évolue autour de la ligne du 0. Enfin, quand le marché commence à s'essouffler et qu'il a fini sa phase d'accélération, le *momentum* commence à baisser (cf. graphique 6).

Le passage du 0 peut indiquer un retournement du marché et constituer ainsi un signal d'achat ou de vente (le passage en zone négative indique, par exemple, que les cours ont désormais tendance à évoluer à la baisse). Par définition, le *momentum* n'est pas borné et n'est donc pas un bon indicateur du surachat-survente : les bornes hautes et basses d'une période renseignent mal des tensions du marché. Par exemple, lors du krach de 1987, la borne basse était explosée chaque jour et aucun repère ne pouvait être utilisé (cf. graphique 7).

Graphique 6. –

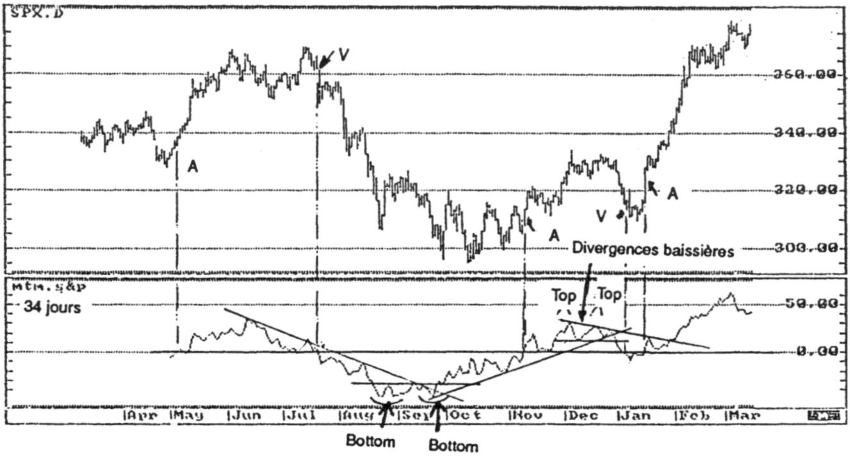

Source : Telerate – Global Dow Jones Information.

Ce graphe présente le S&P avec un *momentum* long de 34 jours. Le passage du 0 donne de très bons signaux d'achat et de vente. De la même façon, le suivi des tendances donne de très bonnes indications lors des rebonds comme lors des ruptures (cf. *trend* de juin à septembre et *trend* de septembre à décembre). On remarquera également deux figures en *double-bottom* (décembre et août-septembre) qui précèdent des retournements importants.

Graphique 7. –

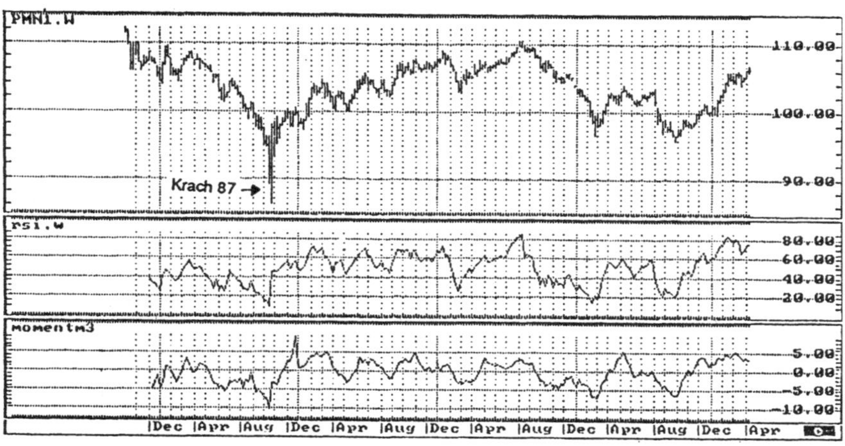

Source : Telerate – Global Dow Jones Information.

Lors du krach de 1987, les réactions du *momentum* sont beaucoup plus fortes que celles du RSI. Il devient difficile d'analyser les tensions du marché avec un oscillateur non borné quand celui-ci connaît des excès. Les oscillateurs bornés s'avèrent dans ces cas-là nettement plus opérationnels.

Le tracé des tendances constitue probablement l'une des meilleures utilisations du *momentum*, en permettant de visualiser la tendance de la vitesse d'évolution des cours. La rupture d'une tendance bien claire sur *momentum* donne assez souvent un signal avancé du retournement du marché. De plus, comme il n'est pas borné, le *momentum* peut décrire de véritables figures chartistes (tête-épaules, canaux,...) et en respecter approximativement les objectifs techniques (cf. graphiques 6 et 8).

Le *momentum* donne également des signaux de divergences. En fin de mouvement haussier, le *momentum* va de plus en plus se rapprocher du 0 (il casse ainsi la tendance haussière) et commencera à former une nouvelle tendance baissière marquant une divergence avec les cours (cf. situation en décembre sur le graphique 6). Ces deux signaux combinés constituent généralement des indications majeures.

Il faut cependant se rappeler que pour être optimales, les divergences doivent se produire dans des zones de tensions importantes. Or comme le *momentum* n'est pas borné, il est toujours difficile d'apprécier ces zones de tension. Ceci constitue donc une limite importante à la qualité du signal donné.

L'intervalle de temps communément employé pour les *momentums* est de 10 jours et représente ainsi un écart de deux semaines ouvrées permettant de voir les mouvements majeurs. Il est possible d'utiliser d'autres types d'intervalles. Un intervalle plus court connaîtra une évolution plus chaotique pouvant servir lors d'opérations court terme. Inversement, un intervalle de 20 ou 30 jours lissera davantage l'évolution du *momentum* et donnera ainsi de meilleures indications lors du passage du 0.

Graphique 8. –

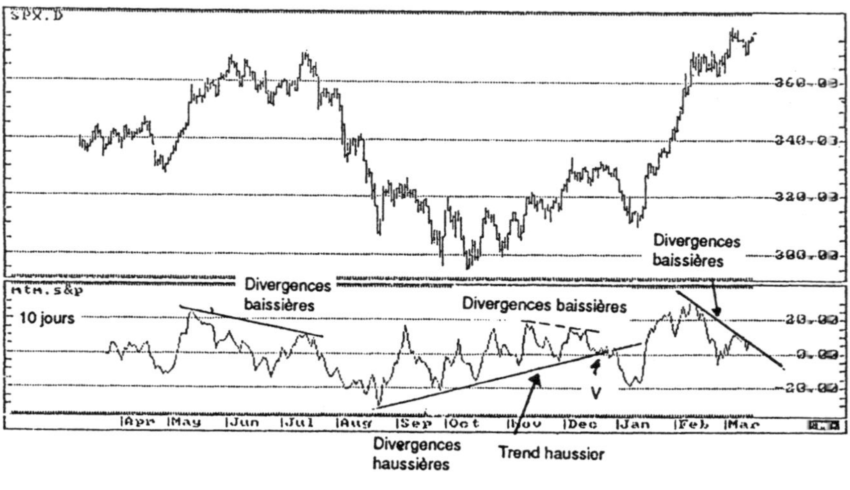

Source : Telerate – Global Dow Jones Information.

Le *momentum* 10 jours donne de très bonnes indications de divergence et suit une très belle tendance haussière entre août et décembre.

2.1.2. Le rate of change (ROC)

Le principe du *rate of change* est exactement le même que celui du *momentum*, mais au lieu d'effectuer une soustraction, le calcul du ROC s'obtient en effectuant une division :

$$\text{ROC (x jours)} = 100 \frac{[Ct]}{[Ct - x]}$$

avec Ct = Cours à l'instant t
avec Ct – x = Cours x jours auparavant.

Les différences dans l'utilisation sont minces : tout d'abord la ligne du 0 est remplacée par la ligne des 100. Ensuite, par définition, les hausses sont amplifiées par rapport aux baisses.

Ainsi, si le marché passe de 80 à 100 en 10 jours ; ROC (10) = 125 ; et s'il passe de 100 à 80, ROC (10) vaudra alors 80 (et non pas 75). L'oscillateur n'est donc pas parfaitement symétrique mais reste très ressemblant au *momentum* (cf. graphique 9).

Cependant, pour éviter la dissymétrie entre les mouvements haussiers et baissiers, il est possible d'utiliser les logarithmes. Le Rate of Change logarithmique s'obtient alors de la façon suivante :

$$\text{ROC}_{\log} = 100 \times \log\left(\frac{C_t}{C_t - x}\right)$$

Graphique 9. –

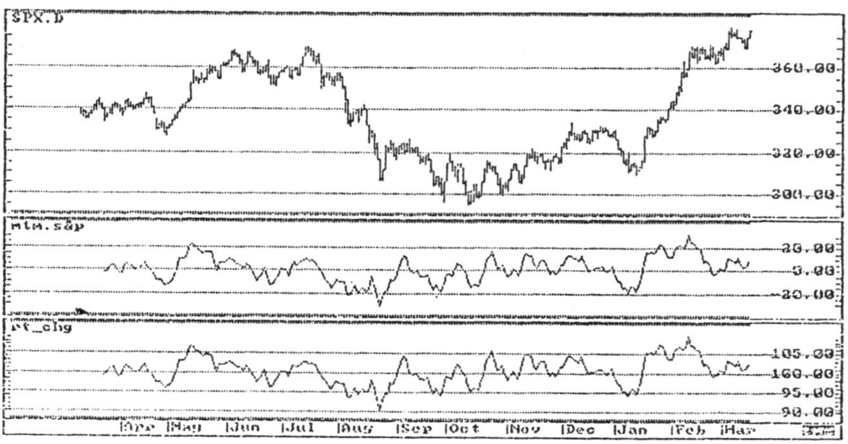

Source : Telerate – Global Dow Jones Information.

Le *rate of change* s'avère être une copie très proche du *momentum*.

2.1.3. Les oscillateurs de moyennes mobiles

Au chapitre précédent, nous avons expliqué que le croisement de deux moyennes mobiles peut donner des signaux d'intervention. L'oscillateur de moyennes mobiles va représenter la différence de deux moyennes mobiles, soit en valeur absolue, soit en pourcentage et permettre une lecture rapide et plus complète que celle donnée par le simple croisement des moyennes.

$$\text{OSC}\,(\%) = \frac{\text{MMt (x jours)}}{\text{MMt (y jours)}}$$

avec $x < y$.

Les principaux signaux occasionnés par cet oscillateur, représentés au graphique 10, sont les suivants :

– le passage du 0 correspondant au croisement des moyennes mobiles entre elles s'interprète comme un signal d'achat ou de vente ;

– les divergences existant avec les cours (avec les mêmes limites que le *momentum*) ;

– dans une moindre mesure, l'écart excessif de deux moyennes mobiles entre elles peut constituer une indication de surachat ou de survente.

Le choix des moyennes mobiles n'est pas toujours facile. On peut choisir de visualiser des oscillateurs basés sur des moyennes mobiles souvent utilisées (par exemple, 10, 50, 100 et 200 jours), ou au contraire de visualiser des écarts de jours (par exemple une dizaine de jours en utilisant alors 10 et 20 ou 20 et 30, etc.). Ce type d'utilisation paraît préférable et donne généralement de meilleurs signaux.

Si les signaux donnés par les oscillateurs sont généralement assez bons, ils sont toujours un peu tardifs. Il est possible de devancer les signaux de l'oscillateur, en utilisant le *momentum* de l'indicateur.

Généralement, le *momentum* passe d'abord la ligne du zéro et quelques périodes après, l'oscillateur emboîte le pas en donnant alors son signal d'achat ou de vente.

Il est ainsi possible d'engager une partie de la position sur le signal précurseur du *momentum* et d'attendre ensuite que le signal soit confirmé sur l'oscillateur de moyennes mobiles pour compléter la position, ou encore, si l'on est déjà en position, on peut utiliser les signaux du *momentum* pour prendre des bénéfices (cf. graphique 11).

2.1.4. L'oscillateur MACD (Moving Average Convergence Divergence)

Le MACD est un oscillateur de moyennes mobiles exponentielles dont la construction se fait en suivant les trois étapes suivantes :

– Calcul de deux moyennes mobiles exponentielles A et B. Par défaut, on choisit respectivement pour A et B les coefficients de 0,15 et 0,075 correspondant respectivement à 12 et 26 jours).

Rappel : $E_t \,.\, E_{t-1} + a(C_t - E_{t-1})$

avec $E_1 = C_1$

et $0 < a < 1$.

Graphique 10. – *Bar chart avec moyennes mobiles 10 et 20 jours et oscillateur de ces 2 moyennes mobiles*

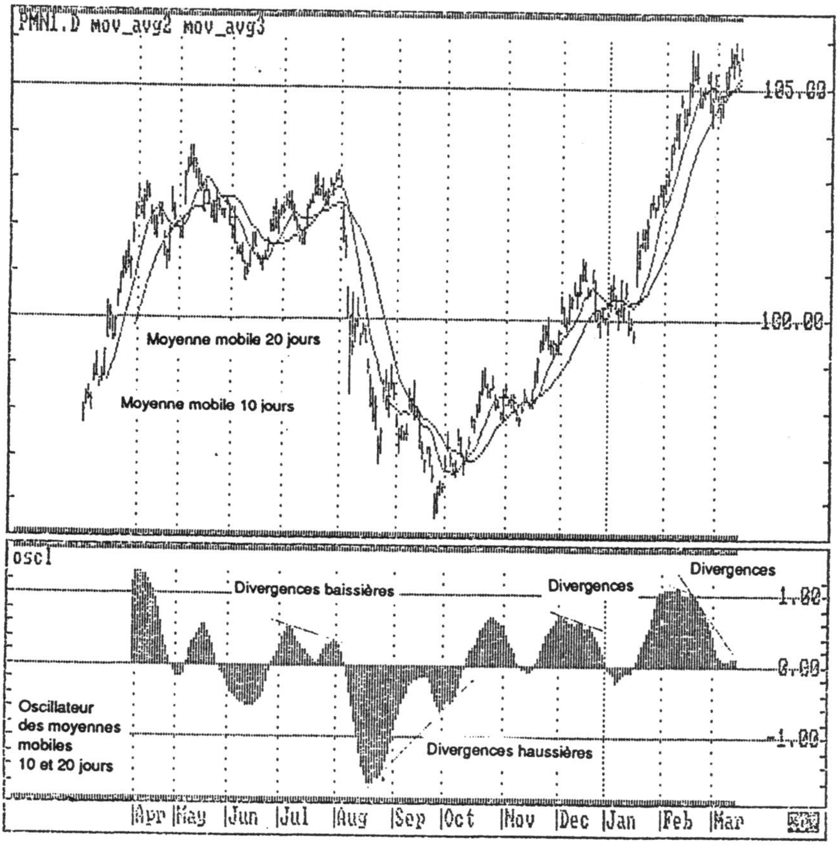

Source : Telerate – Global Dow Jones Information.

L'oscillateur donne de bonnes indications de divergence en juillet-août et août-septembre. Les signaux d'Achat-vente s'avèrent en général assez profitables même s'ils sont assez retardés. Enfin, les seuils de + 1 et – 1 peuvent être considérés comme des zones de surachat-survente.

– On définit ensuite D, la différence entre les deux moyennes mobiles (D = A – B) ; la courbe D peut être tracée sur un graphique et s'interprète comme un oscillateur de moyennes mobiles exponentielles.

– On calcule E, la moyenne mobile exponentielle de D (avec le coefficient a = 0,2 équivalent à 9 jours). On trace alors sur le même graphique les courbes D et E. L'objet de cette dernière moyenne mobile est d'accélérer le signal donné par l'oscillateur de moyennes mobiles : la moyenne mobile E croisera la ligne D avant qu'elle ne passe la ligne du 0.

Graphique 11. –

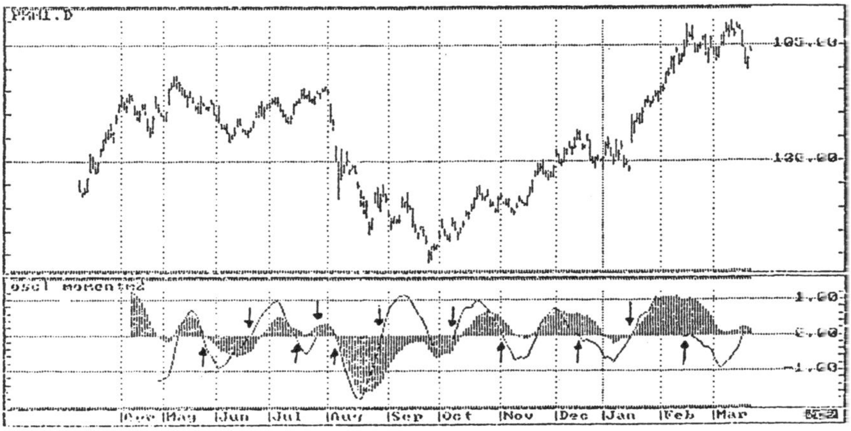

Source : Telerate – Global Dow Jones Information.

Le *momentum* de l'oscillateur permet de pallier les effets de retard. Il est ainsi possible d'anticiper les signaux donnés par l'oscillateur, afin de prendre ses bénéfices plus tôt, avant que le marché se soit complètement retourné (cf. flèches).

La présentation initiale de cet oscillateur (m.a.c.d. signal) montrait les deux moyennes mobiles se croisant mutuellement (cf. graphique 12). Avant chaque signal (croisement des moyennes mobiles entre elles), les moyennes mobiles avaient tendance à converger pour ensuite (après le croisement) diverger de nouveau.

Graphique 12. – *Présentation initiale du MACD*

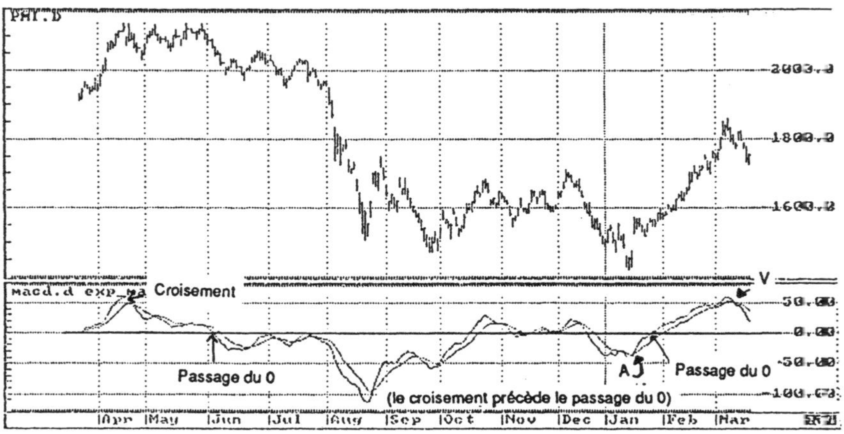

Source : Telerate – Global Dow Jones Information.

Le passage du 0 confirme les signaux précurseurs donnés par le croisement des 2 moyennes mobiles qui convergent puis divergent.

Cette succession de croisements et donc de convergences-divergences des moyennes mobiles entre elles explique ainsi le nom de cet oscillateur : *Moving Average Convergence Divergence.*

Cette présentation a été ensuite remplacée par un histogramme montrant la différence des deux moyennes mobiles (m.a.c.d. histogramme) : moyenne mobile D – moyenne mobile E (cf. graphique 13). Les signaux d'achat (vente) sont ainsi donnés quand le MACD devient positif (négatif).

Cette présentation a de nombreux mérites :

– les signaux d'achat et de vente générés par l'oscillateur sont particulièrement lisibles ;

– les divergences avec les cours peuvent être facilement repérées ;

– les situations éventuelles de surachat-survente sont directement visibles.

Enfin, il est possible d'utiliser le *momentum* du MACD pour réduire le retard de l'oscillateur (voir pour cela l'article de Tom Aspray, « MACD Momentum » dans *Technical Analysis of Stock and Commodities* (août 1988).

Graphique 13a. –

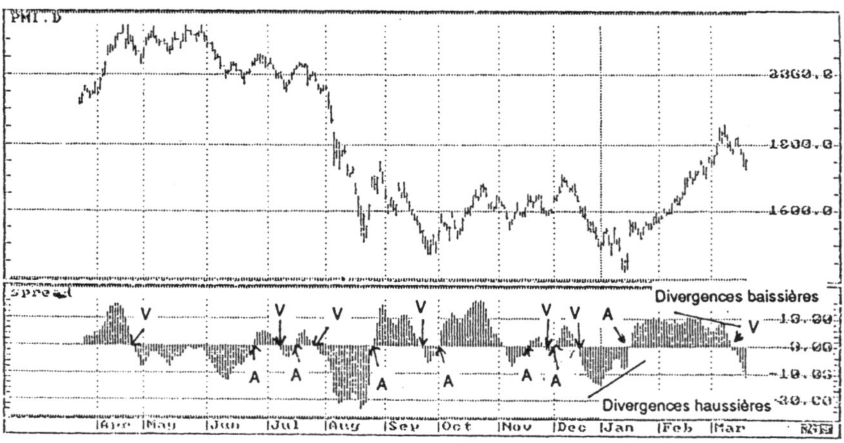

Source : Telerate – Global Dow Jones Information.

La représentation du MACD en histogramme rend plus claire les signaux d'achat-vente (passage du 0) et permet de déceler des divergences (janvier et février-mars).

Cependant cette « seconde version » a le défaut de faire disparaître le signal initial du croisement des deux premières moyennes mobiles. On conseillera donc de suivre simultanément les deux versions.

En effet, la superposition des deux versions du m.a.c.d. met en valeur à la fois les divergences de long terme (m.a.c.d. signal) et les divergences de court terme (m.a.c.d. histogramme). L'apparition d'une double divergence court terme et long terme doit marquer un changement de tendance imminent du marché. D'autre part, une divergence court terme constatée sur le m.a.c.d. histogramme alors que le m.a.c.d signal se trouve en situation de survente ou de surachat avertit d'un risque de retournement à court moyen terme, confirmé ensuite par un croisement des courbes sur le m.a.c.d. signal. Le graphique 13b illustre la complémentarité entre les indications données par le m.a.c.d. signal et le m.a.c.d. histogramme.

Graphique 13b. – *Superposition de l'oscillateur m.a.c.d. signal et m.a.c.d. histogramme*

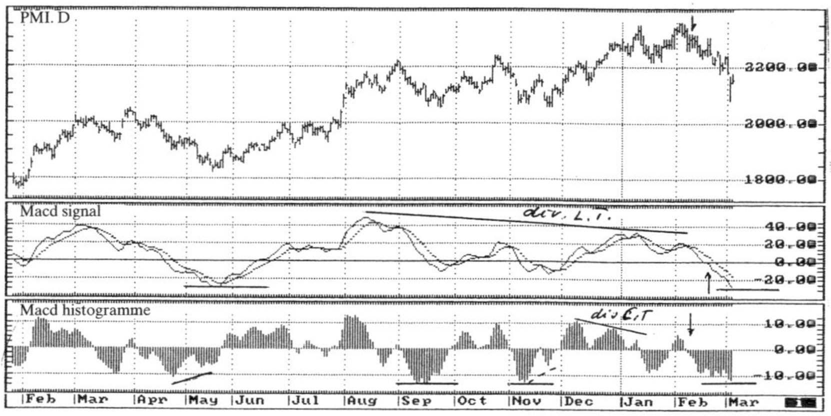

2.1.5. Le Commodity Channel Index (CCI)

Le Commodity Channel Index (CCI) est un indicateur de vitesse de marché. Il a été développé par Donald R. Lambert sur les matières premières (d'où son nom), mais il s'applique à tous les marchés de futures.

Le CCI se calcule de la façon suivante :

$$CCI = \left(\frac{M - \overline{M}}{0{,}015 \cdot D} \right)$$

Avec $$M = \frac{H + L + C}{3}$$

H : plus haut de la période,
L : plus bas de la période,
C : clôture de la période,
M : moyenne mobile de M à x jours,
D : écart-type par rapport à la moyenne =

$$\frac{1}{n} \times \sum_{i=1}^{n} \left| M_i - M \right|$$

Le CCI calcule donc l'écart entre le cours et sa moyenne sur x jours divisé par 1,5 % de l'écart-type. De cette façon, la majorité des fluctuations mineures ou aléatoires ne doit pas sortir d'un range compris entre – 100 et + 100.

En revanche, les mouvements qui entraînent une sortie du range +/– 100 sont considérés comme directionnels et peuvent être mis à profit. La règle généralement appliquée est la suivante :

– Acheter dès que le CCI dépasse + 100 ; sortir la position longue quand le CCI repasse en dessous de 100 ;

– Vendre dès que le CCI enfonce – 100 ; sortir quand le CCI repasse au-dessus de – 100 ;

– Ne rien faire à l'intérieur de la zone +/– 100.

Cette utilisation à l'usage du trader est très appréciable car elle permet d'être présent sur le marché uniquement en période de forte tendance (système *trend-follower*) et d'éviter les écueils dûs aux marchés sans tendance.

Par ailleurs, le CCI peut également offrir des indications disponibles sur les autres indicateurs surachat-survente (au-dessus ou en dehors de 100 ou – 100) et divergence avec les cours (cf. graphique 14).

Graphique 14. –

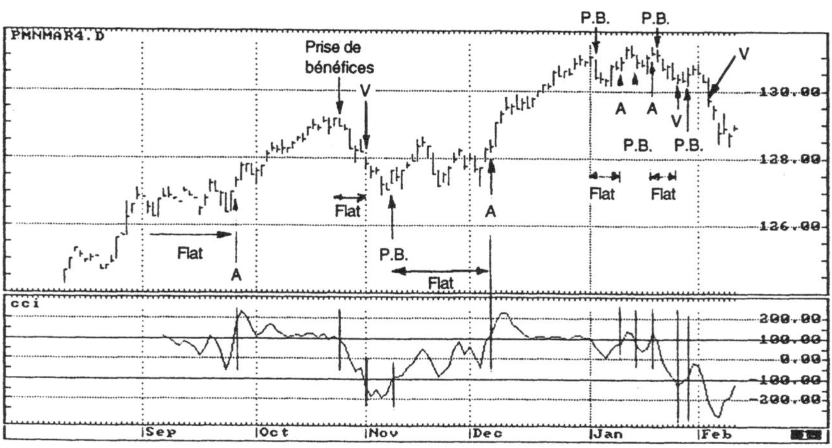

Le passage au-dessus de la barre des 100 génère un signal d'achat, avec une prise de bénéfice quand l'indicateur repasse au-dessous des 100 (et inversement pour les signaux de vente). Dans cet exemple, le CCI permet de bien capturer les tendances haussières d'octobre et de décembre sans souffrir pendant les périodes de trading-range.

2.2. Les oscillateurs simples bornés

Un des avantages des oscillateurs non bornés est qu'ils permettent de définir de véritables tendances sans être bornés par des seuils déterminés. La conséquence malheureuse de cet avantage est qu'il est très difficile d'en déduire l'état de tension du marché et qu'ils constituent donc de piètres indicateurs de surachat-survente. Les oscillateurs bornés répondent justement à ce besoin.

2.2.1. *Le Relative Strengh Index (RSI)*

Le RSI est le plus populaire des oscillateurs bornés. Présenté en 1978 par J.W. Wilder, il permet de contenir, par sa formule, les oscillations du marché dans une fourchette comprise entre 0 et 100. La formule est la suivante :

$$\text{RSI (x jours)} = 100 - \frac{100}{1 + \text{RS}}$$

avec $$\text{RS} = \frac{[\text{moyenne des hausses pendant les x derniers jours}]}{[\text{moyenne des baisses pendant les x derniers jours}]}$$

La formule est simple et permet effectivement de borner les variations du marché. Lorsque le marché est en forte hausse, le RSI tend vers 100 et quand le marché est en forte baisse, l'oscillateur tend vers 0. Quand le marché est plat, le RSI est neutre et oscille autour de 50.

Imaginons que le marché connaisse 10 jours de hausse ininterrompue, la moyenne des baisses sera nulle, le dénominateur tendra vers l'infini et le RSI 10 jours sera égal à 100.

Exemple : Soit les 10 derniers cours suivants :
143, 145, 148, 146, 145, 149, 151, 153, 151, 152

Moyenne des hausses sur les 10 derniers jours :
14/10 = 1,4

Moyenne des baisses sur les 10 derniers jours :
5/10 = 0,5

$$\text{RSI 10jours} = 100 - \frac{[100]}{\left[1 + \frac{1,4}{0,5}\right]} = 100 - \frac{[100]}{[1 + 2,8]}$$

$$\text{RSI 10 jours} = 100 - 26,31 = 73,68$$

Lorsque l'on regarde de près la définition initiale, on s'aperçoit que le RSI peut donner des indications biaisées. En intégrant seulement la moyenne des hausses divisée par la moyenne des baisses, le RSI ne prend pas en compte l'amplitude réelle du mouvement.

Si, sur une période donnée, le marché monte très faiblement sans connaître de repli, le RSI va tendre rapidement vers 100 et pourra ainsi être supérieur au RSI d'un marché plus tonique mais interrompu de phases de consolidation.

Exemple : Soit les deux séries de cours suivantes :

$$(140, 140, 141, 141, 142) \quad \frac{\text{moyenne des hausses}}{\text{moyenne des baisses}} \begin{array}{l} = 2/5 \\ = 0 \end{array}$$

RSI 5 jours = 100

$$(140, 145, 148, 144, 149)\ \frac{\text{moyenne des hausses} = 13/5}{\text{moyenne des baisses} = 4/5}$$

RSI 5 jours = 76,4

Ainsi, la définition originale du RSI n'est pas satisfaisante, mais cela n'est pas gênant car la définition effectivement pratiquée est différente.

En effet, quand il a mis au point le RSI, J.W. Wilder travaillait ses graphiques et calculait le RSI manuellement. Pour économiser du temps, il avait mis au point une feuille de calcul qui approximait la formule initiale du RSI (cf. tableau 1). Cette formule pratique a le mérite de conserver tout l'historique des cours ce qui entraîne une certaine inertie dans la formule. Il faudra ainsi une hausse significative pour atteindre la zone des 80 et les deux bornes extrêmes de 0 et 100 ne pourront jamais être touchées.

Ainsi, les défaillances originales de la formule du RSI ont été comblées grâce à une approximation. Il est amusant de noter que les outils informatiques sophistiqués qui auraient pu sans problème adopter la formule initiale ont en fait conservé l'approximation de Wilder.

Toute la présentation concernant l'utilisation du RSI est basée sur la formule « approximative » qui est désormais officielle.

Le calcul effectivement opéré est le suivant : chaque jour, on reprend la moyenne des hausses de la veille que l'on multiplie par 13 (ou par l'ordre du RSI moins 1) à laquelle on ajoute la hausse du jour. Le total est ensuite divisé par 14 (ou par l'ordre du RSI choisi).

C'est-à-dire :

$$\text{Moyenne des hausses} = \frac{(\text{moyenne des hausses})_{t-1} \times 13 + \text{hausse}_t}{14}$$

$$\text{et non plus} = \frac{\sum_{i=n-14}^{n} \text{hausses}}{14}$$

On opère ensuite de la même façon pour calculer la moyenne des baisses. Puis on intègre les résultats obtenus pour obtenir le ratio RS qui permet finalement d'avoir la valeur exacte du RSI.

Les avantages reconnus du RSI sont au nombre de quatre :

– il existe des bornes claires permettant de cerner rapidement les tensions de surachat ou de survente du marché ;

– des divergences apparaissent entre la tendance du cours et celle de l'oscillateur ;

– certaines tendances significatives sont facilement utilisables ;

– certaines règles de *trading* ont des applications possibles assez simples, notamment grâce aux configurations en *double-to*p ou *bottom* pouvant apparaître sur l'oscillateur.

Tableau 1. – *Feuille de calcul du RSI*

(1)	(2)	(3)	(4)	(5)	(6)	(7)	(8)	(9)	(10)
1	54,80								
2	56,80	2,–							
3	57,85	1,05							
4	59,85	2,00							
5	60,57	0,72							
6	61,10	0,53							
7	62,17	1,07							
8	60,60		1,57						
9	62,35	1,75							
10	62,15		0,20						
11	62,35	0,20							
12	61,45		0,90						
13	62,80	1,35							
14	61,37		1,43						
15	62,57	1,13/11,80	/4,10	0,84	0,29	2,90	3,90	25,64	74,36
16	62,57	0,07		0,79	0,27	2,93	3,93	26,45	74,55
17	60,80		1,77	0,73	0,38	1,92	2,92	34,25	65,75
18	59,37		1,43	0,68	0,46	1,48	2,48	40,32	59,68
19	60,35	0,98		0,70	0,43	1,63	2,63	38,02	61,98
20	62,35	2,–	–	0,79	0,40	1,98	2,98	33,56	66,44
21	62,17		0,18	0,73	0,38	1,92	2,92	34,25	65,75
22	62,55	0,38		0,71	0,35	2,03	3,03	33,00	67,–
23	64,55	2,–		0,80	0,32	2,50	3,50	28,57	71,43
24	64,31		0,18	0,74	0,31	2,39	3,39	29,50	70,50
25	65,30	0,93		0,75	0,29	2,59	3,59	27,86	72,14
26	64,42		0,88	0,70	0,33	2,12	3,12	32,05	67,95
27	62,90		1,52	0,65	0,42	1,55	2,55	39,22	60,78
28	61,60		1,30	0,60	0,48	1,25	2,25	44,44	55,56
29	62,05	0,45		0,59	0,45	1,31	2,31	43,29	56,71
30	60,05		2,–	0,55	0,56	0,98	1,98	50,51	49,49
31	59,10		0,35	0,51	0,55	0,93	1,93	51,81	48,19
32	60,90	1,20		0,56	0,51	1,10	2,10	47,62	52,38
33	60,25		0,65	0,52	0,52	1,00	2,00	50,00	50,00
34	58,21		1,98	0,48	0,62	0,99	1,77	56,50	43,50
35	58,10	0,43		0,48	0,58	0,83	1,83	54,64	45,36
36	57,12		0,98	0,45	0,61	0,74	1,74	57,47	42,53
37	58,10	0,38		0,45	0,57	0,79	1,79	55,87	44,13
38	58,20	0,10		0,43	0,53	0,81	1,81	55,25	44,75

(1) = Date ; (2) = Cours ; (3) = Hausse ; (4) = Baisse ; (5) = Moyenne des hausses ; (6) = Moyenne des baisses ; (7) = (5)/(6) = RS ; (8) = 1 + (7) ; (9) = 100/(8) ; (10) = 100 – (9) = RSI.

1) La mise en évidence de zones surachetées ou survendues est simple : généralement pour un RSI 10 jours, on constate que les bornes extrêmes se situent vers 30 et 70. Lorsque le RSI du marché dépasse 70, on peut le considérer suracheté ; inversement, quand le RSI est inférieur à 30, le marché est considéré survendu.

En fonction du nombre de jours choisi pour le calcul du RSI, ces frontières varient. Les RSI 14 jours, 9 jours et 5 jours sont ainsi souvent employés. Or, un RSI 5 jours oscille beaucoup plus vite entre les deux limites de 0 et 100 qu'un RSI plus long comme le RSI 14 jours. Les bornes de surachat-survente s'en trouvent forcément modifiées. Plus le RSI est court, plus la zone est élevée (par exemple 20-80 pour un RSI 7 jours, 10-90 pour un RSI 4 jours ou 5 jours, mais 30-70 voire 35-65 pour un RSI supérieur à 10 jours comme le RSI 14 ou le RSI 21) (cf. graphique 15).

Graphique 15. –

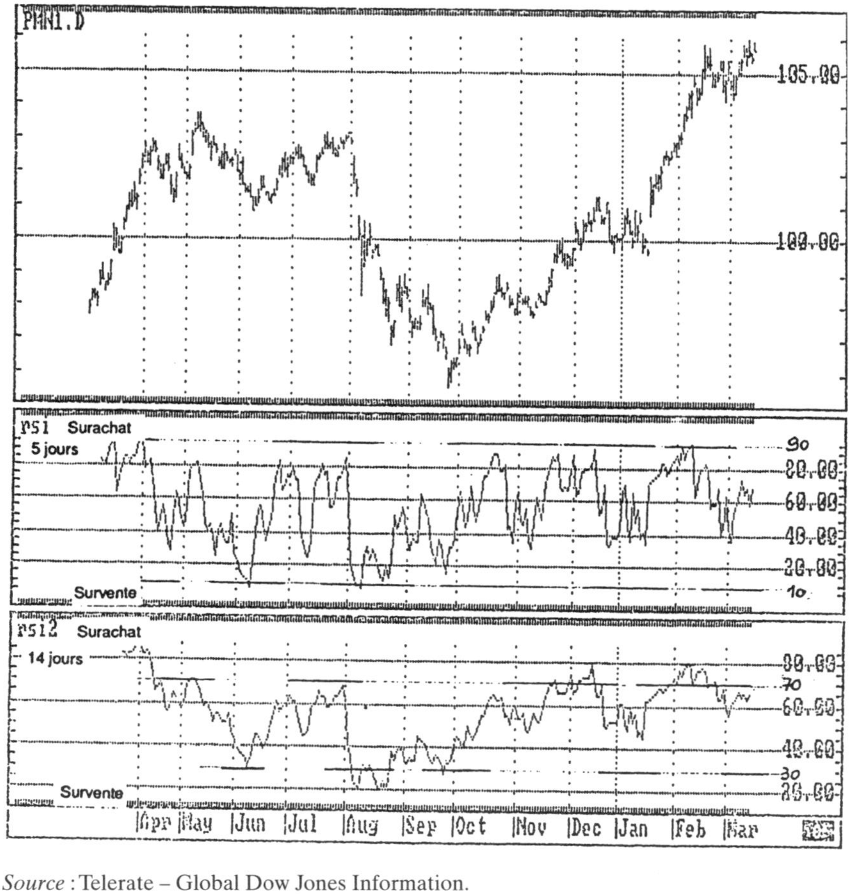

Source : Telerate – Global Dow Jones Information.

Sur le RSI à 5 jours, les bornes de surachat-survente se situent à partir de 80-90 et 10-20. Tandis qu'elles se situent à 30 et 70 pour un RSI à 14 jours.

Lorsqu'un marché entre en zone de surachat, cela ne constitue pas un signal de vente sèche, mais cela représente une situation favorable à la prise de bénéfices : on profite ainsi d'une situation haussière « exagérée » pour sortir du marché.

En revanche, un signal d'achat ou de vente peut être considéré lorsque le marché ressort de sa zone de tension. Quand le marché repasse en dessous du niveau 70 ou au-dessous de 20/30, cela peut signifier que la phase d'exagération est terminée et que le marché va entamer une consolidation de son mouvement (cf. graphique 16).

2) Tout comme les oscillateurs non bornés, les RSI peuvent présenter des divergences avec les cours. L'avantage du RSI est qu'il est possible de situer la divergence dans une zone de tension bien précise. Sur les RSI, en effet, on ne considère les divergences comme effectives que lorsque le marché est dans une zone survendue ou surachetée.

Ainsi, l'essoufflement du marché, marqué par l'apparition d'une divergence, donne un signal d'autant plus significatif qu'il se situe à un moment où le marché connaît déjà des excès (situation surachetée ou survendue) (cf. graphique 16).

Graphique 16. –

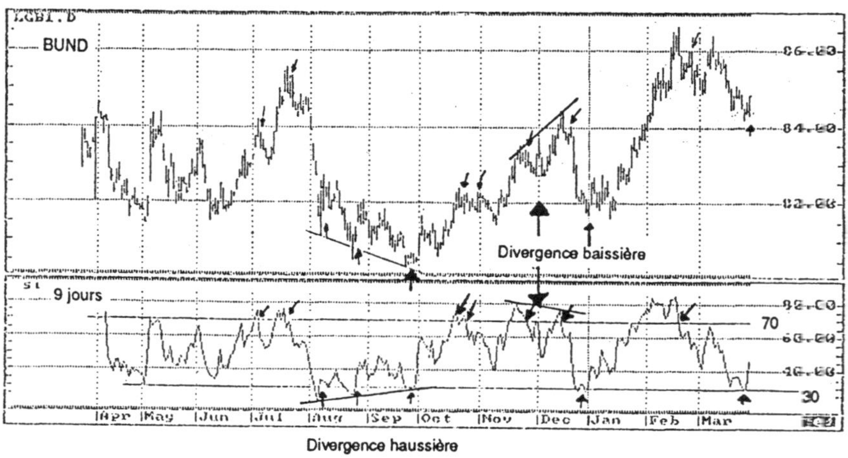

Source : Telerate – Global Dow Jones Information.

3) L'existence de tendances claires donne souvent de très bonnes indications sur l'évolution du marché : quand le marché se retrouve sur le fond de son *trend* de RSI, il est possible de jouer un rebond du marché. Inversement, la rupture d'un *trend* sur RSI est souvent annonciatrice d'un retournement du marché. Par ailleurs, certaines droites de support peuvent devenir par la suite droites de résistance et être retestées lors d'un retour technique (cf. graphique 17).

Graphique 17. –

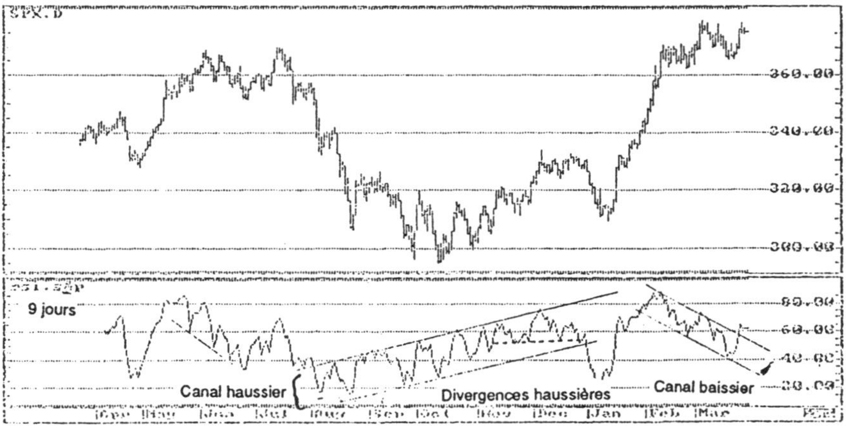

Source : Telerate – Global Dow Jones Information.

Le RSI à 9 jours sur le S&P 500 présente de très belles tendances de support et de résistances. Des canaux haussiers et baissiers peuvent même être considérés.

Le passage des niveaux de 30 à 70 donne de bonnes indications des zones de surachat-survente pour un RSI à 9 jours. Le retournement au-delà de ces niveaux (sous 70 et au-dessus de 30) donne ensuite de bons signaux de prise de bénéfices. De belles divergences haussières et baissières apparaissent également en août-septembre et novembre-décembre.

4) Directement déduite des deux premiers points, la règle du *failure swing* constitue une règle de *trading* directement applicable (cf. graphique 19). Les cours atteignent par exemple un premier point bas et le RSI entre dans une zone survendue (point A). Une petite reprise s'opère ensuite et permet de toucher le point B. Par la suite les cours repartent à la baisse et touchent un nouveau plus bas (point C), mais le mouvement s'est un peu essoufflé et le point C, touché sur le RSI, se trouve finalement légèrement

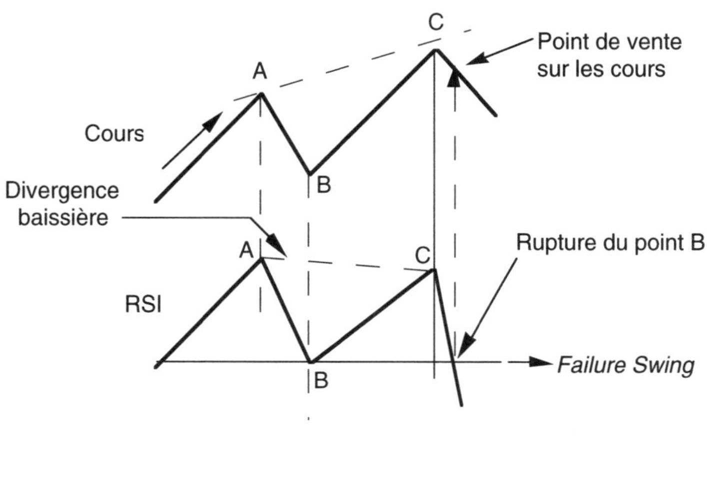

supérieur au point A (d'où l'apparition d'un *double-bottom* sur le RSI marquant une divergence avec les cours). Le signal d'achat est donné quand le RSI casse la ligne de cou de son *double-bottom*, c'est-à-dire quand il repasse au-dessus du point B.

Cette règle du *failure swing*, quand elle est appliquée avec un RSI 9, 10 ou 14 jours, donne généralement d'assez bons résultats.

Il est également possible d'utiliser des moyennes mobiles sur les RSI (cf. exemple du graphique 5). Le croisement de la moyenne mobile avec le RSI pourra donner dans des situations de forte tension d'excellents signaux précurseurs du retournement : quand le marché est suracheté et qu'il croise sa moyenne mobile à la baisse, un signal de vente est donné (et inversement quand le marché est survendu).

Le principe de lissage a, en fait, été totalement développé sur les oscillateurs *stochastics* présentés dans le paragraphe suivant.

Graphique 18. –

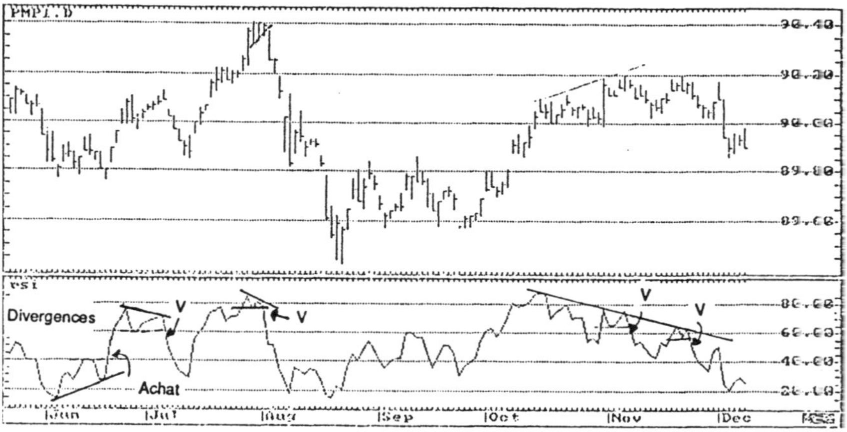

Source : Telerate – Global Dow Jones Information.

Règles de *failure swing* sur RSI : la rupture du point B sur le RSI engendre un signal de vente. Les différents signaux donnés par cette règle sur le Pibor s'avèrent très pertinents.

2.2.2. *Les indicateurs stochastiques*

Les oscillateurs stochastiques inventés par George Lane sont constitués d'un premier oscillateur le %K, qui est ensuite « filtré » par un deuxième oscillateur, le %D.

L'oscillateur %K se définit ainsi :

$$\%K\ (x\ \text{jours}) = 100 \times \frac{[(C - Lx)]}{[(Hx - Lx)]}$$

avec C ; dernier cours de clôture

Lx ; cours le plus bas des x derniers jours

Hx ; cours le plus haut des x derniers jours.

La formule permet ainsi à l'oscillateur d'évoluer entre 0 et 100. Quand le marché est au plus bas : (C – Lx) tend vers 0 et l'expression également. Inversement, quand le marché est au plus haut, le cours de clôture est très proche des plus hauts des x derniers jours alors

$$\frac{C - Lx}{Hx - Lx}$$

tend vers 1 et l'oscillateur %K tend donc vers 100.

Le deuxième oscillateur %D lisse le %K par la formule suivante :

$$\%D\ (y\,jours) = 100 \times \frac{(Hy)}{(Ly)}$$

où Hy est la somme sur les y derniers jours de (C – Lx) et Ly est la somme sur les y derniers jours de (Hx – Lx) avec y < x.

%D est ainsi une moyenne du %K (x jours) sur les y derniers jours.

L'oscillateur %K indique les tensions de surachat et de survente mais est plus complet que le RSI, puisqu'il prend en compte les niveaux extrêmes (et non pas seulement les niveaux de clôture). Ainsi, dans le cas où le marché établit un plus haut significatif dans la journée et clôture beaucoup plus bas, on peut observer une progression des cours de clôture (d'une journée à l'autre) et constater une baisse de %K (car l'écart entre le plus haut et le plus bas a nettement plus monté que l'écart entre la clôture et le plus bas).

L'oscillateur %K est souvent beaucoup trop volatil pour être utilisé directement avec le %D ; d'une journée sur l'autre %K peut en effet passer de 0 à 100.

Ainsi, dans la pratique, on représente le %D et sa moyenne mobile sur 3 jours appelée *Slow* %D, qui offrent des fluctuations beaucoup plus lissées et plus utilisables. Tous les exemples représentés ici sont basés sur %D et *slow* %D.

Les oscillateurs *stochastics* donnent trois grands types de signaux :

• **Situation de surachat-survente**. Quand l'oscillateur %D se trouve sur des zones extrêmes (près de 0 ou de 100), on peut considérer que le marché est survendu ou suracheté. Cependant, du fait de sa construction, le *stochastic* n'est pas toujours un bon indicateur de surachat/survente. On s'aperçoit, en effet, qu'il connaît parfois trop d'oscillations rapides entre les bornes extrêmes pour donner une indication significative des tensions de marché.

• **Situation d'achat/vente avec le croisement du %D et du slow %D**. Quand l'oscillateur %D se trouve sur des bornes hautes (ou basses) et qu'il croise sa moyenne mobile *slow* %D à la baisse (à la hausse), un signal de vente (d'achat) est donné. Le signal de vente (d'achat) sera beaucoup plus sûr si le %D croise le *slow* %D à droite (à gauche) ; c'est-à-dire si le %D a déjà amorcé un retournement baissier (haussier) (cf. graphique 19).

Graphique 19. – *Signaux donnés par le croisement du %D et du slow %D*

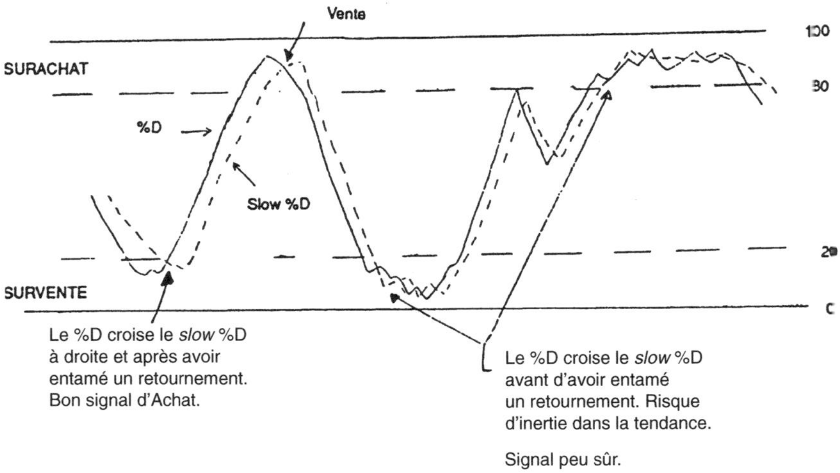

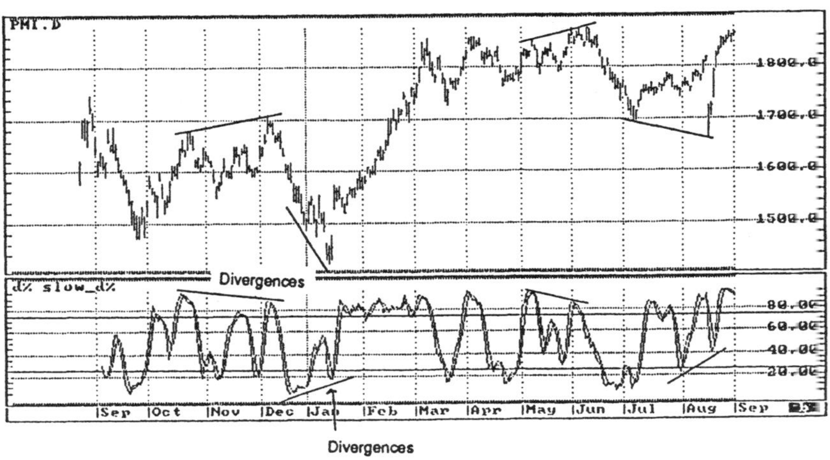

• **Indication sur les tendances avec les divergences**. Quand l'oscillateur se trouve sur ses extrêmes, il peut montrer deux formes de divergence :

– La première forme de divergence s'applique à un mouvement de plusieurs jours : l'oscillateur %D entame un *trend* inverse à celui constaté sur les cours (cf. graphique 20) ;

– La deuxième forme de divergence s'observe quand, d'une journée sur l'autre, on constate une divergence entre l'évolution du cours de clôture et l'oscillateur %D (cf. caractéristique de l'oscillateur développée plus haut).

• **Inertie des tendances**. En restant bloqués pendant plusieurs jours sur les bornes extrêmes, les *stochastics* confirment l'existence d'une inertie dans la tendance des cours. Par exemple, quand on constatera la persistance des *stochastics* au-dessus du seuil de 75, on aura la preuve que le marché suit une tendance haussière forte et qu'il est dans ces conditions très risqué de faire de la contre-tendance en vendant (cf. graphique 21).

Graphique 20. –

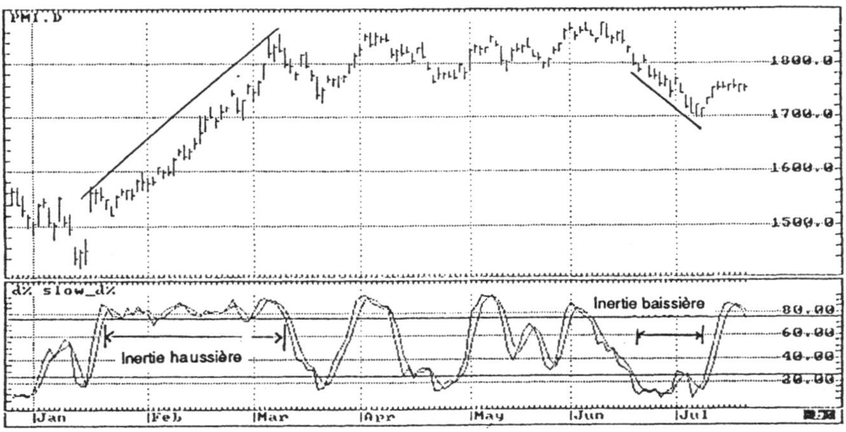

Source : Telerate – Global Dow Jones Information.

À partir de la mi-janvier jusqu'au début mars, le CAC 40 montre une inertie haussière particulièrement forte, confirmée sur les *stochastics* collés au-dessus du seuil de 75. Une inertie baissière peut également être considérée de fin juin à début juillet. Dans ces conditions de marché, il est totalement déconseillé d'opérer à contre-tendance.

Graphique 21. –

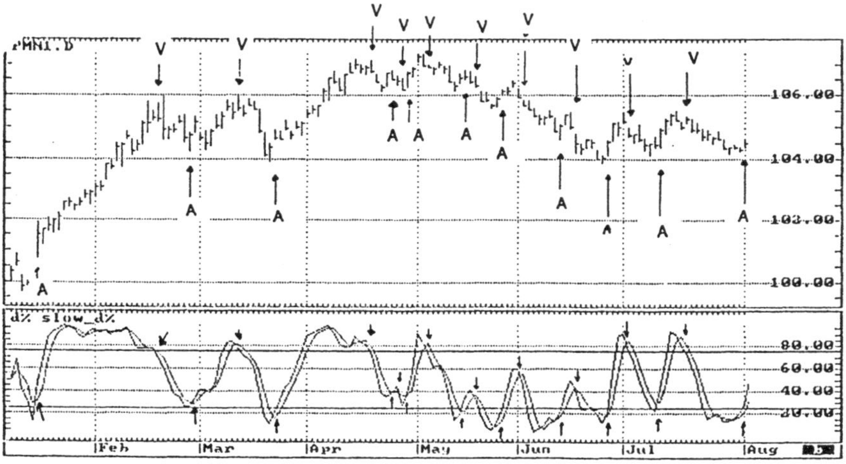

Source : Telerate – Global Dow Jones Information.

La stratégie d'intervention (achat-vente) basée sur les *stochastics* et présentée ci-dessus s'avère particulièrement payante sur cet exemple du notionnel.

• **Utilisation pratique des stochastics** : quand le marché ne suit pas de tendance caractéristique et qu'il suit un *trading-range*, les *stochastics* évoluent de façon régulière entre les bornes basses et hautes.

Dans ces conditions, le croisement du %D et du *slow* %D donnent d'excellents points d'entrée et de sortie, surtout quand ces croisements s'accompagnent d'un retour en zone neutre (entre 25 et 75).

En revanche, quand les *stochastics* restent collés sur les extrêmes et indiquent l'inertie d'une tendance, il est plutôt conseillé de suivre la tendance en question et de ne pas suivre les signaux de croisement du %D et du *slow* %D. Un point de retournement est effectivement donné quand le %D repasse en zone neutre (cf. graphique 22).

2.3. Le DMI (indice de mouvement directionnel)

Le *Directional Movement Index* (DMI) construit par J.W. Wilder, constitue une véritable originalité par rapport à tous les autres oscillateurs classiques (indicateurs de Surachat/Survente et de divergence). Le DMI essaie en effet de détecter l'existence de tendance et génère à partir de là des signaux d'achat ou de vente.

2.3.1. La construction de la formule

L'indice de mouvement directionnel est relativement complexe dans sa construction qui peut être scindée en deux étapes successives. Dans un premier temps, un calcul permet de déceler séparément la pression acheteuse (indicateur DI+) et la pression vendeuse (DI–). Les deux indicateurs donnent alors des signaux simples : quand la pression acheteuse est supérieure à la pression vendeuse (DI+ > DI–), il est conseillé d'être acheteur et inversement.

Dans un second temps, à partir de DI + et DI –, on calcule deux indicateurs de mouvement ADX et ADXR qui mettent en relief l'existence de tendance ; quand l'indicateur ADX est supérieur à 17 ou 23, on peut considérer que le marché suit une tendance caractéristique.

Série de cours nécessaire :

H_t = Plus haut du jour t

L_t = Plus bas du jour t

C_t = Clôture du jour t

Calcul de DM + et DM – :

$DM+_t = MAX (((H_t - H_{t-1}) ; 0)$

$DM-_t = MAX ((L_{t-1} - L_t) ; 0)$

Calcul du TRUE RANGE :

$$TR_t = MAX \{ABS (H_t - L_t) ; ABS (H_t - C_{t-1}) ; ABS (L_t - C_{t-1})\}$$

Calcul de TR14 :

Pour t = 14 : $TR14_t = \sum_{t=2}^{14} TR_t$

Pour t > 14 : $TR14_t = TR14_{t-1} - (TR14_{t-1}/14) + TR_t$

Calcul de DM+ 14 et DM– 14 :

Pour t = 14 : $DM{+}14_t = \sum_{t=2}^{14} DM+_t$

Pour t > 14 : $DM{+}14_t = DM{+}14_{t-1} - (DM{+}14_{t-1}/14) + DM+_t$

Pour t = 14 : $DM{-}14_t = \sum_{t=2}^{14} DM-_t$

Pour t > 14 : $DM{-}14_t = DM{-}14_{t-1} - (DM{-}14_{t-1}/14) + DM-_t$

Calcul de DI+14 et DI–14 :

À partir de t > 14 : $DI{+}14_t = (DM{+}14_t/TR14_t \times 100)$

À partir de t > 14 : $DI{-}14_t = (DM{-}14_t/TR14_t \times 100)$

Calcul de DX :

A partir de t > 14 :

$$DX_t = \text{Partie Entière}\left(\frac{\text{ABS } (Di + 14_t - DI - 14_t)}{DI + 14_t + DI - 14_t}\right) \times 100$$

avec $\{o \leq DX \leq 100\}$

Calcul de ADX :

À partir de t > 28 : $ADX_t =$ Arrondi $\{(ADX_{t-1} \times 13 + DX_t)/14\}$

Calcul de ADXR :

$$\text{Pour } t = 28\text{: } ADX_t = \text{Arrondi}\left(\frac{1}{14} \times \underset{t=15}{\overset{28}{\text{somme}}} DX_t\right)$$

À partir de t > 40 : $ADXR_t = (ADX_t + ADX_{t-13})/2$

Remarque générale sur la formule :
Le *true range* est une mesure de la volatilité locale entre deux jours :

True range :

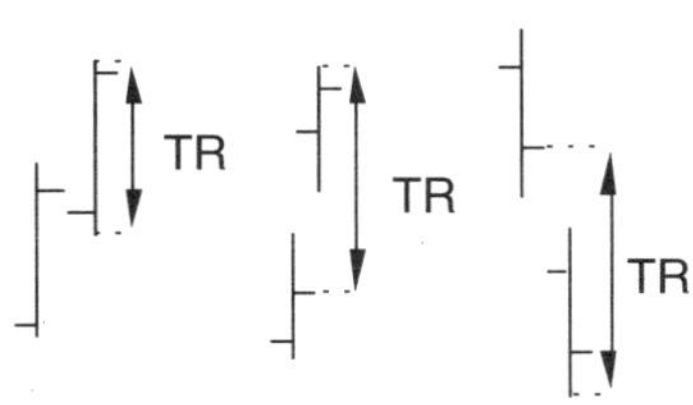

Le mouvement directionnel (DM) calcule l'écart constaté sur les extrêmes :

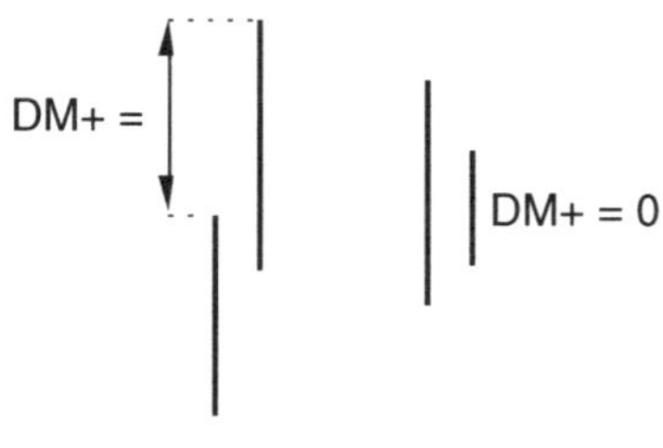

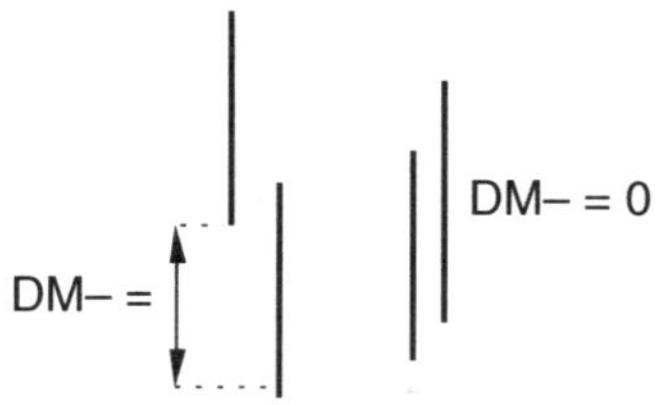

DI+ (DI–) calcule le rapport entre le *range* de variation à la hausse (à la baisse) par rapport aux *ranges* extrêmes constatés. Plus DI augmente, plus la pression acheteuse est forte. La pression acheteuse est maximum quand le *range* de variation à la hausse (DM+) correspond au *true range* (dans ce cas DI+ = 1), et inversement pour DI–.

DX calcule le rapport de l'écart entre DI+ et DI– avec sa somme. Plus l'écart entre DI+ et DI– est significatif, plus la tendance constatée est forte. (Par exemple, si DI+ tend vers 100 et DI– tend vers 0, alors DX tend vers 100, confirmant l'existence d'une tendance haussière forte).

ADX calcule la moyenne des DX sur les 14 derniers jours. Quand il existe une tendance, ADX est supérieur à 20, mais quand ADX est inférieur à 17 ou à 20, cela suppose que le marché est sans tendance.

$$ADXR = \frac{(ADXt - ADXt - 14)}{2}$$

permet de filtrer la ligne ADX et possède une certaine inertie par rapport à ADX.

Pour déterminer si le marché est en tendance, on peut utiliser ADX ou ADXR. Le croisement de la ligne ADX et ADXR avertit parfois de l'amorce d'une tendance (quand ADX et ADXR sont dans des zones basses et que ADX croise ADXR à la hausse) ou de la fin d'une tendance. Quand ADX et ADXR sont sur des bornes historiquement élevées et que l'ADX croise ADXR à la baisse, cela signifie que l'ADX est en phase de retournement et se dirige sur les bornes basses et que la tendance du marché est probablement terminée.

2.3.2. Utilisation du DMI

L'utilisation immédiate de DMI est d'initier une position à l'achat ou à la vente générée par le croisement de DI+ et DI– et lorsque la ligne ADX ou ADXR est supérieure au seuil de 17 ou 23 (seuils couramment usités par les différents praticiens), c'est-à-dire quand le marché est supposé en tendance. La prise de bénéfice est conseillée dans les cas suivants :

– quand DI+ et DI– se croisent dans l'autre sens (sortir sa position, éventuellement l'inverser) ;

– quand ADX et ADXR passent sous le seuil des 17 ou 23 (cela suppose que le marché n'est plus en tendance, il faut donc sortir sa position) ;

– quand ADX commence à se retourner à la baisse et croise la ligne ADXR à la baisse (cela suppose que la tendance existante est en train de s'essouffler et qu'une prise de bénéfices peut être envisagée).

Les lignes ADX et ADXR sont également très prisées en complément des méthodes qui fonctionnent bien en tendance, tout particulièrement les moyennes mobiles. Les moyennes mobiles permettent de gagner beaucoup d'argent lorsqu'une tendance majeure se dessine et d'en reperdre une bonne partie quand le marché est sans tendance. Grâce à ADX et ADXR il est possible de ne pas subir les mauvais signaux d'un marché en *trading range* et de profiter des marchés en tendance.

Quand ADX et ADXR sont supérieurs à 17 ou 23, on peut suivre les signaux des moyennes mobiles. On les suit d'autant plus quand ADX et ADXR amorcent un mouvement haussier. Par contre si ADX et ADXR sont inférieurs à 17 ou 23, on n'initie aucune position basée sur les moyennes mobiles.

En revanche, dans ces conditions de *trading range,* on peut suivre les signaux donnés par les *stochastics* (cf. paragraphe précédent).

Les exemples qui suivent (cf. graphique 22), observés sur le Matif Notionnel, illustrent parfaitement l'utilisation que l'on peut faire du DMI (seul et avec les moyennes mobiles) et la qualité des signaux générés par ce système.

2.4. Le système parabolique et l'oscillateur parabolique

2.4.1. La description du système parabolique

Le système parabolique mis au point par J. Wilder est un système de trading avec retournement des positions (Reversal trading system) qui dispose en permanence d'un ordre stop (c'est-à-dire qu'à chaque fois que le stop est touché, le système inverse sa position) (cf. graphique 23).

Le niveau du stop intègre à la fois l'évolution des cours et du temps. Si le système est long (short), le stop montera (baissera) d'autant plus vite que les cours ont progressé (baissé) et que le temps depuis l'initiation de la position est important.

Graphique 22a. – *Exemple d'utilisation du système DMI*

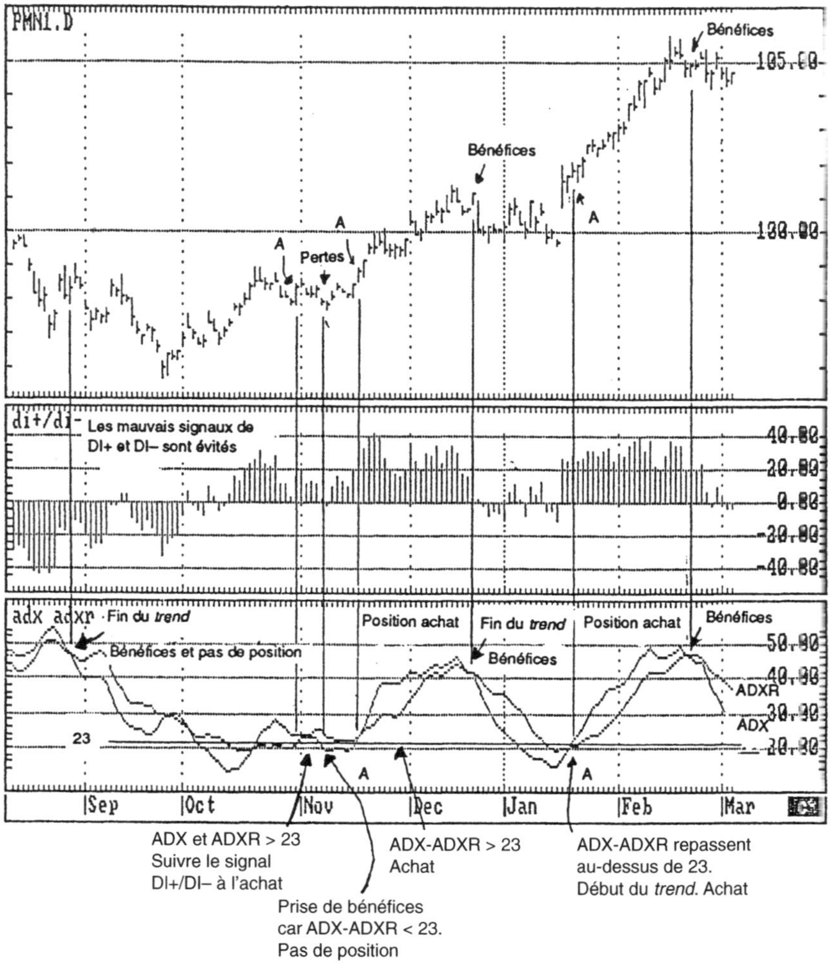

Source : Telerate – Global Dow Jones Information.

DI+/DI– indique le sens de la position à prendre (achat si Di+ > DI– et vente si DI– > DI+ et ADX – ADXR indiquent l'existence de tendance et l'opportunité de suivre les signaux de DI+/DI–. L'exemple du MATIF présenté ici s'avère particulièrement positif.

Le système de stop se calcule de la façon suivante :

Le jour d'initialisation d'une position (le premier jour), le stop correspond au point extrême (P.E.) atteint lors de l'opération précédente. Si le système est long et qu'il n'a pas encore traité, il s'agira du dernier point bas caractéristique.

Stop 1 = P.E.

Le lendemain, si le système est *long (short),* le stop va intégrer l'écart entre le plus haut (le plus bas) constaté le jour 1 et le stop du jour 1 en le multipliant par un facteur d'accélération (A.F.) égal par défaut à 0,02.

Graphique 22b. – *Exemple d'utilisation du DMI avec une moyenne mobile à 21 jours*

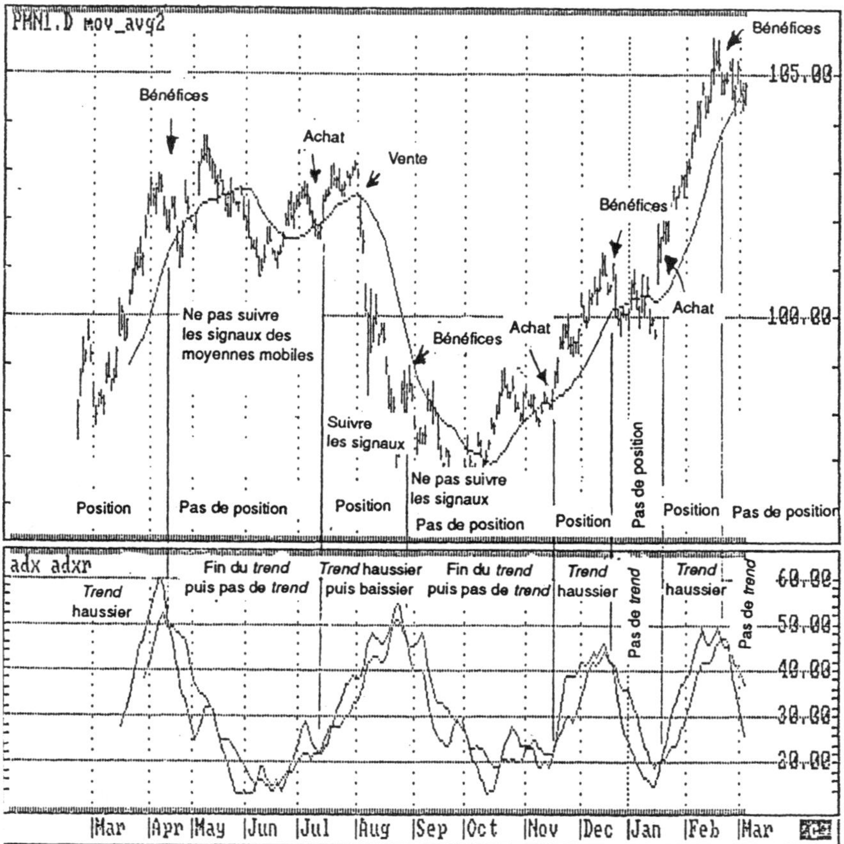

Source : Telerate – Global Dow Jones Information.

Le système ADX – ADXR indique les périodes où il ne faut pas suivre les signaux donnés par les moyennes mobiles et celles où on peut les suivre sans grand risque. Dans l'ensemble, les résultats sont particulièrement positifs puisque l'ADX – ADXR filtre la majorité des faux signaux générés par la moyenne mobile tout en repérant la majorité des mouvements.

Stop 2 = Stop 1 + 0,02 x (H1 – Stop 1) – si *long* –
ou Stop 2 = Stop 1 + 0,02 x (L1 – Stop 1) – si *short* –

Le jour suivant, le stop va de nouveau intégrer l'écart entre le plus haut constaté le jour 2 et le stop du jour 2 mais le facteur d'accélération sera lui de 0,04 si H2 > H1 (ou si L2 > L1) ; il restera de 0,02 sinon.

Stop 3 = Stop 2 + 0,04 (H2 – Stop 2)
ou Stop 3 = Stop 2 + 0,04 (L2 – Stop 2)

Et ainsi de suite : tous les jours où le marché établit un nouveau plus haut (un nouveau plus bas), le facteur d'accélération progresse de 0,02.

Dans le cas inverse, le facteur d'accélération reste stable par rapport à la veille.

Stop 4 = Stop 3 + 0,06 (H3 – Stop 3) si H3 > H2
sinon Stop 4 = Stop 3 + 0,04 (H3 – Stop 3)

Graphique 23. – *Application du système parabolique au Matif*

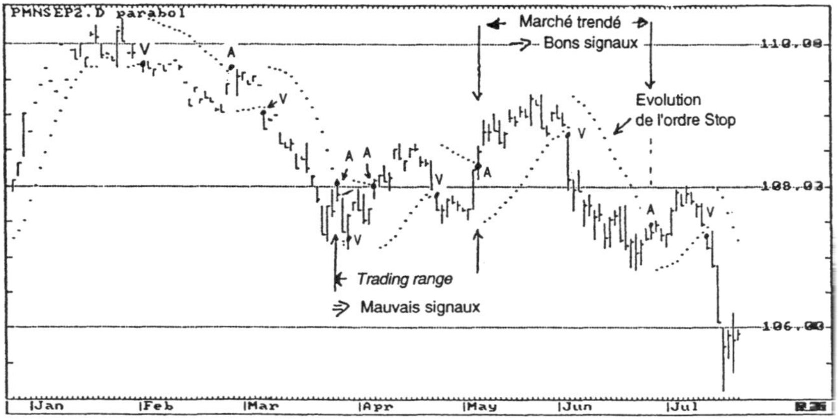

Source : Telerate – Global Dow Jones Information.

Cependant, le stop calculé pour une journée ne doit jamais se situer à l'intérieur du trading range de la veille. Si le système est *long* (*short*), le stop doit toujours être inférieur (supérieur) au plus bas (plus haut) de la veille. Si tel était le cas, le stop retenu devra être le plus bas des deux derniers jours (si le système est long) ou le plus haut des deux derniers jours (si le système est short).

Enfin, le facteur d'accélération cesse de progresser à partir du moment où sa valeur atteint 0,2.

2.4.2. Utilisation de l'oscillateur parabolique

Une des caractéristiques de ce système est qu'au début d'une position, le niveau du stop progresse très faiblement (facteur d'accélération faible les premiers jours) et accélère ensuite de manière assez rapide. La configuration formée par les stops ressemble ainsi à une parabole (d'où le nom de système parabolique).

L'utilisation systématique de cette méthode paraît assez décevante sur les marchés de taux ou d'actions. L'argent que le système gagne lorsque le marché connaît de fortes variations est généralement reperdu quand le marché est horizontal (cf. graphique 23).

La juxtaposition de ces deux constatations (forme parabolique d'une part, et système gagnant dans les marchés trendés et perdant dans les marchés sans tendance d'autre part) a conduit à la remarque suivante : quand le marché connaît une tendance forte, la courbe des cours est généralement concave tandis que les stops suivent toujours une courbe convexe (cf. graphique 24). De ce fait, quand une tendance forte apparaît, l'écart entre la courbe des cours et celle des stops devient très important et se réduit quant le mouvement arrive à sa fin. À l'inverse, quand le marché ne suit pas de tendance décisive, la courbe des courbes n'est pas concave et l'écart entre cette dernière et la courbe de stops reste limité. Ceci a donc conduit à créer un indicateur très simple représentant la différence entre le cours de clôture et le niveau de l'ordre stop (cf. graphique 24).

Graphique 24. –

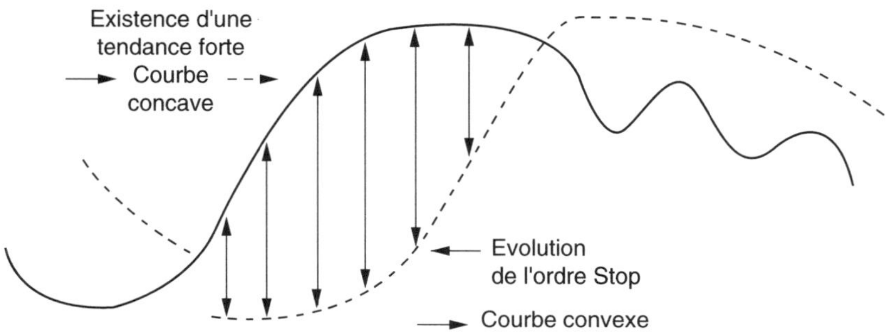

L'interprétation de cet oscillateur est également assez simple et rejoint l'esprit du directional movement index (DMI) : quand l'oscillateur évolue faiblement autour du zéro, il n'existe pas de tendance caractéristique. Il est donc déconseillé de suivre les systèmes *trend following.* En revanche, quand l'oscillateur dépasse une certaine borne supérieure ou inférieure, cela confirme l'existence d'une tendance forte (haussière ou baissière).

L'utilisation pratique qui en découle est alors fort simple et s'apparente à celle du CCI : quand l'oscillateur évolue à l'intérieur des deux bornes supérieure et inférieure, l'opérateur ne prend pas de positions (ou suit des systèmes performants dans les marchés plats). Quand l'oscillateur passe au-dessus (au-dessous) de la borne supérieure (inférieure), l'opérateur initie une position acheteuse (vendeuse) pour profiter de la tendance haussière (baissière) et la conserve tant que l'oscillateur reste au-dessus (en dessous) de la borne, éventuellement jusqu'à ce que l'oscillateur recroise la ligne du zéro (exécution de l'ordre stop). Les performances de cette stratégie sont clairement positives (cf. graphique 25).

Il reste bien sûr à trouver le seuil optimal de ces bornes : il peut être déterminé de façon empirique (par exemple +/– 60 points sur le CAC40 et +/– 1 figure sur le Notionnel) ou de façon statistique en utilisant l'écart-type de l'oscillateur.

On obtient ainsi un indicateur de mouvement directionnel qui semble plus performant que le DMI : d'une part, la lecture de l'indicateur est plus simple : on repère très rapidement l'existence d'une tendance et sa direction et l'on peut directement utiliser l'indicateur pour opérer. D'autre

Graphique 25. – *Application du système parabolique au Matif*

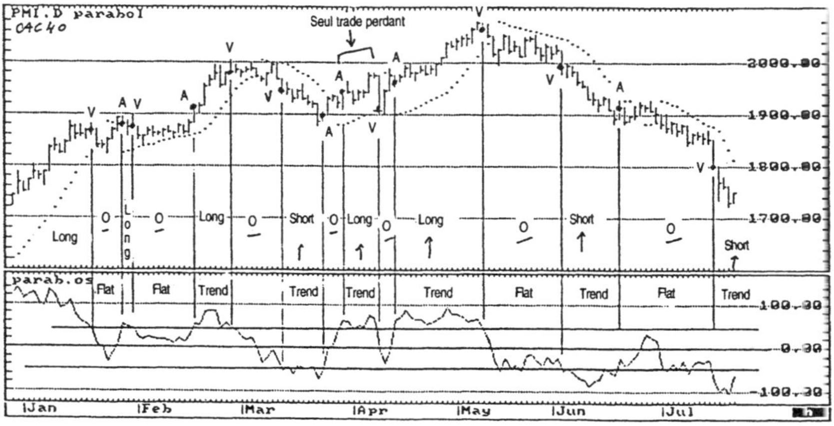

Source : Telerate – Global Dow Jones Information.

part, l'indicateur est beaucoup plus rapide que le DMI. En effet, le DMI repère assez bien les tendances de moyen terme, mais il le fait souvent avec retard et il rate assez régulièrement les tendances plus courtes parce qu'il n'est pas assez mobile. Au contraire, l'oscillateur parabolique est, quant à lui, extrêmement sensible et repère très rapidement les tendances à court et moyen terme.

Par ailleurs, cet oscillateur peut également être utilisé comme les autres indicateurs techniques et donner des niveaux de surachat-survente ainsi que des signaux de divergence. On constatera d'ailleurs que l'allure générale de cet oscillateur est très proche de celle de l'indicateur stochastique (cf. graphique 26).

Graphique 26. – *L'oscillateur parabolique et l'oscillateur stochastique*

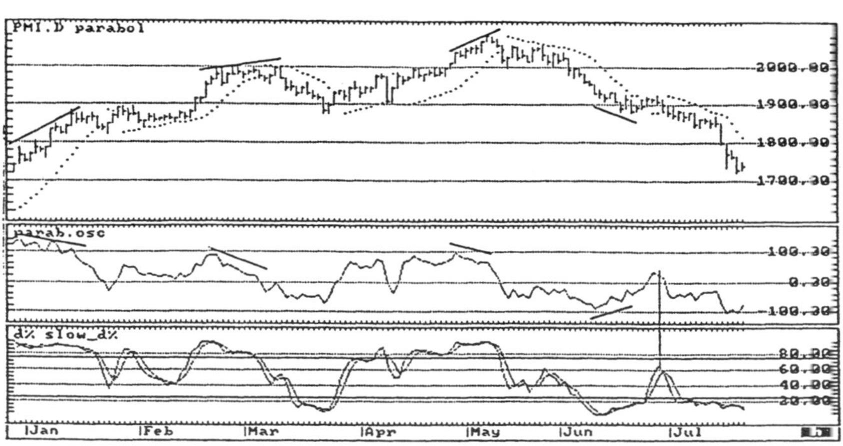

Source : Telerate – Global Dow Jones Information.

3. La combinaison des oscillateurs

Nous avons présenté jusqu'ici une liste d'oscillateurs et d'outils techniques dont la pertinence est avérée. Cependant, dans la pratique, on ne se contente pas d'observer un seul indicateur à l'exclusion des autres. En effet, on analyse généralement plusieurs outils : certains disent à chaque fois à peu près la même chose (c'est le cas du momentum, du ROC et de l'oscillateur de moyennes mobiles), d'autres, au contraire, donnent lieu à des interprétations différentes mais pas nécessairement divergentes.

Simplement, il se trouve que certains outils techniques sont complémentaires et qu'il est donc utile de les analyser ensemble. C'est justement l'objet ambitieux de cette dernière section : quels sont les oscillateurs complémentaires et comment peut-on les combiner. Nous présenterons ainsi une succession de combinaisons performantes et nous proposerons finalement un cadre général d'étude où un nombre limité d'outils est employé pour développer une analyse générale d'un marché donné.

3.1. Le RSI et les oscillateurs stochastiques

Il s'agit des deux oscillateurs bornés les plus employés, il est donc logique de vouloir les utiliser ensemble et non séparément.

L'utilisation commune de ces deux oscillateurs consiste à observer l'information donnée par un des oscillateurs et vérifier si l'on retrouve les mêmes indications sur l'autre oscillateur. Si oui, cela renforce la qualité de l'information, sinon, cela la fragilise et nécessite une étude plus approfondie.

Dans le cas du RSI et des stochastiques, une des informations principales qu'ils procurent est la notion de divergence. Si une divergence est commune sur les deux oscillateurs, elle doit être considérée comme très forte et le risque de retournement du marché sera jugé élevé.

En revanche, il apparaît souvent des situations où une divergence est visible sur le RSI et non sur le stochastique (et inversement). Dans le cas d'une divergence sur RSI non confirmée sur stochastique, il est important de comprendre ce qui se passe. Dans la majorité des cas, les stochastiques sont collés sur les bornes hautes ou basses et montrent ainsi une inertie dans la tendance du marché. Dans ces conditions, il faut considérer la divergence de RSI comme un avertissement qui devra être ensuite confirmé par une sortie d'inertie de tendance sur le stochastique (passage en zone neutre).

La confirmation de sortie d'inertie de tendance exigée sur le stochastique permettra ainsi d'éviter les erreurs dues à l'apparition de divergences kilométriques sur certains graphiques de RSI.

Dans le cas inverse (apparition de divergences sur stochastique non observée sur RSI), les retours que l'on peut constater sont souvent mineurs et la tendance de fond persiste. On devra donc rester très prudent et attendre l'apparition d'une confirmation sur les cours pour envisager un retournement plus conséquent.

Le graphique 27 rend bien compte d'informations divergentes entre les deux oscillateurs et de l'utilité qu'il y a à les analyser ensemble.

Graphique 27. – *Utilisation simultanée du RSI et du stochastique*

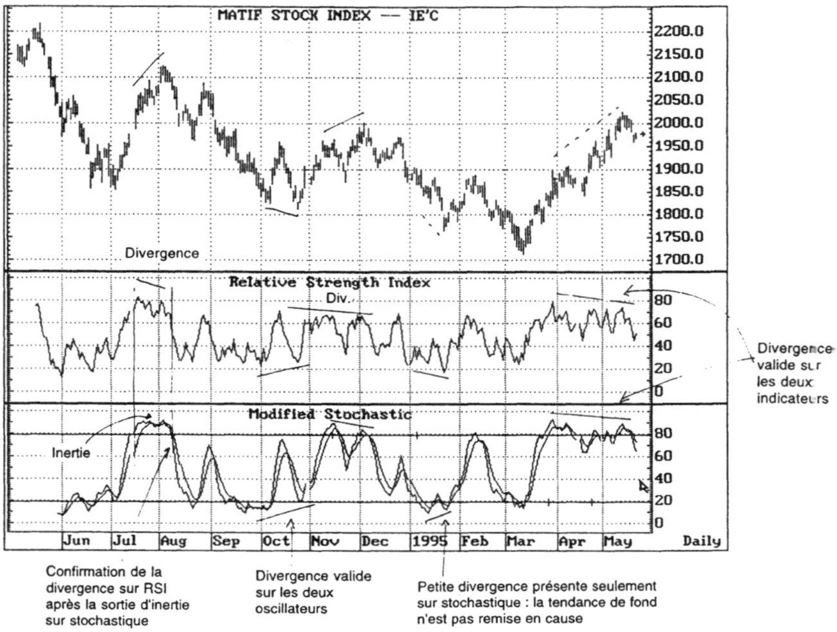

Source : ADP.

3.2. Le stochastique et l'indicateur ADX du DMI

L'une des critiques les plus souvent portées au stochastique repose sur la succession de faux signaux donnés par les croisements entre le %D et le slow %D, surtout lorsqu'une tendance assez claire se développe. Nous avons vu que cette critique était très souvent injuste car il suffisait de considérer la notion d'inertie de tendance pour éviter la majorité des faux signaux. Cependant, une des difficultés non résolue réside dans la détermination du seuil absolu du surachat–survente qui qualifie ensuite la notion d'inertie.

Nous pouvons ainsi hésiter entre 70 et 80 d'une part et 20 et 30 d'autre part. Il n'existe pas de seuil idéal.

Une des solutions efficaces pour savoir quand utiliser les croisements est probablement de vérifier la qualité de la tendance sur l'oscillateur ADX. Quand l'ADX monte et est supérieur à 20-23, le marché est en tendance et une inertie de tendance est en cours, il faut donc éviter de suivre les signaux de croisement. En revanche, si l'ADX décroît ou est inférieur à 20-23, cela suppose l'absence de tendance forte et la pertinence des signaux de croisements donnés sur les stochastiques.

Le graphique 28 illustre parfaitement cette idée de complémentarité entre les deux oscillateurs.

Graphique 28. – *Utilisation simultanée du RSI et du stochastique*

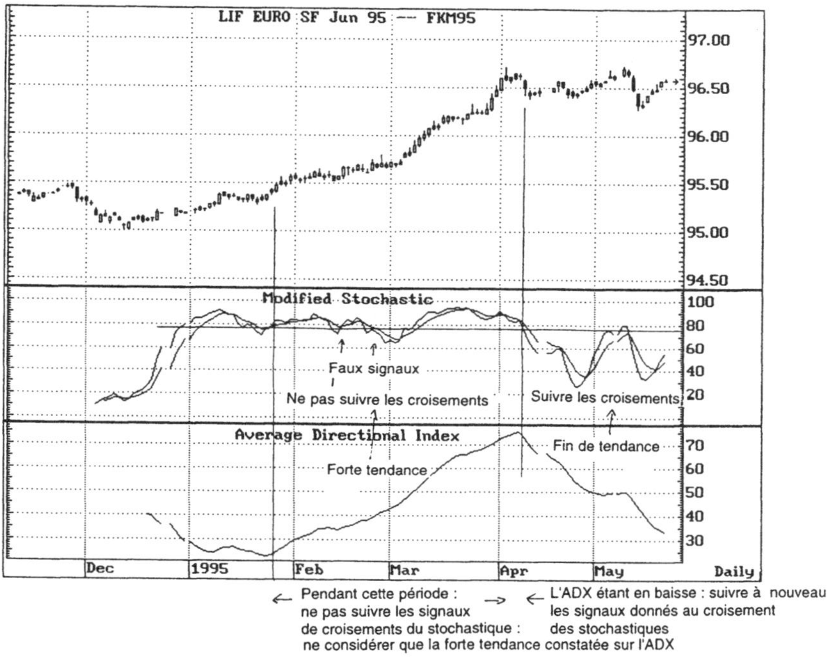

Source : ADP.

Par ailleurs, le graphique 29 montre aussi que la complémentarité n'est pas à sens unique. Certaines fois, en effet, l'ADX est très lent à réagir et perçoit l'apparition d'une tendance avec près de deux semaines de retard, alors que le stochastique est beaucoup plus rapide et pourra montrer une inertie de tendance après seulement quelques jours de mouvements. Sur cet exemple, on voit ainsi qu'une tendance haussière se développe à partir de mi-avril. Le stochastique rentre en inertie de tendance (collé au-dessus de 75) alors que l'ADX ne commence à remonter qu'après la première semaine du mois de mai.

Le stochastique et l'ADX sont donc complémentaires pour déterminer l'existence de tendance : l'ADX s'avère très performant sur les tendances de long-terme et indique souvent assez bien les fins de mouvement ; là ou les stochastiques ne sont pas les plus performants. En revanche, l'ADX est souvent lent à découvrir les tendances et se montre médiocre pour les tendances de court-moyen terme, contrairement aux stochastiques.

Graphique 29. – *Utilisation des stochastiques et de l'ADX*

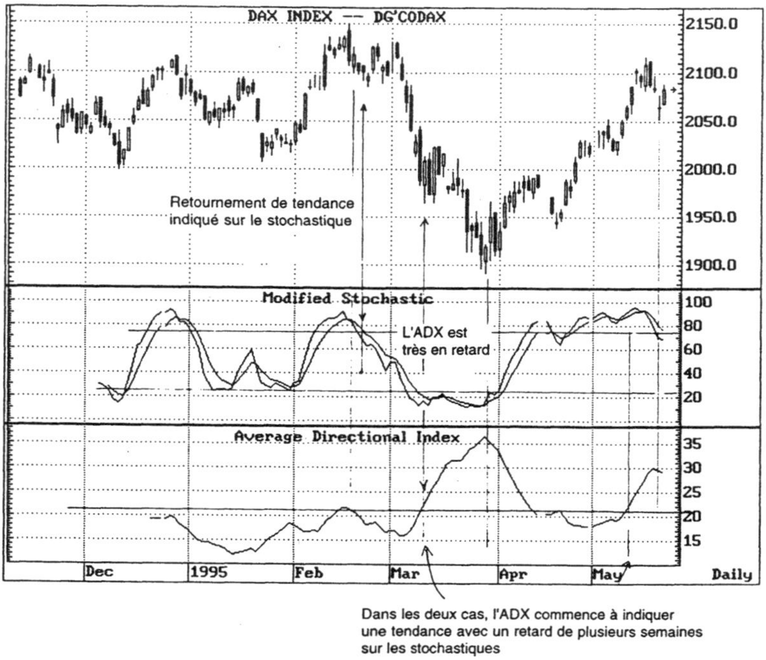

Source : ADP.

3.3. L'ADX et le RSI

L'utilisation de l'ADX et du RSI sont en quelque sorte la conséquence de ce que nous avons vu dans les deux précédents paragraphes. Le RSI montre parfois des divergences de façon trop rapide, et il n'est pas toujours facile de savoir quand les prendre en compte. L'analyse de l'ADX (comme précédemment avec les stochastiques) va permettre de filtrer la force relative des divergences et, le cas échéant, le moment idéal pour suivre les indications données par les divergences.

Ainsi, on se méfiera des signaux de divergences quand ils s'accompagnent d'un ADX en progression. En effet, l'indication d'essoufflement est incompatible avec l'existence d'une tendance forte en plein développement. On attendra donc que l'ADX se retourne pour considérer les signaux de dégagement donnés sur le RSI.

En revanche, lorsque les divergences de RSI se développent dans un contexte d'absence de tendance spécifique (ADX en baisse ou inférieur à 23), le risque d'un retournement paraît d'autant plus fort.

Le graphique 30 illustre parfaitement cette idée : à partir de début avril, des divergences commencent à apparaître sur le RSI ; sans pour autant que le marché s'en trouve affecté (hausse de plus de 100 points et ADX en hausse) ; il faut attendre la mi-mai et le retournement de l'ADX pour considérer la divergence comme efficace et la jouer. Le marché va alors rechuter… La même observation peut se faire sur la période du début d'année où la divergence haussière est confirmée quand l'ADX se retourne à partir de la mi-mars. On peut également ajouter que ce filtrage de divergence offert par l'ADX peut aussi s'appliquer aux stochastiques. Le graphique 28 en offre un parfait exemple (entre janvier et février 95 des petites divergences baissières se développent sur les stochastiques mais elles ne sont jamais confirmées par l'ADX qui continue à croître pendant plus de deux mois, évitant ainsi des dégagements prématurés).

Graphique 30. – *Filtrage des divergences de RSI avec l'ADX*

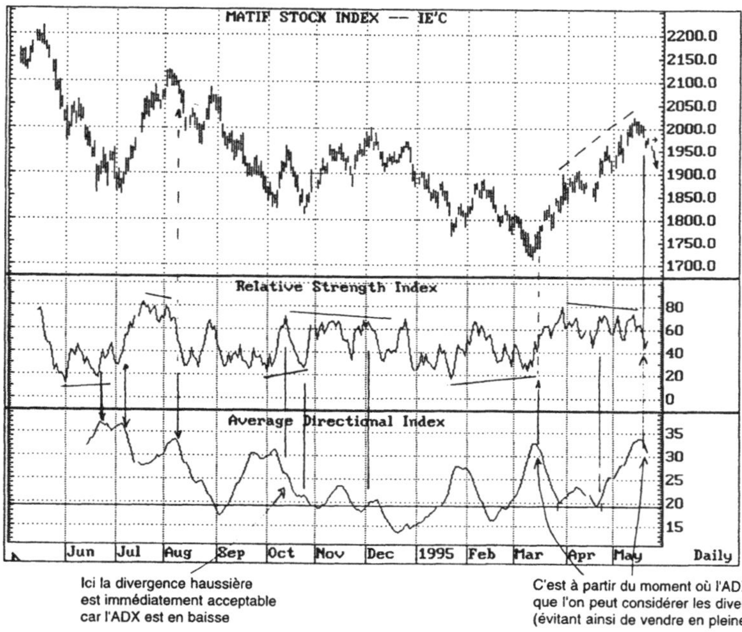

Source : ADP.

3.4. *Le m.a.c.d et les stochastiques*

Les stochastiques et le m.a.c.d sont des oscillateurs très proches dans leur comportement et dans leur allure générale (tous les deux sont composés d'un indicateur principal flanqué d'une moyenne mobile qui oscille autour). La différence majeure est surtout due au fait que les stochastiques sont bornés entre 0 et 100 et que le m.a.c.d ne l'est pas. De ce fait, certaines indications de divergences disparaissent sur l'un des oscillateurs. D'autre part, les signaux de croisements étant moins nombreux sur le m.a.c.d, il est possible de filtrer certains faux signaux sur les stochastiques en attendant une confirmation sur le m.a.c.d. Plus pratiquement, on attendra une confirmation sur le m.a.c.d quand le stochastique est en zone neutre mais on privilégiera les signaux sur stochastiques quand ceux-ci sortent d'une période d'inertie de tendance et on ne considérera pas les signaux de croisement quand les stochastiques se trouvent précisément en inertie (surachetés ou survendus).

Le graphique 31 rend compte de la complémentarité des deux oscillateurs (éviter les faux signaux du stochastique en trading range et échapper aux faux signaux de croisement du m.a.c.d en tendance – situation d'inertie de tendance sur le stochastique).

Graphique 31. – *Combinaison du m.a.c.d et des stochastiques*

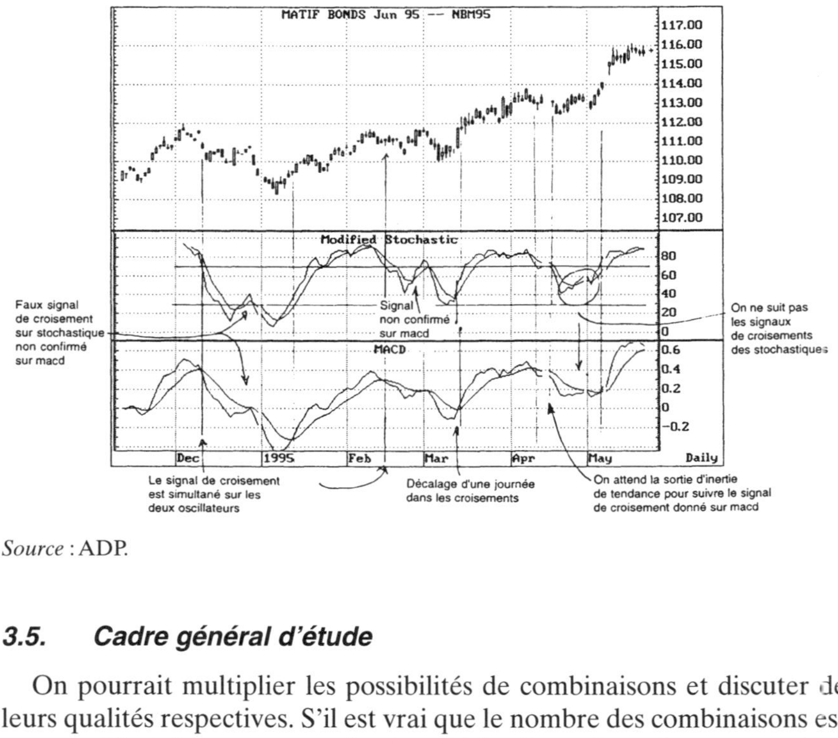

Source : ADP.

3.5. Cadre général d'étude

On pourrait multiplier les possibilités de combinaisons et discuter de leurs qualités respectives. S'il est vrai que le nombre des combinaisons est presque illimité, nous avons sélectionné ici celles qui sont incontournables et qui ont un intérêt réel. Cependant, l'objectif ultime de ces combinaisons d'oscillateurs est de pouvoir les analyser toutes ensemble pour établir un panorama complet et exhaustif de la situation du marché.

Pour ce faire, l'analyse d'une succession d'oscillateurs est souvent peine perdue. En revanche l'observation d'une combinaison d'outils complémentaires est beaucoup plus efficace. Nous proposons ici un cadre d'étude que nous considérons pertinent – car il évite un nombre important de pièges. Il ne s'agit pas bien sûr d'un cadre parfaitement idéal, d'autres outils pourraient y être ajoutés, mais nous avons souhaité en limiter le nombre pour que l'analyse soit rendue possible (trop d'études nuiraient à la cohérence de l'ensemble).

Le cadre général d'étude que nous proposons reprend donc les quatre combinaisons d'oscillateurs que nous avons déjà présentées (RSI, stochastiques, ADX et m.a.c.d) auxquelles nous avons ajouté les bandes de Bollinger (qui permettent de voir, à travers les écartements d'enveloppe, l'ampleur possible des mouvements) ainsi que le système parabolique, très utile pour déterminer un niveau de sortie quand une tendance claire s'est développée et commence à s'essouffler.

Le graphique 32 présente justement ce cadre d'analyse. Les divergences de RSI constatées début avril ne sont validées qu'après une sortie d'inertie de tendance sur les stochastiques (et donc avant que l'ADX se retourne et que le stop parabolique ne soit touché). Le signal de reprise haussière n'est donné que le quatrième jour de mai, mais le stop parabolique avait déjà été touché. À la fin du mois de mai, on constate de nouvelles divergences sur RSI en présence d'un ADX en hausse et d'un stochastique en inertie haussière. Ces divergences doivent donc être confirmées sur l'un des deux autres outils. On remarquera aussi que l'écart des bandes Bollinger commence à se réduire, ce qui montre un certain affaiblissement de la tendance sous-jacente… Le retournement n'est pas loin.

Graphique 32. – *Cadre général d'étude sur le Matif*

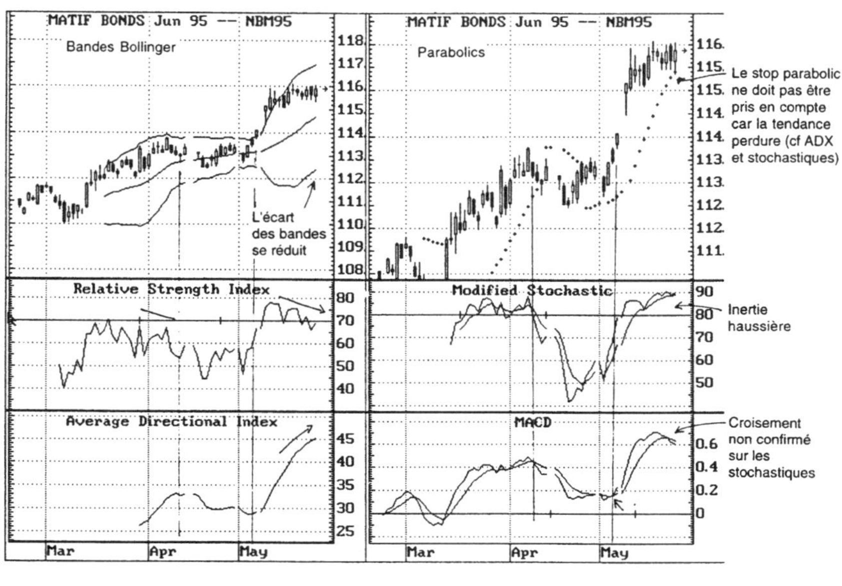

Source : ADP.

Chapitre 5

LA THÉORIE DES VAGUES D'ELLIOTT

L'analyse technique philosophique n'existe pas en soi, contrairement aux autres types d'analyse technique que nous avons décrits. Elle existe à travers plusieurs théories qui proposent une interprétation globale des marchés.

Les cours connaissent des fluctuations en suivant une logique particulière répondant à une certaine philosophie des marchés. Ces théories sont établies sur des bases précises et permettent de comprendre tous les mouvements. Des règles strictes existent et régissent les marchés. Leur application offre la possibilité d'anticiper les variations à venir.

Les théories les plus répandues ont été développées par des hommes d'un certain génie et portent très souvent leur nom, comme c'est le cas pour Gann et Elliott.

D'autres analyses appartiennent à ce registre des théories complexes, notamment celles qui considèrent que les marchés sont influencés par des éléments extérieurs comme l'astrologie. L'analyse astrologique des marchés a fait beaucoup de progrès ces dernières années, tout particulièrement grâce à l'ordinateur. Des programmes assez sophistiqués permettent en effet de superposer les variations de cours et les positions des planètes et d'en déduire une relation statistique. Les événements les plus suivis (pleine lune, changements de lune, éclipses de la lune et du soleil...) mettent ainsi en évidence des relations parfois étonnantes avec certains marchés.

La diversité et la complexité de ces théories nous obligent à faire un choix. De ce fait, ce chapitre sera exclusivement consacré à la théorie d'Elliott. Cette dernière représente la théorie la plus complète et la mieux élaborée. Par ailleurs, elle repose sur une vision philosophique de la vie et de l'univers. La théorie suppose en effet l'existence d'un certain équilibre universel que l'on retrouve dans les manifestations humaines des marchés financiers.

La théorie d'Elliott est également la théorie la plus travaillée et la plus suivie. Elle offre également l'avantage d'intégrer certains éléments de l'analyse technique traditionnelle. De ce fait, cette théorie peut même être considérée comme une théorie enveloppante de l'analyse technique.

1. Les influences de R.N. Elliott

La théorie des vagues d'Elliott est apparue en France il y a quelques années et a connu son véritable avènement à partir du krach de 1987. À l'époque, alors que l'univers financier semblait s'écrouler, les intervenants se sont mis à écouter les prédictions des principaux gourous américains. Parmi ceux-ci : Robert Prechter, expert des vagues d'Elliott depuis de nombreuses années.

Une fois la crise passée, les intervenants ont commencé à délaisser les gourous mais ont essayé d'en savoir plus sur leurs méthodes de réflexion. Sans devenir populaire, la théorie des vagues d'Elliott a ainsi fait des émules et a permis à quelques spécialistes français de s'affirmer en tant qu'analystes purement elliottistes.

Aux États-Unis, la théorie d'Elliott – développée pendant les années 1930 – est désormais presqu'aussi célèbre et appréciée que l'analyse technique traditionnelle. Elle le doit beaucoup à Robert Prechter qui lui a permis de sortir de l'oubli dans lequel elle était tombée. Depuis plus de quinze ans, Prechter s'est plongé dans cette théorie et lui a redonné vie. La publication en 1978 de son fameux livre écrit en collaboration avec A.J. Prost *The Elliott Waves Principle* et surtout la qualité et la justesse de ses analyses publiées dans la revue *The Elliott Wave Theorist* (il a été ainsi élu deux fois en 1984 et 1986 meilleur *timer* de l'année) ont permis aux vagues d'Elliott d'atteindre un niveau de célébrité étonnant et d'être pratiquées par un nombre croissant de *traders* sur les marchés de contrats à terme.

Pourtant, Ralph Nelson Elliott (1871-1948) avait connu en son temps les pires difficultés pour faire publier ses travaux et les faire reconnaître. R.N. Elliott fut comptable dans plusieurs compagnies de chemin de fer basées en Amérique centrale et au Mexique. Suite à une maladie contractée au Guatemala et à une certaine anémie, il mit fin à sa carrière en 1927 et consacra alors son temps à recouvrer une partie de sa santé et à étudier le comportement des marchés boursiers à travers les évolutions de l'indice Dow Jones.

Ses travaux connurent deux influences bien différentes. Tout d'abord, il approfondit certains principes que Charles Dow n'avait qu'esquissés. Chez les deux hommes, la psychologie humaine est ainsi déterminante pour comprendre l'évolution des marchés (mais Elliott va plus loin dans son analyse). Une des preuves indiscutables de cette influence se retrouve d'ailleurs dans les termes qu'Elliott emploie et qui font référence à la mer.

Le second guide d'Elliott est plus inattendu et plus éloigné dans le temps puisqu'il s'agit de Léonardo Fibonacci, mathématicien du XIIIe siècle, auquel Elliott va reprendre une partie de ces conclusions concernant le nombre d'or et la fameuse série de Fibonacci.

L'intuition d'Elliott est assez étonnante : il suppose, en effet, que les fluctuations des marchés sont le reflet d'une somme de réactions psychologiques individuelles (Dow) et doivent refléter une harmonie fondamentale de la nature (Fibonacci).

Selon lui, les marchés doivent fluctuer en respectant une harmonie naturelle, telle qu'on peut la retrouver dans la plupart des manifestations découvertes par Fibonacci. Les marchés doivent ainsi varier en suivant une certaine perfection ordonnée par la nature et qui est celle découverte par Fibonacci.

À partir de la série mathématique et des ratios de Fibonacci et après une étude pointilleuse de l'évolution du Dow Jones, Elliott est parvenu à déduire un ensemble de principes et de règles qui fondent sa théorie.

Après un premier contact avec son éditeur en 1934, ce n'est qu'en 1938 qu'Elliott publiera *The Wave Principle* après avoir convaincu ce dernier de la qualité prédictive de sa théorie. Elliott publiera ensuite une série de 12 articles pour le *Financial World Magazine* en 1939 puis, en 1946, il écrira l'ouvrage définitif sur la théorie des vagues : *Nature's Law – The Secret of the Universe.*

Avant de découvrir les secrets de cette théorie, nous allons revenir sur les découvertes de Fibonacci.

Léonardo de Pise, ou Fibonacci, né à Pise vers 1170 et mort après 1250, est considéré comme le plus grand mathématicien de tout le Moyen Âge chrétien. Très jeune, Léonard part avec son père à Bongrie, en Algérie. Il y apprend l'arithmétique et la langue arabe et acquiert le goût des mathématiques. À son retour, il écrit son célèbre *Liber Abacci* publié en 1202. Il s'agit d'une véritable encyclopédie qui, jointe à *Pratica Géometriae*, écrite en 1220 va initier les savants italiens du XIIIe siècle à la science mathématique des Arabes et des Grecs et permettre à plus long terme les progrès de l'algèbre dans l'Italie de la Renaissance.

Le *Liber Abacci* s'ouvre sur les neuf symboles indiens de numération ainsi que sur le signe du zéro. Il y traite entre autres de la résolution d'équations du second degré, d'équations indéterminées, de calculs à effectuer avec des radicaux... Il posa ainsi les jalons d'importants développements en mathématique, en physique et en astronomie.

Dans son *Liber Abacci,* Fibonacci traite de problèmes inventés auxquels il trouve une solution. Un des problèmes les plus connus est le suivant : si un couple de lapins était installé sur une île déserte, combien de paires de lapins y aurait-il au bout d'un an sachant que tous les mois une paire de lapins produit une autre paire qui commence à être « opérationnelle » deux mois après sa naissance ?

Le problème peut être résolu en composant le graphique 1.

Graphique 1. – *Résolution du problème de la reproduction des lapins*

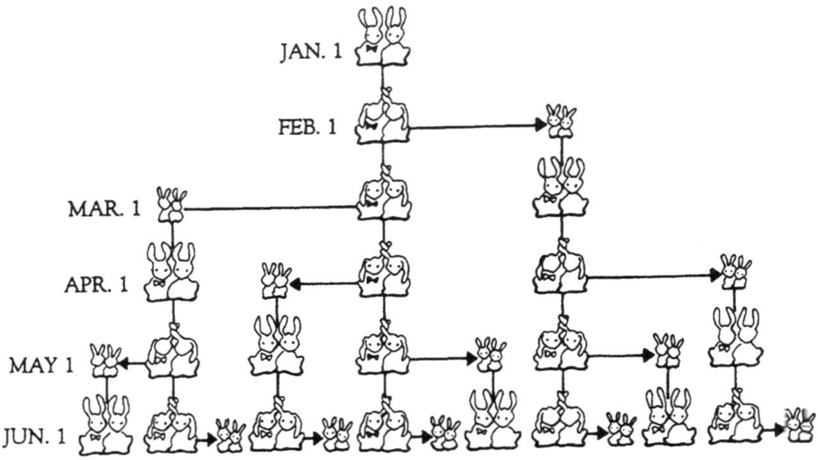

Mois	Nbre de paires de bébés	Nbre de paires d'adultes	Nbre total de paires
Janvier 1	0	1	1
Février 1	1	1	2
Mars 1	1	2	3
Avril 1	2	3	5
Mai 1	3	5	8
Juin 1	5	8	13
Juillet 1	8	13	21
Août 1	13	21	34
Septembre 1	21	34	55
Octobre 1	34	55	89
Novembre 1	55	89	144
Décembre 1	89	144	233
Janvier 2	144	233	377

Les 12 premiers nombres de la série de Fibonacci sont donc les suivants : 1, 1, 2, 3, 5, 8, 13, 21, 34, 55, 89, 144. Le reste de la série se construit de façon très simple : on obtient chaque nouveau nombre en sommant les deux derniers chiffres de la série, c'est-à-dire :

$$Un = Un_{-1} + Un_{-2}$$

Exemple :

$$55 = 34 + 21$$

$$34 = 21 + 13 \text{ etc.}$$

Les caractéristiques intéressantes de cette série sont les suivantes :

– Plus on va loin dans la série, plus le ratio de deux nombres consécutifs se rapproche du nombre de 1,618 (nombre d'or) ou de son inverse 0,618 (ratio d'or) :

$$\frac{Un}{Un+1} = \frac{8}{5} = 1{,}60\,.\ \frac{13}{8} = 1{,}6250\,.\ \frac{144}{89} = 1{,}61798 \rightarrow 1{,}618$$

– L'inverse de 1,618 est égal à 0,618 c'est-à-dire : 1,618 – 1.

– Le ratio $\frac{Un}{Un-2}$ tend vers 2,618 et son inverse vers 0,382.

– Les propriétés suivantes peuvent être constatées :

$$2{,}618 - 1{,}618 = 1 = 1{,}618 - 0{,}618$$

$$1 - 0{,}618 = 0{,}382 = 0{,}618 \text{ x } 0{,}618$$

$$2{,}618 = \frac{1{,}618}{0{,}618} = 1{,}618 \times 1{,}618$$

– À l'exception des chiffres 1 et 2, tout nombre de la série multiplié par 4 et ajouté à un nombre choisi de Fibonacci est un nombre de Fibonacci :

Soit la relation suivante :

$$Un \text{ x } 4 + (Un - 3) = (Un + 3)$$

Exemple :

$$13 \text{ x } 4 + 3 = 55$$

$$21 \text{ x } 4 + 5 = 89 \ldots$$

– La somme de toute sous-série de Fibonacci plus 1 est égale au nombre de Fibonacci situé deux rangs à droite du premier ajouté :

$$1 + \sum_{i=1}^{n} U_i = U_n + 2$$

– Le carré d'un nombre de Fibonacci diminué du carré du second nombre de Fibonacci de rang inférieur est toujours un nombre de Fibonacci :

Exemple :

$$2^2 - 1^2 = 3$$
$$3^2 - 1^2 = 8$$
$$5^2 - 2^2 = 21$$
$$8^2 - 3^2 = 55$$

– Enfin :

$$\frac{\left(\sqrt{5}+1\right)}{2} = 1{,}618$$

et

$$\frac{\left(\sqrt{5}-1\right)}{2} = 0{,}618$$

La série de Fibonacci dispose encore de bien d'autres propriétés, mais le plus important réside dans celles, beaucoup plus troublantes, du nombre d'or et du ratio d'or (1,618 et 0,618). Dans le *Smithsonian Magazine* de décembre 1975, William Hoffer notait les points suivants :

« *The number are unquestionably part of a mystical natural harmony that feels good, looks good and even sounds good. Music, for example, is based on the 8 note octave. On the piano this is represented by 8 white keys, 5 black ones – 13 in all. It is no accident that the musical harmony that seems to give the ear its greatest satisfaction is the major (third). The note E vibrates at a ratio of ·62500 to the note C. A mere ·006966 away from the exact golden mean, the proportions of the major (third) set off good vibrations in the cochlea of the inner ear – an organ that just happens to be shaped in a logarithmic spiral.*

The continual occurence of Fibonacci numbers and the golden spiral in nature explains precisely why the proportion of ·618034 to 1 is so pleasing in art ».

Ainsi l'homme recherche-t-il ce ratio pour obtenir une certaine harmonie. Léonard de Vinci était par exemple un adepte de ce nombre qu'il utilisait très souvent dans ses œuvres.

Beaucoup d'autres artistes utilisent ce ratio d'or dans la composition de leurs tableaux ou de leurs photographies (cf. graphique 2).

Graphique 2. – *Les proportions du nombre d'or appliquées par un artiste dans la composition d'un tableau*

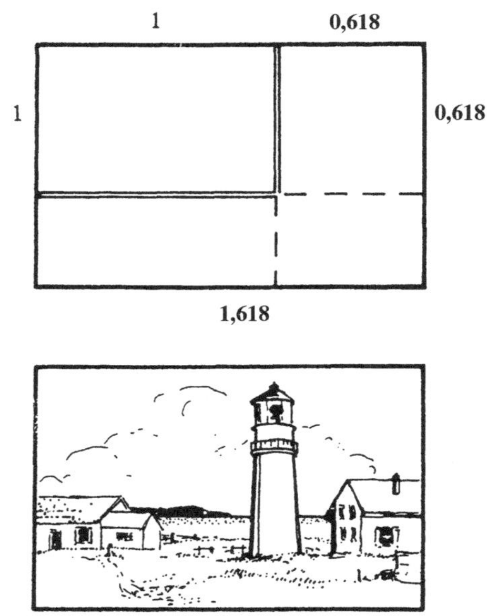

L'architecture utilise beaucoup ce ratio afin d'aboutir à des proportions esthétiques considérées comme idéales. La structure du Parthénon est un exemple parfait (cf. graphique 3). La grande pyramide de Giseh, considérée comme l'une des plus belles, dispose d'une hypothénuse dont la longueur est égale à 1,618 multiplié par la moitié de sa base, de sorte que la hauteur de la pyramide est égale à la racine carrée de 1,618 multiplié par la moitié de sa base (cf. graphique 4).

La spirale logarithmique que l'on retrouve aussi bien dans une coquille d'escargot que dans une galaxie en spirale et qui peut s'enrouler à l'infini est régie par le nombre d'or. En effet, chaque rayon est égal à 1,618 fois le rayon qui le précède d'un angle à 90° (cf. graphique 5).

Et puis, bien sûr, l'homme lui-même n'échappe pas à ce ratio d'or et respecte tout un ensemble de règles (cf. graphique 6).

Le nombre d'or a encore d'autres propriétés, mais celles que nous venons de détailler suffisent déjà pour apprécier l'importance de ce nombre tant dans notre vie de tous les jours que dans l'univers le plus lointain. Pour en savoir plus, on lira avec beaucoup de plaisir le livre *Fascinating Fibonaccis, Mystery and magic in numbers* (voir bibliographie).

Graphique 3. – *Les dimensions du Parthénon respectent parfaitement les proportions du nombre d'or*

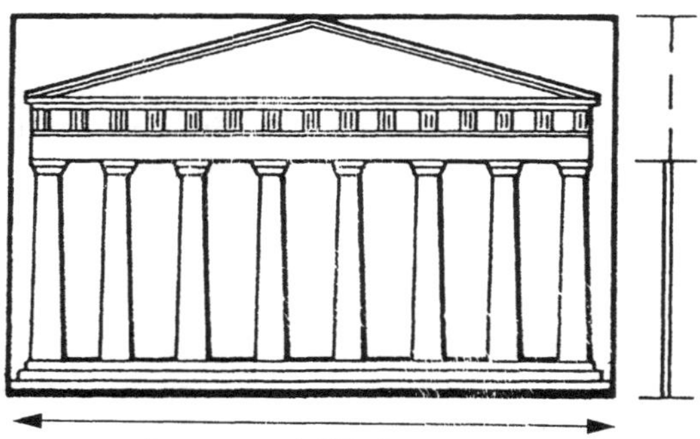

Longueur = 1,618 x hauteur

Graphique 4. – *Les proportions de la pyramide de Giseh*

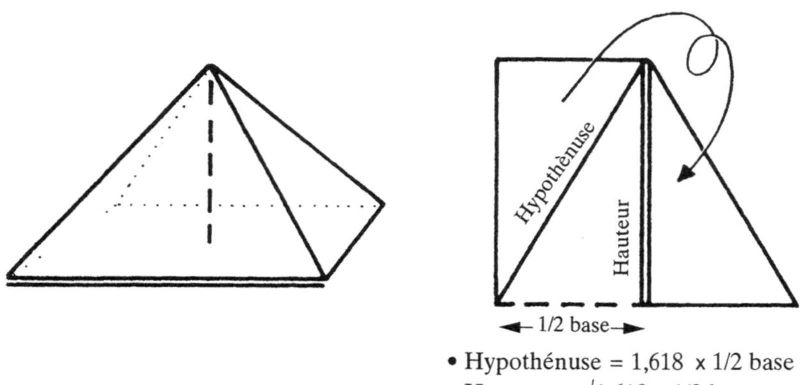

- Hypothénuse = 1,618 x 1/2 base
- Hauteur = √1,618 x 1/2 base

Graphique 5. – *Spirale logarithmique*

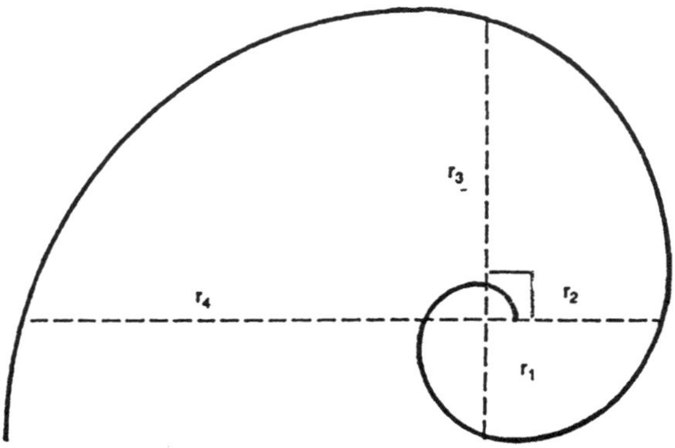

$$\frac{r_2}{r_1}=\frac{r_3}{r_2}=\ldots=\frac{r_n}{r_{n-1}}=1{,}618$$

$$\frac{r_2+r_4}{r_1+r_3}==\frac{r_{n-2}+r_n}{r_{n-3}+r_{n-1}}=1{,}618$$

Une certaine objectivité scientifique nous oblige toutefois à reconnaître que la renommée évidente du nombre d'or, qui a tant impressionné Elliott, relève davantage de la légende construite *a posteriori* que de la vérité scientifique.

Car si c'est bien Euclide, certainement le plus grand mathématicien de la Grèce antique, qui a lancé dans la nature cette créature mathématique, ce sont les non-mathématiciens qui pratiquement deux mille ans plus tard s'en sont emparé pour la muer en un fumeux « nombre d'or ».

Car Euclide n'a jamais utilisé les termes de « nombre d'or ». Il s'est contenté de définir un certain rapport entre les segments d'une droite partagée par un point, rapport qui lui a permis de construire plus facilement le pentagone et le décagone régulier. En mathématicien pur et dur, Euclide ne proposa aucune application concrète de cet artifice de calcul.

La notion de « Divine Proportion » n'apparaît qu'à la fin du XVe siècle, dans un traité de mathématiques portant ce titre, signé du moine italien Fra Luca Pacioli.

Et ce n'est qu'au XIXe siècle, sous la plume d'un professeur de philosophie, Adolf Zeising, que naît l'appellation de « section d'or ». Si la terminologie « section » est parfaitement acceptable, puisqu'elle signifie partage, on peut se poser quelques questions quant à son contenu aurifère... En outre, pour la première fois, ce rapport est appliqué à un domaine non-scientifique, à savoir l'esthétique. C'est en effet Zeising qui le premier affirme que si des objets ou des êtres nous paraissent beaux, c'est parce que leurs proportions respectent la section d'or.

Graphique 6. – *Proportions du corps et du visage humain*

Proportions du visage humain

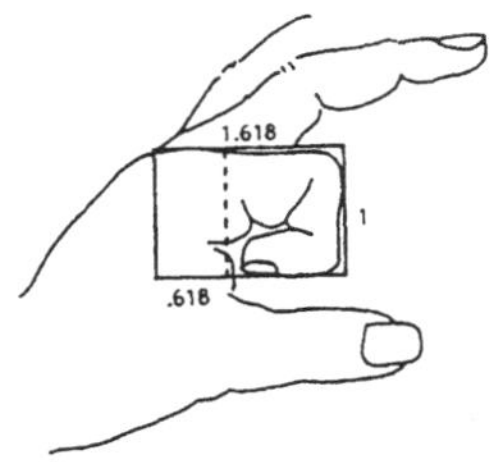

… et de la main humaine

$\frac{A}{B} = \frac{B}{A+B}$ $\frac{A}{B} = \frac{B}{C}$

$\frac{B}{C} = \frac{C}{B+C}$ $\frac{B}{C} = \frac{C}{D}$

and so on.

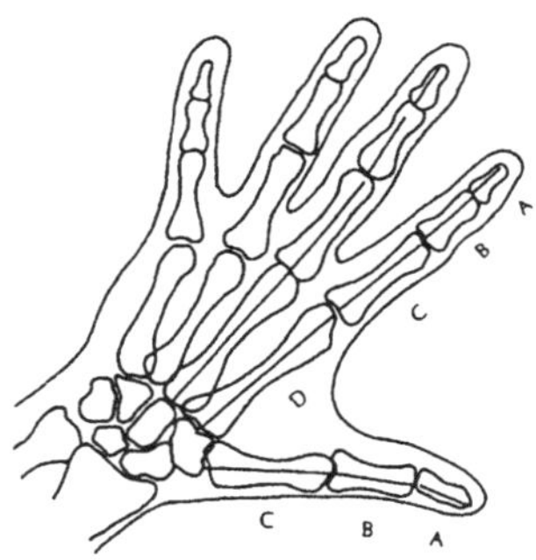

Étude de Le Corbusier sur les proportions du corps humain

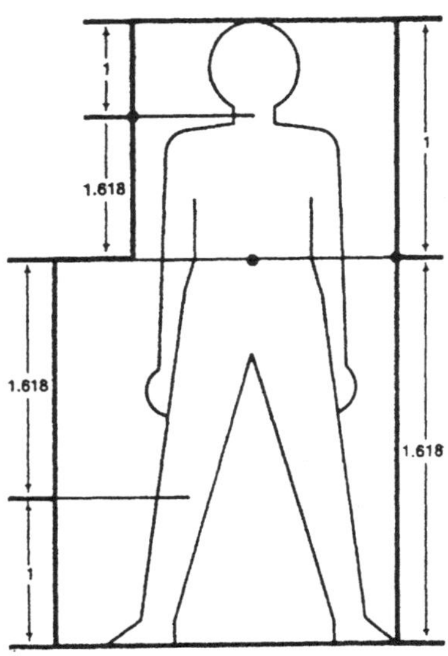

Et Zeising de passer en revue les grandes œuvres classiques, du Parthénon aux grandes cathédrales européennes en passant par les sculptures des Grecs Praxitèle et Phidias, à la recherche de la fameuse proportion censée leur conférer leur immortelle beauté. Non content de toiser ces constructions humaines, Zeising s'intéressa aussi aux minéraux, aux plantes, aux animaux et bien sûr au corps humain. Il avait ainsi ouvert la voie au mythe.

Finalement, c'est en 1931 qu'apparaît le « nombre d'or », dans l'ouvrage d'un diplomate d'origine roumaine, cultivé et féru de mathématique, mais peu scrupuleux sur le plan scientifique. Matyla Ghyka invente en effet l'histoire du nombre d'or dont il situe l'origine dans l'Égypte ancienne, et en fait un savoir secret, transmis d'initié en initié, depuis les prêtres de l'Égypte jusqu'aux compagnons bâtisseurs de cathédrales et aux peintres de la Renaissance. Marchant sur les traces de Zeising, il traque le nombre d'or partout, y compris dans la nature. En fait Ghyka glorifie la géométrie grecque censée donner « à la race blanche sa suprématie technique et politique ».

On est alors bien loin de la géométrie, et bien près de la croyance religieuse et politique. C'est sans doute cette force évocatrice d'une certaine grandeur et d'un certain ordre qui impressionna Elliott, et l'incita à s'appuyer sur cette curiosité mathématique pour bâtir une théorie qui, malgré la faiblesse de ses bases mathématiques, constitue un outil d'analyse fort intéressant.

Inspiré par cette omniprésence universelle de ce nombre et des autres ratios de la série, Elliott en a conclu que les cours de bourse devaient également être entretenus par ce véritable mystère de la nature. Il restait « simplement » à en découvrir la formule et les règles. Elliott y consacra en tout près de vingt ans de sa vie et nous a légué une véritable théorie pratique de l'influence des nombres de Fibonacci sur l'évolution des marchés financiers, tout en conservant une vision très pragmatique basée sur la psychologie des intervenants.

Nous allons maintenant consacrer les deux prochaines sections à la présentation de la théorie d'Elliott et à la façon de l'utiliser.

2. La théorie d'Elliott

La présentation de la théorie d'Elliott à laquelle nous allons procéder, même si elle reste incomplète, devrait permettre aux non-initiés de connaître cette théorie et surtout de comprendre sa propre logique. La section suivante essaiera ensuite de montrer comment cette théorie peut être mise en pratique.

La théorie d'Elliott comporte trois volets d'inégale importance : la configuration des cours, les ratios existant entre les différents mouvements et le temps qui sépare chacun des mouvements. Notre présentation respectera en partie cet ordre.

Dans un premier paragraphe, nous présenterons les principes simples qui fondent la théorie d'Elliott (configuration et explication des mouvements), nous montrerons ensuite les facettes plus complexes de la théorie qui lui donnent sa dynamique (introduction des ratios de Fibonacci). Enfin, les principales règles elliottistes et l'aspect temporel seront abordés dans le troisième paragraphe.

2.1. Les principes de la théorie des vagues

Comme nous l'avons vu dans la première section, Elliott a été inspiré par deux maîtres à penser Leonardo Fibonacci et Charles Dow. Ces deux personnages vont influencer de façon évidente les principes de la théorie des vagues d'Elliott que nous allons découvrir. Charles Dow apporte l'importance de la psychologie dans l'évolution des cours boursiers et la référence à la mer ; Fibonacci apporte sa série de nombres et ses multiples ratios.

2.1.1. La décomposition des mouvements en vagues

Les marchés connaissent des cycles et évoluent par vagues. Lorsqu'un marché évolue à la hausse, des phases de progressions haussières alternent avec des phases de corrections baissières. Les différents mouvements de hausse et de baisse peuvent s'assimiler à des vagues (cf. influence de Dow).

Selon Elliott, chaque cycle complet se décompose en huit vagues principales : cinq vagues de tendance suivies de trois vagues de correction.

Les cinq premières vagues de tendance sont en fait composées de trois vagues d'impulsion interrompues de deux vagues de correction (cf. graphique 7a).

Graphique 7a. – *Décomposition d'un mouvement en huit vagues*

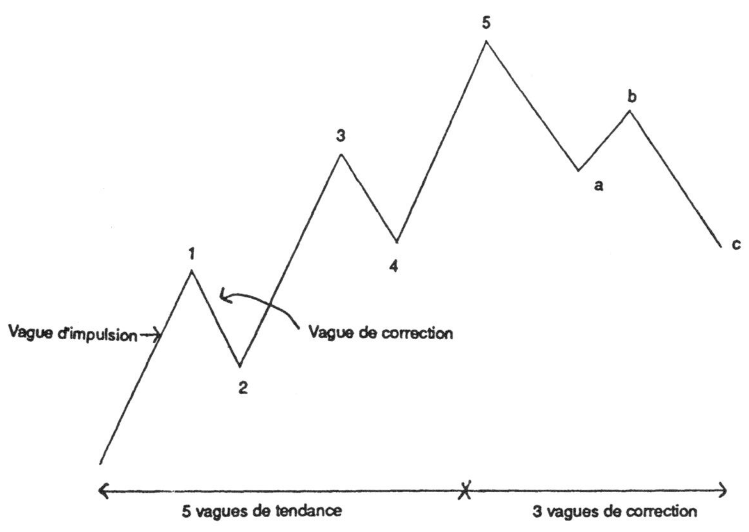

Dans le schéma elliottiste, les cinq premières vagues sont numérotées de 1 à 5 : les vagues 1, 3 et 5 sont des vagues d'impulsion, les vagues 2 et 4 sont des vagues de correction retraçant les vagues 1 et 3. Les trois dernières vagues sont indiquées par des lettres a, b, c.

Ce schéma de huit vagues (cinq vagues de tendance suivies de trois vagues de correction) peut ensuite se décomposer à l'intérieur même de chacune des vagues.

La vague 1, par exemple, est une vague de tendance et est donc composée de cinq vagues de hausse (dans le cas présent) suivies de trois vagues de baisse. Ces trois vagues de baisse forment la vague 2 qui corrige le mouvement donné par la vague 1.

La vague 3 est également composée de cinq vagues et est suivie d'une vague 4 de correction formée de trois mouvements. Enfin la vague 5 qui conclut le grand mouvement de tendance, est à son tour composée de cinq vagues.

La décomposition des vagues est ainsi assez simple : lorsqu'il s'agit d'une vague de tendance, celle-ci est formée de cinq vagues, et quand il s'agit d'une vague de correction, celle-ci est composée de trois vagues.

À l'intérieur du mouvement correctif composé des trois vagues a, b, c, la tendance est baissière (correction d'un cycle de hausse). Ainsi les vagues a et c qui vont dans le sens de cette tendance peuvent être considérées à leur tour comme des vagues d'impulsion et, à ce titre, sont formées de cinq vagues. En revanche, la vague b s'interprète comme une vague de correction haussière au milieu d'une tendance baissière (elle corrige la vague a) et est formée de trois vagues seulement.

On obtient donc la sous-décomposition figurant ci-dessous (graphique 7b). On remarque que le cycle de huit vagues (nombre de Fibonacci) se décompose en 34 vagues inférieures (nombre de Fibonacci). Si l'on décompose à nouveau ces 34 vagues, on obtient 144 vagues mineures (autre nombre de Fibonacci) et chaque nouvelle décomposition donne un nouveau nombre de Fibonacci.

Ce phénomène de décomposition des vagues est universel et s'applique aussi bien à des cycles de plusieurs décennies qu'à des cycles de quelques minutes ou de quelques heures.

Chaque catégorie de cycles dispose d'une appellation et d'une formalisation particulière. La plus communément employée est la suivante :

Degré des vagues et formalisation :

Grand supercycle : plusieurs siècles, pas de notation.

Supercycle : (I) (II) (III) (IV) (V) (A) (B) (C) (plusieurs dizaines d'années) depuis 1932 ; un supercycle a commencé sur le Dow Jones.

Cycle : I II III IV V A B C (plusieurs années) ; Prechter décompose ainsi le supercyle du Dow Jones avec les cycles suivants : I (1932-1937) II (1937-1942) III (1942-1965) I (1965-1974) V(1974-1987 ou 1991).

Primaire (de plusieurs mois à quelques années) : **1 2 3 4 5 a b c**.

Graphique 7b. – *Sous-décomposition en 34 vagues*

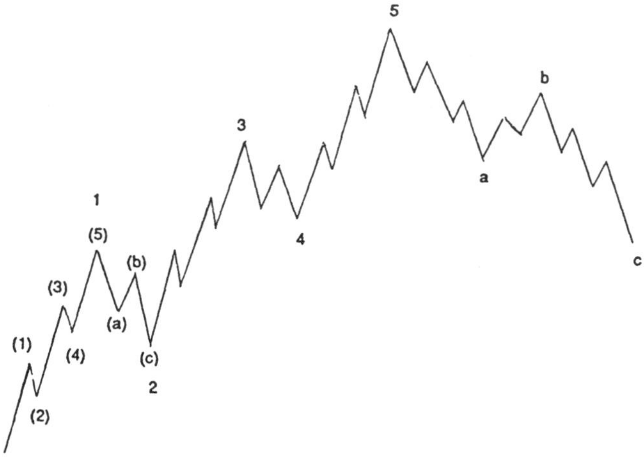

Intermédiaire (plusieurs mois) : (1) (2) (3) (4) (5) (a) (b) (c).
Mineure (plusieurs semaines) : 1 2 3 4 5 a b c.
Minute (plusieurs jours) : i ii iii iv v a b c.
Sous-minute (quelques heures).

Prechter donne ainsi dans son *Elliott Wave Theorist* la décomposition suivante du Dow Jones depuis sa création (cf. graphique 8).

Graphique 8. – *Décomposition elliottiste du Dow Jones depuis 1920*

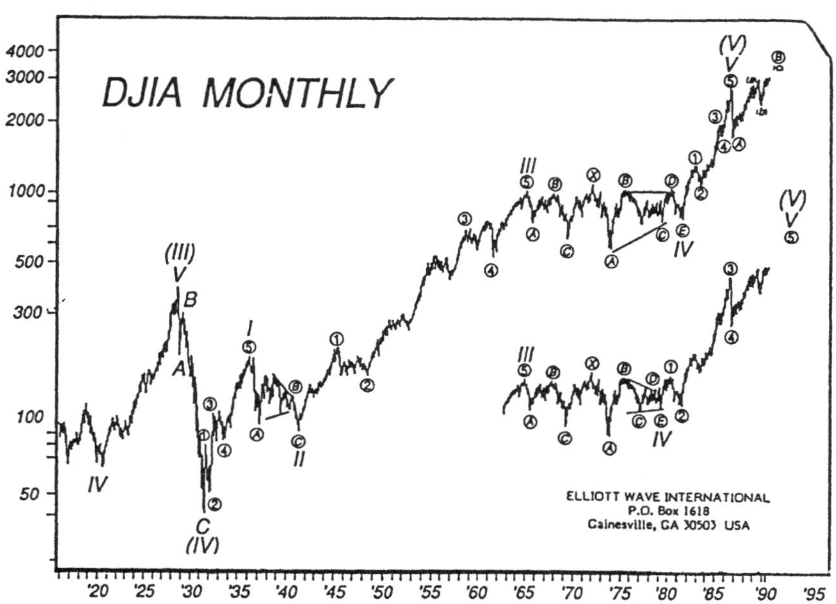

Dans la pratique, et sachant que l'on utilise assez peu les grands cycles, on part généralement du degré le plus court et on lui applique la décomposition i ii iii iv v… ou 1, 2, 3, 4, 5… puis on remonte en suivant la formalisation jusqu'au cycle le plus important qui s'arrête souvent au cycle primaire.

Remarque : Dans notre exemple, nous avons choisi le cas d'un *bull market*. On peut noter que la décomposition elliottiste est aussi valable dans le cas d'un *bear-market*, la tendance devient baissière mais la philosophie de la décomposition demeure.

2.1.2. La personnalité des vagues

Charles Dow avait introduit l'idée que les mouvements de fond étaient constitués de trois phases (accumulation par les astucieux, imitation par les suiveurs, distribution des astucieux). Elliott reprend finalement cette idée mais l'approfondit de façon significative.

Dans les cinq vagues de tendance, on retrouve en effet les trois vagues d'impulsion qui sont exactement celles que Dow décrit, mais Elliott introduit et détaille de façon précise les phases de correction.

De plus, Elliott universalise le phénomène : ces mouvements à trois impulsions ne sont pas limités aux seuls mouvements de fond puisqu'on les retrouve aussi bien à long terme qu'à très court terme.

Enfin, Elliott donne une perspective à ces mouvements grâce à la qualité prédictive de sa théorie (cf. section suivante).

Il apparaît donc évident qu'Elliott va beaucoup plus loin dans l'élaboration de sa théorie. Cependant il ne donne que peu d'éléments sur la psychologie et sur l'importance relative des différentes vagues.

Cette lacune a été heureusement comblée par le diplômé en psychologie qu'est Robert Pretcher. Celui-ci va en effet apporter à la théorie d'Elliott une interprétation des différentes vagues en spécifiant bien leur personnalité propre. Cet apport est probablement essentiel, car il permet de considérer la théorie d'Elliott comme une théorie générale des marchés ayant une base psychologique déterminante.

La connaissance de la personnalité des vagues est essentielle pour bien comprendre un marché et pour bien saisir tous les éléments qui expliquent et qui fondent son évolution. L'analyste elliottiste ne doit pas seulement essayer de décomposer les mouvements en vagues, mais il doit aussi essayer de comprendre pourquoi cette décomposition a lieu et d'en maîtriser les conséquences pour l'avenir.

2.1.1.1. Vagues 1

Les vagues 1 arrivent après une tendance baissière (ou haussière) significative et s'interprètent fréquemment comme des mouvements correctifs ou de simples rebonds. Il est souvent difficile de reconnaître une vague 1 *a priori*. Les vagues 1 sont généralement courtes ; cependant, il peut arriver que la réaction soit très forte donnant à la vague 1 une forte amplitude.

Les vagues 1 sont généralement assez rapides (mouvement réactionnel) et se décomposent parfois en trois vagues seulement, et non en cinq. C'est généralement là que les astucieux accumulent.

2.1.1.2. Vagues 2

Les vagues 2 corrigent généralement assez fortement les vagues 1 et peuvent faire croire à une reprise du mouvement précédent. Certaines vagues 2 corrigent parfois intégralement la vague 1, ce qui permet la construction de figures en *double bottom* (ou en *double top*).

2.1.1.3. Vagues 3

Les vagues 3 constituent le cœur du mouvement et sont généralement les plus dynamiques et les plus longues. Elles connaissent souvent des extensions (leur taille est supérieure à celles des autres vagues d'impulsion) et ne sont jamais les plus courtes. À ce moment, les fondamentaux commencent à arriver et les astucieux de la première vague sont alors suivis par une bonne partie des professionnels. Le volume revient donc logiquement, confirmant la qualité du mouvement.

2.1.1.4. Vagues 4

Il s'agit généralement d'une vague de consolidation (contrairement à la vague 2 qui est souvent beaucoup plus dévastatrice). Les vagues 4 montrent souvent des configurations assez complexes prenant la forme de triangles. Les vagues 4 ne peuvent pas remettre en cause la tendance amorcée depuis la première vague et ne doivent donc jamais enfoncer le *top* (ou le *bottom*) de la vague 1.

2.1.1.5. Vagues 5

La dernière vague de la tendance qui permet au marché d'atteindre un nouveau sommet est généralement moins dynamique que la vague 3, même si les vagues 5 connaissent quelquefois des extensions. Les vagues 5 sont parfois assez longues en temps, c'est en effet en fin de tendance que tous les fondamentaux sont disponibles et que les petits porteurs arrivent (le phénomène de distribution se met en marche). Il y a de moins en moins d'intervenants à convaincre de la hausse, le marché progresse péniblement et met du temps à arriver sur son sommet.

C'est à ce moment que les divergences apparaissent sur les oscillateurs et que les volumes s'essoufflent. Sur les indices boursiers, ce sont souvent les titres de second rang qui font la hausse de l'indice. La vague 5 est d'ailleurs parfois tellement fastidieuse qu'elle ne parvient pas à passer le *top* de la vague 3 (cas d'avortement de la vague 5).

2.1.1.6. Vagues A

Comme c'est le cas pour les vagues 1, les vagues A sont souvent interprétées comme de simples vagues de correction technique de la tendance haussière.

2.1.1.7. Vagues B

Elles ressemblent beaucoup aux vagues 2 et se forment dans de faibles volumes. Elles permettent parfois un retour sur le *top* de la vague 5, formant ainsi un *double top* (en un *double bottom*).

2.1.1.8. Vagues C

Elles sont assez dévastatrices et se comportent comme des vagues 3. Elles sont généralement justifiées par les fondamentaux.

Il est parfois difficile de distinguer une vague C d'une vague 3 et on ne sait parfois pas très bien si l'on est rentré dans un vrai marché baissier ou si l'on est simplement dans une correction efficace.

2.2. La dynamique elliottiste

Après avoir vu les éléments statiques de la théorie (composition des mouvements, personnalité des vagues), nous allons maintenant nous intéresser à ce qui présente tout l'intérêt des vagues d'Elliott : leur dynamique. Les vagues d'Elliott s'analysent en effet dans le mouvement et dans l'action en respectant certaines règles, certaines figures et en connaissant aussi parfois certaines exceptions. Nous allons présenter successivement la dynamique des vagues d'impulsion puis celle des vagues de correction. Nous déterminerons ensuite les principales règles qui fondent les rapports entre les différents types de vagues.

2.2.1. Les vagues d'impulsion

- *Les extensions*

Lors d'un mouvement de tendance en cinq vagues, il arrive que les trois vagues d'impulsion (vagues 1, 3 ou 5) aient une taille identique. Mais il arrive également qu'une des vagues d'impulsion connaisse une extension, c'est-à-dire qu'elle développe une taille nettement supérieure aux autres.

Les extensions ne se produisent généralement que sur une seule des trois vagues d'impulsion ; si la vague 1 connaît une extension, les vagues 3 et 5 doivent être de taille normale. Si la vague 3 connaît une extension, la vague 5 doit avoir la taille de la vague 1. Si les vagues 1 et 3 sont de même taille, il est possible que la vague 5 connaisse une extension.

Il arrive parfois que deux vagues connaissent une extension, ou encore qu'une des vagues d'impulsion (la 1 ou la 5) soit beaucoup plus courte que les autres, il s'agit généralement de la vague 3.

Généralement, les extensions sont bien identifiées sur les vagues (cf. graphique 9). Cependant, on se trouve parfois dans l'impossibilité de discerner la vague qui connaît l'extension car on observe cinq vagues d'impulsion qui sont toutes de taille semblable. On compte alors neuf vagues.

Graphique 9. – *Extension sur les vagues d'impulsion*

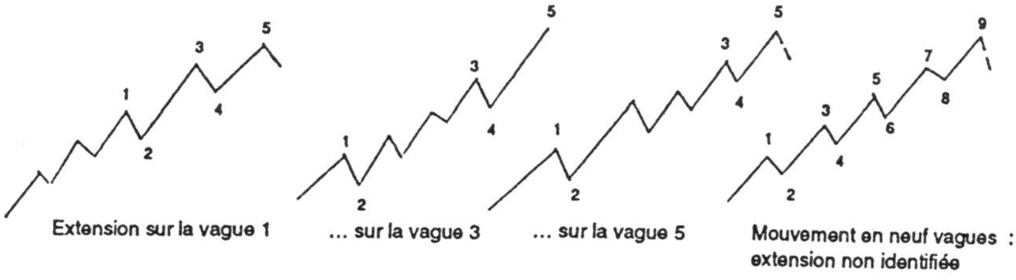

- *Taille des extensions*

La taille relative des extensions suit les ratios de Fibonacci suivants :

$$1;1,618;2;2,618;4,13=\frac{(\mathrm{Un})}{\mathrm{U}_{n-2}}$$

Dans la majorité des cas, on trouve des extensions de 1,618 ou 2 fois les autres vagues. Il est rare de trouver des extensions de 2,618 et *a fortiori* de 4,23.

Dans la pratique, si par exemple les vagues 1 et 3 sont égales on peut supposer que la vague 5 va connaître une extension. Il est ainsi possible de déterminer des objectifs pour la vague 5.

- *Figures en* wedges

Les vagues 5 se dessinent parfois en *wedge* ou biseau ce qui démontre l'essoufflement du marché. Rappelons en effet qu'un *rising wedge* est une figure baissière (cf. deuxième chapitre).

Ces biseaux marquent la difficulté du marché à atteindre un nouveau sommet alors qu'il se trouve en fin de mouvement, ce qui correspond bien à la personnalité des vagues 5. Les *wedges* se produisent généralement après une extension assez forte de la vague 3.

Ces biseaux sont formés de cinq vagues, elles-mêmes composées de trois vagues (cf. graphique 10). Chaque vague d'impulsion devient de plus en plus réduite (cas où aucune des trois vagues n'a la même taille). C'est un des seuls cas où la vague 4 peut enfoncer le *top* (ou le *bottom*) de la vague 1. La rupture de la droite de support confirmera ensuite la fin de la tendance et l'amorce du retournement.

- *Invalidations ou* failures

Lorsque la vague 3 a été particulièrement efficace et que la vague 5 se montre très laborieuse, il arrive que la vague 5 ne parvienne pas à repasser le *top* de la vague 3. C'est ce qu'on appelle une *failure* ou une invalidation.

La vague 5 ne parvient pas à établir un nouveau sommet comme elle devrait le faire et finit par avorter : elle s'arrête trop tôt et ne termine pas son mouvement.

Graphique 10. – *Figures en* wedges *sur les vagues 5*

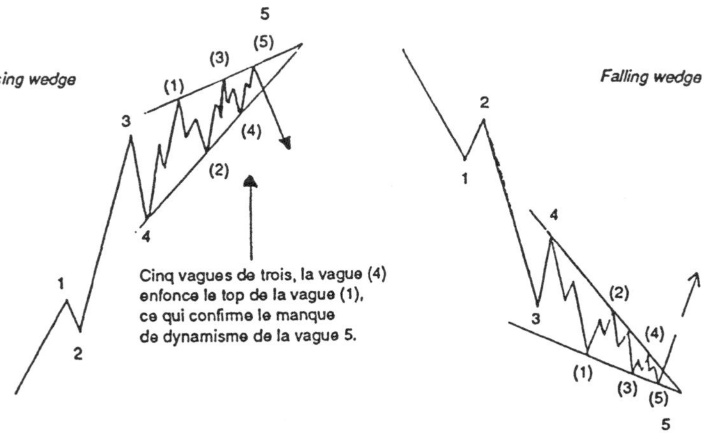

On peut parfois anticiper ce type de comportement grâce à un bon décompte de la vague 5 : l'objectif de la vague terminale de la vague 5 se situant en dessous du *top* de la vague 3 (cf. graphique 11).

Graphique 11. – *Failure sur la vague 5*

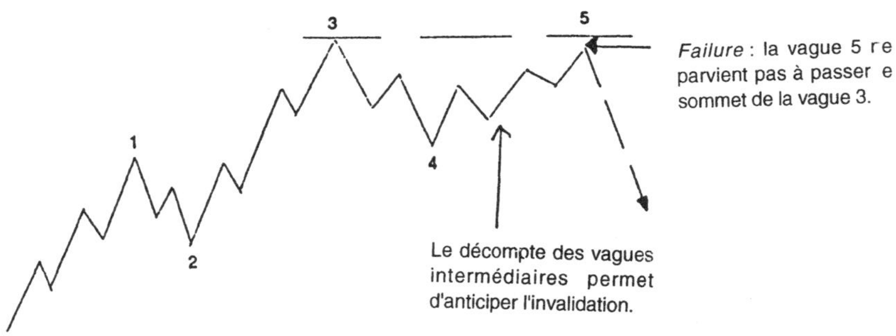

• *Les structures en empilement*

Il s'agit d'une vague d'impulsion majeure qui se décompose visiblement en plusieurs sous-vagues. Ces structures sont assez difficiles à appréhender, car elles donnent souvent l'impression d'un mouvement qui a du mal à se développer, ce qui rappelle les vagues de correction irrégulière. En fait, ces structures en empilement s'accompagnent presque toujours de mouvements très importants (cf. graphique 12). La difficulté provient principalement du fait que les vagues mineures ont une taille proche des vagues majeures précédentes et qu'elles enfoncent les niveaux considérés comme sensible dans une décomposition habituelle.

Graphique 12. –

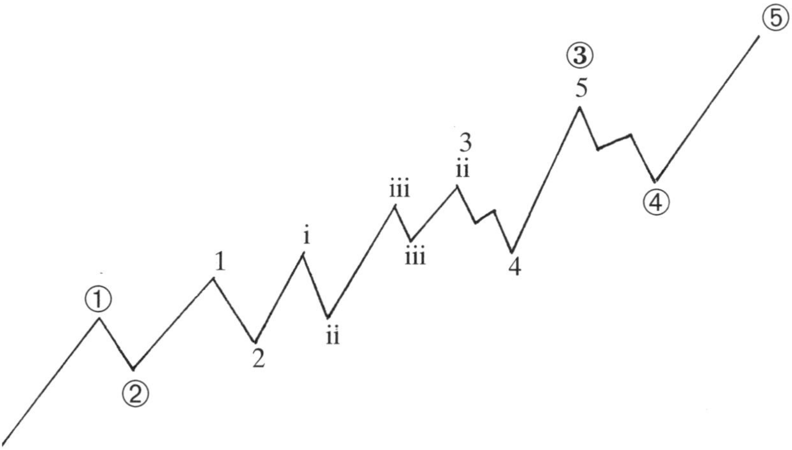

2.2.2. Les vagues de correction

Les vagues de correction sont généralement beaucoup plus complexes à analyser que les vagues d'impulsion qui suivent la tendance. Une correction peut se limiter à une simple consolidation ou au contraire épouser des allures beaucoup plus dévastatrices et incertaines.

Les configurations des vagues de correction sont ainsi beaucoup plus nombreuses que celles des vagues d'extension. On distingue quatre schémas-types : les zigzags, les *flats*, les triangles et les doubles ou triple-trois. Mis à part le cas des triangles et des doubles et triple-trois, toutes les corrections se font en trois vagues.

Comme leur nom l'indique, les vagues de correction ont pour but de corriger le mouvement qui vient juste d'avoir lieu. La vague 2 et la vague 4 corrigent respectivement les vagues 1 et 3.

L'amplitude de ces corrections dépend des ratios de Fibonacci suivants : 38 %, 50 %, 62 %, 100 %, mais il est également possible de rencontrer 23 % et 76 %.

Ainsi, quand on sait qu'une vague 1 (ou 3) a pris fin, il est possible de déterminer des objectifs de correction.

Exemple : Si la vague 1 a entraîné un passage de cours de 100 à 120, les objectifs possibles pour la vague 2 sont donc les suivants :

		Taille de la vague	Objectif
Correction de	23 %	4,6	115,40
	38 %	7,6	112,40
	50 %	10	110
	62 %	12,4	107,60
	76 %	15,4	104,60
	100 %	20	100

On remarquera également que la personnalité des vagues est déterminante : la vague 2 est généralement plus dévastatrice et inflige donc une correction très souvent supérieure à 50 %. Inversement, la vague 4 apparaît plus souvent comme une phase de consolidation et corrige très souvent de moins de 50 %. De plus, comme les vagues 4 ne doivent pas enfoncer le sommet de la vague 1 (voir plus loin) ; cela élimine les ratios de correction trop forts (une vague 4 ne corrige jamais une vague 3 de 100 %).

- *Figures*

Il existe quatre grands types de vagues de correction dont la rareté et la difficulté vont croissantes : les zigzags, les *flats*, les triangles ; et les doubles ou triple-trois.

- *Les zigzags*

Les corrections en zigzags sont les plus courantes et les seules à respecter la décomposition schématique en 5-3-5 (trois vagues composées successivement de cinq, de trois puis de cinq sous-vagues) telle que nous l'avons vue dans le premier paragraphe.

La première vague A est ainsi composée de cinq vagues, la deuxième vague B, formée de trois vagues, corrige faiblement la vague A (souvent moins de 50 % de retracement) et la vague C – en cinq vagues – enfonce largement le *bottom* de la vague A (cf. graphique 13).

L'amplitude des vagues A et C est généralement reliée par un ratio de Fibonacci (très souvent 0,618 ; 1 ou 1,618) ; il est possible de déterminer des objectifs pour la fin de la vague C.

Graphique 13. – *Corrections en zigzag*

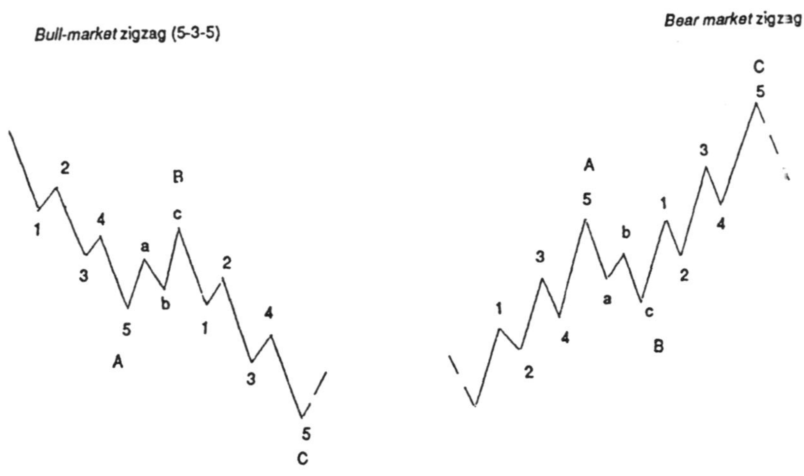

On rencontre parfois une catégorie particulière de zigzag : les doubles zigzags. Il s'agit de deux zigzags successifs interrompus par une petite correction en trois vagues a, b, c. Deux formalisations sont possibles pour caractériser la séquence : la première est de considérer l'ensemble comme une vaste correction en A, B, C dont chaque vague est formée de trois-vagues mais dont les vagues A et C sont des zigzags. La seconde formalisation considère qu'il s'agit d'une double correction en zigzag interrompue par une petite vague de correction. Dans ce cas, comme pour celui des double-trois ou triple-trois, on décomposera l'ensemble en ABC × ABC (cf. graphique 14).

Graphique 14. – *Double zigzag = 2 décomptes possibles*

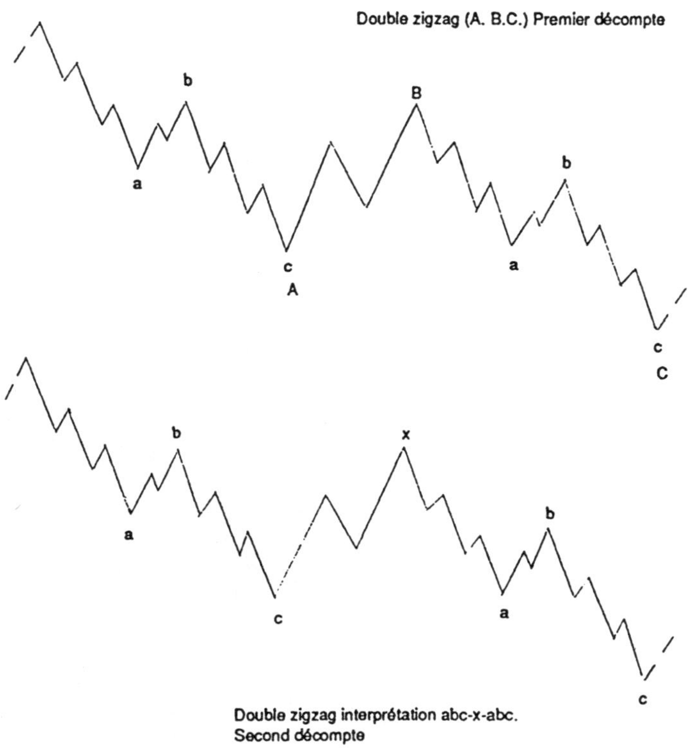

• *Les* flats

Les corrections plates (ou *flat correction*) se distinguent des corrections en zigzags, par leur décomposition en 3-3-5 (et non 5-3-5) et par le fait que le mouvement correctif est généralement plus faible.

La première vague A n'arrive pas à se former en cinq vagues et se contente d'une séquence en trois vagues qui avertit de la faiblesse de la correction. La vague B, formée de trois vagues, parvient à revenir sur le point de départ de la vague A (correction intégrale de la vague A) montrant la force de la tendance sous-jacente. La vague C, décomposée en cinq vagues, revient au niveau du *bottom* de la vague A, voire légèrement en dessous. Généralement la vague C a la taille de la vague A (cas d'un *elongated flat* ou connaît une extension de 1,618 fois la vague A (cf. graphique 15. Mais, malgré sa décomposition en cinq mouvements, la vague C ne va généralement pas beaucoup plus loin que la vague A, ce qui renforce l'impression de force de la tendance sous-jacente.

Graphique 15. – *Les corrections plates ou flat corrections*

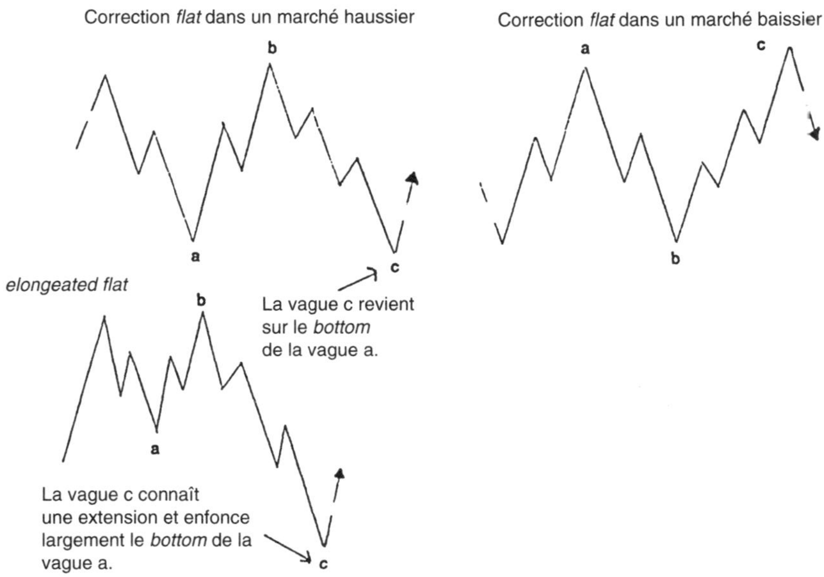

Les corrections plates sont donc davantage des consolidations que des corrections et elles retracent généralement le mouvement précédent de moins de 50 %. D'autre part, étant donné la force de la tendance sous-jacente, il arrive souvent qu'une extension se produise sur la vague d'impulsion qui suit immédiatement la correction *flat*.

Avec les *flats*, il existe souvent un problème d'interprétation de la première vague : on peut en effet croire à une correction très courte en zigzag et interpréter la vague B comme une nouvelle vague d'impulsion. Pour éviter cette méprise, on conseillera de bien regarder le temps pris par la première vague (si celui-ci paraît trop court au regard de la vague d'impulsion qui précède, on pourra suspecter le développement du *flat*) ainsi que le ratio de correction (si celui-ci est trop éloigné des ratios conventionnels ; on pourra supposer que la correction n'est pas terminée). Enfin, le décompte de la vague B en trois vagues seulement ne doit pas laisser de doute sur la nature du mouvement.

Il n'en demeure pas moins vrai que les corrections plates sont parfois difficiles d'interprétation, et ce, d'autant plus qu'il existe plusieurs formes de corrections irrégulières.

Il existe en effet deux grands types de correction plate irrégulière. Le premier type appelé *irregular flat* se produit quand la vague B dépasse le sommet de la vague A et que la vague C parvient à casser le fond de la vague A (cf. graphique 16). Dans ce type de cas, la vague C connaît souvent une extension de 1,38 fois la vague A. Le second type de correction irrégulière se caractérise par l'incapacité de la vague C d'atteindre respectivement le sommet ou le fond de la vague A et s'intitule *failure flat* (cf. graphique 17). Par exemple la vague C décomposée en cinq vagues ne parvient pas à retrouver le fond de la vague A et démontre alors la force de la tendance sous-jacente.

Graphique 16. – *Irregular flat*

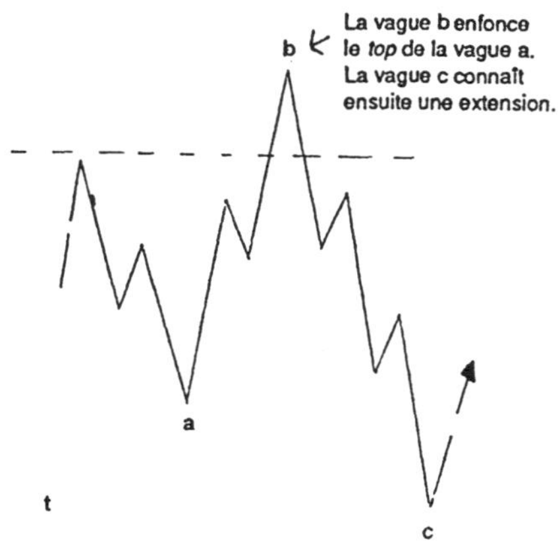

Graphique 17. – *Failure flat*

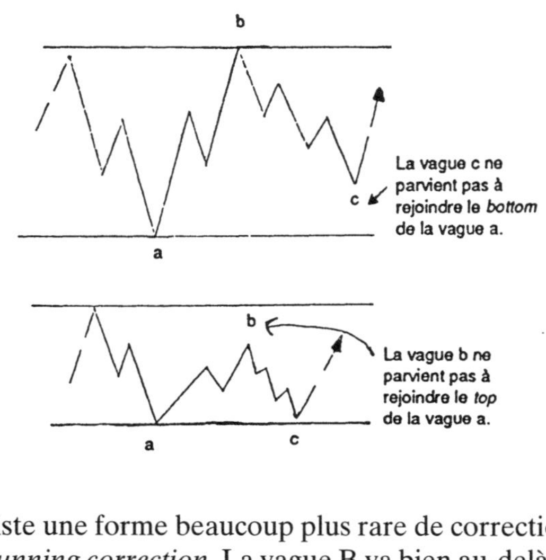

Enfin, il existe une forme beaucoup plus rare de correction irrégulière : il s'agit de la *running correction*. La vague B va bien au-delà du sommet de la vague A et la vague C, très courte, se maintient au-dessus du sommet de la A. Ceci se produit quand le marché est tellement fort que la correction n'arrive pas à se faire normalement : il s'agit d'une véritable correction haussière dans un marché haussier (cf. graphique 18).

Graphique 18. – *Running correction*

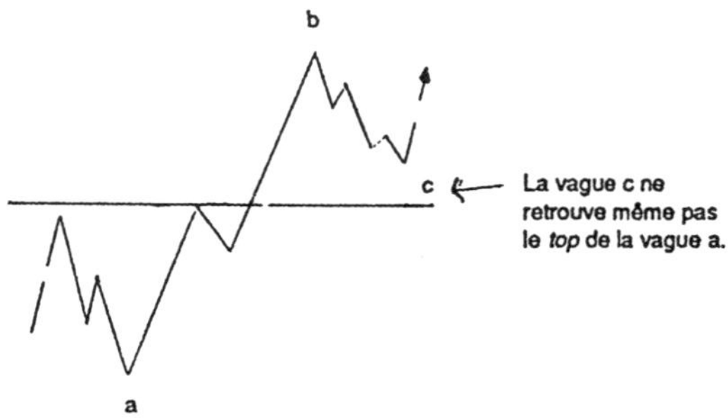

- *Les triangles*

Les corrections en triangle arrivent souvent avant le dernier mouvement terminal. On les retrouve donc pratiquement toujours en vague 4 et quelquefois en vague B.

Les triangles sont formés de cinq vagues de trois dont l'amplitude devient de plus en plus réduite (sauf dans le cas des triangles en formation élargie). On retrouve les quatre catégories de triangles que nous avons analysés dans la deuxième partie : triangles descendants, ascendants, symétriques et symétriques inversés (cf. graphique 19).

Graphique 19. – *Les quatre catégories de triangles*

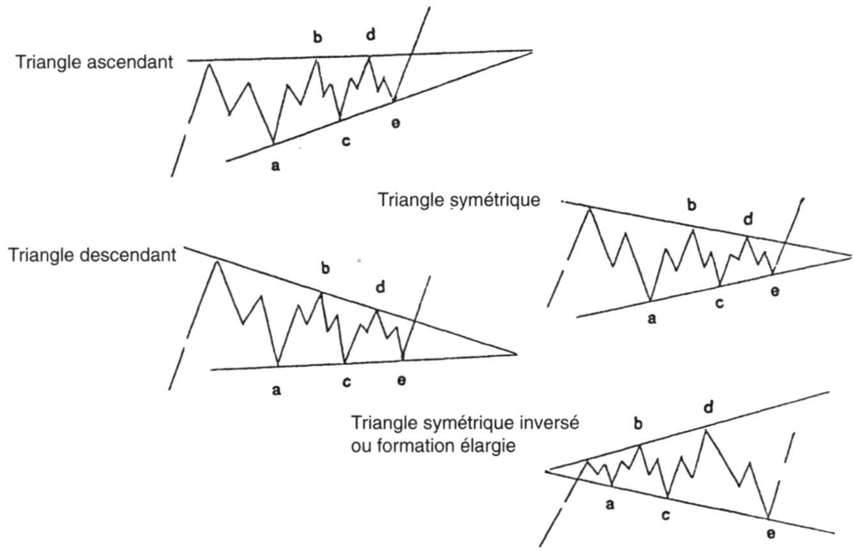

Les mouvements en triangle correspondent généralement à des consolidations limitées (corrections très souvent inférieures à 50 % et souvent proches de 38 %). Elles indiquent qu'il existe une certaine indécision (mouvement horizontal) et que le marché a besoin de se reposer légèrement avant de poursuivre sa tendance. On reconnaît souvent les formations en triangle grâce à l'existence de nombreux *gaps* non significatifs produits sans volume.

La rupture de la droite de résistance du triangle entraîne souvent un mouvement brutal.

Cependant certains faux signaux apparaissent : il arrive, par exemple, que la cinquième vague ne vienne pas taper la base du triangle et que la tendance reprenne plus tôt que prévu. Inversement, il se produit parfois une rupture momentanée du triangle (dans le sens opposé de la tendance) suivie d'un retour brutal. Il arrive enfin que les triangles ne soient formés que de trois vagues (cela arrive régulièrement sur les matières premières).

Théoriquement, les vagues devraient être liées entre elles en respectant les ratios de Fibonacci, notamment 62 % et 76 % (cf. graphique 20) mais dans la pratique ces ratios sont rarement respectés au-delà de la troisième vague. Dans le cas des triangles, la forme importe plus que le respect des ratios.

Graphique 20. – *Relation entre les vagues d'un même triangle*

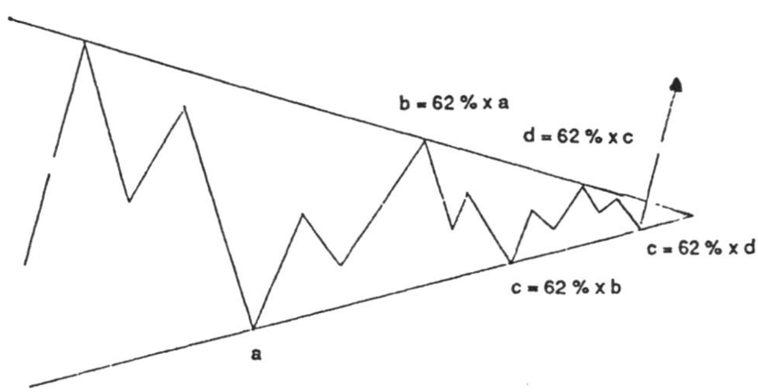

- *Double et triple-trois*

Il s'agit là des corrections les plus rares et les plus complexes. Elles sont constituées de sept vagues (pour les double-trois) et de onze vagues (pour les triple-trois). Il s'agit généralement de corrections horizontales de type rectangulaire où plusieurs formes de correction en trois vagues se succèdent. La forme la plus classique est une succession de corrections plates de type 3-3-5 (cf. graphique 21).

D'autres types de double-trois existent : par exemple, une correction en zigzag en 5-3-5 corrigée par une correction simple en trois vagues suivie par une nouvelle correction plate en 3-3-5 (cf. graphique 22).

Graphique 21. – *Figures en double-trois et triple-trois*

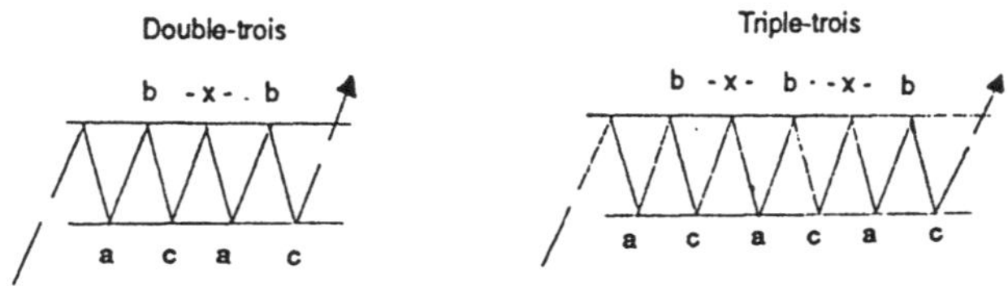

Graphique 22. – *Décomposition d'une figure en double-trois*

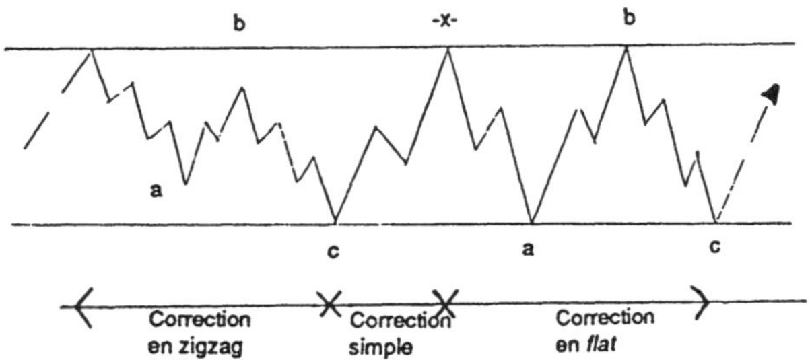

Ce type de correction marque généralement l'indécision qui règne sur le marché (qui atteint souvent la confirmation de ses anticipations, comme c'est le cas pour les corrections en triangle). On les retrouve donc davantage en vague 4 qu'en vague 2. Ces corrections ressemblent plutôt à des consolidations interminables où les marchés s'enlisent et retracent donc faiblement la vague d'impulsion précédente. La tendance sous-jacente conserve ainsi toute sa force.

2.3. Principes et règles elliottistes

fondant les rapports entre les vagues

Nous avons vu l'ensemble des caractéristiques des vagues, leur personnalité, leur façon de se développer (en configuration et en taille), mais il existe encore certains principes ou certaines règles qui fondent les rapports entre les vagues et qui permettent souvent de reconnaître des vagues et d'abandonner des hypothèses hasardeuses.

Certaines vagues doivent en effet répondre à certains critères du fait de leur personnalité et le développement de certaines vagues peut dépendre des mouvements qui l'ont précédé.

2.3.1. Règles strictes dues à la personnalité des vagues

• Une des règles les plus importantes chez Elliott est le fait que la vague 3 ne doit jamais être la plus courte.

Cela est essentiellement dû à la personnalité de la vague 3 (cf. plus haut) qui constitue le cœur de la tendance. De ce fait, il serait anormal que le cœur de la tendance développe le mouvement le plus court.

Ainsi, dans toute décomposition, il faut bien surveiller la taille de la vague 3 et modifier son décompte si cette règle n'est pas respectée (cf. exemple du graphique 23).

Graphique 23. – *Exemple d'une erreur de décomposition ne respectant pas la règle de la vague 3*

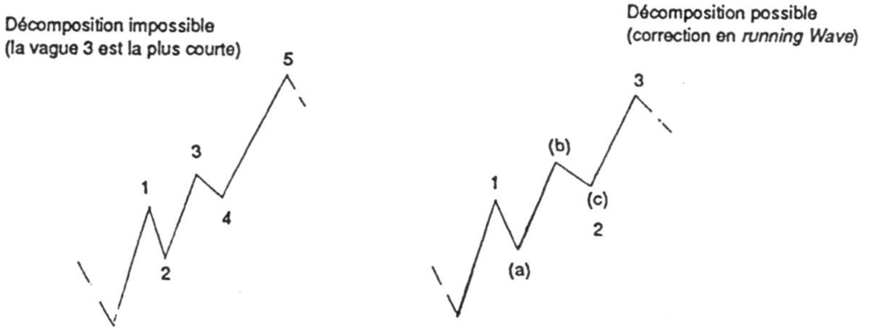

• Une des autres règles essentielles concerne la vague 4 qui ne doit jamais enfoncer le *top* (ou le *bottom*) de la vague 1.

Cela s'explique à nouveau par la personnalité des vagues 3 et 4. La vague 4 doit généralement être une vague de consolidation de la vague 3 (cœur de la hausse) et doit donc permettre au marché de reprendre des forces avant d'entamer la dernière vague 5 et d'atteindre de nouveaux sommets.

La vague 4 ne doit donc pas infliger une correction de la vague 3 trop sévère, qui pourrait remettre en cause le cœur de la hausse. Or, si la vague 4 enfonce le sommet de la vague 1, cela signifie que tout le travail effectué lors de la vague 3 est annulé puisque l'on retrouve les niveaux de la vague 1. Dans ce cas, il y a bien une remise en cause de la qualité de la vague 3 et donc une incohérence avec les principes de la théorie.

La vague 4 ne doit donc jamais revenir sur les niveaux de la vague 1. Si cela se produit, il ne s'agit pas d'une vague 4 et le décompte est à revoir (cf. exemple du graphique 24). Une exception existe cependant pour les vagues 5 qui connaissent une configuration en biseau (cf. paragraphe 2.2.1).

• Un autre principe concernant les vagues de correction permet de situer leur profondeur, notamment pour les vagues 4. Normalement, la vague 4 de correction ne doit pas enfoncer le *bottom* de la vague 4 de degré directement inférieur (cf. graphique 25), ou, si la vague 1 a connu une extension, c'est le *bottom* de la vague 2 que la vague 4 ne doit pas enfoncer.

2.3.2. Autres principes

2.3.1.1. Le principe de l'alternance

Ce principe s'applique aux vagues de correction et suppose qu'il existe une alternance de configuration dans presque tous les mouvements.

Graphique 24. – *Exemple d'erreur de décomposition ne respectant pas la règle de la vague 4*

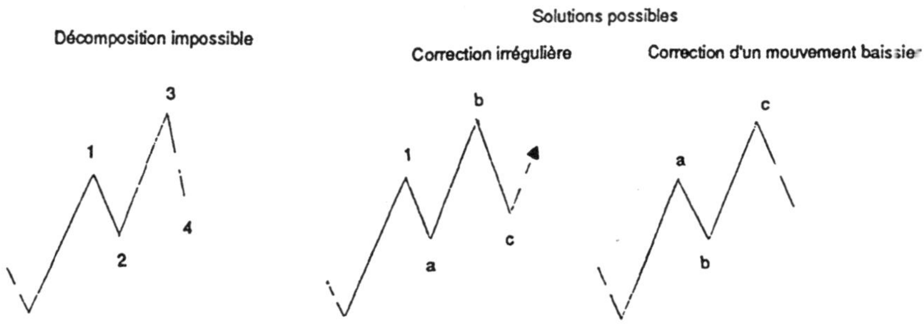

Graphique 25. – *Règles sur le potentiel d'une vague 4*

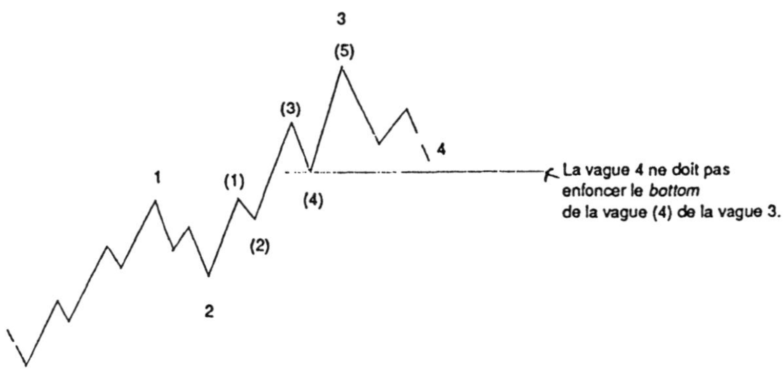

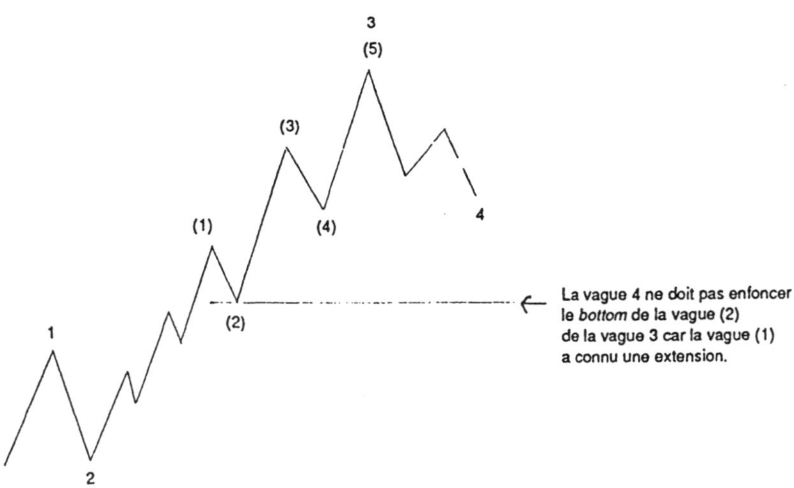

Une des principales applications concerne les vagues 2 et 4 : si la vague 2 suit une correction simple, il y a alors de fortes chances pour que la vague 4 connaisse une correction complexe. Le principe inverse est encore plus vrai car il est très rare de constater deux corrections complexes à la suite.

Les corrections simples sont des formations en zigzag ou en *flat* et les corrections complexes comprennent les triangles, les doubles ou triple-trois ainsi que les *irregular flats*.

Ce principe d'alternance peut également s'appliquer à l'amplitude des corrections. Si la correction de la vague 2 est forte (supérieure à 50 %), il y a de grandes chances pour que la correction de la vague 4 soit faible (inférieure à 50 %), et inversement.

L'utilisation de ce principe permet généralement de bien anticiper la qualité de la vague 4, tant en amplitude, qu'en complexité et qu'en durée (si la vague 2 est courte en temps, la vague 4 pourra connaître un développement assez long, et inversement) (cf. graphique 26).

Graphique 26. – *Exemple d'alternance sur les vagues de correction*

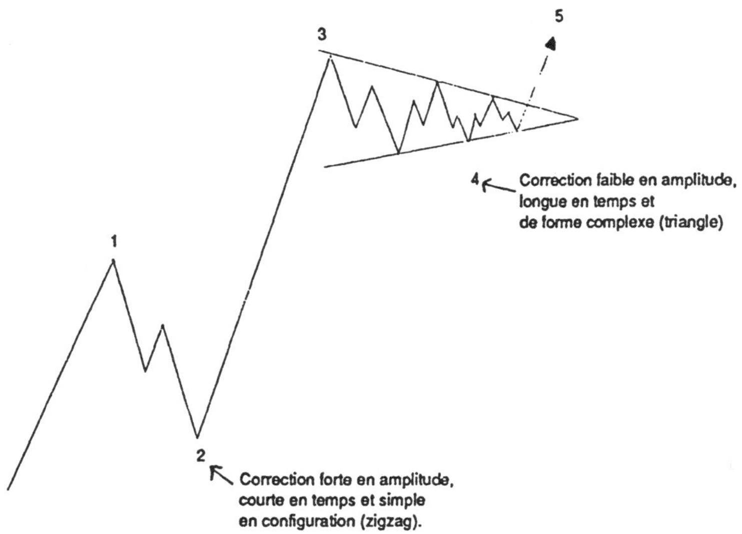

Ce principe d'alternance s'applique également au sein même des mouvements correctifs. Ainsi, si une correction commence par une vague A simple, la vague B a de fortes chances d'avoir un détail plus complexe ; l'inverse est moins fréquent. Par exemple, si la vague A est un zigzag, on peut s'attendre à une vague B en *flat* (cf. graphique 27).

2.3.1.2. Correction complexe après extension

Elliott considère qu'une extension ne peut constituer une fin de mouvement. Ainsi lorsqu'une vague 5 connaît une extension, la vague de correction qui suit doit permettre au marché d'obtenir un nouveau sommet.

Graphique 27. – *Alternance au sein des vagues de correction*

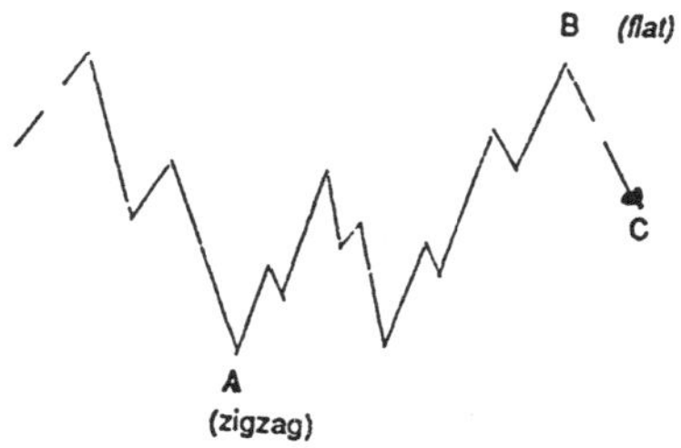

La vague de correction qui suit a donc de fortes chances d'être un *irregular flat* ou au moins un *flat* permettant de retrouver le sommet de la vague 5 (cf. graphique 28).

Cette règle est utile, car elle permet d'anticiper une correction complexe et d'attendre l'apparition d'un nouveau sommet offrant ainsi un *timing* remarquable.

Graphique 28. – *Correction en irregular flat après extension sur la vague 5*

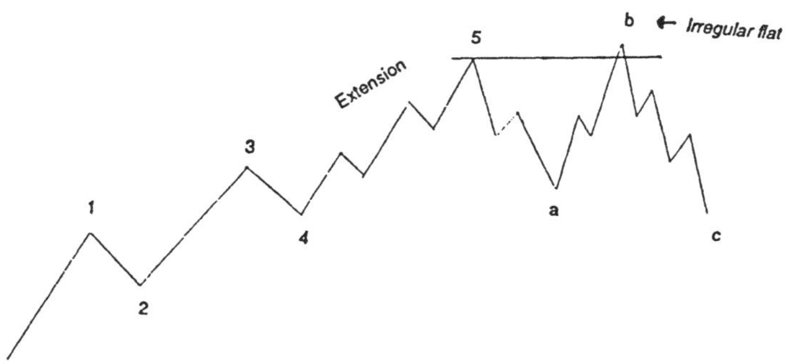

2.3.1.3. Extension après correction plate

Nous avons vu que les corrections en *flat* sont plutôt des consolidations et marquent la force de la tendance sous-jacente. Ainsi, il y a assez forte probabilité d'extension sur la vague d'impulsion qui suit immédiatement une correction plate (cf. graphique 29).

2.3.1.4. Calcul d'objectifs des vagues

L'amplitude des différentes vagues est fonction de la taille des vagues qui précèdent et d'un ratio de Fibonacci. Les trois vagues d'impulsion sont ainsi reliées entre elles directement ; si l'une connaît une extension, les deux autres doivent être de même taille. Les vagues de correction dépendent, quant à elles, de l'amplitude des vagues d'impulsion qu'elles corrigent et de la règle d'alternance.

Il est ainsi relativement aisé de chiffrer l'objectif d'une vague 5 :

– Si la vague 1 ou 3 connaît une extension, la vague 5 aura la taille de la vague 3 ou 1.

Graphique 29. – *Extension après correction plate*

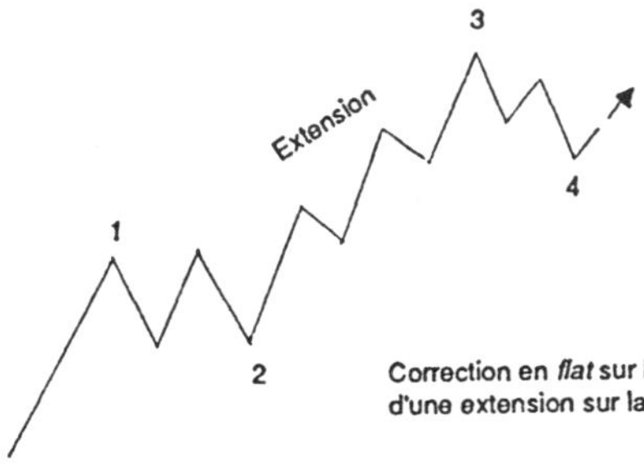

Correction en *flat* sur la vague 2 suivie d'une extension sur la vague 3.

– Si les vagues 1 et 3 sont égales, la vague 5 sera égale à 1 ; 1,618 ; 2 ou 2,618 × la vague 3.

À ceci s'ajoute une autre possibilité de chiffrage. Il s'agit de prendre la progression entamée depuis le début du mouvement jusqu'au sommet de la vague trois et de la multiplier par un ratio de Fibonacci de 0,382 à 1,618. Cela permet d'avoir un objectif maximum et minimum.

$$0{,}382 \times (\textit{Top } 3 - \textit{bottom } 1) < \textit{objectif vague } 5 < 1{,}618\ (\textit{top } 3 - \textit{bottom } 1)$$

2.3.1.5. La notion de vague parfaite

Il est tentant d'imaginer une structure idéale qui permettrait d'envisager à l'avance l'objectif final du mouvement alors que la vague 1 est tout juste terminée. Cela aurait l'avantage d'identifier le potentiel de l'ensemble du mouvement à venir, et pas seulement de la vague 2 et 3.

Idéalement, on peut considérer que la vague 2 corrige la vague 1 de 62 %, que la vague 3, qui représente le cœur du mouvement, connaît une extension de 1,618 fois la vague 1, que la vague 4 n'implique qu'une correction mineure de 38 % la vague 3 (respectant ainsi la règle de l'alternance et le fait que la vague 4 est peu dévastatrice). Enfin, la vague 5 sera égale à la vague 1. Dans ces conditions, l'ensemble du mouvement sera égal à 2,38 fois la vague 1 (cf. graphique 30).

2.3.3. La notion de temps et de cycle chez Elliott

Le temps constitue le troisième et dernier volet de la théorie d'Elliott. Il s'agit d'ailleurs du point le moins bien traité par Elliott et le moins suivi par les praticiens. Elliott s'est plutôt contenté d'observations intéressantes sur les creux et les pics de marché mais n'a jamais proposé de règles de *timing* comme il a pu le faire pour l'amplitude.

Il existe des séquences temporelles basées sur la série de Fibonacci qui séparent des points charnières de façon étonnante. Elliott donne quelques exemples dans *Nature's Law* sur le temps séparant des points majeurs de retournement sur l'indice Dow Jones :

Graphique 30. – *Décomposition d'une vague parfaite*

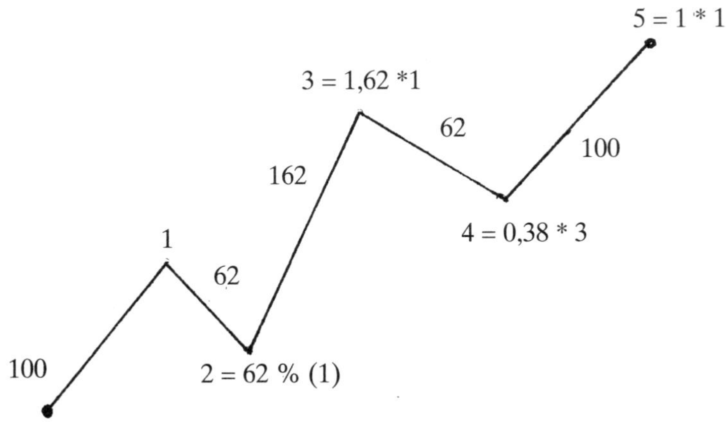

1921 à 1929	: 8 ans
Juillet 1921 à novembre 1928	: 89 mois
Septembre 1929 à juillet 1932	: 34 mois
Juillet 1932 à juillet 1933	: 23 mois
Juillet 1933 à juillet 1934	: 13 mois
Juillet 1934 à mars 1937	: 34 mois
Juillet 1932 à mars 1937	: 55 mois
Mars 1937 à mars 1938	: 13 mois
Mars 1937 à avril 1942	: 5 ans
Mars 1929 à avril 1942	: 13 ans

Ainsi il est possible d'essayer de repérer des zones possibles de retournement en partant du dernier point majeur et en lui ajoutant un nombre de Fibonacci (jour, semaine, mois ou année, en fonction de l'importance historique du point analysé).

Par exemple, le marché français a atteint un point bas en février 1988, on peut donc trouver les dates sensibles suivantes :

Février 1988 + 13 = mars	1989
Février 1988 + 21 = octobre	1989
Février 1988 + 34 = décembre	1990
Février 1988 + 55 = septembre	1992

Les trois premières dates ont effectivement coïncidé avec des creux importants du marché.

De la même façon depuis le top d'avril 1990 on peut trouver les mois suivants :

Avril 1990 + 5 = septembre	1990
Avril 1990 + 8 = décembre	1990
Avril 1990 + 13 = mai	1991

Une autre façon d'analyser le temps est d'appliquer les ratios de Fibonacci comme nous l'avons vu pour le calcul de l'amplitude des vagues :

– Deux vagues d'impulsion qui ont la même taille doivent avoir à peu près la même durée.

– La vague d'impulsion qui s'étend peut également s'étendre en durée en respectant un ratio de Fibonacci.

– La durée des vagues de correction peut également dépendre du temps pris par la vague d'impulsion qui précède. Un marché peut en effet corriger de deux manières : en amplitude ou en temps. La correction de certaines impulsions fortes est parfois très limitée en amplitude mais très significative en temps.

À l'intérieur des vagues de correction, si la vague C connaît une extension en amplitude, il y a de fortes chances pour qu'elle ait une durée équivalente à celle des vagues a et b réunies (cf. graphique 31).

Graphique 31. – *Exemple de relation temporelle entre les vagues*

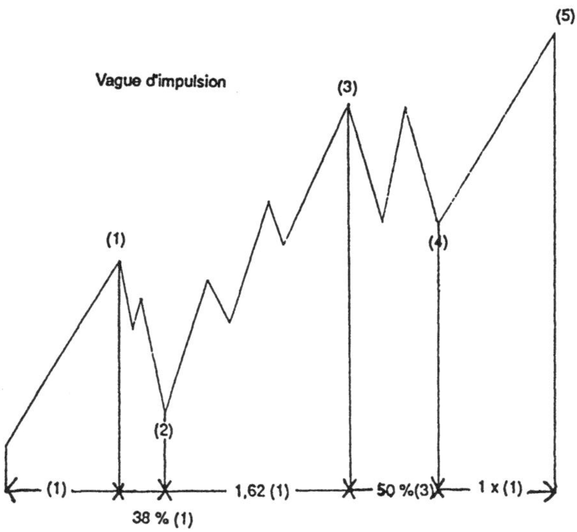

Ces principes s'observent parfois de façon spectaculaire, à l'heure près, mais ne constituent pas de règles absolues. Ils doivent permettre la détermination de zones temporelles sensibles.

Si un objectif de prix coïncide avec un objectif de temps, il y a de fortes chances pour qu'un retournement se produise ; mais l'objectif de prix est toujours prioritaire.

3. De la théorie à la pratique

Après avoir acquis l'essentiel de la théorie et en avoir compris sa logique, il est utile de montrer comment on peut travailler avec elle et l'utiliser dans l'analyse des marchés. Nous aborderons donc dans cette section la notion de scénario elliottiste et l'importance des décompositions mineures. Nous verrons aussi comment l'analyse graphique s'intègre dans la théorie d'Elliott. Nous discuterons de l'intérêt de la théorie d'Elliott et de ses différentes applications. Enfin, la présentation d'un exemple « vivant » sur le marché des actions françaises illustrera ce passage à la pratique.

3.1. La mise en pratique

Lorsque l'on analyse un marché en termes elliottistes, il s'agit tout d'abord de déterminer l'échelle de temps sur laquelle on veut travailler. On essaie ensuite de trouver un point de départ pertinent pour y découvrir une décomposition ou plutôt un début de décomposition du mouvement étudié en vagues d'Elliott. À ce stade, une fois que les termes de la décomposition sont posés, on s'aperçoit qu'ils entraînent certaines implications sur les mouvements à venir du fait des règles décrites dans la section précédente.

Ainsi, le choix d'une décomposition n'est jamais innocent quant à l'avenir et constitue dès le départ un véritable scénario. Ce scénario doit intégrer une panoplie d'éléments techniques : objectif des différentes vagues à venir, forme probable de celles-ci, temps de chacune d'elles (éventuellement). Tout ceci doit être accompagné de points stops qui, s'ils sont passés, peuvent annuler le scénario envisagé. On conseillera donc toujours de disposer d'un scénario alternatif valide même s'il est jugé moins probable.

Les point suivants doivent être considérés :

3.1.1. La détermination de l'échelle de temps

Il s'agit de déterminer le type d'intervention désiré : s'agit-t-il d'une intervention *intra-day* ou au contraire d'une intervention à long terme. Dans le premier cas, on utilise des graphiques *hourly* détaillés reprenant l'activité du marché sur quelques semaines. Dans le second, il faut savoir dans quelle vague de long terme le marché se situe. Un graphique représentant trois à quatre ans est nécessaire et un graphique retraçant plusieurs décennies peut être précieux.

3.1.2. Le point de départ

Une fois les graphiques choisis, il faut déterminer un point de départ au développement d'une vague de tendance.

La plupart du temps on conseillera de partir du graphique qui représente le plus d'années et de repérer les points extrêmes. À partir de ces points, on peut remarquer s'il s'agit de vagues d'impulsion ou de correction (haussières ou baissières). Ensuite, on passe à l'échelle qui nous intéresse en proposant une analyse dont le point de départ correspond à ce point extrême.

Exemple de l'indice SBF : Comment analyser le marché en 1990 ? Pour cela on prend un graphique long terme, on repère ses points extrêmes : avril 1987 (a 460) puis février 1988 (à 250) puis plusieurs fois le point 560.

On peut considérer que le mouvement de 250 à 560 représente une vague d'impulsion. Ainsi, pour bien comprendre les évolutions du marché en 1990 et après, il est important de revenir deux ans en arrière afin d'avoir une décomposition pertinente.

3.1.3. La décomposition d'un mouvement

Une fois le point de départ fixé, on peut commencer à proposer des décompositions. Pour cela on s'intéresse d'abord à l'allure générale du graphique : peut-on voir à l'œil nu des développements de vagues ; si oui, on indique la décomposition sur le graphique et on vérifie le respect des règles elliottistes en mesurant chacune des vagues. Ensuite, on peut proposer une décomposition des grandes vagues, notamment celle qui est en cours.

S'il n'apparaît pas de décomposition évidente, on procède à une analyse plus tâtonnante. On repère notamment les points extrêmes et on essaie de distinguer des mouvements d'impulsion et des mouvements de correction, en repérant la taille de chacun. À partir de là, en confrontant les différentes amplitudes et en regardant de nouveau l'allure du mouvement, on parvient généralement à déterminer une décomposition cohérente.

Elliott dit que l'allure doit être plus importante que le respect des amplitudes et des ratios. Cependant, il y a des cas où les mouvements n'ont véritablement aucune allure elliottiste dans ces cas-là, le respect des amplitudes et des ratios doit être déterminant, même si le décompte des sous-vagues est rendu impossible ou incomplet (absence d'une vague d'impulsion sur les débuts de mouvement, par exemple).

3.1.4. La détermination d'un scénario

Après avoir indiqué la décomposition majeure, on propose éventuellement une sous-décomposition de chaque vague. On le fera de toute façon pour celle qui est en cours.

De toute évidence, l'existence d'une décomposition suppose une prise en compte de l'avenir et entraîne un certain nombre d'hypothèses quant à l'évolution future du marché. Toute décomposition elliottiste représente donc un scénario de marché.

En effet, si j'ai trouvé les trois premières vagues d'un mouvement, les deux vagues qui suivent vont être forcément influencées par les vagues qui précèdent. Je pourrai donc faire un certain nombre d'hypothèses sur l'avenir à partir de mes trois premières vagues : la complexité et la taille de la vague IV seront déterminées par la nature de la vague II et par la taille de la vague III. La vague V sera à son tour dépendante de l'extension qui a (ou n'a pas) eu lieu sur la vague I ou III. Je pourrai alors déterminer une série d'objectifs pour mes différentes vagues avec des probabilités variables. En repérant le temps pris par chacune des trois premières vagues, je pourrai également avoir une idée du *timing* possible des vagues suivantes. Enfin, je pourrai déterminer des points limites à ne pas dépasser pour ne pas mettre en péril la cohérence de mon scénario.

Par exemple, le sommet ou le fond de la vague 1 représente un point limite que la vague 4 ne doit pas enfoncer ; si la vague 1 a connu une extension, la taille de la vague 5 ne doit pas dépasser celle de la 3. On détermine ainsi un point limite à ne pas dépasser.

Mais si ces points sont effectivement franchis, le scénario est rendu caduc et il faut en appliquer un autre. Ainsi, il est conseillé d'avoir toujours un scénario alternatif qui puisse fonctionner si ces points sont passés, évitant ainsi d'être momentanément perdu.

3.1.5. Pour une décomposition approfondie

Un point essentiel dans la détermination des scénarios est la connaissance du point réel de départ et de retournement des mouvements. Dans la majorité des cas, ces points coïncident avec les extrêmes. Cependant, lorsque les mouvements sont « atypiques » (correction en *irregular flat*, vague 5 avortée), cet *a priori* devient faux et risque d'entraîner des erreurs dans le calcul des objectifs et la compréhension des mouvements.

Pour ce faire, il faut essayer de décomposer les mouvements le plus loin possible dans le temps, on évitera ainsi des interprétations biaisées dès le départ et qui donneront donc de mauvais résultats (cf. exemple du graphique 32).

Graphique 32. – *Pour une décomposition approfondie*

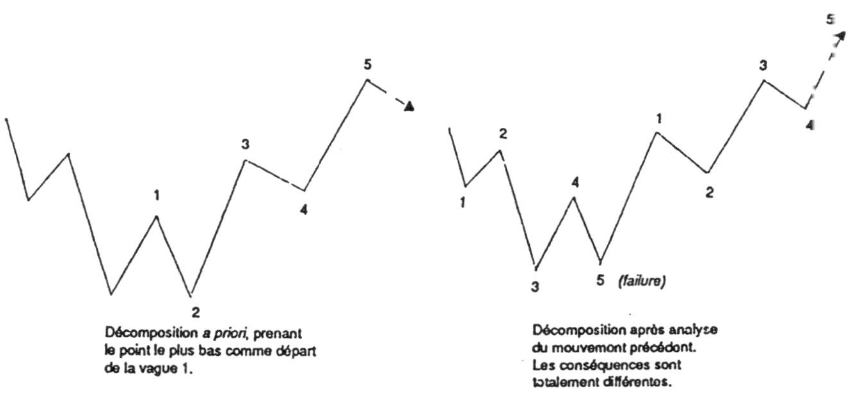

Si on suppose que le point de départ du mouvement baissier se fait depuis le plus bas, alors le marché se retrouve au sommet et doit se retourner.

Mais si on effectue le décompte du mouvement baissier précédent on s'aperçoit que le marché a connu une vague 5 avortée et que le mouvement baissier commence en fait au niveau de la vague 2. Le mouvement actuel doit donc encore connaître une vague 5 de hausse.

Dans le même but, il faut essayer de décomposer les sous-mouvements. En effet, les sous-mouvements peuvent connaître des formations irrégulières et entraîner des erreurs si on n'y prend pas garde (cf. graphique 33).

Graphique 33. – *Décomposition des sous-mouvements*

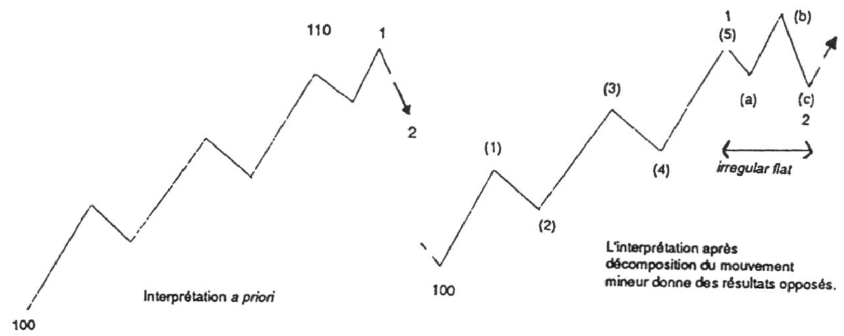

Ce mouvement de 100 à 110 pourrait être interprété comme un premier mouvement de hausse qui devrait être corrigé par une vague 2. Dans ce cas, on conseillera plutôt de rester en position vendeuse avec des objectifs à 106,20 ; 105 et 103,80.

Mais si on fait le décompte du mouvement, on s'aperçoit que le marché a terminé sa première vague de hausse avant 110 et que le mouvement correctif en *irregular flat* est terminé (décomposition en a, b, c). Le marché devrait alors entamer une nouvelle vague de hausse. On conseillera alors l'achat (conseil inverse au précédent).

Il est donc toujours important d'avoir des décompositions d'un terme supérieur à celui qui nous intéresse et des décompositions détaillées sur les mouvements mineurs.

3.2. Analyse graphique et théorie d'Elliott

Nous avons vu dans la section précédente que certaines vagues évoluent au sein de figures techniques caractéristiques : biseaux, triangles, tunnels...

L'analyse graphique traditionnelle se retrouve donc dans l'analyse d'Elliott et peut même être considérée comme faisant partie intégrante de la théorie. En effet, d'autres termes peuvent trouver leur application dans l'évolution des vagues : c'est le cas notamment des figures de retournement (tête-épaules, *double-top*...) mais aussi des figures de continuation (triangles, *pennants*, *flags*...) ainsi que des traditionnels canaux. Nous allons voir simplement comment les figures peuvent se retrouver et s'anticiper avec une décomposition elliottiste.

Par ailleurs, l'analyse technique des indicateurs de puissance permet très souvent de repérer la situation des différentes vagues.

3.2.1. Les configurations graphiques expliquées par les décompositions elliottistes

Nous allons présenter ici les principales figures qui peuvent s'expliquer par un décompte elliottiste. Cette présentation n'est pas exhaustive et a pour but de montrer l'imbrication très forte qui peut exister entre les deux méthodes.

Par ailleurs, les figures caractéristiques des vagues correctives (triangles, rectangles…) et des vagues 5 (biseaux) détaillées dans la section précédente ne seront pas reprises.

3.2.1.1. Les têtes et épaules

L'objectif technique est atteint si la vague C connaît une extension de 1,618 fois la vague A. Sinon, l'objectif technique peut ne pas être atteint (cf. graphique 34).

Graphique 34. – *Décomposition elliottiste d'un tête-épaules*

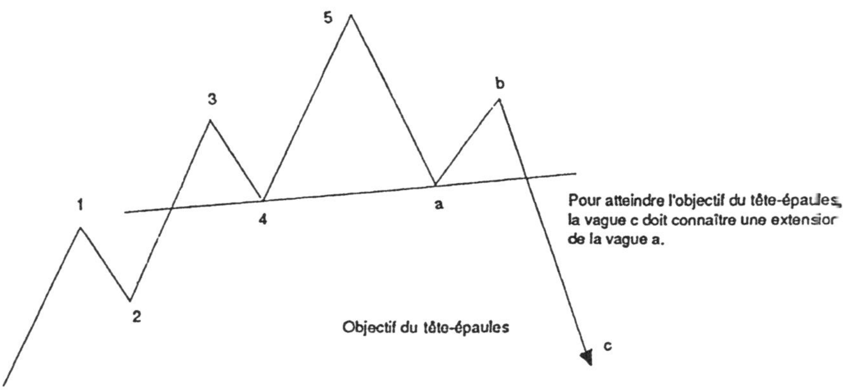

3.2.1.2. Les double-tops

Trois cas se présentent :
- *Failure* sur la 5 (cf. graphique 35).
- Correction *flat* (cf. graphique 36).

Dans ce cas, l'objectif du *double-top* est rarement respecté car l'extension de la vague C est souvent proche de 1,618 fois la vague A (et non pas deux fois comme le voudrait l'analyse graphique traditionnelle).

Graphique 35. – *Failure sur la vague 5 entraînant un double-top*

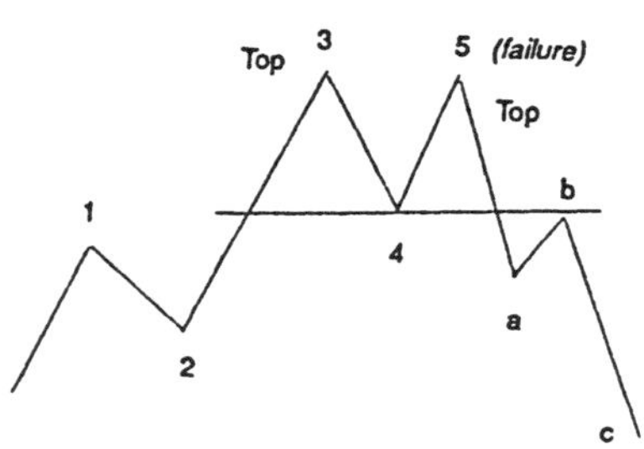

Graphique 36. – *Correction flat entraînant un double-top*

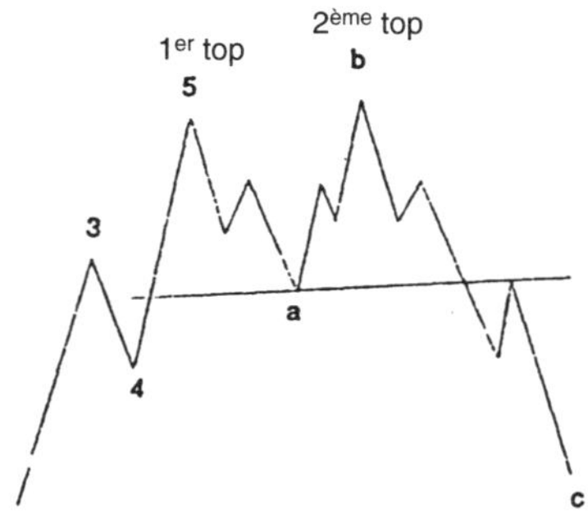

– Correction intégrale de la vague 2 (cf. graphique 37).

La vague 4 peut permettre le mouvement de *pull-back* sur la ligne de cou du *double-top* avant que l'objectif soit atteint.

Graphique 37. – *Correction intégrale de la vague 2*

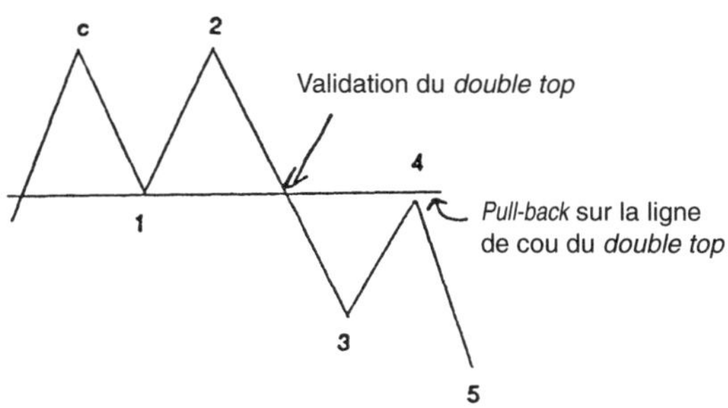

3.2.1.3. Les pennants et les flags

Ils se trouvent souvent en vague de consolidation dans les mouvements mineurs (cf. graphique 38).

3.2.1.4. Les canaux

Elliott était très sensible à l'importance des canaux. Selon lui, des mouvements entiers peuvent se développer au sein d'un même canal.

Le fond de la vague 1 et le fond de la vague 2 servent de point de référence au tracé de la droite de support tandis que le sommet de la vague 1 et de la vague 3 aident généralement à tracer la parallèle servant de droite de résistance et permettent « d'enfermer » le mouvement des vagues dans un canal.

Par la suite, la vague 4 peut venir se reposer sur la droite de support avant que la vague 5 ne se dirige vers le sommet du canal (cf. graphique 39).

Graphique 38. – *Corrections en zigzag sous forme de flag ou de pennant*

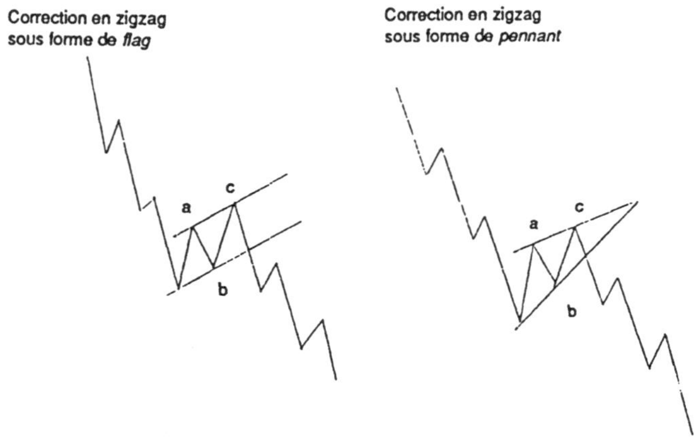

Graphique 39. – *Évolution des mouvements au sein d'un canal*

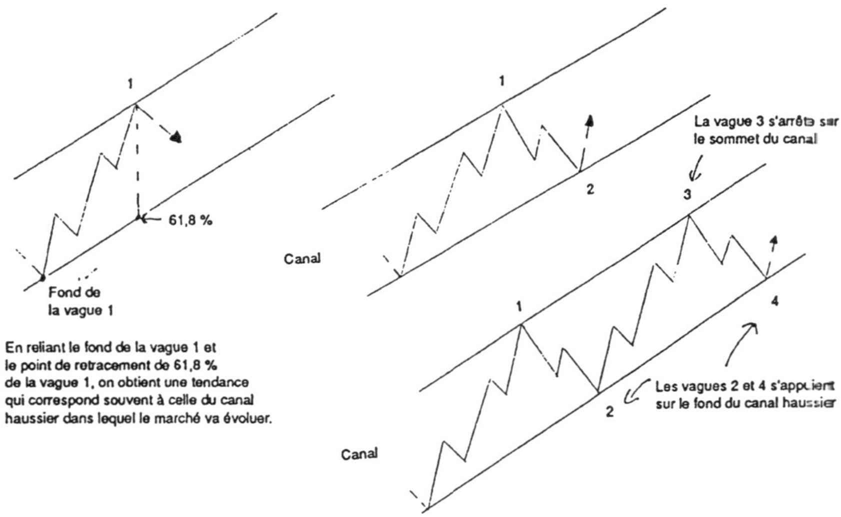

La vague 4 ne vient pas toujours se reposer sur le fond du canal et aide ainsi à former un nouveau canal plus pentu que le précédent. On peut supposer que la vague 5 retrouve la parallèle de cette nouvelle tendance, c'est-à-dire le sommet du nouveau canal (cf. graphique 40).

Du fait de sa personnalité, la cinquième et dernière vague a parfois du mal à suivre la nouvelle cadence du mouvement initié depuis la vague 4. De ce fait, il lui arrive de ne pas atteindre le sommet du nouveau canal. La vague 5 s'arrête donc parfois sur le sommet du canal initial (indiquant par là même, la faiblesse du mouvement) (cf. graphique 41).

Graphique 40. – *Apparition d'un nouveau canal haussier après la vague 4*

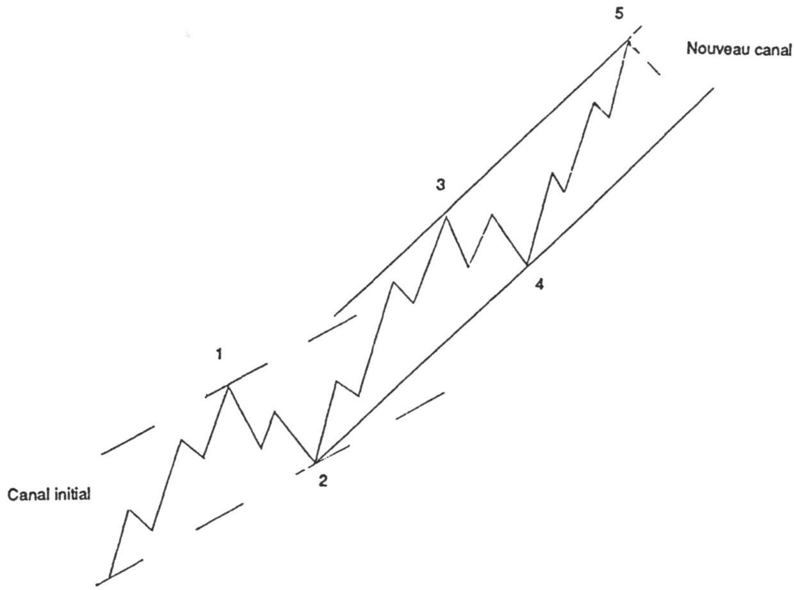

Graphique 41. – *Essoufflement de la vague 5 au sein du nouveau canal haussier*

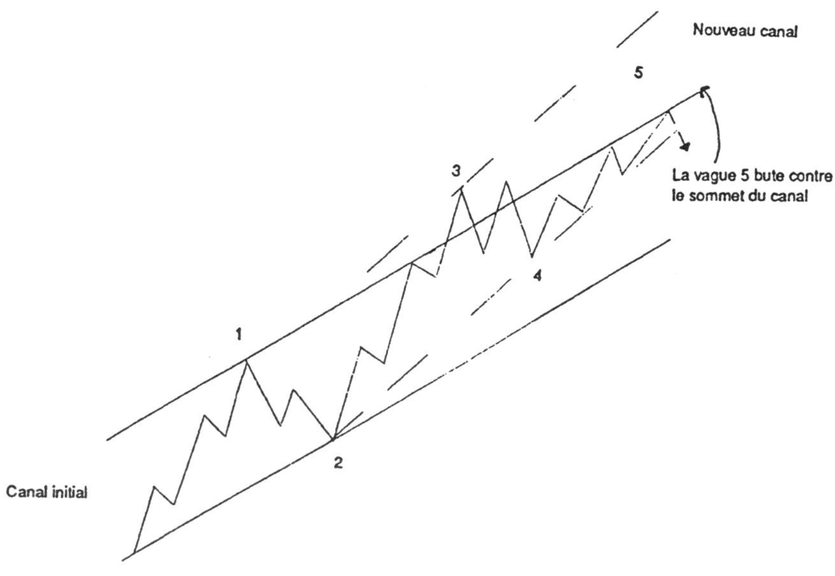

3.2.2. *L'utilisation des oscillateurs techniques*

L'analyse elliottiste doit s'accompagner du suivi des principaux indicateurs techniques présentés dans le chapitre 4 (momentum, RSI, Stochastics,...).

On constate en effet les points suivants :

– L'apparition de divergences coïncide généralement avec la fin des mouvements et indique soit l'amorce d'une nouvelle tendance avec le démarrage d'une première vague, soit la fin d'une vague 5 et l'imminence d'un mouvement correctif.

– Les vagues 3 très dynamiques entraînent souvent des situations de surachat (ou de survente) ; c'est là que les RSI ou les momentum atteignent des sommets ou des creux facilement repérables.

– L'inertie des tendances visibles sur les oscillateurs *stochastics* peut permettre de repérer les vagues en extension. En effet, lorsque les oscillateurs *stochastics* se trouvent collés sur la borne haute ou basse, cela traduit l'existence d'une tension exceptionnelle qui correspond généralement aux extensions des mouvements.

L'exemple de CAC 40 présenté sur le graphique 42 illustre parfaitement la correspondance existant entre l'information donnée par les oscillateurs et la décomposition elliottiste d'un mouvement.

Graphique 42. – *Décomposition elliottiste et indicateurs techniques*

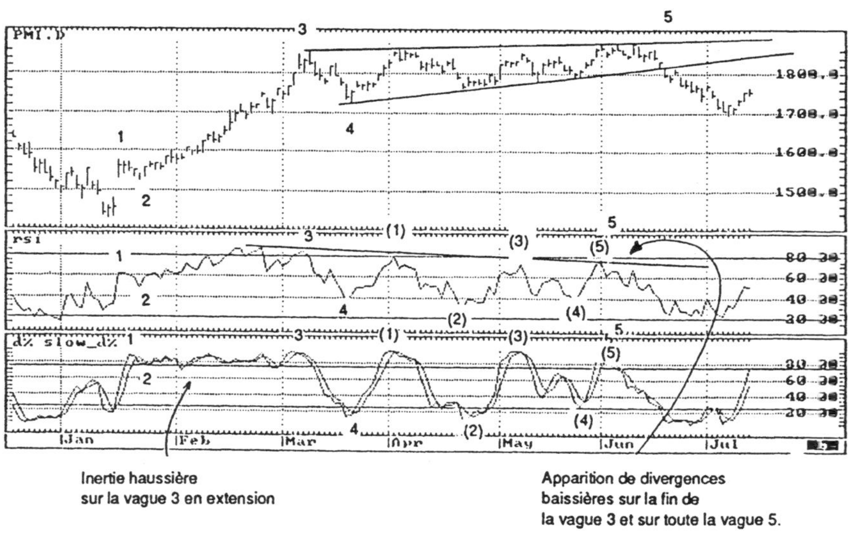

Source : Telerate – Global Dow Jones Information.

3.3. Remarques sur l'application de la théorie

La théorie d'Elliott est probablement la méthode la plus complexe et la plus complète où tous les cas de figures ont probablement été envisagés. De ce fait, cette méthode demande du temps et du travail pour la maîtriser, l'appliquer et également la comprendre.

La théorie d'Elliott est à certains égards difficile et ingrate, entraînant du même coup incompréhensions et critiques.

– Le fait qu'on puisse appliquer la même théorie aussi bien pour une analyse de plusieurs dizaines d'années que pour l'analyse, *intra-day* déstabilise certains intéressés.

– Les changements d'opinion rapides quand un point est passé et l'existence de scénarios alternatifs ne provoquent pas toujours l'enthousiasme des néophytes.

– Une analyse peut considérer un extrême de marché alors qu'il existe encore un consensus de place. Elliott se travaille parfois très bien en contre-tendance : cela surprend invariablement et déstabilise souvent.

– L'hésitation qui se retrouve parfois sur l'apparition de configurations complexes et rares ainsi que sur les débuts de mouvements exaspère certains.

Enfin, comme il s'agit d'une théorie complexe, elle est parfois mal interprétée ou mal utilisée. De mauvais résultats sont ainsi imputés injustement à la théorie et non aux pseudo-analystes.

Or ce sont justement ces éléments qui sont à la base des critiques qui fondent la qualité et la valeur de la théorie, qui permet d'avoir une perspective complète, évoluant rapidement, n'étant pas influencée par des éléments extérieurs et dont une des qualités requises pour pouvoir l'appliquer est l'humilité.

Remarques sur l'utilisation de la théorie

– La découverte des vagues et de leur décompte pose parfois quelques difficultés. Ainsi il se trouve parfois que l'ordre de priorité établi par Elliott (configuration, ratio, temps) soit en partie inversé au profit des ratios. Les ratios de Fibonacci peuvent ainsi donner de meilleurs résultats que l'analyse des vagues. Ceci est particulièrement vrai sur le court terme et sur les marchés à termes : les *traders* notent en effet directement tous les points objectifs déterminés par les ratios et travaillent ensuite autour de ces points sans trop se soucier de la configuration du marché et encore moins du temps utilisé. Ceci correspond à la fois à une preuve flagrante de la réussite de la théorie d'Elliott, mais cela constitue aussi un risque d'appauvrissement évident.

– Elliott a étudié et développé sa théorie en travaillant sur l'indice Dow Jones. Son analyse s'applique aussi à tous les autres indices boursiers et à tous les autres marchés importants de matières premières, de devises et de taux d'intérêt. Mais la théorie ne s'applique pas aux actions car celles-ci sont sujettes à un ensemble d'éléments perturbateurs non naturels (opérations sur le capital, dividendes, OPA, informations privilégiées...) et où la psychologie réelle d'un marché n'existe pas.

– Les indices boursiers et les matières premières représentent les marchés dans lesquels on peut trouver des cycles de très long terme, respectant parfaitement la théorie (cf. décomposition du Dow Jones). Les marchés de taux d'intérêt ont, de par leur correspondance économique, des évolutions qui sont rapidement bornées et qui, contrairement aux indices boursiers, ne profitent pas des phénomènes cumulatifs comme l'inflation et la croissance économique. Il est ainsi très difficile d'observer des cycles elliottistes à très long terme mais plutôt une succession de cycles baissiers et haussiers.

– Comme pour compenser cette limite sur le long terme, on observe très souvent qu'à court-moyen terme, les marchés de taux d'intérêt, du fait de leur liquidité, sont ceux qui se prêtent le mieux à l'analyse d'Elliott.

– Sur le long terme, les grands mouvements des indices boursiers peuvent être rapprochés des évolutions socioculturelles du monde occidental. Autrement dit, les variations boursières ne sont qu'une manifestation particulière de notre monde en mouvement, au même titre que la mode, les mœurs, la musique... Prechter n'hésite pas, par exemple, à considérer que les grands cycles boursiers correspondent de façon assez similaire aux modes vestimentaires et culturelles. L'usage du noir serait ainsi typique des périodes de *bull-market* (cf. années 60 et 80) tandis que les couleurs intempestives marqueraient au contraire les phases de *bear market* (cf. années 70 et 90). L'observation de ces modes et de ces mœurs donne une lecture de l'état psychologique de notre civilisation à un moment donné qui doit se refléter ensuite dans les grands mouvements boursiers.

3.4. Cas pratique : l'analyse elliottiste du marché des actions françaises

Il est possible de décomposer l'évolution du marché des actions français depuis le début du siècle (cf. graphique 43). Cinq grandes phases peuvent être distinguées : elles correspondent *a priori* à cinq grandes vagues d'un vaste mouvement haussier.

(I) – **Depuis le début du siècle jusqu'à 1928** : Première phase de hausse (on connaît malheureusement très peu de chose sur la période puisque les graphiques utilisés pour cette étude ne commencent qu'à partir de 1926).

(II) – **1928-1936** : Correction de la hausse précédente qui ramène l'indice Insee de 30 à 7. La correction est donc très forte et relativement rapide (8 ans). D'autre part, cette vague de correction est simple puisqu il s'agit d'un zigzag.

(III) – **1936-1963** : 27 ans de *bull-market* quasiment ininterrompu (malgré la seconde guerre mondiale, la guerre froide et l'éclatement de l'empire colonial). Il s'agit du cœur de la hausse, une véritable explosion de l'indice qui est ainsi multiplié par plus de 120 et passe de 7 à environ 850 (sur l'indice Insee).

Graphique 43. – *Décomposition de l'indice Insee depuis 1926*

(IV) – **1963-1977** : 14 ans de yoyo entre 400 et 850 (sur l'indice Insee). Il s'agit essentiellement d'une vague de consolidation du mouvement précédent : cette vague est complexe (mouvement en double-trois ABC – x – ABC), très longue en temps (14 ans) mais peu dévastatrice : toute la progression de la vague (III) n'est ainsi corrigée que de 15 % même si l'indice passe de 850 à 400. On remarque également que le principe d'alternance est parfaitement respecté par rapport à la vague II (la vague II étant dévastatrice, courte et simple dans sa configuration).

(V) – **1977-1990 ou plus** : La dernière vague de hausse profite de la reprise économique pour propulser l'indice Insee à 4 500 points. La progression relative de cette dernière vague est moins importante que la vague (III) (entre 13, 18-20 ans au lieu de 27 ans).

Les ratios en temps et en amplitude respectent parfaitement les exigences elliottistes ; la décomposition dispose donc d'une certaine crédibilité. Celle-ci est renforcée par le détail de la dernière vague (V) composée elle-même de cinq mouvements (cf. graphique 44) :

(1) – **1977-1980** : L'indice SBF passe de 58 à 126 et l'indice Insee de moins de 500 à près de 1 000.

(2) – **1980-1981** : Correction de 50 % de la progression constatée sur la vague (1) (retour sur les niveaux 87 sur l'indice SBF).

(3) – **1981-1987** : Cœur de la hausse de la dernière vague (V) ; la taille relative de la vague (3) est de deux fois la vague (1) en amplitude et en

temps (six ans au lieu de trois). Le marché profite remarquablement de l'embellie économique : l'indice SBF passe ainsi de 87 au plus bas en 1981 à 460 en mai 1987 et l'indice Insee passe, lui de moins de 750 à plus de 3 700 pendant la même période.

(4) – **1987-1988** : Le krach boursier de 1987 entraîne une chute importante de la bourse qui revient sur le seuil de 250 (2 400 sur l'indice Insee). Cependant, si le mouvement est très rapide et dévastateur en terme de points perdus, cette vague (4) ne retrace que de 38 % la progression de la vague (3).

(5) – **1988-1990 ou 1995-1997** : Dernière phase de hausse qui permet d'atteindre les 560 (4 700 sur l'indice Insee). En pourcentage, l'évolution de la vague (5) est équivalente à celle de la vague (1) (hausse de l'indice de 120 % environ et durée pratiquement équivalente).

Graphique 44. – *Décomposition de l'indice Insee depuis 1950*

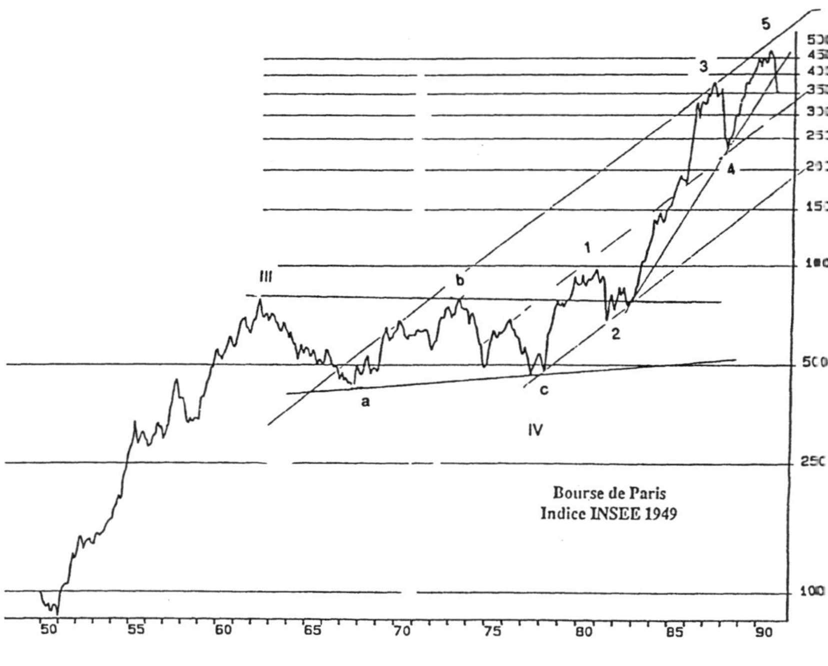

Le grand mouvement séculaire de hausse pourrait être arrivé à son apogée dans les années 1990 et pourrait ainsi céder la place à un vaste mouvement correctif décomposé en trois grandes vagues baissières.

La phase de correction devrait connaître une durée significative qui pourrait nous mener bien au-delà de l'an 2000 (il s'agit de retracer près de 90 ans de *bull-market*) et devrait être forte en amplitude : la bourse doit, en effet, corriger, non pas un niveau, mais toute une progression haussière. Ainsi, il apparaît fort probable qu'à long terme le marché retrouve les niveaux du krach de 1987. (Un retour sur les différents *trends* haussiers entraînerait une division des cours par deux par rapport à leurs plus hauts).

Cependant, la forme de ce mouvement de correction est complexe puisqu'il s'agit d'une correction en flat irrégulier où la vague B est déjà allée plus haut que le top de 1990.

Cette grande phase de correction devrait correspondre en tout cas à une modification profonde du paysage économique, politique et culturel (dislocation de l'empire soviétique, montée des intégrismes, situation au Moyen-Orient et dans les pays de l'Est...) dont les résultats seront longs à se dessiner et devraient nous plonger dans une longue période d'incertitude que les marchés financiers risquent de ne pas apprécier.

Après avoir connu une dynamique haussière remarquable, les marchés sont donc entrés dans une certaine prostration face aux bouleversements de cette fin de millénaire, qui correspond bien à la logique de notre scénario elliottiste (grand mouvement correctif de long terme) avec lequel il faudra essayer de vivre...

Heureusement, un scénario alternatif existe et considère que le marché n'a pas encore terminé son mouvement haussier de long terme. En fait, depuis 1988, le CAC 40 serait dans une grande vague 5 de type *rising wedge* (cf. graphique 45b) : le top de 1990 serait le top de la première vague, la guerre du golfe aurait permis le développement de la vague (2) ; la troisième vague aurait offert un nouveau sommet en 1994 à 2 360,

Graphique 45b. – *Décomposition du CAC 40 : grande vague V en* rising wedge

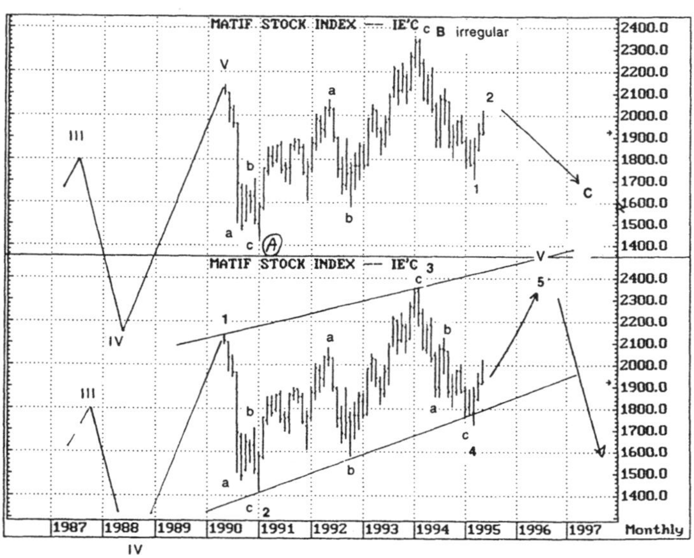

Source : ADP.

la vague (4) se serait ensuite arrêtée en mars 1995 à 1 711. Une grande vague (5) serait donc en cours de développement. Elle pourrait avoir une taille de 930 points (vague (3) = vague (5)) ou 1 500 points (extension de la vague 5) ; soit des objectifs à 2 640 ou 3 240. La durée de cette vague terminale pourrait être comprise entre 18 mois et 3 ans. On notera que chacune des vagues est composée de trois sous-vagues (cf. décomposition des vagues 5 en rising wedge) et que la suite des événements (une fois la grande vague 5 terminée) pourrait être assez dramatique car les mouvements suivant un *rising wedge* sont généralement très violents.

Chapitre 6

LES CYCLES ET LE TEMPS

La quatrième édition de cet ouvrage apporte beaucoup d'éléments nouveaux à ce chapitre. Elle présente non seulement les différentes méthodes de détection et de fonctionnement des cycles (présentées dans une première section) mais rassemble désormais tous les aspects s'intéressant à l'aspect temporel.

Le temps, ou plus précisément le « timing », est un aspect très important, voire essentiel dans la prévision. Or, on ne peut limiter le temps aux cycles. En effet, beaucoup d'éléments du « timing » s'expriment en dehors d'un cadre de cyclicité (qui suppose une régularité déterminée), comme, par exemple, les objectifs temporels ou les seuils de validité des configurations graphiques. Nous consacrerons donc une section entière à ces principes.

Enfin, la troisième section, entièrement nouvelle, s'intéresse à la présentation de la théorie de Gann selon laquelle l'aspect temporel est indissociable de l'aspect prix.

1. Les cycles

L'analyse technique « traditionnelle » qu'elle soit graphique, elliottiste ou résultant de la combinaison de filtres et d'oscillateurs offre une palette extrêmement large d'outils permettant de déterminer à la fois la tendance du marché, son risque et ses objectifs en termes de prix. Malheureusement, l'aspect cyclique est trop souvent ignoré.

L'analyse des cycles est régulièrement délaissée car elle est mal connue et est souvent jugée ingrate car elle nécessite beaucoup de patience et d'investissement expérimental pour pouvoir l'appréhender avec profit. Malgré tout, certains chercheurs américains se sont regroupés pour créer « *the foundation for the Study of cycles* » qui au fil des ans connaît un succès grandissant. Des personnalités comme Walter Bressert ou Ian Notley y ont beaucoup contribué, quelques bons ouvrages de référence sont désormais disponibles sur le marché (cf. bibliographie) et la recherche actuelle dans ce domaine est très prolifique. Cependant certaines publications trop ésotériques ternissent parfois son image.

Dans cette section, nous avons souhaité aborder les principes de base de la recherche des cycles et montrer comment il était possible d'en tirer une application pratique, en évitant les écueils dûs à leur irrégularité. La dernière partie de ce chapitre est finalement consacrée à certains développements nouveaux dans la recherche des cycles, permettant d'offrir un plus large éventail d'outils d'analyse cyclique.

1.1. Les cycles réguliers et les points extrêmes

L'évolution d'un marché et donc de ses points extrêmes résulte de la combinaison de cycles long terme, moyen terme et court terme. La décomposition présentée sur le graphique 1 montre comment les différentes juxtapositions de cycles affectent les variations d'un marché.

Un des aspects les plus importants réside dans le repérage des cycles. Pour ce faire, la pratique la plus employée consiste à repérer les principaux creux du marché et à les pointer sur le graphique. Ensuite, on évalue la régularité de ces points bas, en notant le nombre de jours séparant ces points extrêmes (graphique 2).

Pour faciliter le repérage des points extrêmes, Walt Bressert propose d'utiliser une moyenne mobile à 20 jours décalée dans le passé de la moitié de ces 20 jours (c'est-à-dire de 10 jours).

Ensuite, on peut construire un indicateur représentant les cours moins le niveau de la moyenne mobile. De cette façon, on obtient une courbe indépendante de la tendance en cours, qu'il est plus facile d'interpréter notamment pour la recherche des points extrêmes (cf. graphique 3).

Bressert propose également d'utiliser les indicateurs techniques pour faciliter le repérage des cycles mais aussi pour confirmer qu'un point bas de cycle s'est produit (début de retournement de l'oscillateur). Cf. *infra*.

Quand les creux de marché se suivent avec une bonne régularité, (moyenne stable et écart-type faible autour de cette moyenne), on constatera que le marché suit un cycle régulier dont il est possible de profiter. En revanche, l'instabilité de la série des points bas rend totalement impraticable toute recherche de cycles.

Traditionnellement, on considère que les marchés obéissent à des cycles de court terme (souvent une vingtaine de jours), à des cycles saisonniers (de 16 à 25 semaines), à des cycles longs (entre 70 semaines et 2 ans) et à des cycles de très long terme (entre 4 et 8 ans).

Graphique 1. – *Le marché se décompose en une combinaison de cycles long, moyen et court terme*

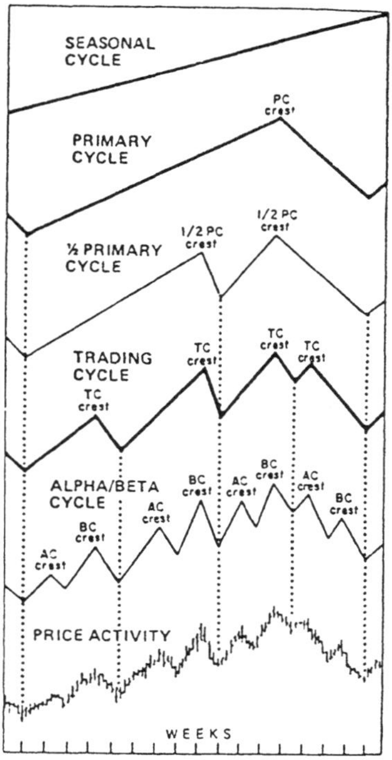

Source : HAL Cyclic Analyst's Kit, p. 1-2.

Généralement, chaque cycle se décompose en quatre sous-cycles qui se décomposent eux-mêmes en quatre cycles inférieurs, etc.

Ainsi, si l'on observe un cycle régulier de 20 jours sur un marché donné, le cycle saisonnier doit s'établir à quatre mois, le cycle long à seize mois et le cycle de très long terme à 5 ans.

Par exemple, le dollar-mark connaît des cycles réguliers à 2 ans, 26 semaines et 32 jours. Les cycles du Dow Jones sont de 6 ans, 18 mois, 18 à 20 semaines et 23 jours. Le Mark-Paris connaît, lui, des cycles parfois très réguliers à 8 jours, 32 jours et 20 semaines (cf. graphique 4) et le CAC 40, des cycles à 20 jours, 4 mois et 18 mois (cf. graphique 2).

La juxtaposition de plusieurs cycles en même temps (court terme, saisonniers et long terme) renforce souvent la qualité de la prévision et la force du retournement.

Malheureusement, la régularité des cycles n'est jamais parfaite. Tout au mieux, observe-t-on des cycles précis trois ou quatre fois consécutives. Le reste du temps, des décalages plus ou moins forts sont observés. Pour qu'un cycle soit néanmoins considéré comme fiable, il faut que 70 % des observations se situent autour de la moyenne à + ou – trois jours pour un cycle d'une vingtaine de jours.

Graphique 2. – *Pointage des creux importants sur le CAC 40 avec une régularité moyenne d'une vingtaine de jours. On obtient la série suivante sur la période : 19-24-20-18-20-19-23-24-20*

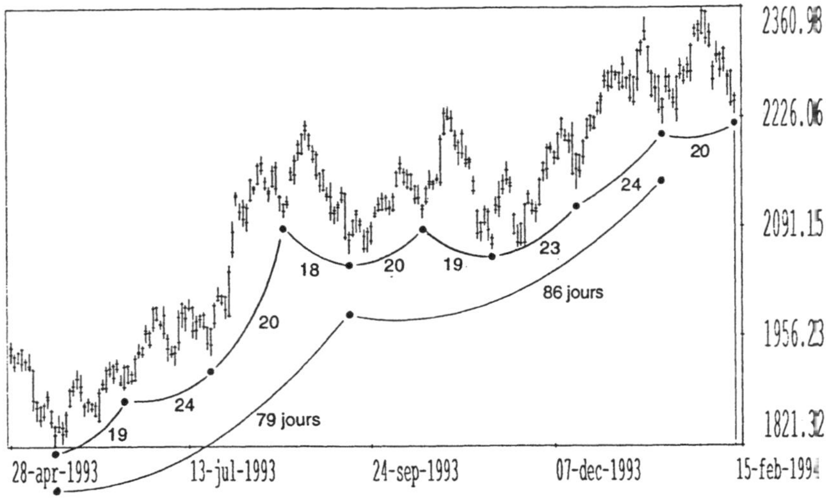

Source : Banque Internationale de Placement.

Graphique 3. – *Le S&P hebdomadaire est représenté avec sa moyenne mobile 20 semaines décalée de 10 semaines sur la gauche. La fenêtre du bas montre le S&P « détrendé », c'est-à-dire la valeur du S&P retranchée de la valeur de la moyenne mobile décalée.*

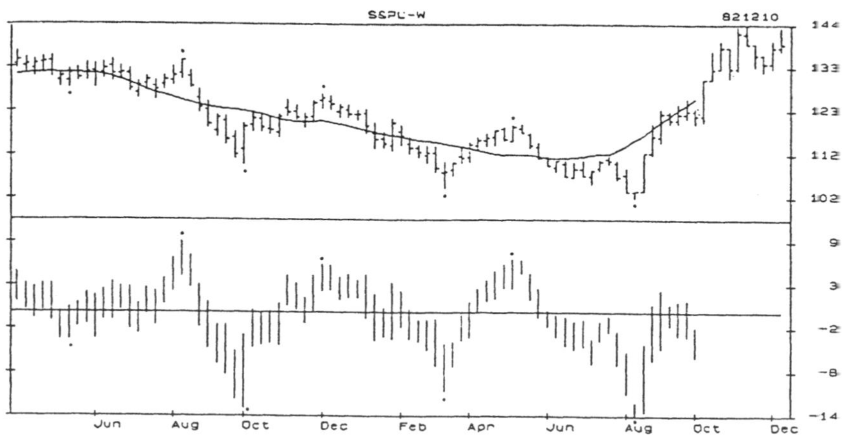

Graphique 4. – *Les cycles à 8 jours et 32 jours sur Mark-Paris*

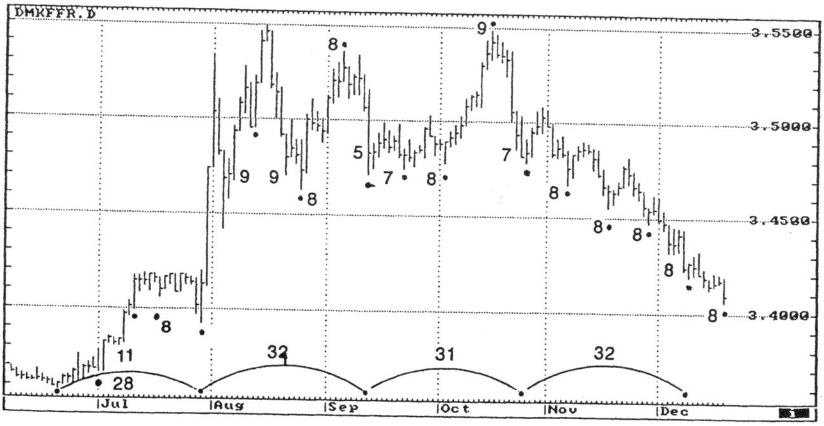

Par exemple, soit la distribution suivante pour 100 observations de point bas :

Durée du cycle	Nombre d'observations
12 jours	1
14 jours	2
15 jours	3
16 jours	2
17 jours	0
18 jours	3
19 jours	6
20 jours	12
21 jours	16
22 jours	23
23 jours	14
24 jours	12
25 jours	6

Moyenne = 21 jours
Nombre d'observations :
à 21 jours : 16 %
à 21 jours ± 1 : 51 %
à 21 jours ± 2 : 71 %
à 21 jours ± 3 : 86 %

Dans cet exemple, le cycle à 21 jours est considéré comme fiable car 86 % des creux de marchés se suivent à 21 jours à ± 3 jours.

Généralement, 70 % des points bas de cycle se produisent à l'intérieur d'une distribution étroite (telle que définie plus haut) ; 20 % interviennent avant, et 10 % seulement après. Il y a peu de chances pour qu'un creux de cycle arrive après la distribution considérée.

Cycle moyen
<----X------|--------X---->
20 %   70 %   10 %
(-----------------)
90 %

D'autre part, plus le cycle est court, plus le risque de non respect est important. Par exemple, sur le Mark-Paris, le cycle de 32 jours est assez précis, de même que le cycle saisonnier à 20 semaines. En revanche, le cycle court terme à 8 jours est parfois très irrégulier.

1.2. Comment utiliser les cycles ?

Il est important de savoir comment les utiliser. Si les cycles étaient parfaits, le problème ne se poserait pas, mais comme ils peuvent être parfois très imprécis, des méthodes d'utilisation s'imposent. Si les cycles étaient parfaitement réguliers, il suffirait d'acheter le jour où un creux est attendu et de vendre ensuite beaucoup plus haut. Malheureusement tel n'est pas le cas. Une fois repérée l'existence des cycles et analysée leur qualité, nous présenterons également certaines règles d'intervention valables dès qu'un cycle (ou une série de cycles) a été découvert(e).

1.2.1. L'utilisation des translations

Une translation gauche ou droite se réfère à la position du sommet du cycle par rapport à une situation centrale idéale. Une translation droite voit son sommet décalé vers la droite par rapport au point milieu du cycle. Les prix passent donc plus de temps à monter qu'à baisser, la translation droite est donc typique d'un marché haussier – et inversement pour une translation gauche –.

Pratiquement, on note sous le graphe de cours le creux et le sommet de chaque cycle reliés successivement par des traits haussiers et baissiers. On obtient ainsi une sorte de résumé de l'évolution du marché (cf. graphique 5).

Les translations permettent ainsi d'envisager le concept de tendance en termes de temps et non plus en termes de prix.

Une succession de translations droites (gauches) caractérisera donc un marché haussier (baissier).

Le changement de sens d'une translation après une succession de translations haussières ou baissières marquera donc la fin de la tendance existante et l'amorce d'une consolidation, voire d'un retournement de tendance.

1.2.2. Tout point bas de cycle représente un support très fort pour le marché

Quand un marché connaît une tendance haussière forte, les creux de cycles successifs sont en général de plus en plus élevés (et inversement sur un marché baissier).

En fait, chaque point bas de cycle doit représenter un support très fort pour le marché. Si le point bas du cycle précédent est enfoncé au cours du cycle suivant, cela signifie très souvent que le marché va continuer de baisser pour atteindre un nouveau creux beaucoup plus bas. En ce sens, la rupture d'un point bas de cycle représente un signal de vente jusqu'à ce que le cycle en cours se termine.

Graphique 5. – *Les translations représentées sous le graphique des cours permettent de préciser la tendance moyen terme. Pendant la hausse (la baisse) du marché, les translations sont décalées vers la droite (vers la gauche)*

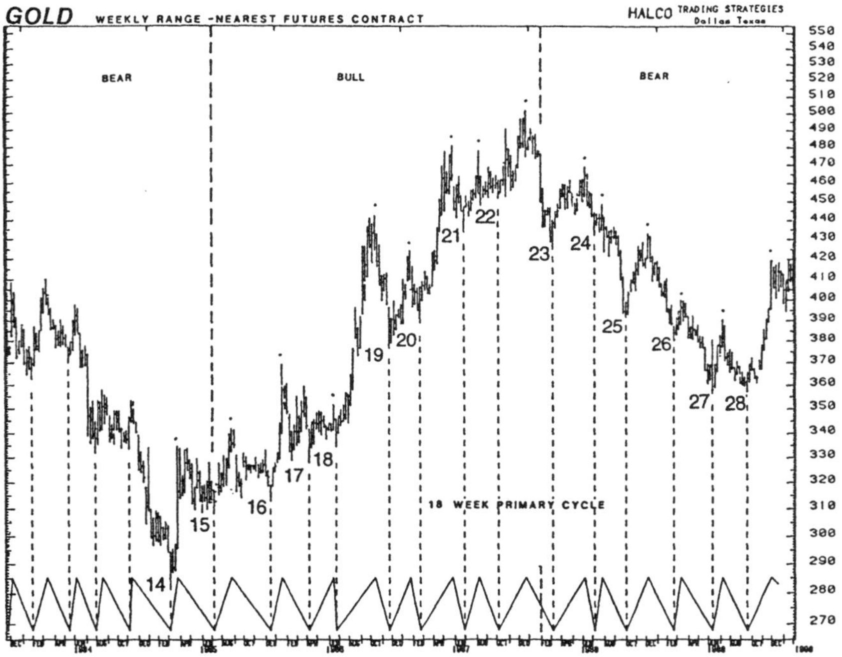

Par ailleurs, après un *bull market* (succession de points bas en hausse), la rupture du dernier point bas de cycle, suppose (comme pour les translations) l'arrivée d'une consolidation ou d'un retournement (cf. graphique 6).

À l'inverse, dans un marché baissier (succession de points bas en baisse), le top du cycle précédent constitue une résistance très forte dont la rupture signifie souvent le retournement du marché ou, en tout cas, l'apparition d'une consolidation.

1.2.3. La combinaison des oscillateurs et des cycles

Il s'agit de proposer des méthodes combinant l'analyse des cycles et l'analyse des oscillateurs pour déterminer des critères d'entrée sur le marché.

Tout d'abord, le choix des paramètres des oscillateurs doit se faire en fonction des cycles observés. Le paramètre optimal doit correspondre à la moitié de la durée du cycle : si le cycle a une durée de 18 jours, on choisira un RSI ou un stochastique à 9 jours.

Quand le marché s'approche d'une zone de creux, on recherche des signaux pour entrer sur le marché.

Graphique 6. – *Cycles et signaux sur le CAC 40*

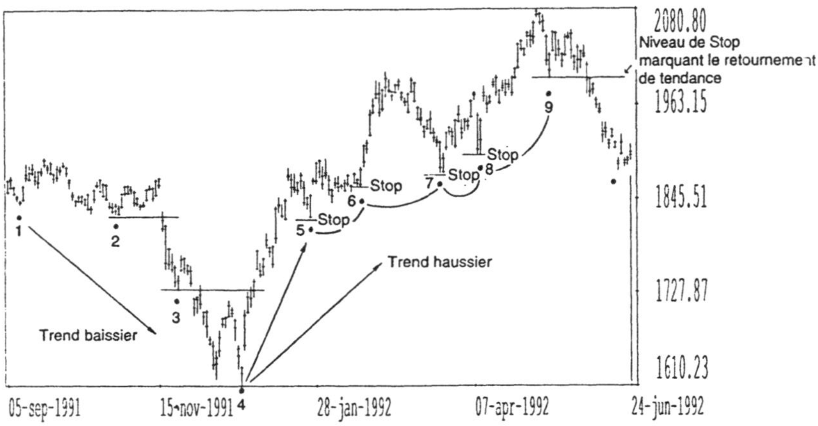

La rupture du point bas n° 9 donne un signal vendeur et indique le retournement à la baisse du marché après tout un cycle de hausse.

Source : Banque Internationale de Placement.

Par exemple en utilisant un MACD, on attend que l'oscillateur entame une remontée et croise à la hausse sa moyenne mobile puis les jours suivants on place un achat Stop sur le plus haut de la journée où le croisement s'est produit. Un stop à la baisse est ensuite positionné sous le point bas touché lors des journées précédentes, considéré jusqu'alors comme le bottom de cycle (cf. graphique 7).

Graphique 7. – *Utilisation parallèle du MACD et d'un point bas de cycle*

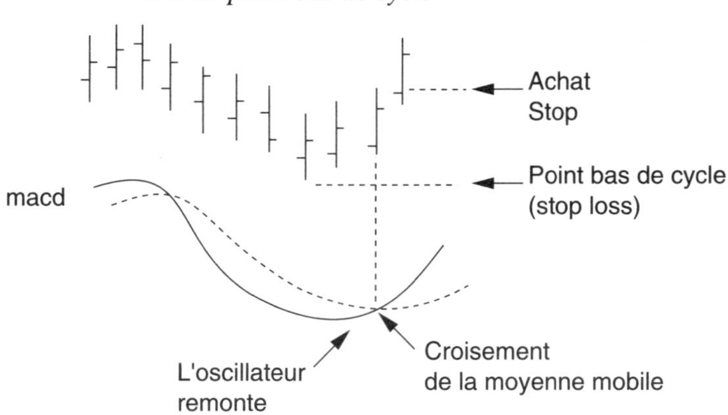

L'indicateur stochastique peut également être employé de la même façon.

1.3. Autres principes de cycles

L'irrégularité des cycles a entraîné de multiples recherches vers de nouvelles voies parfois très différentes. Nous avons retenu celles qui nous paraissaient les plus élaborées tout en offrant des résultats parfois étonnants.

1.3.1. Le principe des ondes

Le principe des ondes reprend ce qui a déjà été présenté dans le chapitre consacré à la théorie des vagues d'Elliott. Il s'agit de considérer qu'après un point extrême très important (plus haut ou plus bas historique) les autres points extrêmes qui vont suivre seront séparés d'un nombre de semaines ou de mois respectant la séquence de Fibonacci, c'est-à-dire que les points extrêmes se succéderont en s'espaçant de plus en plus, comme les ondes de l'eau dues au jet d'un caillou.

Le caillou qui a été lancé au milieu de la rivière va en fait rider la surface de l'eau jusqu'au bord de la rivière mais de façon de plus en plus espacée. De la même manière, un point haut (bas) de marché influencera les prochains tops (bottoms) du marché mais avec une insistance décroissante due à l'écartement grandissant des ondes.

Le marché français des actions a donné au cours de ces dernières années de très bons exemples (cf. graphique 8).

Graphique 8. – *Sur le CAC 40, de nombreux points extrêmes se situent sur les ondes de Fibonacci formées à partir du bottom de février 1988 et du top d'avril 1990*

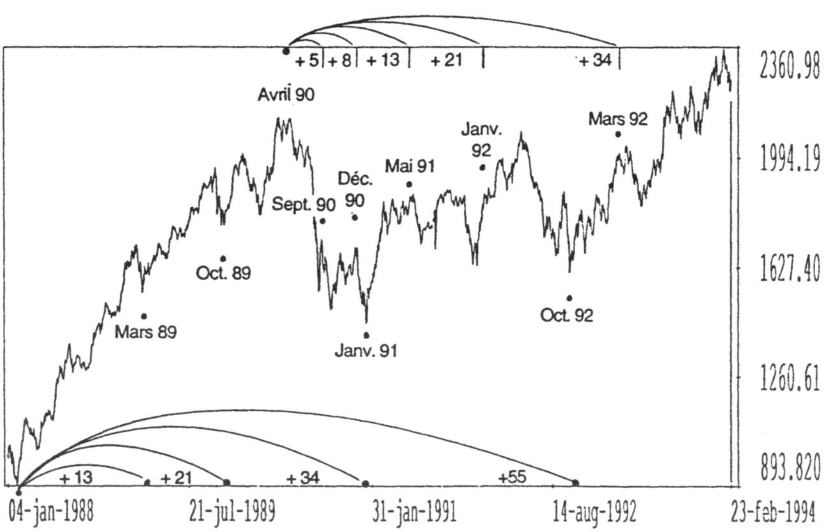

Source : Banque Internationale de Placement.

- Top en Avril 1990 à 2140
  04/1990 + 5 = Septembre 1990
  04/1990 + 8 = Décembre 1990
  04/1990 + 13 = Mai 1991
  04/1990 + 21 = Janvier 1992
  04/1990 + 34 = Février 1993 (top en mars)
  04/1990 + 55 = Novembre 1994
- *Bottom* en Février 1988 (après le krach de 1987)
  02/1988 + 13 = Mars 1989
  02/1988 + 21 = Octobre 1989
  02/1988 + 34 = Décembre 1990 (bottom en janvier 1991)
  02/1988 + 55 = Septembre 1992 (bottom le 5 octobre 1992)
  02/1988 + 89 = Juillet 1995

Si une séquence est bien respectée cela signifie que le marché est influencé par les ondes de Fibonacci. Cependant, au-delà d'une certaine limite, l'influence est de moins en moins probable car le marché devient plus réceptif à des événements plus proches. Il faut donc réajuster les points de référence au fur et à mesure de l'évolution du marché et notamment si le marché a effectué un nouveau sommet ou un nouveau creux.

1.3.2. Les inversions de cycles et le principe des vagues symétriques

Lorsqu'un cycle régulier a été trouvé, il arrive parfois qu'un top se produise là où on attendait un *bottom*... cette inversion de cycle entraîne généralement la plus grande suspicion sur la qualité du cycle analysé et d'une manière générale sur l'analyse des cycles.

En fait, cette inversion de cycles s'explique par un retournement ou plus souvent par une accentuation de la tendance sous-jacente. Le principe des vagues symétriques le justifie en montrant qu'après un mouvement « normal » respectant les creux du cycle, le marché entre dans une vague fortement haussière (souvent une vague 3 d'Elliott) dont la force entraîne une inversion du cycle. Ainsi, au lieu de toucher un creux de cycle, le marché atteint un top. Par la suite, le marché retrouve souvent son cycle normal (graphiques 10a et 10b).

Une alternance systématique peut éventuellement avoir lieu, et dans ce cas on obtiendra des translations symétriques (cf. graphique 11).

Le graphique 12 montre un exemple d'application des vagues symétriques à l'indice Dow Jones.

1.3.3. La spirale calendaire de Carolan

Directement inspiré par le principe des ondes et par les cycles lunaires, Christopher Carolan a développé une méthode de prévision de cycles appelée *spiral calendar* (spirale calendaire). En étudiant les deux dates les plus marquantes de panique boursière (les krachs du 29 octobre 1929 et du 19 octobre 1987), il a tout d'abord relevé que ces événements avaient eu lieu à des dates similaires dans le calendrier lunaire. Ensuite, il a observé

Graphique 10a. – *On remarque l'alternance des cycles entre top et bottom. Dans cet exemple, l'inversion a lieu sur la vague 3 et le marché est trop puissant pour faire un bottom au moment attendu*

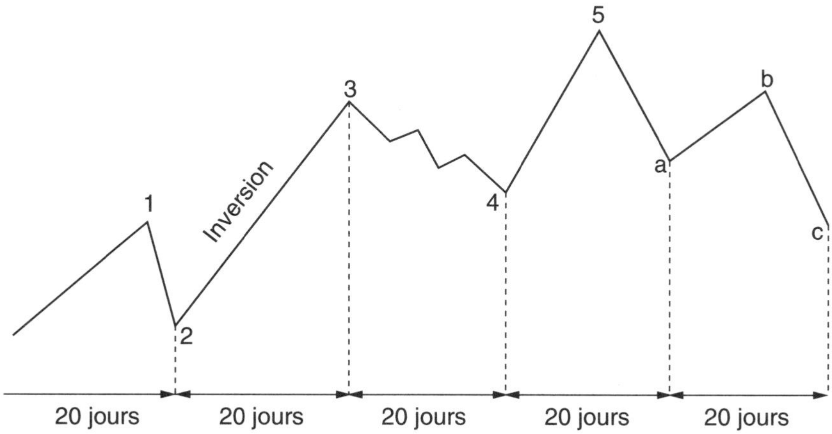

Graphique 10b. – *Décompte des cycles sur le notionnel. Le cycle d'environ 19 jours est très régulier. On constate, en outre, des phénomènes d'inversion (top à la place d'un bottom) en juillet et décembre. Elles rendent souvent complexes la lecture et l'utilisation des cycles*

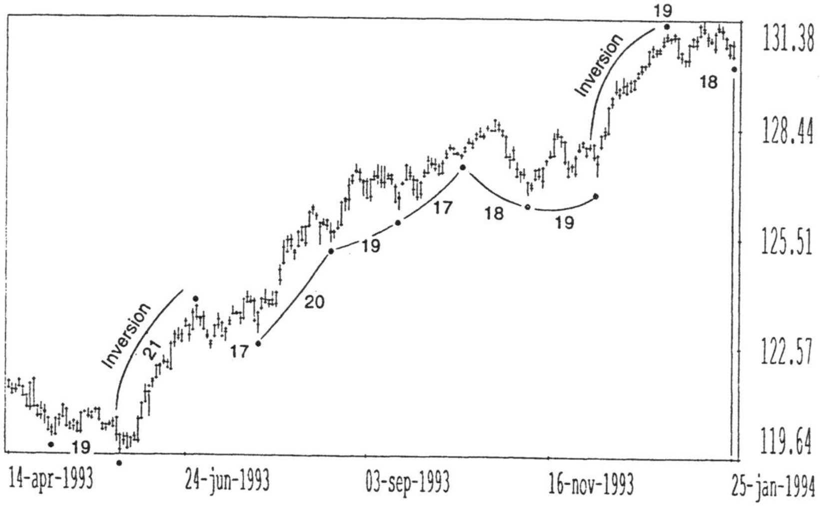

Source : Banque Internationale de Placement.

Graphique 11. – *Alternance « aléatoire » des creux et des sommets*

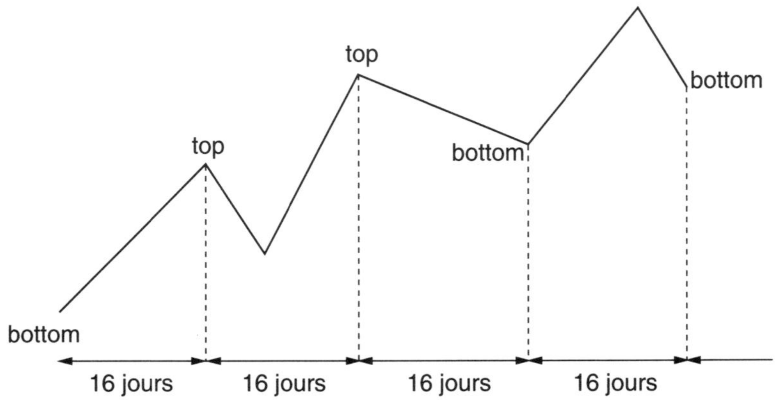

Graphique 12. – *Exemple de l'application, des vagues symétriques à l'indice Dow Jones de 1987 à 1993*

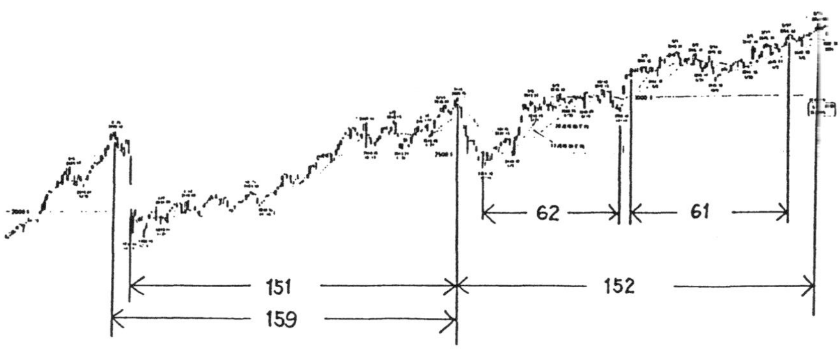

Source : Golden chart.

une similitude parfaite dans la conception du phénomène, c'est-à-dire que les points extrêmes constatés avant chacun des krachs étaient séparés par des périodes temporelles identiques. Ainsi, le bottom du printemps, le top de l'été, l'échec de nouveau sommet à l'automne puis le krach ont effectivement eu lieu à la même date du calendrier lunaire (à plus ou moins un jour). De fait, les graphiques de 1929 et de 1987 sont étrangement semblables.

Au-delà de la similitude observée sur les dates d'inflexion, Carolan a essayé de comprendre comment étaient reliés ces différents points. Quelle était l'articulation ? Il a opéré de la même façon en utilisant d'autres points charnières dans les variations du marché. En s'appuyant sur certaines observations de Gann et en considérant l'hypothèse que les mois lunaires ont une plus grande influence sur le comportement humain, Carolan a ensuite établi un lien avec la série de Fibonacci pour construire sa propre méthode de prédiction des cycles, appelée *spiral calendar*.

Carolan soutient l'idée d'une forte influence de la lune sur la nature en général et sur les comportements humains en particulier. Si l'interférence des planètes sur l'homme est la base de l'astrologie, Carolan considère que la lune est, après le soleil, l'astre le plus influent. Le comportement de l'homme serait donc, à son insu, modifié par les cycles lunaires. Il fait en cela référence à toutes les études qui tendent à montrer par exemple une plus grande fébrilité des humains avant et pendant les périodes de pleine lune (augmentation de la délinquance, plus grand nombre de naissances, troubles du sommeil...). Même si aucune statistique véritablement fiable n'a réellement validé le phénomène, rien n'a permis de conclure qu'il s'agissait d'un simple mythe.

À partir de ses observations et de ses croyances, Carolan a développé sa propre méthode de détermination des cycles, présentée dans le livre *The spiral calendar* (cf. bibliographie). Sa méthode considère qu'à partir d'un point extrême donné (appelé « focus »), il est possible d'établir à l'avance des dates probables de retournement. Ces dates sont obtenues en ajoutant à la date du point extrême (focus) une certaine durée. C'est bien entendu sur l'établissement de celle-ci que repose toute la méthode de Carolan.

Pour l'obtenir, il reprend la racine carrée de chaque nombre de la série de Fibonacci qu'il met ensuite en relation avec les cycles de rotation de la lune autour de la terre (soit 29,5 jours) qui correspond au mois lunaire. Le calcul des durées possibles est donc le suivant :

Durée = (29,5) * Racine carrée (nombre de Fibonacci)

Pour chaque nombre de la série, on obtient donc une durée correspondante, soit la nouvelle série suivante :
Série : 29,5 (= 29,5*1) ; 41,7 (= 29,5*1,414) ; 51,1 (= 29,5*1,732) ; 66 (= 29,5*2,236) ; 83,4 (= 29,5*2,828) ; 106 ; etc.

En utilisant la racine carrée des nombres de la série de Fibonacci, Carolan introduit un effet légèrement exponentiel, c'est-à-dire que la durée supplémentaire introduite entre deux dates successives va en augmentant, rappelant ainsi la technique des ondes. Il appelle donc spirale calendaire la forme obtenue en projetant la racine carrée de la série de Fibonacci à partir du point « focus ».

L'utilisation pratique est ensuite assez simple. Il convient de programmer la série calendaire et de l'ajouter à tous les points « focus » observés dans le passé. On obtient alors une série de dates où des retournements de marchés sont possibles. Logiquement, les dates les plus probables pour observer un retournement correspondent aux dates (ou aux zones de dates) qui ressortent le plus souvent ainsi qu'aux dates calculées à partir d'un point extrême majeur.

Il est donc conseillé d'être tout particulièrement attentif à l'évolution du marché lorsqu'il se rapproche de l'une de ces dates : comportement graphique des cours (rupture de seuils ou de tendances, figure de candlestick...) et information générée par les indicateurs techniques ou psychologiques. De toute évidence et comme c'est le cas pour toutes les méthodes basées sur les cycles, il faut éviter de prendre une position sans qu'un signal clair n'ait été donné sur les cours.

Cette méthode considère les jours du calendrier sans se soucier s'ils sont ouvrés ou non. En conséquence, certaines dates obtenues coïncident avec des week-ends ou des jours fériés. On s'intéresse donc plutôt à une zone temporelle de 2 ou 3 jours autour de la date calculée, et cela que la date calculée soit ouvrée ou non.

Les principales faiblesses de cette méthode sont les suivantes : tout d'abord, il n'y a pas de garantie de bonne fin. Ce n'est pas parce qu'une date paraît très probable pour un retournement qu'il a effectivement lieu… On conseille d'ailleurs d'être assez restrictif dans la sélection des points « focus ». Si l'on considère trop de points extrêmes, alors, toutes les dates à venir du calendrier pourraient être candidates à un retournement du marché, ce qui n'apporte guère à la prévision !

À l'inverse, certains retournements peuvent avoir lieu en dehors des dates calculées (Ô frustration !).

En outre, la date calculée, si elle est juste ne nous informe ni sur la qualité du point extrême à venir (point haut ou point bas) ni sur l'ampleur du mouvement à suivre.

Graphique 13. – *Exemple d'application de la spirale calendaire de Carolan au CAC 40*

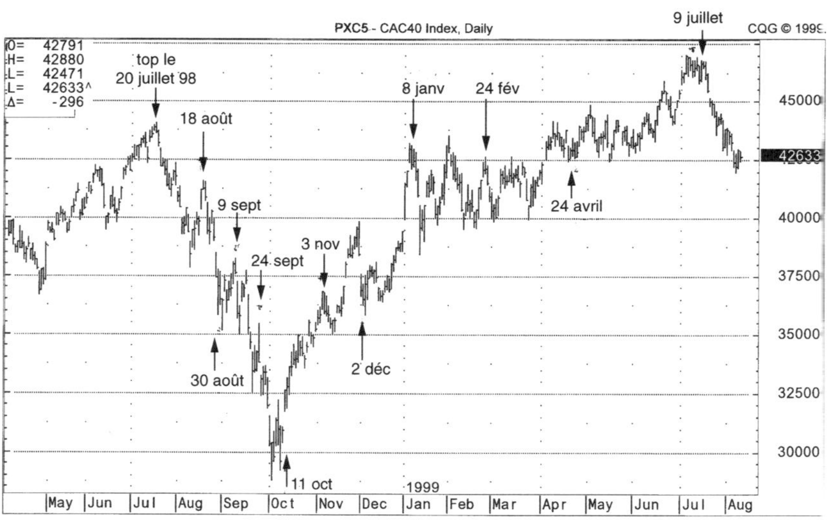

L'exemple d'application de la méthode de Carolan que nous avons retenu prend en compte le sommet atteint sur le CAC 40 le 20 juillet 1998. À partir de cette date « focus », nous avons calculé tous les points d'inflexion donnés par la « série » de Carolan. Nous obtenons ainsi les dates sensibles suivantes :

20/07/98 + 29 = 18 août ;
20/07/98 + 41,7 = 30 août ;
20/07/98 + 51,1 = 9 septembre ;
20/07/98 + 66 = 24 septembre ;
20/07/98 + 83,4 = 11 octobre.

Les autres dates ainsi obtenues sont : 3 novembre, 2 décembre, 8 janvier, 24 février, 24 avril, 9 juillet et 13 octobre pour l'année 1999.

L'observation du graphique 13 permet d'apprécier la qualité de la prévision de certaines dates : aucune d'elles n'est sensiblement éloignée d'un point de retournement. Par ailleurs, on peut remarquer l'effet d'onde, avec des espacements de dates de plus en plus marqués.

2. Le temps : « timing », objectifs temporels et périodes d'efficacité des configurations graphiques

Cette section présente plusieurs techniques permettant d'établir des objectifs temporels sans pour autant faire appel à un phénomène de cyclicité. La technique des divergences est issue d'une observation mathématique ; la deuxième technique illustre l'influence du nombre d'or dans le calcul d'objectif temporel. Enfin, le dernier paragraphe rappelle que le temps est une donnée essentielle dans le développement des figures graphiques et par conséquent dans la qualité de leurs signaux.

2.1. L'utilisation des divergences

Le principe de l'utilisation des oscillateurs et de leurs divergences a été présenté par Norman Green lors de la cinquième conférence annuelle de l'International Federation of Technical Analysis (IFTA) à Dublin en 1992 et repose sur certaines constatations concernant les fonctions sinusoïdales et leur application aux oscillateurs de puissance.

Norman Green remarque simplement que la vitesse (dérivée première) d'une fonction sinus atteint son sommet avec un quart de temps d'avance sur la fonction sinus elle-même. Dans ces conditions, après que la vitesse a touché son sommet, il est possible de déterminer précisément quand aura lieu le prochain creux sur la fonction ; juste 3/4 de temps après le pic de la vitesse (cf. graphique 14).

En déclinant le principe des fonctions sinus aux évolutions des cours et aux oscillateurs techniques comme le RSI (assimilable à un indicateur de la vitesse du marché), on peut estimer que l'avance de la vitesse et donc de l'indicateur sur les cours se traduit par une divergence baissière ou haussière (l'oscillateur touche son sommet ou son bottom avant les cours).

En supposant ensuite que les cours et donc les indicateurs de vitesse évoluent avec une certaine régularité, on peut appliquer le principe de la fonction sinus aux cours et aux oscillateurs.

Graphique 14. – *Évolution d'une fonction sinus et de sa vitesse*

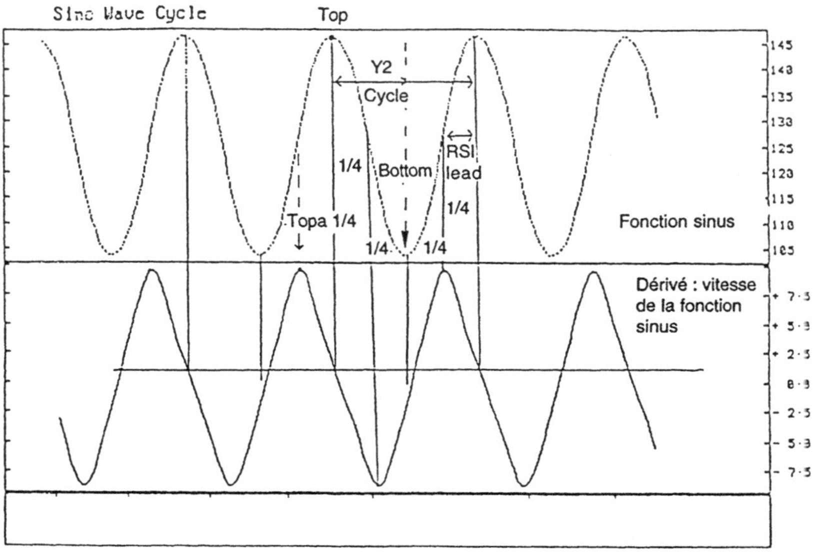

On peut alors déterminer à quel instant doit se produire le top ou le bottom sur les cours. Il suffit de reporter deux fois le temps compris entre le top de l'oscillateur et le top des cours (c'est-à-dire la durée de la divergence) à partir de ce même sommet de marché. Par exemple, si une divergence baissière a duré 10 jours, un bottom est prévisible 20 jours après le top du marché.

Graphique 15. – *Voilà trois exemples de divergences long terme ayant remarquablement fonctionné sur le CAC 40. Le plus bel exemple est la divergence baissière n° 2*

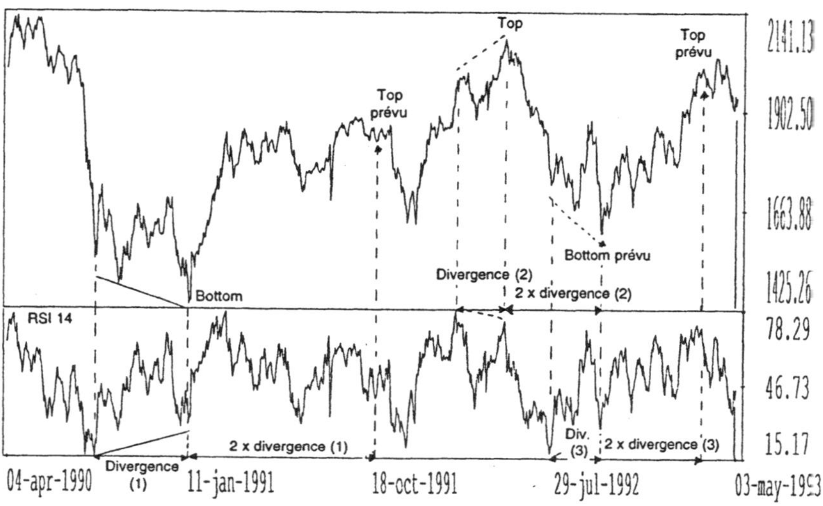

Ce principe fonctionne généralement très bien sur les marchés d'actions et sur les changes mais donne des résultats plus aléatoires sur les marchés de taux. L'application au CAC 40 offre des résultats assez impressionnants (cf. graphique 15).

Avant d'appliquer ce principe, il est donc nécessaire de vérifier historiquement la qualité prévisionnelle de cette méthode.

Au premier semestre 1992, une divergence baissière était constatée entre le top de Février 1993 et le second top de 2080 le 11 mai. Cette divergence avait une durée de 51 jours de bourse. En appliquant la théorie à la lettre, on pouvait attendre un bottom important 102 jours ouvrés après le 11 mai, c'est-à-dire précisément le 5 octobre..., jour où le plus bas de 1577 était atteint !

2.2. Objectifs temporels de Fibonacci (Fibonacci timing targets)

Cette technique consiste à utiliser les ratios de Fibonacci pour calculer le timing des prochains points extrêmes. Pour calculer une date d'occurrence sur un top (ou un bottom), il est nécessaire d'observer les deux derniers sommets (creux) du marché, de mesurer le temps passé entre ces deux points. Ensuite, on ajoute la durée constatée multipliée par le nombre d'or (1,618) au dernier point extrême pour obtenir la date où le prochain top (bottom) est censé se produire (cf. graphique 16).

Date du prochain top = date du dernier top + 1,618*
(*durée entre les deux derniers tops*)

La même procédure est appliquée pour les bottoms :

Date du prochain bottom = date du dernier creux + 1,618*
(*durée entre les deux derniers bas*)

Graphique 16. – *Objectifs temporels de Fibonacci*

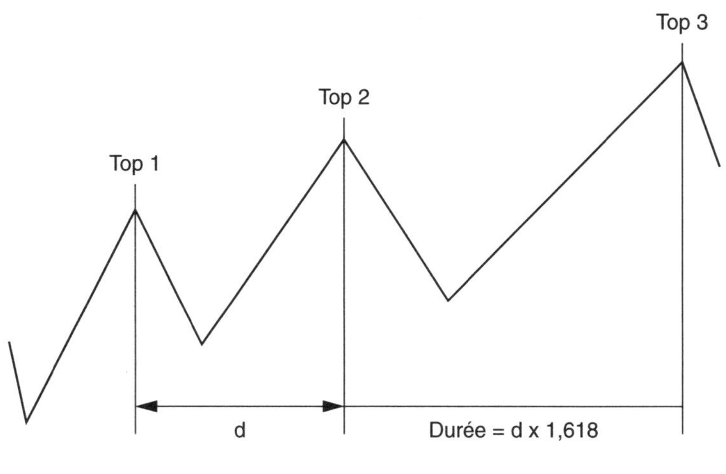

Dans la pratique, on peut étendre ce principe aux autres ratios de Fibonacci, soit 1 ; 2 ; 2,618 ; 4,12. Cependant, les deux meilleurs ratios s'avèrent être **1,618** et **2,618**.

Par ailleurs, cette technique est d'autant plus performante que l'on se trouve dans un marché haussier pour la date du prochain sommet. Cela suppose que le dernier top est supérieur au précédent et que le mouvement qui suit ce dernier top n'a pas enfoncé le point bas établi entre les deux derniers tops. Idéalement, le top à venir doit être supérieur aux précédents (cf. graphique 17). La même chose est recommandée pour les points bas.

Graphique 17. – *Application des objectifs temporels de Fibonacci au JGB*

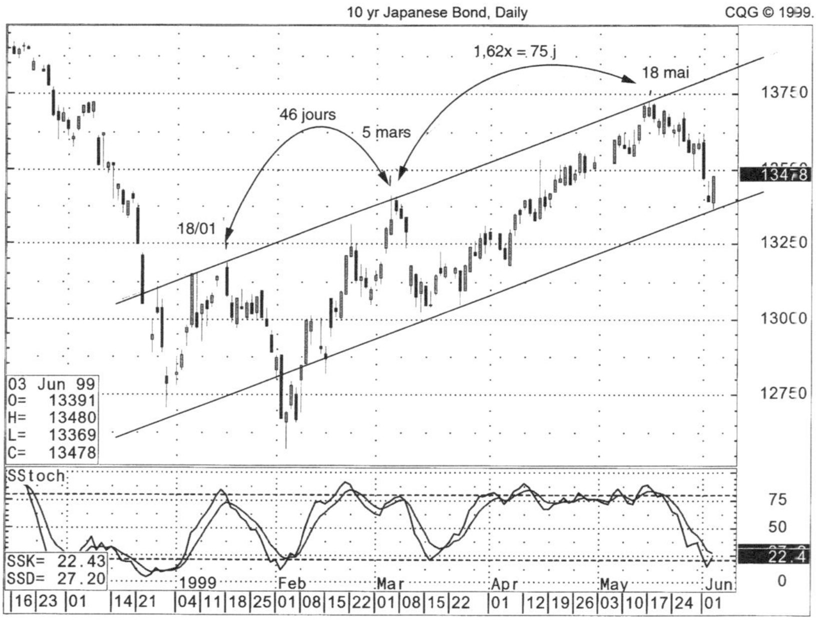

2.3. Les périodes d'efficacité des configurations graphiques

La validation d'une configuration graphique suppose généralement un objectif de prix identifiable, mais l'aspect temporel est souvent laissé pour compte. La notion de validité d'un signal est rarement abordée. Combien de temps le signal généré par la validation de la figure est-il valable ? On comprend bien qu'un signal donné a une durée de vie limitée et que les signaux techniques sont éphémères. Il est donc très important de pouvoir apprécier leur portée dans le temps.

Une fois le signal déclenché, le chemin emprunté pour se diriger vers l'objectif « théorique » est rarement une ligne droite, une tendance parfaite. Au contraire, on voit souvent un cheminement malaisé, chaotique et complexe où les certitudes les plus fortes peuvent se tarir. Dans ces situations-là, d'autres interrogations, d'autres histoires – c'est-à-dire d'autres configurations graphiques – peuvent voir le jour. Le marché se focalise alors sur ces nouvelles histoires et tend à oublier la configuration initiale avec son objectif associé.

Ainsi, plus le cheminement du marché après le signal est direct et rapide, plus les chances d'arriver vers l'objectif sont grandes. Inversement, plus le cheminement est complexe, plus les chances d'atteindre l'objectif dans un temps raisonnable sont faibles.

Par ailleurs, on peut considérer qu'il existe une relation naturelle entre la durée de la configuration dont on déduit l'objectif et la durée nécessaire pour atteindre ce même objectif depuis le point de validation. Passé cette durée, l'impact de la figure validée est considéré comme épuisé. Cela n'empêche pas le marché d'atteindre éventuellement le niveau objectif, mais s'il y parvient, ce sera sûrement pour d'autres raisons (apparition d'un nouveau « pattern » par exemple).

D'une manière générale, les configurations graphiques sont des phases de réflexion du marché qui s'interroge sur la tendance du mouvement à suivre. Pendant ces périodes, le marché hésite et prend du temps pour résoudre son problème. Une fois la solution trouvée (i.e. Sortie et validation de la configuration graphique), le marché doit imprimer une tendance claire avec un dynamisme perceptible. Dans ces conditions, l'objectif doit être atteint relativement rapidement. La durée du mouvement entre le point de validation de la configuration et l'arrivée sur l'objectif doit être franchement inférieure à la durée de la configuration. On peut retenir l'idée générale d'un ratio normal compris entre 0,5 et 0,62. Passé cette durée, cela signifie qu'il faut abandonner l'objectif initial et se focaliser sur les nouvelles configurations en formation.

Par exemple, si une figure en double-top a une durée de 30 jours ouvrés, l'objectif doit être touché avant 20 jours (= 30*0,62). Plus spécifiquement, on peut même considérer que la durée séparant le point de validation de la figure de l'objectif doit être équivalente à la durée écoulée lors de la formation du second sommet ; c'est-à-dire entre le point bas formant la ligne de cou et le point de rupture de cette même ligne de cou (cf. graphique 18).

Comme nous l'avons déjà mentionné dans le chapitre 2, le triangle doit atteindre son objectif avant la pointe du triangle (cf. graphique 19).

Concernant les têtes et épaules, il est légitime de considérer que la durée entre le point de validation et l'objectif doit être équivalente et plutôt inférieure à celle consacrée au mouvement allant du sommet de la tête au point de rupture (cf. graphique 20).

Le graphique 21 permet d'illustrer le principe de relation temporelle existant entre la configuration d'un rectangle et l'arrivée à l'objectif depuis le point de rupture.

Graphique 18. – *Période d'efficacité d'un double-top*

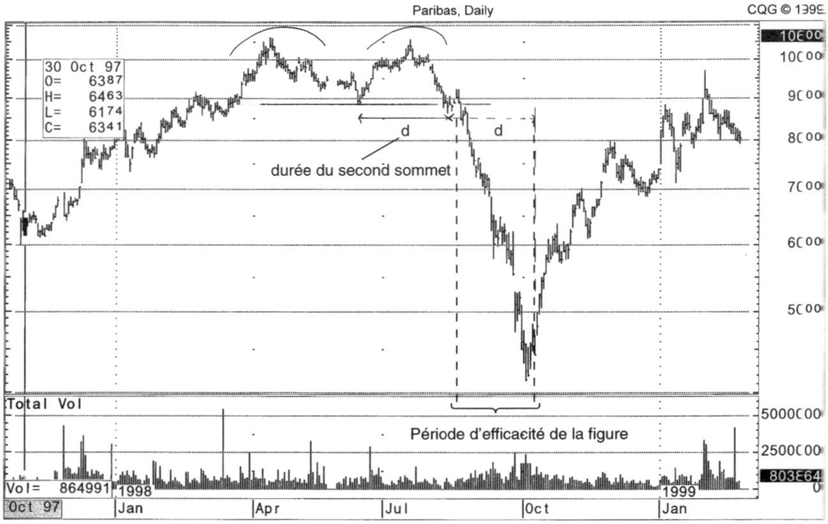

Graphique 19. – *Période d'efficacité sur un triangle*

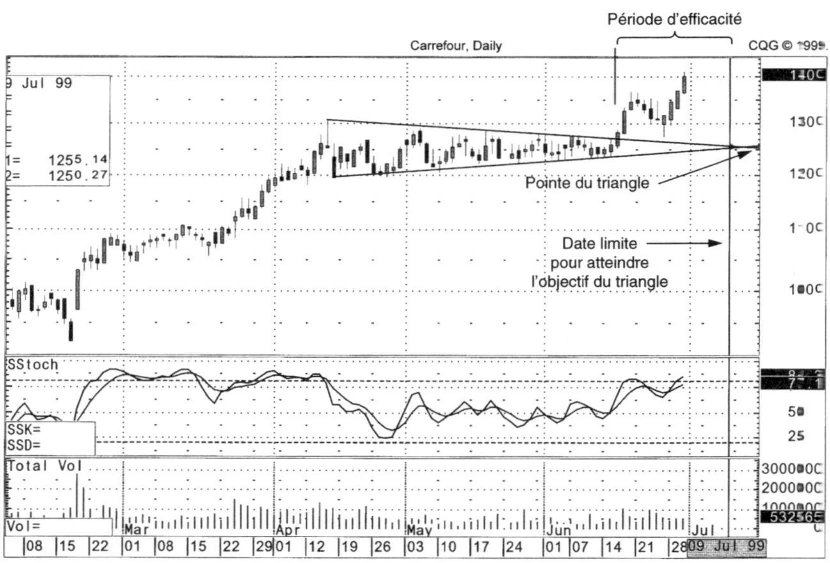

Graphique 20. – *Période d'efficacité sur un tête-et-épaules*

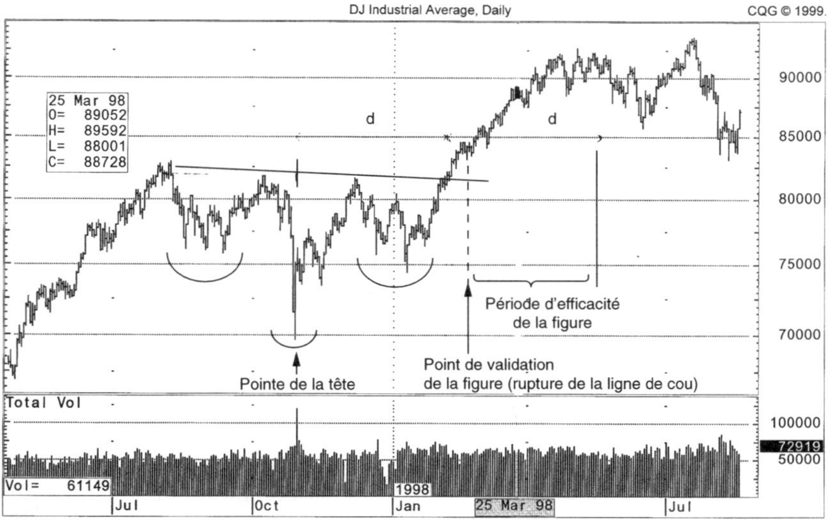

Graphique 21. – *Période d'efficacité sur un rectangle*

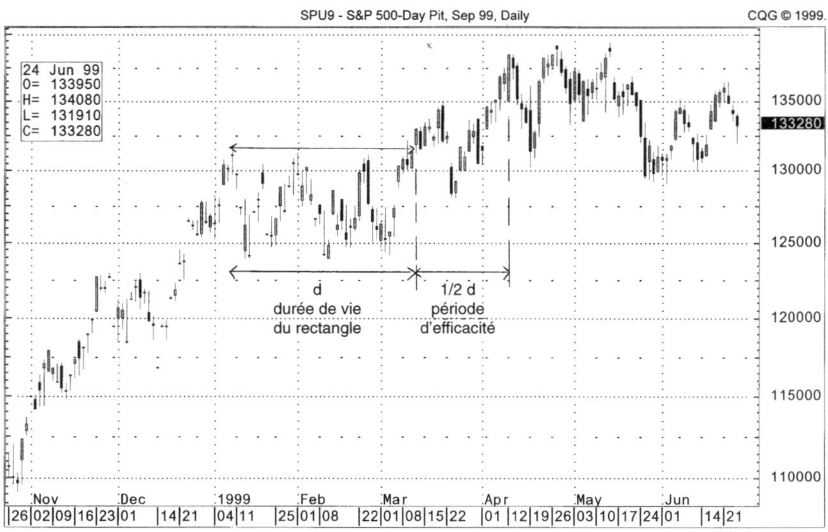

3. La théorie de Gann

Les différentes techniques de Gann reposent sur l'hypothèse sous-jacente d'une cyclicité prédictible dans les mécanismes de marché. Gann introduit ainsi l'idée d'une relation étroite entre le prix et le temps. En conséquence, il nous est apparu opportun de placer cette présentation dans le chapitre consacré aux cycles. La « technique » de Gann, même si elle semble incomplète et insuffisante, représente néanmoins la tentative la plus aboutie d'élaboration d'une théorie reliant le temps et le prix.

La « théorie de Gann » a fait l'objet de quelques rares ouvrages, généralement introuvables ou/et peu clairs. En fait de théorie, on devrait davantage parler d'une collection de techniques pouvant être appliquées ensemble ou séparément. Nous ferons d'ailleurs remarquer au lecteur attentif que cette section consacrée à Gann n'a été introduite dans cet ouvrage qu'après la troisième édition... L'absence de références écrites satisfaisantes y est pour beaucoup et nous avait jusque-là conduits au silence. Nous avons malgré tout souhaité réparé cette « censure ». La présentation qui suit est une tentative de synthèse d'éléments et de techniques éparses. Elle apparaît donc incomplète et insuffisante pour qui souhaiterait découvrir une véritable méthode.

Si les écrits sur la théorie de Gann sont ce qu'ils sont, l'histoire de William D. Gann (1878-1955) est elle-même très controversée. Certains décrivent ce personnage « historique » comme un *commodity trader* génial ayant développé une méthode radicale le rendant milliardaire. D'autres relativisent beaucoup l'importance de la méthode et vont même jusqu'à mettre en doute le degré de richesse de cet homme malgré tout célèbre. Quelques-uns considèrent la méthode comme une véritable supercherie : Gann aurait tout de même existé [...] et il aurait connu quelque succès en trading. Mais ceux qui se seraient chargés de faire passer cette « œuvre » à la postérité (les héritiers de la méthode) auraient péché par omission ou pire encore, selon certains dires, auraient ajouté des « fantaisies » totalement fausses supprimant toute chance d'efficacité à la méthode et plongeant l'éventuel utilisateur dans l'aléatoire. Si tel était le cas, ces individus peu scrupuleux auraient profité de la « bonne méthode » pour opérer sur les marchés et auraient arrondi leur trading en livrant une « fausse méthode » à un public peu regardant... De plus, tous les travaux de Gann sont basés sur des observations consacrées aux *commodities* et nombre de Gannistes reconnaissent les faiblesses de la méthode dès lors qu'elle s'intéresse à d'autres marchés. On le voit, si toutes ces histoires confinent à la rumeur elles sont aussi le reflet de l'opacité de cette « méthode » que nous allons essayer de présenter...

Gann considère qu'il existe deux aspects déterminants dans un marché : l'amplitude des mouvements, la variation des cours (le prix) d'une part, et la durée des mouvements (le temps) d'autre part. Les deux aspects sont essentiels et on doit donc s'intéresser aux deux. On représente d'ailleurs naturellement les graphiques de cours en fonction de ces deux paramètres : le prix est représenté sur l'axe des Y en fonction du temps (axe des X).

Poursuivant cette logique, les graphiques de Gann relient les unités de temps et les unités de prix. Si l'unité de temps correspond à un jour, matérialisé par un carreau, l'unité de variation des prix choisie utilisera aussi un carreau. Il y a ainsi une correspondance claire et facilement identifiable entre temps et prix, quel que soit le prix ou la période de temps. Ce principe géométrique d'une unité identique représentant à la fois le temps et le prix est appelé *square chart.*

Si la détermination de l'unité de temps n'ouvre pas lieu à discussion (1 jour, 1 semaine, 1 mois…), le choix de l'unité de prix est, lui, plus subjectif. D'une manière générale, pour les actions cotant plus de 100 euros, il est conseillé d'utiliser 1/2 euro par jour. Pour les titres valant entre 50 et 100 euros, on choisit un montant plus faible de 1/4 d'euro par jour, et pour ceux inférieurs à 50, 1/8 d'euro semble approprié. Quant aux titres valant plus de 500 euros, on choisira une unité de 1 euro. Et ainsi de suite… Cela doit permettre de visualiser au moins une bonne année d'activité sur un titre.

Le choix de l'échelle affecte sensiblement le graphique obtenu, il est donc très important que l'image d'ensemble donnée par le graphique sur un an ou plus soit satisfaisante. Sinon, il est conseillé de modifier l'échelle.

Au préalable, il est important de noter que Gann utilise certains ratios spécifiques, multiples de huitième (1/8, 1/4, 3/8, 1/2, 5/8, 3/4, 7/8 et 1). Ces ratios ont le mérite d'être très simples et finalement très proches des ratios de Fibonacci. Ainsi, 3/8 = 37,5% est très proche du fameux 38,2 % de Fibonacci ; tout comme 5/8 = 62,5% est proche de 61,8 %. De même, pour les ratios mineurs, 25 % et 75 % sont respectivement peu éloignés de 23,6 % et de 76,4 %…

La méthode de Gann peut se résumer en quatre composantes d'importance inégale : les cycles naturels, les carrés magiques (ou *cardinal squares*), les angles de Gann et les carrés prix-temps.

3.1. La dimension temporelle : les cycles et les anniversaires

3.1.1. Les cycles de Gann

Gann intervenait principalement sur les matières premières agricoles, il était donc très sensible aux saisons et aux cycles lunaires. Il considère tout d'abord un premier grand cycle de 1 an. Il y a 360° dans la révolution complète de la terre autour du soleil divisée en quatre saisons de 90 jours. En divisant par les cycles lunaires, on obtient bien sûr 3 mois. Une constante chez Gann est de diviser les durées ou les amplitudes majeures par 4 et éventuellement par 8 pour obtenir les points intermédiaires (des cycles ou des mouvements de prix).

Gann considère les périodes de temps suivantes pour les cycles du marché : 90 jours – 180 – 270 et 360.

De même, il départage une saison en 30 jours, 45 jours et 60 jours.

Au total, les durées à considérer pour des cycles de points extrêmes sont : 30 – 45 – 60 – **90** – 120 – 135 – **180** – 210 – 225 – **270** – 315 – 330 – **360** puis 540 et 720.

L'utilisation pratique consiste à placer ces cycles de jours calendaires depuis des points extrêmes du marché.

Normalement, une accélération de prix (développement d'une tendance) dure 90 jours avant qu'un point extrême ne soit touché. Mais, si le mouvement est faible, le cycle de 90 jours a peu de chances de fonctionner et il pourra se limiter à 60 jours. Gann décline ensuite cette technique aux graphiques quotidiens, hebdomadaires, mensuels et annuels.

- *Les graphiques quotidiens*

Pour obtenir les cycles de court terme, il divise 90 jours par 8 et il obtient : 11 – 22 – 33 – **45** – 56 – 67 – 78 – **90**.

Puis par extension ; 101 – 112 – 123 – **135** – 146 – 157 – 168 – **180**...

Sur les marchés, la plupart des cycles de swings de top ou de bottom se produisent à des durées régulières. Cela signifie que le marché dispose d'une vibration cyclique déterminée.

- *Les graphiques hebdomadaires*

Pour les cycles de moyen terme, on divise 52 par 4 et par 8 et on retrouve : 6,5 semaines (45 jours) – 13 semaines (90 jours) – 20 semaines (135 jours) – 26 semaines (180 jours)...

Idéalement, les dates pour lesquelles un changement de direction a le plus de chances de s'opérer devront être données par un faisceau de cycles de moyen terme et court terme.

Par exemple, si un top s'est produit en t-180 et un bottom en t-90, alors il y a de bonnes chances qu'un retournement se réalise en t.

- *Les graphiques mensuels*

Gann considère des cycles de long terme de 12 ans = 12 * 12 mois, soit douze au carré = 144 mois. Il divise cette durée par 8, soit les cycles suivants : 18 mois – 36 – 54 – 72 – 90 – 108 – 126 – 144.

- *Les cycles de très long terme*

Gann considère la durée d'un cycle de très long terme à 60 ans, correspondant à la durée de vie d'un homme (à l'époque de Gann...) ou à sa durée d'activité.

3.1.2. Les dates anniversaires de Gann

Au-delà des cycles, Gann constate que certaines dates du calendrier sont plus marquantes que d'autres et que des points clés peuvent être envisagés a priori à certaines dates de l'année. En l'occurrence, il observe que l'hiver débute un **22 décembre** [...], qui marque un point fort de cycle.

15 jours après : **5-6 janvier** : date importante en début de chaque année (souvent des changements de trends).

45 jours plus tard : **5 février** : changement mineur.

90 jours après : **21 mars** : le soleil croise l'équateur, c'est le printemps qui vient...

21 mars + 45 jours = **6 mai** : date idéale pour un changement de trend.

93 jours après le printemps : **22 juin** : c'est l'été et la tendance peut se renverser.

15 jours après le début de l'été : **7 juillet** : un changement de trend s'annonce...

8 août : été + 47 jours.

23 septembre : c'est l'automne, changement de saison propice aux changements de tendance...

8 novembre : 46 jours après le début de l'automne... et avant l'arrivée de l'hiver.

Ce catalogue intéressant doit permettre de retrouver quelques dates qui ont effectivement marqué des retournements célèbres... même si beaucoup de dates manquent. Pendant la première partie de l'année 1999, le CAC 40 a donné une brillante illustration sur la qualité prédictive de ces dates : le 6 janvier, le 7 juillet et le 8 août ont procuré des points de retournement significatif au marché, les 21 mars, 6 mai et 22 juin ont fourni des points extrêmes intermédiaires, seul le 5 février échappe à ce joli palmarès (cf. graphique 22).

Graphique 22. – *Repérage des dates prisées par Gann*

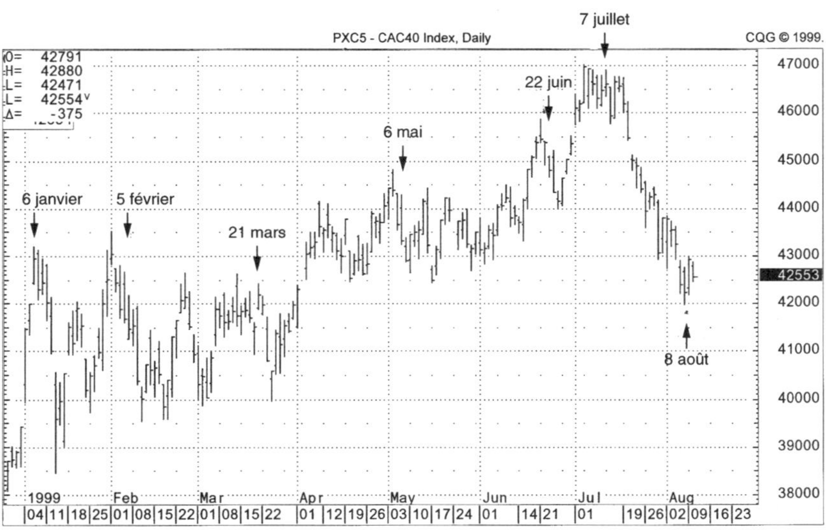

Gann ou ses protagonistes font aussi des observations statistiques pleines d'intérêt : ainsi, les vendredis sont généralement haussiers tandis que les lundis sont baissiers. La perspective du repos semble ravir les opérateurs puisque les veilles de jours fériés s'avèrent être des jours haussiers en moyenne... Le mois d'août (période de vacance réputée) serait d'ailleurs bullish à 70 %, alors que septembre (triste mois de rentrée) aurait un biais baissier. Enfin, il paraîtrait judicieux d'acheter au moment de la pleine lune... pour vendre au moment de la nouvelle (lune) ; libre adaptation de l'adage « buy the rumour, sell the news ! »

3.2. La dimension prix : objectifs de prix et carrés de Gann

Il s'agit d'un des aspects les plus connus de la méthode de Gann. Si le calcul d'objectifs de prix est similaire à beaucoup d'autres méthodes présentées dans ce livre, les différentes techniques des carrés magiques doivent en revanche leur réputation à leur aspect très pittoresque.

3.2.1. Les objectifs de retracement et d'extension

- *Les retracements de Gann*

Nous l'avons déjà évoqué précédemment, les ratios de Gann sont des multiples des huitièmes. Nous retrouvons donc logiquement ces ratios pour déterminer les objectifs de correction. Le plus important est celui de 50 %. Viennent ensuite 25 %, 3/8, 5/8 et 75 %. Les ratios 1/8 et 7/8 sont les moins fréquents (cf. graphique 23).

Graphique 23. – *Les retracements de Gann*

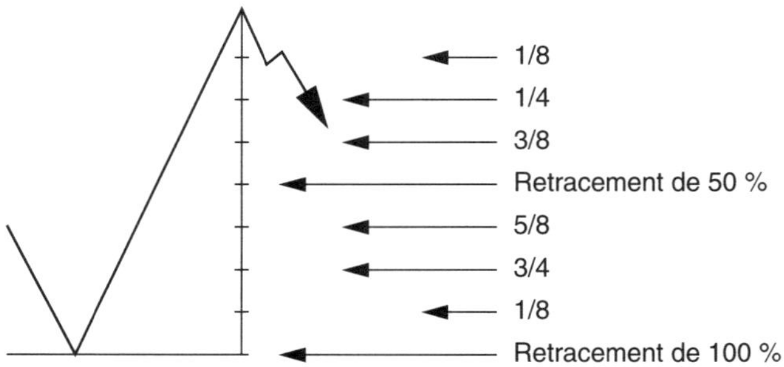

- *Les « swing objectives »*

Les « swing objectives » de Gann font référence à une technique extrêmement usuelle dans l'analyse graphique puisqu'il s'agit simplement de déterminer des objectifs après le franchissement d'une résistance (ou d'un support). La technique consiste à ajouter, depuis la résistance, 50 % ou 100 % de l'amplitude de la consolidation précédente. Il est possible d'utiliser les ratios de Gann présentés plus haut afin de déterminer des objectifs intermédiaires (cf. graphique 24).

- *Le principe d'accélération*

Le principe d'accélération considère qu'après un troisième ou un quatrième creux « plus haut », un processus d'accélération peut se développer.

La stratégie consiste à acheter lors du troisième creux avec un stop-loss sous le deuxième creux (le franchissement de ce point invalidant la possibilité d'une accélération). Le même principe est applicable à la baisse (cf. graphique 25).

Graphique 24. – *Application des swing objectives*

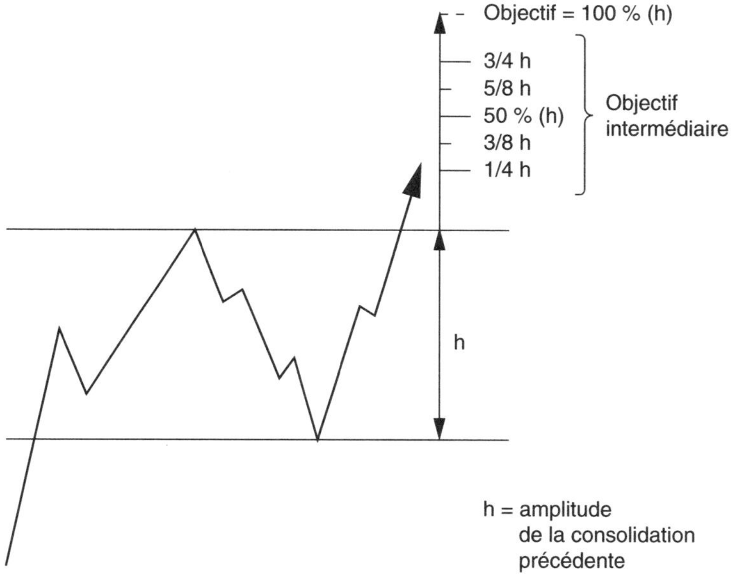

Graphique 25. – *Le principe d'accélération*

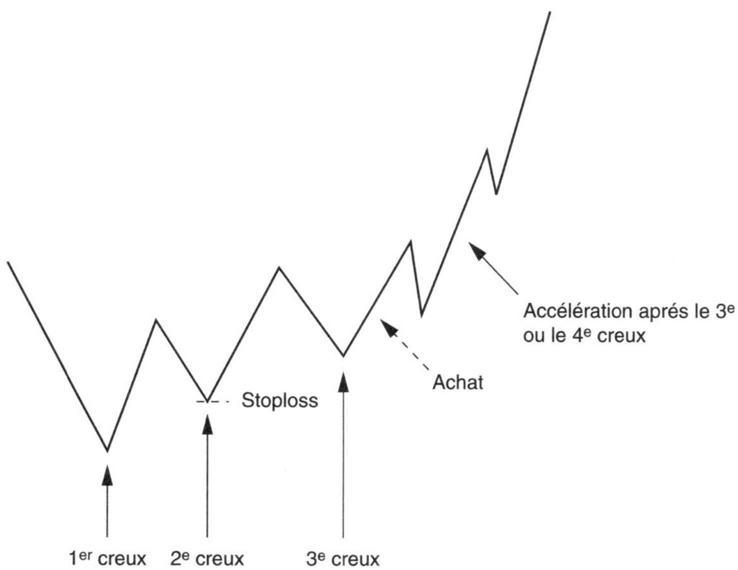

3.2.2. Les carrés de Gann

Gann utilise deux types de techniques pour déterminer a priori des seuils de support ou de résistance sur un marché.

- *Le carré magique*

Gann observe que les supports ou les résistances que le marché utilise correspondent très souvent au carré des nombres entiers. Par exemple, pour le Dow Jones, le seuil de 625 puis celui de 576 ont servi de support en 1970 et 1974 tandis que le seuil de 1024 a coiffé le marché pendant toute cette décennie. Plus récemment, on a vu le point bas de septembre 1998 s'inscrire à 7400 (très près des 7396) et le sommet de juillet 1999 toucher 11252 (dépassant à peine le niveau de 11236).

Le carré magique représente donc tout simplement la série de tous les carrés des nombres entiers. Le début de la série est le suivant :

1 – 2 – 4 – 16 – 25 – 36 – 49 – 64 – 81 – 100 – 121 – 144 – 169 – 196 – 225 – 256 – 289 – 324 – 361 – 400 – 441 – 484 – 529 – 576 – 625 – 676 – 729 – 784 – 841 – 900 – 961 – 1024 – 1089 – 1156 – 1225 – 1296 – 1369 – 1444 – 1521 – 1600 – 1681 – 1764 – 1849 – 1936 – 2025 – 2116 – 2209 – 2304 – 2401 – 2500 – 2601 – 2704 – 2809 – 2916 – 3025 – 3136 – 3249 – 3364 – 3481 – 3600 – 3721 – 3844 – 3969 – 4096 – 4225 – 4356 – 4489 – 4624 – 4761 – 4900 – 5041 – 5184 – 5329 – 5476 – 5625 – 5776 – 5929 – 6084 – 6241 – 6400 – 6561 – 6724 – 6889 – 7056 – 7225 – 7396 – 7569 – 7744 – 7921 – 8100 – 8281 – 8464 – 8649 – 8836 – 9025 – 9216 – 9409 – 9604 – 9801 – 10000 – 10201 – 10404 – 10609 – 10816 – 11025 – 11236 – 11449…

- *Le carré cardinal ou « cardinal square »*

Cette méthode consiste à relever le point bas historique d'un titre ou d'un marché, à le placer au centre d'un carré (le carré cardinal). On détermine ensuite un incrément d'un certain niveau que l'on ajoute au niveau initial. Le niveau de prix immédiatement supérieur est placé à gauche de ce point central puis chaque nouveau prix supérieur (respectant l'incrément) est ensuite introduit en suivant le sens des aiguilles d'une montre. Tous les prix qui se trouvent sur la ligne verticale ou la ligne horizontale croisant le point central constituent des points de référence devant représenter des points de résistance ou de support (cf. tableau 1). La détermination de l'incrément est libre. Par exemple, pour un titre dont le point bas est 44, on utilisera un incrément de 1.

Nous avons choisi le point bas du CAC 40 touché en février 1993 à 893 (situé au centre) avec un incrément de 10. Tous les points situés sur la croix correspondent à des seuils de support ou de résistance potentiels. En reprenant certains seuils majeurs observés dans l'histoire du CAC 40, on constate certains recoupements. Tout particulièrement, le sommet de 1990 à 2171 est très proche du 2153 observé sur le carré. De même, le point bas de 1425 touché en 1991 est très peu éloigné du niveau de 1413. « Le plus beau point » est sans conteste le sommet de juillet 1998 à 4404, à seulement 1 point des 4403 indiqués sur le tableau.

Tableau 1. – *Exemple d'application du Carré Cardinal*

3953	3963	3973	3983	3993	4003	4013	4023	4033	**4043**	4053	4063	4073	4083	4093	4103	4113	4123	4133
3943	3293	3303	3313	3323	3333	3343	3353	3363	**3373**	3383	3393	3403	3413	3423	3433	3443	3453	4143
3933	3283	2713	2723	2733	2743	2753	2763	2773	**2783**	2793	2803	2813	2823	2833	2843	2853	3463	4153
3923	3273	2703	2213	2223	2233	2243	2253	2263	**2273**	2283	2293	2303	2313	2323	2333	2863	3473	4163
3913	3263	2693	2203	1793	1803	1813	1823	1833	**1843**	1853	1863	1873	1883	1893	2343	2873	3483	4173
3903	3253	2683	2193	1783	1453	1463	1473	1483	**1493**	1503	1513	1523	1533	1903	2353	2883	3493	4183
3893	3243	2673	2183	1773	3443	1193	1203	1213	**1223**	1233	1243	1253	1543	1913	2363	2893	3503	4193
3883	3233	2663	2173	1763	1433	1183	1013	1023	**1033**	1043	1053	1263	1553	1923	2373	2903	3513	4203
3873	3223	2653	2163	1753	1423	1173	1003	913	**923**	933	1063	1273	1563	1933	2383	2913	3523	4213
3863	**3213**	**2643**	**2153**	**1743**	**1443**	**1163**	**993**	**903**	**893**	**943**	**1073**	**1283**	**1573**	**1943**	**2393**	**2923**	**3533**	**4223**
3853	3203	2633	2143	1733	1403	1153	983	973	**963**	953	1083	1293	1583	1953	2403	2933	3543	4233
3843	3193	2623	2133	1723	3393	1143	1133	1123	**1113**	1103	1093	1303	1593	1963	2413	2943	3553	4243
3833	3183	2613	2123	1713	1383	1373	1363	1353	**1343**	1333	1323	1313	1603	1973	2423	2953	3563	4253
3823	3173	2603	2113	1703	1693	1683	1673	1663	**1653**	1643	1633	1623	1613	1983	2433	2963	3573	4263
3813	3163	2593	2103	2093	2083	2073	2063	2053	**2043**	2033	2023	2013	2003	1993	2443	2973	3583	4273
3803	3153	2583	2573	2563	2553	2543	2533	2523	**2513**	2503	2493	2483	2473	2463	2453	2983	3593	4283
2793	3143	3133	3123	3113	3103	3093	3083	3073	**3063**	3053	3043	3033	3023	3013	3003	2993	3603	4293
3783	3773	3763	3753	3743	3433	3723	3713	3703	**3693**	3683	3673	3663	3653	3643	3633	3623	3613	4303
4493	4483	4473	4463	4453	4443	4433	4423	4413	**4403**	4393	4383	4373	4363	4353	4343	4333	4323	4313

3.3. La combinaison prix-temps : les angles de Gann

Il s'agit d'un des aspects les plus intéressants de la méthode de Gann qui consiste à établir une relation étroite entre le temps et l'amplitude des mouvements.

À partir de l'utilisation des graphiques de Gann respectant une relation fixe entre le temps et le prix, Gann a constaté que certains angles avaient une relation très significative avec les mouvements de prix. Les angles utilisés par Gann reprennent bien entendu les angles d'un cercle à 360°. L'angle à 90° (ou angle droit) est la base des angles considérés par Gann. L'angle le plus représentatif est l'angle à 45° qui correspond à une tendance qui progresserait en moyenne d'une unité de prix chaque jour.

L'angle à 45° est aussi appelé 1*1 angle (angle respectant une parité entre temps et prix). Les autres angles significatifs sont le 2*1 angle et le très pentu 4*1 angle (respectivement, deux unités et quatre unités de prix pour une unité de temps). À l'inverse, les 1*2 angles et les 1*4 angles sont les angles qui progressent d'une unité de temps pour respectivement deux et quatre unités de temps. Ces angles lents permettent souvent de marquer les tendances de long terme. Les autres angles utilisés sont 3*1, 4*1 et 8*1 pour les mouvements rapides. Les graphiques 26 et 27 représentent des applications des lignes de Gann.

Ces angles offrent non seulement des lignes de support et de résistance mais ils établissent aussi et surtout des mesures mathématiques et géométriques combinant prix et temps.

Deux types d'angles sont à considérer : ceux partant du bas et représentant les angles haussiers supports au marché et ceux partant du haut du graphique représentent les angles baissiers offrant des résistances au marché.

Graphique 26. – *Les angles de Gann*

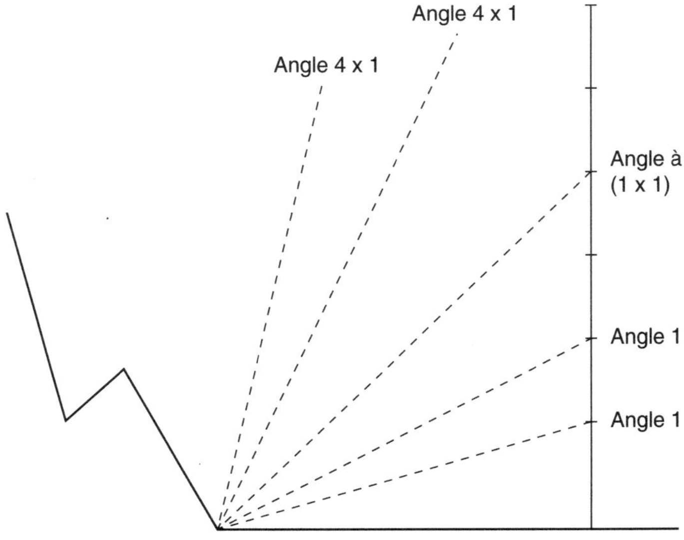

Graphique 27a. – *Exemple d'application des lignes de Gann sur le S&P*

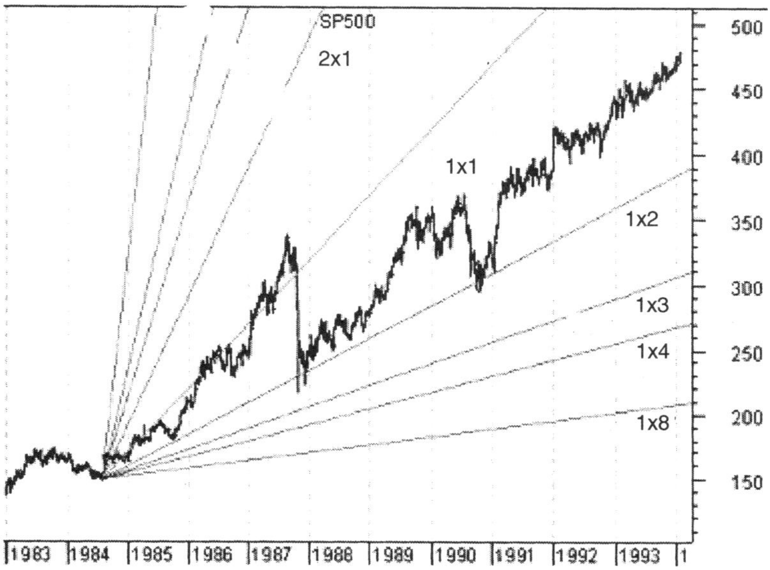

Graphique 27b. – *Juxtaposition d'angles à 45° haussiers et baissiers sur le S&P*

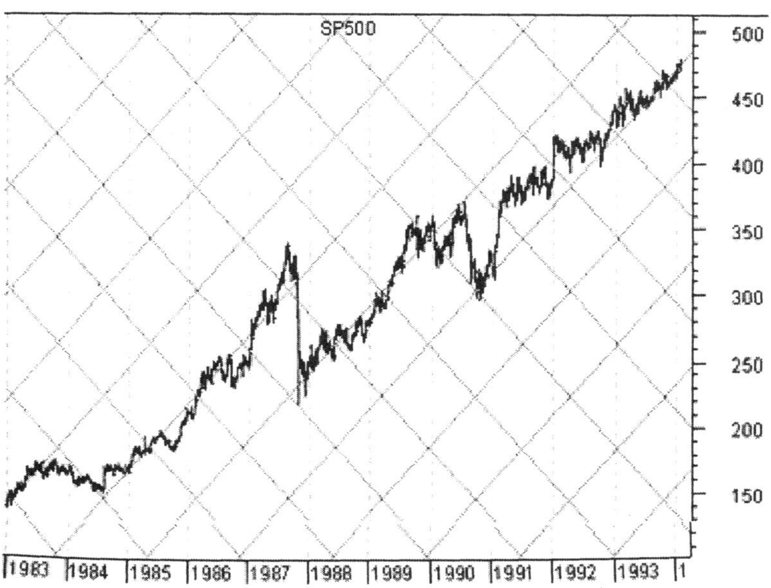

L'angle à 45° représente la ligne de Gann la plus significative. Un bull (bear) market est en place tant que les prix évoluent au-dessus (en dessous) de cette tendance haussière (baissière) à 45°. En conséquence, la rupture de cette ligne peut indiquer un changement de tendance majeur. Par ailleurs, il est possible d'utiliser des lignes parallèles à la ligne à 45° majeure pour envisager des canaux haussiers ou baissiers.

Les autres tendances plus lentes (1*2 ou 1*4) seront d'autant plus significatives que le marché les respecte effectivement.

Pratiquement, Gann considère que le comportement du marché par rapport à ces angles donne une vision très claire de son momentum. Le marché est haussier, s'il croise plusieurs fois (à la hausse et à la baisse) l'angle à 45° en parvenant ensuite à se stabiliser au-dessus de cet angle. Par ailleurs, si le marché accélère et développe un mouvement au-dessus de l'angle à 60°, il est conseillé de prendre des profits si ce dernier angle est franchi à la baisse. Enfin, après de tels développements, la rupture à la baisse de l'angle à 30° doit générer un signal de sortie (fin du « bull market »).

3.4. La prévision dans un espace temps-prix : les carrés prix-temps

Les carrés prix-temps représentent la méthode la plus achevée des techniques de Gann. Elle peut même être considérée comme la synthèse des techniques de Gann, en réunissant le principe des ratios et la technique des angles. Par ailleurs, ces méthodes établissent une relation très intime entre les objectifs de prix et les objectifs de temps. Aucun objectif de prix ne peut être considéré indépendamment des objectifs de temps, et inversement. Il existe trois types de carré prix-temps : le carré du point bas, le carré du sommet et le carré du range.

3.4.1. Le carré du point bas

Le carré du point bas se construit en utilisant le plus bas historique ou un point bas significatif récent (notable sur un graphique mensuel) d'un titre ou d'un marché. On multiplie ensuite ce cours par 1,5 et par 2 pour déterminer les prochaines résistances marquantes du titre. À partir de ces points objectifs, il est également possible de construire un carré prix-temps, répercutant l'équivalent temps à la cible de prix (en suivant l'égalité une unité de temps et une unité de prix). On peut alors scinder ce carré en huitièmes pour observer les dates possibles de retournement.

Si le titre parvient à aller au-delà du doublement par rapport à son point bas, il est possible d'étendre encore le carré en augmentant sa superficie (on double l'objectif de prix initial et on double l'objectif temps).

Par exemple, si un titre effectue un plus bas à 20, l'objectif de cours à envisager est 40 avec un point intermédiaire à 30. Par ailleurs, si en graphique mensuel, une unité d'un mois est représentée par une unité de prix, l'objectif temporel équivalent sera de 20 mois depuis le moment où le bottom a été touché, avec des zones temporelles intermédiaires tous les 2 1/2 mois (20/12) et des seuils horizontaux à surveiller tous les 2,5 unités (cf. graphique 28).

Graphique 28. – *Le carré du point bas*

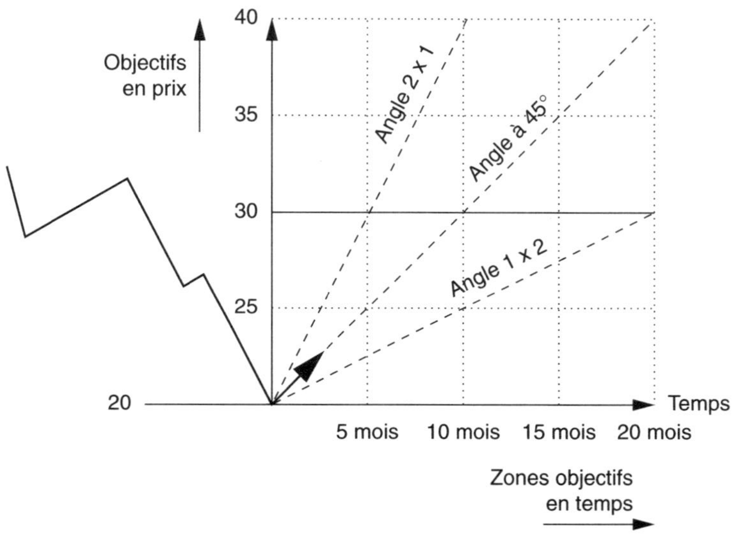

3.4.2. Le carré du sommet

Le carré du sommet historique utilise le même type de principe. On construit un grand carré qui, pour la partie prix, part du point haut et va jusqu'à zéro et, pour la partie temps, utilise le nombre de carreaux temporels correspondants. En termes de prix, le ratio de 50 % est déterminant : il doit représenter un support très fort, sa rupture suggère un bear market et une baisse durable. En termes de timing, 50 % et 100 % sont des zones où un retournement est pressenti.

Par exemple, si un cours effectue un sommet à 240 et qu'une unité mensuelle représente 10 unités de prix, le carré du sommet représentera tous les cours de 0 à 240 avec un horizon de temps de 24 mois. Le seuil de 120 est clé, un retournement de tendance est attendu en t+12 mois ou t+24 mois, avec des inflexions possibles tous les 3 mois (24/8) et des niveaux de soutien tous les 30 points (cf. graphique 29).

3.4.3. Le carré du range ou carré de la variation

D'après Gann, le carré du range serait un des outils les plus performants. Il applique la même technique que précédemment en utilisant les points extrêmes constatés lors d'un mouvement d'ampleur significative. De la différence entre ces deux cours, il déduit l'équivalent en unités de temps, ce qui lui permet de construire son carré.

Graphique 29. – *Le carré du sommet*

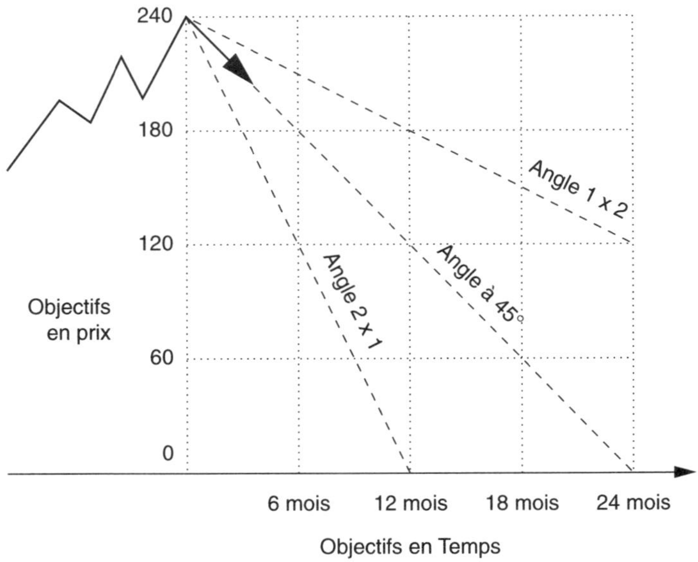

Les points de référence importants sont 50 % pour la correction en termes de prix. Tant que le marché se tient au-dessus de cette zone, il est considéré comme fort. En termes de timing, 50 % et 100 % sont très importants pour envisager des retournements de tendance (fin de la correction), mais toutes les divisions en huitièmes doivent également être surveillées.

Par exemple, si un titre est passé de 150 à 270, le range de prix est de 120 et l'équivalent en unités de temps mensuel est de 12 (en prenant une unité de temps égal 10 unités de prix). Le seuil de 210 devra fournir un fort support, et la fin de la correction devrait être constatée en t+6 mois ou en t+12 mois (cf. graphique 30).

D'une manière générale et quel que soit le type de carré (carré du bottom, du sommet ou du range), il est conseillé de quadriller le carré en huitième verticalement (temps) et horizontalement (prix) pour bien visualiser les endroits sensibles où un retournement peut se produire.

De la même façon, il est opportun de tracer les angles de Gann pour apprécier le momentum du mouvement en cours. Tout particulièrement, les angles à 45°, 30° et 60° sont susceptibles d'apporter des informations précieuses. Dans une période de reprise haussière, la droite à 60° constitue logiquement la droite de résistance tandis que la droite à 30° doit représenter la droite de soutien du marché.

Graphique 30. – *Le carré du range*

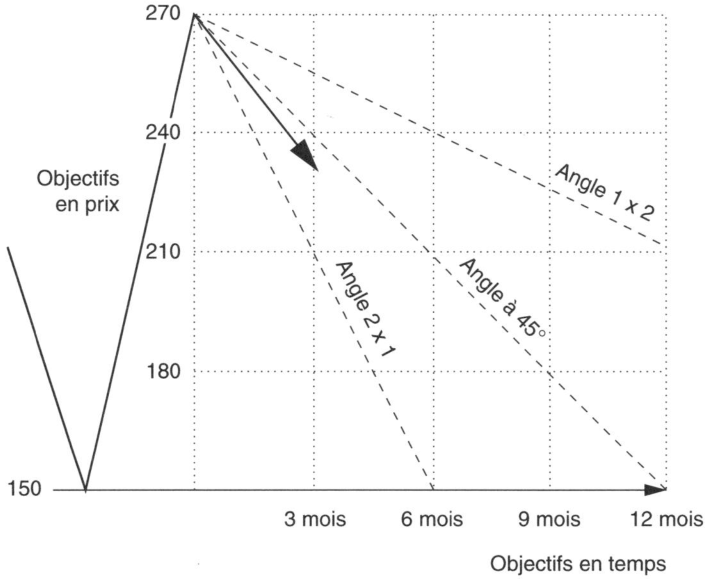

Conclusion

La présentation des principes de Gann permet d'établir une compréhension de sa technique. Et tout particulièrement, comment cette dernière apporte un ensemble d'éléments de compréhension et d'appréhension des mécanismes de marchés. Elle offre notamment la possibilité d'établir une liaison étroite entre l'amplitude et la durée des mouvements. Certaines de ces techniques (technique des carrés) peuvent présenter de très bons résultats avec un très fort degré de précision. Cependant, il convient davantage de parler de « techniques de Gann » que de « théorie de Gann ». En effet, contrairement à la théorie d'Elliott, la méthode de Gann nécessite d'être accompagnée d'autres techniques graphiques ou techniques et ne semble pas pouvoir être pratiquée isolément.

Chapitre 7

L'ANALYSE INTRA ET INTER-MARCHÉS

L'analyse technique présentée dans les chapitres précédents a pour principe d'utiliser les seules données des cours et de volume, quitte à les transformer, pour anticiper les évolutions futures du marché et déterminer son risque.

L'analyse intra et inter-marchés, qui vise les mêmes objectifs, puise au contraire sa réflexion sur tous les éléments qui peuvent influencer le marché étudié, à l'exception des cours eux-mêmes.

L'analyse intra-marché recherche toutes les informations propres au marché considéré et caractéristiques de la psychologie des intervenants. Elle regroupe ainsi tous les indicateurs de sentiment et les indicateurs propres aux données du marché et aux produits dérivés.

L'analyse inter-marchés suppose, elle, que des relations étroites existent entre les différents marchés du fait de facteurs économiques et d'arbitrages de portefeuilles. L'analyse de certains marchés, appartenant ou non au même secteur, permet donc de compléter l'étude d'un marché donné.

L'analyse intra et inter-marchés permet d'établir un lien direct avec l'analyse fondamentale. Nous profiterons donc de la dernière section de ce chapitre pour présenter un rapprochement entre l'analyse technique et l'analyse fondamentale.

1. L'analyse intra-marché

Tous les chiffres relatifs au marché étudié peuvent être pris en compte pour établir une analyse intra-marché, à condition qu'une relation caractéristique existe entre les deux.

Nous avons retenu trois grands types de relations : tout d'abord, les indicateurs de sentiment et d'investissement qui relatent l'opinion des intervenants ; ensuite, les indicateurs utilisant les chiffres de marché (volume et variation des actifs composant un indice) et enfin les indicateurs issus des marchés d'options. L'ensemble de ces principes d'analyse intra-marché accorde une importance déterminante à la psychologie.

1.1. *Le principe de la* contrary opinion *et la psychologie de marché*

1.1.1. Le principe de la contrary opinion

Le principe de la *contrary opinion* (l'opinion contraire) est fondé sur une analyse essentiellement psychologique des marchés en étudiant le sentiment haussier et baissier des opérateurs.

L'opinion contraire repose sur une réflexion simple : lorsque tout le monde pense la même chose au même moment, il y a peu de chances pour que cette chose se réalise effectivement.

En effet, si une grande majorité d'opérateurs pense que le marché va monter, cela suppose que la plupart d'entre eux a déjà pris une position à l'achat. Or, si tout le monde est déjà acheteur, on peut se demander qui va acheter aujourd'hui et dans les jours qui viennent, pour permettre au marché de monter effectivement. En fait, dans ces conditions, il y a plus de chances pour que certains acheteurs (lassés d'attendre la hausse et ayant acheté au plus haut) commencent à vendre et entraînent finalement le marché dans l'autre sens.

Le principe de la *contrary opinion* est justement de se méfier de l'opinion majoritaire et de travailler dans le sens contraire. Les utilisateurs de la *contrary opinion* prennent en fait le marché à contre-pied : ils considèrent que le marché ira là où personne ne l'attend.

L'utilisation classique de la *contrary opinion* est de vendre quand tout le monde a déjà acheté et inversement. Bien sûr, une application systématique de ce type est très risquée. De ce fait, l'opinion contraire doit être davantage utilisée comme une mesure du risque : quand tout le monde est haussier, il devient plus risqué d'être acheteur que vendeur et inversement. Cette impression sera renforcée par l'existence de divergences sur les oscillateurs techniques.

Dans la pratique, les adeptes de la *contrary opinion* utilisent les sondages professionnels réalisés régulièrement. Les sondages en question sont très simples et demandent aux professionnels s'ils sont haussiers, baissiers ou neutres. Cela permet d'avoir un pourcentage sur le consensus du marché et de le reporter sur un graphique comme un oscillateur.

Un pourcentage historiquement élevé (bas) pourra s'interpréter comme un témoin de surachat (survente) indiquant une situation risquée à l'achat ; des divergences pourront être éventuellement repérées.

Ce type de sondage est assez développé aux États-Unis sur l'ensemble des marchés à terme mais, en revanche, quasiment inexistant en Europe (rien de tel n'existe sur le MATIF). Aux États-Unis, certaines sociétés publient des sondages hebdomadaires et/ou quotidiens en interrogeant un panel de professionnels représentatifs (cf. *Consensus Index of Bullish Market Opinion* publié par le *Consensus Natural Commodity Futures Weekly*) (cf. graphique 1).

Graphique 1. – *Bullish advisors (en bas) et bearish advisors (au milieu) comparé au Dow Jones de 1974 à 1986*

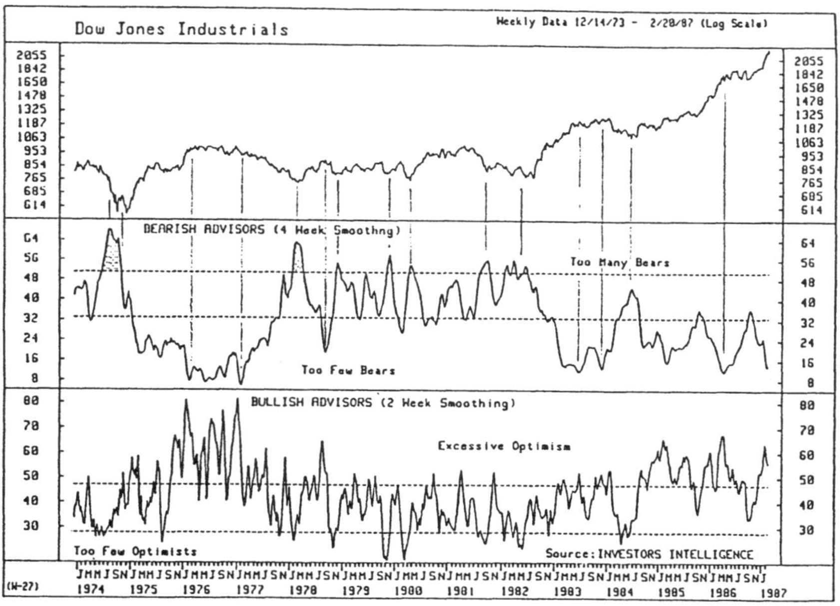

Source : by permission of Ned Davis Research, Inc.

En Europe et tout particulièrement en France, quelques sondages sont publiés par des journaux ou des sociétés de services financiers. Cependant, la régularité de ces sondages est insuffisante et la qualité du panel souvent aléatoire. Par ailleurs, en France, le nombre des intervenants est limité et certains intervenants sont en situation d'influencer nettement les évolutions du marché (ce qui n'est pas le cas aux États-Unis). Enfin, certaines tendances du marché français sont parfois dues à l'intervention des professionnels étrangers qui ne rentrent pas dans la statistique des sondages (ainsi même si 100 % des opérateurs français sont haussiers, le marché peut encore monter grâce aux institutions américaines ou britanniques).

À défaut de sondages, les médias peuvent constituer une bonne approximation de l'opinion générale. Les titres et les articles des journaux sont souvent représentatifs du sentiment le plus répandu. Les titres euphoriques à l'approche des plus hauts et pessimistes sur les points bas sont ainsi nombreux.

1.1.2. Anticipation et psychologie de marché

La *contrary opinion* peut également s'étendre à l'analyse de la psychologie du marché par rapport à un événement attendu. Si un même événement est attendu par tout le monde, cela signifie que tout le monde a pris ses dispositions pour profiter ou pour se prémunir de cet événement. Si celui-ci se produit comme prévu, il s'agira d'un non-événement qui, étant déjà dans les cours, n'entraînera pas de variation sensible et durable des marchés car les opérateurs sont déjà positionnés. Certains profiteront même de la nouvelle pour sortir leur position estimant que les bonnes (ou les mauvaises) nouvelles sont déjà connues et que de mauvaises (ou de meilleures) nouvelles peuvent désormais apparaître. Cela rappelle bien sûr le fameux adage boursier « acheter la rumeur, vendre la nouvelle ».

En effet, on constate souvent que des événements anticipés, comme les mouvements sur les taux ou la publication de chiffres économiques, correspondent à des extrêmes de marché. Le contrat PIBOR constitue à cet égard un très bel exemple (hausse de ce dernier pendant la phase d'anticipation et prises de bénéfices après l'annonce de la baisse des taux).

La logique est la suivante : lorsque tout le monde anticipe le même événement, la réalisation de ce dernier n'aura pas les effets attendus. Les adeptes de la *contrary opinion* pourront donc vendre lorsqu'un événement positif est jugé trop attendu.

Autrement dit, il s'agit d'un phénomène de suranticipation des marchés qui donne parfois des effets surprenants. Aux États-Unis, on a ainsi pu constater que, dans les périodes de récession, les actions ont tendance à bien se tenir ou à monter (anticipant une reprise économique) et lorsque la reprise se confirme, les marchés baissent ou consolident car le phénomène se trouve déjà dans les cours.

1.1.3. Le cash/asset ratio *des fonds*

La *contrary opinion*, basée sur les sondages d'opinion, a un certain nombre de lacunes ; notamment celles concernant la qualité du panel et surtout celles reposant sur la validité des réponses (la correspondance entre la réponse à un sondage momentané et l'action effective est incertaine).

Ainsi, au lieu de s'intéresser à ce que pensent certains intervenants, il est plus utile de connaître l'action réelle d'une catégorie précise de professionnels, tout particulièrement celle des gérants de fonds qui impriment généralement les tendances de moyen long terme. Aux États-Unis, on peut connaître l'activité globale des gérants et avoir une idée très précise de leurs investissements : tous les mois, le rapport entre le *cash* disponible dans les *mutual funds* et les actifs investis est publié. Cette statistique est appelée *cash/asset ratio*.

Le principe de la *contrary opinion* peut alors s'appliquer de la façon suivante : si les gérants sont sur-investis, le potentiel de hausse est limité et le risque de baisse est plus élevé. Cela signifie en effet que les gérants n'ont pratiquement plus de liquidités à investir et que la pression acheteuse est forcément réduite. Si les gérants sont sous-investis (*cash-asset ratio* élevé), le potentiel de baisse est limité tandis que le risque de hausse augmente. Les gérants ne peuvent pas rester trop longtemps avec un niveau de *cash* pléthorique et ils sont tôt ou tard obligés d'investir leurs liquidités en actifs.

Le graphique 2 représentant l'évolution du *cash/asset ratio* et de l'indice obligataire américain illustre parfaitement le phénomène : quand le ratio se rapproche de ses plus bas (vers 5 %), le marché obligataire devient risqué à l'achat (fortes baisses du marché sur ces niveaux). Inversement, quand le ratio se rapproche des bornes hautes de 15 à 20 %, le marché connaît de fortes reprises haussières.

Graphique 2. – *Comparaison du* cash/asset ratio *des* mutual funds *et de l'indice composite du marché obligataire*

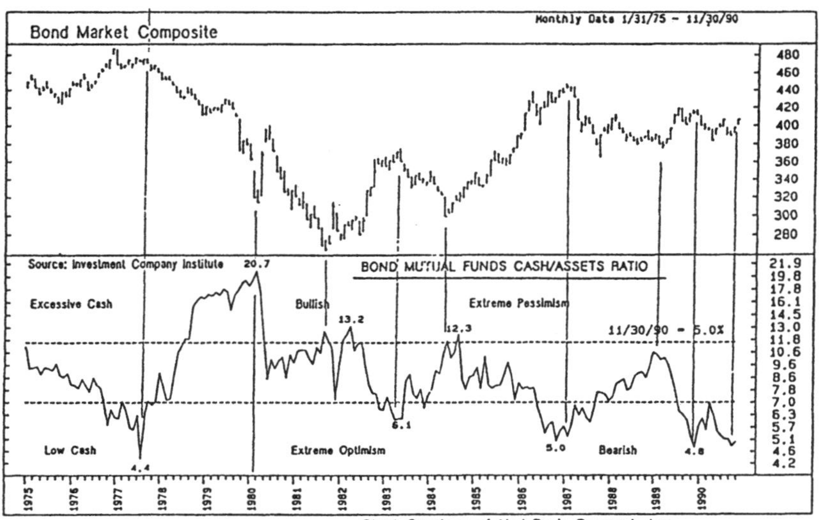

Chart Courtesy of Ned Davis Research, Inc.

1.1.4. Le Rydex ratio

La société de gestion de fonds Rydex a la particularité de gérer des « bear funds » (fonds baissiers) qui performent en cas de baisse du marché et des « bull funds » (fonds haussiers) qui sont positivement corrélés aux variations du marché d'actions. Le Rydex ratio consiste simplement à calculer tous les jours le rapport entre l'actif total des « bear funds » et celui des « bull funds ».

Rydex ratio :
total assets in Rydex bull funds/total assets in Rydex bear funds

La variation de ce ratio a deux composantes. Tout d'abord, la variation du marché : si le marché monte, il y a une appréciation mécanique des actifs des « bull funds » et inversement, une dégradation de l'actif des « bear funds » générant une poussée du ratio. La seconde composante explicative d'une variation du ratio provient des flux (entrée ou sortie de fonds) enregistrés dans les différents fonds. Il y a naturellement une assez grande corrélation entre l'arrivée de fonds dans les « bull funds » et une psychologie positive et haussière, et inversement pour les « bear funds ».

Toute chose égale par ailleurs, une hausse du ratio constate un sentiment haussier tandis qu'une baisse traduit une psychologie baissière et pessimiste. On peut donc utiliser cet indicateur comme indicateur de sentiment. L'utilisation pratique consiste à éviter de vendre le marché tant que le ratio reste élevé sans montrer de signe de retournement et réciproquement à la baisse. En revanche, si l'on constate une fin d'optimisme (ou de pessimisme) sur le ratio, on peut suivre volontiers les signaux de vente constatés graphiquement (cf. graphique 3).

Graphique 3. – *Superposition du Rydex ratio et du S&P500*

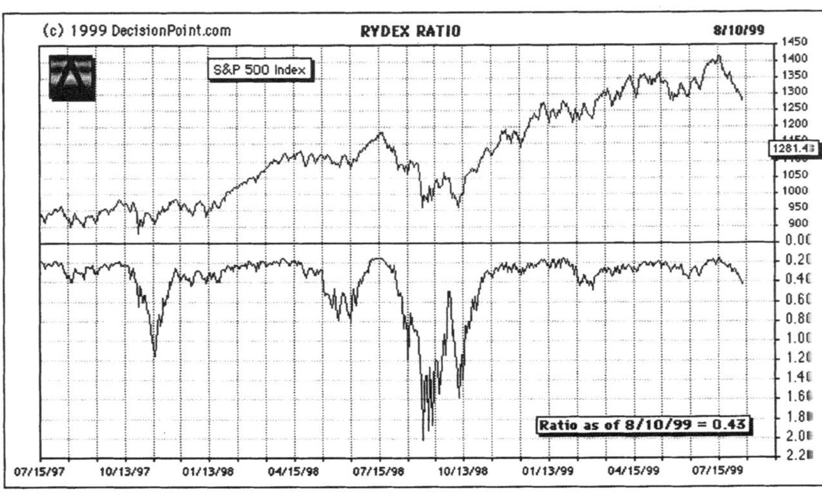

1.2. L'analyse de l'offre et de la demande d'actifs

La seule analyse en terme de Cash/Asset ratio s'avère incomplète.

Le ratio Cash/Asset dépend non seulement de la politique d'investissement (i.e., le sentiment des intervenants gestionnaires) mais aussi de la variation du marché (une hausse des cours entraîne mécaniquement une hausse de l'actif et donc une baisse du ratio, sans pour autant que le sentiment des gestionnaires ait changé) ainsi que de la variation du cash disponible pour le gestionnaire (retrait ou arrivée de liquidités).

Il faut donc aussi s'intéresser aux composantes du Cash/Asset ratio et connaître les raisons de ses variations (évolution des cours, et surtout variation des liquidités...).

La variation des liquidités s'explique par les flux d'investissement : l'analyse de la demande d'actifs d'une part et de l'offre d'actifs d'autre part constitue donc une variable déterminante pour appréhender le potentiel de variation d'un marché et évaluer son risque.

1.2.1. L'analyse de la demande d'actifs

Dans le cas des OPCVM, la variation du cash (outre la politique d'investissement du gestionnaire) est due à l'arrivée ou au retrait de liquidités effectué(e) par les ménages.

La liquidité ainsi apportée ou retirée aux fonds traduit en fait la politique de demande d'actifs des ménages. Quand les flux de liquidités arrivent dans les fonds, il s'agit d'une augmentation de la demande d'actifs. En revanche, quand les liquidités sont retirées, il s'agit d'une baisse de la demande d'actifs.

Si la demande d'actifs en général dépend principalement du niveau de revenu des ménages et de son taux d'épargne, la demande d'un actif en particulier (actions, obligations, fonds monétaires, immobilier, matières premières, œuvres d'art...) est fonction d'une certaine allocation entre ces différents actifs possibles. Généralement, cette allocation d'actifs suit deux paramètres déterminants : le risque et la rentabilité de chacun des actifs.

Ainsi la variation de la rentabilité (ou du risque) d'un actif doit avoir des répercussions quasi-immédiates sur la demande de l'actif considéré et par voie de conséquence sur la demande des autres actifs existants.

Dans le cas des actions, les déterminants principaux sont une modification de la rentabilité des placements à court terme (i.e. les taux courts) et à long terme (i.e. les taux longs) ; les obligations sont, elles, influencées par les taux courts et par la rentabilité et le risque des marchés d'actions.

La variation des taux courts (et donc le changement de politique monétaire) aura ainsi un impact direct sur l'allocation d'actifs des ménages : une baisse des taux courts dissuadera une partie des placements à court terme qui se porteront alors sur des créneaux plus rémunérateurs (obligations à long terme ou actions). À l'inverse, une hausse des taux courts rendra les placements court terme beaucoup plus avantageux ; un glissement s'opérera alors de l'épargne longue vers l'épargne courte.

Au début des années 90, deux politiques monétaires opposées ont conduit à des résultats bien différents sur le marché des actions :

– Les États-Unis se sont ainsi lancés dans une politique de baisse des taux extrêmement agressive (baisse de 4 % en à peine 1 an). Cette baisse drastique a alors conduit la majorité des ménages à sortir de leurs placements courts (dont la rentabilité était tombée à moins de 3 % – rendement réel négatif) et à se placer sur d'autres véhicules d'investissement (obligations et actions). La hausse du Dow Jones en 1991-92 s'explique en très grande partie par l'arrivée de nouvelles liquidités provenant des fonds court terme.

– Pendant le même temps, l'Allemagne et la France ont mené au contraire une politique de hausse des taux. Les placements à court terme ont ainsi atteint un rendement positif de plus de 7 % en France. En conséquence, une grande majorité de ménages et d'entreprises ont préféré maintenir leur épargne « au chaud » (SICAV monétaires très bien rémunérées) et n'ont pas du tout investi dans les actions. L'encours des SICAV actions a ainsi baissé pendant que celui des SICAV monétaires battait de nouveaux records.

En conséquence, pendant cette période, le marché français (et allemand) des actions n'a pas été capable de retrouver ses plus hauts historiques, contrairement au Dow Jones.

Une des mesures statistiques les plus intéressantes est donc la connaissance du montant d'actifs investi respectivement en monétaire, en obligations et en actions. En France, l'encours des différentes SICAV est disponible mensuellement (cf. statistiques d'Europerformance).

Aux États-Unis, une autre donnée est également disponible : le ratio d'investissement des ménages en actions et obligations. À partir d'un certain pourcentage de ce ratio (vers 65-70 %), la capacité des ménages à investir encore en actions devient extrêmement faible. À l'inverse, quand ce taux est très bas, le risque de vente des ménages est faible et le potentiel d'achat est important (cf. analyse du *Cash/Asset ratio*). La superposition d'un certain niveau de ratio et d'un certain niveau de taux courts peut donner alors un éclairage décisif.

Ainsi, dans une situation où le taux d'investissement en actions est très élevé et le niveau des taux courts historiquement bas, le risque des actions devient extrêmement fort. En effet, cela signifie que la probabilité de baisse des taux est très faible et que par conséquent, le potentiel de déplacement de liquidités courtes vers les actions est quasiment nul. Et cela, alors que les ménages sont déjà surinvestis en actions. Dans ces conditions, on ne voit pas très bien comment de nouvelles liquidités provenant des ménages pourraient s'investir sur les actions (saturation de la politique d'investissement et quasi-impossibilité d'avoir de nouvelles liquidités – hormis une nette progression de revenu).

Le potentiel de hausse du marché paraît alors extrêmement réduit tandis que le risque de baisse (dû par exemple à une inversion de la politique d'investissement) semble lui extrêmement fort.

À l'inverse, si les ménages sont sous-investis en actions et les taux courts sont extrêmement élevés et semblent avoir atteint un maximum, le risque d'une poursuite de la baisse des actions devient très faible tandis que les possibilités d'une hausse importante deviennent significatives (cas de la France et de l'Allemagne en 1993).

L'analyse de la demande d'actifs et des ratios d'investissement parallèlement à celle du niveau des taux courts et de la politique monétaire peut donc constituer un indicateur extrêmement parlant, et ce, d'autant plus que ces indicateurs se trouvent sur des bornes hautes ou basses.

1.2.2. L'offre d'actifs

Cependant, la demande d'actifs n'est pas la seule variable qui détermine des changements dans la liquidité des OPCVM et donc dans le prix des actifs. La demande d'actifs doit en effet se comparer à la variation de l'offre totale d'actifs et à leur rémunération.

En effet, en cas de forte progression, l'offre totale d'actifs pourra absorber tout ou partie d'une augmentation de la demande d'actifs. À l'inverse, une réduction de l'offre globale pourra amortir une chute de la demande. Le déplacement simultané des courbes d'offre et de demande n'entraîne pas de modification de prix (cf. graphique 4).

L'analyse des composantes de l'offre s'avère donc également nécessaire.

Graphique 4. – *Courbe d'offre et de demande d'actifs*

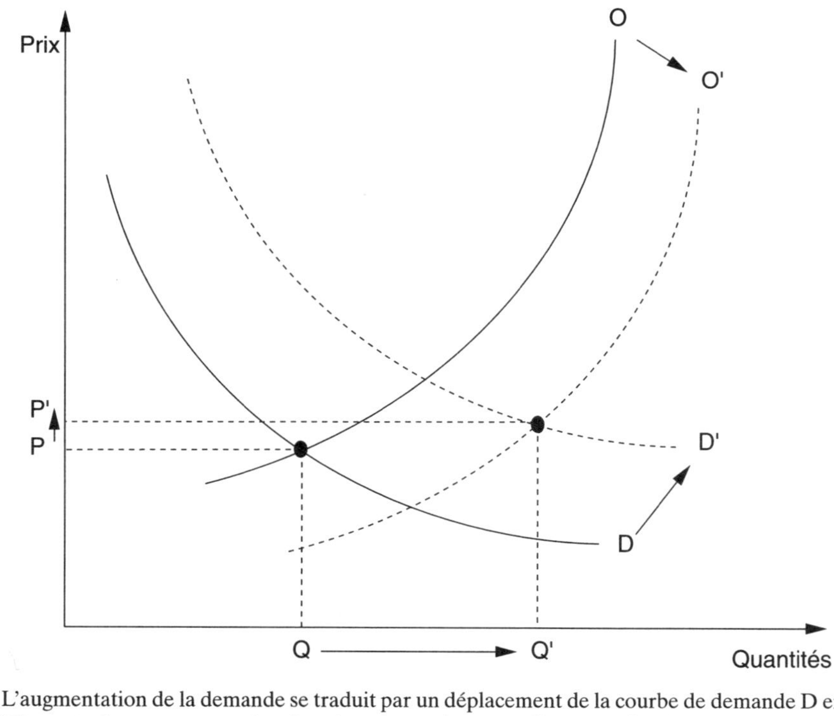

L'augmentation de la demande se traduit par un déplacement de la courbe de demande D en D' et entraîne une progression du prix qui peut être complètement absorbée par une hausse de l'offre (déplacement de la courbe d'offre de O en O').

Tout ce qui modifie l'offre de papier doit être considéré : adjudications, échéance des produits obligataires, nouvelles émissions d'actions, augmentation de capital mais aussi OPA ou OPE (les actionnaires de sociétés victimes d'une OPA vont recevoir des liquidités), OPR, introduction en Bourse, nationalisations ou privatisations (la vente d'une entreprise publique valant plusieurs milliards de francs va absorber une partie de l'épargne disponible au détriment de l'ensemble du marché).

La création de nouveaux produits dérivés (obligations convertibles, coupon zéro, bons de souscription…) contribue de façon détournée à l'augmentation de l'offre.

Par ailleurs, le versement des coupons obligataires ou des dividendes des actions est une composante du revenu des investisseurs et entraîne donc l'arrivée de nouvelles liquidités. La politique de dividende des entreprises pourra avoir un certain impact sur l'offre et la demande d'actifs. En effet, les dividendes peuvent être versés sous forme monétaire ou sous forme papier (bons de souscription, actions nouvelles…). La forme choisie influencera alors soit l'offre globale de papier (si les revenus sont directement réinvestis, l'offre globale augmentera mais le prix des actifs ne sera pas modifié) soit le montant des liquidités détenues par les investisseurs (si les dividendes sont versés sous forme monétaire) avec une possible augmentation de la demande de papier et à la clé un impact positif sur le cours.

Pratiquement, les meilleures mesures de cette offre consistent bien sûr à repérer les flux offerts ou retirés sur le marché. Et pour avoir une mesure synthétique, on notera *l'évolution de la capitalisation globale* de l'indice le plus large en le comparant à *l'évolution du niveau* de ce même indice. À offre égale, la variation de la capitalisation globale doit être identique à celle du niveau de l'indice. Si l'offre augmente, alors la variation de la capitalisation globale doit être supérieure à celle de l'indice et inversement. (Sur le marché obligataire on utilisera la somme des dettes à long terme et l'indice obligataire de référence).

À titre d'exemple, à la fin de 1991 la capitalisation boursière totale du marché français avoisinait les 1 800 milliards de francs.

Imaginons un indice de référence, le plus large possible, base 100 au 31-12-91 et supposons que cet indice est égal à 110 six mois plus tard. Si l'offre globale est stable, la capitalisation du marché devrait avoir également progressé de 10 %, soit un montant total de 1 980 milliards.

En revanche, si la capitalisation globale a progressé de 14 % pour atteindre 2 050 milliards, cela signifie que l'offre globale a progressé de 70 milliards, soit environ 4 %.

À l'inverse, si la capitalisation globale ne progresse que de 7 % à 1 925 milliards, cela signifie que l'offre s'est réduite de 55 milliards.

Plus le décalage de variation entre ces deux valeurs sera fort, plus la variation de l'offre globale sera significative et donc influente sur le niveau des cours.

Une offre globale trop forte devra avoir un impact négatif sur les cours tandis qu'une offre globale faible (en baisse) ne peut qu'être favorable au marché.

Cet impact sur les cours n'est bien sûr valable que dans une certaine mesure. En effet, il ne faut pas oublier la concurrence qui peut exister entre les différentes places boursières. Si l'offre globale d'une place financière est réduite de façon trop significative, son intérêt financier international deviendra plus faible et les liquidités ainsi dégagées profiteront davantage aux autres marchés. Un tel marché peut se marginaliser et rentrer dans un cercle vicieux où les investisseurs locaux abandonnent les titres restant cotés au profit de marchés plus liquides.

À l'inverse, une place qui ne cesse de s'étoffer en nouvelles valeurs ou en valeurs à grosse capitalisation pourra attirer des capitaux étrangers et entrer ainsi dans un cercle vertueux où l'augmentation de l'offre globale s'accompagne de l'arrivée de nouvelles liquidités venues d'ailleurs avec un impact positif sur les cours. La liquidité d'un marché attirant ainsi les liquidités des investisseurs.

Par ailleurs, il ne faut pas oublier que si théoriquement la réduction de l'offre a un impact positif sur les cours, dans la pratique, c'est souvent le niveau des cours qui guide l'évolution de l'offre. En effet, les entreprises essaient toujours de profiter du niveau élevé des cours de bourse ou du faible niveau des taux (dû à une augmentation de la demande) pour émettre des actions ou des obligations nouvelles. Inversement, quand les bourses sont moroses, les entreprises reportent souvent leurs opérations financières (cf. report de certaines privatisations au moment du krach).

Ainsi, l'augmentation de l'offre s'observe quand les marchés sont porteurs. Les phases de bien-être du marché peuvent durer parfois assez longtemps sans être affectées par la progression de l'offre. Cette dernière ne fait que freiner la hausse du marché sans la remettre en cause. Les courbes de demande et d'offre se déplacent toutes deux vers la droite sans baisse de prix. Mais à la fin d'un cycle haussier le surplus accumulé de l'offre contribue à la fragilité du marché.

Par exemple, en 1986-87, les privatisations opérées par l'État ont tout d'abord entraîné un effet vertueux sur le marché mais ont aggravé finalement le risque de chute. La relation négative entre l'offre d'actifs et le niveau des cours n'est donc pas immédiatement constatée mais s'inscrit dans un processus à moyen-long terme.

Une fois réunis tous ces indicateurs sur l'offre et la demande d'actifs, on dispose d'une meilleure appréciation des raisons de la variation du marché et/ou de son risque global.

1.3. L'information propre au marché

La connaissance des éléments, qui constituent et expliquent un indice (d'actions, d'obligations, de changes ou de matières premières), ainsi que les informations dérivées des volumes sont souvent essentielles pour comprendre et anticiper les évolutions à venir d'un marché et surtout pour cerner le risque existant.

1.3.1. Les oscillateurs de volume : on balance volume *et* volume accumulation

Le volume constitue la donnée de marché la plus importante après celle des cours. L'analyse des volumes, développée dans le deuxième chapitre, représente ainsi la première forme d'analyse intra-marché en offrant une lecture de la force de la tendance du marché et de son risque.

Comme nous l'avons vu, les volumes suivent souvent des évolutions chaotiques difficilement lisibles directement. Pour faciliter la lecture des volumes et l'intégrer dans l'analyse des cours, plusieurs oscillateurs de volume ont été mis au point. Ils permettent de cumuler les volumes en les pondérant par les variations (positives ou négatives) constatées sur les cours de clôture.

L'*on balance volume* (OBV) développé par Joseph Granville permet de mesurer la pression acheteuse et vendeuse des volumes. L'OBV se calcule ainsi en ajoutant ou en retranchant le volume de chaque journée selon que la clôture est haussière ou baissière.

$$OBV_t = OBV_{t-1} + \text{volume}.\ \frac{C_t - C_{t-1}}{\left|C_t - C_{t-1}\right|}$$

L'*on balance volume* doit confirmer la tendance des cours en suivant la même direction. Cependant, toute divergence entre l'OBV et les cours indique la possibilité d'un retournement. Par ailleurs, les seuils de support-résistance et les droites de tendance peuvent être utilisés pour améliorer l'analyse de l'OBV et les signaux qu'il peut générer (cf. graphiques 5).

Le Dollar Mark et son « *on balance tick volume* ». À défaut d'avoir un volume réel, on utilise le *tick volume* qui prend en compte le nombre de cotations réalisées. Sur le graphique on notera surtout les divergences observées sur les deux extrêmes du marché.

Graphique 5a. – *On balance volume et volume accumulation*

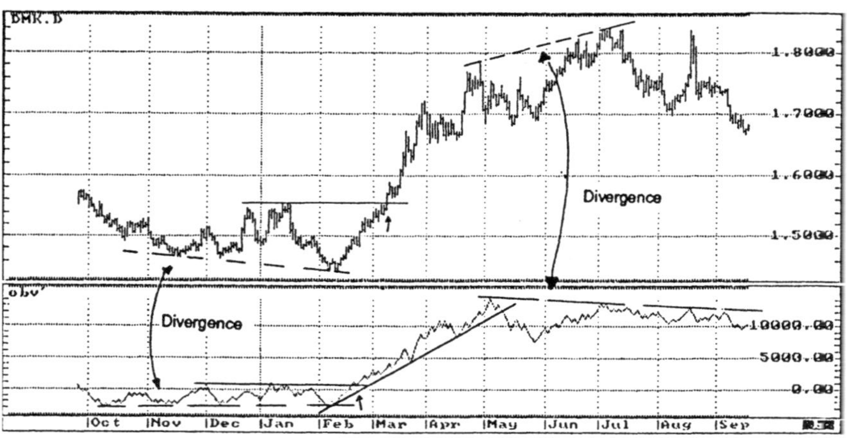

Source : Telerate – Global Dow Jones Information.

Par la suite, afin de moduler l'importance du volume en fonction de la force de mouvement, l'OBV a été amélioré en pondérant les volumes par le pourcentage de variation.

Le volume accumulation affine encore cette pondération en utilisant le cours de clôture rapporté aux points extrêmes de la journée, soit la formule suivante :

$$\textit{Volume accumulation} = \frac{(C-L)-(H-C)}{(H-L)} \times \text{Volume}$$

avec C = cours de la clôture
avec H = plus haut du jour
avec L = plus bas du jour

Graphique 5b. – *Le S&P et son* on balance volume *et son* volume accumulation

Source : Telerate – Global Dow Jones Information.

On notera la qualité des tendances repérées sur les deux oscillateurs de volume ainsi que leurs signaux précurseurs (rupture ou rebond sur les tendances avant que les signaux ne soient donnés sur les cours).

Graphique 5c. – *Accumulation et distribution repérées sur l'OBV*

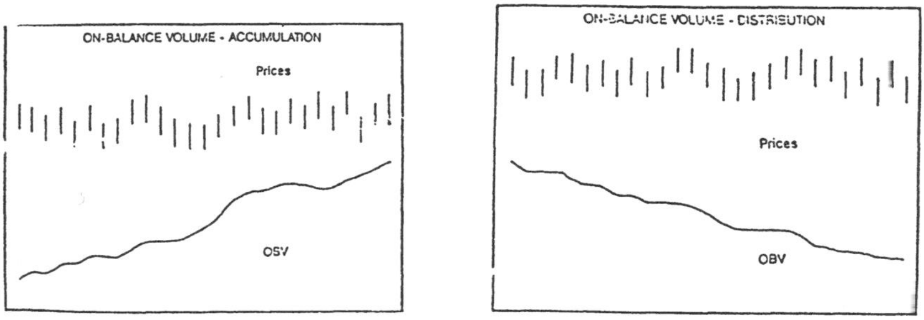

Le *volume accumulation* s'utilise de la même façon que l'OBV, c'est-à-dire qu'il doit valider le mouvement en cours en évoluant dans la même direction. Toute divergence avec les cours est synonyme de risque et indique un essoufflement de la tendance et un possible retournement (cf. graphiques 5).

Les oscillateurs de volume peuvent également être très utiles pour repérer les phases d'accumulation ou de distribution décrites par Charles Dow (cf. graphique 5c).

La montée de l'oscillateur de volume dans un marché sans tendance indique que le volume se fait dans les phases haussières du *trading range*, où certains opérateurs accumulent des positions longues. Il s'agit donc là d'un cas typique d'accumulation précurseur d'une tendance haussière significative.

À l'inverse, si le *trading range* suivant une tendance haussière s'accompagne d'une baisse de l'oscillateur de volume, on peut supposer qu'une phase de distribution est en marche (et qu'un retournement baissier est très probable). Les opérateurs astucieux qui avaient accumulé des positions avant la hausse, prennent leurs bénéfices. L'essentiel du volume se fait donc dans les phases de baisse, entraînant l'oscillateur de volume dans une tendance baissière.

*1.3.2. L'information du marché cash : l'exemple de l'*advance decline

Il s'agit ici de montrer comment les éléments constituant un indice peuvent donner de l'information, notamment quant au risque du marché et quant à la qualité du mouvement considéré.

L'*advance decline* calcule le nombre de titres en hausse moins le nombre de titres en baisse et donne ainsi une idée immédiate de ce que fait l'ensemble du marché.

ADt = (ADt – 1)	+	(nombre de titres en hausse en t)
	–	(nombre de titres en baisse en t)
Avec ADo = 10 000	+	(nombre de titres en hausse en o)
	–	(nombre de titres en baisse en o)

Quand on observe une divergence entre l'évolution de l'indice et celle de l'*advance decline*, cela signifie que le mouvement de l'indice n'est pas validé par la majorité des titres qui le composent. Le mouvement de l'indice est ainsi particulièrement fragile.

Le graphique 6 illustre parfaitement les différentes situations de risque dans lesquelles s'est trouvé le marché français. L'*advance decline* montre, en effet, à plusieurs reprises une très nette divergence baissière avec l'indice. Cette dernière constitue bien une bonne indication du risque de marché, puisque l'indice a connu, à chaque fois, des dégradations significatives.

Graphique 6. – *L'indice CAC 40 et l'*advance decline *du marché*

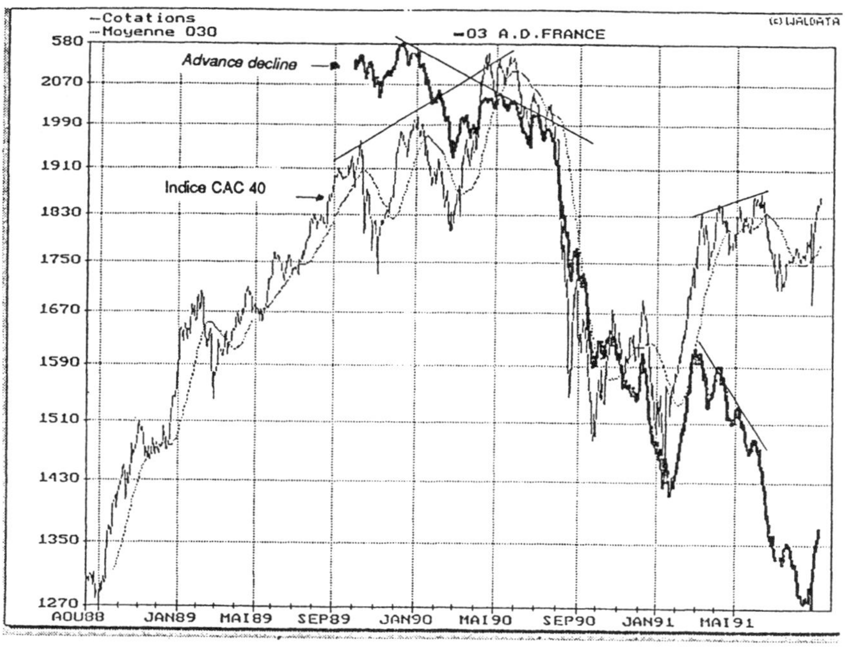

Source : Waldata.

Les divergences baissières indiquées par l'*advance decline* de fin 1989 à début 1990 puis de mars à mai 1991 ont été suivies à chaque fois d'une correction sévère et rapide.

En complémentarité de l'Advance Decline, il est possible de considérer des indicateurs alternatifs comme la moyenne de l'AD ou l'AD Volume.

- *La moyenne mobile exponentielle de l'AD*

La moyenne mobile exponentielle de l'AD est un excellent indicateur de marché permettant d'identifier les points extrêmes. Deux versions distinctes de calcul existent. La plus simple est la moyenne mobile 200 jours de l'AD. La seconde méthode calcule une moyenne mobile exponentielle à 1 %. Comme nous l'avons évoqué dans la partie consacrée aux moyennes mobiles, le résultat est finalement très proche.

Stan Weinstein préfère d'ailleurs utiliser la moyenne mobile simple à 200 jours et considère le passage du zéro comme un signal d'achat ou de vente. Ce seul signal pris isolément est malheureusement très retardé et donne donc parfois de faux signaux. En revanche, le repérage de tops ou de bottoms significatifs sur cet indicateur ou l'apparition de divergences claires constituent des signaux très forts de retournement du marché.

Le graphique 7 illustre bien le type de signaux générés. Toutefois, la difficulté est décalée d'un cran puisqu'il s'agit alors de déterminer avec fiabilité les critères de retournement de l'indicateur. Ce qui bien sûr n'est pas aussi simple…

Graphique 7. – *Moyenne mobile exponentielle de l'*Advance Decline *et indice Nyse*

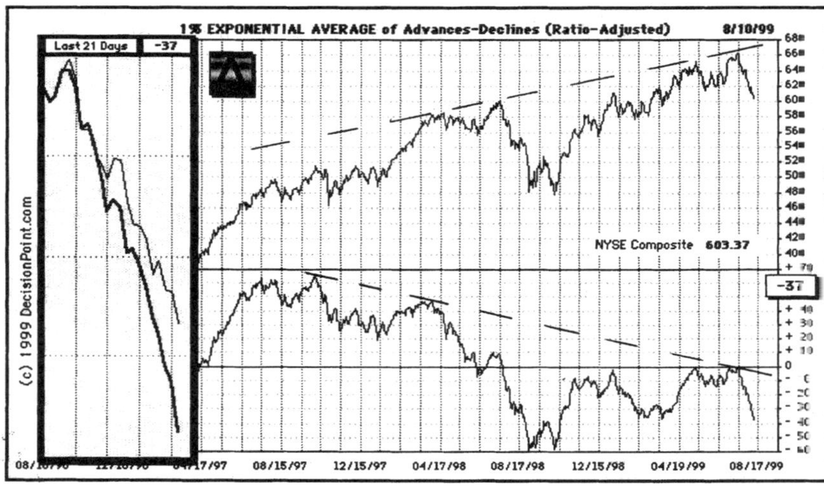

On constatera la forte divergence entre l'indicateur et l'indice. Néanmoins, les sommets de l'indicateur correspondent bien à des sommets sur le marché.

- *L'AD Volume*

Le principe de l'On Balance Volume, développé par Joe Granville, a été adapté au concept de l'Advance Decline. Il réintègre en effet le volume au calcul de l'advance decline en mesurant la différence entre les volumes à la hausse et les volumes à la baisse pour chaque titre composant l'indice.

AD V = Somme de i = 1 à n (volume titre i) * variation du titre i

De ce fait, il restitue assez bien l'ambiance du marché en surpondérant les titres sur lesquels il se passe quelque chose et sur lesquels les mouvements sont significatifs.

En général, la courbe de l'AD V est beaucoup plus proche de la courbe des cours que ne l'est l'AD simple (cf. graphique 8). En effet, certaines hausses du marché sont provoquées par un nombre très limité de titres sur lesquels se focalise le marché (fort volume), tandis que les autres titres qui baissent ou stagnent sont délaissés (faible volume). Si c'est le cas, cela signifie que l'argent se dirige vers les titres qui montent et que les investisseurs sont bullish et profitent de la hausse.

Graphique 8. – *L'*Advance Decline Volume *et l'indice Nyse*

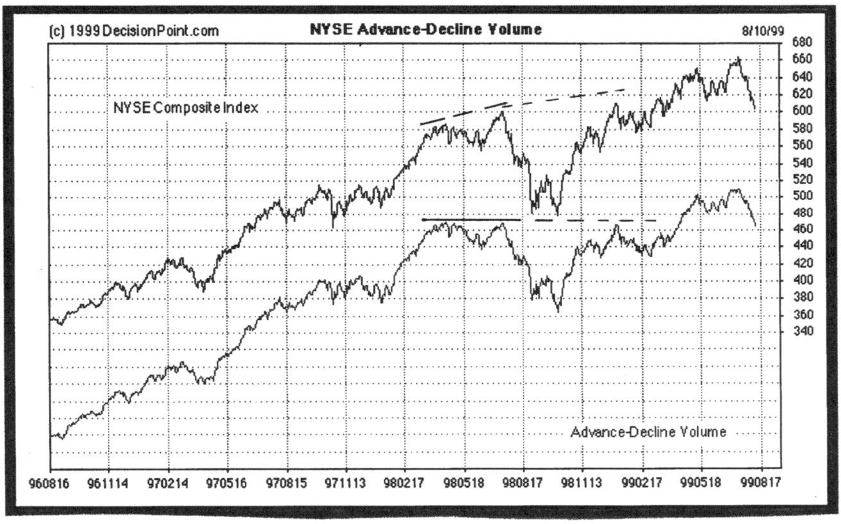

On notera la très forte corrélation entre les deux courbes. La seule forte divergence constatée en juillet 1998 s'est accompagnée d'une forte correction.

En revanche, si l'AD Volume baisse alors que l'indice monte, cette divergence est curieuse et lourde de sens puisqu'en dépit de la hausse de l'indice, l'argent se focalise sur les titres qui baissent. Les investisseurs montrent donc une grande fragilité qui risque de se épandre au reste du marché.

Cet indicateur montre de rares divergences avec les cours, mais celles observées s'accompagnent très souvent d'un retournement ou d'une consolidation dans la tendance.

1.3.3. Autres indicateurs de participation

- *Nombre de titres supérieurs à leurs moyennes mobiles 200 jours*

C'est un des principaux indicateurs mesurant le degré de participation du marché. Cet indicateur mesure simplement la proportion relative des titres de l'indice de référence situés au-dessus de leur moyenne mobile 200 jours (cf. graphique 9). Théoriquement, cet indicateur doit être en accord avec la tendance du marché.

Graphique 9. – *L'indice Nyse et le nombre de titres supérieur à leur moyenne mobile 200 jours*

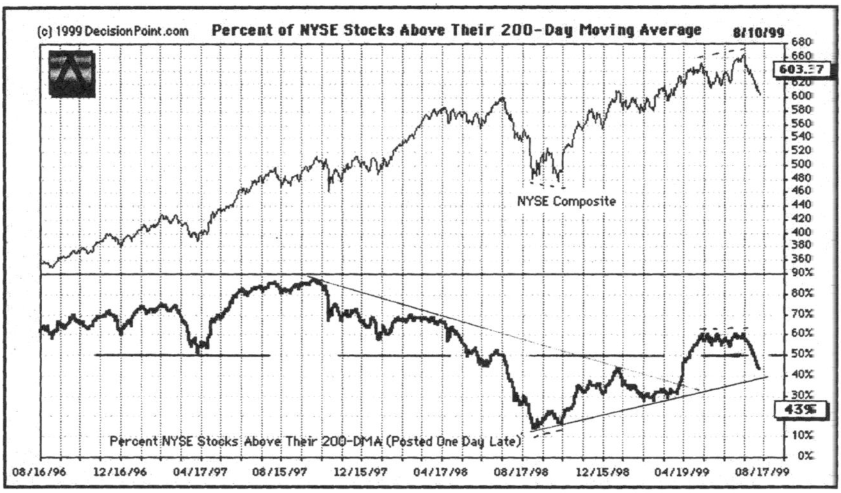

La position d'un titre par rapport à sa moyenne mobile 200 jours caractérise sa tendance de long terme. Si la tendance de l'indice de référence est haussière, on doit logiquement observer un nombre croissant de titres présentant également une tendance haussière, c'est-à-dire se trouvant au-dessus de leur moyenne mobile longue (et inversement dans le cas d'une tendance baissière). Tout comportement divergent (hausse de l'indice non validée par une hausse de l'indicateur ou nouveau record de l'indice avec un niveau d'indicateur faible – au-dessous de 60 %) suggère que la hausse du marché est menée par un nombre décroissant de titres ou par très peu de titres. Cela représente une alerte importante à considérer pouvant aboutir à un retournement du marché.

Cependant, aucune valeur absolue ne peut être véritablement retenue pour considérer des seuils de surachat ou de survente. De même, lorsque le marché devient plus sélectif et fait tourner les titres dans les portefeuilles, on peut aussi constater des divergences importantes qui, paradoxalement, ont pour origine une attitude très saine des investisseurs.

En conclusion, cet indicateur doit davantage être utilisé pour comprendre comment se structure l'évolution de l'indice que comme un indicateur classique de divergence.

- *New Highs/New Lows*

L'indicateur NHNL *(new highs-new lows* ou nouveaux plus hauts – nouveaux plus bas) calcule simplement le nombre de titres effectuant un record à la hausse et à la baisse sur les 52 dernières semaines. La représentation en double histogramme permet de visualiser le nombre de titres enregistrant des plus hauts sur la partie supérieure du graphique et le nombre de titres effectuant des records à la baisse sur la partie inférieure du graphique (cf. graphique 10).

Si un nouveau record sur un titre spécifique n'apporte guère d'informations au marché, l'agrégation des nouveaux records donne des éléments d'appréciation sur la qualité de la participation des titres à une variation donnée de l'indice de référence.

Les principales informations données par cet indicateur sont le surachat ou la survente et les divergences. Quand une hausse (une baisse) s'accompagne de niveaux records de « new highs » (« new lows »), on peut considérer que le marché est en excès et qu'il manque de discernement (tout monte ou tout baisse). Il est alors logique de s'attendre à une correction. Surtout, la présence de divergences significatives (nouveaux sommets non confirmés par un nombre significatif de nouveaux plus hauts sur les titres individuels) sous-entend une faible participation du marché à la hausse de l'indice et traduit donc une certaine fragilité du marché qui risque de se retourner.

Graphique 10. – *L'indice Nyse et l'indicateur New Highs-New Lows*

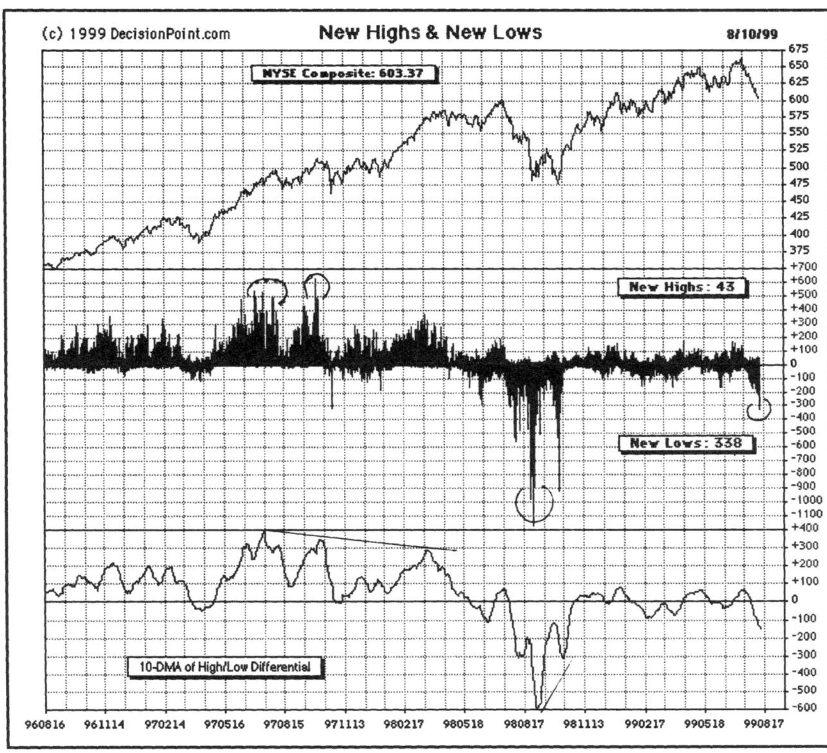

L'analyse de ce graphique permet de comprendre que la hausse du marché a changé de nature après la forte baisse de 1998 : le marché est devenu beaucoup plus sélectif et seuls quelques titres parviennent à se distinguer alors qu'en 1997 et 1998, tous les titres étaient favorisés.

Cependant, il faut véritablement considérer cet indicateur avec prudence et ne pas lui accorder une importance excessive. Tout d'abord la présence de divergences ne donne aucune idée du timing, les divergences peuvent donc durer longtemps avant qu'un retournement ne se manifeste. Ensuite, la faiblesse relative du nombre de titres au plus haut (au plus bas) ne signifie pas toujours une faiblesse du marché mais peut au contraire caractériser une rotation sectorielle (les groupes de titres qui faisaient des nouveaux sommets consolident, laissant la place à de nouveaux groupes, permettant ainsi le développement d'une hausse saine et durable, chaque secteur profitant à son tour de la hausse du marché). Cela suppose donc de bien suivre l'évolution des différents secteurs.

À partir de cet indicateur, il est aussi possible d'en dériver de nouveaux en calculant par exemple l'écart entre nouveaux plus hauts et nouveaux plus bas et/ou en calculant une moyenne mobile à 10 ou 20 jours de cet indicateur.

1.3.4. La construction de nouveaux indicateurs

L'advance-decline et les autres indicateurs de participation utilisent l'information donnée par l'ensemble des titres de l'indice. Il est possible de décliner ce type de construction à d'autres informations données par les titres. Par exemple :

– le nombre de titres supérieurs à leur moyenne mobile à 20 jours, 50 jours, etc.

– le nombre de titres surachetés (RSI 9 jours > 70) ou survendus (RSI 9 jours < 30),

– le nombre de titres se trouvant à moins de 10 % de leurs plus hauts (ou de leurs plus bas),

– le nombre de titres ayant progressé de plus de 10 % lors des 2 derniers mois,

– le nombre de titres ayant un ADX supérieur à 17 et supérieur à l'ADXR (le titre étant en tendance).

On peut ainsi parvenir à créer une infinité de nouveaux indicateurs ; ce qui est finalement déterminant est de juxtaposer ces indicateurs à l'évolution du marché et de juger leurs qualités prédictives.

1.4. L'information des marchés d'options

Les produits d'options donnent une très bonne idée du comportement des spéculateurs et de leurs anticipations. Deux types d'informations utiles sont donnés : le niveau de la volatilité d'une part et le ratio *put/call* d'autre part.

1.4.1. La volatilité implicite des options

La volatilité implicite des options donne une mesure du risque considéré sur le marché sous-jacent : une forte volatilité signifie que la perception du risque ambiant est élevée et que les intervants s'attendent à de fortes variations du marché. Sur les options MATIF notionnel, quand la volatilité atteint des niveaux extrêmes supérieurs à 10 %, cela signifie que les intervenants pensent que le marché a de fortes chances de varier de plus d'une figure et qu'à la limite, ils n'ont aucune idée de ce que le marché peut valoir le lendemain. En revanche, une faible volatilité correspond à une anticipation de variation limitée et donc à un degré de risque considéré comme faible. Le *range* de variation anticipé pour le lendemain est relativement étroit et bien maîtrisé.

Par ailleurs, la volatilité implicite des options qui indique le potentiel de variation estimé par le marché, peut être comparée à la volatilité historique qui mesure les variations passées du marché (cf. graphique 11).

Graphique 11. – *Contrat MATIF notionnel et volatilité implicite des options*

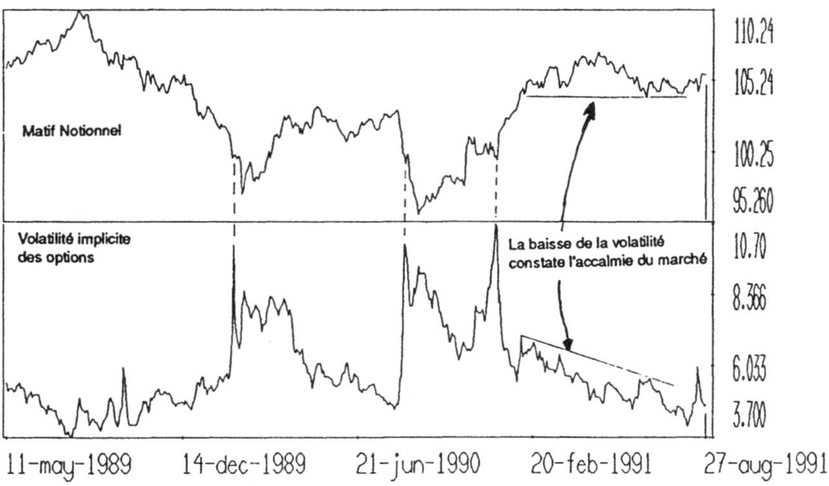

Source : Banque Internationale de Placement.

On notera que les forts niveaux de volatilité implicite coïncident avec de fortes variations du marché et expliquent donc bien le risque ambiant. Par ailleurs, on peut remarquer que les phases de hausses s'accompagnent toujours d'un tassement de la volatilité.

1.4.2. Le ratio put/call

Le ratio *put/call* représente le rapport entre le volume de *puts* traités et le volume de *calls* échangés.

Quand le sentiment est haussier, les intervenants travaillent davantage sur les *calls* que sur les *puts* et inversement, quand les opérateurs sont baissiers.

Le principe du *put/call ratio* se rapproche du principe de la *contrary opinion* puisqu'il considère que lorsque le ratio devient historiquement très faible (le sentiment haussier est très fort sur les marchés d'options), le potentiel de hausse devient limité, voire nul, tandis que le risque d'une baisse du marché devient très fort ; et inversement, quand le ratio devient très élevé.

L'explication en est fort simple : si une bonne nouvelle arrive sur le marché, tous les opérateurs qui sont déjà acheteurs de *calls* ne se positionneront pas sur le produit sous-jacent. Celui-ci sera donc privé d'une demande importante et ne connaîtra pas la hausse espérée, d'où un potentiel de hausse limité.

En revanche, si une mauvaise nouvelle arrive de façon imprévue, les opérateurs ne sont pas positionnés sur les *puts* pour profiter de la baisse, ils se porteront donc directement sur le marché sous-jacent en pesant ainsi sur les cours. Par ailleurs, les gestionnaires qui ne sont pas couverts (ou très peu) se mettront également à vendre le produit sous-jacent, accélérant du même coup la baisse du marché.

Inversement, si le *put/call ratio* est élevé et qu'une mauvaise nouvelle intervient, le risque d'une forte baisse est limité car les gestionnaires sont déjà en partie couverts et les spéculateurs positionnés à la baisse.

En revanche, l'apparition de bonnes nouvelles prendra les intervenants à contre-pied et pourra alors offrir une reprise de la hausse.

Le graphique 12 représentant l'évolution du T. Bond américain et de son *put/call ratio* illustre parfaitement l'utilité de ce ratio. Les extrêmes de ce dernier correspondent en effet parfaitement à ces extrêmes du marché. Le *ratio put/call* constitue donc un instrument particulièrement efficace pour mesurer le risque du marché.

Graphique 12. – *Comparaison du T. Bond et de son* put/call ratio

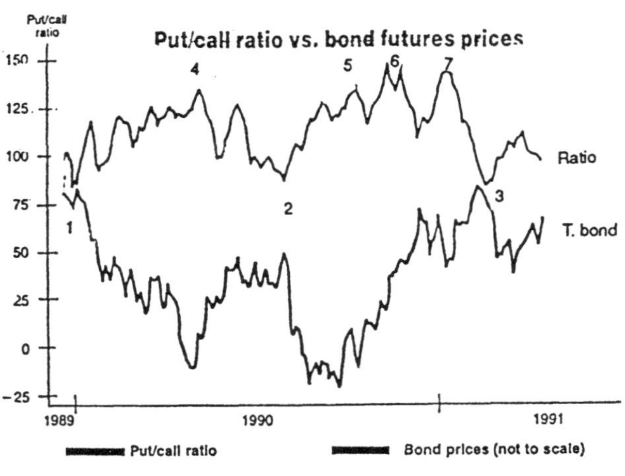

Source : Thomson Financial Networks/Technical Data.

Les points bas du *put/call ratio* (vers 75) correspondent à des points hauts du marché (point 1, 2 et 3). À l'inverse, les sommets du ratio (au-delà de 130) coïncident avec des points bas du marché (exception faite du point 6 qui a tout de même été suivi d'une belle hausse).

1.4.3. Le Put Volume Indicator (PVI)

Le Put Volume Indicateur (PVI), conçu par John Bollinger, complète les indications du put/call ratio en donnant des informations sur le très court terme (1 à 2 jours en général).

Il s'agit en effet d'un indicateur contrarien de très court terme qui mesure le niveau de pessimisme ambiant en utilisant comme seule donnée le volume de puts traité.

Pour calculer le PVI, on divise le nombre de puts échangé dans la journée par la moyenne mobile 10 jours du volume de puts traité.

PVI = (nombre de puts traité en t)/
(moyenne mobile 10 jours du nombre de puts traité)

On considère que le seuil de 2 représente un pessimisme extrême (il se traite deux fois plus de puts que la moyenne des 10 derniers jours) qui suggère une réaction rapide et quasi immédiate. Une telle situation peut donc se lire comme un signal d'achat. Cependant, il est important de considérer que l'impact de ce signal est de très court terme. Il est donc très utile pour le trading de court terme mais beaucoup moins pour un investisseur.

À l'inverse, on peut également considérer qu'un très faible niveau de PVI indique un optimisme exagéré, générant ainsi un signal de vente court terme. Cependant, le signal est beaucoup plus aléatoire et nettement moins pertinent dans ce type de situation. En effet, il suffit d'observer de très faibles volumes pendant une journée (veille d'un jour férié par exemple) pour qu'un signal positif soit généré. Le signal donné est alors absurde.

L'application d'un CVI (Call Volume Indicator) peut aussi être envisagée avec un fonctionnement symétrique. Un CVI supérieur à 2 indique un optimisme échevelé et donc une situation de surachat avec un risque élevé de correction court terme. Cependant, les signaux générés par le CVI sont en moyenne assez décevants. Nous conseillons seulement de suivre le PVI et le CVI en parallèle afin de filtrer certains faux signaux du PVI. Par exemple, si le PVI atteint le niveau de 2, tout comme le CVI, cela atténue fortement le signal et la réaction du marché. En revanche, un PVI de 2 accompagné d'un faible CVI ne laisse aucun doute sur l'interprétation.

1.4.3. Le prix des options

L'évolution du prix d'une option qui combine la variation des cours et de la volatilité du marché ainsi que l'écoulement du temps peut être un indicateur de la santé d'une tendance.

Si le marché évolue à la hausse (à la baisse), on doit logiquement gagner de l'argent avec un call (put) légèrement en dehors de la monnaie. Dans le cas contraire, cela signifie que la tendance est trop faible pour lutter contre la dépréciation due à la baisse de la valeur temps et éventuellement à la baisse de la volatilité. Dans ces conditions, le prix de l'option peut jouer le rôle d'indicateur de divergence. En superposant le graphique des cours et celui d'un call (ou d'un put) en dehors de la monnaie, on obtient une sorte d'indicateur de la puissance de la tendance en cours.

2. L'analyse inter-marchés

Alors que l'analyse intra-marché cherche tous les éléments propres au marché considéré pour mieux l'étudier et mieux maîtriser son degré de risque, l'analyse inter-marchés va, au contraire, observer les autres marchés pour atteindre les mêmes objectifs. Par ailleurs, si les fondements de l'analyse intra-marché sont plutôt d'ordre psychologique, ceux de l'analyse inter-marchés tiennent plutôt à une logique économique et financière (arbitrage de portefeuilles).

L'analyse inter-marchés peut se diviser en deux catégories : d'une part, l'analyse des marchés connexes et d'autre part, l'étude des marchés appartenant à des domaines différents.

2.1. L'analyse des marchés parallèles et connexes

L'analyse des marchés d'une même famille permet de mieux comprendre les mouvements d'un marché particulier et la façon dont se forment les anticipations.

Nous allons présenter ici quatre grands types de familles : taux, actions, matières premières et devises avec leurs inter-relations.

2.1.1. Les taux d'intérêt

Nous avons choisi quatre exemples de relations étroites existant à l'intérieur de la famille des taux d'intérêt. La liste présentée n'est pas exhaustive et permet surtout de comprendre la mécanique utilisée pour ce type d'analyse.

2.1.1.1. Les taux longs entre eux : l'exemple du Nob : *notes over bonds* (écart 10 ans-30 ans)

Le Nob représente l'écart entre les *Treasury bonds* à 30 ans et les *Treasury notes* à 10 ans. Les variations du Nob permettent de cerner les anticipations des intervants sur l'évolution des taux. Quand les opérateurs anticipent une baisse des taux longs, ils ont tendance à sensibiliser leur portefeuille en augmentant la duration. De ce fait, ils privilégient l'achat d'obligations longues à forte duration (comme celles du gisement du contrat T. bond) au détriment des obligations à durée de vie plus courte (obligations à 10 ans). De plus, du fait de la plus forte sensibilité des instruments longs, le prix de ces derniers est mécaniquement plus sensible à la même variation de taux.

L'élargissement de l'écart entre le T. bond et le T. note (le Nob) doit confirmer le mouvement de hausse du T. bond et indique donc une anticipation de baisse du taux.

À l'inverse, le resserrement de cet écart indique une anticipation haussière sur les taux longs (les intervenants désensibilisent leur portefeuille, marquant une préférence pour les obligations à faible duration).

Dans la pratique, l'évolution du Nob doit confirmer l'évolution des cours. Ainsi quand les cours du T. bond montent, le Nob doit s'élargir (et inversement). Le Nob donne parfois des signaux précurseurs de l'évolution future du T. bond (rupture de tendance, figures de retournement).

L'existence de divergences (baisse de l'écart – hausse du T. bond) avertit très souvent d'un possible retournement de la tendance du T. Bond. Il indique de toute façon le faible potentiel de la tendance en cours et un risque important de retournement (cf. graphiques 13).

Graphique 13a. – *Superposition du Notes over Bonds spread et du T. Bond*

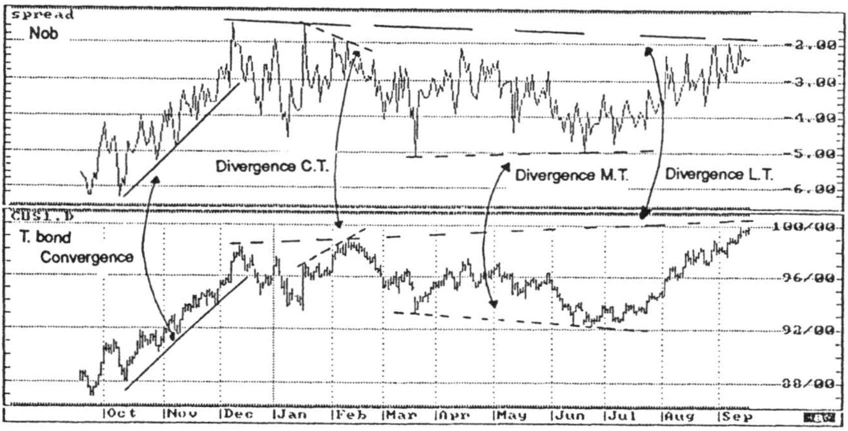

Source : Telerate – Global Dow Jones Information.

Le Nob et le T. bond convergent pratiquement en permanence. L'apparition de divergences correspond généralement à une zone extrême et constitue un très bon indicateur de risque. Par ailleurs, les signaux techniques donnés sur le Nob peuvent être en avance sur ceux observés sur le marché.

2.1.1.2. Les taux courts et les taux longs : le MATIF notionnel et le PIBOR

La situation de la courbe des taux et l'évolution de l'écart entre les taux longs (10 ans et plus) et les taux courts (3 mois) constituent des points de repère essentiels dans la détermination des taux longs. Sur le moyen terme, même si les deux marchés peuvent évoluer avec une force différente, ils suivent généralement la même direction. L'apparition de divergences représentera un avertissement important.

Dans l'exemple choisi du notionnel et du PIBOR, on peut constater que lorsque les variations du notionnel ne sont pas confirmées par le PIBOR, celles-ci se trouvent invalidées (cf. graphique 14).

2.1.1.2. Les taux courts et les taux longs :
le MATIF notionnel et le PIBOR

La situation de la courbe des taux et l'évolution de l'écart entre les taux longs (10 ans et plus) et les taux courts (3 mois) constituent des points de repère essentiels dans la détermination des taux longs. Sur le moyen terme, même si les deux marchés peuvent évoluer avec une force différente, ils suivent généralement la même direction. L'apparition de divergences représentera un avertissement important.

Graphique 13b. – *Écart 30 ans–10 ans sur les obligations françaises (mêmes remarques que sur le Nob)*

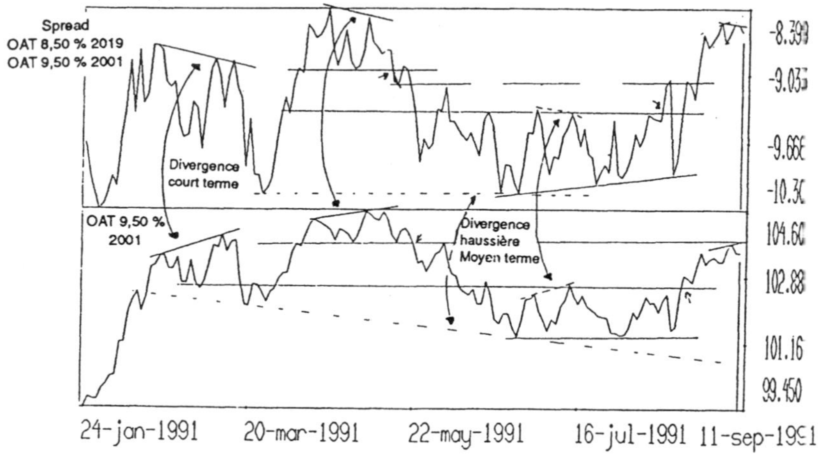

Source : Banque Internationale de Placement.

Graphique 14. – *Comparaison du MATIF notionnel et du contrat PIBOR*

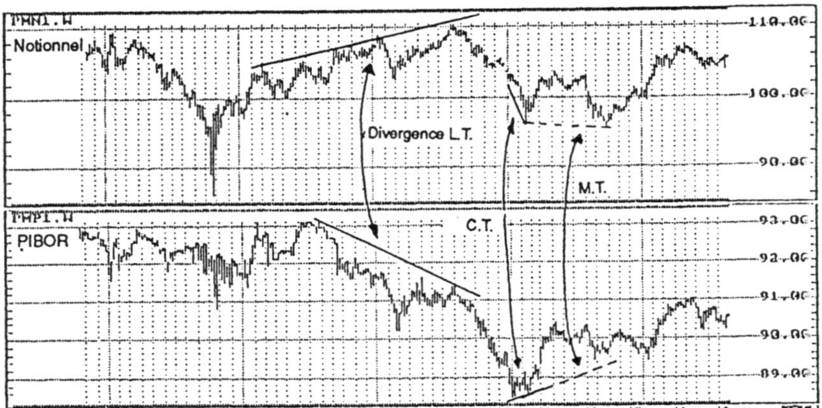

Source : Telerate – Global Dow Jones Information.

Lorsque les mouvements de long terme du notionnel ne sont pas validés sur le PIBOR, ceux-ci peuvent être remis en cause. Les trois divergences long terme, moyen terme et court terme indiquées sur le graphique correspondent ainsi à des zones extrêmes du notionnel.

Dans l'exemple choisi du notionnel et du PIBOR, on peut constater que lorsque les variations du notionnel ne sont pas confirmées par le PIBOR, celles-ci se trouvent invalidées (cf. graphique 14).

2.1.1.3. La qualité de la signature et de l'environnement général : l'exemple du Ted spread et des municipal bonds

– L'exemple du Ted spread : T. bill – eurodollar. Le *Ted spread* représente l'écart entre le *Treasury bill* à 3 mois (bon du Trésor américain) et l'eurodollar 3 mois (taux interbancaire à 3 mois). La variation de cet écart dépend de la perception du marché vis-à-vis des taux d'intérêt et de l'environnement économique.

Si la tendance des taux courts est à la hausse, la confiance dans l'économie est plutôt médiocre. Les opérateurs accordent alors une grande importance à la qualité de la signature et achètent des T. bills (la signature de l'État étant *a priori* sans risque) au détriment de la rentabilité. Le *Ted spread* évolue alors à la hausse.

Inversement, si les taux sont orientés à la baisse, l'environnement économique est plutôt favorable et les intervenants acceptent de prendre un risque de signature pour améliorer leur rentabilité. Ils privilégieront l'eurodollar au détriment du T. bill, poussant ainsi le *Ted spread* à la baisse.

Dans la pratique, une hausse de l'eurodollar doit être confirmée par une baisse du *Ted spread* et inversement. Toute divergence de comportement représente une alerte importante et peut marquer l'apparition d'un extrême (cf. graphique 15).

Par ailleurs, certains signaux donnés sur le T. bill peuvent compléter l'analyse de l'eurodollar.

– L'exemple de l'écart entre le T. bond et les municipal bonds ou les obligations privées (cf. graphique 16).

Quand la perception de l'environnement économique s'améliore, les intervenants se portent sur les obligations risquées (*municipal bonds, private bonds* et éventuellement *junk bonds*) pour profiter d'un surplus de rentabilité. Dans ces conditions, l'écart entre les *Treasury bonds* et les obligations privées va se réduire.

En revanche, la moindre dégradation de l'environnement général entraînera un gonflement de l'écart dû à une appréciation du risque de signature.

L'évolution de ce *spread* peut être un bon indicateur pour les marchés d'actions.

2.1.2. Les actions

Les marchés d'actions disposent de différents indices boursiers plus ou moins larges et plus ou moins représentatifs des secteurs de l'économie. La confrontation de ces différents indices permet de mieux cerner la qualité des mouvements constatés.

Graphique 15. – *Évolution du Ted spread et de l'eurodollar*

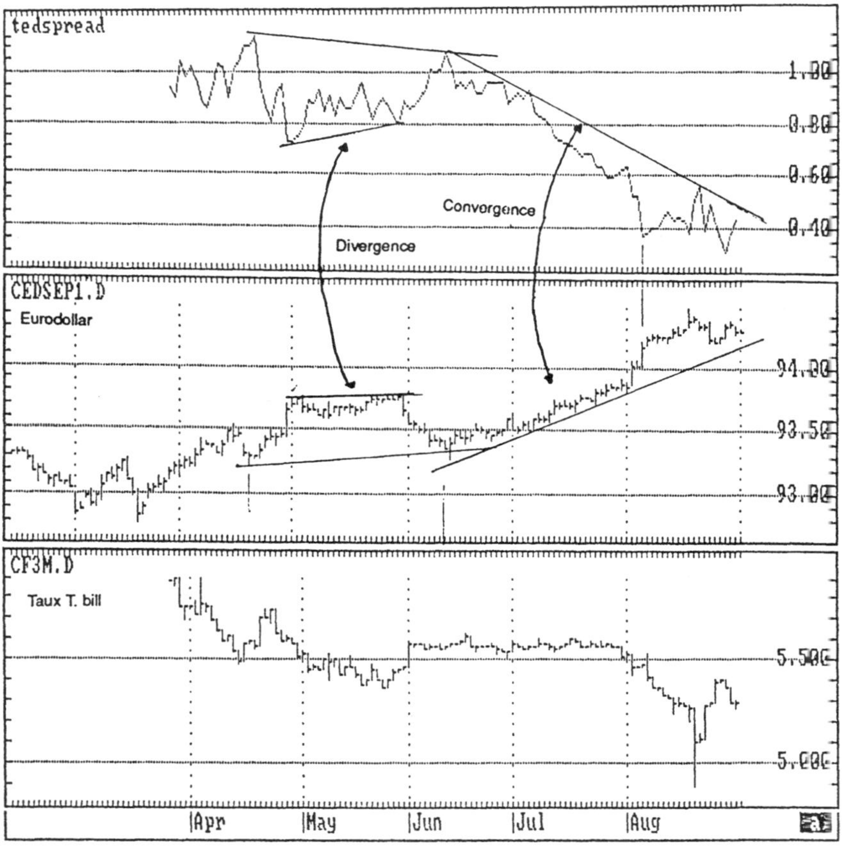

Source : Telerate – Global Dow Jones Information.

Du fait de sa construction (cours du T. bill moins le cours de l'eurodollar), le *Ted spread* et l'eurodollar doivent évoluer de façon symétrique. Ainsi toute hausse de l'eurodollar doit s'accompagner d'une baisse du *Ted spread*. Si les deux courbes connaissent des tendances similaires, il s'agit d'une divergence synonyme d'un retournement probable de l'eurodollar comme ce fut le cas en mai.

2.1.2.1. Les titres par rapport au marché

L'analyse d'un indice boursier permettant d'apprécier la situation d'un marché donné (tendance générale, risque,...) est déterminante dans toute décision d'investissement en actions.

En effet, si l'on souhaite acheter une action particulière, il est préférable que l'ensemble du marché soit porteur.

Par ailleurs, la confrontation de titres particuliers avec l'indice, permet de constater la performance réelle du titre analysé et d'observer son comportement par rapport à celui du marché (sous ou surperformances

Graphique 16. – *Évolution comparée du T. bond, du municipal bond index et de leur spread*

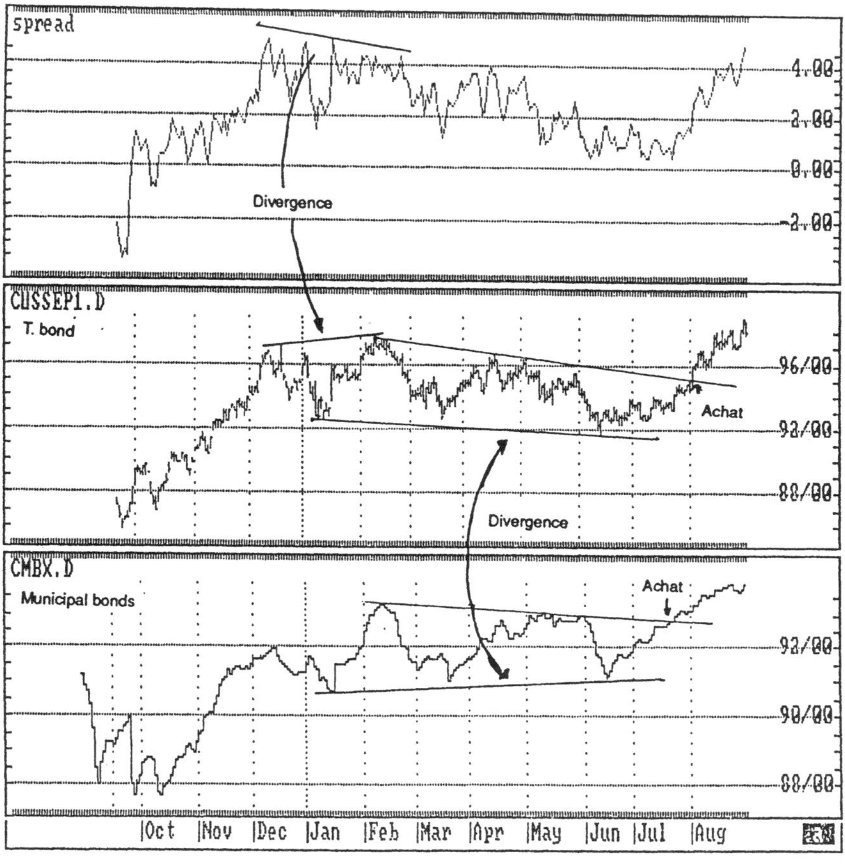

Source : Telerate – Global Dow Jones Information.

Certaines divergences constatées entre le T. bond et l'indice des municipal bonds ou leur *spread* donnent des signaux précurseurs du retournement des T. bonds. Par ailleurs, certains signaux techniques sont donnés en avance sur les municipal bonds comme ce fut le cas fin juillet.

pendant les hausses du marché, divergences éventuelles, titres en avance ou en retard par rapport à l'indice...). Cela offre ainsi une meilleure maîtrise du risque dans l'investissement en actions.

Enfin, on pourra repérer certaines valeurs typiques dont le comportement, face au marché, constitue un bon indicateur de ses variations futures.

Par exemple, les valeurs dites de « père de famille » comme Air Liquide (dont le bêta est proche de 0,8) ont tendance à atténuer les variations de l'indice. Ainsi, lorsque le marché monte, l'Air Liquide sous-performe l'indice et le superforme quand il baisse. La détection de signaux techniques sur l'écart entre la valeur et l'indice peut indiquer des modifications importantes dans l'évolution du marché. Dans le cas du *spread* Air Liquide CAC 40, la rupture d'un important *trend* baissier en avril-mai 1990 annonçait le retournement du marché et la fin du *bull-market*. Inversement, la rupture de la tendance haussière en janvier 1991 confirmait la grande phase de hausse du marché jusqu'à 1850 (cf. graphique 17).

Graphique 17. – *Comparaison du spread Air Liquide – CAC 40 et du marché*

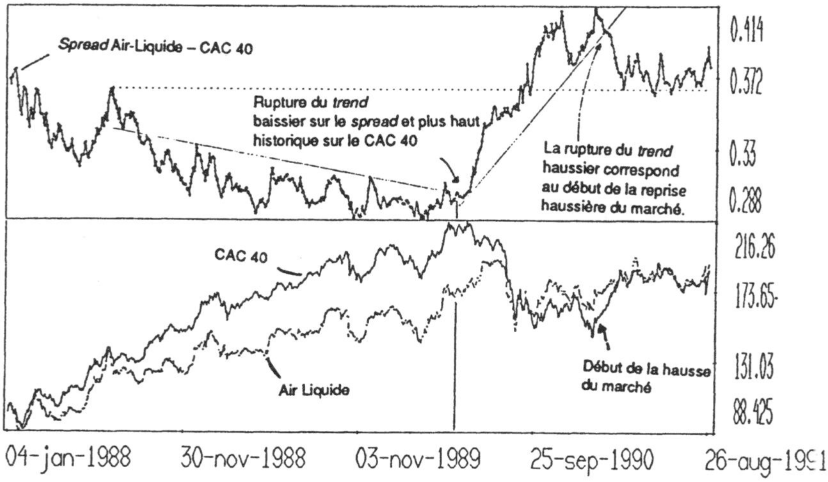

Source : Banque Internationale de Placement.

La rupture de tendances importantes sur le *spread* correspond avec des zones de retournement sur le CAC 40 (cf. avril-mai 1990 et janvier 1991).

À l'inverse, les valeurs plus cycliques et au bêta élevé peuvent confirmer ou infirmer certains mouvements du marché. Le graphique 18 représente l'évolution de Peugeot et du CAC 40. On remarque que fin 1989-début 1990, la hausse du marché n'est pas validée par le titre Peugeot Cette forte divergence est ainsi annonciatrice du retournement du marché

2.1.2.2. Les indices entre eux

Les grandes places internationales disposent de plusieurs indices boursiers : indices larges avec de nombreuses valeurs (indice SBF, S&P 500 TOPPIX,...) ; indices réduits composés de 30 à 50 des plus grosses valeurs de la cote (CAC 40, Dow Jones,...).

Les différents indices d'une même place évoluent généralement dans le même sens, mais connaissent des impulsions différentes car leur signification économique et financière est différente.

Graphique 18. – *Superposition du CAC 40 et de Peugeot*

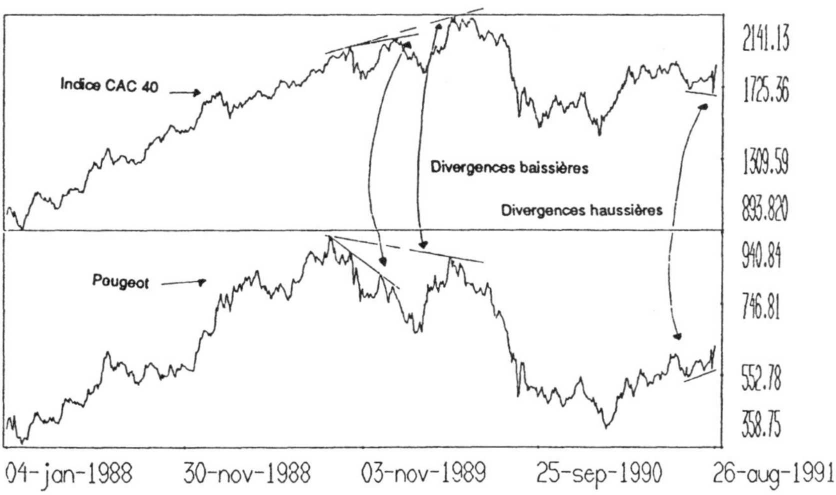

Source : Banque Internationale de Placement.

Les divergences moyen terme et long terme constatées entre le CAC 40 et Peugeot entre la fin 1989 et le début 1990 correspondent à la fin du bull-market et permettraient d'anticiper un vaste retournement du marché.

Les indices réduits sont composés des plus grosses *Blue Chips*, considérées souvent comme les plus belles valeurs de la cote et les plus liquides. Cependant, il s'agit souvent d'indices peu diversifiés, sensibles à certaines valeurs ou à certains secteurs et dépendant davantage de certaines opérations spéculatives (OPA, privatisation, ...).

Les indices larges sont composés d'un éventail de valeurs moyennes et grosses représentatifs de l'ensemble de la cote. En intégrant des valeurs de dimension moyenne, ils sont également plus proches de l'économie nationale. Cependant, ces indices sont généralement moins liquides, plus lourds dans leurs tendances, et sont parfois considérés comme de moindre qualité (car ils prennent en compte des valeurs de second rang).

Initialement et théoriquement, les indices réduits, composés des joyaux de l'économie, doivent imprimer la tendance générale de la bourse et sont donc en avance sur les indices larges. En effet, lorsque l'environnement économique général est considéré comme porteur, le premier réflexe des intervenants est d'acheter les plus belles valeurs (les plus liquides et les plus sensibles à la reprise d'un cycle économique), puis une fois que ces valeurs ont déjà monté, l'intérêt pour les valeurs de second rang qui n'ont pas encore progressé devient plus marqué. Lors des prises de bénéfices ou des cycles baissiers, le principe est similaire : les intervenants se séparent rapidement de leurs valeurs liquides et attendent quelque temps avant de se séparer des valeurs de second rang.

Soit le cycle suivant :

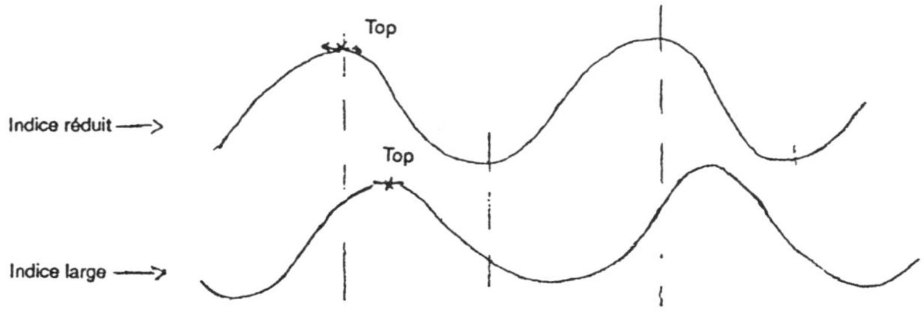

Les indices larges sont donc en retard par rapport aux indices réduits ces derniers sont précurseurs des tendances à moyen et long terme. Toute divergence entre les deux indices peut alors indiquer qu'un *Top* ou qu'un *Bottom* important est en train de se former.

Cependant, depuis quelques années cette appréciation théorique a tendance à se modifier. La qualité des valeurs retenues dans ces indices n'est pas toujours aussi irréprochable mais surtout depuis le milieu des années 80, l'aspect spéculatif des indices réduits biaise énormément l'analyse.

En effet, le développement d'opérations entraînant de fortes anticipations spéculatives (OPA, LMBO ; auto-contrôle et noyaux durs...) a donné un goût très spéculatif aux indices réduits.

En France, en 1889-1990, la spéculation sur les entreprises privatisées (Suez, Paribas, Saint-Gobain, CGE, Société Générale...) a énormément contribué à la superformance de l'indice CAC 40 insuffisamment diversifié. Lors du premier trimestre 1990, le CAC 40 établissait ainsi un plus haut à 2 140 tandis que l'indice SBF ne parvenait pas à briser sa résistance de 560, montrant ainsi une divergence entre les deux marchés et une situation très risquée. Le seuil de 2 140 devait d'ailleurs constituer un *Top* majeur (cf. graphique 19).

On observe donc une inversion de l'appréciation théorique : les fins de mouvement haussier correspondent à l'apparition de très fortes spéculations entraînant la superformance des indices réduits tandis que le fond du marché y reste insensible.

Ainsi, il est désormais important que les mouvements constatés sur les indices courts soient validés par les indices larges. L'apparition de toute divergence est synonyme de risque.

Par ailleurs, on constate que certains indices lourds donnent des signaux précurseurs. Aux États-Unis, l'indice *Value Line*, par exemple, donne souvent des signaux techniques un jour ou deux jours avant le Dow Jones ou le S&P. Inversement, si certains signaux donnés sur le Dow Jones ne sont pas confirmés sur le *Value Line*, on peut suspecter l'existence de faux signaux (cf. graphique 20).

Graphique 19. – *Comparaison de l'indice SBF et de l'indice CAC 40*

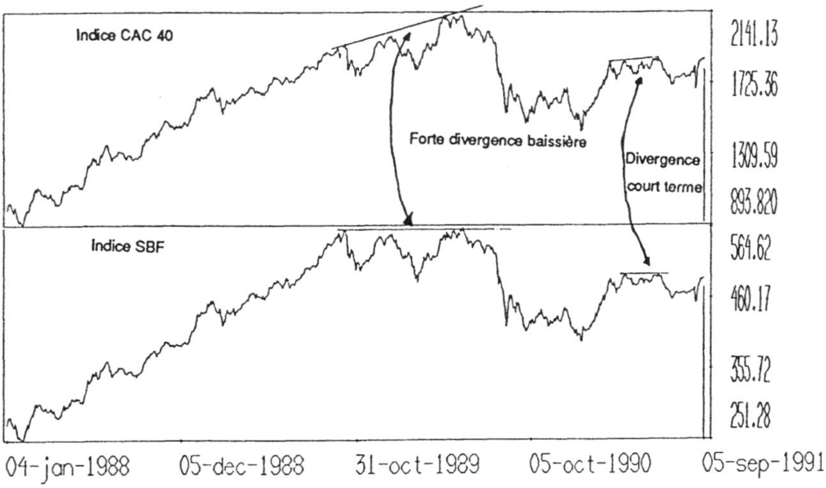

Source : Banque Internationale de Placement.

La forte divergence constatée fin 1989-début 1990 entre le CAC 40 (qui est passé de 2 000 à 2 139) et l'indice SBF (qui ne parvenait pas à franchir le seuil de 565) indiquait que le CAC 40 était victime de fortes spéculations sans répercussions sur le fond du marché (indice SBF) ce qui était précurseur d'un vaste retournement de long terme.

2.1.2.3. Les indices sectoriels

Les indices sectoriels ont une signification économique directe. L'évolution des différents indices est nécessairement reliée aux grands cycles économiques. Leur analyse doit donc offrir des indications particulièrement utiles. Aux États-Unis, l'indice Dow Jones des Transports permet de situer le comportement du secteur des transports, (secteur cyclique en avance sur les grands cycles). L'apparition de divergences à moyen-long terme entre cet indice et l'indice général (Dow Jones ou S&P) peut indiquer l'émergence ou l'apogée d'un cycle économique. La divergence constatée entre le D.J. Transport et le D.J. Industriel entre la mi-1989 et la mi-1990 illustre parfaitement ce propos (cf. graphique 21).

L'indice Dow Utilities est également un bon indicateur avancé. Le graphique 22 montre en effet que depuis 1983, le Dow Utilities a toujours établi un nouveau plus haut avant que le Dow Jones ne le fasse à son tour… sauf en 1991 où le nouveau sommet du Dow Jones n'a pas été précédé d'un plus haut sur le Dow Utilities.

2.1.3. Les matières premières

La relation entre les matières premières comme le pétrole et l'or et les actions spécialisées dans ces secteurs est étroite. *A priori*, la relation de causalité va de la matière première aux actions. Dans la pratique, on

Graphique 20. – *Comparaison du NYSE composite index et du Value Line index*

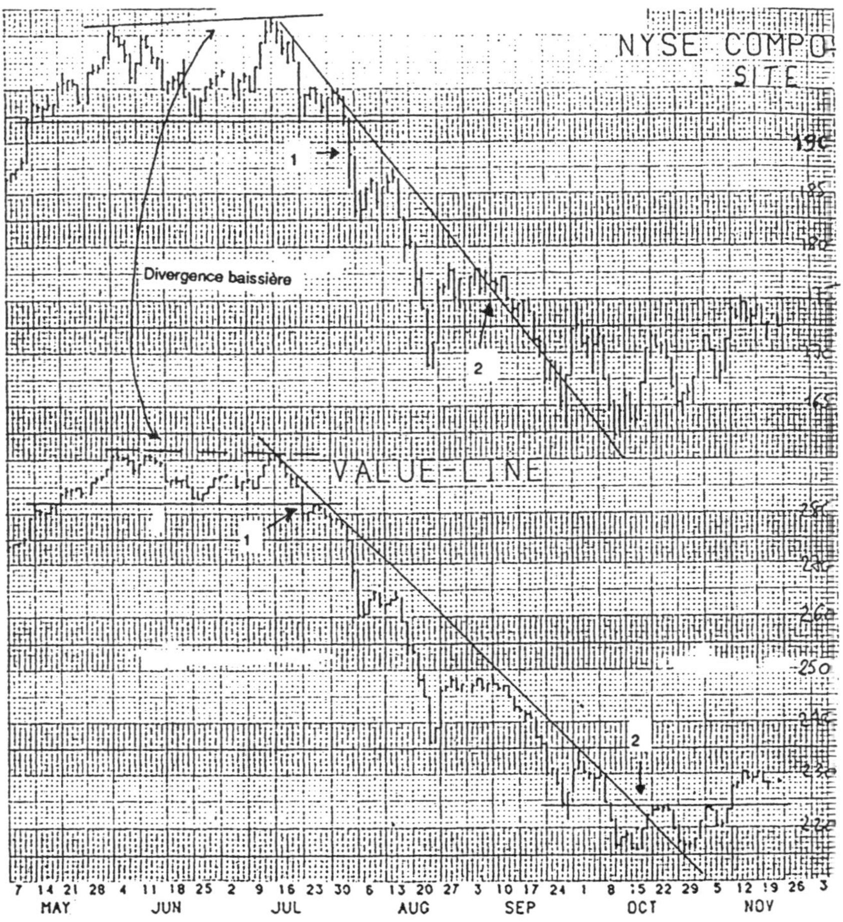

Source : Knight-Ridder/Commodity Perspective.

Les signaux donnés sur le *Value Line* paraissent plus sûrs que ceux du Nyse Composite. Dans le cas n° 1, le double top est validé en avance sur le *Value Line* et permet un prix de vente nettement supérieur à celui constaté sur le signal du NYSE. Dans le cas n° 2, le *trend* haussier du *Value Line* est de meilleure qualité et va jusqu'au fond du mouvement de baisse, le signal d'achat donné lors de la rupture est ainsi idéal sur la *Value Line* et très médiocre sur le NYSE. Par ailleurs, les divergences baissières constatées sur le *Value Line* entre Juin et Juillet permettent de repérer un *top* majeur.

observe parfois l'inverse comme le constate John J. Murphy dans un article de *Futures* intitulé « *What stocks can say about futures Markets* ». Il remarque en effet que les valeurs liées au pétrole et à l'or établissent des extrêmes avant leurs contrats à terme respectif et indiquent parfois des divergences significatives qui sont finalement prises en compte par les marchés à terme (cf. graphiques 23).

Graphique 21. – *Comparaison des différents indices Dow Jones (industrials, Transports et Utilities)*

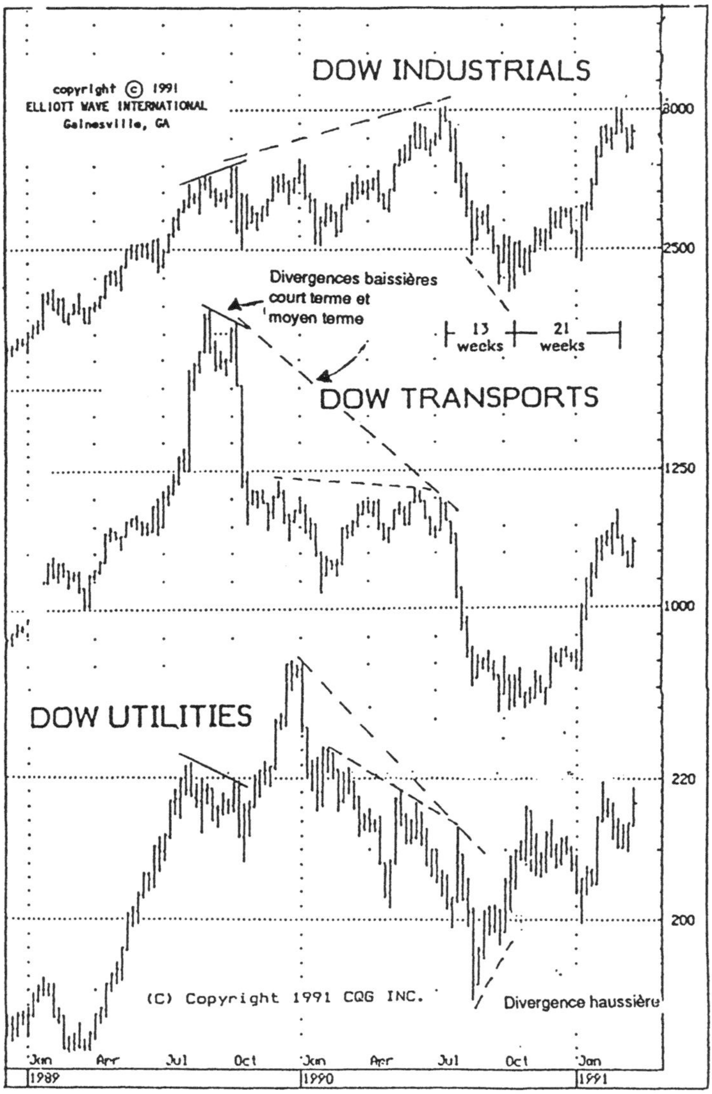

Les divergences constatées entre le Dow Industrials et les deux autres indices (à court terme, moyen terme et long terme) ont toujours été suivies d'un rattrapage du premier. Les divergences baissières indiquaient donc un fort degré de risque sur le D.J.I. qui se trouvait à chaque fois sur une zone de top.

Graphique 22. – *Comparaison du Dow Jones industrials et du Dow Jones Utilities*

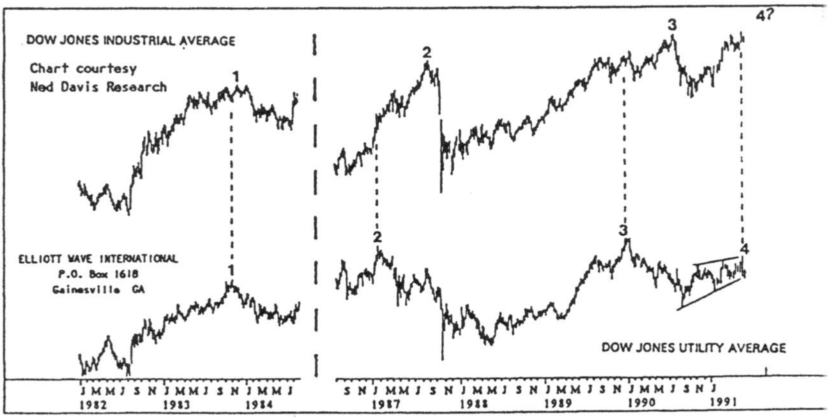

On constate sur le graphique que chaque plus haut du Dow Jones Industrial Average a été précédé par un plus haut sur le D.J. Utility Average (points 1, 2 et 3). Le D.J.U.A. semble donc être un indice précurseur des mouvements du D.J.I.A. sur la période. Le fait que le plus haut du D.J.I.A. en 1991 ne soit pas précédé par un plus haut sur le D.J.U.A. affaiblit sa qualité et milite fortement en faveur d'un retournement du D.J.I.A.

Graphique 23a. – *Comparaison des actions pétrolières et du marché du pétrole*

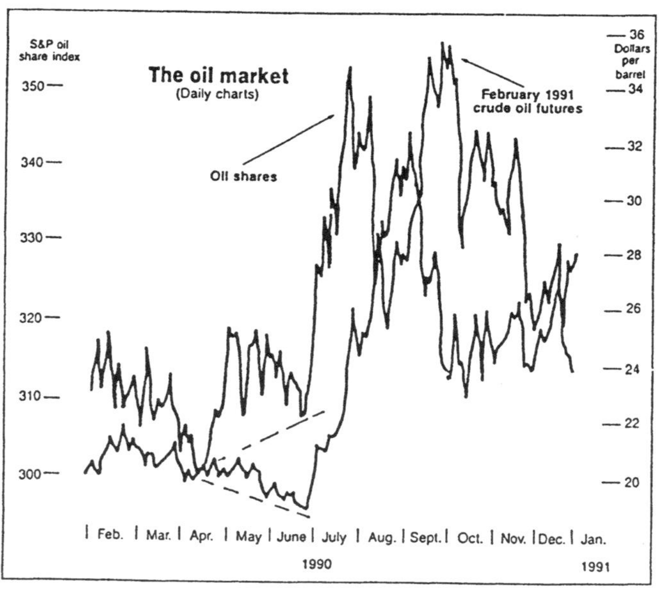

Source : Knight-Ridder Tradecenter.

Sur l'année 1990, on constate que les actions pétrolières devancent les mouvements de prix du pétrole à la hausse (divergence d'avril à juin et hausse en juillet) et à la baisse (rechute de mai à septembre).

Graphique 23b. – *Comparaisons des actions orifères et du contrat à terme sur l'or*

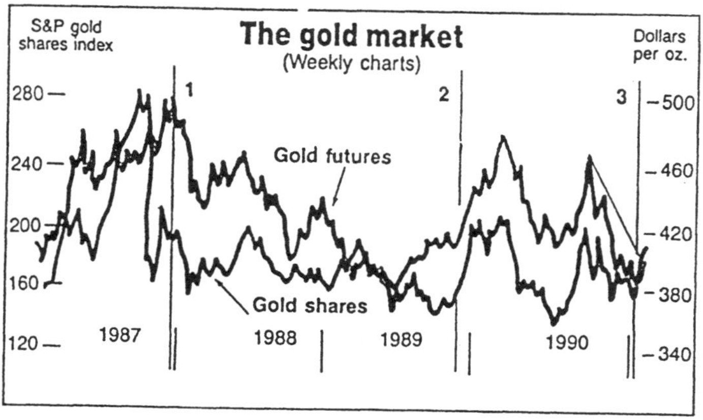

Source : Knight-Ridder Tradecenter.

Les titres orifères devancent souvent les mouvements du contrat à terme sur l'or (points 1, 2 et 3).

2.1.4. Les devises

Quand on analyse l'évolution du dollar contre une devise particulière, il est souvent nécessaire de regarder d'autres devises pour voir si les mouvements constatés existent effectivement sur les autres marchés. Par exemple, si un extrême ou une rupture de tendance sur le dollar-mark n'est pas également constaté sur une autre devise (franc suisse, livre sterling…), on pourra se méfier d'un faux signal. Mais si les deux marchés sont en phase, le signal donné a de bonnes chances d'être valide. Par ailleurs, le suivi de plusieurs devises contre dollar et de leurs *Cross* permet de comprendre les véritables évolutions des devises. Par exemple, depuis le début de l'année 1991, on a pu constater une forte hausse du dollar contre mark qui en fait était plutôt une forte baisse du mark contre les autres devises : on s'aperçoit, en effet, que le graphique du dollar-mark est similaire à celui du mark-yen (cf. graphique 24). Dans ces conditions, l'analyse du mark-yen complète utilement celle du dollar-mark.

2.1.5. Les marchés internationaux

L'interconnexion des marchés internationaux n'est plus à démontrer. Analyser le marché d'un pays particulier sans connaître l'évolution des marchés étrangers semble être aujourd'hui un procédé moyenâgeux.

Il est clair que le suivi du DAX ou du Dow Jones va apporter de l'information dans l'analyse du CAC 40 ; de même, connaître la situation du German bund, du T. bond, de l'eurodollar et de l'euromark paraît inévitable pour intervenir sur le MATIF notionnel ou le PIBOR.

Graphique 24. – *Comparaison du dollar-mark et du mark-yen*

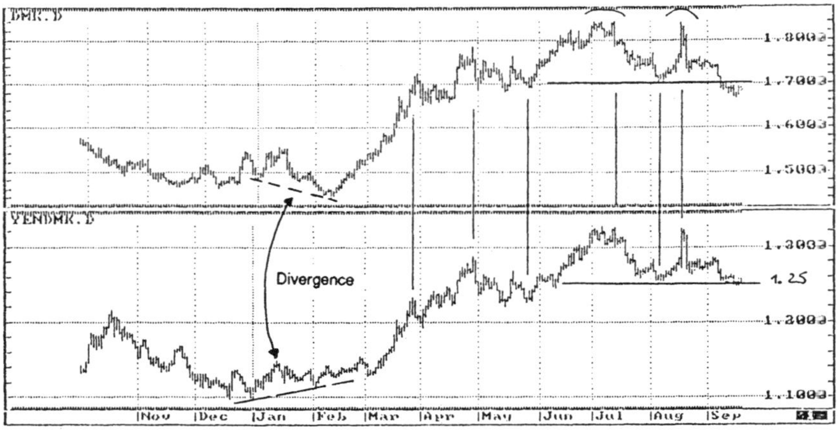

Source : Telerate – Global Dow Jones Information.

L'observation de ces deux marchés superposés permet de comprendre que depuis février-mars, les mouvements du dollar-mark se retrouvent précisément sur le yen-mark. Ainsi, c'est plus le mark qui varie face aux autres devises et non pas le dollar. Dans la pratique, on pourra chercher d'éventuelles confirmations sur le yen-mark afin d'être plus sûr des signaux donnés sur le dollar-mark. Par exemple, en septembre, le dollar mark a validé un double top (sous 1,70) ; si l'on se méfie d'un faux signal, on pourra attendre la confirmation du même double top sur le yen mark sous 1,25.

L'exemple du Bund et du notionnel représenté sur le graphique 25 est particulièrement criant : ces deux marchés évoluent généralement dans le même sens avec des phases de sous ou surperformance. Le suivi de l'écart et l'apparition de divergences entre les deux marchés (justifiés par des interventions d'arbitrage comme ce fut le cas en mai-juin 1991) donnent des signaux intéressants et rappellent que des phénomènes de rattrapage peuvent intervenir.

Les exemples qui suivent concernant les relations entre le CAC et le DAX et le CAC et le Dow Jones corrigé du change confirment l'importance des relations existant entre les différents marchés internationaux.

2.1.5.1. Le ratio CAC/DAX

Les actions françaises (indice SBF ou CAC 40) et allemandes (indices DAX ou Commerzbank) évoluent de façon très similaire. Cependant, le marché français se montre nettement plus volatil que le marché allemand et amplifie très souvent les variations observées chez nos voisins d'outre-Rhin.

Le spread entre les indices DAX et CAC 40 oscille ainsi dans un *trading range* de plus en plus étroit (à peine une dizaine de pour-cent entre 1992 et la mi-93) et constitue une sorte de mesure des excès et des tensions du marché français comme le fait un indicateur de surachat-survente.

Graphique 25. – *Comparaison du contrat notionnel, du bund allemand et de leur spread*

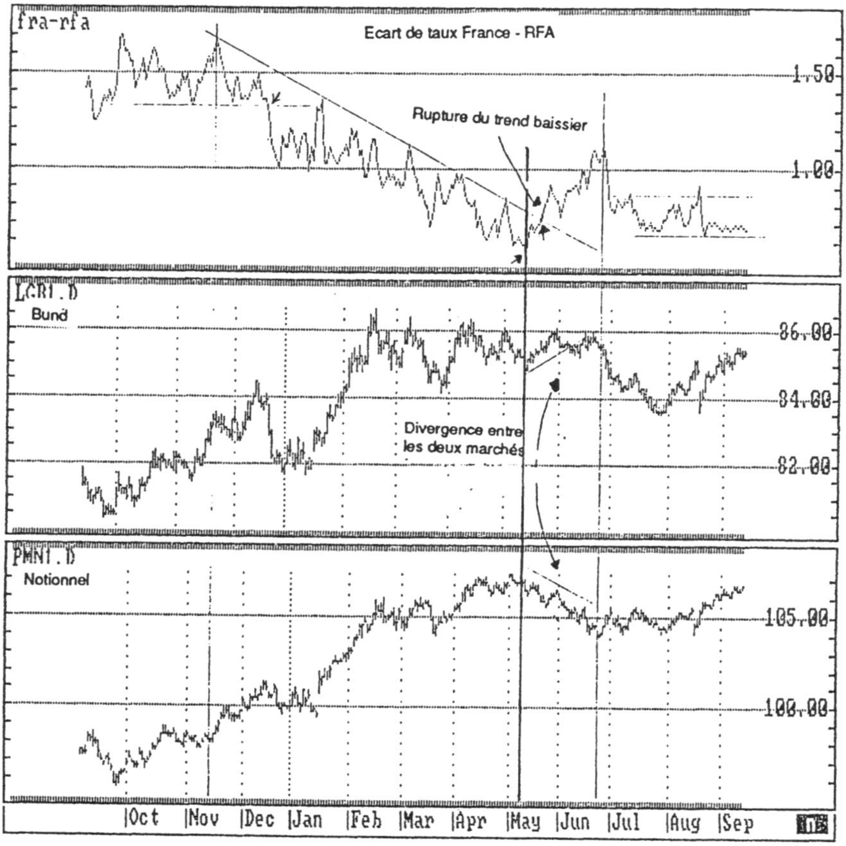

Source : Telerate – Global Dow Jones Information.

L'analyse du *spread* France-Allemagne en taux permet de mieux comprendre les interactions entre les deux marchés de taux. De novembre à mai, l'écart se réduit de plus de 100 points de base entraînant une nette superformance du notionnel. À partir de mai, l'arbitrage inverse a permis une correction de la baisse et entraîné une déconnexion totale des deux marchés (baisse du notionnel de plus de deux figures et hausse du bund supérieure à une figure). Seule l'analyse du *spread* entre les deux marchés permettait alors de comprendre cet effet de ciseaux.

Quand on juxtapose l'évolution du marché français (indice CAC 40) et du ratio indice CAC 40/indice DAX (cf. graphique 26), on s'aperçoit que les deux courbes évoluent quasiment toujours dans le même sens et que les points extrêmes correspondent assez bien.

Ainsi, quand le marché français monte, celui-ci superforme le marché allemand (et inversement). Le marché français constitue donc une sorte d'accélérateur du marché allemand (correspondant à un bêta élevé du marché allemand).

Graphique 26. –

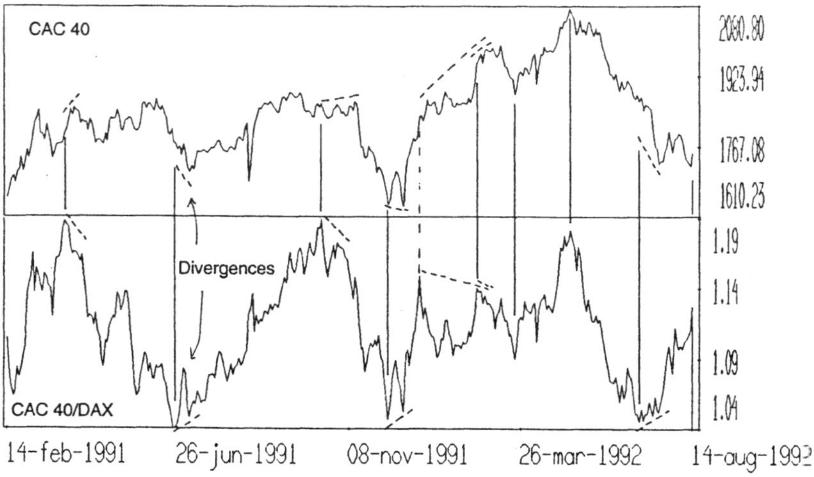

Source : Banque Internationale de Placement.

Le ratio CAC/DAX constitue un indicateur avancé des variations du marché français. Quand le ratio atteint la zone des 1,05 ou 1,20 cela représente une indication de survente ou de surachat. Par ailleurs, les divergences constatées pendant ces périodes confirment l'imminence d'un retournement.

Par ailleurs, on constate que le ratio atteint très souvent des points extrêmes avant que le marché ne le fasse à son tour. Les divergences qui apparaissent constituent ainsi des indications du retournement imminent du marché français.

Cet indicateur peut donc avoir deux utilisations :

– la première très utile pour les gestionnaires et arbitragistes internationaux : renforcer les positions en actions françaises quand le *spread* se retrouve sur des points bas (ce qui correspond à élever le bêta du portefeuille international) et les réduire (ou renforcer les positions en valeurs allemandes) quand le *spread* est sur le sommet de son *trading range* (ajustement du bêta à la baisse) ;

– la seconde très utile pour les intervenants sur le marché domestique : commencer à acheter le marché français quand le ratio est au plus bas et que des divergences haussières apparaissent ; et prendre ses bénéfices (ou vendre) dans le cas opposé.

NB : Une remarque importante doit être faite sur l'indice DAX : celui-ci réintègre en effet les dividendes versés contrairement aux autres indices (CAC 40 notamment) qui distribuent les dividendes et baissent donc mécaniquement chaque année du montant des dividendes (environ 3 %). De ce fait, la performance du DAX est amplifiée de 3 % relativement au marché français. Si l'on corrigeait le ratio de ces dividendes, le *trading range* se transformerait en canal légèrement haussier depuis le deuxième semestre 1990.

2.1.5.2. L'exemple du Dow-Jones corrigé du taux de change

La comparaison de deux indices boursiers internationaux est toujours très utile car elle permet de sélectionner les pays les plus attrayants et les plus performants pour un gestionnaire. Cependant, comparer deux indices dans l'absolu n'a qu'un intérêt pratique limité ; l'introduction du taux de change s'avère nécessaire pour apprécier la performance réelle d'un marché étranger.

En effet, si la surperformance d'un indice étranger par rapport à l'indice local est absorbée par la baisse de la devise considérée, la diversification choisie par le gestionnaire perd tout son intérêt.

Nous avons ainsi comparé l'évolution du CAC 40 et de l'indice Dow-Jones exprimé en francs. Tout d'abord, cet ajustement permet de relativiser la performance réelle du marché américain : les sommets successifs constatés sur l'indice Dow-Jones, pendant la période disparaissent totalement du fait de la dégradation du dollar et la performance du marché américain n'a finalement rien d'enviable (depuis le début 1988, le CAC 40 et le Dow-Jones corrigé ont finalement des performances similaires).

Ceci apparaît très nettement au cours de l'année 1989 (hausse du dollar au premier semestre et chute brutale au second) et 1991 (hausse en début d'année suivie d'une correction non moins sévère) ainsi que depuis mai 1992 (nouvelle baisse de la devise américaine). Aussi, le top touché en 1990 n'a pratiquement pas été amélioré en 1991 et 1992.

Au-delà de cette observation, deux remarques importantes peuvent être faites concernant l'utilité du Dow-Jones corrigé en francs :

– Tout d'abord, il semble être un précurseur du Dow-Jones lui-même. À chaque fois qu'une divergence apparaît (i.e. : quand le dollar annule et inverse la performance du Dow-Jones) sur les extrêmes, c'est généralement l'indice converti en franc qui a raison et qui donne le chemin à suivre (cf. top de juillet 1990, zone de top fin 1991 et plus récemment top de juin 1992). Cet indice converti est donc un bon indicateur du risque du marché (cf. graphique 27).

– En second lieu, cet indice converti en francs est également un excellent indicateur avancé du marché français (ce qui n'est pas le cas du Dow-Jones « traditionnel »). Les divergences constatées entre 1989 et 1992 confirment toutes le rôle précurseur du marché américain corrigé de la devise (cf. top majeur de 1990, bottom du début 1991 et nouveau top de mai 1992 – ainsi que d'autres points extrêmes de moindre importance – cf. graphique 28).

2.2. L'interconnexion des marchés

Les relations inter-marchés que nous venons de voir s'intègrent dans une logique normale de marché et n'ont rien de surprenant. Investir dans les taux longs en ignorant la situation des taux courts apparaît plutôt comme un comportement marginal et fantaisiste. En revanche, le suivi régulier d'autres marchés faiblement reliés en apparence est plutôt rare. Or, il apparaît des relations parfois étroites entre des marchés très différents comme les taux et les matières premières par exemple.

Graphique 27. – *Dow Jones et Dow Jones corrigé du change ($-FF)*

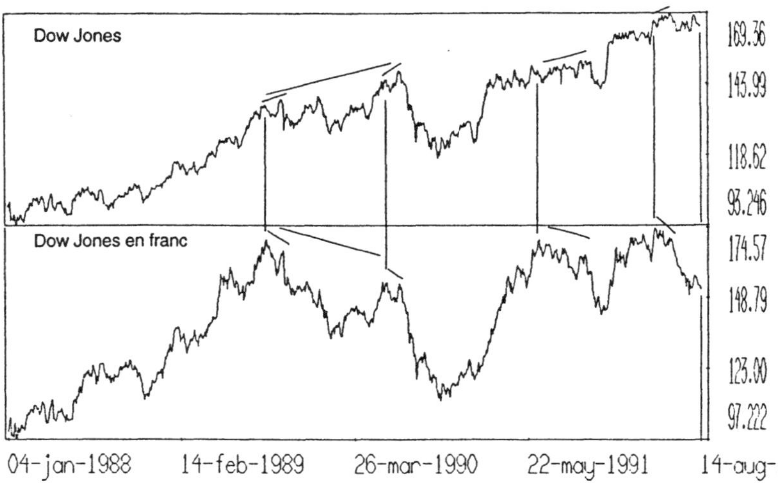

Le Dow Jones corrigé en francs donne de bons indices sur le risque de retournement du Dow Jones lui-même, comme si toute divergence trop forte de tendance entre le dollar et le Dow Jones entraînait l'indice des actions dans le sillage de la devise.

Graphique 28. – *Indice CAC 40 et indice Dow Jones corrigé du change ($-FF)*

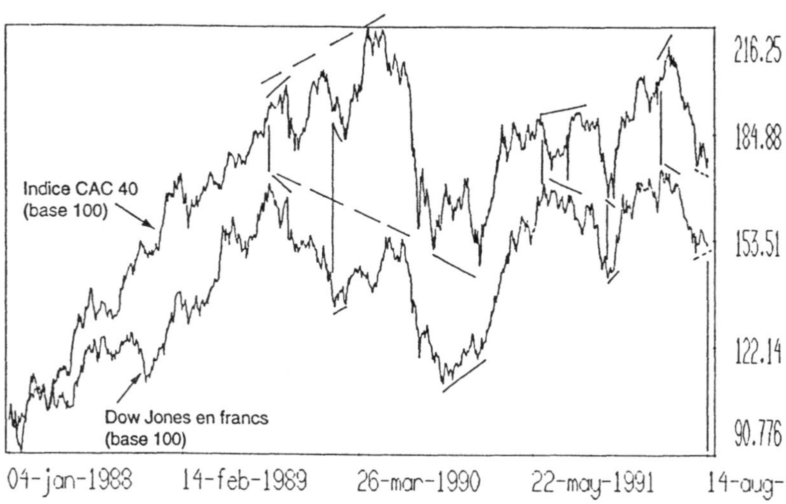

Toutes les divergences constatées entre le Dow Jones corrigé et le CAC 40 sont à l'avantage du Dow Jones corrigé, comme si le marché français ne pouvait pas lutter durablement contre une tendance combinée du Dow Jones et du dollar.

L'objet de ce paragraphe est de montrer quelques-unes de ces relations inter-marchés.

Les relations que nous allons découvrir sont parfois extrêmement fortes mais ne constituent pas des règles absolues. Elles doivent permettre de situer une logique de comportement et d'en déduire des tendances moyen terme sur le marché suiveur (s'il y en a un) et, le cas échéant, sur les deux marchés.

2.2.1. Les taux et les matières premières : T. bond – CRB

La relation entre ces deux marchés est essentiellement économique : les matières premières sont une composante importante de l'inflation ; or, l'évolution des taux d'intérêt dépend en partie de l'inflation.

L'indice CRB des matières premières (*Commodity Research Bureau*) est un indice composite des principales matières premières minérales et agricoles cotées sur les marchés à terme américains (pétrole, or, céréales, carcasses de porc, jus d'orange...).

La superposition de l'indice CRB et du T. bond permet de constater une relation inverse forte. (Quand les matières premières montent, cela entraîne une pression inflationniste néfaste aux taux d'intérêt). On remarque par ailleurs que les principaux points extrêmes opposés coïncident sur chacun des marchés. L'apparition de divergences (nouveau plus haut sur le T. bond, tandis que le CRB ne fait pas de nouveau plus bas, par exemple) est porteur d'informations.

Le graphique 29 illustre cette relation étroite et permet de comprendre l'utilisation que l'on peut en faire. Cependant, aucune règle stricte ne peut être employée : les relations sont plus ou moins lâches selon le centre d'intérêt et la psychologie du marché. on pourra ainsi constater des déconnexions sur des périodes de quelques semaines à quelques mois sans que la relation n'en devienne pour autant caduque.

2.2.2. Les taux et les actions

Le niveau des taux d'intérêt est déterminant dans le prix des actions. Les taux d'intérêt jouent, en effet, un grand rôle dans la vie financière des entreprises, (niveau de l'investissement, coût de la dette... et finalement résultats financiers) et dans la détermination du prix théorique des actions (cf. modèles d'évaluations comme celui du Medaf, de Gordon Shapiro ou de Bates).

De toute façon, les deux marchés de taux et d'actions offrent un couple bien précis de rentabilité et de risque permettant d'optimiser l'allocation des richesses. Il est alors clair que la modification du niveau des taux d'intérêt va entraîner une réallocation des richesses et aura donc un impact sur les marchés d'actions. Si les taux baissent, le couple rentabilité-risque des actions devient alors plus attractif et doit permettre une hausse de ces dernières.

La relation causale va des taux vers les actions et fonctionne surtout comme un indicateur de risque. Toute divergence entre des marchés de taux baissiers et des marchés d'actions haussiers, entraîne une situation extrêmement risquée sur les actions et correspond de toute façon à une situation instable.

Graphique 29. – *Correlation inverse T. bonds – CRB*

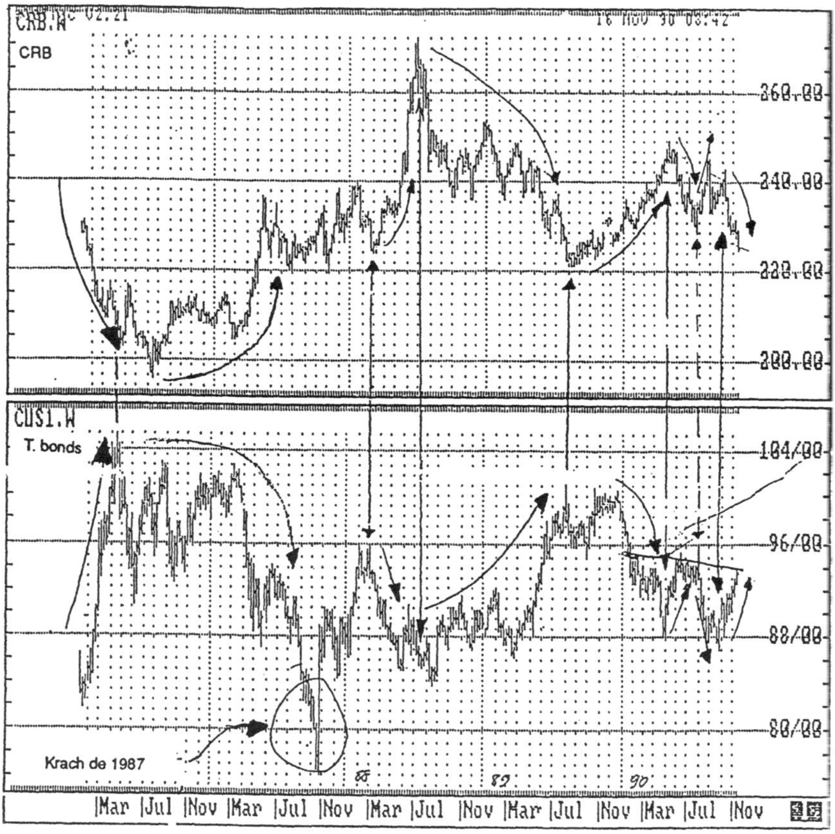

Source : Telerate – Global Dow Jones Information.

Les points extrêmes correspondent généralement entre eux. Les tendances à moyen terme sont quasiment toujours inverses (seule exception momentanée lors du krach de 1987).

Les déconnexions de ce type peuvent cependant durer un certain temps mais font l'objet tôt ou tard d'un rattrapage plus ou moins violent (cf. graphique 30).

On se rappellera ainsi de la divergence historique de 1986-1987 entre les taux longs et les actions (T. bonds – Dow Jones, Notionnel – indice SBF...) suivie d'une correction non moins historique.

D'une manière générale, pour qu'une hausse des marchés d'actions soit considérée comme durable, il est nécessaire qu'elle soit validée sur les marchés de taux, même si à court terme, l'inertie des marchés d'actions peut permettre certaines divergences.

Graphique 30. – *Comparaison de l'indice SBF et du contrat MATIF notionnel*

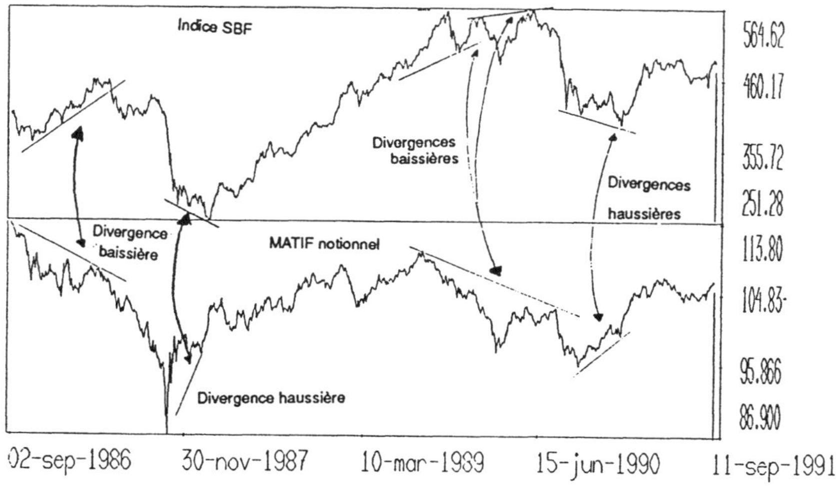

Source : Banque Internationale de Placement.

Les divergences baissières (baisse du notionnel – hausse de l'indice SBF) ont toujours été suivies (plus ou moins rapidement) d'une sévère correction sur l'indice boursier. À l'inverse, les divergences baissières ont toujours précédé de beaux mouvements haussiers sur l'indice.

En revanche, la relation inverse est plus lâche : une baisse des marchés d'actions peut en effet s'accompagner d'une hausse des marchés de taux, du fait d'arbitrage entre les deux marchés.

Lors de crises boursières notamment, les gestionnaires vont lâcher leurs positions en actions et se porter sur les marchés de taux jugés plus sûrs (principe du « flight to quality »). Pendant ce temps, les autorités monétaires peuvent détendre les taux courts pour calmer les marchés. Dans ces conditions, les deux marchés vont, pendant un temps, connaître des évolutions diamétralement opposées comme lors du krach de 1987.

2.2.3. Le Dow Jones utilities et les T. bonds

La relation causale des taux vers les actions connaît cependant quelques exceptions. La plus connue d'entre elles concerne l'indice des *utilities* dont le taux de rendement est très élevé et qui est très sensible à l'évolution des taux d'intérêt. L'indice des *utilities* et les T. bonds évoluent donc logiquement dans la même direction, mais on remarque que l'indice représente souvent un indicateur avancé des mouvements du T. bond. Les points extrêmes de l'indice sont souvent atteints avant ceux du T. bond et permettent l'émergence de divergences confirmant la proximité d'un point extrême sur les T. bonds.

Le graphique 31 représente l'indice *Dow Jones utilities* et le contrat T. bond mars 1991 et montre comment les divergences constatées constituent de bons indicateurs de retournement. Cependant, cette relation causale ne constitue pas une règle absolue. On remarque parfois que l'indice des *utilities* suit les T. bonds sans donner d'informations pratiques pour les taux.

Graphique 31. – *Comparaison des T. bonds et du Dow Jones utilities*

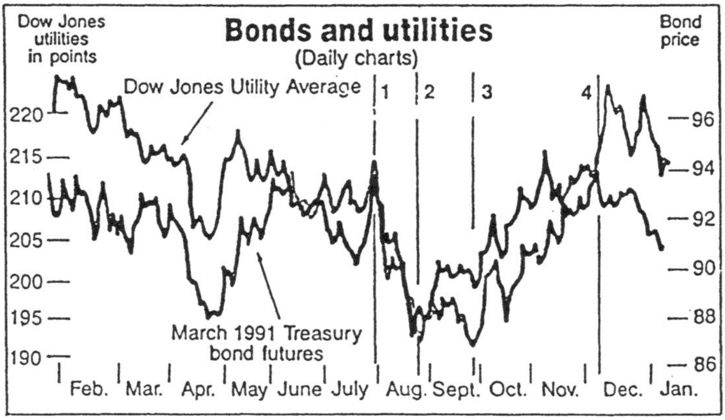

Source : Knight-Ridder Tradecenter.

En 1990, le Dow Jones Utilities était souvent en avance sur les mouvements du T. bonds. Les divergences entre les deux marchés peuvent donc constituer des signes précurseurs importants sur l'évolution des T. bonds.

2.2.4. L'or et les actions

La relation inverse entre l'or et les actions provient d'un réflexe financier assez simple : quand les choses vont bien, les investisseurs essaient de profiter de l'environnement favorable en achetant des actifs sensibles comme les actions au détriment d'actifs « passifs » tels que l'or. À l'inverse, la détérioration de l'environnement économique et financier va entraîner un regain d'intérêt sur les valeurs refuge au risque limité comme l'or et s'accompagner logiquement d'une baisse des actions.

Le graphique 32 montre une bonne correspondance des points extrêmes entre l'or et le Dow Jones. Par ailleurs, la constatation de divergences entre les deux marchés (mouvement du Dow Jones non validé par un mouvement inverse de l'or) indique souvent que l'indice des actions est à proximité d'un point extrême.

2.2.5. L'or et le dollar-mark

La relation inverse entre l'or et le dollar-mark est très forte à long terme. Quand le degré de confiance dans l'économie et la politique américaine est élevé (faible), le dollar s'apprécie au détriment de l'or qui perd (retrouve) son auréole de valeur refuge (cf. graphique 33).

Graphique 32. – *Comparaison du Dow Jones et du marché de l'or*

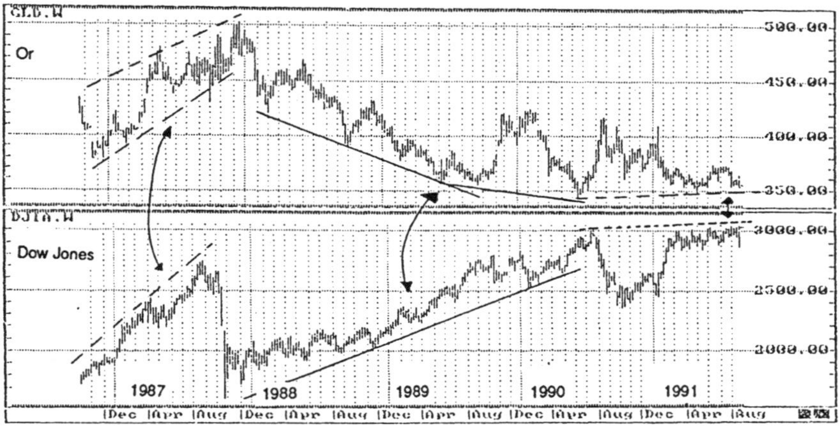

Source : Telerate – Global Dow Jones Information.

Les deux marchés doivent logiquement évoluer de façon symétrique. Ainsi de 1988 à 1990, la hausse du Dow Jones est confirmée par une baisse de l'or. En revanche, une évolution similaire (hausse ou baisse de deux marchés) constitue une divergence de comportement. En 1987, la hausse du Dow Jones s'accompagne d'une hausse de l'or, ce qui correspond à une situation extrêmement paradoxale et risquée ... sévèrement corrigée par le krach d'octobre. Plus récemment, la hausse du Dow Jones entre 1990 et 1991 n'est pas validée par une baisse de l'or, ce qui représente une situation risquée militant en faveur d'une correction de l'indice boursier, et cela tant que le seuil de 350 sur l'or n'est pas cassé à la baisse.

Le suivi du marché de l'or complète donc utilement l'analyse du dollar (en validant ou en infirmant ses mouvements) et peut éventuellement donner des signaux précurseurs.

D'autres relations inter-marchés existent, notamment celle concernant les taux d'intérêt et les devises, elle constitue une des relations les plus suivies par les économistes et offre parfois des indications particulièrement intéressantes. Cependant sur longue période, aucune relation durable ne peut être appliquée. Par exemple, le lien entre l'évolution du T. bond et du dollar est particulièrement volatil. Les deux marchés ont ainsi connu des évolutions similaires entre la mi-1989 et mi-1990 pour connaître depuis, des mouvements diamétralement opposés. La portée prédictive de telles relations s'en trouve donc réduite à néant.

Les mêmes remarques peuvent être faites à la relation dollar-mark – Dow Jones, qui, malgré tout, donne parfois de très bonnes indications.

2.2.6. Le dollar et les taux

Les relations entre les changes et le niveau des taux d'intérêt sont économiquement connues. Mais existe-t-il une relation graphique claire et stable entre ces deux marchés ? Et si oui, sur quel segment de la courbe du taux et avec quelle causalité ?

Graphique 33. – *Relation Dollar – Once d'or*

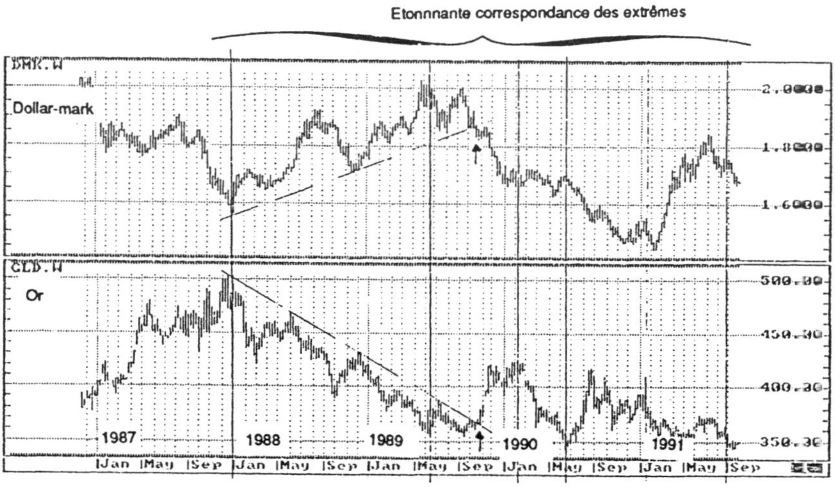

Source : Telerate – Global Dow Jones Information.

Le graphique représente les évolutions du dollar-mark et de l'once d'or depuis 4 ans. On constate que, jusqu'en 1990, les deux marchés évoluent systématiquement de façon opposée et atteignent leurs points extrêmes aux mêmes moments. La relation dollar-or s'avère donc très forte. Cependant, à partir de 1990, si la relation inverse demeure, elle se montre moins précise et parfois incertaine (les points extrêmes ne correspondent plus aussi exactement)

Le premier réflexe pour répondre à cette question est de comparer l'évolution du dollar (dans le cas des États-Unis) à celle des taux courts et longs (Euro$ et T. Bonds).

Cette première tentative s'avère décevante surtout pour la relation dollar-euro$ (la hausse quasi ininterrompue de l'euro$ au début des années 90 a certes probablement affecté le dollar, mais aucune phase caractéristique ne peut être retenue). En revanche, la relation dollar-T. Bond montre globalement un comportement inverse et le graphe du dollar semble ainsi se refléter dans celui du T. Bond, mais la glace est parfois très déformante (cf. graphique 34).

Généralement, les baisses du dollar s'accompagnent d'une hausse du T. Bond et inversement. De cette manière, les points hauts du T. Bond correspondent souvent aux points bas du dollar. Mais cette correspondance est parfois victime de décalage dans le temps (comme en 1988) ou de relations très floues comme en 1989-90 (où les tendances majeures ont été identiques – hausse lors de la première partie de 1989 et baisse jusqu'à la mi-1990 –). Tandis que les années 1991 et 1992 constituent des cas d'école : les tendances majeures des deux marchés sont opposées et les points extrêmes correspondent parfaitement. Cependant l'ampleur du mouvement n'a parfois rien à voir ; ainsi en 1991, la forte hausse du dollar de 1,44 à 1,84 DM ne tient compagnie qu'à une baisse fort limitée du T. Bond (tassement de 5 figures environ).

Graphique 34. – *Superposition du T. Bond et du dollar depuis 1988*

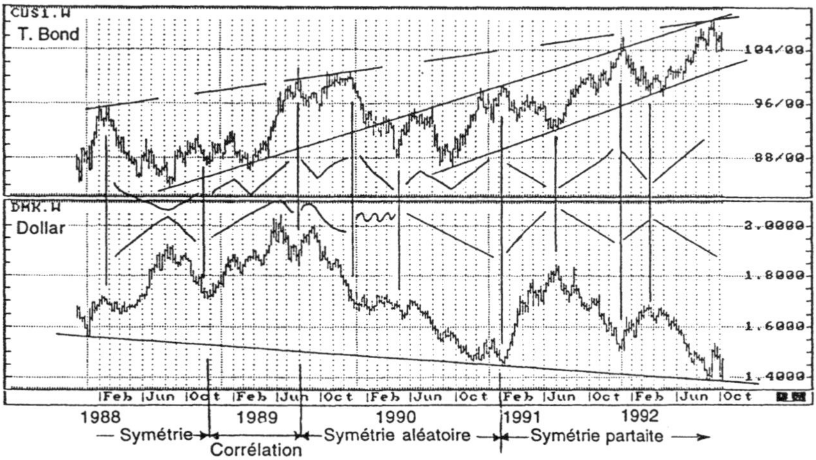

Source : Telerate – Global Dow Jones Information.

La relation graphique entre le T. Bond et le dollar existe bel et bien mais souffre d'une absence de stabilité. De plus, essayer d'observer directement la relation entre T. Bond et dollar c'est supposer que seule l'évolution des taux longs américains peut affecter la parité du dollar-deutsche mark et c'est donc oublier l'autre facette de la parité (le Mark ou le Franc et donc les taux allemands ou français).

Ainsi la relation entre le *spread* de taux USA-Allemagne ou USA-France et la parité Dollar-Mark ou dollar-franc paraît finalement plus logique et plus complète ; il s'agit là de notre deuxième tentative.

Dans un premier temps, la superposition du spread de taux courts et de la parité de change s'avère à nouveau décevante : on constate une baisse continue du spread taux euro$-taux Pibor ou taux euroDM qui ne parvient pas à expliquer les rebonds du dollar en 1991 et 1992. Ce *spread* de taux montre une grande inertie dans ses tendances de long terme et ne peut donc pas expliquer une parité de change beaucoup plus versatile.

En revanche, au premier coup d'œil, la courbe du *spread* de taux longs apparaît assez proche de celle du Dollar. Ceci est vrai pour le dollar-mark avec le spread de taux entre T. Bond et Bund mais ceci apparaît encore plus nettement avec la relation entre le dollar-franc et le *spread* T. Bond-Matif (cf. graphique 35).

Nous nous sommes donc concentrés sur l'exemple le plus intéressant entre la France et les États-Unis.

Deux constatations importantes découlent de l'observation graphique :

1. La corrélation entre les deux courbes est très forte, les points d'inflexion correspondent pratiquement toujours et les tendances sont identiques (seules exceptions au début de 1990 et à la mi-1989). De plus,

quand on ramène les courbes à la même échelle, on remarque que l'amplitude des mouvements de chacune des deux courbes est comparable.

2. Contrairement à l'idée reçue selon laquelle les changes sont leaders des mouvements sur les taux, ce sont au contraire les mouvements sur le *spread* de taux qui sont généralement en avance sur les mouvements du taux de change.

Graphique 35. – *Superposition du spread de taux T.Bond-Matif et du taux de change dollar-franc*

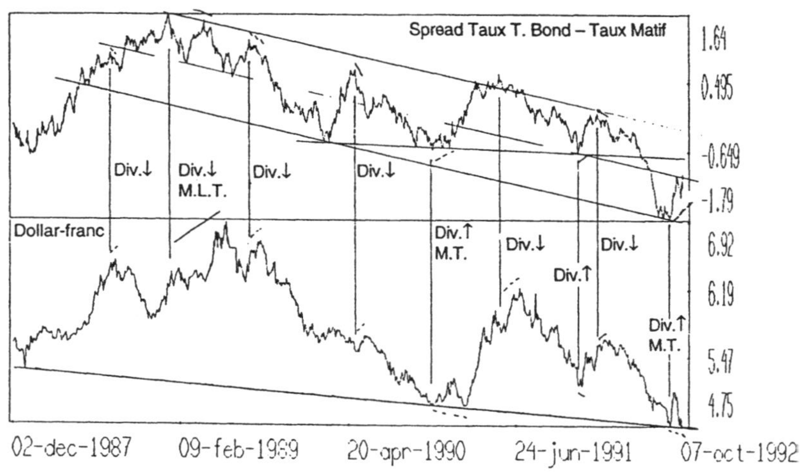

Source : Banque Internationale de Placement.

Les divergences constatées entre le spread de taux et le taux de change sont annonciatrices d'un retournement du dollar.

Lorsqu'on observe les deux courbes superposées, on peut observer que le *spread* de taux atteint souvent son point extrême puis se retourne avant les changes. L'existence de divergence entre les deux courbes (début de baisse – hausse – sur le spread de taux et poursuite de la hausse – baisse – sur le dollar) peut ainsi être annonciatrice d'un retournement imminent sur les changes.

Par ailleurs, une fois que le *spread* de taux et le dollar sont à la même échelle et en base 100, il est possible de construire un indicateur représentant l'écart entre les deux courbes (spread de taux moins dollar). Cet indicateur permet ainsi de visualiser les excès d'un marché par rapport à l'autre : quand l'oscillateur monte, le *spread* de taux surperforme les changes et inversement quand il baisse (cf. graphique 36). Quand on suit ensuite cet indicateur parallèlement au dollar, on constate qu'après les pics observés sur l'indicateur, le dollar a tendance à monter et qu'il a tendance à baisser après les creux. Ce qui signifie qu'avant tout mouvement sur le Dollar (haussier ou baissier) un mouvement précurseur intervient sur le *spread* de taux. Le spread de taux semble donc bien être *leader* des mouvements de change.

Graphique 36. –

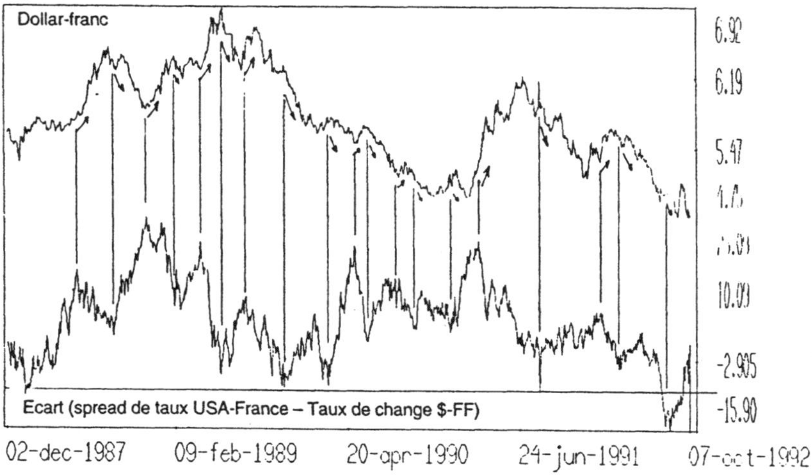

Source : Banque Internationale de Placement.

Les tops sur l'écart (*spread* de taux moins devise) devancent les hausses du dollar et les *bottoms* de cet indicateur précèdent quasiment toujours les baisses du dollar.
Le *spread* de taux semble être précurseur des mouvements de change.

Sur la parité dollar-franc et sur l'historique analysé (de 1987 à 1993), la relation entre la parité et le *spread* de taux T. Bond-Matif est étroite ; de plus, la causalité est identifiée : les marchés des taux sont précurseurs des mouvements du dollar.

2.2.7. Les taux et les changes

La relation entre les taux et le dollar s'avère assez forte. D'une manière générale, il existe souvent une relation forte entre les changes et les taux. Il s'agit généralement de relations entre le spread de taux existant entre deux pays et le cours de change de leurs devises respectives. Le graphique 37 montre ainsi la relation très forte existant entre le spread de prix entre le Bund et le BTP (contrat de taux 10 ans italien) et le DM-lire. Les tendances moyen terme sont les mêmes ainsi que les points d'inflexion. Cependant, contrairement à ce que l'on a pu observer dans la relation entre dollar-DM et spread de taux, on constate ici que la devise DM-lire est souvent en avance sur les mouvements de spreads de taux (cf. divergences observées sur le graphique…).

3. L'analyse technique et l'analyse fondamentale

On oppose trop souvent l'analyse technique et l'analyse fondamentale comme si seuls les points de discorde pouvaient être retenus et comme si aucune union n'était possible.

Graphique 37. –

Non confirmation de la surperformance Bund-BTP sur DM-Lire. Acheter BTP. Vendre Bund dès qu'un signal intervient.

On insiste donc sur ce qui les oppose : l'analyse fondamentale serait réservée à une élite brillante et diplômée, s'intéressant au pourquoi et au comment des choses, employant des outils parfois complexes mais reconnus et proposant finalement des visions à long terme, refusant ainsi d'entrer dans les querelles du quotidien au risque d'être inutile. L'analyse technique, elle, serait l'apanage d'esprits plus intuitifs mais moins brillants, pratiquant une science un peu douteuse et peu académique et ne s'intéresserait finalement qu'au court terme. Bref, on prêterait volontiers à l'analyse fondamentale des qualités de noblesse et de respectabilité un peu poudrée et on regarderait en revanche l'analyse technique avec une certaine condescendance, voir un certain mépris.

La différence essentielle qui peut être retenue est la suivante : l'analyse fondamentale analyse l'environnement des marchés, c'est-à-dire ce qui va jouer un rôle essentiel dans l'appréciation de la valeur du marché. Elle s'intéresse donc à tout ce qui va influencer les marchés (situation économique, monétaire, politique…) sans se focaliser sur les marchés eux-mêmes. À l'inverse, l'analyse technique se concentre uniquement sur ce que disent les marchés (cf. le principe de base : le marché a toujours raison) sans se préoccuper de l'environnement extérieur puisque les cours sont déjà le résumé de toute l'information disponible.

On voit donc ici que ces deux méthodes de prévision sont loin de s'opposer mais doivent au contraire être perçues comme extraordinairement complémentaires. Idéalement, l'analyse fondamentale doit logiquement donner la tendance de fond et l'analyse technique doit avertir que quelque chose d'important est en train de se passer (changement de mode ou de tendance) que l'analyse fondamentale n'a pas encore remarqué. L'analyse technique joue alors un rôle d'alerte très efficace.

Si tout les oppose *a priori*, il faut reconnaître que ces *a priori* trouvent de moins en moins d'échos et que, de chaque côté, des rapprochements sont de plus en plus souvent constatés. Déjà, la majeure partie des salles de marché dispose à la fois d'économistes de marchés et d'analystes techniques qui parviennent à collaborer (parfois même avec bonheur...). De plus, le métier d'économiste se transforme en celui d'économiste de marché qui intègre les phénomènes psychologiques et emprunte fatalement certaines considérations techniques. Enfin, l'analyse technique, aussi, a montré des signes d'évolution dont ce chapitre consacré à l'analyse intermarché est l'illustration la plus parlante.

En effet, de plus en plus, les métiers d'analystes techniques et d'économistes se rapprochent. À tel point que certains économistes utilisent des méthodes purement visuelles pour observer les comportements économiques (et font ainsi du chartisme sans le savoir) et que certains techniciens adaptent des méthodes techniques à des données économiques.

L'objet de cette section est justement de présenter une partie de ces techniques. Nous verrons tout d'abord ce que l'analyse fondamentale et économique peut (et doit) apporter à la lecture des marchés et comment l'utiliser pour donner un nouvel éclairage aux marchés analysés (en transformant les données de cours ou en analysant des graphiques de PER ou de taux de rendement...). Nous évoquerons alors certaines limites de l'analyse statistique classique, notamment dans l'utilisation des bêtas, et nous montrerons les avantages et la méthode d'utilisation de l'analyse graphique comparative. Nous en profiterons ensuite pour présenter certaines méthodes d'analyse et d'observation graphique de données économiques (c'est-à-dire l'analyse économique graphique). Finalement, nous n'hésiterons pas à poser le problème iconoclaste de l'application et de l'utilisation de l'analyse technique sur des données économiques.

3.1. L'utilisation des données fondamentales pour transformer les données de marché

Les données de marché que sont les cours sont parfois sujettes à caution quant à leur représentativité, surtout lorsque l'on travaille sur longue période. En effet, la variation, de certains cours est parfois davantage due à l'intégration de phénomènes extérieurs mécaniques qu'à une véritable modification réelle de la valeur des actifs. Il est donc souvent utile, lorsque l'on étudie des données de marché sur long terme, d'effectuer des corrections pour supprimer les variations nominales et ne conserver que les variations réelles.

3.1.1. La transformation des données

Nous verrons ici quelques exemples de recalcul de cours permettant de prendre en considération des phénomènes comme l'inflation ou le coût de portage.

3.1.1.1. La correction de l'inflation

Sur le long terme, les indices boursiers montrent fatalement des tendances haussières fortes qui s'expliquent en grande partie par les phénomènes inflationnistes. Les cours boursiers s'apprécient de façon mécanique grâce à l'inflation. Cependant, cette progression des cours est trompeuse car elle ne traduit pas l'évolution de la valeur réelle des cours. Il est donc conseillé de corriger les indices boursiers de l'inflation afin de pouvoir analyser leur évolution réelle. On obtient alors une image très différente du marché analysé (cf. graphique 38).

3.1.1.2. La correction du coût de portage

On oublie souvent l'importance du coût de portage quand on regarde la performance d'un actif. Or celui-ci est déterminant pour apprécier sa valorisation réelle et relative. Les marchés boursiers sont assez risqués et doivent donc offrir des rendements attractifs nettement supérieurs au coût de portage (déterminé par le rendement des taux à court terme). Si cela n'est pas le cas, cela signifie que les intervenants ont en fait perdu de l'argent sur ce marché : en effet, si un intervenant doit s'endetter pour acheter des actions, sa performance réelle sera égale aux taux de rendement des actions moins le coût de l'endettement. Corriger les indices boursiers du coût de portage (c'est-à-dire du taux monétaire) permet donc d'apprécier la performance réelle du marché.

Graphique 38. – *Indice boursier français nominal et corrigé de l'inflation*

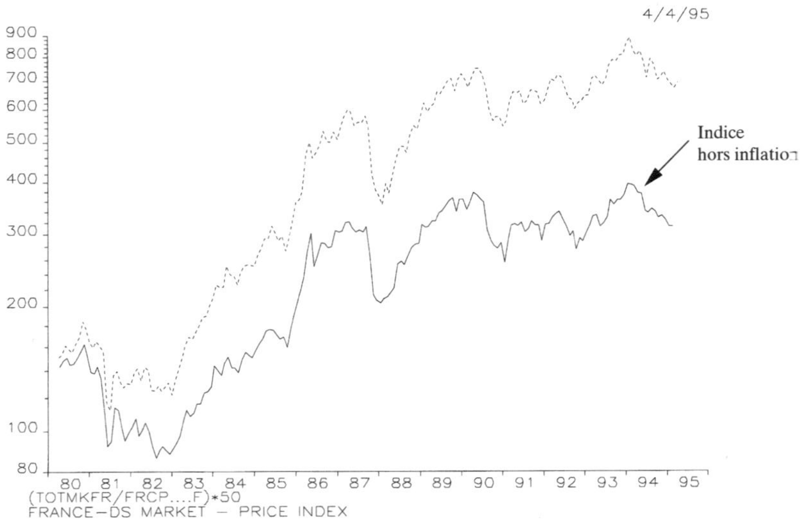

3.1.1.3. La correction du taux de change

Il s'agit tout simplement de corriger les indices des variations des changes afin de pouvoir effectuer des comparaisons internationales. Cela permet donc de mesurer la performance réelle d'un marché au niveau international (cf. *supra*). Mais cela peut aussi permettre de modifier la vision graphique d'un marché. Le graphique 39 montre ainsi comment un canal baissier de moyen terme sur le DAX se transforme en canal haussier avec la correction du taux de change $-DM.

Graphique 39. – *Superposition du graphique du DAX et du DAX exprimé en dollar*

Source : ADP.

Pour un investisseur américain, le DAX a évolué dans un canal légèrement haussier pendant toute l'année 1994. Grâce au cours de change, le canal baissier constaté sur les cours se transforme en canal haussier.

3.1.1.4. L'introduction de phénomènes cumulatifs

Les marchés de taux sont pratiquement toujours analysés en termes de rendement. On étudie donc l'évolution du rendement sans tenir compte des coupons perçus pendant la période. Si l'on essaie d'effectuer des comparaisons graphiques entre marchés de taux et marchés boursiers, les marchés de taux se trouvent toujours pénalisés quant à la performance effective. Il est donc possible d'utiliser un graphique de cours d'obligation ou éventuellement de fonds obligataire (Sicav) pour avoir une vision objective. Par ailleurs, un certain nombre d'intervenants est plus sensible à l'évolution de leur capital qu'à l'évolution du niveau absolu des taux. L'analyse technique de cette courbe intégrant le versement des coupons peut donc être complémentaire de la seule analyse des graphiques de taux (cf. graphique 40).

Graphique 40. – *Évolution d'une Sicav obligataire*

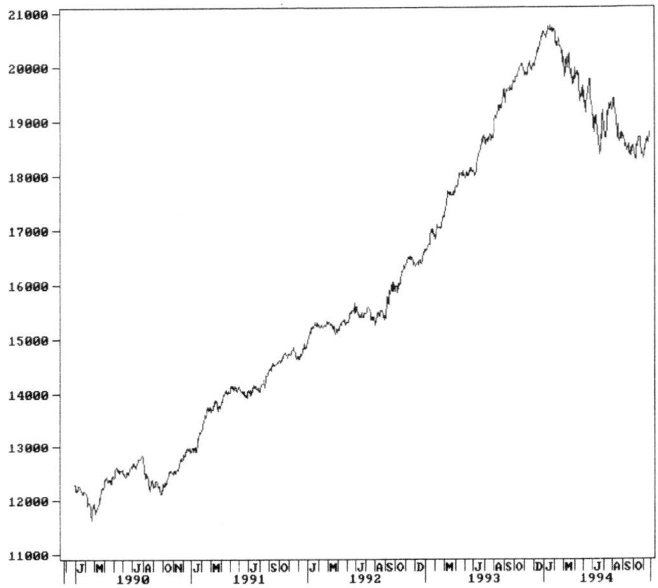

Source : FININFO-FINOPC.

Contrairement au Matif, le graphique de la Sicav montre une hausse quasi-permanente de 1990-1193. Par ailleurs, une baisse dramatique du Matif en 1994 se traduit par une simple correction sur la Sicav qui conserve une grande partie de ses gains.

3.1.2. L'utilisation des critères de l'analyse financière

L'analyse des marchés financiers est complexe et revêt des formes multiples. Les marchés d'actions sont ainsi sensibles à un ensemble de paramètres dépassant largement le seul niveau des cours. En fait, le niveau des cours peut se combiner à d'autres paramètres fondamentaux permettant ainsi l'émergence de nouveaux indicateurs de marché. Par exemple, les opérateurs raisonnent très souvent en termes de PER (price earning ration = cours/bénéfice) ou de taux de dividences (rapport dividences/cours) ou encore de délais de recouvrement (nombre d'années estimé pour rembourser son investissement)... Ces données peuvent aussi être utilisées de façon technique pour repérer des niveaux de critiques ou des tendances et, le cas échéant, déterminer des seuils de risque.

Graphiquement, le PER évolue souvent entre des zones hautes et basses. Par exemple, sur le marché français, les zones hautes (PER supérieur à 15) correspondent à un grand optimisme du marché qui accepte de payer les titres relativement cher. Ceci traduit souvent un excès d'euphorie suivi généralement par des corrections sur les cours. Cependant, cet optimisme est justifié quand les résultats des entreprises continuent à s'améliorer. À l'inverse, un PER faible (inférieur à 10) témoigne d'un grand pessimisme et peut offrir des opportunités d'achat à des cours relativement attractifs, sauf si le pessimisme ambiant est finalement confirmé par d'ultérieures dégradations des résultats des sociétés. Le graphique 41 représente l'évolution du PER français au cours des dernières années et ses indications graphiques. D'autre part, le PER réagit également à l'évolution des taux, les deux évoluant normalement de façon symétrique. On peut donc visualiser parallèlement le PER et les taux pour constater d'éventuels dysfonctionnements (cf. *infra*).

Graphique 41. – *Évolution du PER français de 1975 à 1995*

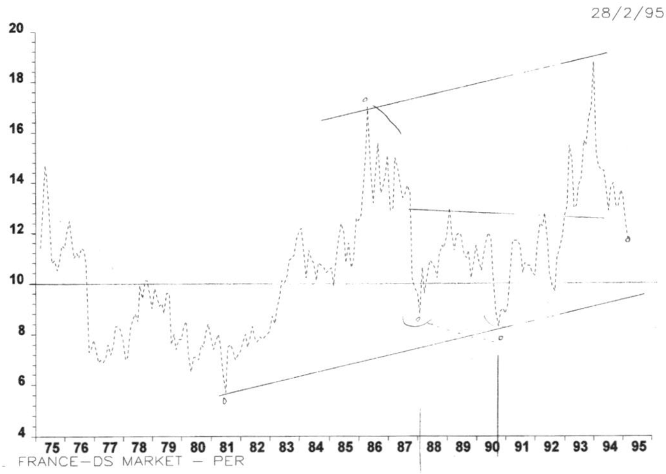

Source : DATASTREAM.

Le taux des dividendes traduit également le degré de confiance dans le marché. Si ce dernier est très élevé, le marché accepte de recevoir un faible taux de dividendes car il espère un fort potentiel de gain sur les cours. À l'inverse, quand le marché exige un taux de dividende élevé, cela signifie une absence de confiance et la crainte de moins-values sur les cours. Par ailleurs, le taux de rendement peut se comparer à l'évolution des taux d'intérêt à long terme. Ils doivent logiquement évoluer en parallèle. Toute divergence de comportement marque la préférence pour l'un des deux marchés (cf. graphique 42).

Graphique 42. – *Évolution comparée du taux de rendement des actions françaises et du taux 10 ans*

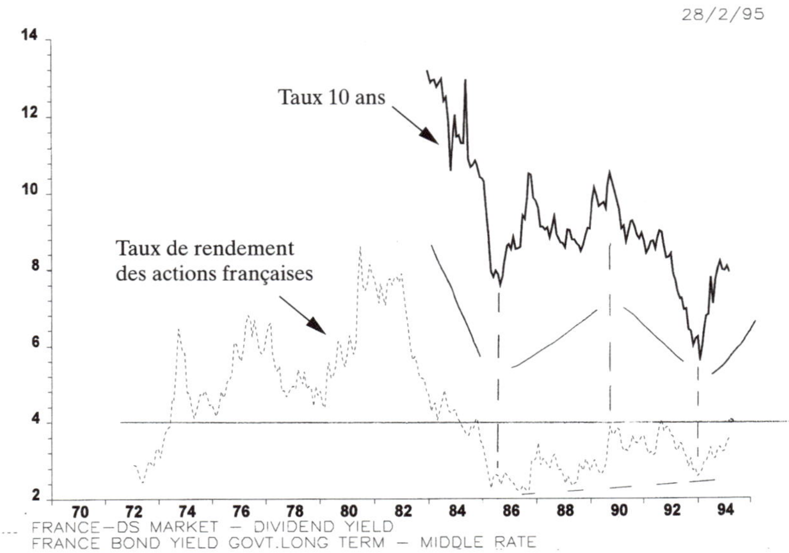

Source : DATASTREAM.

Le seuil des 4 % apparaît comme un niveau clé. Par ailleurs, si le taux de rendement des actions est bien corrélé aux taux 10 ans (évolutions parallèle : baisse de 82 à 87 ; consolidation puis rechute en 93. On constate que la baisse du taux de rendement en 93 est très faible comparée au mouvement observé sur les taux. Cela traduit une certaine désaffection pour les actions françaises.

3.2. Les limites du bêta statistique et l'intérêt de l'analyse graphique comparative

Nous présenterons ici les limites de certains tests statiques et tout particulièrement du bêta, très utilisé par l'analyse financière, et nous montrerons comment une analyse graphique simple peut nous permettre d'échapper à certaines erreurs. Ce sera l'occasion de présenter l'analyse graphique comparative.

3.2.1. *Présentation des limites du bêta en analyse financière*

Il existe de nombreuses formes de tests statistiques. Les plus simples et les plus utilisés reposent sur les principes de tests de corrélation d'où découle la notion de bêta, très utilisée en analyse financière. Ce test statistique consiste à expliquer une série de données (Y) par une autre série (X) – ou éventuellement plusieurs autres – dite indépendante en proposant une équation explicative du type : Y = aX + b.

Ce test permet de déterminer la qualité de la relation existant entre la variable à expliquer et la variable explicative. Le coefficient de corrélation

R2 est le rapport entre la variance expliquée et la variance constatée de la série à expliquer, soit la valeur suivante :

$$R2 = \frac{\text{cov}^2(X, Y)}{\text{var}(X) \times \text{var}(Y)}$$

Un R2 égal à 1 suggère que la série indépendante explique intégralement la série Y. En revanche, un R2 nul ou proche de zéro indique que la série Y n'est pas du tout déterminée par la série X. Un R2 de 0,69 signifie que 69 % des mouvements de Y s'expliquent par les mouvements de X.

L'autre indication importante de ce test est donnée par la pente (a) de l'équation. La pente indique la sensibilité de la variable Y à une variation de la variable X. Cette pente prend le nom de bêta en analyse financière. Le test statistique est alors utilisé pour constater la relation entre la variation d'un titre (variable à expliquer Y) et les variations du marché (variable indépendante X). Un titre au bêta supérieur à 1 est un titre dit offensif qui a tendance à amplifier les variations du marché. Par exemple, un titre au bêta de 1,3 progressera de 13 % quand le marché monte de 10 % et baissera de 13 % pour une baisse du marché de 10 %. En revanche, un titre est dit défensif si son bêta est inférieur à 1, c'est-à-dire s'il atténue les variations du marché.

L'application pratique du bêta est ensuite assez simple et trouve deux utilisations directes.

Tout d'abord, un gestionnaire peut choisir les titres de son portefeuille en fonction de leur sensibilité au marché. Par exemple, s'il est haussier sur le marché, le gestionnaire va privilégier les titres qui vont le plus bénéficier de cette hausse, il sélectionnera donc des titres offensifs au bêta élevé. À l'inverse, un gestionnaire baissier sur le marché doit essayer de limiter l'exposition globale de son portefeuille en favorisant les titres défensifs au bêta faible.

Ensuite, si un gestionnaire souhaite couvrir son portefeuille, il peut calculer le bêta globale de son portefeuille et l'utiliser pour connaître son exposition totale à une variation donnée du marché. Il en déduira alors le nombre de futures à vendre pour obtenir une bonne couverture.

Cependant, il s'avère que les tests statistiques souffrent de certains défauts qui vont au-delà du problème de la stabilité. Trop souvent, en effet, les conclusions économétriques ne sont pas confirmées par l'observation empirique et la notion de bêta s'avère très souvent erronée.

Le graphique 43montre deux séries de cours (X et Y) qui ont des comportements assez typiques : X connaît des variations régulières et relativement stables tandis que la série Y est beaucoup plus volatile et amplifie les variations de la série X. Ainsi, quand X passe de 100 à 120, Y atteint 128 en partant du même point de départ. Le comportement est identique à la baisse (Y baisse beaucoup plus que X). La vision graphique est donc très nette et indique que Y amplifie les variations de X. Si on considère que Y est un titre et X, le marché, alors on peut conclure que le titre Y est offensif et doit donc avoir un bêta supérieur à 1. Or, c'est justement ce que ne confirme pas l'analyse statistique. Cette dernière donne un bêta de 0,94 avec un R2 assez élevé de 0,69. Donc, le bêta théorique de ce titre Y est inférieur à 1. Statistiquement, Y est classé parmi les titres défensifs (ce qu'il ne fallait pas démontrer…).

Graphique 43. – *Contradiction entre évidence graphique et calcul statistique*

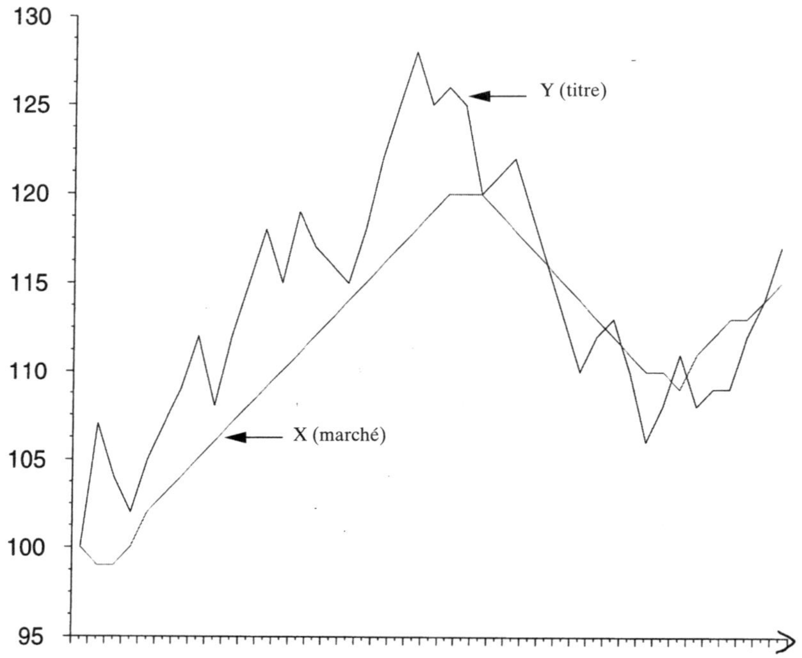

Graphiquement, on constate que le titre Y superforme le marché pendant la hausse de celui-ci et le sous-performe pendant la baisse. Graphiquement le titre Y apparaît donc comme un accélérateur de marché. Or l'analyse statistique constate un bêta théorique inférieur à 1 (0,94) avec un R2 significatif (0,69).

La contradiction évidente de ces deux analyses s'explique par l'importance relative accordée aux différents points des deux séries. L'analyse statistique accorde une importance équivalente à tous les points alors que l'analyse visuelle ou graphique se concentre, au contraire, sur les points extrêmes et ne s'intéresse qu'aux grandes tendances. Les points intermédiaires empruntés lors du cheminement haussier ou baissier sont ainsi ignorés.

Si l'on compare statistiquement des séries volatiles (avec des variations brutales) et des séries plus stables (aux mouvements plus réguliers), on a de fortes chances de retrouver ce problème d'appréciation. Avant d'utiliser un bêta statistique il paraît donc impératif d'observer graphiquement le comportement du titre par rapport au marché. L'analyse graphique devient un outil complémentaire et nécessaire de l'analyse financière traditionnelle.

Par ailleurs, la médiocre qualité de certains bêtas statistiques s'explique par l'écart de volatilité existant entre deux séries. Et c'est bien le problème de l'analyse financière classique qui accorde beaucoup d'importance aux bêtas des titres. Or, par définition, la volatilité d'un marché est beaucoup plus faible que celle des titres individuels. L'écart de volatilité constaté entre titres et marché biaise donc la valeur effective du bêta utilisée dans l'analyse financière. Il pourrait donc être intéressant de corriger les séries de données de leur volatilité respective.

3.2.2. L'utilité de l'analyse graphique comparative

Étant donné le manque de fiabilité de certains bêtas théoriques, il paraît très utile de montrer ici comment utiliser l'analyse graphique comparative pour distinguer les titres offensifs et les titres défensifs. La question que pose l'analyse graphique est : que fait le titre Y quand le marché (X) monte de façon significative et que fait-il quand il baisse ? Pour répondre à ce problème, il faut sélectionner les séquences représentatives de hausse et de baisse du marché et observer le comportement du titre analysé.

Pour obtenir une vision très claire de la situation, le plus pertinent est de surposer le graphique du marché et le graphique de la force relative du titre par rapport au marché (ratio titre/marché). Si la performance relative du titre est positive dans les phases de hausse du marché et négative dans les périodes de baisse, alors le titre analysé est un titre offensif (cf. graphique 44). À l'inverse, un titre dont la performance relative est négative

Graphique 44. – *Exemple de titre offensif*

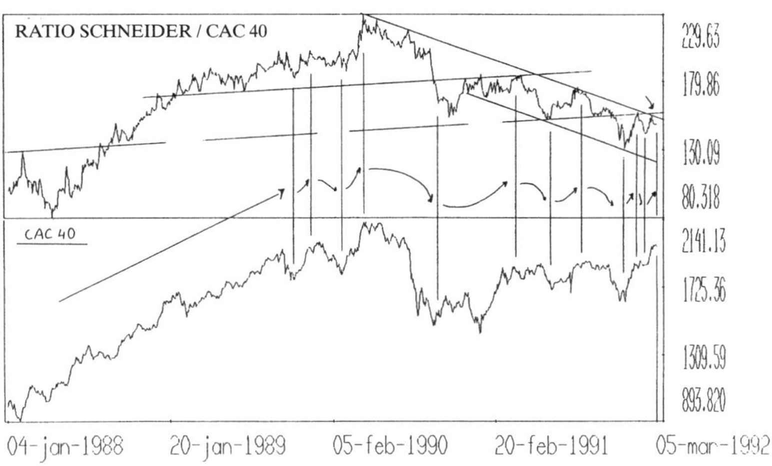

On notera la superformance du titre dans les phases de hausse du CAC40 et sa sous-performance dans les périodes baissières de l'indice. Cela ne l'empêche pas pourtant d'avoir une performance décevante sur moyenne période alors que le marché s'est plutôt bien tenu.

(positive) pendant les périodes de hausse (baisse) est un titre défensif (cf. graphique 45). On peut ensuite classer les titres selon leur typicité. Dans la pratique, tous les titres ne répondent pas parfaitement à ces critères types car leur comportement est variable dans le temps. Cependant, il est possible d'avoir une liste conséquente de titres offensifs et défensifs très utile pour composer un portefeuille.

L'analyse graphique comparative est très précieuse, sur les marchés d'actions, mais elle peut aussi être appliquée à d'autres segments d'analyse et tout particulièrement, l'analyse économique.

Graphique 45. – *Exemple de titre défensif*

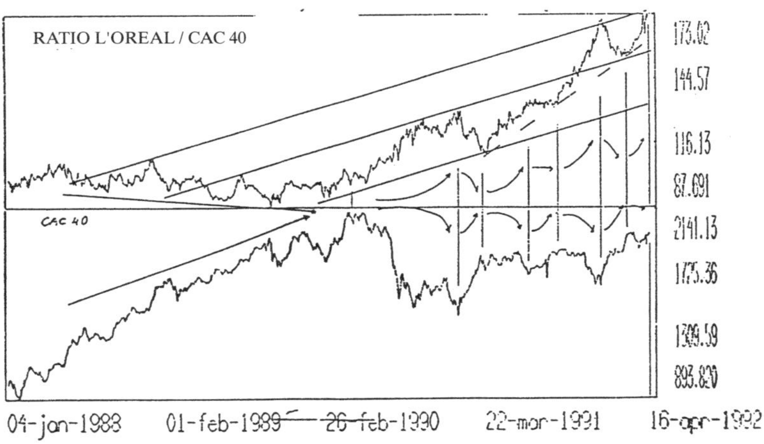

L'oréal est un titre typiquement défensif qui sousperforme le marché quand ce dernier monte et le surperforme quand il baisse. Cependant, la tenue du titre est tellement remarquable que sur long terme, on pourrait croire à un titre offensif.

3.3. L'analyse économique à partir de graphiques

De plus en plus d'économistes passent en revue les graphiques économiques et essaient ainsi de déceler des comportements, des relations causales ou d'éventuels dysfonctionnements indicateurs de changements macro-économiques. Cette nouvelle façon de faire de l'économie s'inspire très fortement des méthodes d'analyse inter-marchés et de l'analyse graphique comparative.

Les relations que l'on peut mettre à jour sont innombrables et pourraient faire l'objet d'un livre entier. Ce n'est pas bien sûr notre ambition et nous nous contenterons d'illustrer plusieurs formes d'analyse par ces exemples.

3.3.1. L'analyse parallèle de plusieurs déterminants économiques

Il s'agit d'observer et d'analyser les relations entre plusieurs déterminants économiques de certains marchés. Cela peut tout d'abord permettre de vérifier visuellement des relations entre différents indicateurs (par exemple confirmation de la relation entre le taux de croissance et l'évolution des stocks des produits finis, cf. graphique 46). D'autre part, le comportement particulier de l'un des déterminants peut donner un nouvel éclairage au marché analysé et permettre de mieux comprendre son évolution. Par exemple, on peut poser les questions suivantes : la croissance explique-t-elle l'inflation et la combinaison de l'inflation et de la croissance permet-elle de justifier les variations des taux longs (cf. graphique 47 représentant le CPI (Consumer Price Index), le taux de croissance du PNB américain et les taux longs) ?

Graphique 46. – *Évolution des stocks de produits finis et de la production industrielle américaine*

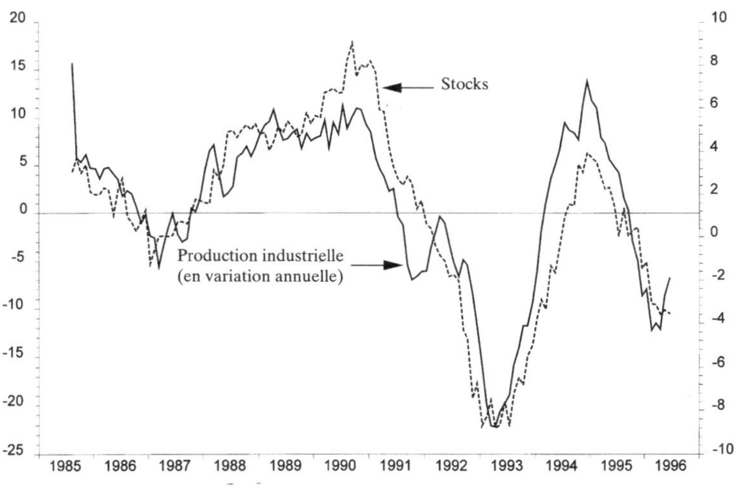

Source : DATASTREAM.

De la même façon, les graphique 48 montrent la corrélation inversée entre les taux longs et le PER. Il permet également de mieux comprendre certains mouvements du marché des actions.

3.3.2. L'observation de divergences et la recherche de causalité

Certains indicateurs sont en avance sur d'autres. C'est ainsi le cas de ce que l'on appelle les *leadings indicators* ou indicateurs avancés. Parmi eux, les indicateurs de confiance comme celui du NAPM ou de l'IFO s'avèrent très intéressants. Il s'agit d'indicateurs fabriqués à partir d'enquêtes très complètes auprès des chefs d'entreprise. La corrélation entre ces indicateurs et la production industrielle est très forte (corrélation de 0,73 de 1977 à 1996 pour l'IFO et même de + 0,91 de 1991 à 1996). Comme ces indicateurs sont en avance sur l'économie (on suppose que le degré de confiance des entrepreneurs prédétermine les mouvements à venir de l'économie) et

Graphique 47. – *Courbes superposées du taux 10 ans, du taux de croissance et du CPI*

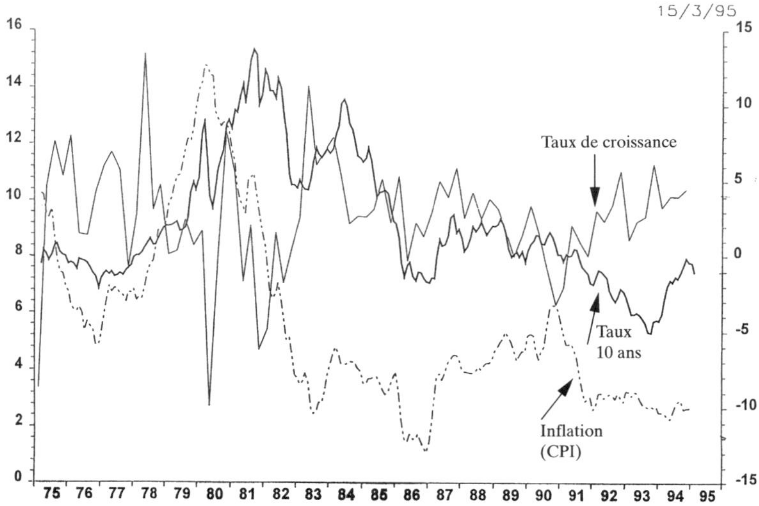

L'évolution du taux 10 ans s'explique en partie par deux déterminants économiques : l'inflation (Consumer Price Index) et le taux de croissance (qui influe directement sur la politique monétaire de la Banque centrale américaine). Les trois courbes évoluent généralement de concert. Cependant, des périodes atypiques apparaissent. Par exemple, de 1990 à 1993, les taux baissent alors que le taux de croissance progresse. L'explication de cette divergence se trouve dans l'inflation qui a continué de baisser pendant la période (la croissance observée n'était donc pas inflationniste). La remontée brutale des taux longs en 1994 est due à la remontée des taux directeurs du Fed (inquiet de la croissance persistante et constatant la fin de la baisse de l'inflation alors que les taux nominaux et réels se trouvaient sur des points bas – l'inflation était ainsi plus forte en 1993 qu'en 1986 alors que les taux longs étaient environ 1 % plus bas…).

qu'ils sont connus bien avant le taux de croissance, cela permet d'anticiper des continuations ou des changements de la tendance économique. De la même façon, toute apparition de divergences entre deux indicateurs corrélés permet d'envisager un retournement de tendance sur la variable retardée. Généralement, le sens de la causalité est stable, ce qui facilite la prévision. Le graphique 49 confirme la forte corrélation existant entre le NAPM et le taux de croissance et montre la légère avance du NAPM.

D'une manière générale, quand une relation très forte dans le passé s'interrompt brutalement (apparition de divergences), cela permet de poser des questions. Soit un des éléments de la corrélation a raison et indique que l'autre doit finalement revenir à une situation normale (cf. principe de causalité), soit la relation entre les deux séries est devenue caduque (et tout le talent de l'économiste intervient alors pour en expliquer les raisons).

Des relations originales et moins reconnues peuvent être aussi découvertes et vérifiées. Le graphique 50 montre ainsi la relation étroite existant entre le PPI crude ex food & energy (prix à la production en dehors des

Graphique 48a. – *PER du S&P500 et du taux U.S. à 10 ans*

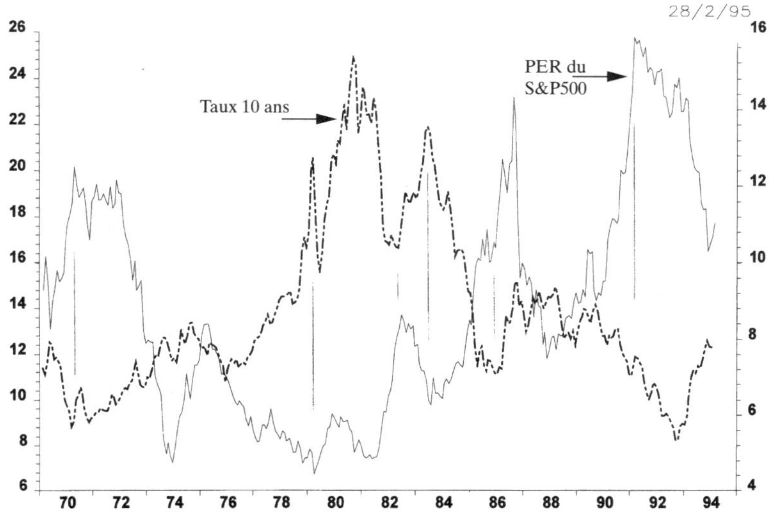

Graphique 48b. – *Évolution comparée du PER moyen et du taux 10 ans en France*

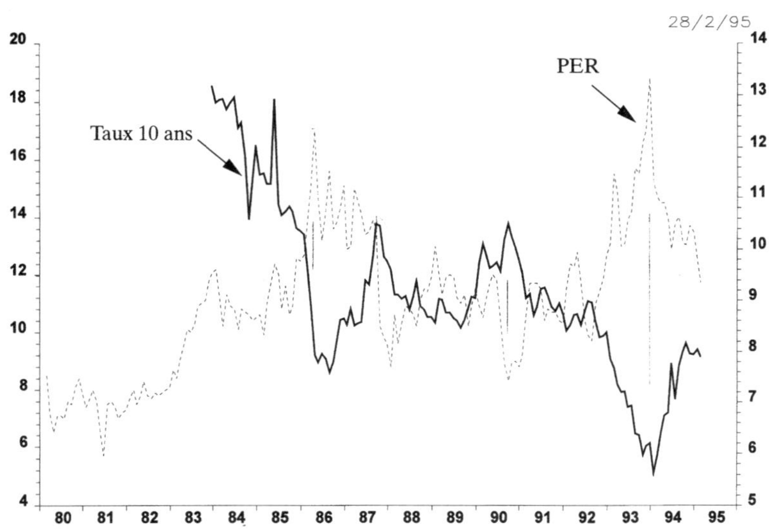

Le PER et les taux longs évoluent généralement de façon symétrique. La superposition de deux courbes permet de mieux comprendre l'évolution simultanée des marchés d'actions et de taux. Par exemple en 1994, on peut être surpris par la résistance de l'indice S&P qui paraît être indifférent à la forte remontée des taux longs. En fait, les actions ont connu, en termes de PER, une très forte correction (passage de 26 à 18). C'est donc parce que les entreprises américaines ont considérablement amélioré leur rentabilité que le S&P s'est bien tenu. Contrairement à une idée reçue, le marché n'a donc pas été complaisant.

En revanche, en France, les entreprises n'ayant pas amélioré leur capacité bénéficiaire, les actions ont subi de plein fouet la hausse des taux longs.

Graphique 49. – *NAPM et le taux de croissance du PNB américain*

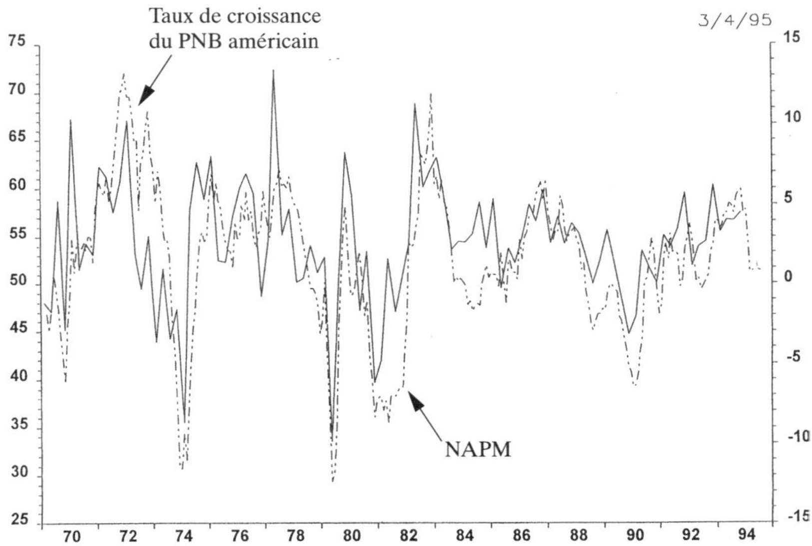

produits alimentaires et énergétiques) et le taux de croissance du PER du S&P500. Le fort mouvement de baisse des prix intervenu au début 1996 suggère une baisse proportionnelle du taux de croissance du PER du S&P. Quand de telles relations sont mises à jour, cela peut aussi permettre la construction de modèles prédictifs.

3.3.3. La recherche de relations avancées

Nous avons présenté jusqu'ici des relations simultanées. Mais les économistes sont aussi très friands d'indicateurs très avancés qui permettent de déterminer longtemps à l'avance la tendance de l'économie. Les relations avancées supposent qu'un indicateur particulier est en avance sur un autre, c'est-à-dire qu'il montre à l'avance le chemin que prendra l'autre série de données. Il existe généralement une relation causale entre les deux données analysées et le retard (*lag*) existant entre les deux représente le temps nécessaire à la diffusion de l'un vers l'autre.

Pour avoir confirmation de l'existence d'une relation avancée, il faut observer une forte corrélation entre l'indicateur avancé et l'autre série des données, décalée du retard constaté. Par exemple, si l'on reprend l'exemple des indicateurs de confiance, une étude de l'OCDE a montré que ces indicateurs étaient en avance d'environ un trimestre sur la production industrielle. La corrélation entre la production industrielle avancée d'un trimestre et le NAPM atteint ainsi 0,86, soit un niveau supérieur à celui constaté avec les séries simultanées. Le graphique 51 montre ainsi l'indicateur avancé de l'OCDE pour l'économie américaine avec un lag de trois mois par rapport au taux de croissance de la production industrielle.

Graphique 50. – *Corrélation entre les prix à la production (ex food & energy) et le taux de croissance des bénéfices du S&P500*

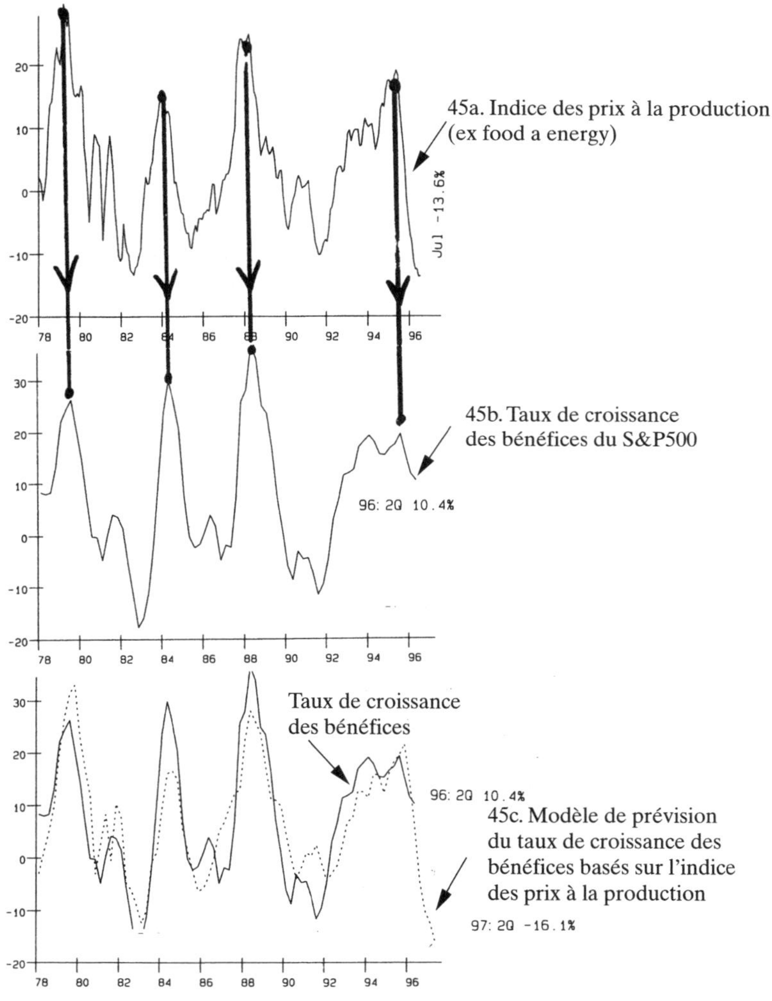

Source : ISI Group.

Un autre exemple de relation avancée est donné par le graphique 52 montrant une très forte corrélation entre le T. Bond avancé de 6 mois et le dollar. Cela signifie en fait que le T. Bond nous indique à l'avance le chemin probable du dollar. Même si l'ampleur des mouvements est incertaine, leur sens est connu.

Graphique 51. – *Superposition de l'indicateur avancé de l'OCDE et du taux de croissance de la production industrielle américaine*

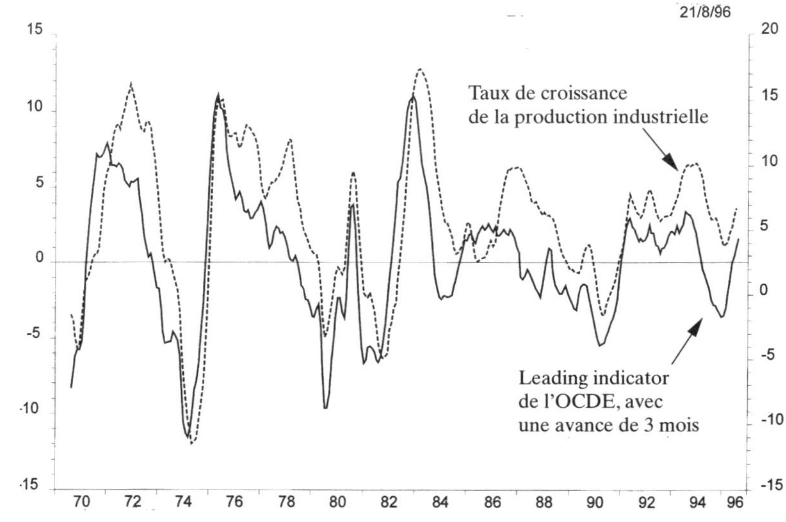

Source : DATASTREAM.

Graphique 52. – *Relation entre le T. Bond et le dollar avec un « lag » de six mois*

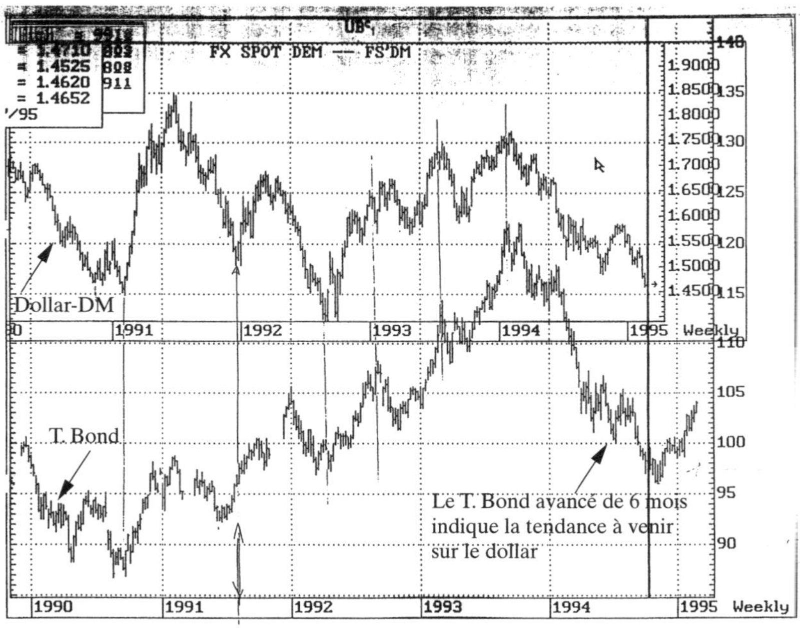

D'après cette relation, le T. Bond indiquait qu'une reprise haussière devait apparaître sur le dollar vers le 2e trimestre 1995, ce fut précisément le cas.

3.4. L'analyse technique de données économiques

3.4.1. L'analyse graphique de données économiques

Peut-on faire de l'analyse graphique sur des données économiques ? Il faut tout d'abord rappeler que l'une des raisons du succès de l'analyse graphique des marchés se trouve dans sa capacité à appréhender la psychologie des marchés. En revanche, l'analyse de données économiques a beaucoup moins de sens car les données économiques ne sont pas le résultat d'un marché et il serait donc vain de vouloir y trouver une quelconque psychologie. Cependant, certaines données économiques sont bien le résultat de comportements psychologiques. Le phénomène de croissance et de ralentissement économique est directement le résultat de la confiance en l'avenir, c'est-à-dire d'une psychologie favorable ou défavorable. Le facteur déclenchant de toute reprise économique est psychologique. Aucune politique monétaire ou budgétaire ne fera repartir l'économie si la confiance n'est pas là. Les politiques économiques doivent favoriser un changement de comportement des individus mais c'est toujours l'individu qui décide de changer. Ceci se trouve notamment confirmé par l'importance des indicateurs de confiance, leaders de l'économie. D'où le fameux adage : « On ne fait pas boire un âne qui n'a pas soif ». L'exemple de la France ou du Japon au milieu des années 90 est à cet égard édifiant.

D'autre part, certaines données économiques sont le résultat d'un marché à part entière. Le marché du travail fournit ainsi tout un ensemble de données provenant d'un marché ou se confrontent une offre et une demande de main-d'œuvre. Ces données économiques peuvent s'analyser graphiquement et permettre de déceler des seuils de résistance ou de support très clairs (cf. le taux de chômage américain a longtemps buté sur un très fort soutien situé vers 5,5-6 %). De même, on peut tracer des tendances sur certaines données comme la production industrielle et observer des phases de ralentissement quand les tendances sont cassées. Certaines configurations graphiques peuvent même fonctionner. Les graphiques 53 offrent de très bonnes illustrations.

Ces exemples ne sont pas isolés et il est possible d'en trouver régulièrement. Cependant, il faut reconnaître que si l'analyse graphique peut fonctionner sur certaines séries, une utilisation prédictive et systématique nous paraît très aléatoire.

3.4.2. L'analyse technique appliquée aux données économiques

Si l'analyse graphique s'avère rarement efficace dans la prédiction économique, l'analyse technique semble être une voie beaucoup plus pertinente et efficace pour comprendre et anticiper les tendances économiques.

Tout d'abord, il est important de rappeler que les économistes font souvent de l'analyse technique sans le savoir en utilisant des outils de l'analyse technique (lissage des séries avec des moyennes mobiles, étude des séries en glissement annuel – ce qui revient à l'utilisation d'un momentum ou d'un ROC –…). Ensuite et surtout, il s'avère que l'utilisation d'oscillateurs (tels que RSI, momentum, stochastics…) superposés à des données économiques permet de mettre en relief des divergences qui indiquent un essoufflement de la tendance observée et qui précèdent généralement son retournement.

Graphique 53a. – *Taux de chômage aux États-Unis (échelle inversée)*

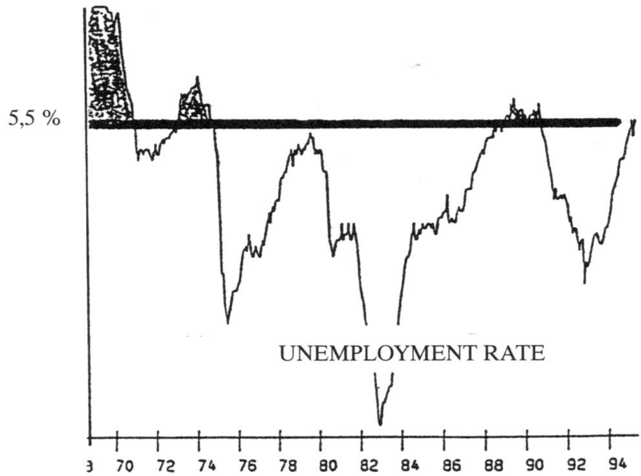

Graphique 53b. – *Taux d'utilisation des capacités de production aux États-Unis*

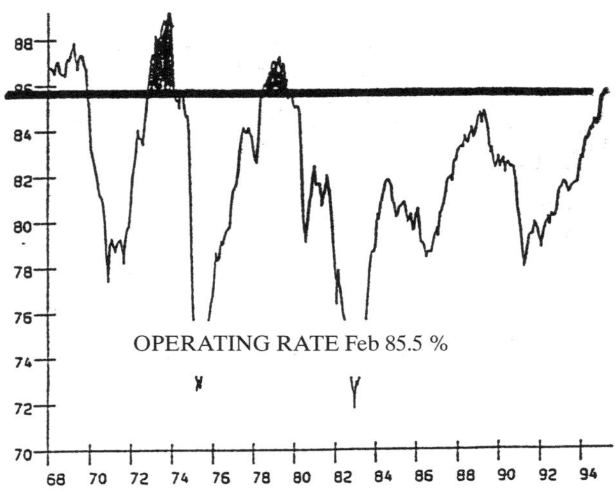

Le seuil des 86 % est une forte résistance non franchissable durablement tandis que les seuils de 72 et 78 % sont de solides soutiens.

Graphique 53c. – *Tendance baissière sur les nouvelles inscriptions au chômage aux États-Unis*

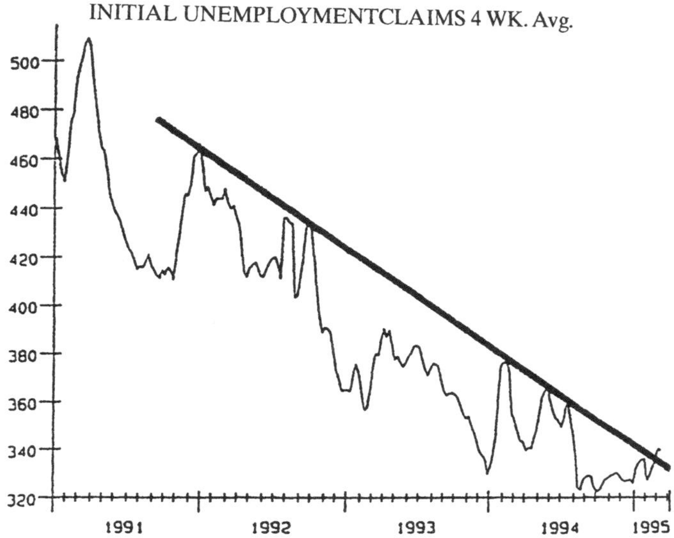

Source : ISI Group.

Par exemple le graphique 54 montre l'évolution de la production industrielle avec un indicateur stochastique. Par deux fois, en 1991 et 1995, les divergences constatées entre le graphique de la production industrielle et son stochastique préviennent d'un retournement de la tendance économique. Ces indications s'avèrent très précieuses car elles permettent de s'interroger en avance sur la qualité des tendances observées. On s'aperçoit qu'un retournement est possible alors que les données brutes continuent leur tendance.

3.4.3. La construction d'indicateurs économiques basés sur l'analyse technique

Les indicateurs-clés couramment employés par les économistes-gourous sont rarement connus. Nous sommes pourtant abreuvés d'indicateurs « magiques » utilisés par ces gourous qui en cachent secrètement les définitions. Cependant, nous évoquerons ici le travail de Jeorg Schreiweiss dont l'idée est d'appliquer les oscillateurs aux données économiques pour constater les périodes où les marchés sont en phase avec l'économie et détecter les signes de retournement (apparition de divergences).

Pour cela, il utilise principalement les indicateurs stochastiques longs (12 mois environ), ce qui permet de remarquer de vrais retournements de cycles économiques. Mais, il va ensuite beaucoup plus loin puisqu'il essaie de construire un indicateur fondamental synthétique pouvant expliquer les variations de l'indice boursier allemand.

Graphique 54. – *Production industrielle américaine (en taux de variation annuel) présentée avec un indicateur stochastique*

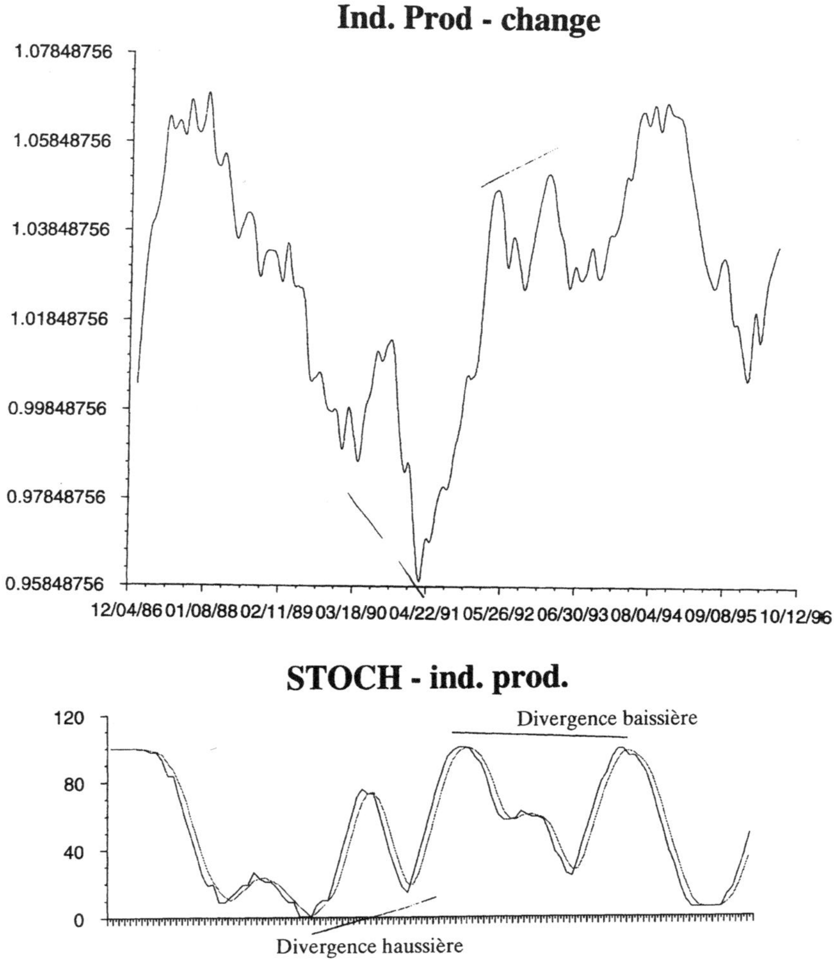

Pour ce faire, il distingue deux déterminants principaux de l'évolution de l'indice FAZ :

– les indicateurs économiques proprement dits (croissance du PNB, demande de biens manufacturés, indice de confiance IFO, profits estimés des entreprises...) ;

– les indicateurs monétaires (l'inverse du rendement obligataire, le taux de croissance de M1, l'inverse du coût du travail, le taux de change $-DM...).

Ensuite, il remarque la corrélation éventuelle existant entre le stochastique de chacune des variables sélectionnées et celui de l'indice FAZ. Elles sont parfois très fortes mais rarement de façon permanente du fait des phénomènes de mode et de l'inertie du marché des actions. Finalement, il construit deux indicateurs synthétiques (un indicateur économique et un autre monétaire) qui agrègent la somme des indicateurs stochastiques des différentes variables retenues (cf. *supra*).

L'indicateur stochastique étant borné entre 0 et 100, il est facile de fabriquer un indicateur synthétique en sommant plusieurs stochastiques pondérés par les poids respectifs des séries utilisées. On peut ainsi facilement voir comment l'indice FAZ se comporte par rapport à ces deux indicateurs. Il est ensuite assez naturel de combiner ces deux indicateurs pour en créer un seul qui résume l'information fondamentale (cf. graphiques 55).

Cet indicateur fondamental ainsi obtenu peut alors être comparé au stochastique du marché. Cela permet tout d'abord de vérifier si les marchés intègrent correctement l'information fondamentale et si le marché est en phase avec l'information économique (cela suppose que les stochastiques de l'information économique et du marché sont fortement corrélés). Ensuite, on peut apprécier si l'information économique est en avance sur le marché, si elle mène les mouvements du marché. L'apparition d'un retournement sur l'indicateur fondamental et d'une poursuite de tendance sur l'indice boursier suggère un entêtement du marché qui devient donc risqué. Inversement, des divergences entre l'indicateur économique qui repart à la hausse et le stochastique de l'indice qui reste en bas sont synonymes d'un marché peu risqué susceptible de repartir à la hausse.

Graphique 55a. – *L'indice FAZ et les indicateurs monétaires et économiques réels*

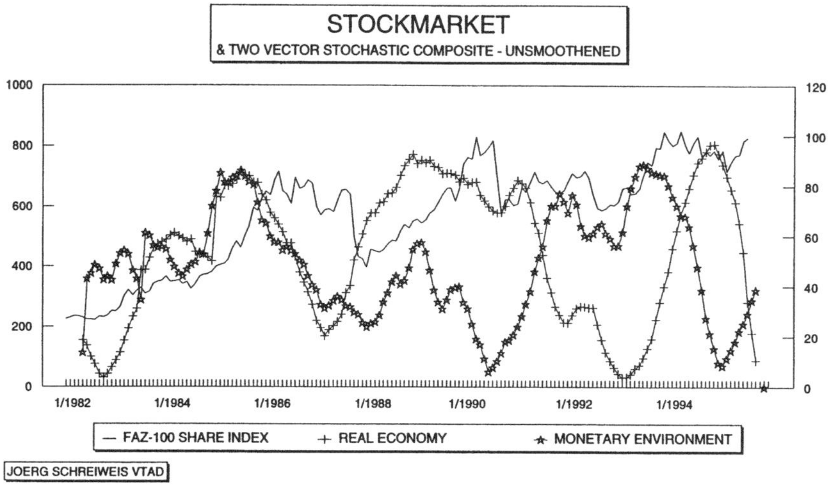

Les indicateurs réels et monétaires influencent le marché allemand, surtout quand ils sont en phase. Or, ils sont souvent déphasés, d'où la nécessité de créer un indicateur composite…

Graphique 55b. – *L'indicateur économique composite et l'indice FAZ*

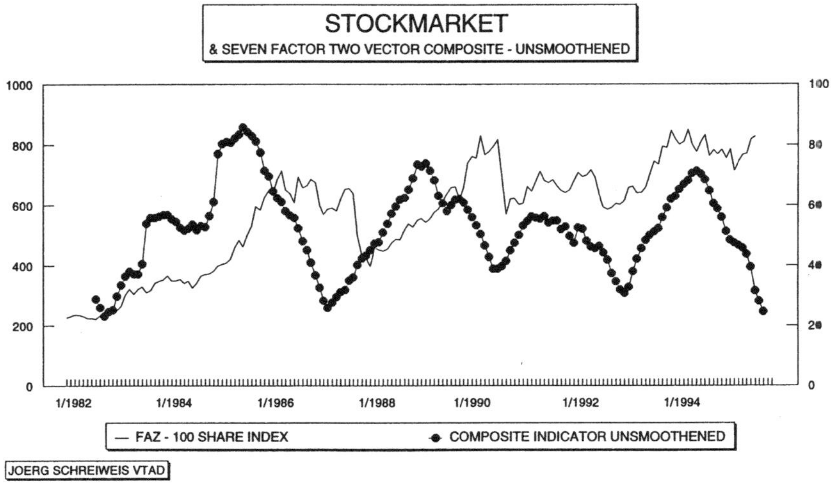

L'indicateur composite est bien corrélé aux mouvements du marché et est généralement avancé par rapport à l'indice boursier.

Bien entendu, cette méthode souffre de quelques limites. Tout d'abord, le temps de rappel entre le fondamental et le marché est toujours assez aléatoire et donc difficile à jouer. Ensuite, le fondamental n'a pas toujours raison, il peut se tromper ou générer des faux signaux. Enfin cette méthode n'est pas aussi simple et objective qu'elle peut paraître. La sélection des déterminants économiques et le choix de leur poids respectif sont essentiels dans le résultat final. Cependant, cette méthode nous ouvre de nombreuses voies d'investigation pour combiner l'analyse fondamentale et l'analyse technique.

Chapitre 8

LES OPTIONS ET L'ANALYSE TECHNIQUE

Nous avons vu dans le premier chapitre que l'analyse technique et les options pouvaient faire bon ménage.

L'option, comme la plupart des produits dérivés, étant un actif fondant (à la durée de vie limitée), il est extrêmement important de gérer correctement le *timing* des interventions si on veut limiter le risque de perte. Pour l'acheteur d'option, avoir raison trop tôt est l'un des meilleurs moyens de perdre la totalité de son investissement. Les options que l'on trouve aujourd'hui sur un très grand nombre d'actifs sous-jacents, constituent une bien meilleure alternative au traditionnel ordre-stop recommandé par la littérature technique traditionnelle. En effet, un ordre-stop devient un ordre « au mieux » dès que sa limite est atteinte ; dans des marchés extrêmement agités, caractérisés par des trous d'air importants, il se peut très bien qu'une vente stop à 100 ne soit exécutée qu'à 90, parce qu'aucun cours n'aura été coté entre 100 et 90. L'opérateur qui aura acheté à 105 pensant limiter son risque de perte en cas de retournement de marché à 5, se trouve en fait avec une perte de 15 (achat 105, vente stop exécutée à 90). Le meilleur moyen d'éviter ce genre de déconvenue consiste simultanément à l'achat de l'actif de base, à acheter un put, dont le prix d'exercice aura été correctement choisi. Dès que l'actif sous-jacent commencera à baisser le put, *ceteris paribus*, commencera à s'apprécier. Enfin, il faut signaler que dans la mesure où, en cas d'achat d'option, la perte maximale que l'opérateur peut encourir est parfaitement connue dès le départ et limitée au *premium* payé (le prix de l'option), il est possible pour l'opérateur de prendre des positions plus tôt que l'investisseur qui n'utilise pas les options. Recourant aux options, on peut se permettre certaines anticipations, plus risquées quand on opère sur les actifs sous-jacents. Par exemple, alors que les cours évoluent dans un triangle symétrique au milieu d'un *trend* haussier, l'investisseur pourra acheter un *call* en anticipation d'une sortie du triangle vers le haut. Cet achat pourra se faire alors que les cours sont encore dans le triangle tandis que l'investisseur traditionnel attendra la sortie du triangle par le haut pour se positionner.

L'objectif de ce chapitre est de présenter les positions options que l'investisseur peut choisir de mettre en place face aux principales configurations techniques. Le très grand nombre de configurations et la quasi-infinité des positions qu'il est possible de construire à l'aide d'options empêchent bien entendu d'être exhaustif dans ce domaine. Ce sont quelques exemples qui nous paraissent tout à fait typiques, qui seront présentés et qui permettront à nos lecteurs de voir comment choisir une position option et comment la gérer au fur et à mesure que les cours évoluent, confirmant ou infirmant l'hypothèse de départ. La quasi-totalité des exemples présentés ci-dessous relèvent du domaine de l'analyse technique traditionnelle mais rien n'empêche d'appliquer les quelques règles que l'on trouvera plus bas à des configurations issues d'autres familles d'analyse technique.

Une remarque méthodologique importante : il est ici fait l'hypothèse que le lecteur connaît les grands principes de l'évaluation et de la gestion des positions options et notamment qu'il est conscient des risques inhérents à l'existence d'une position vendeur d'option. Le lecteur qui souhaiterait en connaître plus sur les options n'aura que l'embarras du choix devant la très vaste littérature consacrée à ces véhicules d'investissement.

1. La matrice des positions options

La matrice présentée ci-dessous constitue une espèce de résumé du contenu du présent chapitre. La colonne intitulée « Configuration technique » est la plus importante ; c'est elle qui définit le type de configuration dans laquelle l'opérateur se trouve. Les deux colonnes suivantes intitulées « Tendance » et « Stratégie options » caractérisent comme leurs noms l'indiquent, l'environnement en termes de cours et la position options à mettre en place compte tenu de l'environnement et la configuration technique.

L'utilisateur de la matrice ne devrait avoir aucun mal à choisir tel ou tel type de position dès lors qu'il a repéré la configuration technique adéquate et qu'il est capable de caractériser l'environnement haussier, baissier ou horizontal.

Les divers exemples qui seront présentés dans les parties suivantes de ce chapitre feront explicitement référence à cette matrice et pourront être utilisés par le lecteur comme des illustrations de cette utilisation.

Matrice des options

Configuration Technique	Tendance	Stratégie options
Après pullback, en route vers un objectif calculé d'après une figure haussière	Hausse	Achat Call
Dans un triangle descendant ou après un double-top, alors que la volatilité a beaucoup cru	Baisse	Vente Call
Après pullback, en route vers un objectif calculé d'après une figure baissière	Baisse	Achat Put
Dans un triangle ascendant ou une situation où la volatilité est trop élevée pour autoriser un achat de call	Hausse	Vente Put
Anticipation d'une sortie de configuration haussière (ex : anticipation d'une fracture de ligne de cou tête-épaules inversée)	Plutôt hausse	Ecart vertical haussier à base de calls
Anticipation d'une sortie de configuration baissière (ex : anticipation d'une fracture de ligne de cou tête-épaules)	Plutôt baisse	Ecart vertical baissier à base de puts
Dans un triangle symétrique au milieu d'un trend haussier	Bonne probabilité de hausse	Call ratio Backspread
Dans un triangle symétrique au milieu d'un trend baissier	Bonne probabilité de baisse	Put ratio Backspread
Dans un marché plat, rectangle, canal horizontal, vagues Elliott 2 ou 4	Horizontale ou peu pentue	Vente stellage ou strangle ou spread calendaire neutre
Dans un triangle symétrique, à l'approche d'une tendance ou d'un support-résistance	Violente dans un sens ou l'autre	Achat stellage

2. Test d'une droite de tendance

Configuration Technique	Tendance	Stratégie options
Approche d'une droite de tendance	Mouvement immédiat attendu	Achat de stellage

Nous avons vu, dans le chapitre consacré à l'analyse technique traditionnelle, l'importance des droites de tendance qui constituent l'outil élémentaire de l'analyse.

La droite de tendance est construite à partir de deux points significatifs (deux sommets pour une tendance baissière, deux creux pour une tendance haussière). L'analyste technique se trouve à la croisée des chemins chaque fois que les cours s'approchent de la droite de tendance, dans la mesure où il sait que deux événements peuvent survenir :

– ou bien les cours s'écrasent sur la droite de tendance avant de rebondir et de répartir en sens contraire, auquel cas la droite aura joué son rôle de support ou de résistance ;

– ou bien les cours traversent la droite de tendance ce qui signifiera très probablement un renversement de tendance et une poursuite du mouvement vers un objectif calculable.

S'il est difficile avant l'événement de prévoir lequel des deux surviendra, il est néanmoins normal de s'attendre à un mouvement significatif et quasi immédiat des cours (même si le sens demeure inconnu).

L'achat d'un stellage paraît adapté à cette situation technique. Rappelons qu'acheter un stellage consiste à acheter simultanément un call et un put de même échéance et même prix d'exercice, ce qui permet de prendre un pari à la fois sur la hausse et sur la baisse du titre support. Cette position n'est toutefois gagnante que si le support se déplace suffisamment et suffisamment vite.

L'exemple présenté ci-dessous permettra d'illustrer la mise en place ainsi que le suivi de cette stratégie.

Graphique 1. –

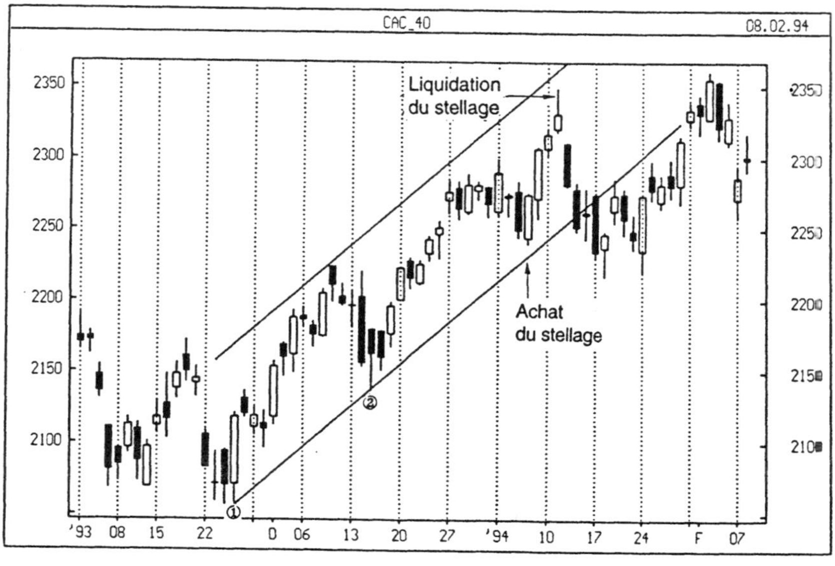

Il s'agit d'une analyse du CAC 40 en fin 93 et début 94, sur la base du graphique présenté ci-dessous (graphique 1). Après la correction de mi-novembre, les cours reprennent une allure fortement haussière à partir du 25 novembre. Les cours progressent donc jusqu'au 9 décembre pour atteindre 2 225, avant d'entamer une correction qui, au plus bas du 15 décembre, aura ramené les cours à 2 137. Les cours repartent alors en hausse jusqu'au 27 décembre où ils atteignent 2 284.

La droite de tendance haussière peut donc être tracée sur la base des creux de fin octobre et de mi-décembre (cf. graphique 1, les points 1 et 2). On peut aussi tracer le canal haussier à partir du sommet du 9 décembre ; il s'avère que ce canal aura correctement fonctionné jusqu'à son invalidation mi-février 94.

Lors de la première semaine du janvier 1994, les cours baissent et se rapprochent de la droite de tendance. À l'ouverture du 6 janvier, l'indice CAC 40 n'est plus qu'à quelques points de la tendance et l'analyste technique s'attend à un éloignement des cours : soit par un rebond sur la tendance haussière (et donc une hausse des cours), soit par une pénétration de la tendance et donc un plongeon du marché.

La consultation des cours des options courtes sur l'indice CAC 40 à la date du 6 janvier nous apprend que l'on pouvait acheter un stellage à la monnaie (prix d'exercice proche des cours) dans les conditions suivantes :

Achat d'un Call PX1 Février	2 275	à	70	=	14 000 F
Achat d'un Put PX1 Février	2 275	à	57	=	11 400 F
			127		25 400 F

(Rappel : le point d'indice vaut 200 F sur ces options).

Cette position sera gagnante à l'expiration près de 2 mois plus tard, si l'indice CAC 40 se trouve à des niveaux supérieurs à 2 275 + 127 = 2 402 ou à des niveaux inférieurs à 2 275 – 127 = 2 148.

Mais l'analyste technique étant quelqu'un qui suit de près les marchés, il est peu probable qu'il conserve la position jusqu'à son échéance. Il cherchera à la déboucler avec profit dès que possible quand une configuration technique l'incitera à le faire.

Dès le 7 janvier, il apparaît clairement que la droite de tendance a constitué un bon support puisque les cours ont rebondi dessus.

Le 11 janvier, avec un plus haut à 2 350, les cours se trouveront proches de la droite supérieure du canal et une nouvelle interrogation est de rigueur : les cours vont-ils rebondir et rebaisser, ou bien traverser la résistance et s'envoler ?

Les cours des options ce jour-là nous apprennent que notre stellage s'est apprécié :

Call PX1 Février	2 275	à	104	=	20 800 F
Put PX1 Février	2 275	à	36	=	7 200 F
			140		28 000 F

Le stellage s'est apprécié de 10 % en quelques jours, grâce à l'envolée du prix du call.

L'opérateur pourra donc profiter de ces conditions de marché pour déboucler l'opération et encaisser un profit qui, sans être extraordinaire, n'est pas négligeable.

En tout état de cause, cette opération est plus rentable que le maintien de la position jusqu'à l'échéance puisque le 28 février, l'indice clôture à 2 238, niveau qui se situe dans l'intervalle (2 148 – 2 402) au sein duquel la position est perdante.

Il est important de rappeler ici qu'une stratégie d'achat de stellage est une stratégie dont la rentabilité dépendra beaucoup du niveau de volatilité implicite des options achetées. Si celle-ci devait être trop élevée, il faudrait s'abstenir d'acheter un stellage car, même avec un déplacement significatif des cours, la position pourrait ne pas générer de profit en cas d'effondrement de la volatilité.

3. Marché sans tendance

Configuration Technique	Tendance	Stratégie options
Marché plat, canal horizontal	Horizontale	Vente de *strangle*

Tout opérateur professionnel sait que, par moments, les cours évoluent horizontalement, en général entre deux tendances assez pentues. Ces périodes sont fréquentes, même si celles qui durent longtemps sont relativement rares.

Nous avons vu dans les chapitres précédents que ces marchés sans tendance pouvaient être meurtriers pour l'investisseur qui utilisait des systèmes dits *trend-follower*, comme la moyenne mobile par exemple. Dans ces circonstances de marché, les signaux d'achat et de vente peuvent se succéder rapidement, à des niveaux de cours très proches les uns des autres qui se traduisent en général par un *trading* fort coûteux pour l'opérateur.

Si l'investisseur traditionnel n'aime pas beaucoup les marchés plats, ceux-ci peuvent s'avérer très profitables pour les utilisateurs d'options. C'est même là un argument traditionnellement utilisé en faveur des options, rare instrument permettant de gagner de l'argent dans un marché sans tendance.

Tout le monde sait maintenant qu'une option est un actif fondant, dont la valeur diminue au fur et à mesure que l'expiration de l'option se rapproche.

Dans la mesure où le temps ne s'écoule que dans un seul sens, l'acheteur d'option sait que le temps joue contre lui et le vendeur d'option est certain que le temps lui sera favorable. Dans un marché sans tendance, c'est-à-dire quand les cours évoluent de façon erratique entre deux bornes horizontales clairement définies, l'investisseur peut capitaliser sur la dépréciation des options liée à l'écoulement inéluctable du temps (ce que les spécialistes des options appellent la diminution de la valeur-temps).

L'exemple ci-dessous (cf. graphique 2) nous permettra d'illustrer l'avantage que l'on peut tirer, dans certaines conditions de marché, de ce passage du temps.

Le graphique met clairement en évidence une très belle tendance baissière sur le titre Eurodisney au cours du dernier trimestre de l'année 93. Le point bas est atteint fin novembre 93, aux alentours de 27,50. Au cours des 2 mois suivants, les cours évoluent en zigzag, remontant d'abord jusqu'à 38 (début décembre) avant de redescendre à 28 (fin décembre) pour ensuite remonter à 38 (fin janvier). Lors de cette remontée du mois de janvier, les cours viennent franchir la droite de tendance baissière sous laquelle ils évoluaient depuis plusieurs mois, ce qui constitue un premier signal de renversement de tendance.

Lors des premiers jours de février, les cours ne parviennent pas à franchir la résistance des 38 et redescendent vers le milieu de ce qui apparaît maintenant comme un canal horizontal. Début février, l'opérateur peut tracer ce canal à partir des sommets de mi-novembre, début décembre et mi-janvier, ainsi que des creux de fin novembre et fin décembre. La résistance est à 38, le support à 28. À ce moment précis, l'opérateur dispose d'un canal clairement défini, au sein duquel les cours sont censés évoluer (jusqu'au jour où ils en sortiront).

En vendant un *strangle*, l'opérateur va faire le pari que les cours vont demeurer à l'intérieur du canal, tout au moins pendant un certain temps, ce qui permettra à l'investisseur de gagner sur la diminution de la valeur-temps incluse dans les options qu'il a vendues.

Graphique 2. –

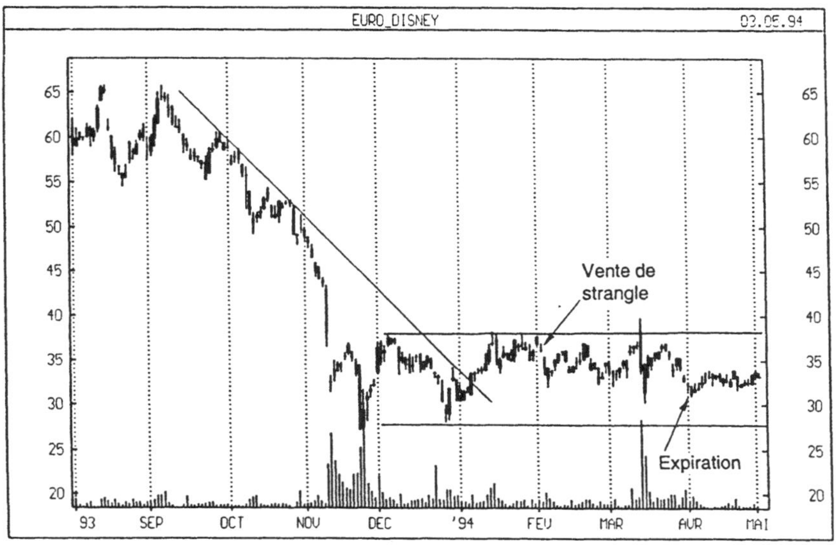

Vendre un *strangle* consiste à vendre simultanément un call et un put, tous les deux out-of-the-money. Dans notre exemple l'opérateur vendra un call 40 et un put 30, ces deux prix d'exercice correspondant approximativement aux bornes du canal. En vendant un call 40, l'opérateur parie sur le fait qu'à l'expiration le support vaudra moins de 40 F ; en vendant un put 30, il parie sur le fait qu'à l'expiration le support vaudra plus de 30. Globalement, notre opérateur parie donc sur le fait qu'à l'expiration, le titre-support vaudra un prix compris entre 30 et 40 francs, c'est-à-dire sera toujours à l'intérieur du canal.

Le 2 février 1994, l'opérateur vend donc un *strangle* aux conditions de marché suivantes :

Vente d'un Call PX1 mars	40	à	3,25	=	1 625 F
Vente d'un Put PX1 mars	40	à	3,45	=	1 725 F
			6,70		3 350 F

(Rappel : Chaque contrat d'option porte sur 500 titres s'agissant de la valeur Eurodisney).

Qu'advient-il à l'expiration, le 30 mars 1994 ? Le cours du titre-support clôture ce jour-là à 32,65, au beau milieu du canal que nous avions repéré. Par conséquent, chacune des deux options vendues finit sans valeur, et les 3 350 F encaissés lors de la mise en place de la position constituent le profit réalisé par l'opérateur.

Ce dernier a donc réussi à gagner de l'argent dans un marché totalement sans tendance, sur lequel il aurait été difficile de réaliser un profit en essayant de faire du trading dans le canal.

On notera en outre que ce style de position présente l'avantage de ne pas avoir à se poser de questions quant au sens du mouvement : le raisonnement en termes d'intervalle est plus facile à tenir que celui consistant à deviner l'allure que suivront les cours.

Il faut toutefois rappeler que la vente de *strangle*, comme toute position combinant des ventes d'options, est une stratégie présentant un risque de perte illimité. En effet, dans l'hypothèse où les cours viendraient à sortir du canal et à dépasser les bornes définies par la vente des options, l'opérateur peut être assigné par l'acheteur de l'option rentable et se trouver dans une situation difficile.

Un certain nombre de précautions élémentaires doivent donc être prises quand on doit gérer une position vendeur d'options :

– bien entendu, le marché doit être suivi avec la plus grande attention pendant la durée de vie de la position (il est fortement déconseillé de partir en vacances avec des positions ouvertes à la vente) ;

– mieux vaut éliminer toutes ces positions en cas de crise intérieure ou internationale, et ce, le plus rapidement possible ;

– de même, en cas de mouvement fort et inattendu des cours, il vaut mieux clore les positions ; en effet, ce genre de mouvement s'accompagne généralement d'une envolée des volatilités qui peut s'avérer fort coûteuse au vendeur d'options.

Tout le monde sait qu'un jour, les cours finiront par s'échapper du canal, ce qui fournira d'ailleurs un beau signal d'achat ou de vente selon que la sortie se fera par le haut ou par le bas. Comment doit réagir le vendeur de *strangle* dans ce cas-là ? Sur notre graphique, l'opérateur pouvait se poser la question le 14 mars quand les cours sont venus flirter avec le niveau des 40 avant de s'effondrer dans la même journée (pour terminer à 34).

De toute évidence, le risque de perte illimitée (cf. *supra*) oblige l'investisseur à réagir dès que ses bornes de rentabilité sont atteintes puis dépassées. La solution la plus pratique consiste en fait à liquider la position qui devient trop risquée et à la remplacer par une deuxième, de même type, mais située à des niveaux plus élevés (on plus bas en cas de baisse).

Imaginons que le 14 mars, au lieu de retomber dans le canal, les cours continuent de progresser pour dépasser les 40 F. L'opérateur est maintenant en risque sur sa vente de call 40. Sa réaction sera la suivante : rachat du call 40 pour liquider cette « jambe » de la position (ce rachat engendre bien entendu une perte) et ouverture d'une position vendeur sur le call mars 45. Au même moment, le put 30 peut être racheté avec profit (ce qui permet de compenser en partie la perte réalisée sur le call) et c'est un put 35 qui sera vendu à sa place.

En fait, l'opérateur a « déplacé » son *strangle* en le translatant vers le haut pour accompagner l'évolution des cours ; il parvient ainsi à envelopper les zones de congestion probables et à profiter de l'écoulement du temps pour réaliser un profit sur les options vendues.

Signalons enfin qu'au lieu de « rouler » la position vendeuse pour accompagner l'évolution des cours, il est toujours possible de couper la position avant qu'il ne soit trop tard. Ainsi le 14 mars 94, jour où les cours venaient flirter avec le haut du canal, le *strangle* aurait pu être racheté pour le somme de 1,90 F (à comparer aux 6,70, prix de vente début février). On mesure ainsi l'impact de la diminution de la valeur-temps qui a fortement affecté la valeur de la position.

Les stratégies de vente de *strangle* ou de stellage sont aussi utilisables dans les vagues de correction identifiées avec la théorie d'Elliott. Comme on l'a vu dans le chapitre consacré à Elliott, ces vagues de correction (vagues 2 et 4) prennent souvent l'allure d'un triangle ou d'un *wedge* et, notamment dans le cas de la vague 4, ne corrigent parfois que faiblement la vague d'impulsion précédente.

Dès lors que l'opérateur a su identifier la fin de la vague d'impulsion précédente, il peut préparer la mise en place de sa position vendeuse. Les options devront avoir expiré ou être liquidées avant le démarrage de la vague d'impulsion suivante.

Le graphique 3 illustre ce point :

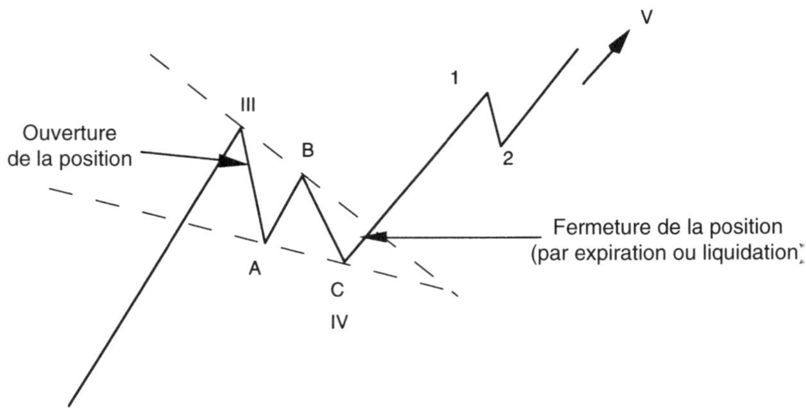

Les trois positions qu'il est possible d'ouvrir dans ces situations sont : la vente de stellage, de *strangle* et l'écart calendaire. Toutes ces positions doivent être suivies avec attention par l'opérateur.

4. Tête et épaules potentielle

Configuration Technique	Tendance	Stratégie options
Anticipation de sortie d'une configuration baissière	Plutôt baisse	Ecart vertical baissier à base de puts

Comme nous l'avons vu dans les chapitres précédents, la figure de tête-épaules est une figure de retournement très fréquente, faille à identifier et qui présente l'avantage de permettre un calcul d'objectif facile (la hauteur de la tête reportée à partir de la ligne de cou).

Nous avons vu aussi que, pour éviter des faux-signaux toujours possibles, l'opérateur devrait attendre le franchissement de la ligne de cou pour ouvrir une position vendeuse.

Avec l'aide des options, nous allons voir comment il est possible d'anticiper sur cette fracture de la ligne de cou sans toutefois prendre trop de risque.

L'exemple qui nous permettra d'illustrer cette stratégie est issu de l'évolution du CAC 40 au cours du printemps 93 (cf. graphique 4).

La fin du mois de février et le début du mois de mars virent les cours monter rapidement pour atteindre 2 020, zone dans laquelle une certaine consolidation se développe. Le mois de mars voit ensuite une correction de cette hausse, avec une descente de l'indice jusqu'à 1 930. À partir de ce point, les cours s'envolent rapidement (avec deux beaux *gaps*) vers le niveau des 2 050, avant de redescendre tout aussi rapidement jusqu'à 1 965 (nous sommes alors début avril). Les cours remontent jusqu'à 2 020 et le 15 avril redescendent d'un coup.

Arrêtons-nous à cet instant et imaginons l'opérateur qui analyse le marché ce jour-là. La figure de retournement en tête-épaules apparaît clairement :

– la première épaule, du 15 février au 22 mars, avec un sommet à 2 020,

– la tête, du 22 mars au 5 avril, avec un sommet à 2 050,

– et enfin, ce qui ressemble fort à la deuxième épaule du 5 au 16 avril, avec un sommet à 2 025.

Graphique 4. –

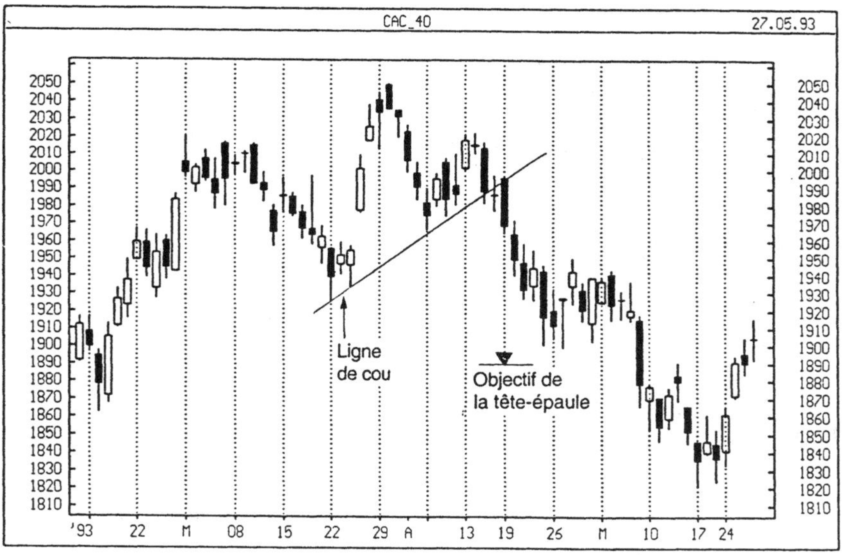

La ligne de cou est très facile à tracer (cf. graphique). À la date du 15 avril, la figure de tête-épaules n'est encore que potentielle, dans la mesure où l'indice n'a pas clôturé en dessous de la ligne de cou.

En prévision de la réalisation de cette figure de retournement, l'objectif baissier peut être calculé, en mesurant la hauteur de la tête (distance entre le sommet 2 050 et la ligne de cou à l'aplomb du sommet 1 950). La tête ayant donc une hauteur de 100 points d'indice, l'objectif se trouvera aux environs de 1 890 pour un franchissement de la ligne de cou à 1 990 (raisonnement et calcul probables le 15 avril).

À cette date, un opérateur option agressif pourrait ouvrir une position d'écart vertical baissier à base de puts. Un opérateur moins aventureux attendra le lendemain, que les cours finissent la journée sous la ligne de cou.

Deux écarts baissiers sont envisageables, tous les deux sur l'échéance rapprochée (avril). L'un consiste à vendre un put 1 975 et acheter un put 2 000 (*spread* 1) et l'autre à vendre du put 2 000 et acheter du put 2 025.

Graphique 5. –

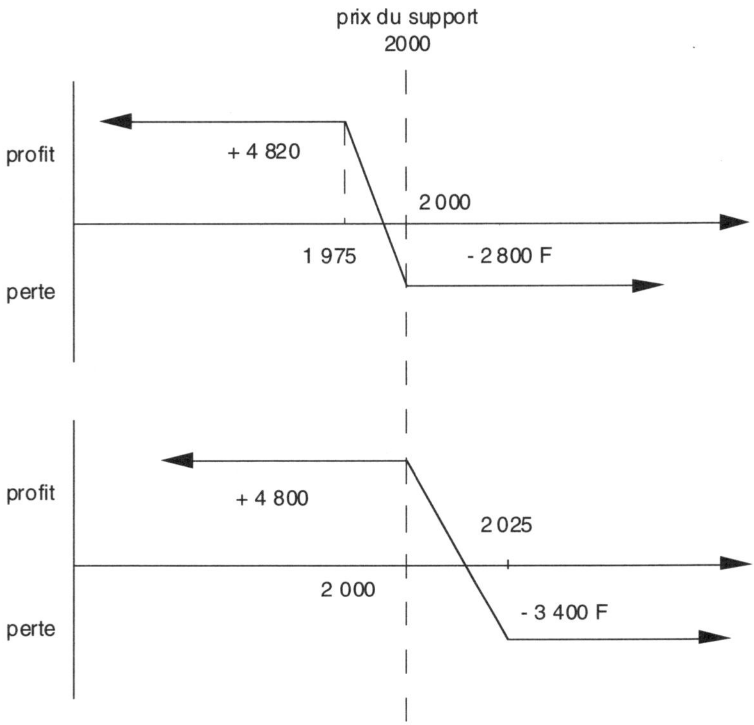

Les prix des options le jour de l'opération sont les suivants :

Put 1 975 20

Put 2 000 34

Put 2 025 51

Les caractéristiques des deux *spreads* possibles sont dès lors les suivantes :

	Spread 1 (V 1975/A 2000)	*Spread* 2 (V 2000/A 2025)
Coût (débit)	14	17
Coût en francs	2 800 F	3 400 F
Risque maximum	2 800 F	3 400 F
Gain maximum	2 200 F	1 600 F

Le *spread* 1 est plus intéressant dans la mesure où le ratio gain maximum/perte maximum est plus satisfaisant.

Imaginons que l'opérateur ait choisi le *spread* 1, mis en place dans la journée du 15 avril, donc *avant* que la ligne de cou ne soit franchie par les cours.

La journée du lendemain vient conforter l'analyse, puisque les cours ouvrent, mais aussi clôturent, sous la ligne de cou. C'est ce jour-là que d'autres opérateurs prendront des positions baissières plus violentes (comme de l'achat de put pur et simple par exemple).

Les jours qui suivent, le marché descend régulièrement et se rapproche de l'objectif calculé, les journées du 25 et 26. Ce dernier jour, le marché après avoir baissé en cours de journée, se reprend bien et finit sur son niveau d'ouverture. Ce retournement en cours de séance et le fait que l'on est à des niveaux proches de l'objectif incitent notre opérateur à clore sa position.

Ce jour-là, le put 1 975 peut être racheté pour 64 F et le put 2 000 revendu pour 89 F. Le débouclement de l'opération procure donc 11 × 200 F = 2 200 F de profit.

Un résultat identique aurait été obtenu si la position avait été maintenue en l'état jusqu'à l'expiration des options.

Le 29 avril, jour d'échéance des options, le CAC 40 finit à 1 920 et l'exercice des options génère un flux de 25 F (55 F perdus sur le put 1975 vendu et 70 F gagnés sur le put 2 000 acheté). Le profit total de l'opération est donc bien de 11 F × 200 = 2 200 F (du profit brut de 25 F, il faut déduire le coût d'achat du *spread* de 14 F).

La tête-épaules est une configuration de retournement très fiable (les faux-signaux sont relativement peu fréquents).

La probabilité de baisse une fois la ligne de cou traversée par les cours est donc forte. Une alternative correcte à la stratégie évoquée ci-dessus consiste donc à acheter un put et à le revendre quand l'objectif est atteint. L'intérêt de l'écart tient au fait que, mise en place en anticipation de la fracture de la ligne de cou, donc présentant un degré de risque supérieur, cette stratégie permet de limiter les pertes en cas de rebond sur la ligne de cou et donc de remontée des cours.

Il est d'ailleurs parfaitement possible, voire recommandé, de liquider le put vendu dès que la tendance baissière est confirmée. Dans notre exemple, cela aurait pu être fait le 19 avril, journée dans laquelle l'indice a perdu près de 30 points.

C'est d'ailleurs là l'un des avantages des options, d'autoriser l'investisseur à prendre position relativement tôt dans un cadre relativement peu risqué (spreads par exemple), puis en liquidant l'une des jambes, de confirmer un sens. L'exemple présenté dans la partie suivante illustrera cette utilisation.

5. Triangle symétrique dans un trend baissier

Configuration technique	Tendance	Stratégie options
Dans un triangle symétrique situé au milieu d'un trend baissier	Bonne probabilité de baisse	*Put ratio Backspread*

Dans le chapitre consacré à l'analyse technique traditionnelle nous avons vu que le triangle symétrique était en quelque sorte l'archétype de la figure de continuation. On estime traditionnellement sa fiabilité à environ 75 %, ce qui signifie qu'à peu près 3 fois sur 4 la sortie du triangle se fera dans le sens du trend. Comme en outre le triangle donne d'assez bonnes indications quant au moment où la sortie aura lieu (on sait qu'un triangle n'est jamais rempli jusqu'au bout), l'opérateur est plutôt bien armé pour essayer de bénéficier au bon moment de la tendance à venir.

Le ratio *backspread* n'étant pas la position la plus courante pour les opérateurs en options rappelons ici qu'il s'agit d'un écart constitué d'un plus grand nombre d'options achetées que d'options vendues (dans tous les exemples précédents : stellage, *strangle* ou écart vertical, nous achetions et vendions un nombre égal d'options).

Pour illustrer cette position nous utiliserons une fois de plus le titre Euro-Disney dans son grand mouvement baissier du dernier trimestre 1993 (cf. graphique 6). Ce graphique est un zoom sur une partie seulement de ce trend baissier, déjà relativement impressionnante avec une baisse de 65 F à 38 F en deux mois et demie.

Graphique 6. –

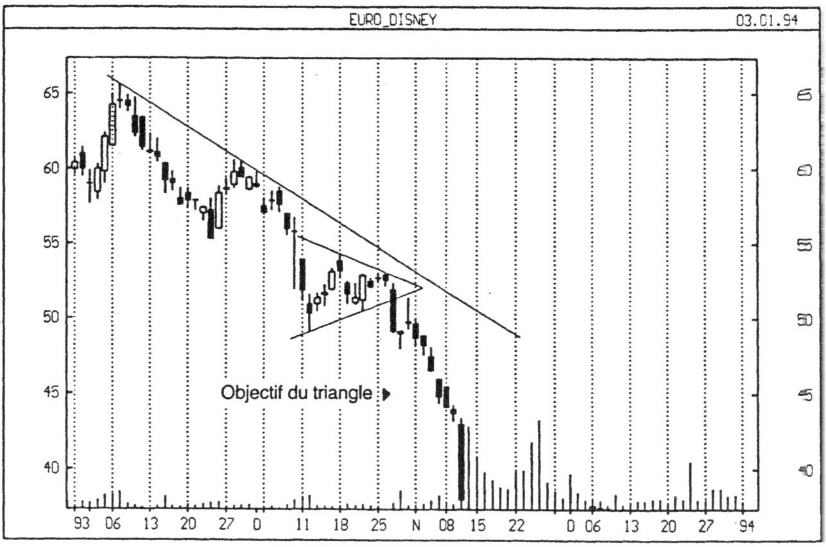

Le triangle apparaît comme une figure de consolidation après une baisse de 60 à 48 F, survenue entre la fin septembre et le 12 octobre.

C'est le 26 octobre que cette formation commence à apparaître clairement quand les cours, qui se rapprochent de la tendance baissière tracée à partir du sommet de début septembre, ne parviennent marquer un nouveau plus haut après la remontée du 20 septembre. La pointe du triangle est située au tout début novembre ; la largeur du triangle est de l'ordre de 7 F, ce qui permet de fixer un objectif en cas de sortie par le bas vers 52 F dans la région des 45 F.

Le 26 octobre, le put 50 sur l'échéance la plus proche, à savoir décembre, se négociait à 2,10 F, tandis que le put in-the-money décembre 55 s'échangeait à 4,80 F. Les cours du support se trouvaient approximativement à mi-chemin entre ces deux marques.

L'intérêt du put ratio baskspread est d'offrir un potentiel de gain à la hausse comme à la baisse ; la poursuite de la baisse étant considérée comme beaucoup plus probable (75 %, cf. *supra*), le profil de gain sera construit de manière à être illimité en cas de baisse, mais limité seulement en cas de hausse du titre-support.

En cas de sortie du triangle par le haut (*a priori* 25 % de chances), le profit est limité au crédit encaissé lors de l'ouverture de la position. En cas de sortie par le bas (75 % de chances), théoriquement suivie par une baisse importante puisque l'objectif se situe 7 F plus bas, le potentiel de gain est illimité.

Comme la position est une position « acheteuse » (l'opérateur achète plus d'options qu'il n'en vend), une attention particulière doit être accordée à la volatilité implicite pour ne pas surpayer les options. Plus la volatilité implicite sera élevée, plus la sortie du triangle devra être violente pour compenser le prix payé à l'ouverture de la position.

Le 26 octobre, l'opérateur pourra par exemple mettre en place un put ratio backspread construit comme suit :

Achat de 3 puts Décembre	50	à	2,10 F	=	3 150 F
Vente de 2 puts Décembre	55	à	4,80 F	=	4 800 F

La courbe des profits et pertes d'un put ratio backspread à l'échéance des options est la suivante :

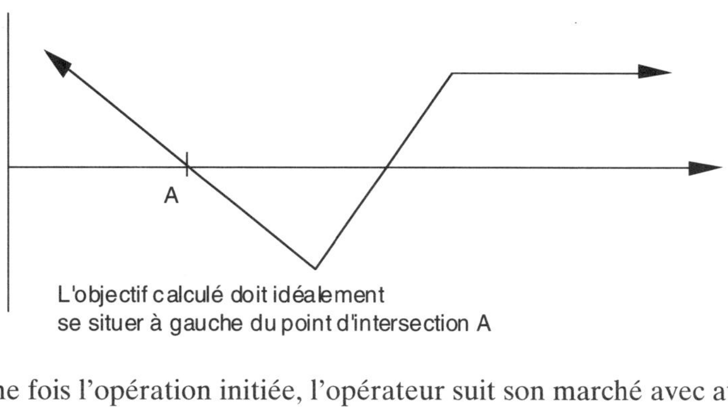

Une fois l'opération initiée, l'opérateur suit son marché avec attention et saisira toute occasion de gérer profitablement son spread.

Ainsi, le lendemain, quand le titre-support clôture très largement en dessous du triangle, confirmant ainsi la sortie par le bas et donc l'attente du *trend* baissier qui devrait suivre, l'opérateur agressif pourra liquider la moitié de la jambe perdante (ici les puts vendus).

Le 27 octobre, l'un des deux puts vendus peut être racheté pour 6,90 F générant ainsi une perte de 2,10 F, soit 1 050 F par contrat.

Après cette liquidation partielle, la position est nettement plus baissière : Achat de 3 puts 50 et Vente d'un put 55. Et les puts 50 se sont fortement appréciés en montant à 3,50 F.

Le jour suivant, on assiste à un très classique pullback qui ramène les cours à un niveau proche du côté inférieur du triangle. Notre opérateur agressif profitera de cette reprise technique qui confirme la validité de la figure de continuation pour liquider la deuxième moitié de sa jambe perdante. La remontée des cours lui permet de racheter le deuxième put vendu dans de meilleures conditions que la veille : en l'occurrence à 6,50 au lieu de 6,90 F. La position restante est maintenant unidirectionnelle : Achat de 3 puts 50.

Le graphique 6 présenté montre que les cours ont ensuite plongé avec 7 jours de baisse continuelle et l'objectif calculé à 47 F a été enfoncé sans la moindre difficulté (de pratiquement 10 F).

Le 9 novembre, avant même la journée dramatique du lendemain, les 3 puts 50 achetés peuvent être revendus avec un profit fort conséquent à 7 F pièce.

Si l'opérateur a procédé ainsi tout au long du mouvement du baissier il aura réalisé le profit suivant :

Achat de 3 puts 50 à	2,10 F	Gain : 14,7
Vente de 3 puts 50 à	7,00 F	
Vente de 2 puts 55 à	4,80 F	
Achat d'un put 55 à	6,90 F	Perte : 3,8
Achat d'un put 55 à	6,50 F	
		Gain final : 10,9

Ce qui représente un montant en francs de 5 450 F.

Le mouvement de baisse a été tellement violent fin décembre (cf. graphique 6), qu'il était possible de déboucler ce spread dans des conditions nettement meilleures que celles présentées ici vers le 20 décembre. Les cours étaient tombés à 28 F, et il aurait été possible de revendre les puts 50 à au moins 22 F, soit 10 fois le prix d'achat !

Même en s'en tenant au gain réalisé le 9 novembre, qui s'élève à 10,9 (ou 5 450 F), il est intéressant de remarquer que ce résultat est nettement supérieur à celui qui aurait été obtenu par un opérateur moins agressif qui aurait laissé vivre son ratio backspread jusqu'à l'échéance sans y toucher.

Avec un cours d'échéance d'Euro-Disney de 37 F, le profit réalisé aurait été le suivant :

Achat de 3 puts 50 à	2,10 F	Gain = $3 \times 10{,}9 = 32{,}7$
Liquidation à 13 F		
Vente de 2 puts 55 à	4,80 F	Perte = $2 \times 13{,}2 = 26{,}4$
Liquidation à 18 F	6	
		Gain final : 6,3

Dans cette hypothèse, le gain réalisé ne s'élèverait qu'à 6,3 (soit 3 150 F) ; alors que l'opérateur agressif a réussi à encaisser 5 450 F (soit 70 % de plus !).

Conclusion

Ce court chapitre n'avait pas la prétention de présenter toutes les stratégies qu'il est possible d'organiser en combinant des options : il y en a quasiment une infinité !

Les bons ouvrages sur les options les présentent de manière très efficace, mais ils sont en général peu précis sur le moment et les circonstances qui président à l'ouverture de ces positions. Les quelques exemples décrits précédemment n'avaient pas d'autre objet que de montrer tout l'avantage qu'un bon analyste technique peut tirer de la connaissance des options, de même que l'avantage qu'un trader options peut tirer d'une bonne connaissance des bases de l'analyse technique.

S'il y a une méthode d'analyse des marchés et un véhicule d'investissement qui se marient particulièrement bien, ce sont l'analyse technique et les options…

Chapitre 9

GESTION DE CAPITAL ET RÈGLES DE TRADING

Une fois armé, et bien armé, de l'ensemble des techniques d'analyse présentées dans cet ouvrage, l'opérateur se prépare à passer ses premiers ordres sur le marché. C'est alors que tout bascule. Ce qui jusque-là n'était que spéculation intellectuelle devient tout à coup spéculation financière, susceptible d'affecter la fortune de l'intervenant. Celui-ci est donc naturellement amené à se poser un certain nombre de questions sur l'utilisation du capital dont il dispose :

- Quel capital risquer ?
- Comment l'affecter ?
- Comment réagir après une série de gains ou de pertes ?
- Quelle est la « chance » de sortir ruiné de l'expérience ?

C'est à l'ensemble de ces questions que nous allons répondre ou donner des éléments de réponse car il n'y a pas de réponse définitive. Tout est ici question d'expérience et même s'il est souvent fait référence à des théories (probabilités notamment), il faut se rappeler en dernière instance que le marché règne en maître.

Remarquons tout de suite que le problème se pose en termes quasi identiques à l'opérateur individuel (spéculateur privé, *local* ou NIP) et à l'opérateur intervenant pour le compte de sa société. Tous les deux sont exposés au même risque de perte, et tous les deux devraient donc s'intéresser aux techniques de conservation du capital.

La différence essentielle tient au fait que le spéculateur privé risque son propre capital, tandis que le spéculateur mandaté risque le capital de la société qui l'emploie : l'aversion au risque des deux opérateurs sera donc différente, les conséquences d'une ruine n'ayant pas la même valeur dans les deux cas.

L'expérience prouve qu'il est difficile de gérer l'argent des autres de la même façon que l'on gère son propre argent. D'où l'importance, pour la direction d'une maison intervenant directement à la prise de positions sur le marché, d'avoir des méthodes de contrôle de ses opérateurs, si elle veut éviter de voir son capital fondre comme neige au soleil.

L'objectif ultime de toute intervention régulière sur le marché est évidemment de gagner de l'argent, ce qui est plus facile à dire qu'à faire. La meilleure façon d'y arriver est certainement d'éviter de perdre, et surtout d'éviter de tout perdre car alors il n'y a plus aucun espoir de reconstituer le capital entamé. Il s'agit donc *de tout faire pour éviter la ruine.*

1. Principes théoriques

1.1. Capitalisation initiale et évolution du capital

Aucun *trader* existant ou ayant un jour existé, aucun système de *trading*, aussi brillant fut-il n'a connu ou donné que des opérations gagnantes. Les pertes sont inévitables et l'on verra plus loin qu'elles sont en général plus nombreuses que les gains. C'est donc sa capacité à contrôler et à gérer ces pertes qui fera la différence entre un bon et un mauvais spéculateur.

Les techniques de gestion du capital visent donc à minimiser l'impact d'une perte tout en permettant à l'opérateur de bénéficier pleinement des gains éventuels.

Il s'agit là d'un aspect primordial de toute gestion active sur les marchés, et pourtant c'est là un sujet assez peu développé, que ce soit dans la littérature ou dans les séminaires consacrés à l'analyse technique.

Le point de départ de la réflexion est la reconnaissance du *caractère asymétrique des pertes et des récupérations* : le gain nécessaire pour compenser une perte augmente géométriquement avec la perte. Ainsi, après une perte de 15 % de son capital, l'opérateur doit réaliser un gain de 17,6 % sur le capital restant pour revenir à zéro, c'est-à-dire reconstituer son capital initial. Après une perte de 30 %, c'est un gain de 42,9 % qui est nécessaire ; après une perte de la moitié de son capital initial, c'est bien entendu un doublement du capital restant qui permettra de retrouver la mise de départ.

La préservation du capital doit donc être une préoccupation de tous les instants, car un capital entamé est difficile à reconstituer, sans parler de la gêne psychologique que constitue un début perdant, qui pousse souvent l'opérateur à commettre l'erreur fatale.

La détermination du capital initial est d'abord affaire de capacité financière. S'il s'agit de commettre son capital sur des marchés à effet de levier important – c'est le cas des marchés à terme – il vaut mieux être préparé à perdre la totalité du capital, même si l'on fera tout pour éviter une telle occurrence. C'est ainsi qu'un trésorier pourra affecter aux opérations de spéculation sur les marchés à terme les intérêts reçus sur la trésorerie placée sur le marché monétaire. Dans le cas où il perdrait 100 % du capital investi sur les futures, il n'aura perdu « que » les intérêts de son capital ; celui-ci (placé sur le monétaire) aura été préservé.

L'importance du capital initial devrait aussi être fonction de la performance passée de l'opérateur, en gardant en mémoire le caractère asymétrique des gains et des pertes. L'analyse du passé s'attachera donc à repérer les plus grosses pertes encourues, et à dimensionner le capital investi de telle sorte que de telles pertes ne consomment pas tout le capital.

Cette simulation est d'autant plus facile à réaliser que l'opérateur utilise un système de *trading* mécanique, laissant peu de place à l'improvisation.

Imaginons la situation suivante, dans laquelle le tableau ci-dessous retrace une série historique de dix interventions successives sur le marché.

Tableau 1. –

	Résultat de l'intervention	Résultat cumulé
1re opération	+ 20 000	+ 20 000
2e opération	+ 10 000	+ 30 000
3e opération	+ 40 000	+ 70 000
4e opération	– 60 000	+ 10 000
5e opération	+ 30 000	+ 40 000
6e opération	– 80 000	– 40 000
7e opération	+ 20 000	– 20 000
8e opération	+ 50 000	+ 30 000
9e opération	+ 20 000	+ 50 000
10e opération	+ 50 000	+ 100 000

De toute évidence, cette suite d'interventions génère un bénéfice sympathique de 100 000 unités monétaires. Dans l'hypothèse où le capital de départ était lui aussi de 100 000, cela impliquerait un doublement de capital : belle performance ! Mais que ce serait-il passé si la série avait débuté par la 4e opération ? La réponse est donnée dans le tableau ci-dessous.

Tableau 2. –

	Résultat de l'intervention	Capital total
		100 000
opération n° 4	– 60 000	40 000
opération n° 5	+ 30 000	70 000
opération n° 6	– 80 000	– 10 000
		END OF GAME !

Le montant des pertes dès le début des opérations a été tel que l'intégralité du capital a été consommé (il a même fallu en rajouter pour payer les dettes) en trois opérations. Il s'avère donc, *a posteriori*, que le compte de départ était sous-capitalisé.

Pour éviter ce genre de désagrément, de nombreuses règles de conduite de base ont été édictées par les professionnels. John J. Murphy, par exemple, en cite quatre, qui s'adressent aux intervenants sur les marchés à terme, qui s'exposent à de fortes variations de leur fortune, compte tenu de l'impressionnant effet de levier. Ces règles de conduite sont reproduites ci-dessous.

- *Règle 1*

N'investir que la moitié du capital disponible, l'autre moitié étant placée en instruments monétaires. Cette deuxième moitié, qui apporte un intérêt, constitue une réserve en cas de coup dur.

- *Règle 2*

L'investissement sur un produit ne doit pas dépasser 10 à 15 % du capital disponible. Sur un capital disponible de 100 000 unités monétaires (dont 50 000 auront été placées en bonds du Trésor en application de la règle 1), seules 10 à 15 000 unités seront investies sur un produit donné. Cette règle oblige l'investisseur à diversifier ses opérations et donc minimise son risque de ruine.

- *Règle 3*

Le risque total sur un produit donné ne doit pas dépasser 5 % du capital disponible. Cette contrainte est importante puisqu'elle détermine à la fois la taille des positions prises et le placement des stops protecteurs (voir *infra*). On remarquera toutefois que cette règle, appliquée conjointement à la précédente, suppose l'acceptation d'une perte de 33 % à 50 % du capital investi sur un produit.

- *Règle 4*

Ne pas investir plus de 25 % du capital disponible dans un même groupe de produits, c'est-à-dire dans des produits positivement corrélés. Là encore, l'idée est de diversifier suffisamment le portefeuille d'investissements.

Bien entendu, ces règles ont un caractère général et demandent à être adaptées aux diverses situations particulières. On retiendra *le principe essentiel de la diversification*, dont l'inconvénient majeur est le surcroît de travail pour l'opérateur. En effet, si le capital est réparti sur plusieurs produits, le travail de suivi et d'analyse est plus long et coûteux que si l'attention porte exclusivement sur un produit. Il n'y a pas de repas gratuit : la diminution du niveau de risque s'accompagne d'un travail plus difficile. Chaque opérateur devra trouver le niveau de diversification idéal compte tenu de ses capacités de traitement et de ses objectifs de profit.

1.2. Les techniques de jeu appliquées à la spéculation

L'application à la spéculation boursière des techniques développées par certains joueurs professionnels ou non nous paraît fondée pour plusieurs raisons. Tout d'abord on peut considérer que sur un intervalle de temps très court, les probabilités de gagner et de perdre sont identiques, comme le sont celles de voir apparaître une chance simple à la roulette. Si le dernier cours coté sur le notionnel est de 110,24, on peut en première approximation considérer qu'il y a autant de chances de voir la prochaine cotation à 110,26 qu'à 110,22.

D'autre part, comme au casino, il existe un avantage à l'organisateur, constitué par les frais de transaction. Cet avantage sera plus ou moins grand selon la catégorie d'intervenant à laquelle appartient le spéculateur, mais il y aura toujours un certain coût des opérations effectuées sur le marché qui fait que des gains et des pertes équilibrés en capital se traduiront par une perte nette pour l'opérateur (il aura acquitté des frais de courtage, d'enregistrement, des taxes, etc.).

1.2.1. Probabilité de ruine

Nous l'avons dit plus haut, l'objectif premier de l'opérateur est d'éviter la ruine (la sienne propre ou celle de son employeur). Celle-ci dépend, sur le plan théorique, d'un petit nombre de facteurs, présentés ci-après :

– La taille relative des gains et des pertes : quand on perd, perd-on en moyenne plus ou moins que quand on gagne ?

– La fréquence des pertes : perd-on une fois sur deux, neuf fois sur dix (dans ce cas-là, il vaut mieux se recycler) ou seulement une fois sur dix (dans ce cas-là, on devient vite millionnaire) ?

– La séquence de pertes : le résultat sera différent selon que toutes les pertes se succèdent, mangeant ainsi rapidement le capital, ou bien que chaque perte intervient après une série gagnante qui aura permis de reconstituer le capital.

– La taille du capital initial, qui permet de jouer plus ou moins longtemps (cf. paragraphe 1).

Le point de ruine étant celui auquel le capital est entièrement consommé, la probabilité de l'atteindre, dite probabilité de ruine, est définie de la façon suivante :

$$R = [(1 - A)/(1 + A)]^k$$

où R, compris entre 0 et 1, indique la probabilité de ruine.

A = 2G – 1, avec G étant l'avantage du *trader*, ou la proportion d'opérations gagnantes.

K = le nombre d'unités de capital initial.

Ainsi, si l'opérateur gagne 4 fois sur 10 (P = 0,40, a = 0,20), sa probabilité de ruine sera définie par : $R = [(1{,}20)/(0{,}80)]^k = 1{,}5^k$. Dans cette hypothèse, le nombre de *deals* gagnants étant inférieur au nombre de *deals* perdants, la probabilité de ruine augmente avec le capital.

C'est, semble-t-il, ce que suggère l'expérience des marchés où le taux de mortalité financière des opérateurs est très élevé (sur le CBOE, 94 % des locals disparaissent au cours de leurs 9 premiers mois d'activité).

Tout espoir est-il perdu ? Heureusement non. La formule ci-dessous suppose en effet que la taille des gains est égale à celle des pertes. Si le nombre de pertes est tendanciellement supérieur à celui des gains, la ruine est inéluctable : c'est ce que démontrait notre exemple précédent. En matière de spéculation financière, où le nombre d'opérations perdantes est en général bien supérieur à celui des opérations gagnantes (à peu près dans la proportion 60-40), il est donc indispensable, afin d'éviter la ruine, de gagner plus (en unités monétaires) sur chaque gain qu'on ne perd en cas d'erreur.

Pour reprendre notre exemple précédent d'un spéculateur de qualité qui perd 6 fois sur 10 et qui constate qu'en moyenne chaque perte lui coûte 2 unités monétaires, il sait que pour gagner quelque chose il faut que chaque opération gagnante (4 sur 10) lui rapporte au moins 4 unités monétaires. Son espérance de gain est alors positive de 0,4 unité monétaire $E(g) = (0,6) \times 2 + 0,4 \times 4 = 0,4$.

La reconnaissance de cet état de fait est lourde de conséquences pour l'opérateur. Tout d'abord, elle constitue un *critère de sélection des opérations*. Pour chaque opération envisagée, l'opérateur détermine un objectif de profit, en utilisant les techniques présentées plut tôt dans cet ouvrage (sortie d'un canal, rupture d'une figure en têtes-épaules, sommet d'une vague, etc.). Puis il calcule une perte potentielle dans l'hypothèse où le pire survient. Il ne retiendra que les opérations faisant ressortir un ratio profit/risque supérieur à une certaine norme. Dans notre exemple, ce serait un ratio d'au moins 1,5 pour 1, plutôt que de deux pour un.

Ensuite, elle procure un *système de placement des ordres-stops protecteurs*. La seule et unique façon de ne pas perdre trop est de couper une position perdante rapidement, sans attendre que la perte devienne catastrophique. L'opérateur peut ainsi déterminer à l'avance la perte potentielle encourue sur chaque opération, et donc calculer le ratio profit/risque sans problème. On fera toutefois attention à la nature de l'ordre stop : dès que sa limite est atteinte, un ordre stop devient un ordre au mieux. Dans un *fast market*, il se peut très bien que la perte réelle soit bien supérieure à celle initialement envisagée, ce qui mettrait à bas toute la construction.

Enfin, elle justifie tout à fait l'un des *principes de base de la spéculation réussie*, selon lequel « il faut laisser courir les gains et couper les pertes rapidement ». L'expérience a malheureusement prouvé que l'opérateur a naturellement tendance à faire l'inverse. En vertu du principe « un tien vaut mieux que deux tu l'auras », le spéculateur a tendance à prendre son profit rapidement, de peur de le voir amputé ultérieurement. Par ailleurs, il a beaucoup de mal à couper une position perdante puisque, ce faisant, il matérialise une perte alors qu'en laissant courir la position, il conserve l'espoir (fallacieux la plupart du temps) de rattraper sa perte.

1.2.2. La stratégie du joueur

Les stratégies du joueur, initialement développées par des joueurs professionnels essayant (en vain naturellement) de battre le casino, peuvent être appliquées à la spéculation boursière. L'idée de base de toute stratégie consiste à améliorer le résultat final en modifiant la taille des positions prises en fonction du résultat de la dernière intervention effectuée. Bruce Babcock Jr., dans son ouvrage sur les systèmes de *trading*, a comparé les résultats obtenus avec 5 stratégies de base, présentées ci-dessous :

La première stratégie, dite *stratégie neutre*, consiste à prendre des positions constantes, en nombre de contrats, quel que soit le résultat (gain ou perte) de l'opération précédente.

La deuxième stratégie, dite *martingale*, est bien connue des joueurs. Elle consiste à démarrer avec une unité (un nombre x de contrats), et à doubler ce nombre après chaque perte, ou à revenir à l'unité initiale après chaque gain. Dans cette stratégie, chaque gain intervenant après une série de pertes ramènera toutes les unités perdues plus une. Les casinos, pour éviter que de richissimes joueurs n'utilisent cette stratégie en toute impunité, ont imposé des plafonds aux mises, rendant le système inutilisable. Le marché, bien entendu, n'a pas de plafond aux mises mais impose néanmoins une contrainte de liquidité qui joue un rôle fort similaire à celui du plafond du casino.

La troisième stratégie, dite *anti-martingale*, est l'opposée de la précédente, en ce sens que la position est doublée après chaque gain, et ramenée à l'unité après chaque perte. Moins risquée que la Martingale, elle présente l'inconvénient de voir les pertes survenir sur l'exposition maximum.

La *Montante en pertes*, quatrième stratégie, consiste à démarrer avec plusieurs unités, à accroître la position d'une unité après chaque perte et à la diminuer d'une unité après chaque gain. Cette stratégie est proche, dans sa philosophie, de la Martingale mais le risque de ruine est singulièrement réduit.

La *Montante en gains*, cinquième stratégie, est l'opposé de la quatrième. Démarrant elle aussi avec plusieurs unités, elle accroît la position d'une unité après chaque gain, et la diminue d'une unité après chaque perte.

Après divers tests informatiques (les stratégies furent testées sur 6 millions d'opérations), Babcock tire les conclusions suivantes. Tout d'abord, il ressort que deux stratégies – l'anti-martingale et la montante en gains – ont fait mieux que la stratégie neutre (qui consiste, on se le rappelle, à ne pas bouger) : présentant le même degré de risque, elles offraient un meilleur rendement. La montante en gains présente néanmoins l'inconvénient de nécessiter des interventions sur plusieurs unités, ce qui fait que l'on peut rencontrer plus rapidement la contrainte de liquidité du marché. Autre conclusion importante de l'étude : seules les stratégies qui augmentaient la position après un gain ont obtenu une performance supérieure à celle de la stratégie neutre. Ce qui voudrait dire qu'il *faudrait résister à la tentation psychologique d'augmenter la position pour récupérer une perte précédente.*

Bien entendu, la validité de l'étude repose tout entière sur l'existence d'un système donnant de bons résultats. Aucune stratégie de massage (modification du montant des mises) ne transformera un système perdant en système gagnant. Il faut en outre faire une deuxième réserve, relative à la contrainte de liquidité, explicitée dans l'exemple ci-après. Imaginons une anti-martingale appliquée au contrat notionnel, l'unité de départ étant de 20 contrats. L'opérateur achète 20 contrats à 100,00 et les revend 100,02 ; il a gagné 1 tick, soit 100 F, multiplié par 20 contrats, pour un gain total de 2 000 F. Par application de l'anti-martingale, il double sa position et achète maintenant 40 contrats, par exemple à 100,04, dans l'espoir de les revendre à 1 000,06, ce qui lui procurerait un profit de 4 000 F (= 1 tick × 100 F × 40 contrats). Malheureusement pour lui, le marché se retourne à ce moment-là et malgré une vente stop placée à 100,02, l'ordre ne peut être exécuté qu'à 100,00, l'opération est perdante de 6 000 F (= 42 ticks × 100 F × 40 contrats).

Il s'agit bien là d'une différence essentielle avec le casino. Dans ce dernier, où le crédit n'est pas accepté, un joueur ne peut pas perdre plus que ce qu'il a déposé sur le tapis vert. En bourse, l'acheteur de 40 contrats peut perdre une fortune si le marché se met à décaler sans contrepartie. Même l'ordre-stop ne constitue qu'une piètre protection.

1.2.3. Pyramides et moyenne au marché

Ces méthodes, fréquemment employées par les *locals* (spéculateurs individuels sur les marchés à terme américains), sont souvent à l'origine de leur disparition, et doivent donc être considérées avec la plus grande circonspection. Elles demandent, pour être appliquées avec une certaine chance de succès, à la fois des nerfs d'acier et une fortune confortable.

1.2.3.1. La pyramide traditionnelle

L'idée consiste à accompagner le *trend* en augmentant progressivement sa position. L'opérateur a d'abord acheté 30 contrats notionnels à 100,00 ; le marché monte et notre spéculateur décide d'acheter 15 contrats supplémentaires à 100,06 ; sa position est alors constituée d'un achat de 45 contrats pour un prix moyen de 100,02 (4 centimes d'écart par rapport au dernier cours traité) ; le marché continuant, le spéculateur rachète 7 contrats à 100,10, pour avoir une position de 52 contrats à un prix moyen de 100,03 (7 centimes d'écart par rapport au dernier cours).

Les utilisateurs de cette technique font remarquer qu'ainsi, le prix moyen de leur position est de plus en plus éloigné du dernier cours (ce que l'exemple montre bien) et donc que la probabilité d'un retournement de marché faisant baisser le cours jusqu'à leur point mort est plus faible. Et pourtant, il faut bien reconnaître que plus on rentre tard dans un mouvement, plus près se trouve-t-on (par construction) du retournement. Et quand celui-ci survient, il prend l'opérateur à contre-pied sur une position beaucoup plus importante que celle initialement bâtie.

1.2.3.2. La moyenne au marché

Le principe est quasiment opposé, puisqu'il consiste à accroître sa position, *contre la tendance*, de telle sorte que le prix moyen soit aussi proche que possible du dernier cours coté. Ce qui permettrait de réaliser un profit dès la première correction (qui finira toujours par arriver). Considérons l'exemple suivant.

Pour débuter, l'opérateur a acheté 10 contrats à 100,00. Le contrat tombant à 99,98, l'opérateur rachète 20 contrats, pour une position globale de 30 contrats à 99,987. La baisse se poursuivant, l'opérateur achète 40 contrats à 99,92. La position ouverte est donc maintenant de 70 contrats à 99,949. Les défenseurs de cette technique signalent que, pour trouver son point mort, l'opérateur n'attend plus qu'une correction haussière de 0,029, alors que s'il n'avait rien fait, il lui faudrait voir le marché remonter de 0,08 avant de s'en sortir sans perte. Si cette affirmation est bien évidemment exacte, il ne faut pas oublier qu'à 99,92 (dernier cours connu), l'opérateur ayant moyenné se trouve détenteur d'une perte latente de 70 × 0,029 soit 2,03, tandis que celui qui a conservé ses 10 contrats initiaux ne supporte qu'une perte latente de 0,8.

Cet exemple montre clairement le danger de ce genre de stratégie quand un marché se lance dans un mouvement qui doit durer (ce qui est toujours quasi impossible à déterminer à l'avance). Ceci est une autre des grandes conclusions de cet ouvrage : « Toujours jouer avec la tendance, jamais contre elle ».

1.3. Analyse technique et gestion du capital

Tous les auteurs et tous les praticiens sont d'accord pour affirmer que la seule façon de gagner sa vie sur un marché est de respecter scrupuleusement les trois principes suivants :
- jouer avec la tendance,
- couper rapidement les positions perdantes,
- laisser courir les positions gagnantes.

L'analyse technique permet d'apporter des réponses satisfaisantes (mais pas systématiquement parfaites) à ces trois problèmes.

Le point probablement le plus important reste bien sûr la reconnaissance d'une tendance quand celle-ci commence à se faire jour. Nous ne le répéterons jamais assez : *personne ne sait de quoi le futur sera fait*, pas plus en matière financière qu'en tout autre domaine. Et Dieu merci, cela n'est aucunement nécessaire pour survivre en tant qu'opérateur. Ce qui importe, c'est de suivre et non d'anticiper les tendances. Les cimetières sont remplis de gens qui ont eu raison trop tôt. La seule attitude jouable consiste à prendre le train en marche, une fois que l'on sait dans quelle direction il part. L'essentiel des méthodes présentées dans cet ouvrage avait pour but de repérer puis de caractériser la puissance d'une tendance. On peut prendre l'hypothèse qu'un opérateur, rompu à l'utilisation des divers outils analysés, saura reconnaître une tendance quand il y en aura une.

Couper les pertes et laisser courir les gains est en revanche plus difficile à faire. Imaginons en effet une situation dans laquelle un beau *trend* haussier se développe, puis le marché semble s'emballer, les oscillateurs indiquent une situation de surachat et le graphique fait apparaître une zone de résistance.

Que faire à ce moment-là ? La tendance est toujours haussière et milite donc pour le portage plus longtemps de la position acheteuse (qui génère déjà un profit latent substantiel), mais le risque d'une correction paraît non négligeable ; et une correction peut se transformer en tendance de sens opposé !

La meilleure solution consiste à concevoir sa position totale comme la somme de deux positions de vocation différente :

– *une position de fond,* qui joue la tendance longue et qui sera caractérisée par des ordres stops laissant suffisamment de place à des corrections ne remettant pas en cause la tendance.

– *une position de trading*, qui joue les petites vagues du marché et cherchera à capitaliser sur les divers aller et retour inhérents au développement de toute tendance.

Dans notre exemple, l'opérateur aura par exemple acheté 50 contrats, dont 40 pour jouer la tendance et 10 pour le *trading*. Quand l'oscillateur indique un surachat important, l'opérateur pourra revendre les 10 contrats de *trading* (et même éventuellement en vendre 20 pour conserver une position de *trading* de 10 contrats, cette fois à la vente), mais il ne touche pas aux 40 autres qui ne seraient liquidés que si la tendance venait à être fondamentalement remise en cause (rupture d'un *trend*, etc.). Sur une longue période, ce seront évidemment les résultats obtenus sur la position de fond qui feront la différence ; néanmoins la flexibilité dans la gestion apportée par l'existence d'une position de *trading* devrait constituer un appoint non négligeable.

1.4. Réduire les pertes

Dès que l'opérateur dispose d'indicateurs de qualité (et nous espérons qu'à la fin de cet ouvrage le lecteur répond à cette définition), tous les systèmes sont jouables dès lors qu'ils permettent de limiter le montant des pertes. Le présent paragraphe cherche à montrer comment tester la capacité d'un système à limiter les pertes, en présentant une méthodologie d'analyse applicable à tous les systèmes, quels qu'ils soient, à condition seulement qu'ils définissent sans ambiguïté les points d'entrée et de sortie du marché.

1.4.1. Mise en forme des données

L'analyse commencera par l'étude d'une centaine (au moins) d'opérations effectuées sur le marché en utilisant le système de *trading* à tester. Cette étude sera idéalement réalisée par l'ordinateur, pour éviter toute interprétation subjective de la part de l'opérateur.

Pour chaque opération initiée, qu'elle soit à l'achat ou à la vente, l'analyste devra mesurer le montant maximum de contre-pied (ci-après dénoté MMC), c'est-à-dire le montant maximum de moins-value (latente éventuellement) enregistrée.

Ensuite, l'analyste classera les opérations en gagnantes et perdantes et pour chacuns de ces deux populations, effectuera une segmentation en points de *trading*. Les opérations blanches sont considérées comme perdantes. Le but est de réaliser deux graphiques, comme ceux représentés ci-dessous (cf. graphiques 1 et 2), l'un concernant les opérations perdantes, l'autre les opérations gagnantes.

Les graphiques feront apparaître la fréquence d'occurrence des MMC pour diverses tranches de points du *trading*.

L'axe des abscisses indique les MMC, par tranches de points de *trading*, la largeur de ces tranches étant fonction du capital que l'opérateur est prêt à risquer sur chaque opération, par exemple 1 % du capital. Si le capital de départ est de 30 000 F, chaque tranche représentera un risque de 300 F, ce qui pour un produit traité avec un multiplicateur de 25 F le point, donne une tranche de 12 points de *trading*.

L'axe des ordonnées indique le nombre d'opérations enregistrées pour chaque tranche de MMC. Ainsi dans le graphique 1, 15 opérations perdantes ont enregistré des MMC compris entre 0 et 11 points de *trading*.

Graphique 1. –

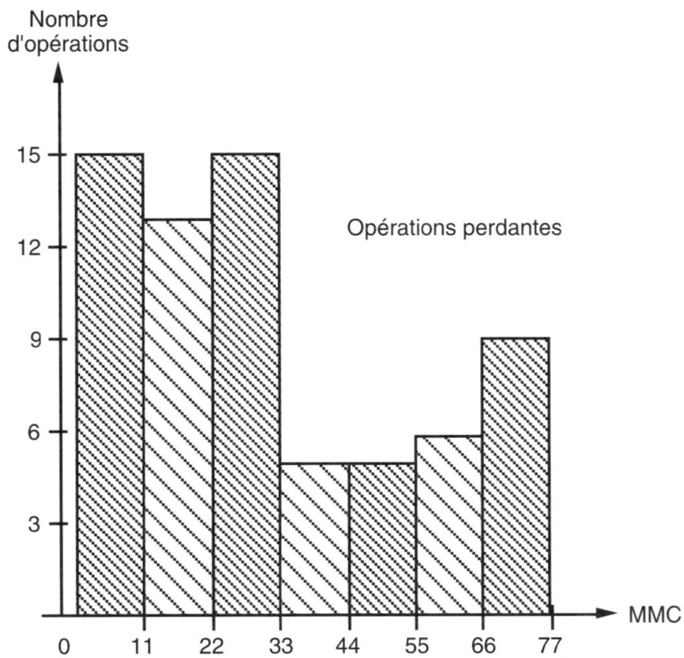

Les deux graphiques 1 et 2 doivent avoir des profils très différents, comme c'est le cas dans notre exemple. Le graphique des opérations gagnantes doit être concentré sur la gauche, avec des bâtons dans les deux ou trois premières tranches seulement. Au contraire, le graphique des opérations perdantes doit couvrir l'axe des abscisses en entier. C'est d'ailleurs ce qui permettra à l'analyste de vérifier que son système de *trading* est capable de distinguer suffisamment tôt les opérations gagnantes des perdantes.

Graphique 2. –

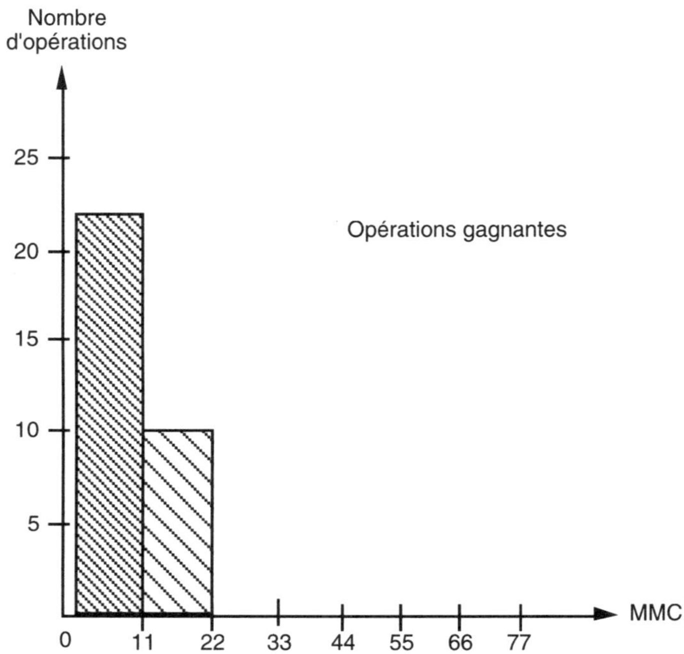

Idéalement, on devrait pouvoir dire : « les opérations gagnantes ne vont jamais contre moi de plus de n points ; sinon elles deviennent perdantes ». Plus le graphique 2 est concentré vers la gauche, plus grand est le nombre des opérations que l'on peut réaliser tout en respectant la limite de risque que l'on s'est imposée (en application de la règle 3 mentionnée dans le paragraphe 1).

Sur la base de ces données, la prochaine étape consistera à déterminer le placement « idéal » de l'ordre stop en se rappelant qu'une opération gagnante peut être transformée en opération perdante par le placement du stop. L'objectif dans ce placement est évidemment de conserver le maximum d'opérations gagnantes tout en éliminant toutes les fortes pertes, de façon à ce que le résultat final soit plus favorable qu'en l'absence de stop.

1.4.2. Placement de l'ordre stop

Pour ce faire, il est possible de dessiner un troisième graphique (cf. graphique 3), représenté ci-dessous.

Graphique 3. –

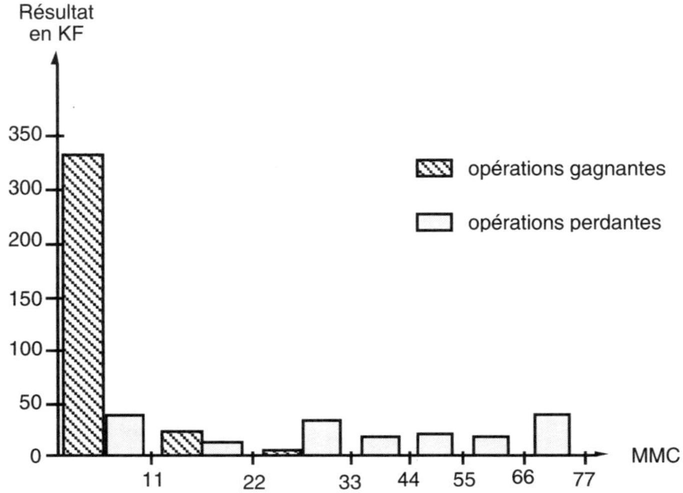

L'axe des abscisses est identique à celui des graphiques précédents. En ordonnées figurent les résultats financiers (en F) de toutes les opérations, qu'elles soient gagnantes ou perdantes. Ce graphique permet généralement d'identifier clairement le meilleur endroit où placer l'ordre stop. Sur notre exemple, il apparaît clairement qu'en plaçant un stop dès qu'un mouvement contraire atteint 12 points, on élimine l'essentiel des opérations perdantes tout en ne perdant qu'un petit profit réalisé sur les opérations gagnantes (des tranches 2 et 3).

À ce stade-là, l'essentiel du travail est fait. L'opérateur sait comment placer son ordre-stop. La technique décrite ci-dessus lui a permis de traiter ce problème de façon pragmatique et quantitative. Elle lui permet aussi de demeurer dans les limites de risque qu'il s'est fixé, puisqu'il sait, par expérience, quelle est l'importance probable des pertes qu'il subira. Ce qui lui permet de diminuer sérieusement la probabilité de ruine.

1.4.3. Renversement de la position

Il est même possible d'aller plus loin en utilisant cette méthode. En effet, si l'étude a montré qu'une opération gagnante n'enregistre pas plus de 18 points de mouvement adverse, on peut se demander si, à ce niveau-là, il n'est pas intéressant de retourner la position (cf. graphique 4).

Sur l'exemple présenté ici, quand l'opération atteint le point a, elle devient perdante (arrêt déclenché par le stop). L'évolution ultérieure dira qu'il s'agissait d'une grosse perte évitée de justesse (b) ou d'une petite perte qui aurait été supportable (a).

Graphique 4. –

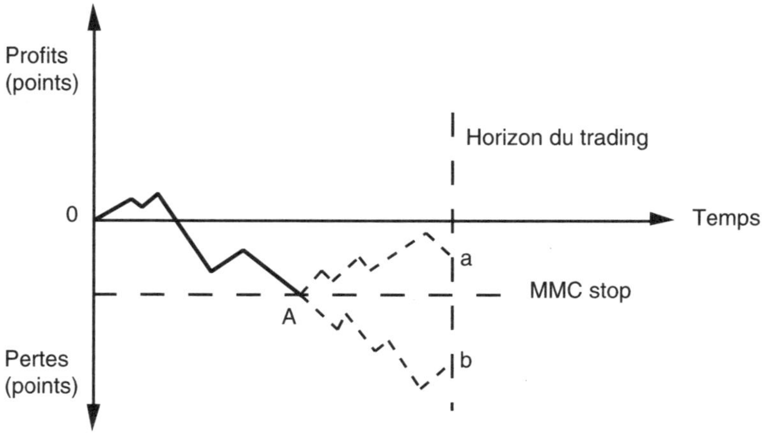

Il peut donc être intéressant de renverser la position au point A pour tenter de récupérer (c'est-à-dire de rendre profitable) la grosse perte que le stop avait pour but d'éviter (cas b). Sur cette deuxième opération, le risque de perte est limité au niveau 0, car si les cours venaient à repasser au-dessus du zéro avant d'avoir atteint l'horizon de gestion, l'opération serait considérée comme gagnante en première instance – et l'expérience prouve que les opérations qui déclenchent des stops MMC ne sont pas des opérations gagnantes. En fait, à partir du point A, on peut enregistrer soit une petite perte (a) soit un gros gain (b). *A priori*, le jeu en vaut la chandelle.

Si une telle stratégie devait être adoptée, il faudrait traiter cette deuxième opération de façon complètement indépendante de la précédente et là encore placer un stop MMC.

À ce stade, le lecteur aura compris qu'il n'y a pas de limites aux raffinements envisageables. Mais il devra aussi se rappeler les règles d'or. Le succès dans le *trading* suppose d'abord que l'opérateur est capable de minimiser les pertes, de traiter dans des limites de risques adaptées à son capital disponible et … d'acheter bon marché pour vendre cher…

2. Sélection de systèmes de trading

La présente section a pour but de présenter la méthodologie utilisée dans la mise en place et la gestion de systèmes de trading. Elle reprend en cela les articles consacrés à ce sujet et présentés dans BIP Tendances n° 55 et 56.

Nous définirons tout d'abord la structure d'un système de trading (c'est-à-dire : règles d'entrée et de sortie, gestion du risque et *money-management*). Nous présenterons ensuite quelques principes d'optimisation des systèmes en insistant sur les biais dus à une sur-optimisation (*overfitting*).

L'optimisation repose également sur les critères de sélection : en vertu de quels critères va-t-on préférer un modèle à un autre ? Dans ce cadre, nous montrerons comment la théorie des portefeuilles et notamment le principe de diversification constituent un outil de sélection performant.

2.1. Définition et structure d'un système de trading

Avant de développer les principes de construction d'un système de *trading*, il paraît utile d'en donner une définition et d'en rappeler certains avantages. Un système de *trading* est basé sur un modèle générant, de façon automatique et systématique, des signaux d'entrée et de sortie sur un marché à partir de règles et de paramètres prédéfinis et éventuellement optimisés. Il est ainsi possible de tester les résultats d'une méthode dans le passé et d'en inférer le pouvoir prédictif. En supposant que les résultats de la méthode sont relativement stables dans le temps, on a une idée du comportement et des résultats du modèle dans l'avenir (chose très difficile à imaginer si l'on s'intéresse à la performance d'un opérateur). Par ailleurs, un système de trading a l'avantage de rester toujours objectif par rapport à son système de pensée (il ne se pose pas de cas de conscience, il n'est jamais euphorique ou déprimé) et également d'être toujours opérationnel (il ne part pas en vacances au moment où le marché offre les plus belles opportunités...).

De plus, un système relativement bien élaboré offre une certaine sécurité du fait de règles précises concernant le risque et la gestion de la position. Nous présenterons successivement les trois composantes d'un système de trading : règles d'entrée et de sortie, gestion du risque et *money management.*

2.1.1. Règles d'entrée et de sortie sur le marché

Il s'agit des règles qui donnent un signal d'achat, de vente ou de prise de bénéfices. Ces règles utilisent souvent des signaux donnés par certains oscillateurs techniques (RSI, momentums...) ou par certaines méthodes de filtrage des cours (filtre de Kalman, moyennes mobiles...) ou encore par des relations statistiques observées entre les cours et certains indicateurs.

Il est en fait possible de distinguer plusieurs types de signaux :

– *le signal principal*

Il s'agit du signal essentiel d'entrée sur le marché qui utilise la logique précise d'un oscillateur ou d'un filtre. Par exemple, un système simple utilisant une moyenne mobile, le signal principal sera :

Achat si Ct > MMt ; Vente si Ct < MMt
Avec : Ct : cours de clôture en t
MMt : moyenne mobile 20 jours en t

– *le signal secondaire*

Il s'agit d'un signal supplémentaire souvent lié au signal principal qui permet au système d'être neutre. Ce signal est très utile car il introduit la notion d'incertitude sur le signal principal : quand les signaux secondaire et principal sont contradictoires, le système préférera sortir du marché.

Par exemple, la pente de la moyenne mobile peut être un bon signal secondaire :

si : Ct > MMt (moyenne principale)
mais : MMt < MMt – 1 (signal secondaire)
ou si : Ct < MMt
mais : MMt > MMt – 1
alors, le système passera neutre.

– *Conditions supplémentaires d'exécution* : il s'agit de règles nécessaires pour déclencher le signal d'entrée ; ces règles sont indépendantes du signal primaire et ont une justification logique.

Par exemple, si : Ct < Ct – 1 ne pas exécuter un signal d'achat, ou encore, si RSI > 85 ne pas exécuter un signal d'achat.

– *Modifications des paramètres ou des règles en fonction des conditions de marché.*

Cela suppose que certaines règles ou certains paramétrages fonctionnent bien dans certaines configurations de marché, mais qu'il est nécessaire d'en changer si le marché connaît une configuration différente.

Les configurations de marché peuvent être définies par la volatilité, par le sur-achat ou la sur-vente du marché ou par d'autres paramètres concernant l'existence ou non d'une tendance.

Par exemple, on pourra augmenter l'ordre de la moyenne mobile de 20 jours à 30 jours si la volatilité historique du marché progresse de plus de 5 % en dix jours. Les quatre niveaux possibles qui structurent les signaux d'entrée-sortie doivent bien sûr être cohérents et fonctionner dans tous les cas de figure.

2.1.2. La gestion du risque

Dès lors qu'une décision est prise à l'achat ou à la vente, le système est en risque. Si le signal est mauvais, il peut s'écouler du temps avant qu'il ne se retourne entraînant alors certaines pertes. Pour éviter des pertes trop importantes, il est nécessaire de mettre en place des procédures anti-risque. Une bonne gestion du risque doit permettre de solder rapidement une mauvaise position en limitant les pertes tout en tolérant certaines pertes latentes de positions qui s'avéreront bonnes par la suite. L'objectif est donc de limiter la perte en capital et de laisser courir les positions gagnantes. Il existe plusieurs types d'action pour aller en ce sens :

2.1.2.1. Le *stop loss*

Le *stop loss* est la technique la plus connue : il s'agit de déterminer un seuil de perte maximum au-delà duquel on coupe la position. On estime ainsi qu'au-delà d'un certain niveau, l'erreur d'appréciation est trop importante pour pouvoir être corrigée ultérieurement.

Le *stop loss* peut être défini en unités monétaires (solder toute position perdant plus de 100 000 F), ou en unités de marché (60 centimes sur le notionnel). Il peut être fixe, ou fonction de la taille de la position et/ou de la performance passée de la stratégie…

2.1.2.2. Le stop gain ou *runing stop*

Il s'agit de placer un stop à une position gagnante afin de protéger les gains déjà enregistrés. Rien n'est plus agaçant que de voir fondre les gains d'une position sans rien pouvoir faire. Le stop gain s'obtient soit en fixant un seuil maximum de retour (par exemple, sur le Matif, si le marché rechute de plus de 40 cts par rapport à ses sommets, on stoppera la position), soit en calculant un stop qui monte (baisse) en suivant la progression (dégradation) du marché (comme le fait le système parabolique).

2.1.2.3. La modification de l'effet de levier en fonction des résultats obtenus

Il s'agit là encore de protéger le capital en diminuant peu à peu l'exposition d'une stratégie ayant obtenu de mauvais résultats. Si elle persiste dans cette voie, l'effet de levier et le risque seront de plus en plus faibles. À l'inverse, une stratégie qui a enregistré de bons résultats verra son effet de levier augmenter.

Cette modification de l'effet de levier peut s'étendre au niveau du *stop loss* d'une position : plus une stratégie est performante, plus le seuil du *stop loss* peut être éloigné. À l'opposé, on sera plus exigeant avec une stratégie déficitaire en rapprochant le niveau du *stop loss*.

2.1.2.4. Les stratégies d'assurance utilisant les options

Il s'agit d'investir certains gains déjà effectués pour couvrir une partie de la position en achetant des *calls* ou des *puts*. La stratégie est ainsi protégée en cas de retournement brutal du marché. Ce type de stratégie se heurte cependant au fait que les options sont des actifs fondants et que la qualité de la couverture se dégrade avec le temps.

2.1.3. L'effet de levier

Il s'agit de gérer la position globale de la stratégie en fonction de l'évolution du marché : l'exposition globale est modifiée au fur et à mesure de la variation des cours.

Le « money management » s'inspire de certains principes de la théorie des jeux et notamment des stratégies martingale et anti-martingale. (cf. *infra*).

Sur le marché, l'application et éventuellement la combinaison de ces deux stratégies se traduira par les attitudes suivantes :

– Le « *scaling up* » ou moyenne en hausse consiste à augmenter la position si le marché nous donne raison.

– Le « *scaling down* » ou moyenne en baisse : il s'agit d'augmenter la position si le marché nous donne tort en profitant ainsi des meilleurs cours d'achat ou de vente.

– Le « *scaling out* » ou réduction des positions consiste à réduire la position quel que soit le sens de variation du marché.

– La combinaison de « *scaling up* » ou « *down* » et de « *scaling out* » permet par exemple d'augmenter sa position si le marché évolue en notre faveur et de la réduire dans le cas contraire (« *scaling up* » et « *out* ») ; ou inversement, de réduire sa position quant celle-ci devient gagnante et de l'augmenter dans le cas inverse (« *scaling out* » et « *down* »).

Ces différentes possibilités permettent en fait de jouer sur la concavité ou la convexité de la courbe de pertes et profits comme le ferait une stratégie optionnelle, mais sans subir le risque de volatilité et la baisse de la valeur temps.

2.2. L'optimisation et l'évaluation des systèmes de trading

La construction d'un système de *trading* n'est qu'une étape – certes importante – du processus ; elle doit nécessairement être suivie d'une étape de test et d'optimisation débouchant finalement sur la sélection du (ou des) paramètres(s) le(s) plus performant(s). Nous décrirons tout d'abord les conditions et les risques des tests d'optimisation puis nous présenterons les méthodes d'évaluation et les critères de sélection des modèles.

2.2.1. Test et optimisation d'un système de trading

Tester un modèle consiste à l'appliquer à une série de cours en modifiant les différents paramètres des signaux (ordre de la moyenne mobile par exemple) pour ensuite observer et analyser tous les résultats obtenus. C'est là qu'interviennent la sélection des meilleurs résultats et le problème des critères d'évaluation.

La qualité du test dépend d'un ensemble de conditions. Tout d'abord, la série de données doit être la plus fiable possible (pas de cours ou pas de dates manquantes ou fausses…) et la plus longue possible (deux à trois ans de cours sont nécessaires pour rassembler un minimum de situations de marchés).

Ensuite, intervient l'optimisation. Optimiser signifie « faire le meilleur usage des données » et non pas « abuser des données », or, bien souvent, la frontière entre les deux est ténue. Le fait d'abuser des données est appelé *overfitting*, ce qui correspondrait en français à sur-optimisation.

Ce type de biais apparaît quand les paramètres « optimisés » sont trop parfaitement adaptés à une certaine période de temps ou à certaines conditions de marché. Le modèle est ainsi spécialisé pour un certain comportement de marché, mais dès qu'un nouvel environnement apparaît, le modèle cumule les erreurs et finit par faire perdre beaucoup d'argent.

Ceci arrive souvent quand l'optimisation est lancée sur un marché ayant connu une série de tendances (baissières ou haussières) claires. Le système est ainsi très performant en tendance, mais comme il n'a jamais connu de marché sans tendance, ses interventions sont totalement décalées si une telle situation apparaît et les résultats sont alors déplorables (cf. graphique 5).

Pour éviter l'*overfitting*, il est conseillé de scinder l'historique de cours en deux parties inégales. La première partie (la plus importante 2 à 3 ans minimum) sert de base à l'optimisation. La seconde partie permet de tester les résultats de l'optimisation. Si statistiquement les résultats entre la partie optimisée et la partie testée sont différents, on peut conclure qu'il y a eu *overfitting* et que les paramètres retenus ne sont pas applicables.

De plus, il faut éviter les effets de bords en comparant des périodes d'optimisation identiques.

Graphique 5. –

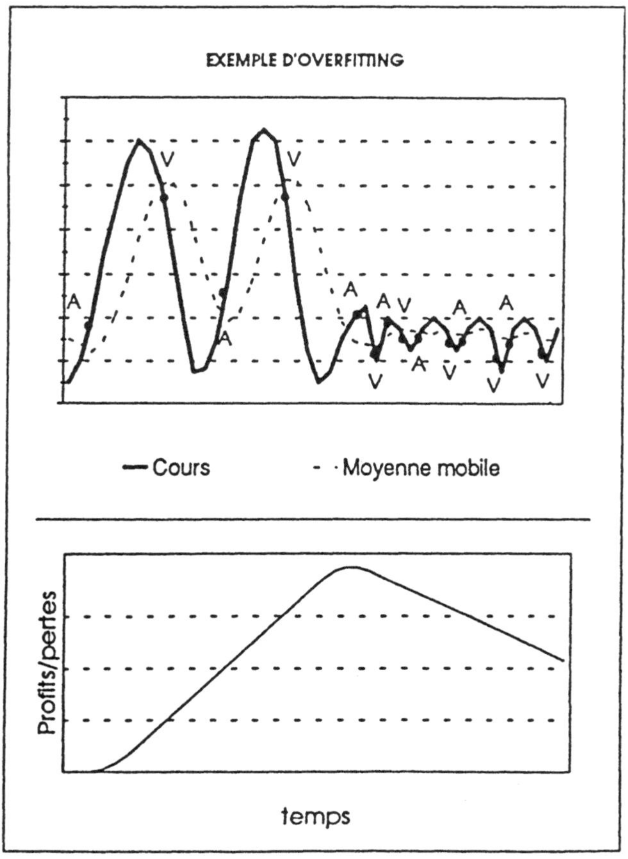

Dans un premier temps, la moyenne mobile optimisée dégage d'excellents résultats. Ensuite, les signaux donnés deviennent systématiquement mauvais et les pertes s'accumulent.

Si l'on dispose d'un historique suffisamment long, on essaiera même de « saucissonner » l'historique en de multiples séquences d'environ 2 à 3 ans et qui se superposeront en partie ; on aura alors une masse de résultats beaucoup plus robuste à analyser. On peut même effectuer des tests sur des séries aléatoires typées (reproduisant des marchés *trendés* ou *Sideway* générés de façon aléatoire). Si les résultats affichent de grosses pertes, cela signifie que le modèle réagit très mal à tout bouleversement dans le comportement du marché et qu'il est donc dangereux de l'appliquer.

Généralement, l'« *overfitting* » se produit quand la durée de test est trop courte ou (et) quand de nombreux paramètres ont été optimisés (il faut alors essayer de fixer les paramètres secondaires) et qu'il y a trop de règles dans le système (ce qui retire des degrés de liberté). Dans ce dernier cas, il faut s'assurer que les règles complémentaires sont statistiquement performantes (cela suppose un nombre minimum de réalisations et de succès des règles retenues).

2.2.2. *Méthodes et critères d'évaluation*

2.2.2.1. La sélection des combinaisons de paramètres

Une fois les tests mis en œuvre, on dispose de tous les résultats des différentes combinaisons de paramètres. Il faut alors déterminer des critères de présélection assez larges (résultat absolu, perte maximale enregistrée...), puis repérer les combinaisons qui se classent parmi les meilleures dans tous les tests effectués, pour finalement choisir « la » combinaison optimale.

Lors de cette sélection, il faut éviter à tout prix les pics isolés sur certaines valeurs de paramètres (cf. graphique 6). Une telle situation suppose en effet un risque élevé d'instabilité. En revanche, on appréciera les combinaisons situées sur les plateaux et montrant de ce fait une garantie de stabilité.

Voilà pour la sélection des paramètres ; mais quels critères va-t-on considérer préalablement pour pouvoir atteindre cet objectif final ?

On présentera ici les critères naïfs de sélection, essentiels mais insuffisants en eux-mêmes, et les critères combinant plusieurs paramètres.

2.2.2.2. Les critères naïfs

– Le profit absolu et relatif ou encore le taux de rendement annuel. On vérifiera la stabilité de la performance dans le temps – variance des rendements annuels ou mensuels – et l'indépendance à vis-à-vis d'événements spécifiques.

– Le risque absolu et relatif. Il s'agit généralement de la perte maximale enregistrée (*maximum drawdown*). Mais il peut également être question du rapport perte maximale/gain total, ou encore du temps maximum nécessaire pour redevenir positif après une perte.

Graphique 6. –

Stabilité des paramètres :
choix de l'ordre d'une moyenne mobile

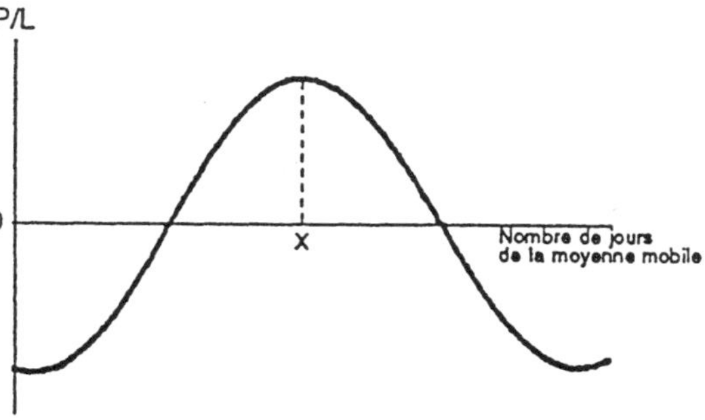

Cas idéal : une erreur sur le choix de x ne met pas en danger le rendement du modèle

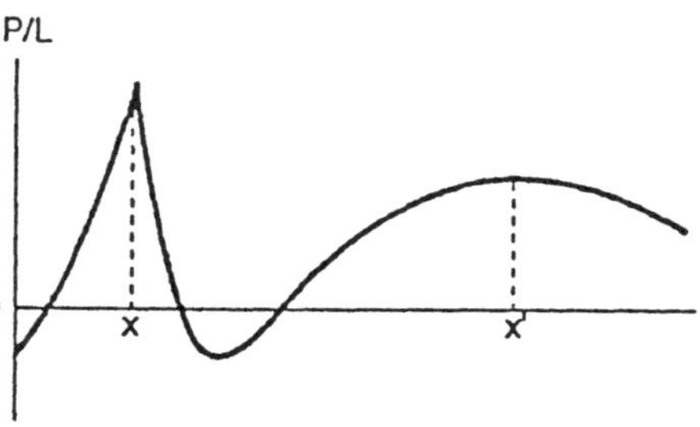

On préfère x' à x car une erreur sur la valeur du paramètre influe moins sur le rendement du modèle

2.2.2.3. Critères combinant risque et rentabilité

Ils permettent une meilleure appréciation globale des modèles testés.

– Ratio rentabilité/risque (ou *Reward-Risk Ratio*) mesure le gain total sur la perte maximale ; on peut aussi calculer des ratios annuels en prenant le gain annuel divisé par la perte maximale de toute la période testée. Ce ratio est également appelé ratio de Sterling. On considère qu'un ratio compris entre 3 et 5 est un bon ratio.

– Ratio de Sharpe : il mesure l'excès de rendement par rapport à un taux sans risque divisé par l'écart-type du rendement :

$$\text{Sharpe ratio} = \frac{E - I}{\sigma(E)}$$

Avec : E= rendement annuel en %
I= taux annuel sans risque
σ (E)= écart-type des rendements

Ceci permet d'intégrer la variance des rendements dans la sélection ; plus un rendement est régulier, moins le risque considéré est important et plus la situation est préférable (cf. graphiques 7a et 7b). Un ratio de Sharpe compris entre 1,5 et 2 est très satisfaisant.

– « *Equity Drop ratio* » (EDR) ce ratio mesure le rendement annuel en pourcentage divisé par l'écart-type des pertes. L'idée de cet indicateur est de considérer que le véritable risque d'un modèle n'est pas d'avoir des rendements volatils mais au contraire d'avoir des pertes volatiles.

En effet, un modèle ne perdant jamais mais évoluant par sauts aura une variance de ses rendements relativement élevée et éventuellement plus élevée que celle d'un modèle plus régulier dans ses performances, mais connaissant néanmoins des pertes momentanées (cf. graphique 7c). Dans cet exemple, le ratio de Sharpe privilégie le deuxième modèle (B) tandis que l'« *equity drop ratio* », en s'intéressant uniquement à la variance des pertes, élira le premier (A).

De toute évidence, il apparaît clairement que c'est dans la combinaison de rentabilité et du risque que l'on identifie le mieux la qualité d'un modèle. Cependant, le choix d'un critère absolu suppose que la sensibilité au risque ou la soif de rendement est identique pour tous. Ce qui n'est pas vrai.

Seul, le concept de la frontière efficiente issu de la théorie du portefeuille permet de répondre à cette ultime considération.

2.3. Utilisation et application de la théorie du portefeuille

Nous verrons que le concept de la frontière efficiente peut être employé pour la sélection de combinaisons de paramètres ou plus largement pour la sélection de modèles. Une des conséquences de la référence à la théorie du portefeuille est l'application du concept de diversification aux systèmes de *trading*.

2.3.1. La frontière efficiente

Un système de *trading* transforme un actif donné (généralement un contrat à terme) en un nouvel actif résultant de la succession d'achats et de ventes opérés sur le marché. L'« *equity curve* » ou courbe de pertes et profits correspond ainsi à l'évolution de ce nouvel actif créé. L'analyse des données de cette courbe revient finalement à l'analyse des données de n'importe quel autre actif traditionnel. On choisit d'investir dans ce système de *trading* si les critères de rentabilité et de risque sont satisfaits.

Graphique 7. –

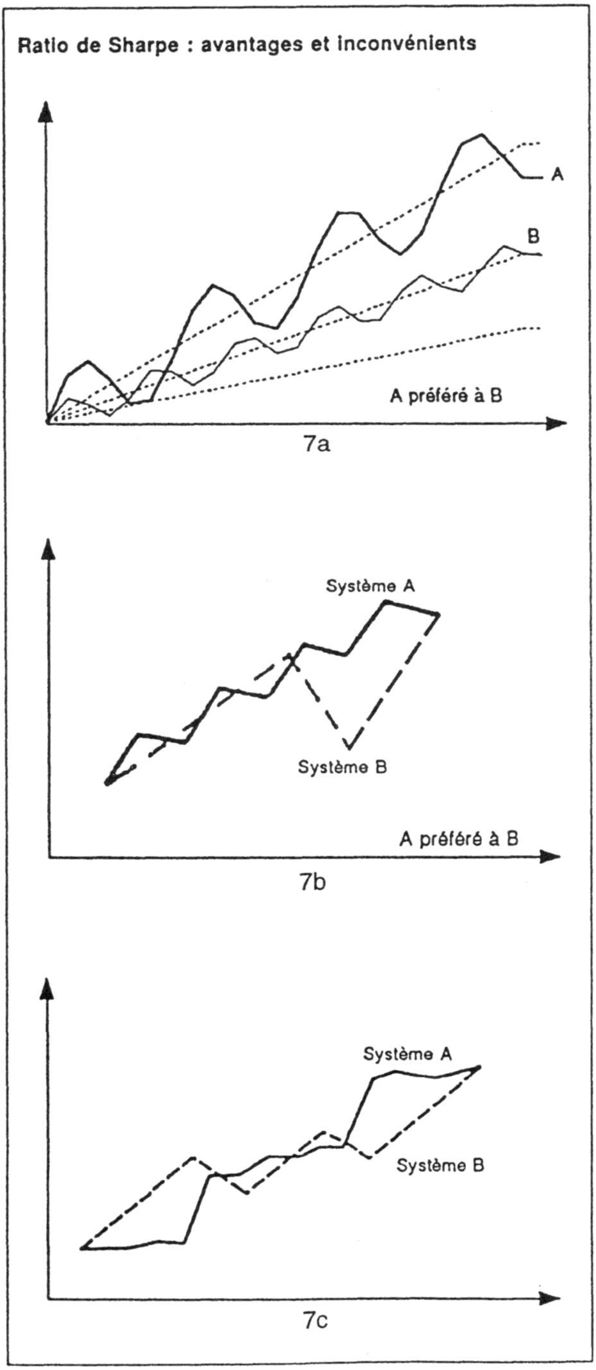

L'*equity drop ratio* privilégie le système A dont les pertes sont très peu volatiles.

Dans ces conditions, il est également possible d'utiliser les outils classiques de sélection d'actif et tout particulièrement les principes de théorie du portefeuille. Celle-ci doit guider le choix des meilleurs systèmes et leur combinaison optimale.

Si l'on dispose la totalité des résultats de toutes les combinaisons de paramètres sur un graphique représentant le rendement et la variance du rendement, on obtient un gros nuage de points. À partir de ce nuage, on peut tracer une frontière efficiente correspondant aux combinaisons ayant le risque le plus faible pour une rentabilité donnée, ou la meilleure rentabilité pour une classe de risque déterminée (cf. graphique 8).

Graphique 8. – *Frontière efficiente*

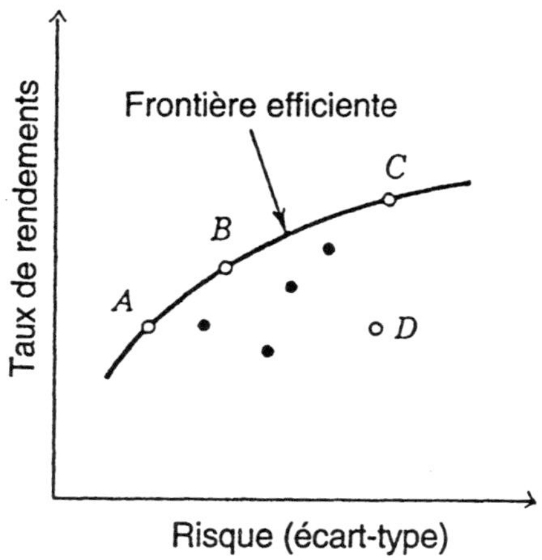

La sélection de la combinaison optimale est ensuite fonction de critères subjectifs (risque maximum accepté ou rentabilité souhaitée) et de critères pratiques renvoyant à ce que nous avons déjà vu plus haut (éviter les pics…).

La même opération peut ensuite être considérée pour la sélection de plusieurs modèles de *trading* ; on pourra même envisager une allocation entre plusieurs modèles performants se situant sur la frontière efficiente, c'est-à-dire entreprendre une diversification.

2.3.2. Le concept de diversification

Le concept de diversification (déjà évoqué dans les principes de *money-management*) est logiquement introduit par l'utilisation de la frontière efficiente et par les principes de la théorie du portefeuille (baisse du risque systématique du fait des phénomènes de covariance entre plusieurs actifs). La diversification est inévitable pour baisser le risque global d'une gestion automatique.

Il n'existe pas de modèles surnaturels qui gagneraient à chaque tentative. Il existe seulement des modèles qui gagnent de l'argent de façon relativement stable, tout en connaissant des périodes de contre-performance. La plupart du temps, les modèles ont une spécialisation : c'est-à-dire qu'ils sont performants quand le marché est en tendance et qu'ils souffrent pendant les phases d'atonie (ou l'inverse). Comme les marchés alternent des périodes de tendance et de congestion, aucun modèle ne peut éviter de connaître des périodes difficiles. Il apparaît donc clairement que si l'on ne dispose que d'un seul modèle, on souffrira inévitablement pendant les périodes ne correspondant pas à la spécificité du système. En diversifiant les modèles, on diminue du même coup le risque de « spécialité » d'un seul modèle et on profitera alors du déphasage existant entre les différents modèles et permettant de lisser la courbe de gain total – cf. graphique 9.

Les grands types de diversification sont les suivants :

– diversification des règles et des signaux : les différents modèles doivent fonctionner avec des principes et des outils différents. Par exemple, si l'un utilise les moyennes mobiles, l'autre pourra se servir d'oscillateurs techniques ou de modèles statistiques...

– diversification des marchés : application des modèles aux marchés de taux longs et courts, aux marchés d'indices sur actions, aux devises et aux matières premières,

– diversification géographique : les grandes puissances financières dominantes doivent être présentées : États-Unis, Japon, Allemagne, France et Royaume-Uni. Certains marchés secondaires comme l'Italie, la Suisse, l'Espagne ou le Canada peuvent aussi être considérés,

– diversification temporelle : il faut essayer d'avoir des modèles intervenant à long terme (plusieurs semaines), à moyen terme (plusieurs jours) et à court terme (quelques heures),

Graphique 9. –

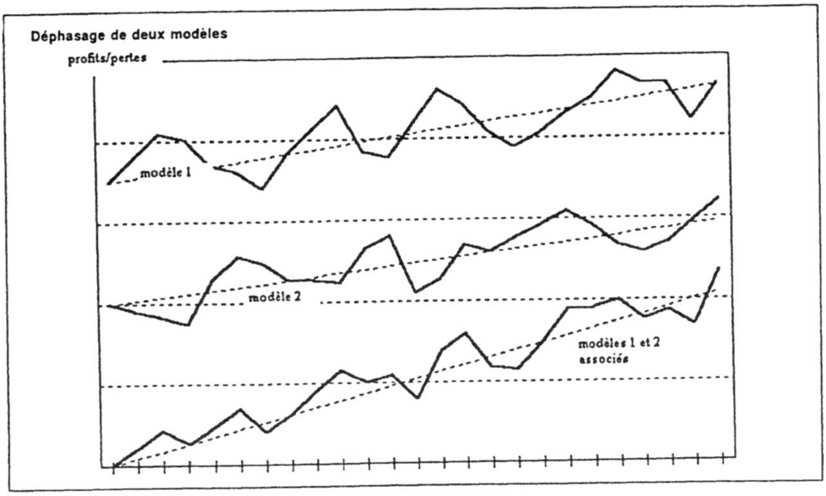

La combinaison de deux modèles relativement déphasés (à faible covariance) permet de diminuer la volatilité du résultat global.

– diversification des outils d'intervention : futures, options courtes et longues, swaps…

La mise en place d'une telle panoplie de modèles est extrêmement complexe et difficile à mettre en place et à suivre. Ainsi, toutes les composantes de la diversification sont rarement remplies. Mais l'existence d'un nombre conséquent de modèles (entre 20 et 50 répartis sur plusieurs méthodes, pays et types de contrats) offre bien souvent une excellente diversification du risque.

À partir d'un certain degré, la diversification ne peut empêcher un risque incontournable ou non diversifiable (cf. risque systématique de la théorie du portefeuille), résultant généralement de chocs exogènes relativement imprévisibles (guerre, coups d'état, krach…) – cf. graphique 10.

Graphique 10. – *Effet de la diversification*

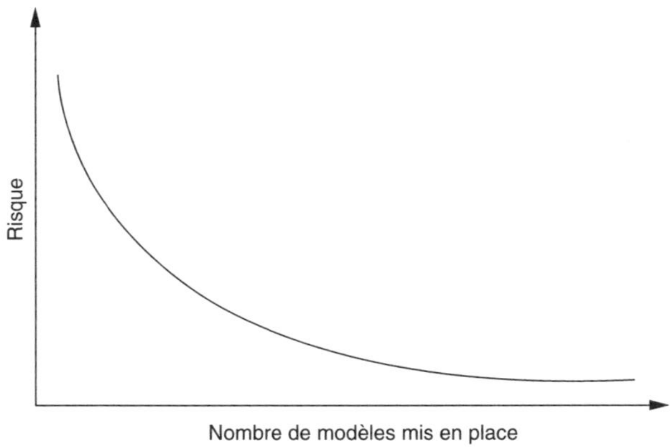

La mise en place d'un modèle supplémentaire baisse le risque global du portefeuille. Cependant, la baisse du risque est de plus en plus faible au fur et à mesure que l'on ajoute un modèle. À partir d'un moment, l'utilité marginale retirée par l'addition d'un modèle devient nulle.

De ce fait, au-delà d'un certain seuil, l'ajout d'un modèle supplémentaire n'apporte plus grand-chose à la diversification du risque. Un risque incompressible de marché demeure inévitable.

De plus, la mise d'un nouveau modèle et (ou) surtout d'un nouveau marché augmente le risque d'exécution globale et peut gêner le suivi des autres modèles existants, induisant alors un effet négatif sur le résultat global.

Conclusion

S'il n'existe probablement pas de système miracle, la construction d'un ensemble de plusieurs modèles (respectant le principe de diversification) correctement testés, optimisés et structurés (de façon à maîtriser parfaitement le risque en cours) offre des résultats prometteurs. L'application au marché doit ensuite confirmer ces promesses. Cependant, il existe toujours un écart entre la théorie et la pratique (problème de liquidité du marché, dysfonctionnement informatique ou humain...) qui suppose un apprentissage de ce type d'intervention et doit du même coup entraîner un *feedback* sur certaines règles des différents systèmes. Ceci constitue en fait l'étape ultime et permanente du suivi d'un système de *trading*.

Nous avons vu précédemment qu'un modèle de *trading* pouvait s'interpréter comme un nouvel actif synthétique. Deux remarques sont à considérer :

– Tout d'abord ce nouvel actif peut se comparer à l'actif initial. On a ainsi la possibilité d'analyser clairement si le système de *trading* offre réellement un « plus » par rapport à l'actif initial (meilleure rentabilité et (ou) moindre risque) et s'il constitue donc un axe possible (voire nécessaire) de diversification.

– Par ailleurs, si le système de *trading* s'avère strictement supérieur à l'actif initial (meilleure rentabilité pour un risque moindre), cela confirmera la supériorité d'une gestion active (alternance de mouvements acheteurs et vendeurs) sur une gestion passive (maintien d'une position longue invariable), ce qui serait finalement assez logique et nous conduirait alors à considérer la nécessité de gérer activement un portefeuille. Par ailleurs, cela constituerait une preuve supplémentaire de la fragilité de la théorie de la marche au hasard.

3. La taille optimale d'une position ; le diviseur optimal f* de Ralph Vince

Ralph Vince est un spécialiste des techniques de *money management* et un grand utilisateur des méthodes statistiques et mathématiques. Il est tout particulièrement reconnu pour son livre *The Mathematics of money management.*

Dans ce dernier, il introduit le principe de diviseur f* qui suppose l'existence d'une taille optimale pour chaque position.

Ralph Vince remarque que, dans une opération, le montant engagé est probablement aussi important que le sens d'entrée (acheteur ou vendeur). La taille de la position est directement fonction de la richesse, du désir de gain (coefficient de cupidité) ou de l'aversion au risque, mais aussi de la plus grosse perte enregistrée et de l'allure générale des opérations passées (degré de confiance de l'intervenant).

Cependant, Vince constate que la relation entre le gain potentiel et la quantité risquée n'est pas linéaire mais courbe : il existe donc une taille optimale d'intervention (cf. graphique 11).

Il faut en effet considérer que le résultat de chaque opération va influencer les suivantes et donc le résultat final. Si l'on considère un ensemble de scénarios avec des espérances de gain et une probabilité d'occurrence, on a toujours la faiblesse de privilégier celui qui offre l'espérance mathématique la plus forte :

Exemple :

	Cas 1			Cas 2	
	Proba	gain		Proba	gain
a	30 %	– 20	a	30 %	– 10
b	40 %	0	b	40 %	+ 5
c	30 %	+ 30	c	15 %	+ 6
			d	15 %	+ 20

Espérance mathématique = 3
(0,3 × – 20 + 0,4 × 0 + 0,3 × 30)

Espérance mathématique = 2,90

Graphique 11. –

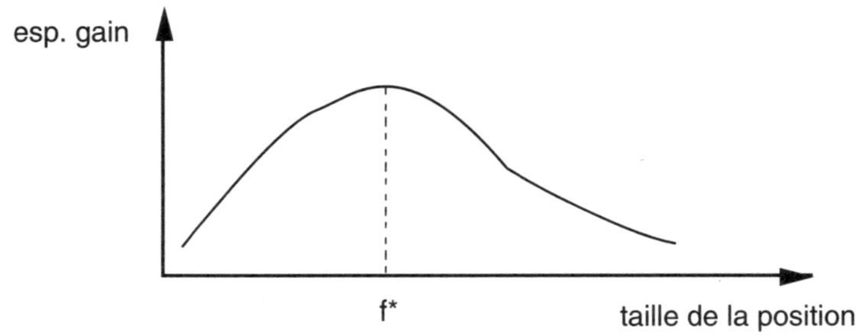

En suivant le critère de l'espérance mathématique, le choix se portera sur le premier cas. Cependant, la moyenne mathématique ne prend pas en compte la variance des revenus existant à l'intérieur des différents scénarios. Or, on s'aperçoit rapidement que du fait de la variance de l'espérance des gains, le premier cas est probablement plus risqué que le second et que le critère de l'espérance mathématique peut conduire à une mauvaise sélection.

Vince propose donc de calculer une moyenne géométrique incluant la variance des résultats et le degré d'exposition choisi (taille relative de la position). La taille optimale de la position sera alors déterminée par la maximisation de la moyenne géométrique. La définition de la moyenne géométrique est la suivante :

$$\text{Moyenne géométrique} = \prod_{i=1}^{n} \left(1 + \frac{A_i(-f)}{W} \right)^{P_i}$$

Avec P_i = Probabilité de l'événement i

A_i = Revenu de l'événement i

W = Plus mauvais résultat (risque maximum)

n = Nombre de scénarios

f = Valeur du diviseur fonction de la taille de la position

Le diviseur f est une mesure de l'exposition relative au risque et se définit de la façon suivante :

$$\text{Taille de la position} = \frac{\text{Capital disponible} \cdot f}{\text{Risque maximum accepté pour une opération}}$$

avec $0 < f \leq 1$.

Par itération, la moyenne géométrique la plus forte nous donne le diviseur f* c'est-à-dire la taille optimale de la position.

Par exemple, dans l'exemple précédent la moyenne géométrique optimale du premier cas s'élève à 1,0123 avec un diviseur f* de 0,17 tandis que celle du second atteint 1,0453 avec un diviseur de 0,33.

Ceci permet donc de privilégier le second scénario tout en disposant de la taille optimale correspondante.

Pour déterminer la taille optimale d'intervention, il est donc conseillé d'établir une grille de scénario avec des probabilités et des espérances de gain. Cependant, ceci paraît assez difficile à mettre en place, et surtout peu fiable (comment mesurer avec exactitude la probabilité d'occurrence d'un événement ?).

Dans la pratique, on préférera analyser les performances des opérations passées et construire différentes classes statistiques, et obtenir finalement la taille optimale de chaque position étant donné notre capital et le risque maximum toléré pour une opération.

Par exemple :

15 %	d'opérations à	– 10 %
20 %	–	– 5 %
30 %	–	– 2 %
20 %	–	+ 4 %
10 %	–	+ 10 %
10 %	–	+ 20 %
5 %	–	+ 30 %

ANNEXE 1
Sélection des sites web intéressants : @MES FAVORIS !!!

Confirmant notre ouverture à la modernité, nous ne sommes pas restés insensibles aux progrès de la technologie et nous avons voulu donner une touche très « tendance » à cette nouvelle édition (probablement la dernière du deuxième millénaire). Le développement du grand réseau constitue un progrès important en termes d'échange et de communication. Il nous est donc paru opportun d'intégrer une annexe consacrée à ce média interactif et universel.

Nous proposons dans cette annexe un éventail assez large des sites susceptibles d'intéresser le lecteur cybernaute de cet ouvrage. Nous présentons naturellement les sites où l'on peut trouver des graphiques gratuits (principalement sur les actions américaines et françaises) ainsi que les sites donnant des commentaires techniques sur le marché ou des informations théoriques sur certaines méthodes ou certains indicateurs d'analyse technique. Nous avons aussi sélectionné les sites qui proposent des analyses fondamentales sur les actions ou des analyses économiques ainsi que les sites permettant d'avoir accès à certaines statistiques ou informations de marché.

Il s'agit là d'une sélection, forcément incomplète, qui nécessitera d'être remise à jour de façon régulière. D'autre part, il convient toujours de rester vigilant sur la qualité et à la véracité des propos ou des commentaires donnés sur certains sites (tout particulièrement, les pages « perso », souvent très sympathiques mais parfois de très mauvaise qualité…). La gratuité a un coût, car elle autorise non seulement les promoteurs de certains sites à ne pas être trop regardant sur la qualité générale du service mais aussi parce qu'elle permet également, à qui le souhaite, d'établir sa petite

« boutique » pour y raconter parfois n'importe quoi. Le cybemaute technique doit donc absolument rester attentif et veiller à vérifier la qualité des sources et des informations présentées.

À tout seigneur, tout honneur, nous avons choisi de commencer par le site de l'IFTA (International Federation of Technical Analysis) qui regroupe toutes les associations d'analyse technique à travers le monde, dont bien sûr l'Association Française d'Analyse Technique (AFATE). Le site de l'Ifta répond au doux nom de : http://www.ifta.org/. Quant à l'Afate, elle devrait prochainement proposer son propre site (probablement quelque chose se terminant par… afate.fr…).

En deuxième lieu, nous avons retenu les sites et les moteurs de recherche où l'on peut trouver des informations financières générales en surfant à volonté :

Yaooh finance : http://finance.fr.yaooh.com/ ou http://www.yaooh.com/

CNN – finance : http://www.cnnfn.com/ ou
http://www.cnnfn.com/markets/

Investor guide : http://www.investorguide.com/

Qualisteam : http://www.qualisteam.com/fra/index.shtml

Et bien sûr, tous les moteurs de recherche comme Yaooh !, Altavista, MSN, Excite, Lycos… et en français : Voilà.

Enfin, nous avons répertorié les sites suivants en les classant par centre d'intérêt, sachant que certains sites peuvent regrouper plusieurs centres d'intérêt.

- *Analyse technique (général)*

Investor guide : http://www.investorguide.com/

Trading tactics : http://www.tradingtactics.com/

Equis : http://www.equis.com/free/taaz/

Hardright : http://www.hardrightedge.com/

- *Analyse technique (charts US)*

Chicago Board of Trade : http://www.cbot.com/mplex/charts/

Chicago Mercantile Exchange : http://www.barchart.com/cme/ ou
http://www.cme.com/

Marchés à terme : http://www.futuresbusiness.com/index.htm

Actions et indices américains : http://www.iqc.com/chart/default
http://www.investertech.com/charts/
http://www.bigcharts.com/
http://www.stocksite.com/
http://www.wallstreetcity.com/
http://decisionpoint.com/index.html (Indices US et données intermarchés)

- *Analyse technique (charts France & indices mondiaux)*

Finance-net : http://www.finance-net.com/ ou http://www.boursorama.com/

La Tribune : http://www.latribune.fr/

Les Echos : http://www.lesechos.fr/

Qualisteam : http://www.qualisteam.com/bourse/graphique_interactif.shtmI

lfhet : http://www.ifnet.fr/

Deutsche Bank : http://deutschebank.com (actions allemandes dans « Marktinformationen »)

- *Analyse technique (sites de commentaires)*

Prudential Baches (Ralph Acampora) : http://www.prusec.com/

Christopher Carolan : http://www.calendarresearch.com/

Robert Prechter (Elliott waves) : http://www.elliottwave.com/

Peter Eliades (stock market cycles) : http://stockmarketcycles.com/

- *Analyse fondamentale (cotations et informations sur les actions)*

Firstinvest : http://www.firstinvest.com/

Finance Net : http://www.finance-net.com/ ou http://www.boursorama.com/

Wargny : http://www.wargny.fr/

La Tribune : http://www.latribune.fr/

Les Echos : http://www.lesechos.fr/

PR Line : http://www.prline.com/

Le quotidien du Boursier : http://www.boursier.com/

Deutsche Bank (marché allemand) : http://www.deutsche-bank.de/

Le journal des finances : http://www.journal-des-finances.fr/

Investir : http://www.investir.fr/

Le Monde : http://www.lemonde.fr/

Ifnet : http://www.ifnet.fr/

- *Informations et analyses économiques et financières*

Ministère des Finances : http://www.finances.gouv.fr/

Banque de France : http://www.banque-france.fr/fr/home.htm

Conseil des marchés Financiers : http://www.cmf-france.org/

INSEE : http://www.insee.fr/vf/actu/index.htm

Eurostat : http://europa.eu.int/en/comm/eurostat/servfr/part3/euroind/eur11.htm#ind_prix

IFO : http://www.ifo.de/

dismal : http://www.dismal.com/

The Financial forecast center : http://www.neatideas.com/economics/

Bloomberg : http://www.bloomberg.com/

USA Today : http://www.usatoday.com/money/economy/econ0001

Reuters : http://www.reuters.com/news/

Morgan Stanley : http://www.ms.com/main/link8.html

Merril Lynch & microsoft : http://investor.msn.com/home.asp?Welcome=true

Deutsche Bank (N. Roubini) : http://www.stern.nyu.edu/~nroubini/bci/bci.html

Conference Board : http://www.tcb-indicators.org/

- *Bases de données et statistiques diverses*

http://www.bos.business.uab.edu/browse/ (Statistiques américaines)

Deutsche Bank : http://www.webcom.com/yardeni/ecindin.html#E2 (statistiques mondiales)

Matif : http://www.matif.fr/

Monep : http://www.monep.fr/

Eurostat : http://europa.eu.int/en/comm/eurostat/servfr/home.html

Statistiques françaises :
http://www.finances.gouv.fr/indîcateurs/economie_france/
http://www.globalfindata.com/ (données boursières et économiques de très long terme)

- *Analyse des flux (fonds US et sicav)*

Fininfo : http://www.fininfo.fr/ (sicav : valorisation, classements…)

Boursorama : http://www.boursorama.com/

Trim Tabs : http://wwwtrimtabs.com/
(estimation des flux sur les mutual fonds américain)

ICI : http://www.ici.org/facts_figures/current_statistics.html
(flux sur les mutual funds US)

CONCLUSION GÉNÉRALE

Ce livre présente le fonctionnement des outils et des méthodes de l'analyse technique en insistant tout particulièrement sur la logique des principes présentés et sur l'importance de la psychologie de marché.

Nous avons vu que l'analyse technique ne se limite pas à l'analyse purement graphique (le chartisme) mais intègre un ensemble de méthodes aux origines variées (scientifiques, philosophiques, économiques, financières...).

L'analyse technique permet donc, non seulement, de déterminer les points critiques, de proposer des objectifs de prix, de générer des signaux d'achat ou de vente, mais elle offre aussi la possibilité de mesurer le risque du marché et donne les moyens de comparer plusieurs marchés.

Dans ces conditions, il apparaît très clairement que l'analyse technique propose une analyse approfondie des marchés et qu'elle mérite de ce fait l'appellation plus large d'analyse de marchés.

*
* *

Cet ouvrage doit permettre de comprendre les grands principes de la théorie technique. Mais, si le lecteur a parfaitement assimilé ces grands principes, il a aussi compris que rien ne remplace jamais la pratique quotidienne.

Contrairement à certains domaines où la théorie est essentielle et la pratique secondaire, l'analyse des marchés n'a de sens que par l'application et l'adaptation régulière des différents concepts théoriques.

La pratique permet tout d'abord de s'habituer aux thèmes chartistes (repérage des points, des tendances, des figures et des décompositions elliottistes, lecture des différents filtres et oscillateurs, comparaison avec les autres marchés...), de savoir comment et pourquoi certaines méthodes fonctionnent ou ne fonctionnent pas, d'avoir certains réflexes permettant d'aller plus vite tout en évitant les erreurs, de sélectionner ou d'optimiser certains outils ou certaines méthodes.

Par ailleurs, le suivi régulier des marchés permet de comprendre comment vit un marché (type de réactions à certaines nouvelles, comportement par rapport aux autres marchés, respect des configurations graphiques et des seuils importants) et de s'habituer à son rythme (cycles de tendance et de *trading range*) et à ses habitudes (figures qui ressortent le plus souvent, façon de consolider ou de terminer un mouvement, importance et fonctionnement des divergences...).

Tout ce suivi permet finalement de mieux connaître l'histoire d'un marché (ses points extrêmes sur plusieurs années mais aussi les événements et la psychologie correspondante à ces niveaux).

La connaissance du marché facilite ensuite le choix des instruments les plus pertinents et les mieux adaptés (sélection d'oscillateurs ou de filtres, utilisation de la théorie d'Elliott, repérage des marchés en phase...) et permet aussi d'améliorer certains outils ou de les combiner entre eux (optimisation de méthodes) ; les plus créatifs pourront même construire des extensions de méthodes ou développer de nouvelles règles de *money management.*

Si la pratique permet effectivement de comprendre les subtilités de l'analyse technique, elle permet aussi d'évoluer et d'améliorer ses connaissances en les remettant éventuellement en cause. Elle améliore l'esprit critique en le rendant plus efficace face à des situations ou des développements nouveaux.

Une des caractéristiques de ces dernières années est précisément l'essor de nouvelles méthodes techniques (grâce notamment aux développements informatiques). Ces nouvelles méthodes doivent offrir à terme un complément à l'analyse existante, et les expériences que l'on peut en faire doivent déjà être considérées.

De toute évidence, il paraît donc indispensable de rester à l'affût de nouvelles doctrines et d'être à l'écoute d'améliorations ou de remises à jour des méthodes existantes. Les quelques revues citées en bibliographie permettront aux lecteurs intéressés de maintenir le contact avec l'état-de-l'art dans ce domaine.

S'il est une leçon à retenir de tout ce qui est contenu dans cet ouvrage, c'est : « Hors la pratique, point de salut ! ».

BIBLIOGRAPHIE

ADJEMIAN J.C., « Analyse Technique SCAN », *Revue d'Analyse Financière*, 4e trimestre 1981.

ASPRAY T., « MACD momentum », *Technical Analysis of stocks and commodities,* août 1988.

BABCOK B., *Trading Systems*.

BRESSERT W., « The power of oscillator/cycle combinations », Walter Bressert and associates, 1991.

CAROLAN C., « The Spiral Calendar », New Classics Library, 1992.

COHEN A.W., *Three Point Reversal Method of Point and Figures*, Chartcraft, 1974.

EDWARDS R.D., MAGEE J., *Technical analysis of stock trends*, New York Institute of Finance, 1948.

GARLAND T.H., « Fascinating Fibonaccis, Mystery and Magic in Numbers » Dale Seymour Publications, 1987.

KAUFMAN P.J., *The new commodity trading systems ans methods*, New York, John Wiley & Sons, 1987.

LAFFERTY P.E., «The End Point Moving Average », Technical Analysis of Stocks and Commodities, octobre.

LEFEVRE E., *Reminiscences of a stock operator*, Traders Press, 1923.

LLORENS A. et ROUSSELLE R., « La nouvelle analyse technique », *Revue d'Analyse Financière*, 4e trimestre 1981.

MC LAREN W., *Gann made easy*, Gann Theory Publishing, 1986.

MURPHY J.J., *Technical analysis of the futures markets*, New York, New York Institute of Finance, 1986.

MURPHY J., « What stocks can say about Futures Markets », *Futures*, March 1991.

NEELY G., *Elliott Waves in motion*, Elliott Waves Institute, 1988.

NIPPON TECHNICAL ANALYSIS ASSOCIATION, *Analysis of stock prices in Japan*, NTAA, 1989.

NISON J., *Japanese Candlestick charting techniques*, New York institute of finance, 1991.

PARDO R., « Design, testing and optimization of trading systems », John Willey & Sons, 1992.

PRING M.J., *Technical Analysis Explained*, 2e édition, McGraw-Hill.

PROST A.J. and PRECHTER R., *Elliott Waves principle*, New Classics Library, 1985.

SHERRY C.J., « The mathematics of technical analysis », Probus Publishing Company, 1992.

SPURGIN R., « Fundamentals : Sentiment and momentum in bonds », *Futures*, June 1991.

STEIDLMAYER J.P. et KOY K., *Markets and Market Logic,* Chicago, the Porcupine Press, 1986.

VINCE R., « The mathematics of money management », John Wiley & Sons, 1992.

WEISS RESEARCH, *Timing the Market*, Probus Publishing.

WILDER J.N., *New concepts in technical trading systems,* Greensboro NC, Frend Research, 1978.

WILLIAMS L., « Candlestick patterns : How reliable are they », *Futures*, June 1991.

INDEX

H

I

J

K

L

M

N

O

T

V

W

Z

TABLE DES MATIÈRES

Réalisé en P.A.O. par STDI - Z. A. Route de Couterne - 53110 Lassay-les-Châteaux
Imprimé en France. - JOUVE, 18, rue Saint-Denis, 75001 PARIS
N° 273611K. - Dépôt légal : Octobre 1999